ACCESO GRATIS *a la Lectura en la Nube*

Para visualizar el libro electrónico en la nube de lectura envíe junto a su nombre y apellidos una fotografía del código de barras situado en la contraportada del libro y otra del ticket de compra a la dirección:

ebooktirant@tirant.com

En un máximo de 72 horas laborables le enviaremos el código de acceso con sus instrucciones.

La visualización del libro en **NUBE DE LECTURA** excluye los usos bibliotecarios y públicos que puedan poner el archivo electrónico a disposición de una comunidad de lectores. Se permite tan solo un uso individual y privado.

EL DEBER DE TRABAJAR

SIGNIFICADO CONSTITUCIONAL Y PROYECCIÓN LEGISLATIVA

EL DEBER DE TRABAJAR

SIGNIFICADO CONSTITUCIONAL Y PROYECCIÓN LEGISLATIVA

Francisco Vigo Serralvo

tirant lo blanch
Valencia, 2024

En caso de erratas y actualizaciones, la Editorial Tirant lo Blanch publicará la pertinente corrección en la página web www.tirant.com.

La presente obra ha sido sometida a la revisión de pares ciegos según el protocolo de publicación de la editorial a efectos de ofrecer el rigor y calidad correspondiente tanto en su contenido como en su forma, aplicándose los criterios específicos aprobados por la Comisión Nacional E 016 (BOE num. 286, de 26 de noviembre de 2016).

EDITA: TIRANT LO BLANCH
C/ Artes Gráficas, 14 - 46010 - Valencia
TELFS.: 96/361 00 48 - 50
FAX: 96/369 41 51
Email: tlb@tirant.com
www.tirant.com
Librería virtual: www.tirant.es
Depósito legal: V-2310-2024
ISBN: 978-84-1056-956-0

Si tiene alguna queja o sugerencia, envíenos un mail a: *atencioncliente@tirant.com*. En caso de no ser atendida su sugerencia, por favor, lea en *www.tirant.net/index.php/empresa/politicas-de-empresa* nuestro procedimiento de quejas.

Responsabilidad Social Corporativa: http://www.tirant.net/Docs/RSCTirant.pdf

A Beatriz

"Curiosa es nuestra situación de hijos de la Tierra. Estamos por una breve visita y no sabemos con qué fin, aunque a veces creemos presentirlo. Ante la vida cotidiana no es necesario reflexionar demasiado: estamos para los demás. Ante todo, para aquellos de cuya sonrisa y bienestar depende nuestra felicidad; pero también para tantos desconocidos a cuyo destino nos vincula una simpatía.

Pienso mil veces al día que mi vida externa e interna se basa en el trabajo de otros hombres, vivos o muertos. Siento que debo esforzarme por dar en la misma medida en que he recibido y sigo recibiendo. Me siento inclinado a la sobriedad, oprimido muchas veces por la impresión de necesitar del trabajo de los otros".

Albert Einstein, Mi visión del mundo, 1934.

Índice

Prólogo

ANTONIO MARTÍN VALVERDE

La literatura política de nuestro tiempo manifiesta una marcada preferencia por el tema de los derechos de las personas y de los ciudadanos, así como una resistencia igual de fuerte (casi repulsión) hacia el tema de los deberes de unas y otros. La explicación no es misteriosa. En democracia la posición respectiva de los actores políticos — los líderes, los partidos, las organizaciones representativas de intereses — depende de su capacidad de persuadir o convencer a la ciudadanía en las competiciones o contiendas electorales. A su vez, por razones que saltan a la vista, la captación de voluntades en las elecciones se consigue en gran parte mediante promesas de ventajas al personal representado. Y tales promesas se formalizan normalmente o bien como reconocimiento o ampliación de derechos, o bien como exoneración de deberes. Es éste el normal (fisiológico) *modus operandi* del mercado político.

Pero el anterior proceso de intercambio se convierte en patológico cuando el funcionamiento de la interacción entre las demandas del electorado y las ofertas de las organizaciones políticas o representativas incurre en el vicio del populismo. Desde la perspectiva de análisis de la balanza de derechos y deberes el populismo significa: 1) prometer todos los derechos imaginables (políticos, económicos, sociales) sin considerar el coste o el precio; 2) proscribir el más mínimo "recorte" a las ventajas o derechos ya reconocidos a la generalidad de la población o a amplias capas de la misma; y 3) imponer que los deberes sean asumidos en exclusiva por las "minorías privilegiadas".

A lo anterior debe añadirse que los populistas suelen tener buen cuidado en no concretar demasiado cuáles son los miembros de las minorías privilegiadas. Así, suelen hablar de los "ricos", sin especificar el nivel de riqueza; suelen hablar de la rapacidad los empresarios, sin distinguir, de un lado, emprendimiento y actividades útiles o innovadoras, y de otro lado, empresas más o menos improductivas, monopolísticas o parasitarias; y suelen hablar, en fin, de los "instalados", de los "acomodados", o de las "rentas altas", sin mencionar el posible o probable mérito o esfuerzo en la adquisición de las posiciones o de las remuneraciones adquiridas.

Esta atracción hacia los derechos y resistencia hacia los deberes se ha trasladado, bien es verdad que con mayor moderación, a la propia doctrina jurídica. Como documenta cumplidamente el libro que prologamos, la teoría de los derechos fundamentales o constitucionales se encuentra mucho más desarrollada que la de los correspondientes deberes. Ello es así tanto en los juristas españoles como en los autores de los países de nuestro entorno; y tanto entre los constitucionalistas como también entre los propios laboralistas encargados, sin ir más lejos, de explicar la naturaleza y el alcance del deber de trabajar, reconocido entre nosotros en el artículo 35 de la Carta Magna.

En la base de estas desigualdades de enfoque y de atención hay algunas razones buenas y atendibles, y otras que no lo son tanto. Es lógico que los estudiosos de una Constitución que ha determinado la transición de un régimen autoritario a un régimen democrático se hayan aplicado con especial dedicación a las posiciones jurídicas activas que constituyen el bagaje de libertades y medios de acción de las personas y de los ciudadanos. Pero no es tan lógico afirmar o dar a entender que los deberes impuestos a los individuos o bien son meros residuos de la condición de "súbditos", o bien, a lo sumo, representan únicamente la otra cara o reverso de los derechos o libertades de los demás.

Respecto del deber de trabajar, la tendencia o tentación doctrinal a pasar de largo o ponerse de perfil es tal vez más explicable que en otros deberes constitucionales. Ello es así porque, en los ordenamientos democráticos liberales, el deber de trabajar ha de combinarse con otros principios y derechos — la libertad de trabajo y la libertad profesional o libertad de elección de profesión u oficio — que no sólo juegan en su mismo terreno, sino que operan claramente en sentido o dirección contrarios. Vale la pena detenerse un momento en esta cuestión clave de la teoría jurídica del trabajo.

Desde luego, la libertad de trabajo y la libertad profesional son incompatibles con una versión del deber de trabajar que signifique compulsión jurídica a la prestación de trabajo; es decir, imposición a los infractores de una medida sancionadora penal o administrativa. Es ésta, por cierto, la versión que ha caracterizado a los extintos regímenes de "socialismo real" europeo. En estos ordenamientos, como afirmaban antes de la caída del Muro los expertos juristas de la Alemania del Este, el derecho al trabajo y el deber de trabajar no constituían dos posiciones jurídicas diferenciadas sino que formaban una unidad indisoluble (*bilden eine Einheit*); se trataba, por tanto, de un derecho-deber o derecho-función directamente exigible y sancionable (penal o administrativamente) en caso de incumplimiento.

No se puede negar la coherencia dogmática de la formalización o construcción anterior. Pero es evidente también que el precio sustantivo de la misma es el sacrificio de la libertad y de la autonomía de la persona en un aspecto de la vida tan crucial como el despliegue de la actividad productiva. En suma, el dilema libertad de trabajo/deber de trabajar se resolvía en estos ordenamientos sacrificando por completo a la primera en el altar del segundo.

Cabe también la solución radical contraria, que atribuye a la libertad de trabajo un papel de dominio absoluto, degradando el deber de trabajar a una posición de "deber moral", jurídicamente inoperante. Era ésta, con las mismas palabras, la declaración del artículo 163 de la Constitución de Weimar. Y, acaso también era ésta, aunque no nos corresponda dilucidarlo aquí, la tesis acogida en el artículo 46 de la Constitución de la II República, cuando reconocía el "trabajo, en sus distintas formas", como una mera "obligación social".

Pero cabe además, por supuesto, una tercera vía entre la exigencia *in natura* del deber de trabajar y el desvanecimiento total del mismo como imperativo moral carente de relevancia jurídica. Esta conjugación o combinación entre la libertad y el derecho al trabajo, de un lado, y el deber de trabajar, de otro, se apoya en dos premisas: 1) el reconocimiento de la libertad y del derecho al trabajo como un derecho-facultad; y 2) el refuerzo del deber de trabajar, en caso de incumplimiento, no con medidas sancionadoras negativas (sanciones propiamente dichas), sino mediante estímulos o incentivos indirectos (denominados a veces, acaso con cierta impropiedad, sanciones "positivas"). Se trata, en suma, de asignar determinadas ventajas o derechos materiales sólo a quienes hayan cumplido el deber de trabajar, denegándolas en paralelo a los infractores del mismo.

El instituto jurídico que manifiesta de forma más elocuente esta tercera vía en la interacción de las posiciones jurídicas en torno al trabajo es seguramente la protección por desempleo en la Seguridad Social. En efecto, desde la primitiva Ley del Seguro de Desempleo de 1961, se exige para el reconocimiento de la prestación que el parado no haya rehusado una "oferta adecuada" de empleo. Con una u otra formulación, y con más o menos (más bien poco) rigor en la exigencia administrativa, este requisito está inspirado claramente en lo que la Constitución de 1978, y sus homólogas de otros tiempos y otros países, han denominado deber de trabajar. El solicitante o el beneficiario de la prestación no puede rechazar una oportunidad de trabajar que se ajuste a sus circunstancias profesionales (cualificación, aptitudes) y personales (residencia, disponibilidad de tiempo por cargas familiares, etcétera); y, si la rechazara, incurriría en incumplimiento del deber de trabajar, no adquiriendo (o perdiendo) la prestación solicitada (o concedida).

Es más, la clásica definición legal de la contingencia de desempleo, como estado o situación de quien ha perdido y/o no encuentra trabajo *pudiendo y queriendo* trabajar, lleva implícita la congruente exigencia al parado o desempleado de una conducta o actitud de aceptación o no rechazo injustificado del trabajo ofrecido. La disposición a aceptar una oferta adecuada de empleo es, así, no sólo un requisito, sino un elemento constitutivo del propio concepto de la situación de necesidad protegida.

****

En la monografía que tengo la satisfacción de prologar Francisco Vigo Serralvo se ha adentrado con total determinación en el tempestuoso objeto de estudio que, como evidencian las consideraciones anteriores, constituye hoy día el deber de trabajar. Y lo ha hecho con una ambición y un coraje intelectual insólitos en los tiempos que corren. Ninguno de los aspectos o vertientes significativos del tema, desde los más generales o abstractos a los más específicos de nuestro ordenamiento o del actual momento histórico, han sido soslayados.

No se ha soslayado lo que pudiéramos llamar la base antropológica del deber o necesidad de trabajar en el estado de naturaleza, que es la condición menesterosa del hombre, a quien para sobrevivir no le basta con el instinto, como a los animales *sensu stricto,* sino que necesita el trabajo o esfuerzo productivo planeado. No se ha soslayado tampoco la transformación en las sociedades organizadas de la necesidad natural de trabajar en el deber social de trabajar, con la consiguiente proscripción de la vida parasitaria. Asimismo, no se ha sorteado la conexión originaria del deber de trabajar, en su actual configuración jurídica, con las revoluciones liberales que marcaron el final del "Antiguo

Régimen". Tampoco se ha negado, con una óptica más próxima, la atención debida a la comparecencia tardía y a las mutaciones posteriores del deber de trabajar en el constitucionalismo europeo. Ni se ha eludido, en fin — ya dentro de la posición dogmática de "tercera vía" que Vigo Serralvo adopta sin vacilar —, el doble plano de análisis del deber de trabajar: de un lado como deber constitucional y, de otro lado, como principio informador o inspirador de la legislación; de la legislación social en primer lugar, y también de la legislación de otros sectores del ordenamiento: civil. administrativo, tributario.

El mérito principal del planteamiento de la obra, que es este propósito de abordaje integral de los distintos aspectos — sustantivos y formales; históricos y actuales — del deber de trabajar, nos pone en la pista, al mismo tiempo, de alguna de sus posibles y tal vez inevitables debilidades. Los lectores expertos acaso las podrán detectar. Pero el valor de un estudio sobre un tema poco explorado, como lo es el presente, estriba más en las perspectivas y territorios que descubre que en la plenitud de aciertos en las soluciones a las cuestiones concretas que aborda. Aciertos que, de todas maneras, son muchos e importantes en el libro prologado. Me voy a detener en tres de ellos que tienen, a mi juicio, especial valor.

El primero radica en una distinción que impregna el conjunto de la obra entre dos conceptos que pueden y suelen utilizarse indistintamente: la obligación de trabajar y el deber de trabajar. En general, el uso indiferenciado de obligación y deber no parece objetable. Pero en el contexto de un estudio monográfico sobre el deber de trabajar la diferenciación resulta sumamente útil.

La obligación de trabajar apunta a una vinculación, bien de origen legal o bien de origen contractual, entre dos sujetos determinados, cuyo objeto es una prestación de servicios también determinada. El deber de trabajar, en cambio, no vincula al individuo o al ciudadano con una concreta persona o entidad (física o jurídica, privada o pública), sino con la comunidad política a la que pertenece. Quien satisface una obligación de trabajar está cumpliendo, desde luego, el deber constitucional de trabajar. Pero este deber es previo y presenta una configuración jurídica distinta, tanto en su origen (deber constitucional o fundamental), como en sus elementos constitutivos (sujetos, conducta debida), como en los medios (indirectos o "promocionales") de exigencia de su cumplimiento.

Una de las tesis originales del estudio de Vigo Serralvo — y éste es el segundo acierto mayor que me he propuesto destacar — es la vinculación íntima que establece entre el deber de trabajar y el denominado "modelo profesional" de la Seguridad Social. De acuerdo con esta tesis, la atribución en la acción protectora de la Seguridad Social de un papel protagonista al trabajo es un imperativo, o al menos una consecuencia lógica, de la imposición del deber de trabajar y de la subyacente valoración del trabajo como ingrediente esencial de la vida en sociedad.

Si bien se mira, este protagonismo del trabajo en la protección social se manifiesta en dos niveles distintos. De un lado, en la definición de las principales contingencias y situaciones de necesidad protegidas: el accidente de trabajo, la incapacidad laboral temporal, el desempleo o pérdida de la ocupación, la graduación de la invalidez permanente atendiendo a la capacidad residual para la actividad productiva, la jubilación o retiro del empleo. Pero la valoración del trabajo en el ordenamiento de la Seguridad Social se manifiesta, además, en la intensidad mayor de la protección "aseguratoria" de quienes han desarrollado una vida laboriosa; lo cual tiene lugar, a su vez, o bien mediante la modulación de las prestaciones en función de los "períodos de seguro" (de trabajo "asegurado"), o bien mediante la asignación de prestaciones distintas y/o más elevadas a quienes han padecido situaciones de necesidad debidas a "riesgos profesionales".

En la hipótesis de no acreditación de una vida de trabajo, los denominados riesgos o contingencias sociales comunes, como el accidente, la enfermedad, la vejez, o la dependencia, las personas necesitadas no quedan en verdad desprotegidos; pero tienen derecho solamente a una protección de nivel “asistencial”.

El tercer acierto de la monografía prologada sobre el que me interesa llamar la atención es la confrontación del deber constitucional de trabajar con determinadas propuestas normativas de “renta básica universal”, que han adquirido en los últimos años una explicable popularidad. Estas propuestas mantienen por razones evidentes una “relación conflictiva” con el deber de trabajar. Probablemente no en todos los supuestos imaginables; pero sí cuando lo que pretenden no es la garantía de la protección de necesidades, sino el reconocimiento de una especie de derecho a la ociosidad o vida ociosa independiente del trabajo.

El éxito actual de las propuestas de renta universal cabalga, de un lado, sobre la constatación de que el desarrollo de la técnica permite hoy día, para el grueso de la población, la satisfacción de necesidades vitales con escaso esfuerzo; y, de otro lado, sobre la abundante literatura referente a la liberación de la penosidad y de la monotonía que suelen acompañar a la actividad de trabajo. Estos dos fueron también, *mutatis mutandis,* los ingredientes que sirvieron a Paul Lafargue, hace casi ciento cincuenta años, para argumentar sobre su famoso “Derecho a la pereza”, donde, entre otras cosas, propugnaba la prohibición de trabajar más de tres horas diarias. No se puede negar el atractivo inmediato de estas proposiciones; e incluso no voy a negar el interés teórico de la discusión entablada en torno a las mismas. En cualquier caso, cuando traspasan la línea divisoria de un saludable “derecho al ocio” para afirmar la ociosidad como proyecto de vida, me producen inevitablemente la impresión de ensoñaciones que terminan de manera fatal cuando suena el despertador.

Introducción

Nos ha resultado sugerente constatar que el deber constitucional de trabajar careciese, hoy día, de un estudio monográfico. A pesar del considerable volumen de literatura laboralista y constitucionalista que se produce, una de las cláusulas laborales más identitarias de nuestra norma fundamental ha quedado parcialmente desatendida. Existen en España, no lo desconocemos, varios artículos o comentarios en obras colectivas, algunos de ellos muy valiosos, que indagan sobre el significado del deber de trabajar y tratan de descifrar su proyección sobre la realidad social y económica. Estas inquisiciones sobre el deber de trabajar, siendo escasas, aparecen, además, en comentarios doctrinales de más amplio alcance, normalmente referidos al artículo 35 de la Constitución española de 1978 y a las diferentes instituciones que allí se recogen –el deber de trabajar, el derecho al trabajo, a la libre elección de oficio, a la remuneración suficiente, a la no discriminación...–. Ninguno de estos estudios, sin embargo, reserva al deber de trabajar un lugar protagonista. A nivel internacional, el panorama no es muy distinto. A pesar de que muchas constituciones nacionales han proclamado el deber de trabajar, no hemos detectado ningún volumen monotemático sobre esta concreta prescripción.

La ausencia de tratados sobre el deber de trabajar, al tiempo que añadía un importante estímulo para la realización de este estudio, nos invitaba a reflexionar preliminarmente sobre su pertinencia: Tal omisión ¿acaso puede estar justificada por el nulo interés de este asunto? Ciertamente, entre los escasos comentarios doctrinales al deber de trabajar no faltan los que dictaminan que nos encontramos ante una cláusula constitucional vacía de contenido, que sería una suerte de *admonición moral* carente de cualquier relevancia jurídica. Estas opiniones, a su vez, pueden insertarse en una tendencia más amplia que niega cualquier valor jurídico a la generalidad de los deberes constitucionales. Al constatar esas valoraciones escépticas sobre la juridicidad del deber de trabajar –y sobre el resto de los deberes constitucionales, en general– nos preguntábamos si al afrontar este estudio no estaríamos realmente labrando sobre un terreno estéril. Esta fue nuestra monomanía durante las labores preparatorias de este libro. Tras sondear los distintos pronunciamientos doctrinales al respecto y bocetar algunos esquemas, llegamos a concluir, al menos provisionalmente, la pertinencia de un estudio monográfico sobre el deber de trabajar[1] y ello, a partir de varias certezas y alguna intuición:

- Entre las primeras, entre las certezas, una de las principales razones que nos movió a la realización de esta obra fue el extenso reconocimiento con el que cuenta el deber de trabajar en el constitucionalismo comparado. Muchas de las normas fundamentales del planeta contienen

[1] La superación de estas inquietudes preliminares resultó posible gracias a la ayuda de algunas personas, cuya retroalimentación ha sido crucial para la consumación de esta obra. Entre ellas, ocupa una posición destacada el profesor Martín Valverde. Cada una de las conversaciones que han precedido la publicación de este libro deja muchas lecciones indelebles, sobre los aspectos más técnicos o teóricos del Derecho del Trabajo, pero también sobre los valores de rectitud y sinceridad que deben pautar la labor de investigación académica. Esta insaldable deuda de gratitud es extensible a otros colegas que han dedicado parte de su tiempo, sustrayéndolo de otros asuntos más edificantes, a la confrontación de algunas de las ideas recogidas en este escrito. Entre ellos, en un orden no prelativo, están el profesor Gil y Gil, de la Universidad de Alcalá de Henares, y los profesores Márquez Prieto, Trujillo Pérez, Salas Porras y Rueda Monroy, todos de la Universidad de Málaga. Las eventuales bondades de esta obra solo son a ellos atribuibles. Sus notables defectos, a la negligencia y la contumacia de su autor.

alguna cláusula que encomia la participación laboral de sus ciudadanos. Esta constatación nos obligó a otorgarle apriorísticamente alguna importancia a dicho deber. La expansión generalizada de este en muchos países –los cuales cuentan con tradiciones jurídicas muy dispares entre sí– nos sugirió que, fuese cual fuese el resultado final de nuestro análisis, aunque llegásemos en este a descartar cualquier significancia jurídica del deber constitucional de trabajar, sería conveniente abordar hondamente el asunto para validar y afianzar esta opinión escéptica de la manera más fundada posible. Si alcanzásemos esa conclusión, la que niega cualquier efectividad al deber de trabajar, nos parecería aun así interesante identificar las causas que explican el generalizado reconocimiento de un deber como este, hipotéticamente vacío de contenido.

- Otra certeza que nos inclinó a la realización de este estudio viene dada por nuestra adhesión a una concepción positivo-formal del Derecho, la cual nos impide aceptar la total irrelevancia de una norma plasmada en el texto vigente de una constitución. La norma, una vez positivizada, adquiere pleno valor jurídico, y resulta vinculante para quienes se hallen comprendidos en su ámbito de aplicación. De lo contrario, si redujésemos la norma a una mera declaración de intenciones, sería imposible distinguir lo jurídico de lo político o lo moral. Desde este planteamiento, aceptábamos axiomáticamente que la cláusula constitucional que reconoce el deber de trabajar es, *per se*, válida, y que a ello no se opone la falta de sanciones tendentes a hacerla efectiva. En este sentido, sería fácil mencionar otros deberes fundamentales cuya exigibilidad resulta incuestionable, a pesar de que carecen también de medidas de ejecución previstas en la constitución. Esto evidencia que la exigibilidad de los deberes constitucionales no depende tanto de su configuración constitucional, como de su posterior desarrollo legislativo. Si el deber de trabajar resulta más o menos vinculante será consecuencia de la actuación desarrolladora del legislador, cuya corrección tendrá que ser enjuiciada a partir de las disposiciones del propio texto constitucional.

- Por último, ya con relación a las percepciones intuitivas, también nos movió a la elaboración de este estudio la sospecha de que el deber de trabajar ocupa una posición muy relevante en el engranaje jurídico-político del Estado social. Esta intuición viene en buena medida condicionada por un estudio previo en el que indagábamos sobre el significado histórico del derecho al trabajo[2]. Allí concluíamos que este derecho, a pesar de su inefectividad contemporánea, resultaba crucial para comprender la configuración de nuestros sistemas de protección social. Además, afirmábamos en ese otro estudio que el derecho al trabajo y el deber de trabajar estaban estrechamente emparentados y que ambos expresan una opción política-constituyente que prioriza valorativamente la vida laboriosa. A partir de tales conclusiones, nos proponemos ahora complementar aquel estudio para abordar el elemento menos estudiado de este binomio: el deber de trabajar, en la confianza de que su análisis propiciará una mejor comprensión del Estado social: de su conceptualización actual, pero también de sus antecedentes y sus posibilidades futuras.

---

2 VIGO SERRALVO, F., *El derecho al trabajo. Un primigenio y alternativo proyecto de Estado social*, Cizur Menor, Thomson-Reuters Aranzadi, 2019.

Todas estas ideas iniciales son las que nos condujeron a la realización de este estudio y, también, las que acabaron determinando su hipótesis de partida, la cual puede formularse del siguiente modo: El deber constitucional de trabajar es una disposición jurídica plenamente válida y eficaz, con independencia de la inexistencia de sanciones directas que castiguen su incumplimiento, que explica la configuración jurídico-política del Estado social e influye determinantemente en las posibilidades regulatorias del legislador ordinario. Tal hipótesis, como puede observarse, comprende al menos tres conjeturas diferentes, a saber: a) Que el deber de trabajar es una disposición normativa eficaz o vinculante, en contra de lo que ha mantenido un nutrido bloque doctrinal, en España y en el extranjero. b) Que el deber de trabajar es un elemento imprescindible para la comprensión teorética de nuestro modelo de Estado social, que explica la particular estructura protectora que este adoptó frente a otras opciones políticas imaginables. c) Que el deber de trabajar, como consecuencia de la eficacia que le atribuimos, debe influir, y de hecho ha influido, en el contenido de la normativa sociolaboral de rango infraconstitucional. En términos positivos, marcando cierta orientación sobre la legislación vigente, y, en términos negativos, rechazando algunas soluciones normativas incompatibles con dicho deber.

1. ESTADO DE LA CUESTIÓN

Como exponíamos, una de las principales motivaciones que impulsan la realización de esta obra es la parcial desatención doctrinal que ha encontrado el deber de trabajar. De entrada, este se incardina en una categoría, la de los deberes constitucionales, ciertamente preterida por los estudios de Derecho Político o Constitucional. En efecto, como tendremos ocasión de constatar en un epígrafe específico, los deberes constitucionales tienen una escasa trascendencia, como consecuencia de su abierta formulación constitucional, pero, sobre todo, como derivada del escepticismo general que existe en cuanto a su juridicidad. Es este escepticismo, como veremos luego, el que justifica la minusvaloración o desatención académica de los deberes constitucionales[3].

---

[3] En España, solo hemos localizado una obra que afronta de manera omnicomprensiva el asunto de los deberes constitucionales: Esta es la tesis doctoral efectuada bajo la dirección del profesor Peces-Barba Martínez por el profesor DE ASIS ROIG, R., *Deberes y obligaciones en la Constitución*, publicada en Madrid en 1991 por la editorial Centro de Estudios Políticos y Constitucionales. Adicionalmente, de manera también excepcional, hemos localizado obras sobre deberes específicos, como la tesis doctoral de la profesora PAUNER CHULVI, C. sobre *El deber constitucional de contribuir al sostenimiento de los gastos públicos*, efectuada en la Universitat Jaume I bajo la dirección de las profesoras García Mahamut y Rallo Lombarte; publicada, al igual que la anterior, por la editorial Centro de Estudios Políticos y Constitucionales en el año 2001. Si escrutamos ahora los artículos académicos o secciones de obras colectivas, de tratados o de manuales, sí encontramos algunos comentarios sobre los deberes constitucionales sumamente relevantes y que coinciden, por lo general, en denunciar la desatención a la que estamos aludiendo. Dentro de la doctrina española pueden referirse, sin una estricta vocación exhaustiva, los siguientes artículos: PECES-BARBA MARTÍNEZ, G., "Los deberes fundamentales", *Doxa. Cuadernos de Filosofía del Derecho*, núm. 4, 1987, pp. 329-341; RUBIO LLORENTE, F., "Los deberes constitucionales", *Revista Española de Derecho Constitucional, núm.* 62, 2001, pp. 11-56; DÍAZ REVORIO, F. J., "Derechos humanos y deberes fundamentales: Sobre el concepto de deber constitucional y los deberes en la Constitución Española de 1978", *Revista IUS*, núm. 5 vol. 28, 2011, pp. 278-310. También encontramos algunos capítulos específicos sobre los deberes constitucionales en los principales manuales de Derecho Constitucional. Aquí nos han servido de ayuda los de ESPÍN TEMPLADO, E. "Los deberes constitucionales", en LÓPEZ GUERRA, L. *et al. Derecho constitucional vol. I.*, Valencia, Tirant lo Blanch, 2010, pp. 179-190; PIZZORUSSO, A., *Lecciones de*

Si ese ostracismo es predicable del conjunto de los deberes constitucionales, como categoría jurídica propia, en el caso del deber de trabajar se da de manera singularmente acusada. En este sentido, no solo hemos advertido la ausencia de estudios monográficos sobre el particular, sino que solo con dificultad hemos encontrado algún artículo o capítulo de libro en el que el deber de trabajar ocupe una posición relevante. Así ocurre, sin ningún género de dudas, en la literatura académica nacional, donde, como advertíamos, la mayoría de los pronunciamientos sobre el deber de trabajar forman parte de estudios más amplios sobre el artículo 35 de la Constitución y los distintos elementos que lo componen. Aunque hemos encontrado

---

Derecho Constitucional, tomo I, CEC, Madrid, 1984, y RUÍZ ROBLEDO, A., *Manual de Derecho Constitucional,* Valencia, Tirant lo Blanch, 2022. En la doctrina internacional tampoco los deberes constitucionales han acaparado una excesiva atención, con la salvedad, acaso, de la doctrina italiana, en la que, como consecuencia de la importancia que la norma fundamental de este país atribuye a los deberes, encontramos algunas notables contribuciones monográficas al respecto: Es el caso de LOMBARDI, G. M., *Contributo allo studio dei doveri costituzionali,* Milán, Giuffrè, 1967; POLACCHINI, F., *Doveri costituzionali e principio di solidarietà,* Bolonia, Bolonia University Press, 2016; VIOLANTE, L., *Il dovere di avere doveri,* Turín, Giulio Einaudi Editore, 2014. Algunos artículos relevantes en la doctrina internacional sobre los debres constitucionales son, con idéntica pretensión enunciativa, PONCE DE LEÓN SOLÍS, V., "La función de los deberes constitucionales", *Revista chilena de derecho* núm. 44. vol. 1, 2017, pp. 133-158; WEST, R., "Unenumerated duties", *Georgetown Law Faculty Publications and Other Works,* núm. 404, vol. 9, 2006, pp. 221-261; MILLER, A. S., "Toward a Concept of Constitutional Duty", *The Supreme Court Review* 1968, pp. 199-246; LANCHESTER, F., "Los deberes constitucionales en el derecho comparado", *Revista de derecho constitucional europeo,* núm. 13, 2010, pp. 67-82; o GROSSO, E., "I doveri costituzionali", en *Lo statuto costituzionale del non cittadino,* Nápoles, Jovene, 2010, pp. 229-280.

en estos estudios algunos pronunciamientos muy valiosos para nuestra investigación, en la mayoría de las ocasiones las alusiones al deber de trabajar aparecen como "consideraciones sumarias"[4], complementarias de un estudio sobre el más preeminente derecho al trabajo[5]. Si acudimos a la doctrina jurídica

---

4 Así lo valoró hace bastante tiempo el profesor Alarcón Caracuel, aunque el panorama actual no es muy distinto al de entonces. CARACUEL ALARCÓN, M. R., "Derecho al trabajo, libertad profesional y deber de trabajar", *Revista de Política Social. Instituto de Estudios Políticos*, vol. 121, 1979, pp. 5-39, p. 6.

5 En esta línea encontramos dos artículos clásicos, pero plenamente vigentes, publicados en los albores del actual régimen constitucional: el primero, del profesor MARTÍN VALVERDE, A. con el título de "Pleno empleo, derecho al trabajo, deber de trabajar en la Constitución española de 1978", *Derecho del trabajo y de la Seguridad Social en la Constitución: ponencias revisadas presentadas al Simposio sobre este tema celebrado en el Centro de Estudios Constitucionales en mayo-junio 1979*, 1980, pp. 185-204; el segundo, el ya citado del profesor CARACUEL ALARCÓN, M.R. rotulado "Derecho al trabajo, libertad profesional y deber de trabajar"... *op.cit.* Como puede intuirse por sus títulos, ambos estudios abordan el deber de trabajar dentro de un análisis más amplio del art. 35 CE´78. Algo similar, aunque en un formato monográfico, ocurre en el muy valioso estudio doctoral del profesor SASTRE IBARRECHE, R. efectuado en la Universidad de Salamanca bajo la dirección del profesor Palomeque López, y que fue publicada con el título: *Derecho al trabajo*, por la editorial Trotta, en Madrid, 1996. Aunque allí se recogen algunas consideraciones muy hondas sobre el significado del deber de trabajar, estas no constituyen el objeto principal del análisis, sino que se introducen a modo de complemento necesario para contextualizar y ponderar el significado del derecho al trabajo –de forma central, esto ocurre en las páginas 91 a 95–. Y es que, como tendremos ocasión de comprobar más adelante, el deber de trabajar y el derecho al trabajo están estrechamente emparentados hasta el punto de que resultaría indolente cualquier análisis que no repare en sus relaciones recíprocas. Eso justifica que el deber de trabajar haya sido abordado tangencialmente en otras tantas obras que inquieren sobre

internacional, aunque posiblemente no hayamos logrado un escrutinio exhaustivo, observaremos que tampoco aquí el deber de trabajar ha encontrado un abordaje monográfico a pesar de que, como dijimos, se trata este de un deber con un amplio reconocimiento en el Derecho constitucional comparado. Sí hemos encontrado en este más amplio ámbito, empero, algún artículo doctrinal o capítulo de obra colectiva que lo toma como protagonista[6]. También algunos volúmenes en los que la atención al deber de trabajar, aun incrustado en un estudio sobre el derecho al trabajo, alcanza una profundidad reseñable, pero sin aspirar en ningún caso a tratar todas las dificultades interpretativas y aplicativas que caracterizan dicho deber[7].

---

el contenido social de la Constitución. Como contribuciones a obras colectivas, apenas hemos conocido un reciente capítulo de libro que toma dicho deber como tema de estudio central, aunque de forma breve y con un propósito bien distinto al que aquí perseguimos: nos referimos al comentario de PINTO FONTANILLO, J.A., titulado "El deber de trabajar: Fundamentación racional y fundamentación jurídica", insertado en la obra colectiva *El derecho entre concepciones sistemáticas y visiones literarias,* la cual fue publicada en Madrid por la editorial Dynkinson en el año 2019 (A.A.V.V., dirs. Fuertes-Planas, C. y Sánchez de la Torre, A.A.).

6 SCAGLIARINI, S., "Il dovere costituzionale al lavoro", A.A.V.V. (Mattarelli, S. Casadei, F. eds.), *Il senso della Repubblica,* Franco Agnelli, Milán, 2007, pp. 99-117. También el deber de trabajar se ha estudiado desde la filosofía del Derecho, paradójicamente, en ámbitos geográficos donde se desconoce este deber a nivel constitucional: Así ocurre en varios ensayos de autores anglosajones, como el más remoto de BECKER, L.C., "The obligation to work", *Ethics* núm. 91, vol. 1, 1980, pp. 35-49 y, el más reciente, de CHOLBI, M., "The Duty to Work", *Ethical Theory and Moral Practice,* vol. 21, núm. 5, 2018, pp. 1119–1133.

7 ROMAN, D., "Devoir de travailler et protection sociale: d'une problématique de la «dette sociale» à la question des «devoirs sociaux»", *Revue de droit sanitaire et social,* núm. 1, 2009, pp. 63-78; PAZ-FUCHS,

Afirmaremos entonces, al menos preliminarmente, que el deber constitucional de trabajar no ha encontrado, a nivel nacional o internacional, un tratamiento exhaustivo y acorde a la destacada posición que ocupa en muchos ordenamientos jurídicos. No es, sin embargo, la mayor extensión de este estudio lo que aportaría algún valor añadido al estado actual de la cuestión. Acaso ese mayor detenimiento aporta la ventaja de compendiar, en una única obra, algunas de las conclusiones que hasta ahora aparecen desperdigadas en diferentes escritos sobre este deber constitucional; pero, sobre todo, lo que nos proponemos es abordar algunos aspectos de ese deber que han quedado total o parcialmente desatendidos. Entre estos encontramos la evolución de este deber en las diferentes constituciones históricas, la influencia que proyecta sobre el ordenamiento infraconstitucional y los mecanismos a través de los cuales se promueve su cumplimiento. También aspiramos a abundar en otras cuestiones que, si bien han sido tratadas en algunos de los estudios ya existentes, no son del todo pacíficas. Entre estas otras materias incluimos la fundamentación ético-política del deber de trabajar, la conducta exigida por dicho deber o sus relaciones con otros preceptos constitucionales.

A., "The Right to Work and the Duty to Work", en A.A.V.V. (ed. Mantouvalou V.), *The Right to Work: Legal and Philosophical Perspectives*, Londres, Hart Publishing, 2014, pp. 177–194; MANCINI, G.F., *Costituzione e movimento operaio*, Bolonia, Il mulino, 1976; y NATOLI, U., *Limiti costituzionali dell'autonomia privata nel rapporto di lavoro*, Milán, Universià degli Studi di Camerino, Ristampe 1955. También puede incluirse una obra que nos ha servido de muy valiosa ayuda: un comentario a la Constitución Italiana con profusas las alusiones al deber de trabajar recogidas en MANCINI, G.F., "Art. 4", A.A.V.V. (dir. Branca, G.), *Commentario della costituzione. Articoli 1-12*, pp. 199-277.

Obviamente, no nos proponemos resolver conclusivamente todas las incógnitas que se derivan del reconocimiento constitucional del deber de trabajar. Tal objetivo sería, más que pretencioso, inalcanzable. La temática que abordamos requiere de un debate académico sosegado, amplio y plural, integrado por multitud de contribuciones con las que, de forma sucesiva y complementaria, se vayan despejando cada una de las dudas asociadas a esta cláusula constitucional. Con un objetivo mucho más modesto, más que agotar o resolver dicho debate, nos proponemos, a lo sumo, estimularlo y enunciar algunos de los asuntos que deberán someterse a su consideración. El fin que nos marcamos es el de lograr una aproximación al estado de la cuestión que, a fuer de general, acabará siendo superficial en muchos de sus aspectos. De este modo, si acaso a este estudio se le pudiera atribuir algún mérito, no sería la exhaustividad analítica ni la lucidez propositiva, sino apenas la recuperación en la discusión académica de una cuestión que, de nuevo, consideramos muy relevante para la comprensión de nuestro actual Estado social de Derecho[8].

2. CONTENIDO Y ESTRUCTURA DEL TRABAJO

Es este el momento de aclarar que, aunque principalmente tomaremos como referente el deber de trabajar que encontra-

---

8 En suma, hacemos nuestras las palabras recogidas en uno de los pocos escritos académicos recientes sobre el deber de trabajar, en el que se presenta a este como "un pilar del estado moderno y del bienestar común", y se hace un llamamiento a revisar la importancia de dicho deber, "desde distintos enfoques: conceptuales, históricos, racionales y jurídicos, en aras de proponer la conveniencia de otorgarle una mayor visibilidad en nuestro sistema jurídico" PINTO FONTANILLO, J.A., "El deber de trabajar... *op.cit.*, p. 265.

mos proclamado en la Constitución española, en buena parte de nuestro estudio se aludirá a un deber jurídico de trabajar abstracto, aislado de cualquier sistematización normativa concreta. Y es que pensamos que la configuración de este deber es, en su esencia, muy similar en los distintos textos constitucionales, por lo que opinamos que es susceptible de un abordamiento omnicomprensivo; que muchas de las conclusiones que se alcancen sobre su significado jurídico son extrapolables, *mutatis mutandi*, a los diferentes ordenamientos que han acogido este deber entre sus normas básicas. Este modo de operar se aplicará más intensamente en los primeros capítulos de nuestro estudio, pues las cuestiones que allí se abordan –como enseguida veremos: la fundamentación moral de este deber, la caracterización dogmática de los deberes constitucionales, su desarrollo histórico…– explican la proclamación del deber de trabajar y su problemática interpretativa en el conjunto de los sistemas normativos que lo han constitucionalizado.

En efecto, los primeros capítulos de esta obra, algo más abstractos, buscan justificar por qué el deber de trabajar encuentra un reconocimiento generalizado y por qué, sin embargo, su eficacia es permanentemente cuestionada. Para ello, comenzaremos acercándonos a los fundamentos morales y políticos de dicho deber para comprender así, al menos tentativamente, de dónde proviene su legitimidad material. Asumiendo que el Derecho positivo ofrece escasos criterios útiles con los que lograr una interpretación clara del deber de trabajar, buscaremos a través de su fundamentación ética promover una lectura teleológica de dicho deber: si descubrimos qué motivos justifican su positivización, acaso podríamos comprender la finalidad con la que se introduce en los respectivos textos constitucionales y, a partir de ahí, deducir la conducta concreta que impone este deber y la influencia que proyecta, o debería proyectar, sobre el conjunto del ordenamiento jurídico.

A continuación, en el capítulo segundo, analizaremos los antecedentes históricos del deber de trabajar a través de las distintas normas políticas que lo han proclamado. Observaremos en este apartado que las dudas en cuanto a su eficacia o su exigibilidad han sido una constante histórica, si bien ha habido regímenes y períodos en los que el deber de trabajar fue un deber perfecto respaldado por instrumentos punitivos muy severos. Comprobaremos, también en este epígrafe, la alta connotación ideológica que históricamente ha tenido el deber de trabajar y cómo, durante la primera mitad del siglo XX, encontró formulaciones alternativas que marcaban las diferencias entre los distintos sistemas político-económicos que escindían el globo. Cerraremos este capítulo aludiendo a la aparición histórica del deber de trabajar en el constitucionalismo español.

Seguidamente, ya en un tercer capítulo, expondremos los motivos que llevan a un nutrido sector doctrinal a negar la naturaleza jurídica del deber de trabajar. Para ello, necesariamente tendremos que acercarnos previamente a un debate académico de más amplio alcance: el que discute la trascendencia jurídica del conjunto de los deberes constitucionales. Y es que, como se verá, esta categoría normativa está expuesta a una crítica común: desde algunas corrientes positivistas –principalmente, las herederas de Kelsen– se alega que, en la medida que los deberes constitucionales son formulaciones genéricas y carecen de mecanismos de sanción explícitos, no son normas jurídicas plenas. Esto explica la frecuente minusvaloración de estas disposiciones en el debate doctrinal y, particularmente, los recelos en torno a la eficacia del deber de trabajar, el cual, dentro del conjunto de los deberes constitucionales, es, acaso, uno de los más indeterminados y, también, uno de los más ignorados por la labor desarrolladora del legislador.

En el capítulo cuarto, acaso uno de los centrales de nuestro estudio, concentraremos las principales cuestiones críticas que atañen al deber de trabajar: La conducta exigida por este deber, su ámbito subjetivo de aplicación o su significado político-constituyente. También aludiremos en él a las relaciones del deber de trabajar con otras previsiones constitucionales: principalmente con el derecho al trabajo, la interdicción de trabajos forzosos y la libertad de mercado.

En el capítulo quinto, el penúltimo, presentaremos la proyección que tiene el deber de trabajar en la normativa infraconstitucional. Aquí nos referiremos prioritariamente a la legislación española, aunque estimamos que la influencia del deber de trabajar sobre la legislación ordinaria es similar en el conjunto de sistemas normativos que acogen un deber constitucional de este tipo. Distinguiremos entre aquellas normas que se ven más estrechamente influenciadas por el deber constitucional de trabajar, principalmente las que integran el llamado Derecho social; y aquellas otras que, sin estar directamente vinculadas a este precepto constitucional, responden de algún modo a la preferencia valorativa por el trabajo que este deber expresa. Justificaremos que también para la legitimación de estas otras disposiciones el deber de trabajar despliega una función esencial dentro de nuestro sistema normativo.

Finalmente, en el capítulo sexto nos referiremos a la relación conflictiva –o excluyente, según defenderemos– que se da entre el deber constitucional de trabajar y las propuestas de universalización de la protección social. Nos referimos a los intentos de superar el principio profesional-contributivo como criterio para la concesión de beneficios sociales que es, en definitiva, la pretensión que subyace detrás de la renta básica universal, la renta de ciudadanía u otras propuestas afines. Aunque el objetivo principal de este estudio no es demostrar la incompatibilidad entre el deber de trabajar con este tipo de proposiciones, la mayor difusión mediática de las mismas nos proporciona un ejemplo idóneo para verificar la limitación que introduce dicho deber sobre las posibilidades de actuación de legislador ordinario. Si el capítulo sexto se refiere a la proyección positiva que despliega el deber constitucional de trabajar sobre la legislación ordinaria, este otro, el último, muestra cómo dicho deber ejerce también una influencia negativa, oponiéndose a aquellas disposiciones legales que dejen sin efecto la imposición básica que este contiene.

I. Fundamentos éticos del deber de trabajar

1. LA FUNDAMENTACIÓN ÉTICA COMO BASE INTERPRETATIVA DE LOS DEBERES CONSTITUCIONALES

¿Por qué un apartado de fundamentos morales y políticos en un estudio que quiere catalogarse como jurídico? Por el convencimiento de que tales consideraciones, aun liminares e incompletas, resultan imprescindibles para descifrar la voluntad constituyente que se esconde detrás de la codificación del deber de trabajar. Aunque particularmente asumimos la autonomía entre ambos planos normativos: el moral y el jurídico, no llegamos a concebirlos como compartimentos absolutamente estancos. En efecto, aunque formalmente se configuren como categorías inconexas, puede constatarse cómo empíricamente entre ellas existe –o al menos así debería ser idealmente– cierta dependencia. Como expresó el profesor Peces-Barba Martínez: "la distinción entre Derecho y moral no debe dificultar el esfuerzo por constatar las conexiones entre ambas normatividades en la cultura moderna, ni la lucha por la incorporación de criterios razonables de moralidad en el Derecho, ni tampoco la crítica desde criterios de moralidad al Derecho válido"[9].

---

9 PECES BARBA-MARTÍNEZ, G., *Introducción a la Filosofía del Derecho*, Madrid, Debate,1983, p. 159.

Lo contrario, el total desapego del Derecho y la moral compartida por la comunidad política que este está llamado a regular, revelaría una falla esencial en el sistema democrático que compromete, por lo demás, el acatamiento pacífico y prolongado del ordenamiento jurídico[10]. El sometimiento de la sociedad civil a las directrices institucionales depende, en última instancia, como advirtió Díaz García, del consenso sobre su legitimidad sustantiva. En palabras de este autor: "en el Derecho lo deseable es lograr la adhesión interior a la norma, disminuyendo así las posibilidades de incumplimiento. Es más, como ya hemos dicho, a la larga la falta de adhesión o de aceptación hacia un determinado ordenamiento jurídico genera inevitablemente la propia invalidez y falta de vigencia del mismo"[11].

Aunque este símil admite muchas objeciones, la interdependencia entre la moral y el Derecho podría equipararse a la que encontramos entre este y cualesquiera de las ciencias puras por las que se debe dejar influir a la hora de regular de-

---

10 "En unos casos los deberes jurídicos coincidirán con deberes morales, en otros no. Desde el punto de vista del Derecho lo que hay que desear es que esa coincidencia sea la máxima posible, ya que cuanto más repose el cumplimiento del Derecho en la convicción, y no en la coacción, más perfecto será ese cumplimiento; y, aun cuando no siempre tenga que coincidir la convicción del deber jurídico con la convicción del deber moral, no cabe duda que esta última, por ser íntima, personal, por afectar al fondo de la persona individual, es la que compromete de una manera más plena, y, por lo tanto, también la que produce mejores y más completos resultados", RODRÍGUEZ PANIAGUA, J. M., "El deber jurídico y la obligación de obediencia al Derecho", *Anuario de Filosofía del Derecho,* 1969, pp. 67-82, p. 82.

11 DÍAZ GARCÍA, E., *Sociología y Filsofía del Derecho,* Madrid, Taurus, 1993, p. 25. Entendemos que en esta cita el concepto *validez* no se refiere a su uso más común en la teoría del derecho, como la adecuación formal a un sistema autorreferencial de fuentes, sino en un sentido sustantivo.

terminadas parcelas de la realidad social. Piénsese en la asociación existente entre la normativa sanitaria y las ciencias de la salud: ¿Puede desatender el Derecho las evidencias científicas a la hora de regular el uso de medicamentos o las medidas de salud pública? Evidentemente no. ¿Implica esto que la validez formal de la norma dependa de su adecuación a los dictámenes científicos? Tampoco. La ciencia no determina de forma necesaria el contenido del Derecho, aunque idealmente deberá ser, en determinados casos, el referente que oriente la labor del legislador. Esta relación entre la ética y el Derecho se percibe, a mayor abundamiento, incluso en aquellos casos en los que la ciudadanía no tiene ocasión de expresar electoralmente sus preferencias morales. También en tales supuestos el ordenamiento jurídico apela discursivamente a la ética como soporte justificativo[12]. Así ocurre en aquellos regímenes totalitarios que, en su labor reguladora, ignoran por completo la voluntad ciudadana: aun en estos casos el ordenamiento jurídico invoca una fuente de legitimación ética de índole filosófica, étnica o, con mayor frecuencia, religiosa.

Con esta breve digresión sobre la relación entre la ética y el Derecho –relación la cual es una de las cuestiones más debatidas en la teoría jurídica[13]– solo queremos justificar la

---

12 BULYGIN, E., “La tesis de Alexy sobre la conexión necesaria entre el derecho y la moral”, en ALEXY, R. y BULYGIN, E., *La pretensión de corrección del derecho. La polémica Alexy/Bulygin sobre la relación entre derecho y moral*, Bogotá, Universidad Externado de Colombia, 2001, p. 88; BOBBIO, N., *Teoría general del Derecho*, Madrid, Trotta, 2002, p. 20- 24.

13 Cualquier relación de comentarios sobre esta cuestión será siempre incompleta y escasamente representativa. A continuación, citamos solo algunos de los estudios con los que más hemos trabajado y en los que la relación entre el Derecho y la ética se ha abordado de forma singularmente explícita: HART, H.L., “Positivism and the Se-

premisa que tomamos como punto de partida: la que afirma una relación fundamentadora entre ambos planos normativos. Avanzamos ahora en nuestra exposición para agregar que tal conexión es particularmente intensa en el ámbito de los deberes jurídicos, como el que nosotros analizamos. Esta vinculación reforzada tiene varias explicaciones: 1) De un lado, al hablar de deberes jurídicos nos referimos a la imposición de una determinada conducta limitativa de la libertad individual, por eso requieren, al menos en un sistema liberal, una fuente de legitimación sustantiva singularmente vigorosa –en comparación con la que requieren los derechos que crean libertades– y reconocible socialmente. Tal canon de fundamentación reforzado no podrá encontrarse en la simple validez formal del precepto o en su adecuación a un sistema autorreferencial de fuentes. 2) Por otro lado, si la ética puede definirse como aquella parcela de la filosofía que se preocupa por el comportamiento correcto de los agentes, es lógico que su traslación al sistema jurídico se produzca a través de

---

paration of Law and Morals", *Harvard Law review*, num. 71, 1958, pp. 593-629; ALEXY, R., *El concepto y la validez del derecho*, Barcelona, Gedisa, 1997; OLLERO TASSARA, A.; GARCÍA AMADO, J. *et al.*, *Derecho y moral: una relación desnaturalizada*, Madrid, Fundación Coloquio Jurídico Europeo, 2012; WELLMAN, C., *A theory of rights: persons under laws, institutions, and morals*,Totowa, Rowman & Allanheld, 1985; LEITER, B., *Objetividad en el derecho y la moral*, Bogotá, Universidad Externado de Colombia, 2017; STUART MILL, J., *Sobre la libertad y otros escritos*, Centro de Publicaciones, Ministerio de Trabajo y Seguridad Social, Madrid, 1991; NINO, C.S., *Introducción al análisis del derecho*, Barcelona, Ariel, 1987; FRIEDRICH, C.J., *La Filosofía del Derecho*, México D.F., Fondo de Cultura Económica, 1982; RADBRUCH, G., *Introducción a la Filosofía del Derecho*, México D.F., Fondo de Cultura Económica, 1974; RODRIGUEZ PANIAGUA, J.M., *Derecho y Ética*, Tecnos, Madrid, 1977 y, DÍAZ GARCÍA, E., *Sociología y Filosofía del Derecho… op. cit.*

mandatos o deberes[14]. Dicho de forma más concluyente: un principio ético solo puede ser incorporado a un ordenamiento jurídico en forma de deber, lo cual justifica que, al abordar el tema de los deberes jurídicos, el asunto de la moralidad sea particularmente recurrente[15]. En palabras de Bobbio: "El mundo moral, como aquí lo hemos entendido, como un remedio al mal que un hombre puede causar a otro, nace con la formulación, la imposición, la aplicación de mandatos o de prohibiciones, y, por consiguiente, desde el punto de vista de aquellos a quienes son dirigidos los mandatos y prohibiciones, de obligaciones. Esto quiere decir que la figura deóntica originaria es el deber, no el derecho"[16]. Si pensamos en ello un poco más convendremos que los derechos subjetivos solo adquieren trascendencia moral en la medida que imponen deberes indirectos sobre las personas. En efecto, no existe la categoría de los *derechos morales* ya que un derecho, como tal, no condiciona de forma directa la conducta del agente: la eticidad se concretiza en normas de conducta, en *deberes,* hayan sido estos positivizados o no. Solo en la medida en que un determinado derecho imponga un correlativo deber,

---

14 "Todos los deberes [incluso los jurídicos, alegará Kant], simplemente por ser deberes, pertenecen a la ética". KANT, I., *La metafísica de las costumbres,* Madrid, Tecnos, 1994, p. 220.

15 PAUNER CHULVI, C., *El deber constitucional de contribuir al sostenimiento de los gastos públicos,* Castellón, Universitat Jaume I, 2000, pp. 17 y ss; RODRÍGUEZ PANIAGUA, J.M., "El deber jurídico y la obligación... *op. cit.,* p. 82.

16 BOBBIO, N., *El tiempo de los derechos,* Madrid, Editorial Sistema, 1991, pp. 103 y 104. Esta misma idea aparece expresada por este autor en su artículo "La primacia de los derechos sobre los debres", traducido al castellano en BOBBIO, N., *Teoría general de la política,* Madrid, Trotta, 2003, pp. 511-520.

podremos decir que tal derecho adquiere, por derivación, trascendencia ética[17].

Por todo lo expuesto, podríamos aceptar que la moral ejerce una función fundamentadora o legitimadora del Derecho positivo y, de manera más reforzada, dentro de este, de los deberes jurídicos. Así se ha reconocido en algún instrumento jurídico al proclamarse que "los deberes de orden jurídico presuponen otros, de orden moral, que los apoyan conceptualmente y los fundamentan"[18]. Es esta función fundamentadora la que justifica la incorporación de un apartado de esta índole en nuestro estudio. Siguiendo a De Asis Roig: "¿Por qué se habla de deberes y obligaciones jurídicas fundamentales? ¿De dónde provienen? ¿Son fruto del capricho del monarca o del legislador? ¿Tienen una fuente distinta y previa al Derecho? [...] Preguntar por qué, significa buscar una justificación o una excusa y esta búsqueda nos introduce en el terreno de la

---

17 No debe extrañarnos, por tanto, que algunos autores hayan resaltado la tradicional equiparación entre los deberes morales y los jurídicos: "la filosofía del Derecho clásica (tanto la escolástica, como la de la escuela grociana) y también algunas corrientes modernas, han definido el deber jurídico como la obligación moral, producida por un precepto de Derecho, de cumplirlo". RECASÉNS, L., *Adiciones a la Filosofía del Derecho de G. del Vecchio*, pp.51-2. Tomo la cita de RODRÍGUEZ PANIAGUA, J.M., "El deber jurídico y la obligación... *op. cit.*, p. 69. Catherin, por su parte, fue más contundente cuando sentenció –en una afirmación que no necesariamente compartimos– que "todos los verdaderos deberes son morales. Un deber no moral es una contradicción interna". CATHREIN, V., *Recht, Naturrecht and positives Recht*, vers. esp., Madrid, 1958, pp. 278 y 280. Tomo la cita de *ibíd.*, pp. 67-82.

18 Preámbulo de la Declaración Americana de los Derechos y Deberes del Hombre, aprobada en Bogotá en 1948. Uno de los más remotos insturmentos en materia de derechos humanos y el primero que incorporó una declaración expresa de deberes.

ética"[19]. Esa *excusa o justificación* ética es la que, referida al deber de trabajar, buscamos en estas líneas propedéuticas. Y ello desde el convencimiento de que tal inquisición nos ayudará a descifrar la voluntad constituyente que proclama el deber de trabajar y, a partir de esta, acaso, a resolver su significado e implicaciones para nuestro ordenamiento jurídico-político[20].

Cabe agregar que, si el estudio de los deberes constitucionales requiere, por lo general, la indagación sobre sus fundamentos morales[21], en el caso del deber de trabajar esto ocurre de manera singularmente reforzada. Y ello por varias razones: a) En primer lugar, por la ausencia de otros criterios hermenéuticos que nos ayuden a desvelar el significado de esta cláusula constitucional. b) En segundo lugar y, desde una perspectiva histórica, porque en la primera mención a este deber en una Constitución moderna y liberal –la que aparece en la Constitución de Weimar de 1919, a la cual quizás debamos la introducción de este deber en muchas de las sucesivas declaraciones vigesimonónicas–, se le presenta como un deber moral

---

19 DE ASIS ROIG, R., *Deberes y obligaciones... op.cit.*, p. 23.

20 Como se ha dicho en respaldo de este criterio metodológico: "Una cosa es la independencia, la sustantividad de un concepto y otra distinta es pretender aislarla asépticamente de cualquier otro con el que pueda estar relacionado. [...] La diferenciación del deber jurídico del deber moral no ha de significar aislamiento de toda consideración del deber moral, si esa consideración es necesaria para el tratamiento del fundamento del deber jurídico. Ya que, como he dicho, la cuestión del fundamento repercute en la misma caracterización del deber jurídico" RODRÍGUEZ PANIAGUA, J.M., "El deber jurídico y la obligación... *op.cit.*, p. 69.

21 Acudiendo a esta fundamentación comienzan, por ejemplo, dos de las tesis doctorales que en España abordan el asunto de los deberes constitucionales: DE ASIS ROIG, R., *Deberes y obligaciones en la Constitución... op.cit.*, y PAUNER CHULVI, C., *El deber constitucional de contribuir... op.cit.*

antes que jurídico[22]. c) Por último, porque todavía hoy en día se afirma con frecuencia que el deber de trabajar que conocemos en nuestra norma suprema no es un deber jurídico pleno, sino que no deja de ser un *deber moral sancionado jurídicamente*[23], un deber *metajurídico*[24] o una suerte de *admonición ética*[25]. En palabras del profesor Goig Martínez "la mayoría de los autores continúa negando juridicidad a dicho deber de trabajar, que sería más bien de índole ético o social, que una auténtica obligación jurídica"[26].

Son estas consideraciones las que, conjuntamente, nos sugieren la pertinencia de este capítulo inicial, donde concentraremos todas aquellas cuestiones que, escapando del núcleo principal de nuestra investigación, parecen oportunas para dotar a esta de una fundamentación teórica suficiente. Incluiremos aquí, entonces, consideraciones de diferente naturaleza: jurídicas, políticas y filosóficas que, aunque aparentemente

---

22 Así rezaba su muy comentado art. 163: "Todo alemán tiene el deber moral de emplear sus fuerzas intelectuales y físicas conforme lo exija el bien de la comunidad y sin perjuicio de su libertad personal..."

23 PAUNER CHULVI, C., *El deber constitucional de contribuir... op.cit., p.* 47. De esta misma opinión, dentro de la doctrina laboralista, ROMÁN CASTILLO, J.J. y DE VAL ARNAL, J.J., "Los acuerdos de Toledo: la defensa constitucional del Estado del bienestar", *Proyecto social: Revista de relaciones laborales*, núm. 3, 1995, pp. 141-154, p. 144.

24 CÁMARA VILLAR, G., "Los deberes consitucionales", en A.A.V.V. (Balaguer Callejón, F., dir), *Derecho Constitucional Vol. II*, Madrid, Tecnos, 2003, pp. 336-355, p. 350.
GARRIDO GÓMEZ, Mª.I., *Análisis e implicaciones de los derechos sociales*, Madrid, Dykinson, 2021, p. 118.

25 COLITTO, F., "Dovere al lavoro, diritto al lavoro e diritti del lavoro", *Dir. Lav*, núm. 194, pp. 229-230.

26 GOIG MARTÍNEZ, J.M., "La constitucionalización de deberes", *Revista de Derecho UNED*, núm. 9, 2011, pp. 111-148, p. 144.

desconectadas entre sí, serán luego recuperadas para explicar el sentido de la opción constituyente que institucionaliza el deber de trabajar. En esta inquisición previa, por lo demás, no trataremos de defender la moralidad del deber de trabajar frente a las posiciones intelectuales que niegan su ecuanimidad –y que proliferan especialmente en la actualidad–. Por el contrario, aceptaremos, al menos como hipótesis, que, al estar este deber recogido en un gran número de constituciones democráticas, cuenta con una legitimidad moral extensamente aceptada. Sin rechazar que dicha legitimidad pueda ser objeto de revisión crítica, tan solo nos proponemos identificar su origen: concretar cuáles son las convicciones éticas que sostienen la valoración favorable que ha encontrado este deber en los diferentes procesos constituyentes, sin que esto suponga por nuestra parte la defensa de su corrección[27]. Dicho de otro modo: no partiremos desde una posición neutra para resolver si el deber constitucional de trabajar cuenta o no con un respaldo moral, sino que asumimos que tal respaldo existe y que es precisamente lo que ha justificado su codificación constitucional.

Finalmente, y de añadidura, como aclaración menor, indicamos que en este apartado preliminar centraremos nuestra atención en las corrientes éticas, políticas y religiosas predominantes en el mundo occidental, especialmente en Europa. Al actuar de esta forma no menospreciamos a otras cosmovisiones, sino que partimos del convencimiento de que la tradición constitucional que incorpora el deber de trabajar se incardina en un tiempo, un lugar y un acervo cultural concreto. En este capítulo, insis-

---

27 Como dijo, de nuevo, el profesor De Asis Roig cuando analizaba la relación entre la moral y los deberes fundamentales: "la comprobación empírica de la base moral, no tiene por qué significar que nos hallamos en una dirección moralmente adecuada" DE ASIS ROIG, R., *Deberes y obligaciones en la Constitución… op. cit.* p. 30.

timos, no queremos elaborar una fundamentación ecuménica del deber de trabajar, sino solo justificar su razón de ser en nuestra concreta tradición jurídico-política. Esto, y la brevedad que exige un apartado introductorio como este, nos obliga a fijar la lente en el contexto social y político en el que se consolida esta concreta tradición constituyente. Como con otro propósito alegó el profesor Peces-Barba Martínez: "El concepto del Derecho que podremos deducir está pues relativamente vinculado a esa cultura moderna, democrática, europea y atlántica, sin que se pueda aplicar plenamente a otras situaciones sociales y culturales como las del mundo islámico, o las de los países africanos y asiáticos que obedecen a otras pautas culturales"[28]. Aquí constataremos que el deber constitucional de trabajar, sin perjuicio de su posterior exportación, tiene un origen europeo y responde a los fenómenos históricos, políticos y culturales que se sucedieron en este continente, especialmente a partir de la Ilustración. El escrutinio de otras tradiciones políticas, filosóficas y religiosas desbordaría con creces la finalidad de nuestro estudio: sería acaso relevante para sopesar la legitimidad ética del deber

---

[28] PECES-BARBA MARTÍNEZ, G., *Introducción al Filosofía del Derecho,* Debate, Madrid 1983, p. 87. En términos similares se expresaría Max Weber, aunque asumiendo unos fines algo distintos: "Nos vemos precisados, ahora, a justificar el por qué no nos hemos valido de la investigación etnográfica, siendo que parecía imprescindible debido su actual estado, antes que nada, para exponer con la máxima amplitud el religioso espíritu asiático. Hay que tener en cuenta que las posibilidades humanas de trabajo son limitadas, y, no obstante, aquí era preciso hacer referencia a los nexos de la ética religiosa de aquellas capas sociales que en cada nación encarnaban la respectiva cultura. Y el caso es, exactamente, que se trata de los ascendientes debidos a su conducta, los cuales, por sus peculiaridades, no pueden ser captados más que estableciendo confrontaciones etnográfico-folclóricas". WEBER, M., *La ética protestante y el espíritu del capitalismo,* México D.F., Fondo de Cultura Económica, 2012, pp. 9 y 10.

de trabajar, pero no para explicar la concreta aparición de este en el constitucionalismo comparado, el cual se produce, como trataremos de demostrar, por la asimilación de algunos valores constitucionales forjados históricamente en Europa.

2. EL DEBER –NECESIDAD– NATURAL DE TRABAJAR

Para abordar la forma en la que las distintas doctrinas morales y políticas han acogido el deber de trabajar conviene tomar como punto de partida una constatación muy rudimentaria: la que demuestra que el trabajo es un deber o exigencia natural para el ser humano, que precede a cualquier civilización, a cualquier sistema moral y a cualquier codificación jurídica[29]. Solo desde esta premisa puede comprenderse el gran consenso entre las distintas corrientes filosóficas y políticas a la hora de afirmar la existencia y la legitimidad de este deber: En ocasiones, tales corrientes de pensamiento no se afanan en defender la corrección del deber de trabajar, sino la impertinencia de cualquier injerencia colectiva tendente a neutralizar la necesidad vital que empuja al individuo a su cumplimiento. Afirmar, por lo demás, que el trabajo es un deber impuesto por la condición humana es un punto destacado de nuestra exposición, pues no solo explica el amplio consenso político en torno a la legitimidad del deber de trabajar, sino que, además, a través de esta fundamentación, encontramos uno de los principales

---

29 "La producción, o sea, el esfuerzo o el trabajo para cosechar los frutos de la tierra o para transformar las materias primas, existe desde que el hombre abandondó el paraiso terrenal. El hombre es de tal condición que no puede subsistir mas que dando satisfaccidn a sus necesidades y solo es dado a satisfacerlas mediante la realizacidn de cierto trabajo". ARON, R., *Dieciocho lecciones sobre la Sociedad Industrial*, Barcelona, Seix Barral, 1965, p. 86.

mecanismos por los que se impone el deber jurídico de trabajar en las sociedades contemporáneas: este deber no tiene que ser impelido, no al menos necesariamente, por la coacción institucional del Estado, ya que viene impuesto por la propia naturaleza del ser humano. Dejamos anotada por el momento esta idea para volver a ella más adelante –apartado III.5.4–.

Por ahora continuamos añadiendo que, de los distintos deberes que se denominan *naturales* para el hombre –es decir, deberes no positivos que preceden al estado civilizado[30]–, quizás sea el de trabajar el que merezca este calificativo con más propiedad. En efecto, la condición fisiológica del hombre le exige atender ciertas necesidades que requieren de una acción transformadora sobre la naturaleza –originalmente, la pesca, caza, recolección de frutos, etc.–, es decir, un trabajo en el sentido más elemental y primitivo del término. El trabajo es, así, "condición general del metabolismo entre el hombre y la naturaleza, eterna condición natural de la vida humana y por tanto independiente de toda forma de esa vida"[31]. No debe extrañarnos, por tanto, que muchos autores hayan encontrado un fundamento naturalista a este deber[32]. Siguiendo al Abate Mi-

---

30 Seguimos de nuevo a Bobbio cuando define al iusnaturalismo "como la doctrina de acuerdo con la cual existen leyes, que no han sido puestas por la voluntad humana y en cuanto tales son anteriores a la formación de cualquier grupo social, reconocibles mediante la búsqueda racional, de las que derivan". BOBBIO, N., *Liberalismo y democracia*, México D.F., Fondo de Cultura Económica, 1985, p. 14.

31 MARX, K., *El capital*, Buenos Aires, Siglo XXI Editores, 2002, p. 223.

32 En este mismo sentido pueden traerse a colación los pronunciamientos de Fourier, Babeuf o Turgot. La posición de estos con relación al origen histórico del deber de trabajar puede encontrarse en VIGO SERRALVO, F., *El derecho al trabajo, un primigenio y alternativo proyecto de Estado social. Reflexiones para el debate sobre la cuestión social contemporánea*, Cizur-Menor, Aranzadi, 2019.

rebeau, uno de los iusnaturalistas históricos que más abundó, dentro de esta corriente, en la fundamentación de los deberes:

> "En el estado natural y agrícola, para asegurarse el disfrute regular de los derechos de subsistencia, hay que someterse primero al deber de trabajar: la naturaleza otorga pues los derechos, pero también prescribe los deberes, que son por tanto naturales. Y la vida social subsiguiente, la vida de los hombres en sociedad, queda precisamente definida como las relaciones continuadas entre sus derechos y sus deberes respectivos, y es por lo tanto de origen natural y no una mera convención"[33].

Otros destacados exponentes del naturalismo, como Hobbes[34], Locke[35] o Fourier[36], aunque con argumentos bastante diferentes entre sí, abundaron en esta misma idea al sostener que el trabajo es una conducta que la naturaleza impone al ser humano.

---

33 RIQUETI, V., MARQUÉS DE MIREBEAU, *La Science ou Les droits* et *les devoirs de l'homme,* Laussana, Chez François Grasset & Comp, 1774, p. 58.

34 "En cuanto a la materia de esta nutrición, consistente en animales, vegetales y minerales, Dios los ha puesto libremente ante nosotros, dentro o cerca de la faz de la tierra, de tal modo que no hace falta sino el trabajo y la actividad para hacerse con ellos. En tal sentido la abundancia depende, aparte del favor de Dios, simplemente del trabajo y de la laboriosidad de los hombres". HOBBES, T., *Leviatán, O la materia, forma y poder de una República eclesiástica y civil,* Ciudad de México, Fondo de Cultura Económica, 2017, p. 207.

35 "Al entregar Dios el mundo en común a todo el género humano le ordenó también que trabajase, y al encontrarse desprovisto de todo le obligaba a ello. Dios y su razón le mandaba que se adueñase de la tierra, es decir, que la pusiese en condiciones de ser útil para la vida, agregándole algo que fuese suyo: el trabajo". LOCKE, J., *Segundo Tratado sobre el Gobierno Civil. Un ensayo acerca del verdadero origen, alcance y fin del Gobierno Civil,* Madrid, Tecnos, 2006, p. 39.

36 Vid. *supra.* Cap. I.1.2.

Aclaramos, por lo demás, que, al afirmar que el deber de trabajar es un deber natural, estamos apoyándonos en una concepción amplia del iusnaturalismo que lo caracteriza como "aquel orden normativo de la vida humana de convivencia que procede de una serie de datos o factores –y entre ellos, por supuesto, también (aunque, como repetimos, no con carácter único) la naturaleza humana entendida al modo clásico– que condicionan esa vida conviviente"[37]. Desde este planteamiento, el rasgo definitorio del derecho natural será la existencia de: "un orden jurídico objetivo, esto es, no procedente de la normativa humana, sino que se impone a los hombres de manera ineludible, con la misma forzosidad e inevitabilidad con que se le impone toda la realidad natural"[38]. Para quienes se ubican en esta posición doctrinal, "los hombres vienen obligados a realizar determinadas conductas y abstenerse de ciertos comportamientos porque así lo ordenan unas normas no sancionadas por legislador humano alguno, sino procedentes de un conjunto de realidades en cuyo marco está inscrita la convivencia social: desde la naturaleza metafísica del hombre hasta las circunstancias meramente físicas"[39]. Aceptando, como decimos, que el trabajo es una de esas acciones impuestas originalmente por los condicionantes físicos del ser humano, cabría asociarlo a esta noción amplia del derecho natural que se impone en la dogmática contemporánea. Comoquiera que sea, no es necesario, ni tan siquiera a efectos dialécticos, confirmar aquí esta clasificación, pues lo verdaderamente relevante para nosotros es que, con carácter previo a cualquier juridicidad, el ser humano ya quedaba obligado a *trabajar* para subvertir sus

---

[37] FERNÁNDEZ GALIANO, A., *Derecho natural. Introducción filosófica al Derecho,* Madrid, Editorial Centro de Estudios Ramón Areces, 1990, p. 80.

[38] *Ibíd.*

[39] *Ibid.*

necesidades. Si, a partir de esta premisa, se puede o no calificar al de trabajar como un deber *iusnatural,* es una cuestión sobre la que nos abstenemos de pronunciarnos terminantemente.

Hecha esta aclaración, agregamos que el origen natural del deber de trabajar, entendiéndolo como una exigencia de la condición fisiológica del ser humano, fue afirmada también por Pufendorf en su sobresaliente obra *On the Duty of Man and Citizen According to Natural Law*[40]. Este otro autor, sin embargo, fue más lejos para sostener que dicho deber no es solo un deber hacia uno mismo, para el autosostenimiento, sino también hacia los demás, hacia la colectividad. Este planteamiento supone que la acción transformadora que puede desarrollar un ser humano, aisladamente considerado, sería manifiestamente insuficiente para lograr su supervivencia. Y es que Pufendorf, para identificar el catálogo objetivo de derechos y deberes naturales, examina "cómo es la naturaleza humana, pero no entendida como esencia abstracta, sino tal como se da empíricamente en la realidad histórica. En este examen encuentra Pufendorf una nota o carácter que le parece la condición más destacada de esa naturaleza: la *imbecillitas*"[41]. Será, en lo que nos concierne, la fragilidad o vulnerabilidad –*imbecillitas*– del individuo en el estado natural lo que le empujará a aunar esfuerzos con sus semejantes y le obligará a dedicarse activamente a la satisfacción de las necesidades mutuas. Este *deber de colaboración activa* que impone la naturaleza humana es uno de los que, precisamente, promueve la asociación de los individuos y,

---

40 Cambridge, Cambridge University Press, 1991.

41 FERNÁNDEZ GALIANO, A., *Derecho natural... op. cit.*, p. 202.

a la postre, la aparición del estado civil[42]. En palabras del jurista ilustrado alemán:

> "podemos considerar el estado natural del hombre, mediante un ejercicio imaginativo, como la condición en la que el hombre habría estado si se le hubiera dejado solo, sin ningún apoyo de otros hombres, dada la condición de la naturaleza humana tal como la percibimos ahora. Habría sido, al parecer, más miserable que la de cualquier bestia, si reflexionamos sobre la gran debilidad del hombre cuando viene a este mundo, cuando moriría inmediatamente sin la ayuda de otros, y sobre la vida primitiva que tendría si no tuviera otros recursos que los que debe a su propia fuerza e inteligencia. Se puede decir con más vehemencia: el hecho de que hayamos podido salir de tal debilidad, el hecho de que ahora disfrutemos de innumerables cosas buenas, el hecho de que hayamos cultivado nuestras mentes y cuerpos para nuestro propio beneficio y el de los demás, todo este es el resultado de la ayuda de otros. En este sentido, el estado natural se opone a la vida mejorada por la industria humana"[43].

Si se acepta entonces la idea de que el deber de trabajar es un deber natural o presocial, el debate moral y político

---

[42] La obra de Pufendorf no solo debe ser encasillada dentro el naturalismo jurídico, sino que a partir de ella trata de razonar los fundamentos de la vida política. Como se ha dicho, en las aportaciones del jurista ilustrado alemán, "el derecho natural pierde su fuerte componente moral para transformarse en una teoría social y política que busca los fundamentos del Derecho y del gobierno, que se ocupa de ordenar las acciones de los hombres en cuanto que viven en sociedad y por este hecho tienen que observar unas obligaciones que permitirán convertirlos en miembros activos y útiles a la sociedad en la que viven". RUFINO RUS, S. Prólogo a la edición española. PUFENDORF, S., *De los deberes del hombre y del ciudadano según la ley natural, en dos libros*, estudio preliminar de Salvador Rus Rufino, Madrid, Centro de Estudios Políticos y Constitucionales, 2002.

[43] PUFENDORF, S., *On the Duty of Man…op.cit.*, pp. 115 y 116.

en torno al mismo queda necesariamente reconducido a la pregunta sobre la legitimidad del mantenimiento de este deber en un posterior estado político o civilizado. Comoquiera que el deber de trabajar existe con carácter previo a cualquier sistema normativo, moral o jurídico, solo cabría preguntarse si este debería aspirar a suprimirlo una vez que, eventualmente, haya descartado su legitimidad. En términos ahora de filosofía política: el contrato social, entendido como un acuerdo político figurado por el cual el individuo transita desde el estado salvaje al civilizado y establece las normas de una vida en común: ¿tiene que anular o adulterar el deber de trabajar que recae sobre la humanidad en el estado natural? Las respuestas a esta pregunta fueron unánimemente negativas al sostener que tal deber seguiría existiendo en un estado civilizado, principalmente porque en el pasado no fue posible concebir una acción asistencial que garantizase la existencia pasiva del individuo. "El derecho a la asistencia –opinaba Leon Faucher– infaliblemente ha de acarrear con el tiempo la desmoralización de los individuos, y el decaimiento y la ruina del Estado"[44] [...] "la sociedad no hará lo que no plugó hacer la Providencia; Dios permite el sufrimiento y la miseria, y el Estado mejor establecido no los suprimirá"[45].

Ningún reformador social aspiró en sus proyectos a erradicar el deber de trabajar garantizando una opción de vida ociosa. Ni siquiera en los más fecundos sistemas utópicos imaginados el individuo quedó liberado de esta carga que

---

44 FAUCHER, L., *El derecho al trabajo*, Barcelona, Administración y Redacción del Plus Ultra, 1855, p.35.

45 *Ibid.*, p. 34.

le impone su condición natural[46]. Solo con el avance de la modernidad, a finales del siglo XIX, comenzaron a aflorar discursos que propondrían una acción pública dirigida a exonerar al individuo de este deber natural de trabajar[47]. Tales planteamientos asumen que la sociedad debe mejorar la suerte en la que se encuentra el individuo en el estado selvático y que tal propósito no solo pasa por la garantía del goce pacífico de la propiedad o por la mejora de la seguridad colectiva, sino también, en la medida que el desarrollo

---

46 Así al menos lo constató el profesor Ramiro Avilés, cuya cita extensa nos permitimos: "El modelo de Utopía tampoco confía en la resolución de los problemas sociales y políticos a la abundancia natural. En este modelo de sociedad ideal no hay tal escasez que las personas no puedan satisfacer sus necesidades básicas, pero la eliminación de la escasez se debe a que el hombre aplica la técnica para trabajar mejor la tierra, la ciencia para descubrir las leyes de la naturaleza, y a que posee un sistema justo de distribución de los bienes materiales disponibles. En este modelo el trabajo personal tiene un valor importante (Skinner, 1993, p .122; Kumar, 1987, p. 28). En este modelo de sociedad ideal las descripciones del entorno natural son secundarias porque el trabajo lo transforma. Así, por ejemplo, la primera mención que hace Francesco Patrizi en La Città Felice acerca del entorno natural hace referencia a la esterilidad de la tierra y al arte que se requiere para producir fertilidad (Patrizi, 1941, p. 125) y Tomás Moro, cuando reconoce que el suelo de la isla de Utopía no es muy fértil y su clima no es de los mejores, dice que los utopianos se protegen contra el clima con una forma de vida temperada y que mejoran su suelo mediante la industria (Moro, 1999, p. 77)". RAMIRO AVILÉS, M.A., "La utopía de Derecho", *Anuario de filosofía del derecho,* 2002, pp. 432-460, pp. 446 y 447. En este mismo sentido, señalando la pervivencia del deber de trabajar en los sistemas utópicos, especialmente el de Moro, c.fr. PÉREZ LEÑERO, J., "Concepto y valoración del trabajo en la filosofía", *Revista de Política Social,* núm. 51,1961, pp. 21-56, p. 47.

47 LAFARGUE, P., *El derecho a la pereza. Refutación del derecho al trabajo de 1848,* Madrid, Fundamentos, 1998 (orig. 1880).

de la productividad lo permita, por satisfacer la necesidad material que inclina al individuo al trabajo. Originalmente tales discursos fueron marginales y solo hogaño han adquirido cierta relevancia a través de las propuestas teóricas sobre la renta básica universal. A estas y a su relación conflictiva con el deber de trabajar nos vamos a referir más adelante, en especial al final de esta obra.

Por el momento, para cerrar este apartado y de añadidura, nos referiremos a una idea que en el pasado acaparó intensamente nuestra atención[48]: la correlación entre el deber natural de trabajar y el derecho, también natural, al trabajo. Observemos cómo en el estado de naturaleza el trabajo no es solo un deber para el individuo, sino que es para él, además, un derecho. En efecto, en tal estado precivilizado, el ser humano no solo debía actuar sobre la naturaleza para lograr su subsistencia, sino que, además, encontraba la posibilidad de hacerlo sin ningún tipo de restricción institucional. Eso era así porque la ausencia de derechos de propiedad permitía la libertad ambulatoria plena y la adquisición de los bienes naturales no dominados por otros sujetos. Es lógico pensar que en tal estado presocial se darían frecuentes disputas sobre el disfrute de dichos bienes. Su goce pacífico es así una de las aspiraciones con las que se justifica el surgimiento de la sociedad civil y el derecho a la propiedad privada[49]. Proclamado este derecho, nos encontramos inmediatamente con una

---

[48] VIGO SERRALVO, F., "El fundamento iusnaturalista del derecho al trabajo en el socialismo utópico", *IUSLabor. Revista d'anàlisi de Dret del Treball*, núm. 1, 2020, pp. 181-208; VIGO SERRALVO, F., *El derecho al trabajo. Un primigenio...op.cit.*, pp. 144-154.

[49] "El grande y principal fin, pues, que lleva a los hombres a unirse en Estados y ponerse bajo un gobierno es la preservación de su propiedad, cosa que no podían hacer en el estado de natrualeza". LOCKE, J., *Segundo Tratado sobre el Gobierno...op.cit.*, p. 124 y cap. V, *passim*.

aporía: en este estado civilizado, al igual que en el estado de naturaleza, sigue recayendo sobre el individuo el deber de trabajar para sostener su subsistencia, pero ya no ostenta, por el contrario, el correlativo derecho a acceder irrestrictamente a los recursos naturales. El individuo civilizado se encuentra así en claro desequilibrio frente al salvaje[50]. Los primeros liberales estimaron que esta situación se solventaría con el reparto equitativo de la propiedad privada que, de forma espontánea y progresiva, procuraría el bisoño sistema económico capitalista[51]. Cuando la realidad empírica demostró que la tendencia sería bien distinta, dirigiéndose a la acumulación y la desigualdad social, algunos socialistas utópicos, especialmente Fourier y sus epígonos, apelaron al derecho natural al trabajo que debía ser garantizado en el estado civilizado para recuperar el equilibrio preexistente a este. Según este planteamiento, la sociedad debía lograr "un equivalente lo suficientemente real como para que el salvaje, que goza de los derechos de pesca, de caza, o de recolección de frutos [...], prefiera unirse a nosotros y abrazar

50 MARAT, J.P., *Projet de déclaration des droits de l'homme et du citoyen, suivi d'un Plan de constitution juste, sage et libre,* Buisson, París, 1789, p. 14.

51 "Algunos parecieron haber creído, o pretendido creer, que la libertad trabajo, es decir, el libre juego del mercado, bastaría para asegurar el *derecho a trabajo* tal como se entendió originalmente, es decir, el derecho de toda persona a ganar con su trabajo lo suficiente para cubrir sus necesidades y las de las personas que depende de él. Sin embargo, una pequeña reflexión es suficiente para darse cuenta de que el mercado no puede asegurar tal objetivo". PALSTERMAN, P., "Activation policies for the unemployed, the right to work and the duty to work", *Revue de Droit International et de Droit Comparé,* núm. 2, 2015, pp. 301-306, p. 302.

la civilización"[52]. En esta fundamentación naturalista encontramos una clara correlación teórica entre dos cláusulas que hoy conviven emparejadas en numerosas constituciones, el deber de trabajar y el derecho al trabajo: la condición natural del ser humano con carácter previo a toda civilización le impone el deber de trabajar para sostener su existencia. En el estado salvaje, la ejecución de este deber no encontraba restricciones normativas, estas aparecen con la civilización y la proclamación de los derechos de propiedad. La vigencia, en el estado civilizado, de un deber de trabajar exige, por tanto, en términos lógicos, el reconocimiento de un derecho al trabajo o cualquier otro equivalente que asegure las posibilidades de existencia[53]. Introducimos así una idea que también estará muy presente en lo sucesivo: el equilibrio que debe darse entre la garantía del derecho al trabajo y la exigibilidad del deber de trabajar como requisito de legitimidad sustantiva de este último.

3. EL DEBER SOCIAL DE TRABAJAR

Acabamos de ver cómo, para Pufendorf, el deber de trabajar que impone la naturaleza acaba convirtiéndose en un deber de cooperación y en fundamento mismo de la sociedad. Fuera del naturalismo, esta idea ha sido defendida, entre otros

---

52 FOURIER, CH., "Theorie des quatre mouvements, Vol. I". En *Oeuvres complètes*, Société pour la propagation et pour la réalisaton de la theorie de Fourier, París, 1843 (orig. 1808), p. 159.

53 *Ibíd.* p., 162.

muchos, por Hegel[54], Comte[55] o Marx[56], y es muy relevante para nosotros, pues solo desde el momento en que el trabajo

---

54 Sostuvo que uno de los fundamentos de la sociedad civil era "la mediación de la necesidad y la satisfacción del individuo con su trabajo y con el trabajo y la satisfacción de las necesidades de todos los demás, constituye el *sistema de las necesidades*". HEGEL, G.W.F., *Filosofía del Derecho,* Madrid, Libertarias-Prodhufi, 1993, § 188. En este mismo sentido, abundará: "El trabajo en la Sociedad Civil se fracciona, según la naturaleza de su particularidad, en varias ramas. Porque tal igualdad en sí de la particularidad, como algo de común, llega a ser en la asociación el fin egoísta dirigido a la propia particularidad, se conoce y actúa, al mismo tiempo, como universal; y el miembro de la Sociedad Civli, de acuerdo a su particular aptitud, es componente de la corporación, cuyo fin universal es, por lo tanto, enteramente concreto y no tiene otro ámbito sino aquel de la profesión, el negocio y el interés particular".*Ibíd,* § 251.

55 El sociólogo francés, por su parte, ubica el origen de la sociedad en "la irresistible impulsión continuamente provocada por nuestras necesidades físicas", en "nuestra fatalidad material que nos fuerza a modificar sin cesar el mundo exterior", en suma, en "esta obligación de trabajar sin cesar", COMTE, A., *Système de politique positive,* vol. II, París, Georges Crès & Cie, 1912, pp. 165 a 170. Tomo la traducción de ALONSO OLEA, M., ALONSO GARCÍA G. y CASAS BAAMONDE, Mª.E., *Introducción al Derecho del Trabajo,* Cizur-Menor, Thomson Reuters-Aranzadi, 2013. Cap. I. Edición digital Thomson-Reuters Proview no foliada.

56 "En la producción social de su existencia, los hombres establecen determinadas relaciones, necesarias e independientes de su voluntad, relaciones de producción que corresponden a un determinado estadio evolutivo de sus fuerzas productivas materiales. La totalidad de esas relaciones de producción constituye la estructura económica de la sociedad, la base real sobre la cual se alza un edificio [*überbau*] jurídico y político, y a la cual corresponden determinadas formas de conciencia social". MARX, K., *Contribución a la Crítica de la Economía Política,* Madrid, Siglo XXI editores, 2008, p. 4.

adquiere relevancia social es cuando se convierte en un fenómeno trascendente para el Derecho[57]. En nuestro caso, será a partir de esta dimensión social del trabajo cuando el deber jurídico de trabajar adquiere un pleno significado. Aunque este listado podría –y quizás debería– ampliarse considerablemente, encontramos en la historia hasta tres construcciones teóricas que ayudaron a definir al trabajo como una conducta debida a la sociedad en que se habita: el contractualismo, la división social del trabajo y el mercantilismo o, en términos más actuales, productivismo.

3.1 El fundamento contractualista del deber de trabajar

Con el auge de las doctrinas contractualistas el deber de trabajar encuentra una renovada fundamentación: no es que se niegue el deber de trabajar que impone la necesidad natural, sino que ahora este se ve complementado por el deber de contribuir al proyecto social compartido por los miembros de una comunidad fundada sobre un fingido concurso de voluntades. El tránsito desde la vida salvaje a la civilizada no habría anulado los derechos y deberes del individuo, sino que los habría sometido a un régimen convencional. Entre ellos, el deber de trabajar adquiere ahora una dimensión social desde el momento en que ya no se dirige, no al menos solamente, a sufragar la existencia material de la persona, sino que también se orienta a la consecución de objetivos compartidos, de forma destacada, la atención de las necesidades de nuestros semejantes, de la propia comunidad política y de las instituciones que

---

57 BOBBIO, N., *Teoría general del Derecho..op.cit.*, p. 8. En este mismo sentido, KANT, I., *La metafísica de las costumbres,* Madrid, Tecnos, 1994, p. 230.

la vertebran[58]. Según este planteamiento, el Estado Social reportaría ventajas al individuo que son para este irrenunciables. Eso lo coloca involuntariamente en una posición deudora con respecto a la sociedad. En estrecha conexión con lo anterior, con el contractualismo surge una idea que todavía aparece con frecuencia en la discusión sobre la legitimidad del deber de trabajar: la de interdependencia muta. El trabajo se concibe entonces como una conducta debida a partir de un principio elemental de reciprocidad. Es quizás Locke quien se refiere a esta cuestión de forma más clara:

> "al encontrarse ahora en un nuevo Estado, en el cual va a disfrutar de muchas comodidades derivadas del trabajo, de la asistencia y de la asociación de otros que laboran unidos en la misma comunidad, así como de la protección que va a recibir de toda la fuerza generada por dicha comunidad, ha de compartir con los otros algo de su propia libertad en la medida que le corresponda, contribuyendo por sí mismo al bien, a la prosperidad y a la seguridad de la sociedad, según ésta se lo pida; lo cual no es solamente necesario, sino también justo, pues los demás miembros de la sociedad hacen lo mismo"[59].

Esta situación de interdependencia mutua se verá, además, agravada como consecuencia del progreso técnico, la división del trabajo y la extensión de la sociedad. Estas nuevas realida-

---

58 Frente al antiguo modelo de sociedad, cuya cohesión descansaba en elementos de corte tradicional, cimentado sobre una base de origen teológico, aparece "un nuevo discurso, basado en los principios del liberalismo, conforme al cual se establecía que la sociedad era el fruto del acuerdo libre y voluntario de todos aquellos que contribuían con su esfuerzo personal a su engrandecimiento". DURÁN VÁZQUEZ, J.F., "Durkheim y Saint-Simon: La construcción del ideario de la sociedad del trabajo y las nuevas paradojas de las sociedades tardo-modernas", *Athenea Digital: Revista de Pensamiento e Investigacion Social*, núm. 9, 2006, pp. 152-167, p. 157.

59 LOCKE, J., *Segundo tratado del gobierno… op.cit.*, p. 127.

des, al promover el progreso material y cultural, harán aflorar nuevas necesidades insospechadas para el individuo. La complejidad de un proceso de producción altamente especializado provocará, a su vez, que tales necesidades no puedan seguir cubriéndose a través de los tradicionales lazos de cercanía –familia y vecindad–, sino a través de un espontáneo y masivo proceso de colaboración social. Será esta otra de las razones, como abundaremos en el epígrafe siguiente, que justifica la exigencia social del trabajo. Siguiendo a uno de los principales referentes del contractualismo, Rousseau:

> "Mientras los hombres se contentaron con sus rústicas cabañas; mientras se limitaron a coser sus vestidos de pieles con espinas vegetales o de pescado, a adornarse con plumas y conchas, a pintarse el cuerpo de distintos colores [...]; en una palabra, mientras sólo se aplicaron a trabajos que uno solo podía hacer y a las artes que no requerían el concurso de varias manos, vivieron libres, sanos, buenos y felices en la medida en que podían serlo por su naturaleza y siguieron disfrutando de las dulzuras de un trato independiente. Pero desde el instante en que un hombre tuvo necesidad de la ayuda de otro; desde que se advirtió que era útil a uno solo poseer provisiones por dos, la igualdad desapareció, se introdujo la propiedad, el trabajo fue necesario y los bosques inmensos se trocaron en rientes campiñas que fue necesario regar con el sudor de los hombres"[60].

Por otro lado, la sociedad civil no es solo la suma de los miembros que la componen, sino que presupone instituciones responsables de ordenar la vida en común. El mantenimiento de este institucionalismo público imprescindible para el proyecto político es otro de los compromisos que se asume con la celebración del pacto social. Un compromiso que, de nuevo,

---

60 ROUSSEAU, J.J., *Discurso sobre el origen de la desigualdad*, Madrid, Calpe, 1923, p. 37. Trabajamos con la reedición virtual elaborada por la Biblioteca Virtual Miguel de Cervantes, 1999.

solo puede satisfacerse si los integrantes de ese pacto se esfuerzan para lograr su sostenimiento. Siguiendo todavía a Rousseau: "En todos los gobiernos del mundo, la persona pública consume y no produce nada. ¿De dónde le viene, pues, la sustancia consumida? Del trabajo de sus miembros"[61].

En suma, para el contractualismo la aportación profesional de cada individuo resulta algo relevante para la vida en sociedad. Solo a partir de esta relevancia social del trabajo puede justificarse la restricción de la libertad natural que supondría un compromiso de contribución productiva. Recordemos que para este planteamiento intelectual la restricción de la libertad natural solo cobra sentido si con ella se logra mejorar la vida en sociedad[62]. Será entonces el interés colectivo en el despliegue del trabajo lo que provocará que la ociosidad comience a verse como una falta de compromiso con el proyecto social, una falta que debe ser reprimida institucionalmente[63].

3.2 La división del trabajo en el perfeccionamiento de una sociedad

Según hemos leído, la fundamentación contractualista del deber de trabajar responde, en parte, al proceso de división del trabajo que, sobre todo a partir de la primera industrialización, alcanzó un ritmo muy acelerado. En efecto, la necesidad de

---

61 ROUSSEAU, J.J., *Contrato social*, Madrid, Espasa-Calpe, 1975, p. 106.

62 "Se conviene en que todo lo que cada uno enajena de su poder mediante el pacto social, de igual suerte que se enajena de sus bienes, de su libertad, es solamente la parte de todo aquello cuyo uso importa a la comunidad [...] Los compromisos que nos ligan al cuerpo social no son obligatorios sino porque son mutuos, y su naturaleza es tal, que al cumplirlos no se puede trabajar para los demás sin trabajar también para sí". ROUSSEAU, J.J., *Contrato social... op.cit*, p. 60.

63 HOBBES, T., *Leviatán...*, *op.cit.* p. 230.

cooperación interpersonal se reveló especialmente a raíz de la primera industrialización, que evidenció la vulnerabilidad del sujeto autárquico al insertarlo en una red de dependencias mutuas en la que los beneficios sociales se obtienen por el esfuerzo de un conjunto indeterminado de sujetos que se desconocen entre sí. Ahora no son solo las necesidades biológicas las que inclinan al individuo a la asociación de esfuerzos con sus semejantes, sino también la constatación de las mejoras en la eficiencia que están reportando los nuevos procesos de producción basados en la división del trabajo. Según la lógica que se impone a partir de este período histórico, especialmente con el auge de las doctrinas económicas liberales, la mayor especialización en el trabajo era la base del progreso material, pero también del avance cultural y espiritual de una sociedad. La función productiva del sujeto aparece ahora como una actividad necesaria para que ese proceso de coordinación socioeconómica sea lo más eficaz posible y, de ahí precisamente, emanaría el contenido moral del trabajo.

Quizás fue Durkheim el que expuso esta idea con mayor solidez analítica cuando afirmó el *valor moral* inherente a la división del trabajo. Aunque no siempre es tratado de este modo, la *División social del Trabajo, magnum opus* del sociológo francés, quiso ser ante todo un tratado moral[64]. El tema principal del que se deriva esta dimensión deóntica es el que analiza si el

---

64 Así abre el prefacio a la primera edición: “Este libro es, ante todo, un esfuerzo para tratar los hechos de la vida moral con arreglo a los métodos de las ciencias positivas. Pero se ha hecho de estas palabras un empleo que desnaturaliza el sentido y que no es el nuestro. Los moralistas que deducen su doctrina, no de un principio a priori, sino de algunas proposiciones tomadas a una o varias ciencias positivas, como la Biología, la Psicología, la Sociología, califican su moral de científica. No es ese el método que nos proponemos seguir. No queremos extraer la moral de la ciencia, sino construir la ciencia de

ser humano debe buscar su mayor grado de emancipaicón y autosuficiencia individual o si, por el contrario, está llamado a cooperar con sus semejantes para integrarse en una suerte de *ser colectivo*:

> "Nuestro deber ¿es buscar y llegar a constituir un ser acabado y completo, un todo que se baste a sí mismo, o bien, por el contrarío, limitarnos a formar la parte de un todo, el órgano de un organismo? En una palabra, la división del trabajo, al mismo tiempo que es una ley de la Naturaleza, ¿es también una regla moral de la conducta humana, y, si tiene este carácter, por qué causas y en qué medida? No es necesario demostrar la gravedad de este problema práctico, pues, sea cual fuere el juicio que se tenga sobre la división del trabajo, todo el mundo sabe muy bien que es y llega a ser cada vez más, una de las bases fundamentales del orden social"[65].

En efecto, con esta obra quiso el sociólogo francés atajar el debate filosófico abierto entre quienes afirmaban la moralidad de la especialización en el trabajo[66] y quienes la estimaban contraria a la dignidad del ser humano[67]. Durkheim demuestra las

---

la moral, lo cual es muy diferente". DURKHEIM, É., *La división del trabajo social*, México D.F., Colofón, 2007, p. 41.

65 *Ibíd.* p. 51.

66 "La medida de nuestra perfección no se encuentra ya en producirnos una satisfacción a nosotros mismos, en los aplausos de la muchedumbre o en la sonrisa de aprobación de un diletantismo preciso, sino en la suma de servicios proporcionados y en nuestra capacidad para producirlos todavía. Así, el ideal moral, de uno, de simple y de impersonal que era, se va diversificando cada vez más. No pensamos ya que el deber exclusivo del hombre sea realizar en él las cualidades del hombre en general; creemos que está no menos obligado a tener las de su empleo". SECRÉTAN, C., *Le Principe de la morale*, p. 189, tomo la cita de *ibíd.*, p. 52.

67 "Es triste darse cuenta de no haber jamás hecho que la decimoctava parte de un alfiler; y no se imaginen que únicamente el obrero,

ventajas económicas que trajo la división del trabajo, pero no niega los efectos adversos colaterales de los nuevos procesos productivos. Ante este equilibrado balance solo cabría atribuirle, a lo sumo, una valoración moral neutra a la división del trabajo: "las ventajas económicas que presenta están compensadas por inconvenientes morales, y como es imposible sustraer una de otra a esas dos cantidades heterogéneas e incomparables, no se debería decir cuál de las dos domina sobre la otra, ni, por consiguiente, tomar un partido"[68]. Pero esta solución solo sería admisible si la única función propia de la división del trabajo fuese la de propiciar el progreso económico. Sin embargo, para Durkheim, y este es un punto clave en su argumentación, existirán otras ventajas inherentes a la especializaición profesional de las que derivaría su valor moral. Para ello, demuestra que históricamente el ser humano, en muy diferentes ámbitos –familia, amistad, tribu…– ha buscado la asociación con seres que exhiben cualidades diferentes a las propias para lograr así una complemenariedad que contribuya a su perfección. Esa atávica vocación asociativa del ser humano es la que subyace, a la postre y a nivel macro, en la división social del trabajo. En palabras de nuestro autor:

> "la división del trabajo desempeñaría un papel mucho más importante que el que de ordinario se le atribuye. No solamente serviría para dotar a nuestras sociedades de un lujo, envidiable tal vez, pero superfluo; sería una condición de su existencia. Gracias a ella o, cuando menos, principalmente a ella, se aseguraría su cohesión; determinaría los rasgos esenciales de su constitución. Por eso mismo, y aun cuando no estamos

que durante dos la vida maneja una lima y un martillo, es quien así degenera en la dignidad de su naturaleza; los mismo ocurre a aquel que por su profesión ejerce las facultades más sutiles del espíritu". SAY, J.B., *Traité d´économie politique,* lib. I, cap. VIII. Tomo la cita de *Ibíd,* p. 53.

68 *Ibíd.*, p. 62.

> todavía en estado de resolver la cuestión con rigor, se puede desde ahora entrever, sin embargo, que, si la función de la división trabajo es realmente tal, debe tener un carácter moral, pues las necesidades de orden, de armonía, de solidaridad social pasan generalmente por ser morales"[69].

La división social del trabajo sustituye así los valores morales tradicionales que promovían la agrupación social en las comunidades de la antiguedad y que se han mostrado inhábiles para excitar esta vocación asociativa en el individuo moderno. Comoquiera que para Durkheim –aunque esta es una tesis que no compartimos del todo– la sociedad es el presupuesto necesario de cualquier moralidad[70], la división social del trabajo adquiere un valor moral positivo en la medida que actúa como presupuesto necesario de la asociación, desde el momento en que conduce a la vida comunitaria a individuos que no comparten vínculos de sanguinidad ni, necesariamente, unas mis-

---

69 *Ibíd.*, p. 72.

70 "La sociedad no es, pues, como con frecuencia se ha creído, un acontecimiento extraño a la moral o que no tiene sobre ella más que repercusiones secundarias; por el contrario, es la condición necesaria. No es una simple yuxtaposición de individuos que aportan, al entrar en ella, una moralidad intrínseca; por el contrario, el hombre no es un ser moral sino por vivir en sociedad, puesto que la moralidad consiste en ser solidario a un grupo y varía como esta solidaridad. Haced que se desvanezca toda vida social y la vida moral se desvanecerá al mismo tiempo, careciendo ya de objeto a que unirse [...] En cuanto a lo que se llama moral individual, si por tal se entiende un conjunto de deberes en los que el individuo sería a la vez el sujeto y el objeto, y que no le ligarían más que consigo mismo y que, por consiguiente, subsistirían aun cuando estuviera solo, es una concepción abstracta que no corresponde a nada en la realidad. La moral, en todos sus grados, jamás se ha encontrado sino en el estado de sociedad, no ha variado nunca sino en función de condiciones sociales". *Ibíd*, p. 418.

mas creencias o convicciones trascendentales. Así, para nuestro autor, será la especialización profesional lo que permite al individuo "adquirir conciencia de su estado de dependencia frente a la sociedad; de ella vienen las fuerzas que le retienen y le contienen. En una palabra, puesto que de la división del trabajo deviene la fuente eminente de la solidaridad social, llega a ser, al mismo tiempo, la base del orden moral"[71].

Con todo, y en lo que a nosotros nos incumbe, la moralidad de la división del trabajo no es lo mismo, estrictamente, que la moralidad del deber de trabajar. Empero, si se acepta que un alto grado de división del trabajo requiere la incorporación masiva de los diferentes agentes al proceso de producción, que, cuanto mayor sea la adhesión individual de estos, mayores serán las posibilidades de especialización[72], entonces debe concluirse que el enrolamiento del individuo en el proceso de producción social, en tanto que presupuesto lógico de la división del trabajo, debe participar de la misma valoración moral que esta.

La división del trabajo, por otro lado, no solo actúa como factor aglutinante o socializante de los individuos en una comunidad extensa, sino que también permite dentro de esta el perfeccionamiento de ciertos valores humanos que serían inalcanzables en ausencia de dicha división. Y es que las múltiples perversiones que se le imputan a un proceso productivo altamente fraccionado no permiten negar que la especialización profesional resulta indispensable para una vida humana acendrada. Podría discutirse, sin duda, cuál es el grado óptimo de especialización, que no tiene por qué ser absoluto[73], pero

---

71 *Ibíd*, p. 420.

72 *Ibíd*, p. 164.

73 El propio Durkheim se curó de defender una progresión infinita hacia la mayor especialización, sino que llamaba a buscar ese punto de

difícilmente puede imaginarse una sociedad en la que no se diese cierta heterogeneidad en las funciones económicas que asume cada sujeto. Esta no solo permite una más perfecta cobertura de las necesidades materiales, sino que, al lograrse, la especialización profesional permite la atención –e incluso la aparición– de otras necesidades más elevadas del ser humano, de índole cultural o espiritual[74].

---

equilibrio que permita alcanzar las ventajas básicas de la especialización del trabajo sin reducir en exceso el haz de funciones operativas asumidas por cada profesional. *Ibíd*, p. 423.

74 En este sentido, si leemos a Millán Puelles, cuya cita extensa nos permitimos: "Dividiendo el trabajo, repartiéndolo entre un suficiente número de hombres, se hace posible que estos rindan más y mejor que si cada uno de ellos tiene que hacerlo todo o casi todo. La división del trabajo y el intercambio de los productos son los medios ordinarios y normales del bienestar material, al que los hombres naturalmente aspiran. De ahí que el hombre sea por naturaleza un ser social, ya que desde esa primera zona de su vida que está impulsada por la tendencia a satisfacer las necesidades materiales de la mejor manera posible. Si ahora reparamos en las necesidades del espíritu, el fundamento de la convivencia se nos presenta todavía más claro. Ante todo, esta clase de necesidades requiere, para poder atenderlas, que las exigencias materiales estén cubiertas y satisfechas de un modo suficiente y decoroso. De lo contrario, el hombre se ve acuciado por las que son más apremiantes en la vida y no puede tener el tiempo ni el estado de ánimo precisos para elevarse a los valores superiores de la ciencia, del arte y de la religión [...] Pero no solo nos da la convivencia la base que es necesaria para atender las necesidades superiores, sino que también nos proporciona otras condiciones igualmente precisas para atender a estas necesidades" MILLÁN PUELLES, A., *Persona humana y justicia social*, Madrid, Rialp, 1973, pp. 25-27.

3.3 El crecimiento económico como objetivo político. Del mercantilismo al productivismo

Se ha señalado que otro fenómeno clave para comprender la revalorización moderna del trabajo fue la aparición de las doctrinas *mercantilistas*[75]. Esta rudimentaria metodología económica se marcaba como principal objetivo el incremento de la riqueza de un país para alcanzar su predominio económico sobre el resto de las naciones[76]. La exaltación del trabajo que promovió esta escuela de pensamiento no se justificaba ya por las implicaciones éticas de este, ni por la mejora que produciría en el proyecto de vida del individuo, sino por su contribución a la generación de riqueza[77]. La adopción de este objeti-

---

75 Así lo expresa el profesor DÍEZ RODRÍGUEZ, para quien la "idea moderna del trabajo fue fruto de un largo y complejo proceso de formación en el que la ciencia nueva de la economía política desempeñó un papel decisivo". DÍEZ RODRÍGUEZ, F., *Homo Faber: Historia intelectual del trabajo, 1675-1945*, Madrid, Siglo XXI, 2014, p. 21. En este mismo sentido, DURÁN VÁZQUEZ, J.F., "Durkheim y Saint-Simon: La construcción del ideario de la sociedad del trabajo y las nuevas paradojas de las sociedades tardo-modernas", *Athenea Digital*, núm. 9, 2006, pp. 152-167, p. 154; también CASTEL, R., *La metamorfosis de la cuestión social*, Buenos Aires, Paidós, 1997, p. 144. Por nuestra parte, un comentario sobre la incidencia del mercantilismo en la exaltación moderna de la productividad puede encontrarse en VIGO SERRALVO, F. *El derecho al trabajo... op.cit.*, pp. 59 a 62.

76 EKELUND, R. y HÉBERT, R., *A history of economic theory and method*, Illinois, Waveland Press, 1997, pp. 40.

77 "El trabajo se convirtió en materia de interés y de reflexión pública, por entenderse que era una de las principales fuentes generadoras de riqueza". DURÁN VÁZQUEZ, J.F., "Durkheim y Saint-Simon... *op.cit.*, p. 160. En este mismo sentido, se ha dicho que los mercantilistas concibieron el trabajo "como el dispositivo central de las propuestas para la promoción de la riqueza y la prosperidad públicas". DÍEZ RODRÍGUEZ, F., *Homo Faber... op.cit.*, p. 21. Esta es por lo

vo político justificaba, e incluso requería, la introducción de instrumentos institucionales dirigidos a promover o impeler la activación profesional del individuo. En palabras de Castel: "El mercantilismo se vio conducido a movilizar también toda su fuerza de trabajo. Las potencialidades no empleadas de los ociosos representaban desde este punto de vista un escándalo al que había que poner fin" [78].

Ese planteamiento mercantilista fue acogido por las doctrinas económicas que aparecieron posteriormente, incluso por aquellas que estaban entre sí enfrentadas ideológicamente. Tanto el liberalismo clásico[79] como el socialismo utópico[80] incluyeron entre los objetivos políticos del Estado la búsqueda de un más alto grado de desarrollo económico, exigiendo, por tanto, la activación del mayor número posible de sujetos productivos. Es la introducción de este objetivo político lo que para nosotros reviste un interés verdaderamente relevante pues, aunque por obvio pueda pasar desapercibido, encontramos ahí una de las principales causas que justifican el deber

---

demás, una idea que, aunque con el mercantilismo económico es objeto de un tratamiento metodológico-científico, ya fue expuesta por Hobbes, para quien "la abundancia depende meramente del trabajo y la industria de los hombres (con el favor de Dios)" HOBBES, T., *El Leviatán... op.cit.*, p. 209.

78 CASTEL, R., *La metamorfosis de la cuestión social... op.cit.*, p. 144. Como fuente directa que refrenda esta idea, puede traerse a colación el decálogo del mercantilismo –elaborado por el tratadista Von Hornick- en el que se enumera como uno los deberes ineludibles de los gobernantes, el de "fomentar una población grande y trabajadora". Este decálogo se encuentra reproducido al completo en EKELUND, R. y HÉBERT, R., *A history of economic... op.cit.* pp. 40 y 41.

79 SMITH, A., *La riqueza de las Naciones*, Madrid. Alianza Editorial, p. 34.

80 COLE, G.D.H., *Historia del pensamiento socialista. Vol. I, Los precursores: 1789-1850,* México D.F., Fondo de Cultura Económica, 1964, p. 53.

de trabajar que conocemos hoy en muchas constituciones. Es a partir de la asunción de la producción de riqueza como un fin político cuando la institucionalización jurídica de ese deber adquiere sentido[81]. Nos es indiferente por el momento averiguar cuál es la finalidad que las instituciones dan a la riqueza generada, si esta se destina a la atención de las necesidades ciudadanas, a campañas bélicas o al enriquecimiento del monarca. Lo relevante ahora es constatar la aparición y consolidación del crecimiento industrial y económico como objetivo político, idea cuya simiente intelectual fue dada por el mercantilismo y que hoy encontramos de forma renovada como un paradigma socio-económico que ha dado en llamarse *productivismo*; el cual parece hegemónico en las sociedades avanzadas de nuestros días, en las que se promueve el desarrollo económico sin consideración de ningún otro fin superior[82].

Desde el momento en que esta vocación de expansión económica se acoge como objetivo político, también se trastocan los esquemas culturales tradicionales en torno al trabajo: a nivel micro, el buen ciudadano es aquel que da un cabal cumplimiento a esa función que le es reclamada por la nueva lógica productivista: "A partir del primer mercantilismo –concluye

---

81 Quizás sea la Constitución peruana de 1979 una de las que establece esta asociación de manera más clara al proclamar, en su art. 42: "El Estado reconoce al trabajo como fuente principal de la riqueza. El trabajo es un derecho y un deber social".

82 En palabras de Noguera Ferrer, el productivismo "asume la producción de bienes económicos como una finalidad en sí misma o prioritaria sobre cualquier otra (esto es, persigue la producción por la producción)" NOGUERA FERRER, J., *La transformación del concepto de trabajo en la teoría social: la aportación de las tradiciones marxistas*, Barcelona, Universidad de Barcelona, 1998, p. 14.

Conill Sancho– la estimación social va a residir en el trabajo"[83]. Con frecuencia, esta derivación sociológica del *mercantilismo*, o *productivismo* en términos más actuales, ha sido criticada intelectualmente en tanto que engendra un sistema social en el que algunos valores morales o espirituales asociados al perfeccionamiento humano quedan en una posición secundaria cuando no directamente marginal. En palabras ahora de Giddens:

> "El productivismo es un *ethos* en el que el trabajo tiene un papel central y distintivo: el trabajo expresa la primacía de la *industria*, en el sentido activo de la palabra, en la vida de la sociedad moderna. Max Weber, por supuesto, mostró hace mucho tiempo cuán históricamente inusual es la actitud hacia el trabajo característica del orden moderno y reveló algunos de los principales orígenes culturales del productivismo. Siguiendo a Weber, el productivismo puede verse como un ethos en el que el trabajo, como empleo remunerado, se ha separado claramente de otros ámbitos de la vida. El trabajo se convierte en abanderado del significado moral: define si los individuos se sienten valiosos o socialmente valorados; y la motivación para trabajar es autónoma. Por qué uno quiere o se siente obligado a trabajar se define en términos de qué es el trabajo en sí: la necesidad de trabajar tiene su propia dinámica interna"[84].

---

83 CONILL SANCHO, J.M., "Reconfiguración ética del mundo laboral", en A.A. V.V. (Cortina Orts, A., dir.) *Rentabilidad de la ética para la empresa*, Madrid, Visor, 1997, pp. 187-228, p. 195.

84 GIDDENS, A., *Beyond Left and Right. The Future of Radical Politics*, Cambridge, Polity Press, 2007,175. En similar sentido se pronunció Borrajo Dacruz al examinar este paradigma histórico, aunque señalando otros factores determinantes: "En la sociedad europea, propensa hasta entonces al quietismo, se desarrolló un ethos nuevo; el éxito, la ganancia, se impusieron al hombre como una exigencia, la vida, en general, se economiza, en el sentido de que los valores económicos tienden a operar con independencia de los valores humanos o sociales". BORRAJO DACRUZ, E., *Derecho del Trabajo*, Madrid, Tecnos, 1975, pp. 71 y 72.

Los fundamentos de la crítica a este paradigma son los que respaldan, con frecuencia, la censura ética del deber de trabajar, al que se coloca en el núcleo normativo del productivismo. Obviamente, el deber de trabajar, con una u otra formulación, será un deber básico en un sistema social que promueva institucionalmente la activación productiva de sus ciudadanos; sin embargo, muchas de las consecuencias negativas que se le imputan a este paradigma derivan de una exaltación hipotética de este deber, o, mejor dicho, de la función productiva del ser humano hasta el punto de desatender otras facetas esenciales de este. Aunque no nos corresponde enjuiciar estas posiciones, sí cabría apuntar algo que es, por lo demás, bien obvio: que la crítica a este sistema de valores no tiene por qué conducir necesariamente a la anulación del deber de trabajar, sino que podría bastar con su atemperación para hacerlo compatible con la atención a otras facetas humanas, ahora no productivas, imprescindibles para el perfeccionamiento de la persona[85]. Dicho de

---

85 Melendo Granados encuentra la justificación de esta exaltación productiva del trabajo en la incidencia del pensamiento cartesiano, que con su prioridad por el conocimiento científico, exaltó la capacidad de transformación de la naturaleza y devaluó o desatendió otras aspiraciones más trascendentes del ser humano: "En lo que se refiere al trabajo, también se han desplegado asombrosamente un conjunto de aspectos del mismo, dejando en sordina otras dimensiones que lo caracterizan de manera más profunda y definitiva. En concreto, y siguiendo la sugerencia de Descartes, el hombre moderno ha acentuado desmesuradamente la función de dominio sobre la naturaleza propia del trabajo, ignorando -también desmesuradamente- el papel que al trabajo compete como configurador y perfeccionador de la personalidad humana [...]. En consecuencia, ha crecido la capacidad técnica, alcanzando unas dimensiones que habrían asombrado al propio Descartes, pero se ha perdido el hombre. Por eso no extraña que

otro modo, sería impropio articular el debate sobre la legitimidad del deber de trabajar en términos maniqueos que solo conciban concepciones extremas del mismo: entre su exigencia exacerbada y su anulación absoluta –vid. a este respecto, el apartado IV.5.5–.

Comoquiera que fuese, dejando por el momento de lado esta discusión, sí nos conviene añadir que la influencia que ha tenido el planteamiento productivista –como suerte de mercantilismo remozado– en la determinación de los fines político-económicos del Estado conlleva una importante restricción conceptual del trabajo que podría ser exigido institucionalmente. En efecto, como veremos, en su dimensión ética, el deber de trabajar puede adquirir contornos muy amplios, ya que sería posible atribuir un contenido moral positivo a todas las conductas humanas que repercutan favorablemente en el bien común de una sociedad –por ejemplo, las actividades altruistas o de voluntariado–. Desde el momento en el que la productividad se introduce como un objetivo político, el trabajo que exige la comunidad, al menos institucionalmente, experimenta un drástico estrechamiento para comprender solo aquellas actividades que crean bienes y servicios susceptibles de valoración económica, *id est,* que son demandados en el mercado. La decisión sobre lo que es bueno o malo para la sociedad no descansa ya sobre las convicciones espirituales o culturales de esta,

---

nuestros contemporáneos, conscientes ya de que la técnica no confiere la felicidad, se resistan a someterse a un trabajo deshumanizado y carente de sentido; o que –deslumbrados por el activismo propio de nuestra cultura– se entreguen desaforadamente a él, como último recurso... sin alcanzar con ello más que un bienestar epidérmico, situado muy lejos de la auténtica dicha humana". MELENDO GRANADOS, T., *La dignidad del trabajo,* Madrid, Rialp, 1992, p. 31.

sino sobre las leyes de la oferta y la demanda económica. La lógica productivista, de este modo, redefine el deber de trabajar para identificarlo con la realización de una actividad con trascendencia en el crecimiento económico de un país. Gorz[86], Giddens o Illich han sido algunos de los críticos con esta visión estrecha del trabajo que impuso el productivismo. Según observó el último de los autores citados: "Los éxitos industriales se volvieron la medida y la regla de la economía entera. Pronto se tuvo como subsidiarias a todas las actividades productoras a las cuales no se podían aplicar las reglas de medición y los criterios de eficiencia aplicables en la producción en serie: esto valió para los trabajos domésticos, la artesanía y la agricultura de subsistencia"[87].

Si nos detenemos en este punto es porque comprobaremos más adelante que, cuando las diferentes constituciones y declaraciones internacionales de derechos se han referido al deber de trabajar, han acogido implícitamente esta concreta conceptualización del trabajo. Aunque luego tendremos ocasión de justificar esta tesis, queremos ahora dejar apuntado –y con ello adelantamos ya una de las conclusiones de nuestro estudio– que el deber jurídico de trabajar que hoy conocemos se refiere al deber de desempeñar una labor que genere un rendimiento económico. Por tanto, y esto es lo que más matices requerirá posteriormente, no se verá satisfecho con la ejecución de cualesquiera otras actividades, por muy beneméritas que estas resulten desde la óptica de su ejecutor e, incluso, desde el punto de vista de la sociedad que recibe sus resultados –vid. apartado IV.1–.

---

86 GORZ, A., *Metamorfosis del trabajo. Búsqueda del sentido. Crítica de la razón económica,* Madrid, ed. Sistema, 1995, pp. 25 y 26.

87 ILLICH, I., *La convivencialidad,* México DF, Joaquín Mortiz-Planeta, 1985, p. 133.

4. NECESIDAD, DEBER Y OBLIGACIÓN DE TRABAJAR

Todo cuanto hemos expuesto hasta ahora puede sintetizarse si reparamos en la distinción entre la necesidad, el deber y obligación de trabajar. Nos encontramos ante tres condicionantes que imponen el trabajo sobre el ser humano: uno fisiológico, otro social y otro personal. Estos tres condicionantes no son autosuficientes, sino que se relacionan en una triple secuencia causal: 1) Originalmente, la naturaleza impone sobre el individuo la *necesidad* de trabajar. 2) La fragilidad del ser humano autárquico y su vocación de progreso le imponen la cooperación con sus semejantes, el trabajar para los demás. Estas pulsiones asociativas del ser humano son las que convierten al trabajo en un *deber* social. 3) Solo en un tercer momento, en el de la ejecución de dicho deber, aparece la *obligación* como una conducta debida por un deudor a un acreedor, público o privado. En cada fase de esta secuencia se produce una progresiva concreción del trabajo que se impone: en un primer momento, la necesidad fisiológica –que es común a los seres irracionales– impone la búsqueda de medios básicos de manutención, sin excluir ninguna forma de obtención y sin ninguna limitación moral. En un segundo momento, en el marco de la sociedad, el deber de trabajar interpela a una conducta cooperativa que permita la convivencia cívica. Los valores socialmente aceptados y los requerimientos de la comunidad serán ahora los que acotarán el elenco de conductas que satisfacen ese deber. Por último, a la hora de hacer efectiva esa conducta cooperativa, se debe atender a los condicionantes propios de la relación que se da entre quien la ejecuta y quien recibe sus frutos. Siendo el trabajo humano, al menos en su acepción genérica y relevante para el Derecho, una acción netamente relacional[88], los sujetos

---

[88] El trabajo relevante para el Derecho del Trabajo, en opinión de Barassi puede definirse como "el despliegue que el hombre hace de

que articulan esa relación son los que determinarán el régimen al que se sujetará su prestación.

Esta diferenciación nos ayudará a concretar más precisamente el objeto de nuestro estudio y a lograr una mejor comprensión de cuanto sigue. Y es que, aunque los términos *deber* y *obligación* tienen múltiples usos[89] y pueden actuar como sinónimos intercambiables[90], resulta pertinente en este estudio distinguir un doble plano de normativo del trabajo: el social, al que denominaremos deber, y el personal o relacional, al

---

energías en pro de otra persona". Citado en ALONSO GARCÍA, M. *Curso de Derecho del Trabajo,* Barcelona, Ariel, 1987, p. 5.

89 "Obligation (obligación) y duty (deber). En el derecho anglo-norteamericano estos términos son prácticamente sinónimos, salvo en los estudios abstractos sobre las exigencias del derecho (por ejemplo, el análisis de la obligación jurídica como opuesta a la obligación moral), en los que es raro que se diga que el derecho penal impone obligaciones. Quizás los juristas utilizan todavía la palabra "obligation" más comúnmente para aludir a los contratos u otros casos, tal como el de la obligación de pagar indemnización por la comisión de un acto ilícito civil, en los que un individuo determinado tiene un derecho subjetivo contra otro individuo determinado (derecho in personam). En otros casos se emplea más comúnmente "duty". Esto es todo cuanto sobrevive hoy, en el moderno uso jurídico inglés, del significado original de la obligatio romana como un vinculun juris que liga a individuos determinados" HART, H.L.A., *El concepto de Derecho... op.cit.*, 301.

90 Este uso indistinto aparece incluso dentro del Derecho positivo. Dentro de la normativa positiva, civil, laboral, o administrativa se mencionan multitud de deberes (por ejemplo, de fidelidad, de prestar alimentos, de productividad en el trabajo, de no concurrencia...) que serían obligaciones, según la terminología que estamos empleando ahora. Con más relevancia para nosotros, el propio deber constitucional de trabajar en la historia a veces proclamado como un deber, art. 35.1 de la vigente Constitución, o como una obligación, art. 46 de la Constitución republicana de 1931, sin que una u otra terminología revele en este caso un distinto grado de exigibilidad.

que denominaremos obligación. Ambos difieren en el grado de abstracción del trabajo que se impone, pero también como consecuencia de este, en su exigibilidad. En efecto, el deber de trabajar y la obligación de hacerlo comparten naturaleza normativa e imperativa, sin embargo, solo en la segunda se da la nota de exigibilidad[91]. Es la propia abstracción del deber trabajar la que trunca su exigibilidad directa, en tanto en cuanto no se concretice en una obligación. Esta falta de exigibilidad o de concreción no impedirá, sin embargo, que tal deber pueda ser positivizado como una norma jurídica, como trataremos de demostrar a lo largo de este estudio –vid., principalmente, III.4–.

En lo que ahora nos concierne, la distinción entre el deber de trabajar y la obligación de hacerlo fue innecesaria en las sociedades primitivas, articuladas a partir de lazos de cercanía. En estas, las normas generales y abstractas eran suficientes para ordenar la vida comunitaria. La existencia de deberes morales de asistencia o cooperación mutua solo necesitaban la actualización de una determinada contingencia para adquirir perfiles concretos[92]. El conocimiento por los miembros de la comunidad de las circunstancias objetivas y subjetivas concurrentes en cada situación era suficiente para valorar el grado de cumplimiento de sus normas rectoras y formarse un juicio de aceptación o rechazo sobre la conducta del agente. Tampoco fue

---

91 Esta inexigibilidad, dentro de los deberes sociales generales, solo se da en aquellos que imponen una acción positiva o prestacional. Aquellos otros que imponen conductas omisivas, *v.gr.* el deber de no agresión, resultan exigibles sin necesidad de ninguna concreción sobre la omisión debida o sobre el sujeto beneficiado por la misma.

92 Por ejemplo, el deber de asistencia o socorro no impone una concreta conducta o una determinada dedicación. Será necesaria la actualización de una contingencia, de una necesidad real, para que el cumplimiento de ese deber pueda ser reivindicado y, en su caso, reprochable por la sociedad.

clara la distinción entre el deber de trabajar y la obligación de hacerlo en aquellas sociedades antiguas en las que existía una fuerte sumisión política y en las que un mismo soberano aglutinaba el poder de producir y ejecutar las normas: la ausencia de derechos del súbdito oponibles a este poder permitía que los abstractos deberes de colaboración en el sostenimiento del orden social pudieran ser concretados a través de órdenes directas. Era en este caso el deber general de obediencia o servidumbre el que garantizaba el cumplimiento de las cargas requeridas por la sociedad[93].

La necesidad de distinguir entre el deber abstracto de trabajar y la obligación concreta de hacerlo aparece entonces a medida que se complejiza el orden social. De un lado, porque en las sociedades extensas los tradicionales lazos comunitarios dejan de ejercer un influjo efectivo sobre la población que permita generar mutuas expectativas de cumplimiento[94]. Por otro lado, comienza la descentralización y la privatización de las fuentes normativas. Esta es una novación que se produce sobre todo con la *obligatio* romana, la cual habilita la vinculación mutua de

---

93 "Ya en la voz súbditos, de la Enciclopedia, se dividen los deberes en generales y particulares derivados del estado y situación del súbdito. Puesto que todos los súbditos tienen en común que están sometidos a un mismo soberano y gobierno, de esas relaciones derivan los deberes generales". PECES-BARBA MARTÍNEZ, G., "Los deberes fundamentales… *op.cit.,* p. 330.

94 En palabras de Hart: "el número y la fuerza de los que cooperan voluntariamente dentro de un sistema coercitivo será normalmente mayor que cualquier combinación probable de transgresores. Sin embargo, salvo en sociedades con una cohesión muy estrecha, la sumisión al sistema de limitaciones sería una insensatez si no hubiera una organización para coercionar a aquellos que tratarían de obtener las ventajas del sistema sin someterse a sus obligaciones" HART, H.L.A., *El concepto de Derecho… op.cit.,* p. 244.

aquellos sujetos colocados en una posición de igualdad dentro de la sociedad estamental[95]. Esta descentralización de la creación normativa alcanza su mayor expansión con la modernidad liberal y la progresiva igualación política de todos los ciudadanos, lo que los convierte en potenciales creadores de obligaciones mutuas. En este nuevo paradigma, frente a las tradicionales normas *estáticas* que imponían una conducta colaborativa en abstracto, aparece ahora la necesidad de otras normas *dinámicas o concretas*, susceptibles de adecuarse a las particularidades de las partes afectadas por la norma y de la situación fáctica sobre la que va a operar[96]. Así describe Hart este proceso:

> "la división del trabajo, que todos los grupos salvo los muy pequeños, tienen que desarrollar para obtener provisiones adecuadas, trae consigo la necesidad de reglas dinámicas, en el sentido de que habilitan a los indivi-

---

95 Originalmente era una obligación del *pater familias*, y posteriormente, el derecho a efectuar contratos legales y tener propiedades, fue extendiéndose a otros sujetos libres, con diferentes gradaciones según el estamento al que se perteneciese. En palabras de Iglesias Santos: "En los primeros tiempos romanos, los derechos de familia, de propiedad y de herencia se mueven en el ámbito del grupo familiar: los derechos de familia y de propiedad atañen al poder unitario del *pater* sobre personas y cosas; los de herencia, a la necesidad de perpetuar la familia misma, en su espíritu y en su patrimonio. A otro mundo pertenecen los derechos de obligación: al de las relaciones interfamiliares, es decir, entre los padres o jefes de las familias. La obligación primitiva se actúa fuera de los linderos de la familia, en la que, por lo demás, no hay sujetos jurídicamente equiparados. Y tal equiparación se predica como necesaria a la hora de poner en existencia un vínculo de carácter obligatorio. Sólo en época adelantada se llegará, y no de modo definitivo, a sustituir el paterfamilias por el individuo". IGLESIA SANTOS, J., *Derecho Romano*, Barcelona, Ariel, 1979, pp. 369 y 370. En similar sentido, SAVIGNY, F.K., *Sistema del derecho romano actual*, Madrid, F. Góngora y Compañía, Ed., 1879, pp. 151 y ss.

96 HART, H.L.A., *El concepto de Derecho… op. cit.*, p. 243.

> duos a crear obligaciones y modificar su incidencia [...] La misma inevitable división del trabajo, y la permanente necesidad de cooperación, son también factores que hacen que otras formas de reglas dinámicas o creadoras de obligaciones sean necesarias para la vida social. Ellas aseguran el reconocimiento de las promesas como fuentes de obligaciones. Mediante este recurso, los individuos, usando palabras habladas o escritas, pueden asumir la responsabilidad de sufrir censura o castigo si no actúan de ciertas maneras estipuladas"[97].

Estas reglas dinámicas pueden fijarse a través del contrato, pero también a través de la ley o el reglamento[98], lo cual ocurre cuando lo que se crea es una obligación frente a un poder público[99]. En lo que se refiere al deber de trabajar, su conversión en una obligación exigible puede producirse de dos formas diferentes: a) A través de una reglamentación pública, en aquellos sistemas en los que se ordena centralizadamente la actividad económica[100]. b) A través de acuerdos voluntarios o contratos, en aquellos supuestos

---

97 *Ibíd.*

98 También los tratadistas del Derecho Romano presentaron las cargas públicas como obligaciones, a las que denominaron *munera publica* o *civila.* En este sentido, SAVIGNY F.K., *Sistema del derecho romano... op.cit.,* p. 164. En la actualidad, el deber de contribuir económicamente al sostenimiento de la sociedad, pongamos por caso, requiere de una reglamentación que adecúe ese deber a las circunstancias de cada sujeto obligado o a cada hecho imponible. Es esa concreción la que convierte al deber en una obligación y lo hace exigible.

99 Art. 1089 CC: "las obligaciones nacen de la ley, de los contratos y cuasicontratos, y de los actos y omisiones ilícitos o en que intervenga cualquier género de culpa o negligencia".

100 Los sistemas socialistas han sido, quizás, el principal ejemplo histórico de esta forma de exigir el trabajo, aunque no el único. Los viejos regímenes feudales, por ejemplo, también descansaron en una división del trabajo decidida centralizadamente a través de un férreo sistema estamental.

en los que la ordenación de la vida económica se confía a mecanismos de coordinación espontáneos.

En el siguiente epígrafe veremos cómo ambos sistemas político-económicos, el de dirección centralizada y el de coordinación espontánea, asumen las ventajas de la división del trabajo y, por tanto, requieren que el deber de genérico de trabajar sea concretado en obligaciones particulares. Lo que los diferencia es la fuente obligacional que estiman más adecuada para lograr que esa división del trabajo arroje los resultados más óptimos: la legal o la convencional.

5. CONSENSO IDEOLÓGICO EN TORNO AL DEBER DE TRABAJAR

Cuando aquí aludimos al fundamento político del deber de trabajar lo hacemos desde una pretendida *equidistancia* ideológica. No hablamos de *neutralidad* porque el deber de trabajar está cargado de implicaciones ideológicas, lo que ocurre es que, según lo vemos y trataremos de justificar, tales connotaciones se relacionan con posiciones políticas muy diferentes[101]. Precisamente, lo que pretendemos demostrar ahora es que las

---

[101] Entre otros, el profesor Patrick advierte: "Hoy encontramos evidencia de argumentos tanto liberales contractualistas como comunitaristas operacionalizados por partidos de izquierda y derecha para defender y sostener este énfasis en el deber de trabajar. En la articulación contractualista liberal más común, el derecho a prestaciones sociales se equilibra y compensa con la responsabilidad de buscar activamente y tomar medidas para regresar al trabajo [...] Bajo un sentimiento más comunitario, a veces vemos el deber de trabajar caracterizado como responsabilidad de todos los ciudadanos: el deber más fundamental del "buen" ciudadano independientemente del apoyo que pueda recibir del gobierno". PATRICK, R., "Work as the primary 'duty' of the

principales corrientes ideológico-políticas, con argumentos parcialmente diferentes, convergen en un mismo punto al afirmar la legitimidad del deber de trabajar[102]. Si acabamos de describir en epígrafes precedentes cómo la exigencia natural de trabajar pasó a convertirse en un deber requerido por la sociedad, observaremos que esto ocurre con independencia de la inspiración ideológica que adopte la comunidad política. En palabras de Offe:

> "Las tradiciones de la sociología, tanto la burguesa como la marxista, comparten el punto de vista de que el trabajo constituye un hecho social central. Una y otra construyen la sociedad y su dinámica como *sociedad del trabajo* [...] Todas las sociedades están sujetas, ciertamente, a la necesidad insoslayable de entrar en una relación de intercambio con la naturaleza a través del trabajo y organizar ese intercambio de manera tal que produzca aportaciones suficientes para la supervivencia física del hombre socializado y se mantenga estable la forma de organización de ese intercambio"[103].

La inclusión de este epígrafe tiene entonces, al menos, dos propósitos: a) El primero de ellos, desacreditar aquellas posiciones, especialmente surgidas en las últimas décadas, que cuestionan la legitimidad ética del deber de trabajar asociándolo a convicciones ideológicas liberales o conservadoras. Se argumenta, de forma un tanto superficial, que la centralidad del trabajo es un constructo social propio del modelo capitalista que debe ser definitivamente superado. En sentido contrario, pero con igual superficialidad analítica, encontramos a

---

responsible citizen: a critique of this work-centric approach", *People, Place & Policy Online*, vol. 6, núm. 1, pp. 5-15, p. 6.

102 GORZ, A., *Metamorfosis del trabajo. Búsqueda del sentido. Crítica de la razón económica*, Madrid, Sistema, 1995, p. 281.

103 OFFE, C., *La sociedad del trabajo. Problemas estructurales y perspectivas de futuro*, Madrid, Alianza, 1992, pp. 17 y 18.

quienes afirman que el deber de trabajar es un vestigio marxista, inasumible por una democracia liberal[104]. b) Adicionalmente, el otro objetivo de este epígrafe es el de comprobar cómo el deber de trabajar ha sido reivindicado en la historia por diferentes posiciones ideológicas, lo que nos ayudará a entender su inclusión en textos constitucionales que parten de tradiciones jurídico-políticas muy diferentes.

Por lo demás, por no ser este un tratado de ciencia política y por el carácter propedéutico de este capítulo, simplificaremos bastante los términos de la exposición y omitiremos muchos de los matices programáticos que existen entre cada una de estas corrientes ideológicas. De forma un tanto maniquea –y no menos impropia, admitimos–, vamos a agrupar las diferentes posiciones filosófico-políticas entre las socialista o intervencionistas, de un lado, y las liberales o capitalistas, de otro. Cabe asumir, sin embargo, que dentro de estas dos grandes agrupaciones confluyen multitud de doctrinas con particularidades que, si fuese este un estudio específico sobre la materia, merecerían ser abordadas individualizada y detenidamente. La simplificación que operaremos, siendo muy gruesa, quizás sea útil para el propósito que nos marcamos ahora, insistimos: demostrar que el deber de trabajar no pertenece, excluyentemente, al acervo ideológico de la izquierda o la derecha política.

Hechas estas aclaraciones, y para retomar de nuevo el hilo de nuestra exposición, identificaremos el primer punto –cronológicamente hablando– de comunión entre estas grandes

---

104 Esa fue la connotación marxista del deber de trabajar y el argumento que se invocó por el Partido Social Demócrata para defender la abolición de este deber en la Constitución Lusa. GUEDES, L.M. y SOUSA, M.R., *Uma constituição moderna para Portugal: Constituição da República revista em 1997*, Lisboa, Grupo Parlamentar do PSD, 1997, p. 106.

facciones ideológico-políticas en la afirmación del *deber natural de trabajar* tal y como lo hemos descrito más arriba. Ciertamente, la aceptación de esta premisa es especialmente observable en las primeras fases de la conformación de sendas corrientes del pensamiento político, a mediados del s. XVIII. En ese período, tanto el incipiente socialismo como el bisoño liberalismo político-económico aceptaron expresamente el deber de trabajar que la naturaleza imponía sobre el ser humano, si bien, diferían, como comprobaremos, en las derivadas que este deber tendría que proyectar sobre la acción de los poderes públicos. Para comprobar este consenso, acudamos como botón de muestra a dos pensadores franceses que fueron coetáneos, pero que se ubicaron en las antípodas del espectro ideológico: Turgot y Babeuf, quienes coincidieron al presentar el deber de trabajar como una obligación que impone la naturaleza al individuo. De un lado, el fisiócrata Anne Robert Jacques Turgot, en el preámbulo de uno de sus célebres decretos en los que se reglamentaba la libertad de trabajo –a la sazón, para abolir el restrictivo sistema de gremios[105]–, afirmaría: "Dios ha hecho que los hombres tengan necesidades y los ha vuelto dependientes de su trabajo"[106]. Por otro lado, la doctrina del socialista François-Noël Babeuf enumeraba entre sus principios esenciales el siguiente: "Art. 3° La naturaleza ha impuesto

---

105 El conjunto de estos decretos formará parte de un programa de más amplio alcance proyectado por Turgot que contenía un importante signo liberalizante; entre otras medidas que introdujo, puede destacarse la libertad de comercio del grano y la harina (Edicto 13 de septiembre de 1776) o, con mayor trascendencia para nosotros, la abolición de la corvea, una forma de trabajo forzado propia del régimen feudal que fue sustituida por un impuesto (Edicto de 9 de febrero de 1776).

106 En TURGOT, A.R.J., *Oeuvres de Turgot: nouvelle édition classée par ordre de matières, T.II.*, París, Librairie Guillaumin, 1844, p. 305.

a cada uno la obligación de trabajar; nadie puede, sin grave culpa, sustraerse al trabajo"[107]. Con el paso del tiempo, en la medida que el discurso de los derechos y deberes naturales fue cayendo en desuso, las retóricas políticas liberales y socialistas dejaron de apelar expresamente al deber natural de trabajar, aunque este ha seguido incrustado, implícita pero firmemente, en sus respectivas bases dogmáticas. Observemos por separado de qué modo esto sucede.

5.1 El deber de trabajar en las corrientes ideológicas liberales

Para el liberalismo político-económico, el deber de trabajar es inherente al deber moral de autosuficiencia material que recae sobre cada individuo. Se asocia a la responsabilidad sobre su propia suerte existencial. Y es que, aunque tantas veces se obvie, el liberalismo político, al vindicar la emancipación del individuo frente al Estado, no solo está reconociéndole a aquel esferas de soberanía inviolables, sino que afirma también su responsabilización. Como se ha observado, "los conceptos de autorresponsabilidad y autonomía van de la mano con la invención del *individuo,* uno de los nuevos bloques de construcción centrales del liberalismo moderno"[108]. Esta individualidad incorpora la idea de que cada persona debe procurarse los medios con los que sostener su existencia y la de los sujetos que están a su cargo, y rechaza, por tanto, cualquier intervención público-asistencial que pretenda la socialización de dicha responsabilidad. Obviamente este rechazo a las políticas asis-

---

[107] La doctrina de Babeuf fue recogida por BUONARROTI, P., *Conspiration pour l 'égalité dite de Babeuf. T.I,* Bruselas, Llibrerie Romantique, 1828, de donde tomamos esta cita, p. 142.

[108] MAIER, R., "Self-Responsibility: Transformations", *American Behavioral Scientist,* núm. 63, vol. 1, 2019, pp. 27-42, p. 29.

tenciales admitirá grados, según la radicalidad propia de cada vertiente del liberalismo, pero, dentro de la simplificación que estamos practicando aquí, no sería demasiado impropio afirmar que un elemento definitorio de esta corriente de pensamiento, en su conjunto, es la proclamación de la autosuficiencia material de cada persona[109].

De este modo, para el liberalismo, en realidad, no es necesaria la positivización jurídica de un deber de trabajar porque este deber va de suyo en el régimen de libertad o desregulación económica que pretende instaurar. Por eso decimos que para esta posición política el deber de trabajar es, de nuevo, aunque sin apelar a esta terminología, un deber natural impuesto por la condición fisiológica del ser humano. Desde tal premisa, este deber no necesita ser compelido por la fuerza coactiva del ordenamiento jurídico, bastaría para su eficacia la omisión de cualquier intervención pública-prestacional que atenuase o suprimiese la situación de necesidad en la que se halla originalmente el ser humano[110]. El liberalismo, entonces, presupone que el deber de trabajar será cumplido por la mayoría de

---

109 Esta idea es desarrollada más extensamente en SIEDENTOP, L., *Inventing the individual. The origins of Western liberalism*, Londres, Penguin Books, 2014.

110 En palabras de Martín Valverde al describir el funcionamiento de la economía de mercado: "La afluencia masiva de trabajadores al mercado de trabajo se explica por la difusión de la compulsión económica para trabajar, es decir, por la difusión de una necesidad imperiosa de aplicar la fuerza de trabajo en favor y por cuenta de otra persona (física o jurídica) para la adquisición de medios de vida. La pérdida de la cobertura de las corporaciones, o el rechazo de la cobertura benéfica o asistencial para las personas físicas que pueden trabajar, se convierten así en factores decisivos de la formación del mercado de trabajo". MARTÍN VALVERDE, A., *Derecho del Trabajo y mercado de trabajo*, Madrid, (1976-2019), Tecnos, 2021, p. 33.

la población por la elemental razón de que su supervivencia depende de que hayan desplegado una actividad apta para la obtención de los recursos básicos con los que subsistir, *id est*, un trabajo en el sentido más ortodoxo del término[111]. Frente a esta afirmación se podría alegar, sin embargo, que el liberalismo tolera e incluso protege las formas de vida rentísticas y que, por tanto, su modelo político-jurídico no demuestra un verdadero interés por el cumplimiento del deber de trabajar. Frente a esta recusación debe invocarse la clásica formulación liberal según la cual el fundamento último de la propiedad es el trabajo[112]. Desde tal asociación, incluso un estilo de vida sostenido por la posesión de bienes redituables se consideraría un privilegio *ganado* a través del trabajo. Dicho de otro modo, en los términos que venimos manejando en nuestra exposición, para el liberal, la observación de una situación personal de suficiencia patrimonial hace presumir, dejando al margen supuestos de enriquecimiento delictivo, el cumplimiento del deber de trabajar por parte del sujeto del que se predica esa situación de desahogo[113].

---

111 PÉREZ, B., *Derecho del Trabajo*, Buenos Aires, Astrea, 1983, p. 8.

112 Como es sabido, la asociación propiedad-trabajo fue propugnada originalmente por Locke. "Cualquier cosa que él saca del estado en que la naturaleza la produjo y la dejó, y la modifica con su labor y añade a ella algo que es de sí mismo, es, por consiguiente, propiedad suya. Pues al sacarla del estado común en el que la naturaleza la había puesto, agrega a ella algo con su trabajo, y ello hace que no tengan ya derecho a ella los demás hombres. Porque este trabajo, al ser indudablemente propiedad del trabajador, da como resultado el que ningún hombre, excepto él, tenga derecho a lo que ha sido añadido a la cosa en cuestión, al menos cuando queden todavía suficientes bienes comunes para los demás". LOCKE, J., *Segundo Tratado sobre el Gobierno Civil… op.cit.*, p. 34.

113 En la consolidación de esta percepción social ha tenido mucha influencia, según se ha comprobado, la expansión de los valores de la

A partir de esto puede concluirse que el liberalismo es sumamente flexible a la hora de delimitar la conducta exigida por el deber de trabajar. Desde una postura liberal, lo relevante o meritorio es la aportación de valor económico, la oferta al mercado de ciertos bienes o servicios deseados por la sociedad. El esfuerzo físico o intelectual desplegado es totalmente irrelevante, también el tiempo empleado en la producción de ese bien o servicio. El valor del trabajo –y esto es un punto de desencuentro radical con algunos pensadores socialistas como Marx– solo será ponderable a través de la recepción que este tenga en el mercado –teoría subjetiva del valor[114]–. En lo que se refiere a la acción distributiva del mercado, cualquier dedicación laboriosa especialmente intensa no es más benemérita que el éxito económico que obtiene un sujeto por azar o por su singular capacidad para detectar nuevas demandas insatisfechas.

---

refroma protestante, según los cuales la solvencia económica era un signo de la gracia de Dios para quienes habían demostrado una mayor capacidad de esfuerzo laborioso. WEBER, M., *La ética protestante y el espíritu... op. cit.*, pp. 45 y 46.

114 Es clásica en este asunto la ejemplificación formulada por Carl Menger: "[...] si un diamante fue encontrado accidentalmente o si se lo obtuvo de una mina de diamantes con el empleo de mil días de trabajo es completamente irrelevante para su valor. En general, nadie, en su vida cotidiana, pregunta por la historia del origen de un bien para estimar su valor, sino que toma en cuenta solamente el servicio que el bien le brindará y al que tendría que renunciar si no tuviese el bien a su disposición". MENGER, C., *Principles of Economics*, Nueva York, New York University Press, 1981, p. 146. Visto en CACHANOSKY, J.C., "La Escuela Austríaca de Economía", *Revista Ideas y Mercados*, núm. 49, 2008, pp. 16-55, p. 39. Por su parte, una exposición sobre la forma en la que esta teoría subjetiva del valor se opone a la teoría de la explotación marxista la encontramos en BÖHM-BAWERK, E., *Capital and Interest: A Critical History of Economical Theory*, Londres, Macmillan & Co, 1890.

Al adoptar como criterio de recompensa social básico la generación de valores de cambio, el liberalismo consigue promover una tendencia progresiva hacia la especialización del trabajo. A través de esta, comprobamos que el deber de trabajar no solo tiene para el liberal una dimensión individual, sino que la especialización profesional se erige en la base de la prosperidad de una comunidad política[115]. Aparece así, de nuevo, una dimensión social o colectiva del deber de trabajar, cuyo ejercicio redundará en beneficio de nuestros semejantes al propiciar una mayor posibilidad de especialización. Una sociedad próspera tiene como presupuesto la inclinación de sus integrantes a la realización de actividades socialmente útiles, todos deben trabajar para la buena marcha del proceso productivo. En este punto, en la estimación de los beneficios sociales de la división del trabajo, el liberalismo y el socialismo no mostrarán diferencias sustanciales. El principal desencuentro entre ambas doctrinas lo encontramos en la forma en la que el institucionalismo responderá a esa estimación: para el liberalismo, la contribución individual al progreso social a través del trabajo no requiere incentivos o coacciones externas; la propia necesidad material del sujeto y su ánimo de lucro son los que lo moverán a ofrecer a la colectividad aquella actividad en la que ha destacado con más éxito y sobre la que se tiene, por tanto, mayores expectativas de ganancia[116].

---

115 "La división del trabajo –sentencia Ludwig Von Mises– distingue al hombre de los animales; convierte al débil ser humano, de menor fuerza que casi todas las bestias, en amo del mundo y creador de las maravillas de la tecnología". MISES, L., *Liberalismo. La tradición clásica,* Unión Editorial, Madrid, 2011, p. 151.

116 Recuperando ahora una muy manida cita de Adam Smith: "No es de la benevolencia del carnicero, cervecero o panadero de donde obtendremos nuestra cena, sino de su preocupación por sus propios intereses. No apelamos a su humanidad sino a su propia ganancia,

En síntesis, para la doctrina económico-política liberal, el deber de trabajar no es creado institucionalmente, sino que preexiste a la sociedad y es la base de esta. Todo el engranaje económico de la sociedad presupone ese deber natural de trabajar y la pulsión del individuo al trabajo que le impone la necesidad, lo que anula la pertinencia de cualquier imposición jurídica. La existencia de un deber juridificado de trabajar es, entonces, irrelevante para el liberalismo; al menos para un sistema económico-liberal teórico puro en el que no existan derechos prestacionales que garanticen la existencia ociosa del sujeto. De este modo, la positivización de un deber de trabajar en un sistema constitucional radicalmente liberal no solo carecería de significancia, sino que contradeciría algunos de los postulados teóricos esenciales que caracterizan esta corriente de pensamiento: la ya aludida autoresponsabilización del sujeto sobre su suerte existencial, el principio de intervención mínima y la tolerancia debida a cada uno de los proyectos individuales de vida que concurren en una sociedad. Y es que un mandato jurídico de trabajar presupone, de entrada, que el individuo no es responsable ni autosuficiente y que necesita una autoridad correctora que enmiende sus decisiones erróneas. Impone, además, un mandato coactivo que cercena la libertad individual para corregir una conducta, la ociosidad, que por sí sola no atenta contra los derechos y libertades reconocidos a otros ciudadanos. Por último, la codificación de un deber de trabajar presupone un estilo de vida preferido institucionalmente, que trata de imponerse sobre otras alternativas

---

y jamás les hablamos de nuestras necesidades sino de sus ventajas. [...] Es mediante el intercambio, el trueque o la compraventa como obtenemos de los demás la mayor parte de los bienes que recíprocamente necesitamos: justamente, esta misma predisposición a intercambiar es lo que dio lugar desde un principio a la división del trabajo" SMITH, A., *La riqueza de las Naciones... op.cit.*, p. 45.

posibles, rompiendo así el principio de neutralidad valorativa propio del liberalismo.

Entonces nos encontramos ante una aparente paradoja, al presentar al liberalismo como una corriente de pensamiento que acepta la legitimidad sustantiva del deber de trabajar, pero que difícilmente podría acogerlo como un deber jurídico positivo. No podría hacerlo porque el deber de trabajar que acepta el liberalismo no es de origen institucional, sino natural, y es la propia naturaleza, en este caso la humana, la que se encarga de impeler su cumplimiento. Las instituciones, con su omisión normativa al respecto, promueven el acatamiento de ese compromiso sin recurrir a la coacción propia del Derecho. El individuo debe trabajar para lograr su mantenimiento y, de forma no necesariamente pretendida ni jalonada externamente, el ejercicio de este deber contribuye al bienestar colectivo.

5.2 El deber de trabajar en las corrientes ideológicas intervencionistas

El socialismo –aquí el término es intercambiable por el de intervencionismo o planificación económica–, por su parte y por lo general, no niega la responsabilidad del individuo sobre su existencia material ni que el trabajo sea la vía prioritaria para satisfacerla[117]. Sin embargo, a diferencia

---

[117] Decimos *por lo general* pues, ciertamente, el consenso ideológico en torno a la legitimidad del deber de trabajar encuentra una fisura con algunas corrientes intervencionistas o socialistas que abogan hoy por garantizar institucionalmente una opción de vida ociosa. Propugnarían estas otras alternativas el deber público de garantizar un soporte económico a la existencia individual que permita rehuir la participación profesional por aquellos sujetos que voluntariamente deseen hacerlo. Estas otras posiciones

del pensamiento liberal, admite también las deficiencias de un mercado no intervenido y aboga por una serie de derechos prestacionales tendentes a corregir las iniquidades a las que puede verse expuesto el individuo en un régimen de libertad económica irrestricta. Por defecto, es el individuo el responsable de garantir su subsistencia material, pero existen una serie de resortes institucionales tendentes a asegurar esa subsistencia cuando dicho individuo experimente una situación de necesidad que escapa de su poder de disposición. Este institucionalismo garantista, obviamente, presupone la existencia de una planificación económica –que puede variar en grado– y unos objetivos institucionales establecidos, según el tipo de régimen, a través del proceso democrático o no[118]. Es la existencia de esos objetivos institucionales lo que justifica la obligatoriedad del trabajo en una economía socialista. En este sentido, Marx en sus *Teorías de la plusvalía*, presentaría al trabajo como una actividad determinada "por la constricción de un objetivo exterior, cuyo cumplimiento constituye una necesidad natural y un deber social"[119]. Observamos entonces cómo tanto

---

se justifican en el incremento de la productividad laboral, la cual, como consecuencia del proceso de maquinización que venimos observando de forma constante desde la revolución industrial, habría generado excedentes suficientes para liberar, total o parcialmente, al individuo del trabajo. Al final de esta obra nos referiremos a ellas. Quizás el primer autor socialista que se refirió de forma directa a esta posibilidad fue LAFARGUE, P. en su célebre *El derecho a la pereza. Refutación del derecho al trabajo de 1848*, Madrid, Fundamentos, 1998 (orig. 1880).

118 Sobre el consenso en el socialismo a la hora de defender la conveniencia del deber jurídico de trabajar, vid. MANCINI, G.F., "Art. 4"...*op. cit.*, p. 250.

119 NOGUERA FERRER, J., *La transformación del concepto de trabajo... op. cit.*, p. 14.

el sistema socialista como el capitalista requieren para su buen funcionamiento el trabajo generalizado de los miembros de la comunidad política[120]. Lo que diferencia a ambos sistemas será, entonces, el diferente uso que hacen del excedente económico que reporta ese trabajo: "mientras que las economías capitalistas operan a través de la apropiación privada del excedente legitimada por la ideología de la propiedad privada, las sociedades socialistas del Estado operan a través de la apropiación central del excedente legitimada por la ideología de la redistribución racional, es decir, la dirección de la sociedad llevada a cabo en nombre de un interés común producido científicamente"[121].

Esta conceptualización del trabajo, como expresión del compromiso colectivo con unos intereses compartidos, queda bien sintetizada en el célebre aforismo socialista, ideado por August Becker y popularizado por Karl Marx, que representa para muchos el "corazón ético del socialismo"[122]: *de cada cual según sus capacidades, a cada cual según sus necesidades*[123]. Como se observa, esta máxima encierra una regla distributiva que

---

120 "Productivismo y capitalismo no tienen por qué coincidir: también una sociedad con propiedad colectiva de los medios de producción puede ser productivista, como se mostró en la Unión Soviética". *Ibid.* p. 14.

121 BURAWOY, M. y LUKACS, J., "Mythologies of work: a comparison of firms in state socialism and advanced capitalism", en *American Sociological Review*, vol. 50, núm. 6 ,1985, 723-737, p. 725.

122 GILABERT, P., "The socialist principle from each according to their abilities, to each according to their needs", *Journal of social philosophy*, vol. 46, núm. 2, 2015, pp. 197-225, p. 197.

123 Sobre la autoría y divulgación de este aforismo vid. SCOTTO BENITO, P., *Los orígenes del derecho al trabajo en Francia (1789-1848)*, Madrid, Centro de Estudios Políticos y Constitucionales, 2021. También VIGO SERRALVO, F., "Breve diacronía del aforismo socialista de cada cual

se hace a través de dos fases: es en la primera de ellas donde encontramos la presencia de un deber de trabajar al que quedan sometidos todos los ciudadanos. Un deber de trabajar que se deduce de la exigencia de emplear las capacidades creadoras del ser humano en la consecución de un objetivo común y que admite diferenciaciones en cuanto al tipo y la cantidad de trabajo que se le reclama a cada individuo en función del criterio de la *capacidad*. Es en la segunda fase cuando, ahora priorizando el criterio de la *necesidad*, se distribuirá la riqueza generada en la fase anterior. Otra apreciación a la que nos conduce este principio distributivo es que el socialismo es mucho más exigente a la hora de delimitar el trabajo que se reclama a través del deber de trabajar: a diferencia del sistema liberal, el trabajo que exige el socialismo incorpora en su definición la nota de esfuerzo o dedicación. No bastaría ya con conseguir generar un valor económico por azar, especulación u oportunismo –como admitiría el liberalismo– sino que se exige una conducta en la que se despliegue el potencial productivo de cada cual a su máximo nivel óptimo –de cada cual según sus capacidades…–.

Esto nos vale para decir que, como observaremos más adelante, sobre todo cuando analicemos el constitucionalismo soviético, con el deber de trabajar, algunas ramas del socialismo incorporaron una expresa vocación igualitaria: el deber de trabajar, positivizado en ese contexto como un mandato jurídicamente exigible, era un instrumento político para abolir el sistema de clases, unificando a toda la población en una única categoría homogénea de trabajadores. Con este deber se quería, en realidad, proscribir las formas de vida *parasitarias* basadas en la explotación del capital o del trabajo ajeno. Esta visión

---

según sus capacidades, a cada cual según sus necesidades", *IUSLabor. Revista d'anàlisi de Dret del Treball*, 2020, núm. 3, pp. 239-283.

del trabajo como instrumento de igualación social, la cual estuvo muy presente en algunas de las grandes contribuciones intelectuales del socialismo[124], nos demuestra que el concepto del trabajo exigido por una sociedad socialista es mucho más estrecho que el que es exigido por una sociedad capitalista o liberal. En esta última, el deber de trabajar encomia, entre otras muchas actividades económicas posibles, el emprendimiento económico o la explotación de bienes de capital. Esto sería contrario al deber de trabajar socialista, al menos en algunas de sus formulaciones históricas, que solo admiten la prestación de trabajo en régimen de ajenidad –vid. *infra* capítulo II, apartado 3.2–.

Parece claro, por todo lo dicho hasta ahora, que, aunque tanto el capitalismo como el socialismo afirman la legitimidad ética del deber de trabajar, será en esta segunda corriente ideológica en la que tal deber resultará exigible institucionalmente o, en otras palabras, donde necesitaría ser juridificado. Y ello por varias razones: 1) La primera es la existencia de objetivos institucionales colectivos que exigen el compromiso individual de todos los ciudadanos y legitiman la restricción de sus libertades individuales. 2) La segunda es la existencia de resortes prestacionales que atienden las situaciones de necesidad del sujeto. Estos mecanismos de protección proporcionan una garantía mínima a la vida no laboriosa, por lo que, a diferencia de lo que ocurría en el liberalismo, la situación de necesidad existencial no siempre será un acicate suficiente para lograr el cumplimiento generalizado de ese deber.

---

124 LENIN, V.I., *The Soviets at Work. The International Position of the Russian Soviet Republic and the Fundamental Problems of the Socialist Revolution*, Nueva York, Rand School of Social Science, 1919. Versión electrónica accesible en: marxists.org/archive/lenin/works/1918/mar/soviets.htm (ultimo acceso el día 14 de mayo de 2023).

Como tendremos ocasión de comprobar más adelante –epígrafe IV.4– el deber de trabajar que finalmente ha trascendiendo a la mayoría de las constituciones contemporáneas no se adhiere, puramente, a ninguna de ambas tradiciones políticas, ni al liberalismo ni al socialismo. Más bien, se ubica en una posición equidistante, mezclando eclécticamente algunas de las connotaciones ideológicas de cada una de estas corrientes.

6. EL DEBER DE TRABAJAR COMO EXPRESIÓN DEL DEBER MORAL DE COLABORACIÓN

En una sociedad política moderna, plural y secularizada, caracterizada en origen por la neutralidad ideológica, el deber de trabajar necesita fundamentos racionales y válidos para todas las cosmovisiones que agrupa. Como acabamos de ver, el auge del productivismo explica porqué el Estado, como aparato institucional con fines propios, impone el deber de trabajar a sus ciudadanos, pero qué duda cabe de que este deber, para encontrar un grado de cumplimiento generalizado y persistente, debe encontrar una fundamentación moral aceptable por la ciudadanía que garantice su pacífico, general y prolongado acatamiento. Tampoco la necesidad material del individuo, la que le impone su condición natural, es un argumento válido para afirmar la legitimidad de dicho deber, sobre todo hoy día, cuando el estado de la ciencia y de la productividad ha llevado a muchos a afirmar la factibilidad de un sistema de garantías de rentas que haga del trabajo una actividad voluntaria, no impuesta ya por ninguna necesidad vital[125]. A la hora de afron-

---

[125] Como reparó el filósofo español Millán Puelles, de la necesidad humana de trabajar "no se deduce que el trabajo sea respectivamente un deber para cada uno de los hombres. También es necesaria la función de gobierno para la especie humana, y no se sigue de ello

tar esta pregunta podríamos adoptar dos ópticas distintas para comprobar, primero, si tal deber puede definirse moralmente como un deber hacia uno mismo y, en segundo término, como un deber hacia los demás.

6.1 El trabajo como deber moral para consigo mismo

Cuando aludimos a deberes morales nos solemos referir, principalmente, a conductas o comportamientos autoimpuestos que inciden sobre los demás: el deber de benevolencia, de caridad, de no agresión, etc. Sin embargo, cabría sostener que la ética se encarga, adicionalmente, de definir los deberes hacia uno mismo[126]. Estos serían, entre otros, según la tradición kantiana[127], los deberes de autoconservación, de temperancia, de sexualidad, de veracidad, de humildad o de desarrollar de los propios talentos. En definitiva, todos aquellos que contribuyen al perfeccionamiento físico y espiritual del ser humano. Para sostener que el trabajo es un deber moral hacia uno mismo, hacia la propia persona que lo ejecuta, bastaría con asociarlo al más primario de los deberes enunciados, el de autoconservación, y definir el trabajo como una conducta imprescindible para la atención de las necesidades vitales de cada persona. También se podría sin dificultad asociar el trabajo al

---

que cada hombre esté en la obligación de gobernar. Es, en suma, evidente que la especie humana puede subsistir sin que todos los hombres trabajen. ¿Por qué se habla entonces del trabajo como una necesidad moral del ser humano?" MILLÁN PUELLES, A., *Persona humana y justicia... op.cit.*, p. 114.

126 CASAS DURÁN, V., "¿Deberes morales para con la propia persona?", *Universitas Philosophica,* núm. 13, vol. 25, 1996, pp. 141-160.

127 DE HARO, V., "Una defensa de los deberes para con uno mismo en Kant y algunas observaciones respecto de su replanteamiento en Fichte", *Sig. Fil* vol.17 núm. 34, jul./dic. 2015, pp. 36-57.

deber de desarrollar los propios talentos –o deber de perfeccionamiento individual–[128].

Cualquiera de estos argumentos es bastante consistente para presentar el de trabajar como un deber moral hacia uno mismo. Sin embargo, esa es una hipótesis que, aunque quedase confirmada, tendrá para nosotros una importancia relativa. Y es que estimamos que las implicaciones positivas que tendría el ejercicio de un trabajo, desde un punto de vista individual, no servirían para justificar por qué la sociedad exige esta conducta al individuo[129]. Si sucediese lo contrario, que el deber jurídico de trabajar se impone por los beneficios que reporta al individuo que lo ejecuta, la comunidad política adoptaría una actitud excesivamente paternalista[130]. Esta actitud institucional

---

128 Acudiendo a una hermosa, aunque algo extensa, cita de Kierkegaard: "La perfección consiste en trabajar. No es, como suele exponerse de la manera más mezquina, que es una dura necesidad eso de tener que trabajar para vivir; de ninguna manera, es precisamente una perfección eso de no ser toda la vida un niño, siempre a la zaga de los padres que tienen cuidado de uno, tanto mientras viven como después de muertos. La dura necesidad –que, sin embargo, cabalmente refrenda lo perfecto en el hombre– se hace precisa solo para obligar, a quien no quiere reconocerlo por las buenas, a que comprenda que el trabajo es una perfección y no sea recalcitrante en no ir alegre al trabajo. Por eso, aunque no se diese la así llamada dura necesidad, sería con todo una imperfección el que un hombre dejase de trabajar". KIERKEGAARD, S., *Los lirios del campo y las aves del cielo,* Madrid, Guadarrama, 1963, p. 88.

129 CHOLBI, M., "The Duty to Work… *op. cit.*, p. 1121.

130 "A menudo, de naturaleza explícitamente paternalista, los formuladores de políticas y los teóricos sugieren que el trabajo tiene *el poder de salvar el alma* y, por lo tanto, se puede hacer cumplir de manera justificada. Este enfoque es descaradamente paternalista, ya que la sociedad emplea un mecanismo existente para llegar a los grupos que sufren de problemas sociales, exclusión, de estilos de vida in-

sería demasiado intrusiva con los proyectos vitales de los ciudadanos e incompatible con los principios de tolerancia de una democracia liberal[131]. Y es que, en términos teóricos, el deber de trabajar o cualquier otro deber que se nos ocurra, implica una limitación de la libertad individual, una injerencia del Estado sobre el proyecto de vida del sujeto. Tal limitación no puede, por tanto, justificarse apelando al propio bien del individuo, que es soberano en sus elecciones, sino en la medida que se dirija a la satisfacción de un interés colectivo superior. En efecto, nuestro sistema político asume como premisa que "los individuos tienen el derecho de formarse una representación propia y particular de lo que entienden como felicidad. Sería una enorme intromisión por parte de un Estado pretender saber qué es lo que cada uno de sus ciudadanos entiende y concibe como felicidad, o peor aún, pretender saber cuál es la felicidad real de los ciudadanos, independientemente de lo que éstos puedan llegar a pensar o hacer"[132].

Desde este planteamiento, que cristaliza jurídicamente en el derecho a la autodeterminación moral, cualquier restricción de esta solo puede justificarse por la colisión con intereses aje-

---

morales y de malas condiciones materiales", PAZ-FUCHS, A., "The Right to Work... *op.cit.*, p. 189.

131 "La concepción liberal del derecho procuró reducir al mínimo [los conflictos entre la moral y el Derecho] acentuando su distinción, vaciando en lo posible el Derecho de contenidos éticos y limitando estos a los de más general aceptación. Las consideraciones éticas quedaban así encastilladas en el interior de la conciencia individual y al abrigo del poder coercitivo del Estado". LATORRE SEGURA, A., *Introducción al Derecho,* Barcelona, Ariel, 1983, p. 28.

132 CHARPENEL, E., "Derecho y sanción. La noción de castigo jurídico en Kant y en Hegel". *Tópicos (México),* núm. 55, 2018, pp. 163-188.

nos merecedores de superior tutela[133]. En efecto, en términos generales, el Estado liberal no se preocupa por imponer determinados estilos de vida, sino por proteger el derecho a la autodeterminación individual e impedir injerencias ilegítimas sobre este derecho. En lo que nos ocupa, si se asumiese institucionalmente que el trabajo es una actividad saludable para el individuo, el Estado bien podría esforzarse por ofrecerle a este la posibilidad de desplegar una actividad profesional –*derecho al trabajo*–, pero no podría apelar a esos beneficios para imponerla –*deber de trabajar*–, no al menos sin rebasar el grado de injerencia admisible en una democracia liberal[134]. Así las cosas, parece claro que la legitimidad del deber de trabajar solo puede justificarse desde un interés colectivo en su acatamiento: solo en la medida en que el trabajo sea una conducta que contribuya al bienestar de una comunidad política, esta podría reclamar su cumplimiento a todos los miembros que la integran. El contrato social, al que tantas veces se apela como explicación figurada de la aparición del Estado, impone cargas sobre los diferentes agentes afectados por dicho pacto, pero solo en la medida que tales cargas contribuyan a mejorar el espacio común de convivencia[135].

---

133 Aunque el paralelismo sea bastante grueso, obsérvese cómo el hecho de atentar contra la vida solo es sancionable cuando se dirige contra otro sujeto. La tentativa de suicidio o cualquier otra acción, imprudente o dolosa, menoscabadora de nuestros exclusivos bienes jurídicos, no merece reproche institucional alguno.

134 Nos separamos así de algún exponente doctrinal que concluye que el deber de trabajar que consagra nuestra Constitución supone "una obligación derivada de la creencia en el trabajo como actividad fundamental para el desarrollo de la persona". DE ASIS ROIG, R., *Deberes y obligaciones en la Constitución… op.cit.* p. 830.

135 ROUSSEAU, J.J., *Contrato social… op.cit.*, p. 60.

Al decir esto no negamos que el individuo que busca su perfeccionamiento particular a través del trabajo –concibiendo el trabajo como un deber moral hacia uno mismo–, conseguirá, las más de las veces, repercutir con su acción positivamente en la sociedad que recibe sus frutos. Será sin embargo solo el beneficio social alcanzado el que justificaría la existencia de un deber jurídico de trabajar, y no cualquier vocación de perfección individual, por mucho que esta también merezca un juicio moral positivo.

Por último, aunque las implicaciones morales *hacia uno mismo* que tiene la ejecución de un trabajo no justifiquen la existencia de un deber jurídico de trabajar, es obvio que ayudan decisivamente a dotarlo de legitimidad. Y es que difícilmente podría imponerse un deber de trabajar que, al buscar un hipotético beneficio social, sacrifique la integridad moral de quien lo lleva a cabo. Una conciencia colectiva que negase las virtudes morales que reporta el trabajo a su ejecutor vería en el deber de trabajar una abnegación individual de tal grado que, aunque con ella se beneficiase a la colectividad, sería incompatible con el respeto a la dignidad humana que también exige el Estado liberal de Derecho. En términos más sintéticos, para concluir: el deber de trabajar puede definirse sin dificultad como un deber moral hacia uno mismo. Aunque esta calificación no justifica la existencia de un deber jurídico o constitucional de trabajar, lo legitima al demostrar que la restricción de la libertad individual que dicho deber comporta no degrada la integridad moral del sujeto obligado por el mismo, sino todo lo contrario.

6.2 El trabajo como deber para con los demás

Nos acercamos, por tanto, al verdadero fundamento moral del deber constitucional de trabajar una vez que hemos concluido que este derivaría, en todo caso, de los eventuales beneficios o utilidades que el trabajo proporciona a la colectividad que recepta sus frutos. Aunque esto podría ser objeto de tenaces discusiones intelectuales, aquí podríamos aceptar como premisa que el trabajo, en efecto, tiene una repercusión positiva sobre la comunidad. Esta convicción social es precisamente la que aparece expresada en el deber de trabajar proclamado por muchas constituciones. Y es que, de lo contrario, si la sociedad no estimase el trabajo como algo beneficioso, carecería de sentido una restricción de la libertad individual como la que, al menos en términos lógico-formales, es consustancial a este deber. Por defecto, la democracia liberal acoge la libertad individual como valor supremo, por lo que solo resultará comprensible su restricción si con ella se persiguiera la satisfacción de un bien superior[136]. La codificación de deberes –el de trabajar, pero en realidad cualquier otro que se nos venga a la mente– solo se admitiría si con ellos se salvaguardara un bien apreciado por el sistema político-jurídico[137]. De ahí se sigue, ineluctablemente, que la comunidad política que proclama un deber de trabajar está expresando que el cumplimiento de ese deber le merece un juicio ético positivo.

Pero no basta con presentar el trabajo como un bien colectivo para encontrar la justificación ética del deber constitucional de trabajar. Tal valoración positiva no resuelve, en efecto, por qué razón quedamos obligados a procurar ese bien a nuestros semejantes. Según lo vemos, cabe asociar el deber de trabajar

---

136 KYMLICKA, W., "Derechos individuales y derechos de grupo en la democracia liberal", *Isegoría*, núm. 14, pp. 5–36, p. 30.

137 En palabras de Bobbio: "El fin de la política es el bien común, entendido como bien de la comunidad distinto del bien personal de los individuos que la componente [...]. En una sociedad pluralista y democrática, en la que las decisiones colectivas son tomadas por la mayoría (de los ciudadanos o de sus representantes), se consiera interés colectivo lo que ha sido aprobado por esta". BOBBIO, N., *Teoría general de la política*, Madrid, Trotta, 2003, pp. 240 y 242.

al más amplio deber de cooperación que inspira nuestro modelo político de convivencia y que deriva, en última instancia, del ideal de la dignidad humana sobre el que se cimienta toda la ética pública[138]. Recordemos que el deber de cooperar que se impone al ser humano había sido ya advertido por algunos naturalistas, como Pufendorf –vid. supra I.2–. Tal deber de cooperación, sin embargo, se concibió de manera estrecha y materialista: tenía por objetivo lograr la supervivencia como especie. Por tanto, más que como un deber moral en sentido estricto, *id est*, como una conducta voluntaria conscientemente asumida, se presentó como una exigencia vital, casi biológica, del ser humano. Tal visión comienza a superarse si asumimos que no solo la satisfacción de las necesidades fisiológicas es lo que perfecciona al ser humano. Esta es, acaso, otra de las principales diferencias que nos separan del resto de realidades

---

138 La dignidad personal es el *fundamento de la ética pública*, [...] se presenta como el referente principal de los valores políticos y jurídicos de la ética pública de la modernidad, y de los principios y derechos que de ellos derivan" PECES-BARBA MARTÍNEZ, G., *La dignidad humana... op. cit.*, p. 157. En este mismo estudio, el profesor Peces Barba expone como la colaboración es una de las derivadas deónticas que se seguirían del reconocimiento de la dignidad personal: "la sociabilidad en sí no nos diferencia de los demás animales, que viven en muchos casos formas de sociabilidad primaria. Lo que nos diferencia son las formas de racionalidad que adquiere nuestra sociabilidad, y las formas de comunicación que llevan a la cultura, que es el ámbito relacional de nuestros conocimientos y de nuestras expresiones estéticas. Es también una forma de cooperar, de satisfacer las necesidades ante medios escasos, de superar nuestro egoísmo con la aplicación de valores solidarios, de organizar nuestra igualdad básica [...]. Es la dignidad que deriva de nuestra condición relacional y de esa racionalidad que actúa a través de la ética pública política y jurídica". PECES-BARBA MARTÍNEZ, G., "La dignidad humana", en De Asís Roig, R. *et al.*, *Los desafíos de los derechos humanos hoy*, Dykinson: Madrid, 2007, pp. 155-172, pp. 164 y 165.

vivientes: la voluntad de alcanzar fines libremente escogidos y que trascienden de los que nos impone nuestra condición orgánica. En una sociedad avanzada, caracterizada, como dijimos, por la alta división del trabajo, no cooperamos ya para sobrevivir, sino, además, para perfeccionarnos[139]. A este objetivo contribuyen sin duda los logros culturales del ser humano –arte, difusión filosófica y religiosa, investigación científica...–, entendidos ahora como el resultado de su actividad creadora, *id est*, de su trabajo. La cooperación que se consigue a través del trabajo no es, por tanto, una mera exigencia vital carente de contenido moral, sino un esfuerzo productivo mancomunado que se despliega en una sociedad para alcanzar fines libremente escogidos.

La obligatoriedad moral de la cooperación se refuerza desde el momento en que nuestra inclusión en el orden social nos reporta una serie de ventajas indisponibles. Encontramos aquí otro alegato recurrente para afirmar la moralidad del trabajo y para presentarlo como un deber hacia la comunidad, acaso "el más persuasivo, más común y más controvertido para justificarlo"[140]: el que lo presenta como una contribución re-

---

139 "En todas las sociedades, los hombres y cada vez más las mujeres físicamente capacitadas para hacerlo trabajan para proveerse su propio sustento y el de sus familias y, al mismo tiempo, para pagar impuestos para contribuir al bien común. El trabajo es la vía más importante por la que nos comprometemos con el contrato social y aportamos lo que nos toca a nuestras comunidades y a la sociedad, pero es también una parte fundamental de nuestra autodeterminación personal, pues da a las personas una sensación de sentido en la vida y de autoestima". SHAFIK, M., *Lo que nos debemos unos a otros: Un nuevo contrato social*, Barcelona, Paidós, 2022, p. 116.

140 PAZ-FLUCH, A., "Workfare's persistent philosophical and legal issues: forced labour, reciprocity and a basic income guarantee", en A.A.V.V. (dir. ELEVELD, A.; KAMPEN, T. y ARTS J.), *Welfare to Work*

cíproca de los beneficios a los que accede el individuo por su mera pertenencia a una sociedad. Aceptando como premisa la dependencia en la que se encuentra el ser humano en una comunidad extensa, el deber de trabajar se vincula directamente con un ideal de reciprocidad o justicia conmutativa que impone que "quien recibe un servicio está en la obligación de corresponder a quien lo presta. Si unos hombres viven del trabajo de otros y no les corresponden de ninguna manera, es indudable que hacen una injusticia"[141]. Para quienes defienden este planteamiento, incluso el sujeto con aspiraciones más autárquicas y ascéticas se beneficia del progreso social conseguido con el trabajo de sus semejantes. Aunque este sujeto no demandase ningún servicio a la sociedad, encontraría ventajas –desarrollo cultural, seguridad ciudadana, cuidado del medioambiente...– en cuya consecución no habría participado. Este simple hecho, según se alega, debería impulsarlo moralmente a la promoción del progreso social y, con ello, al bienestar de sus semejantes[142]. La situación deudora en la que se encuentra el individuo frente a la sociedad convierte al deber de trabajar en una "obligación social no voluntaria"[143], cuya asunción no depende de una elección libre. Es la interdependencia entre profesiones propia de la sociedad extensa la que inserta al individuo en un complejo *esquema cooperativo* en el que cada sujeto debe lograr un excedente de producción destinado a ser ofrecido a la colectividad[144]. En

---

in Contemporary European Welfare States: Legal, Sociological and Philosophical Perspectives on Justice and Domination, Bristol, Policy Press Scholarship, 2020, pp. 27-48.

141 MILLÁN PUELLES, A., *Persona humana y justicia social... op.cit.*, p. 115.

142 BECKER, L. C., "The obligation to work... *op.cit.*, p. 40.

143 BECKER, L. C., "Reciprocity and Social Obligation", *Pacific Philosophical Quarterly*, núm. 61, vol. 4, 1980, pp. 411-421, p. 420.

144 En palabras de Hegel: "Del mismo modo se dividen y se multiplican los medios por las necesidades particularizadas y, en general,

palabras, ahora, de Borrajo Dacruz: "el hombre necesita de la ayuda y del concurso de los otros hombres. En consecuencia, el hombre, que es siempre beneficiario del esfuerzo y de los logros de la sociedad, está recíprocamente obligado a contribuir a esos resultados. *El deber personal se presenta, a la vez, como deber social de trabajar*"[145]. Este es, por lo demás, un argumento defendido hoy insistentemente en el debate sobre la renta básica universal, en el que se alega que el principio de reciprocidad "requiere que cualquier ciudadano que reclama una parte del producto social tiene la obligación de hacer una contribución productiva a la comunidad a cambio"[146].

Obviamente, la presentación del deber de trabajar como un deber de reciprocidad exige la realización empírica de la premisa de partida: que la inclusión del individuo en el orden social le reporte beneficios tangibles. También que el esfuerzo pro-

---

los modos de su satisfacción, los cuales vienen a ser nuevamente fines relativos y necesidades abstractas [...] Las necesidades y los medios como existencia real son como un ser para otros, con cuyas necesidades y trabajo se condiciona recíprocamente la satisfacción. La abstracción que viene a ser una cualidad de las necesidades y de los medios, viene a ser también una determinación de la relación recíproca de los individuos; esa universalidad como ser reconocido, es el momento que en su desmembramiento y en su abstracción los hace concretos como necesidades, medios y modos de satisfacción sociales" HEGEL, G.W.F., *Filosofía del Derecho... op.cit.*, pp. 191 y 192.

145 BORRAJO DACRUZ, E., *Política y Derecho del Trabajo*, Madrid, Doncel, 1976, p. 19.

146 WHITE, S., *The civic minimum: on the rights and obligations of economic citizenship*, Oxford, Oxford University Press, 2003, p. 20. En este mismo sentido, PAZ-FUCHS, A., "Workfare's persistent philosophical and legal issues: forced labour, reciprocity and a basic income guarantee", A.A.V.V. (ed. Eleveld, A. y Kampen, T.), *Welfare to Work in Contemporary European Welfare States*, Bristol, UK: Policy Press, 2020, pp. 27–48.

ductivo requerido por dicho deber sea proporcional a las prerrogativas obtenidas. En este sentido, al decir de Cholbi, "cada productor-consumidor que, a través de su trabajo, ha hecho una *contribución justa* al esquema cooperativo merece al menos una parte de sus beneficios"[147]. Para el precitado autor, en esta lógica encontramos un *fair play argument* que legitima el deber moral de trabajar y lo modula según una estricta regla de proporcionalidad[148]. Esta defensa ética del deber de trabajar presupone, por tanto, una satisfacción mutua o bidireccional de intereses entre el individuo y la sociedad –o sus instituciones–[149].

Por otro lado, aunque desde esta misma lógica cooperativa, no es solo que el ocioso voluntario no contribuya al progreso social, sino que lo dificulta al colocarse en una posición acreedora frente a la comunidad política. Es así como la moralidad del deber de trabajar se justifica también por algunos apelando al deber de autonomía. Para comprender esta idea observemos cómo tradicionalmente el trabajo se ha definido como una vía de autodeterminación, de emancipación individual: "Cada uno

---

147 CHOLBI, M., "The Duty to Work"... *op.cit*, p. 1123.

148 *Ibidem*, pp. 1122-1124.

149 En palabras, ahora, dentro de la filosofía española, de Peña y Gonzalo: "En la medida en que una sociedad da una participación en el bien común a uno de sus miembros, éste viene obligado a contribuir a ese bien común; y, en la medida en que el individuo contribuye, la sociedad viene obligada a darle una participación equitativa" PEÑA Y GONZÁLO, L., "La fundamentación jurídico-filosófica de los derechos de bienestar", en Peña y Gonzálo, L. y Ausín Díez, T., *Los derechos positivos. Las demandas justas de acciones y prestaciones*, Madrid, Plaza y Valdés, 2006, pp. 165-388, p. 252. En este mismo sentido, la debidad reciprocidad entre el cumplimiento del deber de trabajar y el reconocimiento de derechos sociales es expresado en JUAN PABLO II, S.P., *Laborem Excersen* n.16.

–concluyó Fichte– debe vivir con el propio trabajo"[150]. *A priori*, esta vocación emancipadora que persigue el individuo a través del trabajo no parece corresponderse con un deber moral social, sino, en todo caso, con un deber moral individual o para consigo mismo. No obstante, le atribuimos también un componente social en la medida que dicha vocación lleva incorporado el deseo de descargar de la obligación de nuestro propio sostenimiento a la sociedad en la que habitamos. Lo contrario, renegar de la autonomía personal estando en condiciones psico-físicas óptimas para alcanzarla, implica adoptar una posición de existencia pasiva, contraria a los esquemas de justicia que imperan en las sociedades contemporáneas. Siguiendo a Millán Puelles: "Es cierto que la especie humana puede subsistir sin que trabajen todos los hombres útiles, pero es injusto que quien puede trabajar se abstenga de ello, en la medida que vive, parasitariamente, a costa del trabajo de otros hombres"[151]. Al reivindicar o presuponer en los demás el deber de procurar nuestro propio sostenimiento, pretendemos mermar la libertad de terceras personas cuyos esfuerzos productivos deberán dirigirse parcialmente a procurar bienes para los sujetos que opten por un estilo de vida ocioso –pues también los deberes de cooperación que inspiran nuestro sistema jurídico-político impiden tolerar la inanición de estos[152]–. Por eso, este planteamiento, el que afirma el deber moral de autonomía, no niega los deberes de solidaridad y asistencia que deberían guiar a toda sociedad, pero afirma que tal solidaridad implica, de entrada, la satisfacción de las necesidades de uno mismo para reservar los esfuerzos colectivos a la

---

150 FICHTE, J.G., *GntncBagt! des Naturrechts.* Paragraf, I. 6. Tomo la cita de PÉREZ LEÑERO, J., "Concepto y valoración del trabajo en la filosofía", *Revista de Política Social*, núm. 51, 1961, pp. 21-56, p. 30.

151 MILLÁN PUELLES, A., *Persona humana y justicia social… op.cit.*, p. 115.

152 ALONSO OLEA, M., *Las fuentes del Derecho, en especial del Derecho del Trabajo según la Constitución*, Madrid, Civitas, 1982, p. 35.

atención de las situaciones de necesidad más apremiantes y que no han sido libremente asumidas.

Como tendremos ocasión de comprobar, la asimilación del deber de trabajar a un deber de autonomía material estará muy presente en la configuración que aquel encontrará en las constituciones del siglo XX. Y es que nos encontramos, como acabamos de comprobar, ante un principio moral insertado en el núcleo ideológico de las tradiciones políticas socialistas y liberales, las cuales, desde razonamientos bien distintos, asumen como premisa el deber de autonomía material del sujeto apto para el trabajo. El paradigma sociológico del *workfare*, al que se le predica hoy una extensión generalizada, se construye precisamente sobre esta premisa: el individuo cuenta con el trabajo como vía prioritaria de sostenimiento y, solo de manera supletoria –lo que no es sinónimo aquí de marginalidad o frugalidad–, se reconocen resortes prestacionales de protección. En realidad, este consenso ético-político en torno a la existencia de un deber de autonomía a través del trabajo solo se ha resquebrajado en tiempos más recientes, con la reivindicación de garantías prestacionales incondicionadas que reclaman el derecho al sostenimiento material de la vida ociosa –vid. cap. VI–.

Por todo lo expuesto, concluimos que el deber de trabajar adquiere un contenido moral como un deber hacia la comunidad en la medida que la suma de los esfuerzos individuales resulta imprescindible, no solo para la supervivencia biológica de la especie humana, sino también para su perfeccionamiento espiritual y para realizar los fines que libremente se fije en su vida política. El deber de trabajar responde de este modo a un mandato de colaboración, al imponer una participación igualitaria dentro del proceso cooperativo, de modo que la distribución de las cargas y beneficios de una sociedad no perjudique ni agracie singularmente a ninguno de sus integrantes.

II. Antecedentes históricos del deber constitucional de trabajar

1. LA COMPULSIÓN LEGAL DE TRABAJO EN LAS SOCIEDADES DEL ANTIGUO RÉGIMEN

1.1 El trabajo forzoso en las sociedades estamentales

Las sociedades del Antiguo Régimen, fragmentadas en diversos estratos sociales, carecían de un deber legal de trabajar que afectase por igual a todos los ciudadanos. La ausencia de este deber general no impide afirmar que el trabajo representase una obligación jurídica para el gran grueso de la población, la población *no privilegiada.* En palabras de Martín Valverde: "A las primitivas economías domésticas suceden otras formas de organización económica más evolucionadas, en las que el soporte principal de la producción de medios de vida es ya el trabajo por cuenta ajena. Pero, en un principio, estos sistemas productivos optaron normalmente no por el intercambio voluntario en el mercado de trabajo sino por el trabajo forzoso, en sus dos modalidades de la esclavitud y la servidumbre, instituciones cuyo rasgo común es que se fuerza a prestar trabajo a amplias capas de la población mediante compulsiones jurídicas" [153].

---

153 MARTÍN VALVERDE, A., *Derecho del Trabajo y mercado…op.cit.*, p. 32.

En efecto, la mayoría de la población estuvo sometida desde el origen de la sociedad hasta la llegada de la modernidad liberal a algún tipo de servidumbre que implicaba la obligación de realizar una actividad productiva, bien sea mediante la esclavitud, el vasallaje o la corvea[154]. El deber de trabajar para el sostenimiento de la sociedad, en estas sociedades primitivas, solo se concretizaba obligacionalmente sobre determinados estratos poblacionales. Los títulos en los que se ha apoyado esta imposición del trabajo han sido a lo largo de la historia muy heterogéneos[155]. Comoquiera que sea, lo relevante ahora es observar cómo en este tipo de regímenes las necesidades productivas de la comunidad eran satisfechas a través del trabajo esforzado de unos colectivos específicos, el cual posibilitaba la existencia pasiva de otros sujetos, los ciudadanos libres. No existía, por tanto, un deber colectivo de trabajar en los térmi-

---

154 Así aparece atestiguado por, entre otros, Stanziani en *Labour, coercion, and economic growth in Eurasia,* donde demuestra que la compulsión fue la principal nota distintiva de las relaciones de producción en todas las grandes sociedades antiguas, en las cuales, la mayoría de las personas que desempeñaban un trabajo no aceptaban este libremente, sino que estaban legalmente obligadas a hacerlo, sancionándose punitivamente su incumplimiento. Según constata el precitado estudio, hasta finales del siglo XIX el número de sirvientes superó en Europa notablemente al de asalariados. STANZIANI, A., "Introduction", en A.A.V.V. (dir. Alessandro Stanziani), *Labour, coercion, and economic growth in eurasia, 17th-20th centuries,* Leiden, Brill, 2012, pp. 1-26, p. 3, y *passim.*

155 Según una relación ejemplificativa: "la guerra, en cuanto que el prisionero, en las luchas entre clanes, tribus o ciudades, quedaba como esclavo prestando su trabajo gratuitamente para el bando vencedor; la insolvencia del deudor, que constituía a éste en esclavo del acreedor; el nacimiento de madre esclava, que transmitía así su condición, aun cuando fuera concebido por hombre libre; la condena penal, en el supuesto de tratarse de penas graves, y la disposición de la ley, en ciertos casos". ALONSO GARCÍA., M., *Curso de Derecho del Trabajo... op.cit.,* p. 9.

nos en los que aquí lo hemos caracterizado –supra, I.4–, sino solo obligaciones sectoriales de hacerlo.

1.2 La represión institucional de la mendicidad

La obligación de trabajar estuvo además muy presente como medida de policía, al tomarse la vida laboriosa como un patrón cívico, como una señal de buena vecindad. En este sentido, son muchos los testimonios normativos que revelan que la represión institucional de la ociosidad voluntaria fue una constante durante el Antiguo Régimen. Aunque el espíritu de esta práctica bien pudiera justificarse desde las máximas del mercantilismo o el productivismo, como un intento de maximizar la capacidad de producción de un país, siempre se apeló discursivamente a distintas doctrinas morales y espirituales como fuente de legitimidad. Tales prácticas aparecían entonces como manifestación de un paternalismo político a través del cual el poder público se preocupaba por el acendramiento espiritual de sus súbditos: "[O]cupados y consagrados al trabajo –encomiaba Juan Luís Vives–, refrenen en sí mismos los malos pensamientos y ocupaciones que nacerían en ellos estando desocupados"[156]. Algunas de las disposiciones representativas de esta política normativa aparecen en España en la codificación de las *Partidas*[157], en las cortes de Valladolid de

---

156 VIVES, J. L, *De l'assistance aux pauvres,* visto en CASTEL, R., *La metamorfosis de la cuestión social... op.cit.*, p. 144.

157 Las cuales rezaban del siguiente modo: "Establescieron los sabios antiguos que fecieron los derechos que tales como estos a que dicen en latín validos mendicantes, de que non viene ninguna pro a la tierra, que non tan solamiente fuesen echados della, más aun que si, se yendo sanos de sus miembros, pidiesen por Dios, que non les diesen limosna, porque se escarmentasen el tornasen a facer bien viviendo de su trabajo".

1351, de Burgos de 1379[158], de Briviesca de 1387 o de Madrid de 1435, en las que se instaba a la Monarquía a la adopción de medidas para "refrenar el vicio de la ociosidad encubierto con capa de pobreza". Carlos V y Felipe II, por su parte, dictaron varias providencias tendentes a erradicar la mendicidad por medio del trabajo en los años 1523, 1525, 1528, 1534, 1540, 1555, 1558 y 1565[159].

Los principales exponentes de esta tendencia política –aunque la muestra es, de forma obligada, excesivamente magra– lo encontramos fuera de nuestras fronteras, en las *Poors Laws* inglesas. Estas implementaron un sistema de beneficencia pública –inaugurado por la *Poor Law* del año 1598, bajo el reinado de Isabel I, que sería reforzada por el *Act for the Relief of the Poor* del año 1601– que obedecía a la doble lógica de corregir la marginalidad y mantener en mínimos de subsistencia a los individuos sin trabajo. Fue ejecutado desde el ámbito parroquial por los ministerios de la iglesia anglicana. Desde el criterio de la *handicapología* –en términos de Castel[160]–, se discriminaba entre los llamados pobres impotentes, a los que

---

158 Así concretamente se acordó en las cortes de Burgos de 1379, pet. 19: «todo ome o mujer que fuere sano y tal que pueda afanar, que les apremien los alcaldes de las cibdades, é villas, é logares de nuestros regnos que afanen y vayan a trabajar, y a labrar, o vivan con señores o que aprendan oficios en que se mantengan, é que non los consientan que estén baldíos".

159 Todas estas referencias normativas las tomamos de COLMEIRO Y PENIDO, M., *Derecho Administrativo Español*, Madrid, Imprenta de Gabriel Alhambra, 1857, p. 522. Como fuente directa en la que se analiza el régimen de asistencia a través del trabajo propio de la antigüedad en España, vid. DE SOTO, D. y DE ROBLES, J. (ed. y estudio preliminar, SANTOLARIA SIERRA, F.) *El gran debate de los pobres en el siglo XVI, 1545*, Barcelona, Ariel, 2003.

160 CASTEL, R., *La metamorfosis... op. cit.*, pp. 56 y ss.

se asistía a través de ayudas prestacionales en especie –*v.gr.* la dotación de víveres y vestido o mediante el ingreso en alguna de las casas parroquiales establecidas al efecto– y los pobres válidos, a los que se los confinaba en centros de trabajos comunitarios. Su operatividad implicaba la prohibición de la limosna y la reclusión obligatoria de los individuos válidos para el trabajo que rehusasen su internamiento voluntario. Las primeras *workhouses* se instauraron en el condado de Abingdon, en el año 1631; luego en Exeter, en 1652, y Bristol, 1696. Se trataba de centros de internamiento en los que convivían personas sin trabajo con delincuentes menores de edad, entremezclando medidas de trabajos con correcciones penales de otro tipo. Con numerosas reformas funcionales, estos órganos pervivieron durante un largo periodo de tiempo en el Reino Unido, aunque formalmente fueron abolidos en 1930, algunos subsistieron como nuevas *Public Assistance Institutions* hasta la aprobación del *National Assistance Act* de 1948[161].

Como observamos, disposiciones de este tipo, extendidas en los diferentes países occidentales, no llegaban muchas veces a imponer el trabajo en términos positivos, sino simplemente, sancionaban la mendicidad o, en definitiva, las formas de vida no logradas laboriosamente. A los efectos de nuestro análisis, lo llamativo es que *in illo tempore,* el deber de trabajar aparecía como un axioma incuestionado. La inclinación del individuo debería conducirlo a su participación productiva, por lo que, en realidad, solo aparece el deber jurídico de trabajar por derivación, en la medida en que su omisión aparecía tipificada penalmente: no existía un deber positivo de trabajar, pero sí se

---

161 FERNÁNDEZ RIQUELME, S.: "Los orígenes de la beneficencia. Humanismo cristiano, derecho de pobres y Estado liberal", *La Razón Histórica. Revista hispano-americana de Historia de las Ideas,* núm. 1, 2007, pp. 12-30.

sancionaba la ociosidad, al menos, la ociosidad que se estimaba libremente asumida.

1.3 El deber general de trabajar como innovación de la modernidad

Por lo dicho, podemos afirmar que la libertad de trabajar es, en términos históricos, relativamente reciente e hija de la modernidad política[162]. Solo con las libertades civiles y políticas conquistadas en el período revolucionario comienza la desamortización del régimen coactivo del trabajo que perduró durante siglos[163]: como medida de dominación política, primero, y como mecanismo policiaco-asistencial, después. Así, en términos histórico-comparados, lo característico de nuestro tiempo no será la existencia de una obligación jurídica de trabajar –que, insistimos, ha existido de algún modo en muchas de las sociedades precedentes–, sino la devaluación de esta, en cuanto a su exigibilidad se refiere, para hacerla compatible con los cánones de la sociedad liberal.

Una vez que hemos presentado esta idea, la que afirma que la obligatoriedad del trabajo fue una realidad durante la mayor parte de la historia civilizada, aclaramos que todas estas disposiciones normativas que imponían la dedicación laboriosa no van a acaparar aquí nuestra atención en tanto que estimamos que no constituyen antecedentes válidos del deber que nosotros analizamos: tanto el contenido de aquellas remotas disposiciones, como su ámbito subjetivo de aplicación y el espíritu

---

162 CASTEL, R., *La metamorfosis de la cuestión social… op.cit.*, p. 157.

163 Decimos que con la modernidad comenzó este proceso, aunque solo acabaría consolidándose con el paso del tiempo, porque, incluso en alguno de los primeros textos constitucionales de la época; todavía se respaldaban institucionalmente formas forzosas de trabajo, como ocurre con la esclavitud en la Constitución Americana de 1787.

que las impregnaba, difieren por mucho de lo que hoy representa el deber fundamental de trabajar. Al intentar aquí identificar los precedentes del deber de trabajar, estamos focalizando nuestra atención sobre el deber general de trabajar que ha recaído, por igual –al menos formalmente–, sobre todos los ciudadanos de una determinada comunidad política. De este modo, deberíamos omitir todos los precedentes normativos en los que se han impuesto obligaciones laborales sobre determinados colectivos poblacionales. La aparición de este deber general e igualitario de trabajar solo aparece con la consolidación de algunas ideas ilustradas que reclaman la participación del individuo en un proyecto político común –principalmente, las que han sido expuestas en el apartado I.3–. En cualquiera de los casos, las medidas de imposición del trabajo en el Antiguo Régimen han sido abordadas con sobrada solvencia, cuantitativa y cualitativa. A tales analisis nos remitimos para evitar reiteraciones innecesarias[164].

---

164 Algunas de estas obras que nos han servido de referentes son: CASTEL, R., *La metamorfosis de la cuestión social... op.cit.*, un recopilatorio más exhaustivo, aunque concentrado en el escenario francés, puede encontrarse en GÉRANDO, J.M., *De la bienfaisance publique*, París, Julesre-Nouard et C.A, Librarie, 1839. Sobre las *Poor Laws* inglesas vid. PASHLEY, R., *Pauperism and Poor Laws*, Oxford, Longman, Brown, Green, and Longmans, 1952; también BOTELHO, L.A., *Old age and the English poor law, 1500-1700*, Londres, Boydell Press, 2004. Con carácter más general, FERNÁNDEZ RIQUELME, S., "Los orígenes de la beneficencia...*op.cit.*, pp. 12-30.

2. LA CONSOLIDACIÓN DE LOS DEBERES COMO CONTENIDO CONSTITUCIONAL TÍPICO

Para comprender la transición desde esas obligaciones estratificadas de trabajar hasta el deber generalizado de hacerlo, resultará útil acercarse al proceso histórico de consolidación de los deberes constitucionales como normas típicas del ordenamiento jurídico. Será ese proceso el que sustituirá los antiguos deberes de sumisión del individuo al poder político o señorial por unos deberes, respaldados democráticamente, que expresan el compromiso colectivo auto asumido libremente por la ciudadanía con ciertos valores relevantes para la vida en común. Esta otra idealización de los deberes jurídicos es propia del constitucionalismo ilustrado y estuvo muy marcada por la hegemonía de las corrientes filosófico-políticas contractualitas[165].

En efecto, aunque existen precedentes muy relevantes en la filosofía política en los que se abogó por la codificación de un catálogo de deberes cívicos[166], serán los pensadores con-

---

165 La influencia decisiva del contractualismo filosófico en el contenido de las constituciones del período ha sido resaltada, entre otros muchos, por Ferrajoli, quien concluiría que el Estado constitucional moderno es "hijo de la filosofía contractualista". FERRAJOLI, L., *Los fundamentos de los derechos fundamentales,* Madrid, Trotta, 2001, p. 38. Para encontrar esta misma posición, puede acudirse, entre otros muchos, a CORTINA ORTS, A., "El contrato social como ideal del Estado de Derecho. El dudoso contractualismo de I. Kant", *Revista de estudios políticos,* núm. 59, 1988, pp. 49-64. De forma más extensa, las relaciones entre el contractualismo y las constituciones modernas se analizan en dos capítulos III y IV de ACOSTA SÁNCHEZ, J., *Teoría del Estado y Fuentes de la Constitución,* Córdoba, Universidad de Córdoba, 1989, pp. 77 a 190.

166 Previamente, desde posiciones intelectuales ilustradas, ya se venía reivindicando la pertinencia de codificar un catálogo de

tractualistas los que más insistirían en esta idea al concebir la comunidad política como el resultado de un pacto sinalagmático en el que cada una de las partes concertantes asume entre sí deberes y derechos recíprocos. Así lo expresaba uno de los principales exponentes de esta doctrina, Jean Jaques Rousseau:

> "Cada individuo cuya existencia aislada e independiente puede hacerle mirar lo que debe a la causa pública como una contribución gratuita, cuya pérdida sería menos perjudicial a los demás de lo que le es onerosa su prestación; y considerando la persona moral que constituye el Estado como un ente de la razón, por lo mismo que no es un hombre, disfrutaría así de los derechos de ciudadanía sin cumplir los deberes de súbdito; injusticia que si progresase causaría la ruina del cuerpo político"[167].

Como vemos, en términos históricos, lo original de este nuevo equilibrio propio del contrato social fue la incorporación de derechos subjetivos, pues el sometimiento a deberes era lo habitual en el régimen feudal y otros tipos de vasallaje político del Antiguo Régimen[168]. Esa fue la auténtica victoria

---

deberes que pautasen la vida del individuo en sociedad. Así lo podemos observar, por centrarnos en un autor ya aludido, las aportaciones de Samuel Pufendorf en su *De officio hominis et civis iuxta legem naturalem* del año 1673.

167 ROUSSEAU, J.J., *El Contrato social… op.cit.*, p. 65.

168 Sobre la aparición de esta idea: el propio Bobbio, en otra obra, se refiere extensamente a ello: "Desde el punto de vista de la filosofía de la historia, un punto de vista muy general, la afirmación de los derechos del hombre, al principio puramente doctrinal en el pensamiento iusnaturalista y más tarde práctico-política en las Declaraciones de finales del siglo XVI, representa un vuelco radical en la historia secular de la moral […]. Los códigos morales o jurídicos de cualquier tiempo están compuestos esencialmente de normas imperativas, positivas o negativas, de órdenes o deberes. Comenzando por los Diez mandamientos, que han sido durante siglos el código moral por excelencia

del periodo revolucionario: la conquista de derechos y libertades que garantizaban esferas de autonomía al individuo y promovían una verdadera reciprocidad entre el ciudadano y el poder público. Por esa precisa razón, como veremos –III.1–, algunos autores han logrado justificar la preterición histórica de los deberes constitucionales: por la fascinación que provocó originalmente esta deslumbrante nueva realidad jurídica cuyas posibilidades de progreso aún no eran fáciles de predecir. Esta marcada diferencia entre el protagonismo de los derechos y los deberes en el período revolucionario la observamos sin dificultad en las grandes declaraciones de esta etapa histórica: la *Declaración de Derechos del buen pueblo de Virginia*, del año 1776, o la *Declaración de los Derechos del Hombre y del Ciudadano*, del año 1789. Estas no solo prescindieron de cualquier alusión a los deberes en sus respectivas rúbricas, sino que, dentro de sus articulados, estos ocuparon una posición residual. La primera de

---

de las naciones europeas, hasta el punto de haber sido interpretados como la ley natural, la ley conforme a la naturaleza del hombre. [...] Para que fuera posible pasar del emunciado del código de deberes al código de derechos era necesario dar la vuelta a la moneda: que se comenzase a ver el problema no ya sólo desde el punto de vista de la sociedad, sino también desde el del individuo. Era necesaria una auténtica revolución" [...] La concepción individualista significa que el individuo ocupa el primer lugar, es decir, el individuo particular que tiene valor por sí mismo, y después viene el Estado y no viceversa; el Estado es creado por el individuo y no el individuo por el Estado o, mejor dicho, por citar el famoso artículo 2 de la Declaración de 1789, la conservación de los derechos naturales e imprescriptibles del hombre es «el objetivo de toda asociación política». En esta inversión de la relación entre individuo y Estado se invierte también la relación tradicional entre derecho y deber. Respecto de los individuos, los derechos pasan a primar sobre los deberes; respecto del Estado, pasan a primar los deberes sobre los derechos". BOBBIO, N., *Teoría general de la política... op.cit.*, pp. 512-515.

estas normas, la americana, en su artículo XVI alude al indeterminado y pío "deber que tenemos hacia nuestro Creador", que "debe orientarse exclusivamente por la razón y la convicción, no por la fuerza o la violencia" [...]. "Es deber mutuo de todos practicar hacia los demás la clemencia, amor y caridad cristianas". Por su parte, la Declaración francesa, desde un trasfondo laico, tan solo se marca como objetivo en su preámbulo el de "recordar" a los ciudadanos "sin cesar sus derechos y sus deberes". En el apartado normativo de esta otra norma, empero, no encontramos ningún deber directo[169].

Esta primigenia opción constituyente, la que omite la codificación de deberes, no fue, sin embargo, aceptada unánimemente. En efecto, al menos en el caso francés, se han documentado serios intentos de incorporar una expresa declaración de deberes aneja a la *Declaración de Derechos del Hombre y del Ciudadano* de 1789[170]. En los debates previos a su aprobación se discutió sobre la pertinencia de que esta se antepusiera a la promulgación de una constitución[171]. Entre las posturas enfrentadas estuvieron quienes "la consideraban útil, los que la consideraban útil pero aplazable o útil sólo si fuese acompañada por una declaración de deberes"[172]. Entre los partidarios de esta última postura, el asambleario Sinety pronunció una intervención ti-

---

169 Apenas de forma implícita y desde una lectura teleológica podríamos encontrar la enunciación de un deber cuando alude, en su art. 13, a la contribución equitativa y proporcional a las capacidades que es indispensable para "el mantenimiento de la fuerza pública y para los gastos de administración".

170 La misma aparece recogida en BRAGE CAMAZANO, J., *Los límites a los derechos fundamentales en los inicios del constitucionalismo mundial y en el constitucionalismo histórico español*, México D.F., UAM, 2005, pp. 77 y ss.

171 BOBBIO, N., *El tiempo de los derechos... op.cit.*, p. 131.

172 *Ibíd.*

tulada *Exposición de los motivos que parece deben determinar que se una a la Declaración de los derechos del hombre la Declaración de los Deberes del Ciudadano.* Así defendió esta alternativa:

> "la tendencia natural del hombre al egoísmo lo orienta siempre hacia su bienestar y hacia su beneficio personal, sin considerar sus relaciones con los demás. La felicidad de sus conciudadanos, el bien de la sociedad, no son realmente si no motivos secundarios, ignorados por la clase más numerosa, poco percibidos por los hombres que carecen de instrucción y, quizás, también son indiferentes para los que no son consecuentes con sus propias reflexiones... Así, no es sin fundamento que muchos honorables miembros hayan hecho observar que el hombre, abandonado únicamente a su impulso natural, podría, al interpretar según su propia conveniencia todos los artículos aislados de la Declaración de los derechos naturales del hombre, darles una extensión perjudicial para sus conciudadanos; y que, profundamente convencido de sus derechos personales, desconocería los de la sociedad, y perturbaría la tranquilidad... Existe un medio, creo, para alcanzar la meta saludable que nos proponemos lograr: consiste en eliminar los peligros, al adoptar esta Declaración, mediante la exposición de los deberes del ciudadano... como el hombre ciudadano no tiene ningún derecho natural que no esté limitado en la sociedad por un deber correspondiente, en lugar de dar la Declaración aislada de los derechos naturales del hombre, en la que reconocemos que hay peligros, presentada así, me atrevo a tomarme la libertad de exponer esta Declaración mediante un cuadro a doble margen en dos columnas... de manera que el artículo del deber esté junto, en la segunda columna, al artículo del derecho al que corresponde y del que debe limitar el ejercicio; de manera que, finalmente, el artículo del deber, al estar ubicado al lado del artículo del derecho, del que modifica y regula el uso, no pueda escapar al ojo del lector y que, al mismo tiempo, lo ilustre sobre sus derechos, y lo instruya sobre sus deberes"[173].

---

173 El extracto aparece recogido en FAURÉ, C., *Las declaraciones de los derechos del hombre de 1789, México, Comisión Nacional de Derechos Humanos,* Fondo de Cultura Económica, México D.F., 1995, pp. 157 y 158. Tomo la cita de BRAGE CAMAZANO, J., *Los límites a los derechos funda-*

La propuesta de incorporar a la Declaración un expreso catálogo de deberes llegó a votarse en la Asamblea, donde fue rechazada por 570 votos frente a 533 a favor[174]. Entre los motivos que justificaron esta negativa encontramos la conceptualización de los deberes como un reverso lógico de los derechos que ya reconocía el texto aprobado, lo que haría fútil cualquier enumeración positiva de deberes. Según expresó Thomas Paine al respecto de esta discusión: "una Declaración de Derechos constituye, por reciprocidad, una Declaración de Deberes. Todo lo que es mi derecho como hombre, es también el derecho de otro hombre y se convierte en mi deber garantizarlo tanto como protegerlo"[175]. Este motivo de oposición a la inclusión de un catálogo de deberes en realidad solo resulta vá-

---

mentales... op.cit., pp. 80 y 81. Otra discusión sobre la inclusión de deberes se describe en LECLERC, H., "Vanité et dangers des Devoirs de l'Homme", *Après-demain*, vol. 5, núm. 1, 2008, pp. 12-14. Uno de sus partidarios fue Armand-Gaston Camus, miembro del Parlamento por París, quien propuso el 4 de agosto de 1789 una enmienda tendente a redactar una "Declaración de los Derechos y Deberes del Hombre y del Ciudadano". Según arguyó en su intervención asamblearia: "en general, el hombre está más inclinado a hacer uso de sus derechos que a cumplir sus deberes. En el primer caso sólo hay que ceder a la corriente, y en el segundo hay que nadar dolorosamente contra ella. El hombre sólo es virtuoso con el esfuerzo...". Tal y como documentado por Lecrerc, la mayoría del clero, una buena parte de la nobleza y todos los oponentes al principio mismo de una Declaración se adhirieron a esta propuesta. Lubersac, obispo de Chartres, afirmó que si entiende que la religión no debe estar incluida en las leyes políticas "no debe ser ajena a ellas", y añadió que "la expresión halagadora de derechos debe gestionarse hábilmente; deberíamos acompañarlo con tareas que sirvieran como correctivo".

174 BRAGE CAMAZANO, J., *Los límites a los derechos fundamentales... op.cit.*, p. 81.

175 PAINE, T., *Los derechos del hombre*, Fondo de Cultura Económica, México D.F., 1996, p. 104.

lido para rechazar la proposición tal y como fue formulada por Sinety: sin contemplación de deberes distintos de los que se siguen, inexorablemente, del reconocimiento de los derechos subjetivos. El hecho de que tales derechos subjetivos incorporen implícitamente los correlativos deberes de respetarlos no despertó, en realidad, ningún disenso. Tal obviedad se reconocía, incluso y de algún modo, en el propio artículo cuarto de la versión definitiva de la Declaración[176], cuando proclamaba que el ejercicio de los derechos naturales de cada hombre "tiene como límites los que garantizan a los demás miembros de la sociedad el goce de estos mismos derechos". Sin embargo, como hemos expuesto ya, es posible imaginar muchos deberes ciudadanos que no derivan de un correlativo derecho individual[177], y estos otros deberes autónomos sí hubieran exigido la aneja declaración de deberes que reivindicaban algunos asamblearios.

Pero, por otro lado, aunque se aceptase que la inclusión expresa de un elenco de deberes correlativos a los correspondientes derechos subjetivos era técnicamente irrelevante, esta opción no habría sido neutra desde un punto de vista simbólico o ideológico. Esa es la opinión del profesor Peces-Barba Martínez cuando, al referirse al proceso constituyente francés de 1789, concluye que la frustrada *declaración de deberes del hombre y del ciudadano* no solo hubiera supuesto el reconocimiento de una relación entre los derechos subjetivos y el deber de respetarlos, sino "una declaración paralela, expresión de un trata-

---

176 BRAGE CAMAZANO, J., *Los límites a los derechos fundamentales... op.cit.*, p. 81.

177 Como se ha señalado con acierto: "todos los derechos generarían deberes, aunque no todos los deberes tendrían como contrapartida algún derecho". ALEGRE MARTÍNEZ, M.A., "Los deberes en la Constitución Española: esencialidad y problemática", *Teoría y Realidad Constitucional*, núm. 23, 2009, pp. 271-291, p. 274.

do moral". En el fondo de esta pretensión, precisa, subyace "la desconfianza, el temor y la sospecha ante los derechos solemnemente proclamados"[178]. Desde esta lectura, una declaración expresa de deberes hubiera venido a recordar al individuo que su inclusión en el orden político implica la restricción de su libertad, la asunción de responsabilidades tendentes a posibilitar la vida en común de forma pacífica y el sostenimiento del sistema institucional del cual depende por entero la supervivencia de la comunidad política[179]. La posición asamblearia mayoritaria no sintió esa desconfianza: no preveía, por decirlo de otro modo, ningún exceso provocado por la *embriaguez* de las nuevas libertades recientemente conquistadas.

Por su parte, las sucesivas constituciones francesas de 1791 y 1793 no incorporaron ninguna novedad en este asunto. Esta solo se produjo con la reforma del año 1795 –año III, bajo el gobierno del *Directorio*–, la cual supone un hito relevante en nuestra línea temporal al colocar en su frontispicio una primera *Declaración de Derechos y Deberes del Ciudadano*[180]. Aunque la indeterminación con la que se presentaron estos deberes comprometió, sin duda, su exigibilidad, adquirieron una importante carga simbólica, sobre todo si atendemos al contexto histórico-político en el que se promulgaron: "frente al ardor revolucionario, los sectores más conservadores redactan una

---

178 PECES-BARBA MARTÍNEZ, G., *Derecho y derechos fundamentales*, Teoría general, Madrid, Centro de Estudios Constitucionales, 1993, p. 96.

179 Así lo defiende BURGEOIS L., en *Solidarité*, París, A. Colin, 1896, p. 81.

180 Entre estos deberes, 9 en total –frente a los 22 derechos–, se encuentran el deber de cumplir las atenciones intrafamilaires (art. 4), el de respetar las leyes (arts. 5, 6 y 7) y el deber de alcance general que comprende a todos los demás: "no hacer a los demás lo que no queremos que nos hagan a nosotros, y hacer el bien que quisiéramos recibir" (art. 2).

Constitución con un catálogo de deberes, ya que precisamente estos sectores atribuían a la ausencia de deberes en la Declaración de 1789, los años de terror que se habían vivido"[181].

Desde entonces, es frecuente encontrar en las constituciones posteriores el reconocimiento de deberes[182]. Por ejemplo, la Constitución española de 1812 estructuró su contenido distinguiendo entre derechos, libertades y deberes. Aunque estos últimos fueron minoritarios[183], expresaban suficientemente el espíritu de fidelidad al proyecto de Estado que dicho texto proclamaba. A nivel internacional, es posible encontrar declaraciones similares en otras constituciones del período[184], aunque para nosotros el próximo jalón relevante lo encontramos en la Constitución francesa del año 1848. En el preámbulo de esta aparece una relación de deberes entremezclados con ciertos derechos subjetivos de contenido más bien programático. A esta Constitución nos referiremos inmediatamente en un apartado independiente en la medida que, para algunos au-

---

181 MORET MILLÁS, V., "Los deberes constitucionales..." *op.cit.*, p. 215. Según este autor, los deberes más constantes fueron los que se referían al deber de defender a la nación, y el deber de sostenimiento de las cargas públicas.

182 PAUNER CHULVI, C., *El deber constitucional de contribuir...* op.cit., p. 12.

183 Los cuatro deberes que se enunciaron expresamente en el texto fundador de nuestra historia constitucional fueron: 1) el deber de amor a la patria y de ser justos y benéficos (art. 6, Tit. I, Cap. II); 2) la obligación de ser fiel a la Constitución, obedecer las leyes y respetar las autoridades establecidas (art. 7, Tit. I, Cap. II); 3) el deber de todo español a contribuir, sin distinción alguna, en proporción de sus haberes para los gastos del Estado (art. 8, Tít. I, Cap.II) y, 4) por último la obligación de todo español de defender la patria con las armas cuando fuera llamado por la ley (art. 9, Tít. I, Cap.II).

184 Como la de Noruega de 1814, la de Baden de 1818, la de Baviera de 1908 o la de Bélgica de 1831.

tores, contiene la primera formulación del deber de trabajar recogida en un texto fundamental. Por ahora, cabe decir sobre ella que se propuso "asegurar un reparto más equitativo de las cargas y ventajas de la sociedad", que aceptaba la existencia de "derechos y deberes anteriores y superiores a las leyes positivas" y que, entre los deberes que proclamó expresamente –apartado VII del preámbulo–, encontramos el de amar a la Patria, servir a la República y defenderla con la propia vida; el de participar en las cargas del Estado en proporción a la fortuna; el de contribuir al bienestar común ayudándose fraternalmente; y, de forma para nosotros más relevante, el deber de "asegurarse, mediante el trabajo, los medios de subsistencia, y, mediante la previsión, recursos para el futuro".

Por lo demás, baste indicar que, aunque la proclamación de deberes jurídicos no ha sido constante en todas las constituciones posteriores[185], estos sí han sido, al menos desde el inicio del siglo XX, un contenido típico en la mayoría de las normas políticas fundamentales[186]. Es más, aunque esto no sea demasiado revelador, puede observarse cómo la tendencia ha sido en este asunto expansiva: no solo se ha incrementado el número de cartas constitucionales que incorporan una relación expresa de deberes, sino que, dentro de cada una de ellas, han proliferado nuevos deberes no previstos en el constitucionalismo decimonónico[187]. Este es, sin duda, un proceso aún

---

185 Por ejemplo, la Constitución de 1837 no proclama ningún deber, a pesar de que ya lo había hecho la de 1812.

186 MARKHGEYM, A.V., TSALIEV, A., AND TENGIS, K.H., "Constitutional Duties of the Man and the Citizen in the Focus of Doctrine", *Utopía y Praxis Latinoamericana,* núm. 25, vol. 10, 2020, pp. 163-169, p. 164.

187 Para Markhgeym, Tsaliev y Kemryugov es posible distinguir una primera fase en la que los deberes proclamados se caracterizaban por su correspondencia con intereses públicos, en el sentido más estre-

abierto. Es fácil ver todavía en nuestros días la ampliación de los deberes constitucionales conforme surgen nuevas realidades –*v.gr.* deberes hacia el medioambiente–, o según cambia la sensibilidad social respecto a algunas realidades históricas –*v.gr.* deberes frente a las minorías o colectivos vulnerables–. Este proceso de expansión, sin embargo, no ha estado acompañado por un proceso de reflexión político-jurídica sobre el significado de este tipo de cláusulas y su juridicidad.

3. EXPANSIÓN CONSTITUCIONAL DEL DEBER DE TRABAJAR

3.1 Constitución Francesa de 1848

Aunque la normativa de represión de la mendicidad a través de la imposición de trabajos pervivió a las primeras

---

cho del término, principalmente vinculados a la seguridad militar del Estado. Exponentes de esta tendencia fueron las Constituciones de Argentina, 1953, Austria, 1920 y Liechtenstein, 1921. En una segunda fase histórico-constitucional, que se extendería hasta el año 1989, aparecerían deberes dirigidos a la satisfacción de intereses individuales, pero priorizando todavía los colectivos. En esta dinámica cabría subsumir las constituciones de Albania, 1946, Italia, 1947, Checoslovaquia, 1948, Alemania, 1949, Francia, 1958, URSS, 1977, España, 1978, y Países Bajos, 1983. Por último, desde los años noventa hasta la actualidad, las Constituciones habrían ampliado el catálogo de deberes dirigidos a la satisfacción de intereses individuales: aquí, los precitados autores colocan las Constituciones de Eslovenia, 1990, la República Checa, 1992, Rusia, 1993, Bélgica, 1994, Azerbaiyán, 1995 o Suiza, 1999. *Ibíd.*, p. 167.

Constituciones[188], estas omitieron cualquier referencia a aquel tipo de políticas de intervención[189]. Para las primeras normas fundamentales, el fenómeno del trabajo fue, de hecho, bastante irrelevante. Sin embargo, aunque el deber de trabajar no se proclamase como un deber positivo, siguió siendo una premisa moral que condicionó la ordenación del sistema político-jurídico. Al menos así ocurre en el caso francés, donde durante las

---

188 Por ejemplo, en Francia, durante el proceso constituyente de 1789, se creo un comité *ad hoc* para evaluar la acción asistencial de los poderes públicos en el nuevo régimen: El *Comité de Mendicité.* Sus conclusiones principales pasaron por la provisión de trabajos públicos a las personas desocupadas, aunque priorizando ahora la función asistencial de esta provisión, combinada con una complementaria finalidad policíaca. Así se ve principalmente en el sexto de sus informes: *Sobre la represión de la mendicidad. COMITÉ DE MENDICITÉ* (relator ROCHEFOUCAULD-LIANCOURT, F.A.): *Sixiéme Rapport: Sur la represion de la mendicité.* París, de L´Imprimerie nationale, 1791. En este se leía, p. 6: "Este estado de holgazanería y vagabundeo, que conduce necesariamente al desorden y al crimen, y los propagan, es por lo tanto verdaderamente un delito social; entonces, debe ser reprimido, y el hombre que lo realiza, ser castigado a igual título que todos los que perturban el orden público con delitos más o menos graves. Este castigo no contradice el ejercicio de los derechos del hombre, más que el castigo de un estafador o un asesino".

189 Solo de manera indirecta podría observarse la misma a partir de la previsión del Título primero de la Constitución francesa de 1791, sobre *disposiciones fundamentales garantizadas por la Constitución,* que articulaba el socorro de los pobres sin discapacidad a través del trabajo: "Se creará y organizará un establecimiento general de ayudas públicas, con el fin de educar a los niños abandonados, socorrer a los pobres enfermos, y suministrar trabajo a los pobres válidos que no hayan podido conseguirlo". Esta disposición constitucional debe ponerse en relación con la legislación que prohibía la práctica de la mendicidad, con lo que de facto se imponía sobre la ciudadanía proletaria el uso de esos establecimientos públicos de trabajo. Vid. CASTEL, R., *La metamorfosis... op.cit.*

sesiones constituyentes afloraron algunas propuestas en favor del reconocimiento de derechos asistenciales[190]. La negativa a incorporar tales derechos se basó en el mandato de autosuficiencia económica que las primeras constituciones liberales, y en este caso la *Declaración de Derechos del Hombre y del Ciudadano,* quisieron incorporar implícita, pero indiscutiblemente[191].

Comoquiera que fuese, no es posible encontrar en los textos constitucionales del siglo XVIII alguna alusión, directa o indirecta, explícita o implícita, a algo parecido a un deber general de trabajar. Es esta una omisión totalmente lógica pues, como acabamos de comprobar, las primeras constituciones históricas rehusaron adrede cualquier reconocimiento explícito de deberes. Una de las primeras constituciones que cambió

---

190 COMITÉ DE MENDICITÉ (relator ROCHEFOUCAULD-LIANCOURT, F.A), *Troisième Rapport du Comité de Mendicité. Bases constitutionnelles du Système général de la Législation & de l 'administration de Secours,* París, de l 'imprimerie nationale, 1791.

191 En palabras de un destacado filosofo francés de aquel momento Victor Cousin: "La Revolución ha hecho de Francia un inmenso taller, en el que todos trabajan según sus fuerzas y necesidades, sin que ningún yugo pese sobre sus cabezas, y cifran su orgullo en debérselo todo a sí mismos. La revolución ha dicho a cada ciudadano: tú no dependes más que de ti mismo, labra tu propio destino. En la declaración de derechos y deberes de la asamblea constituyente, la justicia, es decir, el respeto de la libertad se halla únicamente consagrada [...] no hay derecho alguno a la asistencia, y así en la sociedad como en el individuo, la caridad es un deber al cual no corresponde ningún derecho. El pretendido derecho a la asistencia es un derecho falso, un estímulo a la pereza, al vicio y al desorden. La asamblea constituyente, que se propuso emancipar al hombre y dar un impulso enérgico a su actividad, se guardó bien de inutilizar de antemano ese impulso de debilitar la saludable necesidad de trabajo", COUSIN, V., *Des principes de la Révolution française et du gouvernement répresentatif,* París, Didier et C.A, Libraires-Éditeurs, 1864, p. XVIII.

esta tendencia será la francesa de 1848 y es en esta, precisamente, donde podríamos entrever una primera formulación del deber de trabajar[192]. Concretamente el ordinal VII de su preámbulo proclamaba:

> Los ciudadanos deben amar a la Patria, servir a la República, y defenderla con su propia vida, participar en las cargas del Estado en proporción a su fortuna; deben asegurarse, mediante el trabajo, los medios de subsistencia, y, mediante la previsión, recursos para el futuro; deben contribuir al bienestar común ayudándose fraternalmente unos a otros, y al orden general observando las leyes morales y las leyes escritas que rigen la sociedad, la familia y el individuo.

Previamente, en el apartado IV de este mismo preámbulo, esta norma fundamental había incluido al trabajo, junto con la familia, la propiedad y el orden público, como una de las bases de la República[193]. De esta forma, el trabajo aparece ahora proclamado como un principio de ciudadanía, expresando así una opción constituyente que tendría sus réplicas en el constitucionalismo posterior. Volviendo a lo que a nosotros más nos incumbe ¿Cabría considerar el principio enunciado en el apartado VII del preámbulo como un deber jurídico de trabajar? Si nos atenemos a su tenor literal, el mandato que directamente se impone es el de autosuficiencia material, *el de asegurarse los medios o insumos básicos para la subsistencia.* El trabajo aparece entonces como *el cauce* a través del cual deben alcanzarse tales

---

192 VIDAL PRADO, C., "Pánorama de derecho comparado", en A.A.V.V. (dir. Escobar Roca, G.), *Derechos sociales y tutela antidiscriminatoria,* Thomson-Aranzadi, Cizur Menor, 2012, pp. 95-286, p. 140.

193 La introducción del trabajo en esta triada de valores fundacionales de la República francesa se debe al socialista sainsimoniano M. Jean Reynaud. Vid. GARNIER, J., *Le droit au travail a l´assemblée nationale. Recueil Complet de tous les discours prononcés dans cette mémorable discussion,* París, Chez Guillaumin et C.A. Libraires, 1848, p. 9.

bienes necesarios para el propio abastecimiento. El hecho, sin embargo, de que sea el trabajo el único medio mencionado a través del cual el individuo *podría* sufragar su existencia hace que el ordinal transcrito, en términos lógicos, esté imponiendo indirecta, pero incuestionablemente, el ejercicio de una actividad laboriosa. Con una declaración de este tipo, el constituyente francés no afirma la virtualidad de toda autonomía material del sujeto –opción ya acogida, de manera implícita, en las anteriores declaraciones–, sino solo la de aquella que se obtiene a través del trabajo. De ahí se sigue que la suficiencia patrimonial ganada por medio de la caridad o la asistencia pública no merecieran para el constituyente francés de 1848 un juicio moral positivo: "cualquiera que sea el nombre que queramos calificar a la ayuda que no es la remuneración de ningún trabajo [se alegó en el debate constituyente], asistencia, caridad…, esta ayuda, hay que decirlo, es limosna, limosna que degrada al hombre"[194].

Este fue sin duda un punto común para todas las posiciones ideológicas que concurrieron a la asamblea de 1848. Incluso los sectores ubicados más a la izquierda del espectro parlamentario rechazaron cualquier acción política destinada a soportar un estilo de vida ocioso. El punto de desencuentro principal entre los diferentes partidos fue, por tanto, la actuación que debía asumir el Estado para lograr que esa suficiencia fuese ganada laboralmente por el individuo. El ala socialista de la cámara, en coherencia con las reivindicaciones que habían exigido durante la *Revolución de Febrero*, entendía que ese principio debía materializarse a través de un derecho, el derecho al trabajo, con el cual el Estado aseguraba una posibilidad de empleo remunerado a cada individuo que así lo solicitase. Esta fue

---

194 Intervención de MARTIN-BERNARD. En GARNIER, J., *Le droit au travail… op.cit.*, pp. 246 y 247.

la receta elaborada por la doctrina socialista de aquel período para hacer frente a la cuestión social y fue la principal reivindicación invocada por el movimiento obrero que participó en los sucesos revolucionarios de febrero –*Revolución de 1848 ¿cómo te llamas? Me llamo derecho al trabajo*[195]–. Incluso en un breve período de tiempo, el que va desde mediados de febrero hasta junio de 1848, este derecho trató de hacerse efectivo a través de un sistema de talleres públicos, *les Ateliers Nationaux*, aunque de forma no muy satisfactoria, ni para la burguesía, ni para los propios obreros destinatarios de esa acción política[196]. Comoquiera que fuese, a pesar de su defectuosa aplicación empírica, el derecho al trabajo trascendió a los bocetos previos de la Constitución. Concretamente, lo hallamos en el apartado VII del Preámbulo del primer borrador de la Constitución leído por el diputado Marrast en la sesión de 20 de junio de 1818: "El derecho al trabajo es un derecho de todo hombre trabajador. La sociedad debe, por los medios productivos y generales de que dispone, y que se organizarán más adelante, dar trabajo a los hombres capaces que no puedan obtenerlo de otro modo".

---

195 "Si los hombres de 1848 han tenido una mística, es precisamente el derecho al trabajo el que se encuentra en el fondo. Sin él, la revolución pierde su carácter social", PONTEIL, F., *La Revolución de 1848,* Madrid, ZYX, 1966, p. 165. El papel protagonista del derecho al trabajo en el pensamiento socialista decimonónico y, en especial, en la Revolución francesa de 1848, fue abordado en VIGO SERRALVO, F., *El derecho al trabajo… op.cit.,* pp. 124-283. También puede verse en SCOTTO BENITO, P., *Los orígenes del derecho al trabajo en Francia (1789-1848),* Madrid, Centro de Estudios Políticos y Constitucionales, 2021.

196 Un examen de los avatares de este programa puede encontrarse en las memorias de quien actuó temporalmente como director: THOMAS, E., *Histoire des ateliers nationaux,* París, Miechel Lévy, 1848.

Las *Jornadas de Junio* que se sucedieron entre los días 23 y 26 de este mes, *id est,* las revueltas populares que surgieron como rechazo a las primeras medidas adoptadas por la mayoría burguesa que se impuso en las elecciones de mayo[197], condicionaron la posición de las fuerzas políticas en el debate constituyente, en el que observamos desde entonces un intento por excluir las pretensiones socialistas que terminaron asociadas al desorden económico y social. En efecto, en el segundo proyecto constitucional, el del 29 de agosto, el apartado VII se reformula para suprimir el derecho al trabajo e incluir el deber de trabajar tal y como trascendió en el texto definitivo de la Constitución. Se imponía así una visión política que no solo atribuía al individuo la carga de trabajar para lograr su sustento, sino también la de hallar una opción profesional que no quedaba ya asegurada por el institucionalismo público. La aspiración socialista de instaurar un sistema de provisión pública de empleo quedó muy atenuada y concentrada en el apartado VIII del mismo preámbulo:

> VIII.–La República debe proteger al ciudadano en su persona, su familia, su religión, su propiedad, su trabajo, y poner al alcance de cada cual la instrucción indispensable a todos los hombres; debe, mediante una asistencia fraterna, asegurar la subsistencia de los ciudadanos necesitados, ya sea procurándoles trabajo en los límites de sus recursos, ya sea socorriendo, a falta de la familia, a aquellos que no están en estado de poder trabajar.

---

197 Sobre las revueltas políticas tras las elecciones de mayo de 1848 y su repercusión en el proceso constituyente vid. PALMADE, G., *La época de la burguesía,* Madrid, Siglo XXI, 1993, pp. 36 y ss. VIGO SERRALVO, F., *El derecho al trabajo… op.cit.,* pp. 237 y ss. Como fuente directa, *c.fr.,* LAMARTINE, A., *Historia de la Revolución Francesa de 1848,* Madrid, Impr. de la Biblioteca del Siglo, 1849.

Las diferencias entre este compromiso constitucional y el derecho al trabajo reivindicado por los socialistas son fácilmente reconocibles. Obsérvese, de entrada, que, a la sazón, en un sistema jurídico que no conocía los derechos imperfectos, la proclamación del derecho al trabajo contenía la facultad de exigir, en el sentido más prístino del término, una ocupación remunerada a las instituciones públicas. La mayoría parlamentaria, integrada por la coalición entre la burguesía y los monárquicos-conservadores, entendió que un derecho de ese tipo era irrealizable. Sin embargo, al concentrar la responsabilidad del Estado en este asunto dentro del ámbito de lo *asistencial*, se lo dotaba de una garantía mucho más difusa que no comprometía la sostenibilidad económica del país[198], sobre todo

---

198 En efecto, como tuvimos ocasión de sostener en otra sede –vid. VIGO SERRALVO, F., *El Derecho al trabajo… op.cit.*, el debate constituyente estuvo marcado por la caracterización dogmática del derecho subjetivo propia la época. Al desconocerse los derechos imperfectos o programáticos, al *derecho subjetivo* se le atribuía un contenido no contingente, absolutamente exigible. Por el contrario, la *asistencia* enunciaba un compromiso mucho más indeterminado, similar a lo que hoy conocemos como derechos sociales imperfectos, dependiente de la situación económica del momento. Vid en este sentido, la intervención de Arnaud de l'Ariège, en GARNIER, J., *Le droit au travail à la Assemblé..., op. cit.,* pp. 188 y 187: "ciudadanos, creo que estamos abusando de las palabras. ¿qué importa si se coloca en la constitución el deber de la sociedad o el derecho del cual invierte a los ciudadanos? ¿qué importa, siempre y cuando no hables de asistencia o caridad? Pero cuando se habla de un verdadero deber por parte de la sociedad, ¿no estamos de acuerdo? y, de hecho, preferiría tener la fórmula del deber que la del derecho. (¡Muy bien!) Pero elimine la palabra asistencia, ponga el deber o el derecho, y estamos de acuerdo, y estoy convencido de que la persona (el orador designa a la izquierda) no me negará que todos queremos que la sociedad dé trabajo a los hombres que carecen de él, y que esta consagración del derecho al trabajo es un deber, porque no hay derecho sin un

cuando esta política asistencial se condicionaba, como hace el ordinal VIII del preámbulo constitucional, a la disponibilidad de recursos. Además, la ubicación de este compromiso en el preámbulo, fuera del apartado normativo de la Constitución, mermaba aún más su accionabilidad. Como ha observado algún analista contemporáneo, el asunto más espinoso del debate constituyente, el relativo a la garantía institucional del trabajo, "se resolvió sin dificultad al no proclamar el derecho de los pobres a la asistencia; pero el deber de la sociedad de ayudarla, y se agregó que este deber social estaría subordinado a sus recursos"[199].

Ya hemos tenido ocasión de sostener que el debate constitucional francés de 1848 fue la primera discusión parlamentaria sobre la fórmula del Estado social[200]; que más que la cuestión concreta

---

deber correlativo. Preferiría, por mi parte, la fórmula del deber que la fórmula del derecho, porque una sociedad en la que cada uno de los miembros solo está preocupado de sus derechos marcha hacia la decadencia, mientras que una sociedad en la que cada uno de los miembros está, sobre todo, preocupado por sus deberes, esta sociedad avanza hacia la grandeza moral y la prosperidad".

199 HERRERA, C.M., "Constitución y derechos Sociales", *Revista de Derecho del Estado,* núm. 15, 2003, pp. 75-92, p. 80.

200 En este punto, nos adehríamos a PECES-BARBA MARTÍNEZ, G., "Reflexiones sobre los derechos económicos, sociales y culturales", *Escritos sobre derechos fundamentales,* Madrid, Eudema, 1988, pp. 195-213, pp. 199 y 200: "A partir de 1848 [...], no se podrán ya pensar los derechos solo como esos derechos previos al Estado que son triunfos del individuo aislado frente al Estado, sino que habrá que concebirlos, para realizar su finalidad última que es permitir el desarrollo integral de las personas y alcanzar su libertad moral, con la intervención de los poderes públicos en la satisfacción de las necesidades radicales, que son obstáculos para ese desarrollo humano, y también como límite al Estado y a otros poderes que pretenden invadir la libertad del hombre. La aparición del Estado Social y de

sobre el reconocimiento del *derecho al trabajo,* en aquella ocasión, en el fondo, se discutía la responsabilidad del Estado en la dotación de seguridad existencial a sus ciudadanos. Al afrontar esta cuestión se bosquejó un primigenio proyecto de Estado social, alternativo al que hoy conocemos, basado en la garantía de una ocupación profesional asegurada institucionalmente. Entonces prevalecieron las posiciones que priorizaban la responsabilidad individual y, solo de manera subsidiaria e indeterminada, admitían el socorro público. Lo verdaderamente relevante para nosotros de este debate es que las posiciones políticas enfrentadas convinieron en que la existencia del individuo debía, prioritariamente, ser atendida por este mismo a través de su trabajo. La disparidad de opiniones se ciñó a las posibilidades de autosuficiencia que brindaba el orden económico de libre mercado: para unos, estas serían suficientes para que cualquier sujeto diligente pudiera hacerse cargo de sus necesidades y las de su familia sin reclamar ningún apoyo institucional. Para otros, el orden de libre competencia albergaba inequidades que requerían ciertas correcciones que permitieran a la población acceder al trabajo sin sujetarse a las aleatorias leyes de la oferta y la demanda. La opción que definitivamente trascendió al texto de la Constitución fue la que exaltó la responsabilidad individual: no solo exigió el esfuerzo productivo del individuo, sino también su diligencia para encontrar una opción de empleo en un orden de libre concurrencia.

Por todo lo dicho, este debate constituyente nos presenta una finalidad política del deber de trabajar que no es el meramente productivista: al menos en este precedente constitucional no se impone el trabajo para lograr la máxima pujanza económica del Estado –tal preocupación economicista, al me-

---

la función promocional del derecho será consecuencia del proceso de generalización de los derechos humanos con incorporación de los derechos económicos, sociales y culturales".

nos, no trascendió a la discusión parlamentaria–[201], sino para fomentar la autonomía individual y descartar una hipotética responsabilidad prestacional del Estado en la cobertura de las necesidades personales o familiares. Este significado del deber de trabajar, aunque pasa comúnmente desapercibido, permanece a nuestro modo de ver vigente en la formulación de este deber que hallamos en las constituciones contemporáneas. Más adelante trataremos de justificar esta postura[202].

Para continuar, por el momento, puede decirse que en el período inmediatamente posterior, habiendo languidecido y casi desaparecido las fuerzas reformistas que condicionaron el contenido de la Constitución francesa de 1848, las sucesivas constituciones, dentro y fuera de Francia, apenas dedicarían atención al fenómeno del trabajo: en este país, por ejemplo, desaparece, en las posteriores constituciones, cualquier referencia al trabajo entre los principios fundadores del orden republicano y desaparece también cualquier alusión al deber-derecho de trabajar. Tampoco en las constituciones decimonónicas de otros países aparecerán alusiones tan directas al trabajo como las que se contienen en el

---

201 Solo de manera algo voluntariosa podría verse una finalidad productivista en este deber de trabajar si se pusiera en relación con el deber enunciado en el apartado VII del preámbulo de esta misma Constitución, el de "contribuir al bienestar común ayudándose fraternalmente unos a otros".

202 De momento puede adelantarse que algunas constituciones posteriores sí acogieron expresamente ese deber de autosuficiencia a través del trabajo. Es el caso de la Constitución Brasileña de 1934 que en su artículo 34 afirma que "A todos corresponde el derecho de proveer a la propia subsistencia y a la de su familia, mediante trabajo honesto". También la Constitución Ecuador de 1945. Artículo 148. "El trabajo en sus diferentes formas es un deber social y goza de la especial protección de la ley. Ésta debe asegurar al trabajador las condiciones mínimas de una existencia digna. El Estado utilizará los recursos que estén a su alcance, para proporcionar ocupación a quienes carezcan de ella".

texto francés de 1848[203]. El próximo jalón relevante de nuestra secuencia temporal lo encontraremos ya en los albores del siglo XX, concretamente en los sistemas jurídicos socialistas que surgen tras la Revolución rusa de 1917. En estos veremos cómo el trabajo, y concretamente el deber de trabajar, adquiere un protagonismo sobresaliente que, además, determinará la forma en la que este deber es reconocido en las constituciones coetáneas que acogieron un régimen político-económico de libre mercado.

3.2 Constitucionalismo socialista

Hemos afirmado que el deber de trabajar en el constitucionalismo contemporáneo presenta características muy similares, lo que nos permite, en parte, un tratamiento unificado que no repare en las particularidades de cada concreta regulación constitucional. No obstante, esta homogeneidad encuentra una excepción notable en las constituciones de economía planificada –hoy marginales[204]–, en las que el deber de trabajar es mucho más vigoroso y se yergue como un pilar fundamental del conjunto del ordenamiento político-jurídico[205].

---

203 Por supuesto, ninguna alusión hay en las constituciones españolas de 1869 o 1876.

204 De los cinco países que todavía hoy se proclaman solemne y constitucionalmente socialistas, China, Vietnam, Laos, Corea del Norte y Cuba, solo estos dos últimos se aferran al sistema de economía centralizada.

205 La importancia del deber de trabajar en el sistema político-jurídico socialista fue abordado monográficamente por CALLUM, D.R., *Soviet society and law: the history of the legal campaign to enforce the constitutional duty to work*, Glasgow, University of Glasgow, 1995. Accesible en http://theses.gla.ac.uk/6553/ (último acceso el 20 de mayo de 2023).

Aunque esta otra variante del deber de trabajar se separa por mucho de la que hoy conocemos en la mayoría de normas políticas fundamentales –no tanto por su formulación constitucional, sino por su significado y su aplicabilidad–, su estudio puede resultar útil para comprender mejor, aunque sea por contraste, el significado que en estas otras adquiere dicho deber. Concretamente, un acercamiento al deber de trabajar en las constituciones socialistas nos llevará a concluir algo que es bien evidente: que la débil exigibilidad del deber fundamental de trabajar obedece a una concreta opción política y no a una imposibilidad ontológica inherente a la esencia o contenido de este deber. Debemos descartar, además, que la laxa exigibilidad de este deber en el conjunto del constitucionalismo actual se deba a la abstracción literal con la que se ha codificado, pues su formulación en las constituciones socialistas no ha sido mucho más minuciosa que la que conocemos en nuestra tradición constitucional. Este déficit de exigibilidad en el deber de trabajar en las constituciones liberales se deberá, por tanto, a la radical incompatibilidad de una versión perfecta de este deber con otros principios de igual rango normativo que dichas constituciones consagran. Por eso es una opinión bastante recurrente la que sostiene que el contenido más elemental que sugiere el deber de trabajar solo es realizable en un contexto de economía centralizada: "la mayoría de los autores [nos dice Alarcón Caracuel] continúa negando juridicidad a dicho deber de trabajar, que sería más bien de índole moral que una auténtica obligación jurídica. Esta última solamente sería concebible en un sistema de economía colectivizada o, al menos, en un régimen en el cual la clase trabajadora ocupara una posición hegemónica"[206].

---

[206] ALARCÓN CARACUEL, M.R., "El derecho al trabajo... *op.cit.*, p. 37. Esta incompatibilidad entre el deber de trabajar y el sistema capitalista es expuesta también en HEPPLE, B. "A right to work", *Industrial Law Journal*, núm. 10, 1981, pp. 65-83, p. 70.

Avanzando en la exposición, debemos aclarar que el término *socialismo* es capaz de acoger un amplio espectro de posiciones ideológicas, sumamente heterogéneas cuando no abiertamente incompatibles entre sí. Precisamos, entonces que al emplear el epíteto *socialista* queremos referirnos ahora a aquellos regímenes que se declararon solemnemente socialistas en sus respectivos textos constitucionales. Con esta expresión, más que a una corriente ideológica concreta, queremos aludir ahora a una determinada tradición constitucional que asumía como función política prioritaria la transición hacia el comunismo[207], articulando para ello determinados principios fielmente reproducidos en las distintas normas fundamentales que se marcaron este mismo propósito.

En lo que a nosotros nos atañe, como decíamos, uno de estos rasgos identitarios del conjunto del constitucionalismo socialista fue la proclamación de un deber de trabajar singularmente vigoroso y su ubicación en un lugar preeminente dentro del diseño político-jurídico del Estado. Esta particular configuración la encontramos originalmente en la Constitución de la República Socialista Federativa Soviética de Rusia de 10 de julio de 1918. Previamente, la *Declaración de los Derechos del Pueblo Trabajador y Explotado, aprobada por el III Congreso de los Soviets de Rusia* en enero de ese mismo año –Declaración la cual,

---

207 Esta misión del constitucionalismo socialista como transición al comunismo aparece en BREZHNEV, L.I., "Acerca del proyecto de Constitución (Ley Fundamental) de la Unión de Repúblicas Socialistas Soviéticas y de los resultados del debate de todo el pueblo". Discurso pronunciado el 4 de octubre de 1977, en la Séptima Sesión, extraordinaria, del Soviet Supremo de la URSS, novena legislatura", en *Anuario URSS '78*, Agencia de Prensa Novosti, Moscú, 1978, pp. 22-28. Accesible en https://www.marxists.org/espanol/brezhnev/1977/octubre/04.htm, (último acceso el día 22 de julio de 2020).

junto con la Constitución, constituye la ley fundamental de la República soviética– decretaba en su art. 4: “el trabajo general obligatorio, con el fin de suprimir los sectores parasitarios de la sociedad”. La Constitución de julio se refiere de nuevo a este propósito en su art. 3.f y, de forma menos programática, más preceptiva, en su art. art. 18 –ubicado ya en su Título II, sobre *Bases fundamentales de la constitución de la República Socialista Federativa Soviética de Rusia*–. Este último precepto declarará “el trabajo como obligación de todos los ciudadanos de la República” y proclama esta consigna: “¡El que no trabaja, no come!”[208]. Esta misma admonición vinculada al deber de trabajar fue reiterada en la sucesivas Constituciones Soviéticas de 1936 (art. 12)[209] y 1977 (art. 60)[210] –también en las Constitucio-

---

208 Tal alocución aparece en la Segunda Epístola del Apóstol San Pablo (con Silvano y Timoteo) a los Tesalonicenses, ya en el Nuevo Testamento, donde esa idea aparecerá expresada de forma más explicita: “Porque también cuando estábamos con vosotros, os ordenábamos esto: Si alguno no quiere trabajar, tampoco coma. Porque oímos que algunos de entre vosotros andan desordenadamente, no trabajando en nada, sino entremetiéndose en lo ajeno. A los tales mandamos y exhortamos por nuestro Señor Jesucristo, que trabajando sosegadamente, coman su propio pan”.

209 La original fórmula sería reiterada, con apenas alguna alteración literal, en el art. 12 de la Constitución de la URSS de 1936, donde se añadía un principio distributivo del trabajo que era una versión adulterada e instrumental del objetivo ideal del comunismo: *De cada cual según sus capacidades, a cada cual según sus necesidades.* Según allí se leía: “El trabajo es en la URSS una obligación y una causa de honor de cada ciudadano apto para el mismo, de acuerdo con el principio de «el que no trabaja, no come. En la URSS se cumple el principio del socialismo: «De cada uno, según su capacidad; a cada uno, según su trabajo”.

210 “Es deber y cuestión de honor para todo ciudadano de la URSS apto para trabajar honestamente en la esfera de actividad que haya elegido, útil para la sociedad, y respetar la disciplina laboral. Eludir

nes de otros países que abrazaron puntual o duraderamente el socialismo y a las que seguidamente se aludirá–.

El protagonismo concedido al deber de trabajar en el constitucionalismo soviético tenía, por lo demás, una altísima carga ideológica. En este contexto, el deber de trabajar puede interpretarse como un *ariete jurídico* contra la burguesía –los *sectores parasitarios* a los que se refiere la Constitución de 1918–. A través de la imposición de este deber se pretendía unificar a toda la ciudadanía bajo una misma función social. Dicho en otros términos: con la imposición de este deber se quería abolir las formas de existencia apoyadas en la explotación de la propiedad privada. Estas connotaciones *bélicas* del deber de trabajar quedan bien plasmadas en las palabras un observador cualificado del régimen soviético, Leon Trotsky en su *Decreto sobre la Instrucción Militar Obligatoria* del año 1918:

> "El gobierno obrero y campesino de la república se fija como tarea inmediata someter a todos los ciudadanos a la obligación del trabajo y del servicio militar obligatorio. Esta tarea choca con la resistencia obstinada de la burguesía, que no quiere renunciar a sus privilegios económicos e intenta por medio de los complots, las insurrecciones y de los pérfidos tratos con los imperialistas extranjeros, volver a tomar el poder"[211].

En un sentido similar y de forma coetánea, el propio Lenin afirmaba que la aplicación efectiva del mandato constitucional de trabajar era una de las prioridades del flamante régimen

---

el trabajo socialmente útil es incompatible con los principios de la sociedad socialista".

211 TROTSKY, L, "Decreto sobre la Instrucción Militar Obligatoria", en *Cómo se armó la revolución. Selección de escritos militares de León Trotsky*, Buenos Aires, Centro de Estudios, Investigaciones y Publicaciones "León Trotsky", 2006, pp. 140-142, p. 140.

para lograr el derrocamiento del *sistema económico burgués*. Según se le puede leer en *Soviets at Work*:

> "El retraso en la introducción del servicio laboral obligatorio es una prueba más de que el problema más urgente es precisamente el trabajo de organización preparatorio que, por un lado, debe asegurar definitivamente nuestras conquistas, y que, por otro lado, es necesario para preparar la campaña para *rodear al capital* y *obligar a su rendición*. La introducción del servicio de trabajo obligatorio debe iniciarse de inmediato, pero debe introducirse gradualmente y con gran cautela, probando cada paso con la experiencia práctica y, por supuesto, introduciendo en primer lugar el servicio laboral obligatorio para los ricos. La introducción de un libro de registro de trabajo y un libro de registro de presupuesto de consumo para todos los burgueses, incluidos los burgueses agrarios, sería un gran paso adelante hacia un *sitio* completo del enemigo y hacia la creación de una contabilidad y un control realmente universales de la producción y distribución"[212].

El componente político del deber de trabajar se explica también, al menos en parte, por el afán productivista propio del socialismo soviético[213]. Para los promotores intelectuales de este régimen político, el éxito de su modelo pasaba por garantizar la preeminencia de Rusia –luego la U.R.S.S.– sobre el resto de potencias internacionales que se declararon hostiles a la expansión de dicho modelo[214]. Esta otra dimensión po-

---

212 LENIN, V.I., *The Soviets at Work… op.cit.*

213 MARTÍN VALVERDE, A., *Pleno empleo, derecho al trabajo… op.cit.*, p. 193.

214 Con frecuencia se ha asociado el productivismo al capitalismo o, con menos rigor, a la ideología neoliberal. Sin embargo, como nos recuerda Noguera Ferrer: "Productivismo y capitalismo no tienen por qué coincidir: también una sociedad con propiedad colectiva de los medios de producción puede ser productivista, como se mostró en la Unión Soviética". NOGUERA FERRER, J., *La transformación del concepto de trabajo… op.cit.*, p. 14.

lítico-económica del deber de trabajar se ve claramente, por ejemplo, en los arts. 61 y 62 de la Constitución Soviética de 1977, que suceden inmediatamente al deber de trabajar y que proclaman el deber del ciudadano de "cuidar y fortalecer la propiedad socialista" (art. 61)[215] y de "velar por los intereses del Estado soviético y contribuir al fortalecimiento de su prestigio" (art. 62)[216]. Al igual que, tres siglos atrás, los economistas mercantilistas habían promovido la activación productiva de la población como forma de garantizar la mayor riqueza de la nación y lograr así su mejor posicionamiento internacional, los soviéticos entendieron que su supervivencia como proyecto político exigía demostrar la superioridad económica del socialismo y garantizar su fuerza geopolítica[217].

---

215 "El ciudadano de la URSS debe cuidar y fortalecer la propiedad socialista. Es deber del ciudadano de la URSS luchar contra las sustracciones y la dilapidación de los bienes del Estado y de la sociedad, ser cuidadoso para con el patrimonio del pueblo. La Ley castiga a quienes atentan contra la propiedad socialista".

216 "El ciudadano de la URSS debe velar por los intereses del Estado soviético y contribuir al fortalecimiento de su poderío y prestigio. La defensa de la Patria socialista es deber sagrado de todo ciudadano de la URSS. La traición a la Patria es un crimen gravísimo ante el pueblo".

217 En palabras de Noguera Ferrer: "En definitiva, para los bolcheviques, el triunfo del socialismo estaba en relación directa con la cuestión técnica del nivel de productividad y eficacia técnica que se pudiese conseguir: y todo ello al servicio del aumento de la producción. La idea de la superioridad del socialismo frente al capitalismo se reducía así a la superior capacidad del primero para producir más y mejor, dando primacía a las fuerzas productivas sobre las relaciones de producción. En ese contexto, cualquier observación sobre que la industrialización y mecanización masiva y acelerada hacía más monótono y deshumanizador el trabajo no era más que un resabio humanista burgués, o de nostálgicos reaccionarios contrarios al progreso" NOGUERA FERRER, J., *La transformación del concepto*

De este modo, en síntesis, observamos cómo el deber de trabajar adquiría una dimensión política esencial para el socialismo, al menos de dos formas complementarias: a) una interior, como fórmula para reprimir las formas de existencia pasivas o basadas en la tenencia de bienes de capital; b) otra exterior, como forma de lograr la autosuficiencia económica en un escenario geopolítico bastante hostil para el incipiente proyecto socialista.

Por otro lado, en estrecha relación con lo que acabamos de decir, es posible extraer otra implicación muy relevante a partir de un deber de trabajar así proclamado: la inexistencia del trabajo libre, ajeno a los planes colectivos. No es solo que el trabajo fuese obligatorio y su elusión castigada severamente, sino que al estar esta obligación dirigida a la satisfacción del programa económico-político del Estado –fijado originalmente por el *Gosplán* y, con Stalin, a través de los *planes quinquenales*– desaparecía cualquier referencia a la libertad de oficio. Se imponía el trabajo y, también, el tipo de trabajo a desplegar a través de una directa asignación de profesiones por parte del Estado[218]. Solo en la Constitución de 1977, más aperturista, el deber de trabajar se complementa –en el mismo art. 60[219]– con el derecho a la libre elección de oficio.

---

de trabajo... op.cit., p. 115. Por esta razón, algunos autores, como Macruse, desde una posición crítica, observaron que el comunismo había acogido el mismo afán productivista que el capitalismo.

218 "Los países socialistas intentaron sustituir el mercado de trabajo por un mecanismo de asignación administrativa de fuerza de trabajo a las empresas y unidades productivas, asignación realizada a los precios o remuneraciones del trabajo y en las condiciones laborales determinadas por los organismos públicos encargados de la planificación central de la economía". MARTÍN VALVERDE, A., *Derecho del Trabajo y mercado... op.cit.*, p. 34.

219 "Es deber y cuestión de honor para todo ciudadano de la URSS apto trabajar honestamente en la esfera de actividad haya elegido,

Por lo demás, como dijimos, las sucesivas constituciones aprobadas en el resto de Estados que se proclamaron socialistas incorporaron cláusulas similares[220]. A partir de su lectura conjunta creemos que podrían identificarse hasta cuatro características del deber de trabajar en esta tradición constitucional:

a) De un lado, la caracterización del trabajo como un deber político más que social. Con la exigencia de ese deber, el socialismo no solo llama a los individuos a promocionar el bien común de sus compatriotas, sino que su ejecución forma parte de un programa político de transición hacia el comunismo. Leyendo nuevamente a Tortsky: "El mismo principio de servicio de trabajo obligatorio es incuestionable para el comunista"[221]. El trabajo es así un requisito de ciudadanía en un sistema que no tolera formas de existencia pasivas o sustentadas en la explotación de bienes redituables[222]. Incluso la titularidad de los derechos civiles y políticos se reserva a la población

---

que útil para la sociedad, y respetar la disciplina laboral. Eludir el trabajo socialmente útil es incompatible con los principios de la sociedad socialista".

220 Una recopilación de las proclamaciones del derecho-deber de trabajar en algunas constituciones soviéticas de la historia puede observarse en MAYER, J., "El concepto de derecho al trabajo en las normas internacionales y en la legislación de los Estados Miembros de la OIT", *Revista Internacional de Trabajo,* núm. 104, 1985, pp. 281-297. Este es reproducido en el anexo II de VIGO SERRALVO, F., *El derecho al trabajo... op.cit.*, pp. 413-420.

221 Esta cita la tomo de NOGUERA FERRER, J., *La transformación del concepto de trabajo... op.cit.*, p. 113.

222 Artículo 9 Constitución URSS 1936: "A la par con el sistema económico socialista, forma dominante de economía en la URSS, la ley permite la pequeña hacienda privada de los campesinos y artesanos individuales, basada en el trabajo personal y que excluye la explotación del trabajo ajeno".

trabajadora (*v.gr.* art. 125 Constitución rusa de 1928). La dimensión política del trabajo explica que, además de en el apartado normativo de las constituciones socialistas, este deber aparezca también en sus preámbulos o declaraciones de principios. La imposición de este deber es una estrategia para la victoria en la lucha de clases, el trabajo se hace obligatorio "con el fin de suprimir los sectores parasitarios de la sociedad". Por otro lado, la dimensión política del deber de trabajar implica también el compromiso productivo individual con el enaltecimiento económico del Estado.

b) En estrecha conexión con lo anterior, observamos que el deber socialista de trabajar se construye sobre una acepción estrecha de trabajo, que excluye la gestión de bienes de capital y las profesiones liberales. El trabajo que se impone es el trabajo por cuenta ajena y subordinado, no a las directrices de un sujeto privado, pero sí a las emanadas del poder gubernativo. De esta forma se consigue aniquilar el conflicto capital-trabajo unificando a toda la población bajo un mismo estilo de vida laboral. Como veremos enseguida, esta es una de las cuestiones más significativas de las constituciones no socialistas que se promulgaron con posterioridad, las cuales, al referirse al deber de trabajar, acogieron expresamente una concepción amplia del trabajo para separarse de la tradición soviética y las implicaciones políticas que en estas tenía dicho deber.

c) Otro de los rasgos que el deber de trabajar adquiere en esta tradición constitucional, y el que más lo separa de su formulación en los sistemas políticos liberales, es la apariencia reforzada de obligatoriedad. El deber de trabajar que enuncian las constituciones socialistas, aun careciendo en la constitución de sanciones asociadas a su incumplimiento, se enuncia en términos lo suficientemente categóricos como para dejar fuera de toda duda la facultad institucional de exigir su cumplimiento. La complementación de este deber con el mandato pauliano "el que no trabaja, no come" es expresiva de la obligatoriedad a la que nos referimos: "en las economías socialistas de planificación central [...] el deber de trabajar no es un mero deber cívico que cede ante la libertad de trabajo, sino un deber jurídico pleno, exigible *in natura* y respaldado o reforzado por sanciones penales o adminstrativas"[223].

d) Por último, pero también con una importancia decisiva en nuestra exposición posterior, vemos como frecuentemente el deber de trabajar aparece complementado con un derecho al trabajo singularmente reforzado, podríamos decir que perfecto[224]. Según dictaminó Varela Díaz:

---

223 MARTÍN VALVERDE, A., *Derecho del Trabajo... op.cit.,* p. 120.

224 PORKET, J., "¿Cuánto desempleo hay en la unión Soviética?", *Estudios Públicos,* núm. 28, 1987, orig. 1986, pp. 279-291. El original fue publicado en la revista *Economic Affairs,* vol. 7, núm. (1986), editada en Londres por *The Institute of Economic Affairs.* En este artículo, el autor resume cómo el régimen comunista abolió cualquier evidencia de la existencia de desempleo y cómo el pago de los beneficios por desempleo terminó tempranamente, en octubre de 1930 Sin embargo, esta contingencia siguió subsistiendo en este escenario de dos formas distintas, como desempleo oculto y como desempleo abierto no registrado bajo el comunismo. Dentro de esta última categoría incluiríamos aquel desempleo declarado que escapa a la definición oficialista de desempleo y, por tanto, queda al margen de las estimaciones estadísticas. Aquí incluiríamos, por ejemplo, el desempleo de transición entre un empleo y otro. Según recogía, en la Unión Soviética existía una alta rotación de trabajadores inter-empresas estatales (13% anual) y los períodos de desocupación intermedios (23-30 días) no fueron considerados como situación de desempleo a efectos estadísticos. Ello supondría una tasa de desempleo del 1,0-1,5%. También se incluiría la falta de vacantes para

"En la doctrina socialista derechos y deberes se integran en una *unidad esencial* de forma que el ejercicio de los derechos y libertades es algo que debe aplicarse a la tarea de fortalecer el régimen socialista"[225]. Esta vinculación entre los derechos y deberes se aprecia con relativa facilidad en el objeto de nuestro estudio: un deber de trabajar tan severo como el que contemplan las constituciones socialistas solo resultaría legítimo –en términos sustantivos, claro está– si las instituciones públicas garantizan opciones de empleo que permitan la ejecución de este deber. Y ello por la elemental inteligencia que impide sancionar la omisión de una conducta a quien no pude ejecutarla por causas ajenas a su voluntad. En un régimen, como el socialista, que carece de los mecanismos de coordinación propios del mercado, las opciones de empleo del individuo dependerán de la dirección centralizada de la economía[226]. En tal contexto, resultaría injusto e incluso ilógico la exigencia de un deber perfecto de trabajar sin la recíproca garantía de un derecho perfecto al trabajo. Como proclamaba la Constitución de Alemania Oriental en su artículo 24, "el derecho al trabajo y el deber de trabajar son inseparables". Por esta razón, aunque tam-

---

la gente que deseaba entrar a la fuerza laboral por primera vez, o que pretendía reincorporarse tras finalizar un periodo de cesantía o que seguían a sus maridos o esposas a otra localidad. Al margen de estas desocupaciones no filiadas, en opinión del autor se daba un tipo de desempleo encubierto que consistía en la sobredotación de personal en las empresas como un fenómeno crónico y general.

225 VARELA DÍAZ, S., "La idea de deber constitucional...", op.cit., pp. 73 y 74. DE ESTEBAN J., y VARELA DÍAZ S., *La Constitución soviética*, Madrid, Servicio de Publicaciones, Facultad de Derecho, Universidad Complutense, 1978, pp. 82 y 83.

226 MARTÍN VALVERDE, A., *Derecho del Trabajo y mercado de trabajo... op.cit.*

poco son del todo explícitas al enumerar los instrumentos con los que se garantizará el derecho al trabajo, las constituciones socialistas son contundentes al proclamar la perfección de este derecho[227]. Así rezaba, por ejemplo, el artículo 118 de la Constitución de la URSS de 1936:

> "Los ciudadanos de la URSS tienen derecho al trabajo, es decir, a obtener un trabajo garantizado y remunerado según su cantidad y calidad. Garantizan el derecho a trabajo la organización socialista de la economía nacional, el crecimiento constante de las fuerzas productivas de la sociedad soviética, la eliminación de la posibilidad de crisis económicas y la supresión del paro forzoso".

Esta relación entre el derecho al trabajo y el deber de trabajar nos lleva a adelantar una de las conclusiones de nuestro estudio: la exigibilidad del deber de trabajar es directamente proporcional a la vigorosidad de las garantías que revisten al derecho al trabajo. Encontramos así otra dificultad para una lectura maximalista o absoluta del deber de trabajar en los sistemas de libre competencia: la exigencia de una garantía perfecta de empleo que es incompatible con el principio de intervención mínima del Estado en las relaciones económicas[228].

---

227 Debe apuntarse que la articulación de los derechos sociales a través de un doble párrafo: la proclamación del derecho y sus garantías, es otra de las características propias del régimen soviético. ALARCÓN CARCUEL, M.R., *Derecho al trabajo…, op.cit.,* p. 71.

228 Así, al menos, lo dictaminó Hepple: "En los países socialistas, al trasfondo abstracto "derecho al trabajo" le corresponde un deber legal concreto de trabajar y observar estrictamente la disciplina laboral. *La evasión del trabajo socialmente útil,* según el artículo 60 de la Constitución de la URSS, es incompatible con el principio de una sociedad socialista. Tal deber legal de trabajar no forma, de hecho no puede, formar parte del sistema legal de una economía de mercado capitalista que es incapaz de garantizar el pleno empleo" HEPPLE,

Una vez expuestos algunos rasgos comunes del deber de trabajar en los diferentes sistemas socialistas, debe resaltarse, por último, que el deber constitucional de trabajar se concretó en diversas disposiciones normativas, pero quizás las más explícitas y contundentes fueron las llamadas *leyes antiparasitarias*, aprobadas en las diversas repúblicas de la Unión Soviética entre 1957 y 1961[229]. Estas normas –las cuales no se aplicaban a los cónyuges que "trabajan en casa y crían hijos", ni a las personas pensionadas por motivos de edad o mala salud– generó una importante política represiva[230]. La más notable de ellas fue la *Ley de la República de Rusia de 1961 de fortalecimiento de la lucha contra las personas que evitan el trabajo socialmente útil y llevan un estilo de vida antisocial parasitario.* El hecho de que se persiguiera a aquellos sujetos que eludían el trabajo sosteniendo su existencia a través de bienes de capital demuestra, una vez más, la función política de unificación social que subyacía detrás del deber de trabajar: más que la ociosidad, lo que se castigaba era el mantenimiento material de la vida por medios diferente del trabajo –recordemos el mandato constitucional: *el que no trabaja no come*–. Según se castigaba por esta norma de 1961:

> "ciudadanos adultos sanos que no deseen cumplir con un deber constitucional importante –trabajar honestamente de acuerdo con sus capacidades– y que eviten el trabajo socialmente útil,

---

B.A., "Some Problems of Comparing Socialist and Capitalist Systems of Labour Law", *International Journal of Comparative Labour Law and Industrial Relations*, 1985, vol. 1, núm. 4, pp. 235-240, p. 239.

229 Las leyes parasitarias se abordan profundamente en CALLUM, D. R., *Soviet society and law: the history of the legal... op.cit.*

230 El primer año de la administración de la ley en Moscú, 10.000 personas fueron juzgadas por parasitismo; 8.000 recibieron advertencias y fueron enviados a trabajar en Moscú y, 2.000 fueron expulsados de Moscú para realizar trabajos forzados. Tomo los datos de BECKER, L.C., "The obligation to work"... *op.cit.*, p. 38.

> obtengan ingresos ganados de la explotación de terrenos, automóviles o viviendas, o se comprometan otros actos antisociales que les permitan llevar una vida parasitaria, estarán sujetos a reasentamiento en localidades especialmente designadas por un período de dos a cinco años, con confiscación de los bienes adquiridos por medios no laborales, y a alistamiento obligatorio en el trabajo en el lugar de reasentamiento".

Posteriormente, el antiparasitismo se incorporó al Código Penal de la República de Rusia en 1970 hasta su reforma de 1991[231]. En otras repúblicas satélites, como la ucraniana, esta política represiva estuvo vigente hasta el año 1994, a pesar de las reprobaciones emitidas por parte de la OIT[232]. Esta política represiva demostraría, como han opinado algunos autores, que el recurso a la coacción física como forma de garantizar el deber de trabajar es una solución inevitable en un régimen como el socialista[233], que, por su esencia, rechaza la legitimi-

---

231 BERMAN, H.J., *Justice in the U.S.S.R.* New York, Vintage Books, 1963, pp. 291-294.

232 A la posición de la OIT al respecto del deber de trabajar en las diversas Constituciones, socialistas o liberales, nos referimos más abajo en el apartado IV 7.2.

233 No debe extrañarnos, por tanto, que en el conjunto de los Estados que se proclamaron socialistas, se promulgaran leyes de ese estilo. En Cuba, por ejemplo, estuvo vigente durante décadas la *Ley de holgazanería*, que tachaba de *traidor* al trabajador improductivo que no soportaba su parte justa en el progreso social, mientras se preparaba para *aprovecharse* del trabajo de otros. El Preámbulo de esta Ley reza: "Considerando que: en la nueva sociedad, además de ser un derecho garantizado por el Estado, el trabajo es un deber social ineludible para todos los hombres y mujeres sanos [...] en contraste con la actitud recta de la gran mayoría de nuestros trabajadores, todavía hay quienes, empeñados en vivir como parásitos, sin trabajar, exhiben un comportamiento antisocial que constituye un mal ejem-

dad de otros estímulos a la participación productiva de sus ciudadanos[234]. En palabras de Kolakowski:

> "Si se suprime la libre contratación, los únicos medios de inducir a la gente a trabajar y producir son la compulsión física o la motivación moral (el entusiasmo por el trabajo). Esta última fue, lógicamente, muy ensalzada por Lenin y Trotsky, pero pronto ambos hallaron que era quimérico confiar en ella como fuente permanente de esfuerzo. Sólo quedaba la compulsión. No compulsión capitalista basada en la necesidad de ganarse la vida, sino la tuerza física bruta, el temor al encarcelamiento, al daño físico y la muerte"[235].

En lo que sigue vamos a comprobar que la tensión geopolítica que surgió tras el auge del socialismo condicionará la forma en la que el deber de trabajar trascendió al debate político-jurídico en los sistemas de libre mercado. Aunque la mayoría de estos terminaron proclamando el deber de trabajar –ya vimos, apartado I.5, como existe un profundo consenso sobre la legitimidad de este deber en distintas visiones ideológicas–, se introdujeron ciertas cautelas, tendentes a devaluar la rigurosidad de ese deber e impedir que se interpretase como la preferencia institucional por una determinada clase o grupo social[236].

---

plo para las nuevas generaciones [...] La clase trabajadora condena todas las formas de holgazanería como delitos similares al robo".

[234] "En esta organización de las relaciones de producción, la compulsión económica para trabajar que caracteriza los mercados de trabajo de las sociedades occidentales ha sido formalmente suplantada, al menos en última instancia, por una compulsión jurídica o deber jurídico estricto de prestar el trabajo asignado". MARTÍN VALVERDE, A., *Derecho del Trabajo y mercado... op.cit.*, p. 34.

[235] KOLAKOWSKI, L., *Las principales corrientes del marxismo. Vol. II, La edad de oro*, Madrid, Alianza, 1985, pp. 500-501.

[236] Algún autor ha sostenido que el deber de trabajar que aparecen en los sistemas constitucionales de libre mercado es exportado de

3.3 Constitución de Weimar de 1919

El siguiente hito relevante de esta diacronía lo encontramos en el año 1919[237], concretamente en la Constitución de Weimar, la cual, como tantas veces se ha dicho, influyó decisivamente en la configuración de los posteriores sistemas jurídico-políticos de corte social[238]. Dentro de aquel texto legal, en su art. 163 encontramos la siguiente prescripción:

> Artículo 163
>
> Todo alemán tiene el deber moral de emplear sus fuerzas intelectuales y físicas conforme lo exija el bien de la comunidad y sin perjuicio de su libertad personal.

---

los sistemas socialistas: IVANOV S., "Methodological Problems of Comparative Legal Research in Labour Law", en V.V.A.A. (eds. Butler, W.E., Hepple, B.A. Neal, A.C.), *Comparative Labour Law: Anglo Soviet perspectives,* Gower, Aldershot and Brookfield, 1987, p. 232. Particularmente nos separamos de esa opinión y creemos que la coincidencia en la proclamación de dichos deberes obedece a otras causas, principalmente a la creencia común en la legitimidad de ese deber.

237 ALARCÓN CARACUEL, M.R., "El derecho al trabajo…", *op.cit.*, p. 67.

238 De forma directa, se dijo que influyó en Europa, entre otras, en las constituciones de España (1931), Irlanda (1937) o la de Francia (1946). En el caso de Asia, en las Constituciones de China (1954) y Taiwán (1947), y para Latinoamérica, en la Constitución peruana (1933), la de Uruguay (1934), Cuba (1940) y Brasil (1934). Además, sirvió de inspiración a los redactores de la Ley Fundamental de Bohn. Vid. VITA, L., "Constitucionalismo social como democracia económica. Una relectura de la Constitución de Weimar a la luz del aporte de Hugo Sinzheimer", *Historia Constitucional,* núm.19, 2018, pp. 565-591, p. 566. En similar sentido, MAESTRO BUELGA, G., *La constitución del trabajo en el estado social,* Granada, Comares, 2002, p. 9.

> A todo alemán debe proporcionársele la posibilidad de ganarse el sustento mediante un trabajo productivo. Cuando no se le puedan ofrecer ocasiones adecuadas de trabajo, se atenderá a su necesario sustento. Leyes especiales del Imperio dictarán las disposiciones complementarias.

La primera anotación que merece este artículo es que el deber que impone no se refiere directamente al trabajo, sino que se exige una conducta de contornos mucho más amplios. Aunque tal amplitud hace al precepto sumamente indeterminado, también le permite superar el reduccionismo soviético admitiendo formas capitalistas de contribución al bien común[239]. Por otro lado, la siguiente cuestión relevante, y además problemática, es la calificación como moral –*sittliche pflich*– del deber que se impone. Es de por sí llamativo observar que, de todos los preceptos que contiene la carta de Weimar –bien sean derechos, deberes u orientaciones programáticas–, este es el único que emplea el adjetivo *moral*. Tal singularidad ha suscitado numerosas conjeturas y nos conduce a una aporía aparente: y es que nos encontramos con un precepto que se aprueba y codifica formalmente como una norma *jurídica*; el cual, el constituyente ha querido calificar expresamente como *moral*. Si se asumiese que lo moral y lo jurídico son alternativas excluyentes, que una norma puede ser jurídica o moral, este artículo es radicalmente contradictorio, pues su ubicación formal y su literalidad chocan entre sí. A nuestro modo de ver, ese conflicto solo se supera si se admite la compatibilidad, que no confusión, en-

---

239 Como veremos –apartados III.1.5 y III.3.1–, las posteriores Carta *del Lavoro italiana*, la *Constitución de la II República* española y el Fuero del Trabajo franquista adoptarán una postura similar, aunque en estas otras el intento de alejarse del proyecto político socialista es aún más explícito.

tre la naturaleza moral y jurídica de un deber. En este caso concreto, la juridicidad del deber proclamado en el art. 163 de la Constitución alemana de 1919 debería quedar fuera de todo cuestionamiento. Así nos obliga a considerarlo el procedimiento a través del cual fue promulgado y su inclusión en el apartado normativo de dicho texto jurídico, con independencia de que las medidas tendentes a garantizar su cumplimento fuesen sumamente imprecisas. Observemos que el segundo párrafo de esta misma disposición enuncia otro deber –esta vez, un deber que afecta a los poderes públicos– que ahora no aparece acompañado del adjetivo *moral.* Nos parece difícil sostener que un mismo precepto, con una determinada ubicación sistemática dentro de la constitución y sometido a un único procedimiento de aprobación, pueda tener al mismo tiempo un mandato jurídico y una admonición moral. A nuestro modo de ver ambos mandatos del art. 163, el del primer párrafo y el del segundo, tienen plena e idéntica validez jurídica, sin perjuicio de que el calificativo de *moral* que recae sobre el primero pueda tener alguna relevancia a la hora de determinar su operatividad.

Esta hipótesis queda reforzada si constatamos que en Alemania la figura jurídica de los deberes morales –*sittliche pflicht*– no es una invención del constituyente veimarés, sino que ya era conocida desde la codificación civil del año 1900. En efecto, el Código Civil germano –*Schenkungsrecht*– todavía hoy recoge algunos deberes de este tipo a los que presenta como mandatos que, si bien no son directamente exigibles, despliegan consecuencias jurídicas. Así se observa en los art. 534[240] y 814[241], según los cuales, las donaciones o las actuaciones hechas atendiendo un *deber u obligación moral* no pueden ser reclamadas, aunque ello suponga un enriquecimiento injusto de la persona que las recibe. Si el término *moral* jugase en el texto constitucional una función análoga, expresaría que el deber de trabajar, si bien no sería una obligación directamente exigible, su cumplimiento sí podría desplegar ciertos efectos jurídicos. Repárese en este punto en que también nuestro ordenamiento nacional, y otros muchos a nivel comparado, aluden con frecuencia a la moralidad en el Derecho positivo para otorgarle cierta trascendencia jurídica[242]. Por tanto, parece claro que la alusión a la moralidad en un precepto de Derecho positivo no compromete, por sí sola, la juridicidad de este o su eficacia.

Complementariamente a esta solución interpretativa, otra forma de superar la contradicción presentada es la de catalogar todos los preceptos que comparten sede sistemática en la

240 "§ 534 Obsequios obligatorios y de decencia. Las donaciones que correspondan a un deber moral o a una consideración de decoro, no están sujetas a reclamación o revocación".

241 "§ 814 Conocimiento de la no culpabilidad. No puede reclamarse lo que se ha realizado con el fin de cumplir una obligación si la persona que realiza el servicio sabía que no estaba obligado a hacerlo o si el cumplimiento correspondía a una obligación moral o una consideración que debe tomarse con la decencia".

242 Quizás el ejemplo más representativo sea el art. 1255 de nuestro Código Civil que establece la moralidad como un límite a la autonomía negocial de las partes contratantes: "Los contratantes pueden establecer los pactos, cláusulas y condiciones que tengan por conveniente, siempre que no sean contrarios a las leyes, a la moral ni al orden público". ACEDO PENCO, Á., "El orden público actual como límite a la autonomía de la voluntad en la doctrina y la jurisprudencia." -15 Anuario de la Facultad de Derecho de la Universidad de Extremadura núm. 14, 1996, pp. 323-391.

Constitución de Weimar, concretamente los ubicados en su segunda parte sobre *Derechos y obligaciones básicos de los alemanes,* como meras líneas programáticas no ejecutables directamente. Desde esta otra lectura, lo llamativo no sería la confusa redacción del art. 163.1, sino la contundencia con la que se formulan el resto de los preceptos que coexisten en ese mismo emplazamiento. Esta posición se refuerza por la difícil realización plena de algunos de los derechos que se enuncian en allí –*v.gr.* el derecho a la vivienda (art. 155) o la protección económica de la vejez (art. 161)–[243]. Aparecerían así –y esto es una novedad dogmática muy relevante que trajo este texto fundamenal– los *derechos imperfectos,* que deben entenderse, no como derechos directamente exigibles, sino como obligaciones de medios, como compromisos institucionales con la consecución de determinados objetivos. Estos derechos, según se admitió por propio el constituyente, "no podían tener ningún efecto real, sino que solo podían proporcionar directrices para la legislación futura"[244].

Si le otorgamos entonces un poder vinculante devaluado a todos los preceptos incluidos en la parte segunda de la Constitución, el calificativo de *moral* que acompaña al deber enunciado por el art. 163.1 no resulta tan significativo: se estaría limitando a proclamar un patrón de conducta deseable, al que tendencialmente debería dirigirse todo ciudadano, pero sin que su ejecución o su inobservancia se repriman coactivamente. Cabría añadir, por otro lado, que los derechos y deberes

---

243 En opinión de Heller, se trataría de "la mera plasmación formal de catálogos de derechos, sin contar con una importante implicación de los poderes públicos". SASTRE IBARRECHE, R., *El derecho al trabajo... op.cit.*, p. 38.

244 SCHAUB O., *Das Recht Auf Arbeit Im Deutschen Und Italienischen Recht,* Bruselas, Europàisches Hochschul Institut, 1981, p. 50.

imperfectos que proclamó la Constitución de Weimar no actuaban solo como directrices al legislador, sino que, en suma, vendrían también a componer una suerte de modelo abstracto de convivencia. Servirían para conformar, en palabras de Heller, un espíritu-normativo que dotaría de coherencia a la integridad de este cuerpo jurídico y ayudaría a su interpretación judicial[245]. Según este autor, que fue uno de los referentes intelectuales que tuvo esta norma fundamental:

> "La Constitución de Weimar, en su segunda parte, y las listas de derechos fundamentales de la mayor parte de las Constituciones escritas, se remiten, con carácter material, a principios éticos del derecho. [...], no establecen todavía, con ello, ciertamente, un precepto jurídico positivo que pudiera servir al juez como norma de decisión; pero esta formulación contiene, sin duda, algo que es distinto y superior a una mera abstracción de los preceptos jurídicos vigentes, y establece también algo más que una simple directriz para el legislador futuro. En realidad, los principios jurídicos que allí se formulan son las únicas normas que conoce la inmensa mayoría de los miembros de la comunidad jurídica y las únicas realmente vivas en su espíritu"[246].

---

245 "En síntesis, encontramos en este temprano análisis que realiza Heller de la Constitución de 1919 una defensa de lo que interpreta como la principal decisión de la asamblea constituyente de Weimar: la de implementar, mediante la sección V de la Constitución, un programa social, aún no socialista, que represente una alternativa a la dictadura de derecha y al bolchevismo. Sus disposiciones no son directamente operativas sino programáticas, deben guiar la legislación futura, son principios que definen el carácter de la Constitución. Como principios estructurales, son además los que deben orientar la interpretación constitucional". VITA, L., "Hermann Heller, intérprete de la Constitución de Weimar", *Historia constitucional: Revista Electrónica de Historia Constitucional*, núm. 20, 2019, pp. 351-366, p. 360.

246 HELLER, H., *Teoría del Estado, México*, D.F., Fondo de Cultura Económica, 2010, p. 325.

Por último, y como complemento de lo anterior, cabría sospechar que el adjetivo *moral* que acompañó en el texto definitivo de la Constitución al deber de trabajar fue un intento de alejarse explícitamente del modelo político articulado por la Constitución Soviética. Las fuerzas de izquierdas planearon inicialmente un programa socializante mucho más incisivo que el que trascendió al texto definitivo de la Constitución. En especial, destacaba la posición del *Kommunistische Partei Deutschlands*, que incorporaba en su programa algunos de los principios básicos del modelo soviético –como un vigoroso derecho-deber de trabajar–. La exigua victoria del partido socialdemócrata en los comicios y el ulterior juego de coaliciones que requirió la aprobación del texto constitucional con los partidos moderados, –el *Deutsche Zentrumspartei* y el *Deutsche Demokratische Partei* –, aminoró la carga socializante del genuino proyecto de reforma. Para estos partidos moderados, que defendían una visión más liberal de la economía, "la independencia de las empresas y la libertad económica, la iniciativa privada, la responsabilidad personal y la competencia no debían ser cuestionadas en el sistema económico alemán"[247].

Pero si existía un rechazo del modelo soviético y la opresión de libertades que a este se le imputaba ¿por qué no rehusar cualquier referencia, implícita o explicita, al deber de trabajar en lugar de artificiar una formulación tan alambicada? Conviene insistir en algo que exponíamos más arriba –vid. apartado I.5–, en el consenso que encontrábamos en torno a la legitimidad moral del deber de trabajar, para recordar que este deber no pertenece excluyentemente al acervo de una determinada corriente ideológica. También debemos apelar de nuevo a la

---

247 GROSSHANS, R. y WERNET, M., *Le droit au travail son développement et sa portée actuelle en France et Allemagne*, Saarlandes, Centre juridique Franco-Allemand, 2000, p. 60.

finalidad productivista que habían asumido los Estados modernos entre sus fines consustanciales –vid. apartado I.3.3–. Esta finalidad economicista del trabajo era para el constituyente de Weimar especialmente urgente si atendemos al contexto histórico del momento, marcado sobre todo por la depresión económica en la que la primera Guerra Mundial había sumido a Alemania. La superación de esa coyuntura era una de las prioridades políticas del momento y marcaría acusadamente el contenido de la Constitución[248]: en especial, en lo que más nos incumbe, a la hora de excitar el *animus laborandi* del conjunto de la ciudadanía. Así se expresaba el parlamentario Georg Gothein, integrante del *Deutsche Demokratische Partei,* durante una de las sesiones constituyentes:

> Ser alemán significa trabajar, significa hacer el trabajo por sí mismo, significa ver el trabajo como un deber para uno mismo, para la familia, para la comunidad en su conjunto. No la lucha por los derechos, sino el sentimiento de toda moralidad. El pueblo alemán debe cumplir una vez más este sentido del deber en todos sus círculos. (Aclamación vigorosa de la cámara) [...] Por lo tanto, aprobamos la fuerza que resonó en las palabras del Ministro Noske; porque sólo si mantenemos el orden, sólo si le damos al pueblo la oportunidad de realizar su trabajo y sus deberes en paz, orden y seguridad, podremos salir de esta miseria. Nuestro lema es: progreso social, libertad, orden y sentido del deber. Creemos que las fuerzas morales de la nación también superarán triunfalmente esta terrible crisis[249].

---

248 Sobre la situación socio-económica que circundó a la Constitución de Weimar y la influencia que aquella tuvo en el contenido de esta, vid. COUTU, M., "Economic crises, crisis of labour Law? Lessons from Weimar", *Journal of Law and Society,* vol. 47, núm. 2, 2020, pp. 221-239.

249 Nationalversammlung— 68. Sesión del 28 de julio de 1919, p. 2006. Accesible en: https://www.reichstagsprotokolle.de/Blatt2_wv_bsb00000019_00092.html (último acceso el día 23 de junio de 2023)

Observamos entonces que el deber de trabajar –o la obligación moral de hacerlo, según la carta de Weimar– se justifica desde un interés público en la activación de las fuerzas productivas para llevarlas a su máximo rendimiento óptimo[250]. "Los obreros y empleados serán llamados a colaborar, al lado de los patronos [encomiaba el artículo 165] en todo el desenvolvimiento económico de las fuerzas productivas". Podría afirmarse, por tanto, que el deber de trabajar de la Constitución de Weimar obedece al mismo fin que perseguía el constituyente soviético con su proclamación. Sin embargo, según adelantábamos, como consecuencia del equilibrio de fuerzas que exigió la aprobación de la carta germana, pueden encontrarse posiciones políticas que trataron de separarse del modelo político socialista, posiciones que se hicieron explícitas,

---

250 Por ejemplo, es posible ver en los debates constituyentes de Weimar cómo el derecho-deber a la instrucción se vinculó también a ese enaltecimiento de la economía nacional. El derecho-deber a la instrucción y el derecho-deber al trabajo aparecen de este modo como eslabones de una misma secuencia que se dirige, a la postre, a excitar la máxima capacidad productiva de cada ciudadano: "La constitución tiene derechos y deberes fundamentales, que reconoce un derecho al trabajo, ampliamente redactado. Hasta ahora, grandes sectores de la población habían juzgado mal los derechos y deberes profesionales del individuo en su vida privada lucrativa en comparación con el propósito de la comunidad estatal, por lo que la constitución, que ahora es dada a cada uno al salir de la escuela, instruirá a todos los que sean para que ejerzan sus deberes morales y sus facultades mentales y físicas de tal modo que lo exija el bien de la comunidad. Este pensamiento, que está arraigado en nuestra constitución, me da la esperanza de que será posible traer a esos sectores de nuestra gente que ahora no están dispuestos a trabajar de nuevo en una vía ordenada". Nationalversammlung— 68. Sesión del 28 de julio de 1919, p. 2006. Accesible en: https://www.reichstags-protokolle.de/Blatt2_wv_bsb00000019_ 00092.html (último acceso el día 23 de junio de 2023).

especialmente, en las discusiones en torno a la incorporación del deber de trabajar[251].

Esta aversión a los principios políticos soviéticos justificó, según concluiremos, la ambigüedad con la que se redactó el deber u obligación moral de trabajar en el art. 163 de la Constitución. La precisión, "sin perjuicio de su libertad", fue sin duda una cesión ante quienes enjuiciaron que este precepto encerraba una potencial habilitación a los trabajos forzosos[252].

---

251 Los discrepantes vieron en el artículo 163 una clara agresión al régimen de propiedad privada. Según se dijo: "si interpreta la frase como una *obligación de trabajo* de todo ciudadano y se pone en estrecha relación con el Art. 156 WRV, párr. 1, el derecho del Estado a poder convertir la propiedad privada en propiedad pública mediante ley, dará lugar a un régimen dictatorial, que define el bien común en su propio sentido, siempre tendría la posibilidad de utilizar este artículo como ley constitucional válida contra la libertad personal del individuo" ANSCHÜTZ, G., *Die Verfassung des Deutschen Reiches. Ein Kommentar für Wissenschaft und Praxis.* Berlin, Bad Homburg, 1933, p. 760.

252 Si acudimos, como botón de muestra, a algunas de las alocuciones parlamentarias: "El Sr. Haase me acusó de anunciar una obligación legal de trabajar. Declaré expresamente que el gobierno no tenía intención de tomar medidas coercitivas, como lo había hecho el gobierno soviético en Rusia y Hungría. En sentido muy similar, podemos traer a colación la intervención del diputado Schultz: en los últimos tiempos se ha hablado de trabajo obligatorio, no solo se ha hablado de él, sino que de hecho se ha utilizado el trabajo obligatorio aquí y allá en Alemania [...], somos de la opinión de que las palabras sobre *compulsión legal* deben mirarse con mucho cuidado, y que nosotros, desde la base del proletariado, no debemos tener la menor confianza en ellas. Debemos rechazarlas y a través de otras exigencias y normas que correspondan a lo que el proletariado quiere políticamente, lo que siente y piensa, y lo que considera absolutamente necesario para el mejoramiento de su situación". Intervención del parlamentario Henke, Nationalversammlung. —

Si observamos la primera redacción del Proyecto *de Ley de Socialización* del 4 de marzo de 1919 –*Sozialisierungsgesetz*, norma fundamental previa a la Constitución– vemos como carece de esa atemperación[253], la cual solo aparece en la revisión definitiva de esta norma del día 23 de marzo. Por lo demás, el reconocimiento de otros derechos, como el de libertad de empresa, y, de nuevo, el contenido amplio de la conducta exigida por el art. 163 –*el empleo de las facultades físicas y mentales*–, nos lleva a concluir que, a diferencia del constituyente soviético, el de Weimar no formuló este precepto a partir de una concepción estrecha del trabajo que pretendiese la abolición del sistema de clases. Desde un principio de tolerancia hacia las distintas formas de participación en la vida productiva, lo exigido sería una contribución a la prosperidad económica de la comunidad política, cualquiera que fuese el régimen jurídico a través del cual esta se desarrollase.

Más allá de estas cautelas dirigidas a *desovietizar* el deber de trabajar, el constituyente de Weimar expresa claramente una

---

62 Sesión del 21 de julio de 1919, p. 1752 e Intervención del parlamentario Schultz, Nationalversammlung. — 62 Sesión del 21 de julio de 1919, p. 2016.

253 Art. 1º: "Todo alemán tiene el deber moral de ejercitar sus capacidades mentales y físicas según sea necesario para el bien de la comunidad. La fuerza de trabajo, como bien económico supremo, está bajo la protección especial del Reich. Cada alemán debería tener la oportunidad de ganarse la vida a través del trabajo económico. Si no se acredita oportunidad de trabajo, se le brindará el mantenimiento necesario. Actas de la Asamblea Nacional Constituyente Alemana, Volumen 335, Berlín 1920 – Verhandlungen der Verfassunggebenden deutschen Nationalversammlung, Band 335, Berln 1920. Aktenstück Nr. 105 (Anlagen Nr. 1 bis 390, pp. 7475). Documento núm. 105 (apéndices núm. 1 a 390, pp. 74-75).

valoración muy positiva del trabajo, al que presenta como un bien preciado para la colectividad y merecedor, por tanto, de una tutela cualificada[254]. Así puede verse sin dificultad en el art. 161 del propio texto constitucional, que encomia el desarrollo de un sistema de seguridad social para proteger la "capacidad de trabajo". También en el art. 157, que proclama que "el trabajo gozará de la protección especial del Imperio". Se inaugura así un principio de acción política que luego sería asumido por otros países europeos: el de reciprocidad entre el ciudadano y el poder público en el intercambio entre productividad y protección social. Esta protección aparece, sí, como un instrumento para salvaguardar la dimensión moral del trabajador, pero también para asegurar la continuidad y la eficacia de su fuerza de trabajo. Así al menos lo defendió Hugo Sinzheimer, uno de los redactores del art. 163 de la Constitución de Weimar y, para muchos, padre del Derecho del Trabajo en Europa: "la protección de los trabajadores se remonta a la idea de que la fuerza de trabajo del hombre no es sólo un bien individual sino también social. Es, por tanto, deber de la ley sustraer el control de este bien de la jurisdicción irrestricta del empleador e incluso del control del propio trabajador"[255]. Desde esta óptica –un tanto desusada pero no menos sugerente– no es solo, como tantas veces se afirma, la diferencia de poder entre las partes la que justifica la dimensión pública del Derecho Laboral, sino,

---

254 Se ha dicho que esta Constitución "dota al trabajo de una relevancia desconocida hasta entonces al colocarlo directamente «bajo la protección particular del Estado» (art. 157)". DE LA VILLA GIL, L.E., GARCÍA BECEDAS, G., y GARCÍA-PERROTE ESCARTÍN, I., *Instituciones de Derecho del Trabajo,* Madrid, Centro de Estudios Ramón Areces, 1991, p. 61.

255 SINZHEIMER, H., "The Development of Labor Legislation in Germany", *Annals of the American Academy of Political and Social Science,* vol. 92, nov., 1920, pp. 35-40, p. 35.

además, la elevación del trabajo humano a un objetivo colectivo prioritario, lo que implica que este, el trabajo, deba ser tutelado institucionalmente. Esta vinculación teórica entre el deber de trabajar y las garantías laborales fue, por lo demás, mucho más explícita en el art. 1 de la Ley de Socialización –*Sozialisierungsgesetz*– del 23 de marzo de 1919[256], antecesor del art. 163 del texto constitucional que ahora analizamos:

> Sin perjuicio de su libertad personal, todo alemán tiene el deber moral de ejercitar sus capacidades mentales y físicas en la forma que lo exija el bienestar de la comunidad.
>
> La fuerza de trabajo como bien económico supremo está bajo la protección especial del Reich. Cada alemán debería tener la oportunidad de ganarse la vida a través del trabajo económico. Si no se acredita oportunidad de trabajar, se atenderá a su mantenimiento necesario. Los detalles serán determinados por leyes imperiales especiales.

En esta vinculación lógica, la que se da entre la exigencia del deber de trabajar y la obligación institucional de proteger al trabajador, encontramos la simiente del paradigma del *workfare* que caracteriza la acción protectora de los Estados sociales contemporáneos: es el despliegue de la actividad productiva del individuo lo que le habilita a exigir la acción protectora de estos. Los derechos sociales aparecen así expresamente en la constitución como una tutela y como una recompensa a la persona trabajadora, a aquella que ha atendido el compromiso productivo exigido por la comunidad política. He aquí la consecuencia jurídica que sigue a la obligación social de trabajar que imponía el texto veimarés: su cumplimiento se asocia al acceso a la acción de protección social del Estado. Según razo-

---

256 Reichsgesetzblatt 1919, Volumen 1, p. 341f.

naba el profesor Michael Stolleis refiriéndose a este precepto, el art. 163 de la Constitución de Weimar:

> "establecía solo un deber moral, y prometía ayuda estatal a quien no lograra ganarse el sustento necesario mediante el trabajo (art. 163 de la Constitución de Weimar). Pero en cualquier caso se trata de ética social y de política social, que garantizan una libertad con límites inmanentes e implícitamente amenazan con privar de la ayuda estatal a quien incumpla sus deberes con la comunidad. Es, por cierto, una mecánica que subyace también a los actuales deberes de *colaboración* de quienes tienen derecho a una prestación social"[257].

3.4 Carta del Lavoro italiana

Otro hito relevante en nuestra línea cronológica lo encontramos en la *Carta del Lavoro,* aprobada el 21 de abril de 1927, que funcionó como carta político-jurídica fundacional del régimen fascista en Italia[258]. Uno de los aspectos más interesantes

---

257 STOLLEIS, M., "El proyecto social de la Constitución de Weimar", en *Revista de Historia Constitucional,* núm. 20, 2019, pp. 233-251, p. 241.

258 Aunque se discutió originalmente el valor jurídico de este documento, la jurisprudencia primero, y la legislación orgánica del régimen después, fueron contundentes al despejar cualquier duda sobre su juridicidad plena y sobre el carácter vinculante de sus preceptos. Cirtamente el órgano que la promulgó, el Gran Consejo del Fascismo, no era un órgano con potestades legislativas. Los juristas italianos durante el régimen de Mussolini se dividían entre aquellos que descartaban que la Carta tuviese algún valor jurídico, aunque sin negarle su importante significado político y moral, y aquellos otros que, aun admitiendo que la Carta no era una ley en el sentido formal, no tenían dudas a la hora de afirmar que sí lo era en el plano sustancial y, por tanto, contenía los principios generales del nuevo régimen. La jurisprudencia se adhirió a la segunda de estas posicio-

de este texto es la gran similitud que existe entre el deber de trabajar que se proclama en su art. 2 y el que unos años más tarde proclamaría la Constitución de la II República Española, similitud que no creemos que fuera accidental, sino que responde a una compartida orientación o finalidad político-constituyente. Para justificar esta hipótesis veamos, en primer lugar, el deber de trabajar que encontramos en la declaración italiana para después cotejarlo con la norma española.

En aquella, como decíamos, su art. 2 afirma que "[e]l trabajo en todas sus formas organizadas y ejecutivas, intelectuales, técnicas, manuales, es un deber social, desde este punto de vista y solamente bajo este aspecto, está tutelado por el Estado". Es muy importante subrayar la noción amplia del trabajo que se impone y que se protege *–en todas sus formas–* en esta declaración. Como venimos sosteniendo, la alusión expresa a un concepto extenso de trabajo tenía en la época una pesada carga ideológica: con ella se quería lograr un distanciamiento del constitucionalismo socialista, en el cual el deber de trabajar, según hemos constatado, era un instrumento jurídico-político esencial para la victoria en la *lucha de clase*[259]. Con la imposición

---

nes, la cual fue trasladada al Derecho positivo por la Ley 30 de enero de 1941, cuyo artículo I proclamaba que: "a) Las declaraciones de la Carta del Lavoro constituyen principios generales del ordenamiento jurídico del Estado. b) Tales declaraciones, en cuanto principios generales, establecen el criterio directivo para la interpretación y aplicación de la ley". Sobre las discusiones habidas en torno a la juridicidad de la Carta del Lavoro vid. MAZZONI G., "Los Principios de la Carta del Lavoro en la nueva codificación italiana", *Revista de estudios políticos*, núm. 6, 1942, pp. 227-250, pp. 227-249.

259 De la Carta del Lavoro, se ha dicho que representó "la máxima oposición al comunismo y que es quizá la más supercapitalista de todas las leyes constitucionales de la post guerra" RODRÍGUEZ ANICETO, N., *Discurso leído en la solemne apertura del curso académico de 1932*

del trabajo en régimen de ajenidad, el socialismo atacaba las formas de existencias pasivas y, también, las basadas en la explotación del capital. La *Carta del Lavoro italiana* y, como acabamos de ver, más sutilmente, la Constitución de Weimar, al imponer el trabajo en una acepción más amplia, admite el cumplimiento de este deber a través del trabajo autónomo y liberal. En la *Carta del Lavoro*, según explicaba el jurista Giulano Mazzoni: "el trabajo es tutelado por el Estado fascista, bajo cualquier forma en que se manifieste, es decir, bajo la forma de organización productiva o de ejecución de la misma, bajo forma intelectual o manual, o forma subordinada o autónoma, es el trabajo el que queda colocado en el centro de la nueva codificación; es el trabajo, no ya entendido en el angosto sentido clasista, al que ha sido dedicado el libro más importante y revolucionario del Código Civil"[260]. Más allá de este uso lingüístico, la compatibilidad de este deber social de trabajar con la diversidad del sistema industrial queda bien afianzada en la Carta cuando su artículo VII proclama la preeminencia de la empresa y la iniciativa privada como motores del progreso social en el nuevo régimen[261]. El propio origen de la declaración, la sesión del Gran Consejo del Fascismo del 6 de enero de 1927, integrada por representantes de los trabajadores y empresarios, da buena cuenta de la pluralidad de intereses que, al menos formalmente, albergó este documento.

---

a 1933, Salamanca, Universidad de Salamanca, Imp. y Librería de Francisco Núñez Izquierdo, 1933, p. 32.

260 MAZZONI G., "Los Principios de la Carta…", *op.cit.*, p. 233.

261 "El Estado corporativo considera la iniciativa privada en el campo de la producción como el medio más eficaz y más útil para el interés de la Nación. Siendo la organización privada de la producción una función de interés nacional, el organizador de la empresa es responsable frente al Estado de la orientación de la producción".

Más allá de la acepción amplia del trabajo que acoge el artículo 2 de la Carta del Lavoro –la cual será reproducida, como veremos, por el constituyente repúblicano español, por el Fuero del Trabajo franquista y, también, por el *Estatuto do Trabalho Nacional* portugués de 1933[262]– lo verdaderamente relevante para nosotros es la vinculación que ese mismo artículo hace entre el desempeño del deber social de trabajar y el acceso a la tutela social del Estado. Como diría uno de los artífices intelectuales de esta norma, el jurista Giusseppe Bottai, "este no es [el deber social del trabajo] una norma banal porque tiene un efecto, porque consagra [...] un derecho, el de la protección del Estado"[263]. Por lo demás, estas dos ideas, la noción amplia del trabajo y su protección institucional, apareció reiterada en la legislación infraconstitucional, concretamente a través del art. 2060 del *Codice Civil* de 1942, cuando afirmaba que "el trabajo está protegido en todas sus formas organizativas y ejecutivas, sea intelectual, técnico o manual, según los principios de la Carta del Lavoro".

Este planteamiento constituyente se integra entre los principios políticos del *corporativismo* que, por aquel entonces, tomaban cuerpo en varios Estados europeos: el Estado asume la productividad como un interés superior al que deben dirigirse mancomunadamente todos los agentes económicos. En contraposición, las instituciones articulan un sistema de tutelas para todos aquellos que se han sumado a ese esfuerzo colecti-

---

262 Art. 21: "El trabajo, en cualquiera de sus formas legítimas, es para los portugueses un deber de solidaridad social".

263 TURATI, A, y BOTTAI, G., *La Carta del lavoro, illustrata e commentata*, Roma, Edizioni del Diritto del lavoro, 1929, p. 80. Tomo la cita de CAZZETTA, G., "Nel groviglio costituzionale del fascismo: lavoro, sindacati, Stato corporativo", *Journal of Constitutional History/Giornale di Storia Costituzionale*, núm. 43, 2022, pp. 257-278, p. 262.

vo. Luego tendremos ocasión de abundar en los principios de esta idealización política, bástenos por ahora decir que en ella aparece expresada claramente la esencia del paradigma sociojurídico que hoy hemos dado en llamar *workfare*: un modelo de distribución de los beneficios sociales basado en la participación profesional del ciudadano. De algún modo, esta lógica distributiva ya estaba presente en la Constitución de Weimar de 1919, y lo estará, como veremos, en la Constitución de la II República de 1931 y, sobre todo, en el Fuero del Trabajo franquista de 1938. Esto revelaría que este modelo de protección social, el *workfare*, no surge históricamente por la reiteración descoordinada de determinadas políticas asistenciales[264], sino que fue en su origen una expresa decisión constituyente dirigida a otorgar una posición central al trabajo en el sistema político-jurídico.

---

264 En opinión de Rey Pérez, "el *workfare* [...] supone la puesta en práctica de la ideología neoliberal en las relaciones laborales". REY PÉREZ, J.L., "¿Se debe seguir vinculando el bienestar al empleo?", en A.A.V.V. (Dir. Rey Pérez, J.L.), *Sostenibilidad del Estado de Bienestar en España*, Madrid, Dykinson, 2015, pp. 61-74, p. 69. En similar sentido, según Monereo Pérez: "Es la era del neoliberalismo, que, entre otras cosas, tiende a convertir el derecho a la asistencia-existencia (welfare) en obligación jurídica de realizar una actividad laboral a cambio de recibir asistencia o protección social (workfare), imponiendo un deber de trabajar asociado a una ética del trabajo que prescinde de su calidad y de su correspondencia con el nivel de cualificación o capacitación ostentado por el trabajador, imponiendo al desempleado la disciplina del trabajo descualificado". MONEREO PÉREZ, J.L., "El trabajo precario. Segmentación y dualización de los mercados de trabajo y políticas de flexibilidad laboral", en A.A.V.V. (dir. De la Villa Gil, L.E.), *El trabajo*, Madrid, Editorial Universitaria Ramón Areces, 2011, pp. 383-429, p. 426.

Una vez apuntada esa idea, conviene ahora señalar que la productividad encomiada por la *Carta del Lavoro* no va dirigida, exclusivamente, al enriquecimiento de la nación como una entidad autónoma, sino que es también una forma de lograr el bien común del conjunto de la ciudadanía[265]. Es el mismo artículo 2 de la *Carta del Lavoro* el que, tras imponer el deber social de trabajar, a renglón seguido, afirma que "desde el punto de vista nacional, el conjunto de la producción es unitario; sus finalidades son unitarias y se resumen en el bienestar de los individuos y en el desarrollo de la potencialidad nacional". Sin embargo, a diferencia de otros textos ideológicamente equiparables, como el Fuero del Trabajo, la *Carta del Lavoro* italiana, al exaltar el valor político del trabajo, desatiende la dimensión humana o personal del mismo. En este régimen, la sumisión del individuo a los objetivos decididos centralizadamente por el *Estado corporativo* es absoluta. Las tutelas institucionales sociolaborales que en este texto se enuncian no irían encaminadas entonces a la protección física y moral del individuo que acata ese deber, sino a la activación y la preservación de su fuerza de trabajo[266]. En palabras, nuevamente, de Bottai: "El

---

265 Algún texto político actual, como la Constitución de Nicaragua de 1987, en su art. 80, repara en esa duplicidad en los beneficiarios del trabajo desplegado por el ciudadano, esto es, en cómo el resultado de ese esfuerzo repercute sobre la sociedad, entendida como el conjunto de los ciudadanos que la integran, y sobre la prosperidad de la nación: "El trabajo de los nicaragüenses es el medio fundamental para satisfacer las necesidades de la sociedad y de las personas, y es fuente de la riqueza y prosperidad de la nación".

266 Entre otras disposiciones infraconstitucionales que se ajustaron a ese fin puede citarse el *Regio Decreto de 29 marzo 1928, núm. 1003* sobre *Disciplina nazionale della domanda e dell'offerta di lavoro* que se aprobaba tras considerar la "necesidad de regular la oferta y la demanda de trabajar de acuerdo con los fines del sistema corporativo del Estado" (preámbulo). Entre otras obligaciones, esta norma im-

derecho al trabajo, principio fundamental de los teóricos socialistas, se transforma en deber de trabajo, único título válido para solicitar al Estado, protección y asistencia; en el régimen de la Carta, la protección *del trabajador o del trabajador en general* se *transforma* en *protección del trabajo*"[267].

3.5 Constituciones contemporáneas: en especial, la italiana de 1947

Aunque el próximo jalón en la historia constitucional del deber de trabajar lo encontramos ya en la Constitución de la II República española de 1931[268], pospondremos su análisis a un apartado posterior, en el que nos ocuparemos del recorrido que ha tenido este deber en el constitucionalismo español. Antes de abordar ese asunto, vamos a referirnos a la aparición del deber de trabajar en algunas de las constituciones posteriores, las cuales todavía hoy permanecen en vigor. Pasamos superficialmente por este punto solo para constatar que, a partir de la segunda mitad del siglo XX, coincidiendo con la expansión del constitucionalismo social, el deber de trabajar es recogido en muchas normas fundamentales. Mencionaremos solo algunos ejemplos –la exhaustividad en este punto parece inalcanzable–, pero complementaremos estas referencias con un anexo, al final de este estudio, en el que podrá cotejarse la redacción que dan al deber de trabajar las constituciones que

---

ponía a los trabajadores desempleados el deber de inscripción en las oficinas de empleo de su correspondiente distrito (art 11) Deber cuya inobservancia aparecía sancionada penalmente con multas de hasta 200 liras (art. 14).

267 TURATI, A, y BOTTAI, G., *La Carta del lavoro, illustrata e commentata*, Roma, Edizioni del Diritto del lavoro, 1929, pp. 141 y 151. Tomo la cita de CAZZETTA, G., "Nel groviglio costituzionale del fascismo…" *op.cit.*, p. 261.

268 ALARCÓN CARACUEL, M.R., "Derecho al trabajo…" *op.cit.*, p. 14.

hoy día acogen dicho deber. Bastará, observar dicho apéndice para constatar que el deber de trabajar cuenta con una formulación muy semejante en cada una de las normas fundamentales que lo proclaman, lo que le resta pertinencia a una indagación individualizada sobre la introducción de dicha cláusula en cada una de ellas.

Con este planteamiento, podemos decir que, con anterioridad a que el deber de trabajar apareciera de nuevo en el constitucionalismo europeo, había sido ya proclamado en algunas constituciones latinoamericanas, como la de Uruguay de 1934[269] o la de Paraguay de 1940[270], que emplearían una formulación muy similar a la de la Constitución de Weimar de 1919. También la de Ecuador de 1945, la cual asociará el deber de trabajar a un deber de autosuficiencia, como hizo la Constitución francesa de 1848[271]. En el año 1946 el deber de trabajar aparecerá en Asia, concretamente en el art. 27 de la Constitución de Japón, dentro del Capítulo III sobre *Derechos y Deberes de las personas,* que recoge que "todas las personas tendrán el derecho y el deber de trabajar".

---

[269] Constitución de 1934. Artículo. 52. "Todo habitante de la República, sin perjuicio de su libertad, tiene el deber de aplicar sus energías intelectuales o corporales en forma que redunde en beneficio de la colectividad, la que procurará ofrecer, con preferencia a los ciudadanos, la posibilidad de ganar su sustento mediante el desarrollo de una actividad económica".

[270] Constitución de 1940. Artículo 22. "Todos los habitantes de la República están obligados a ganarse la vida con su trabajo lícito. Todo hogar paraguayo debe asentarse sobre un pedazo de tierra propia".

[271] Constitución de 1945. Artículo 148. "El trabajo en sus diferentes formas es un deber social y goza de la especial protección de la ley. Ésta debe asegurar al trabajador las condiciones mínimas de una existencia digna. El Estado utilizará los recursos que estén a su alcance, para proporcionar ocupación a quienes carezcan de ella".

Dentro del continente europeo, siguiendo el criterio cronológico que ordena este epígrafe, podemos referirnos ahora a la Constitución francesa de 27 de octubre de 1946, que en el apartado quinto de su preámbulo proclama: "Cada individuo tiene el deber de trabajar y el derecho de obtener un empleo. Nadie puede verse perjudicado en su trabajo o en su empleo a causa de sus orígenes, opiniones o creencias". Este preámbulo, como es sabido, por mor de la Decisión del Consejo Constitucional núm, 71-44 de 16 de julio de 1971, permanece vigente e incorporado en la posterior Constitución francesa de 1958. No hemos detectado, por lo demás, ninguna discusión parlamentaria reseñable sobre la inclusión del deber de trabajar en la Constitución[272]. Este aparecía originalmente en el proyecto de Constitución francesa del 19 de abril de 1946, concretamente

---

272 En los debates constituyentes de este proyecto apenas se suscitó un temor a que el reconocimiento del deber de trabajar sugiriese la imposición coactiva del trabajo: "Creo que las expresiones *deber de trabajar* y *derecho a obtener un empleo* son igualmente desafortunadas. La expresión *deber de trabajar* podría hacer pensar, en ciertos países de la Unión Francesa, en un medio de coerción. En cuanto a las palabras *derecho a obtener un empleo,* dado que generalmente en Francia entendemos por *empleo,* el empleo por parte del Gobierno o de una comunidad pública, prometeríamos allí algo que no es, ni en nuestra intención, ni en nuestro poder para dar. Por tanto, me parece preferible escribir: «Todo ciudadano tiene derecho a un trabajo que asegure su subsistencia como hombre libre y la de su familia»". También se dijo que este deber podría suponer un resquicio para legitimar la esclavitud en los territorios de ultramar. Estas oposiciones al reconocimiento del deber de trabajar se solventaron añadiendo una interdicción de trabajos forzosos. Según fue defendido por el relator del proyecto: "En realidad, el trabajo forzoso será condenado por la Constitución; incluso, en los artículos que conciernen a los territorios de ultramar. En cuanto al deber de trabajar, creo que hay que afirmarlo del mismo modo que el derecho al descanso y al ocio. Por lo tanto, mantenemos nuestro texto". Intervención de

en el artículo 26, donde se asentaba que "todo hombre tiene el deber de trabajar y el derecho a obtener un empleo". El rechazo de aquel proyecto constitucional en el referéndum del 5 de mayo de 1946 no afectó a la esencia del deber de trabajar, que se mantuvo en términos casi idénticos en el nuevo y definitivo proyecto de Constitución, el del 29 de septiembre de 1946. Como singularidad de la formulación de este deber destacamos la duplicidad de términos, *empleo* y *trabajo,* a la que recurre la Constitución francesa para referirse al derecho-deber de trabajar. Esta duplicidad es bastante sugerente en este estudio, pues para parte de la doctrina francesa, con la misma se hubiera querido distinguir la conducta exigida por el deber, y la garantizada por el derecho. Concretamente, según esta interpretación, la actividad exigida por el deber de trabajar sería mucho más amplia que la protegida con el derecho al empleo, comprendiendo el primero tanto las actividades profesionales o lucrativas como las benéficas o altruistas[273].

Llegamos ya a la Constitución italiana promulgada en 1947 –y entrada en vigor en 1948– a la que dedicaremos una mayor atención, esencialmente por dos razones: 1) La importancia que en esta adquiere el trabajo, como valor fundacional de todo orden político-jurídico. 2) La honda discusión constituyente que precedió a la incorporación del deber de trabajar.

Maurice Lacroix en la sesión del 19 de marzo de 1946. J.O.A.N., núm. 27 de 1946, p. 878.

273 SUPIOT, A., *La Justice au travail,* París, Éditions du Seuil, 2022, p. 45. Un tanto de lo mismo ocurre, como vamos a comprobar inmediatamente, en el ordenamiento italiano, en el que el art. 4 de la Constitución reconoce el derecho al trabajo y el deber de realizar una actividad socialmente útil. La mayor amplitud de este segundo concepto con respecto al primero se defiende en MICCO, L., *Lavoro ed utilità sociale nella costituzione,* Turín, G. Giappichelli, ed., 1966, p. 156.

La primera de estas ideas se advera con la mera lectura de su artículo primero, el cual proclama que "Italia es una República democrática fundada en el trabajo". Ya hemos comprobado cómo cláusulas de este estilo se habían introducido en algunas constituciones históricas: al menos, así ocurrió originalmente en la Constitución francesa de 1848; después, en las diferentes Constituciones socialistas; en la *Carta del Lavoro* italiana; y, como veremos, en la Constitución de la II República española. La vigente Constitución italiana es, sin embargo, la única que mantiene esta proclamación en el constitucionalismo europeo contemporáneo[274].

Por otro lado, la importancia atribuida al trabajo se refuerza con su presencia en el apartado de Principios Fundamentales[275]. Concretamente, dentro de estos, el artículo 4 proclama: "La República reconoce a todos los ciudadanos el derecho al trabajo y promoverá las condiciones que hagan efectivo este derecho. Todo ciudadano tiene el deber de desempeñar, según sus posibilidades y su propia elección, una actividad o función que conduzca al progreso material o espiritual de la sociedad".

---

274 Así al menos lo dictamina: POLACCHINI, F., *Doveri costituzionali e principio di solidarietà*, Bolonia, Bolonia University Press, 2016, p. 51: "El principio laboral se sitúa junto al principio republicano y al principio democrático, criterio regulador del ejercicio de la soberanía. La caracterización de la República como fundada en el trabajo es única en el panorama del constitucionalismo moderno y contiene una fórmula que resume una de las contribuciones más originales que Italia ha ofrecido al constitucionalismo contemporáneo".

275 Sobre la importancia del trabajo en el sistema constitucional italiano vid. CAZZETTA, G., "Il lavoro nel processo di costituzionalizzazione del Novecento: dalla crisi dello Stato liberale alla Repubblica 'fondata sul lavoro'", *History&Law Encounters. Lezioni per pensare da giurista. Giappichelli*, 2023, pp. 123-158.

Antes de reparar en el significado de esta cláusula, conviene ponerla en relación con el artículo 2, con el que comparte sede sistemática, y que "reconoce y garantiza los derechos inviolables del hombre, tanto como individuo, como en el seno de las formaciones sociales en las que desarrolla su personalidad, y exige el cumplimiento de los deberes inderogables de solidaridad política, económica y social". A través de la lectura conjunta de sendas disposiciones, arts. 2 y 4, cabría calificar el deber de trabajar –y, en realidad, todos los que se mencionan en los Principios Fundamentales– como uno de esos *deberes inderogables de solidaridad política, económica y social*[276]; lo cual, sin duda, reafirma la dimensión cívico-política del trabajo que sanciona el artículo 1 de la norma.

Si acudimos a los trabajos y debates que alumbraron este texto constitucional, veremos que esta valoración del trabajo no fue solo retórica, sino que estuvo precedida de una honda discusión sobre la posición que debía ocupar el trabajo en el sistema jurídico-político. Y es que, con Maestro Buelga, "podríamos decir que es en Italia donde el debate en torno al trabajo y las funciones llamadas a realizar en el seno de la nueva

---

276 Sobre la ordenación de los deberes en la Carta itliana, algún exponente doctrinal ha sostenido que la expresión *inderogable* ha de entenderse equiparable al adjetivo *inviolable* que se empleó para los derechos. En suma, el constituyente italiano estaría presentando "un sistema de derechos y deberes fundamentales que constituye el núcleo esencial del ordenamiento constitucional y que no podrá ser objeto de alteraciones sustanciales sin provocar con ello una destrucción del régimen político, (...) una violación de los principios supremos de la constitución material que determinaría la desfiguración de la misma" PIZZORUSSO, A., *Lecciones de Derecho... op.cit.*, pp. 217 y 218. Tomo la cita PAUNER CHULVI, C., *El deber constitucional de contribuir... op. cit.*, p. 37. La vinculación del deber de trabajar al deber de solidaridad se defiende también por MANCINI, G.F., "Art. 4..." *op.cit.*, p. 248.

forma de Estado social se plantea con mayor claridad"[277]. En lo que a nosotros más nos incumbe, aunque los borradores previos aludían solo al derecho a trabajar, pronto se puso en evidencia que este tendría que ser complementado con el deber de hacerlo. La primera de las intervenciones en este sentido, la pronunciada por Lombardi Giovanni, del *Partito Socialista Italiano per la Unità Proletaria*, defendió la inclusión de este deber como un llamado a la contribución en la prosperidad del país y como un arma contra la ociosidad:

> "El derecho al trabajo es sagrado, pero en una Constitución que debe ser el nuevo estatuto, el estatuto de la civilización del trabajo que un pueblo surgido de las ruinas de la guerra quiso darse para evitar otras guerras, no el libro de las profesiones establecido, que reproduce las diversas distinciones profesionales de la Edad Media, sino una declaración que establece el deber de trabajar. No debe haber un solo hombre que pueda vivir en la ociosidad. Esto debe decirse explícitamente en la Constitución, el deber de trabajar debe afirmarse legalmente así como se afirma legalmente el derecho al trabajo. Todas las degeneraciones humanas surgen de la ociosidad; por lo tanto al establecer tal principio se realiza una profilaxis sobre la humanidad, haciendo que todos contribuyan al trabajo. No debe haber ya quienes viven en la ociosidad y reciben de una tierra lejana el fruto del trabajo de otros, que no pueden encontrar en ese trabajo los medios para satisfacer sus propias necesidades"[278].

---

277 MAESTRO BULEGA, G., *La constitución del trabajo… op.cit.*, p. 31. En esta misma página, se presenta a la Constitución italiana como el ejemplo contemporáneo más preclaro de lo que sería una *Constitución del trabajo.*

278 Esta intervención aparece en la primera sesión de la *Sottocommissione della Commissione per la Costituzione* de 9 de septiembre de 1946. Esta y el resto de sesiones citadas de la subcomisión están transcritas en: https://www.nascitacostituzione.it/01principi/004/index.htm (último acceso el día 22 de septiembre de 2023).

Particularmente, ya lo expresábamos más arriba, discrepamos de que el acendramiento moral del individuo pudiera ser un fin legítimo a perseguir a través de la codificación del deber de trabajar en un sistema político liberal. Sin embargo, esa doble función del deber de trabajar –entendido como contribución al bien común y, también, como vía de perfeccionamiento del ser humano–, estuvo muy presente en el proceso constituyente italiano[279].

Vemos en esta otra postura cómo la dimensión individual del deber de trabajar entronca, no solo con la rectitud moral del individuo, sino con el deber de autonomía material. Esta

---

[279] Así lo resaltó, por ejemplo, el diputado Colitto, del *Fronte Liberal Democratico dell'Uomo*: "El trabajo –como se afirma en el informe– es ante todo un deber individual, ya que, considerando al individuo en su autonomía frente a la naturaleza y a los demás hombres, constituye el único medio verdadero para garantizar el bienestar del individuo y la continuidad de la especie. Es uno de esos deberes fundamentales de los que se teje nuestra esencia espiritual y desde el que se orienta nuestra vida diaria. [...] Esta actividad, por tanto, no termina con la riqueza alcanzada, sino que permanece como una necesidad del espíritu, una misión inseparable de la naturaleza humana, una pasión noble, que no da tregua ni descanso, que conduce a todo sacrificio y a toda renuncia. El trabajo es también un deber social, es decir, un deber hacia la comunidad, siendo la forma en que el individuo, en la solidaridad necesaria en todos los productores, participa y contribuye a la vida social, el instrumento a través del cual se puede alcanzar el bien común y progreso común. El trabajo, en todas sus formas y manifestaciones, no lo realiza sólo el individuo, preocupado por su interés egoísta, para sí mismo o para la familia o para el empresario, sino para toda una categoría específica de personas, porque la Nación, para ser activa y poderosa, necesita que todos trabajen". Sesión del 9 de septiembre de 1946. Tercera reunión de la Sottocommissione della Commissione per la Costituzione comincia a trattare il tema del dovere sociale del lavoro e diritto al lavoro partendo da una relazione dell'onorevole Colitto.

otra finalidad del deber de trabajar sí nos parece ahora acorde al ideario de la democracia liberal porque, leída en términos negativos, tiene implicaciones sociales: el deber de autonomía ínsito en el deber de trabajar rechaza reclamar el propio sustento a la colectividad cuando se está en condiciones óptimas para alcanzarlo autónomamente –vid. *supra* apartado I.6.2–.

También en las sesiones iniciales de la subcomisión constitucional se discutió si el deber de trabajar era un deber jurídico o un deber moral y, de llegarse a esta segunda conclusión, si debería incluirse en el texto de la Constitución[280]. La preocupación por esta cuestión venía dada, en realidad, por el correlativo derecho al trabajo que se incluiría asociado al deber de trabajar: se decía que era un derecho de imposible satisfacción y se temió –como ocurrió en el debate constituyente francés de 1848– que su calificación como derecho subjetivo terminase por devaluar la solidez del ordenamiento jurídico y "dar lugar a desilusiones que pueden ser dolorosas y que deberíamos esforzarnos por evitar"[281]. Finalmente, sin resolver de forma determinante la naturaleza normativa de este deber, moral o jurídica[282], se abogó por su inclusión en el texto constitucional,

---

280 Francesco Colitto, de nuevo, fue quien abordó esta cuestión más frontalmente: "En relación con este artículo, puede surgir la cuestión de si el deber de trabajar debe considerarse un deber moral o también un deber jurídico. Es un deber moral, por lo que es posible que ni siquiera se mencione en una Constitución, que es un documento esencialmente legal" *Ibíd.*

281 Intervención de Amintore Fanfani, *Ibid.* En este sentido, algún autor ha señalado el escepticismo con los compromisos jurídicos expresados en la Carta de Weimar de 1919 como una de las causas desencadenantes del ascenso del nacionalsocialismo en Alemania. STOLLEIS, M., "El proyecto social..." *op.cit.*, p. 237.

282 Con todo, creemos que la posición mayoritaria dentro de esta *sottocommissione* constitucional fue la que lo consideró un precep-

principalmente por tres razones: 1) Por la influencia de otras constituciones que así lo habían recogido sin un quebrantamiento evidente del sistema jurídico. 2) Porque algunos los consideraron un objetivo programático no satisfactible inmediatamente[283]. 3) Porque, aunque se considerase un deber moral, tendría encaje en la Constitución, que "debe ser un documento que trascienda la estricta ley para adquirir también un significado político, programático y sociológico"[284].

Otro de los puntos más discutidos –ya no sobre la inclusión del deber de trabajar, sino sobre su formulación– fue el relativo a la apostilla "socialmente útil" que acompañó al trabajo que era impuesto en los primeros borradores de la Constitución. Se discutió si dentro de esa expresión cabría entender incluidas actividades como las propias del hogar familiar, de la función

---

to plenamente jurídico. Así al menos lo sugiere el anteproyecto de Constitución que esta elaboró, en el cual, como comprobaremos a continuación, se asociaba el incumplimiento del deber de trabajar a sanciones punitivas.

283 Esta fue la posición, por ejemplo, de Giuseppe di Vittorio, para quien "la Constitución marca una etapa histórica en la vida de un pueblo y, aunque inspirada en la realidad, debe proyectarse hacia el futuro como progreso. Considera que la Constitución fracasaría en una de sus tareas fundamentales si no afirmara muy claramente el derecho de los ciudadanos al trabajo. Esto no significa que mañana, por ejemplo, un desempleado pueda demandar al Estado. Afirmar el derecho al trabajo debe significar un compromiso que la sociedad nacional, representada por el Estado, asuma para crear condiciones de vida social tales que el ciudadano pueda tener trabajo. No debemos, por tanto, considerar la afirmación de este derecho desde el punto de vista de las posibilidades prácticas del momento, sino como una orientación general que la Constitución da al país". Sesión del 9 de septiembre de 1946. Tercera reunión de la Sottocommissione della Commissione per la Costituzione.

284 Intervención de Michele Giua. *Ibíd.*

pública y, muy particularmente, las del sacerdocio o la contemplación religiosa. Y es que este fue un debate que se atenía originalmente a la posición de los religiosos en el orden social[285],

---

[285] Aunque parezca una cuestión menor, las principales discrepancias con la redacción original del artículo se fundamentaban en la exclusión implícita de las labores religiosas. Una intervención que da buena muestra de la intensidad de este debate, que alcanzó una dimensión metafísica, fue la del diputado Lucifero del *Blocco Nazionale della Libertà*: "si queremos identificar el término, debemos modificarlo en aquellos lugares donde, como en el artículo 31, contrastamos a los trabajadores con otras categorías de ciudadanos. Seamos claros, con este término de trabajadores –todos somos trabajadores– para insertar esta afirmación –perdón una vez más por la referencia demagógica– en la Constitución, hemos llegado al punto de tener que clasificar como trabajadores, a efectos de derechos políticos, a las monjas de clausura, porque el día que planteamos que ciertos derechos estaban reservados sólo (los derechos más importantes son los derechos políticos) a quienes cumplieran con esa obligación laboral, tuvimos que establecer que entre los trabajadores también había monjas de clausura. Les tengo el máximo respeto y creo que su labor de elevación hacia el Señor es muy útil, pero calificarlas como trabajadoras, a efectos legales y constitucionales, no me parece acertado". El diputado Tupini, por su parte, emitió la siguiente respuesta: "Pero la libertad y la dignidad del hombre nunca estarán seguras si no se le da preeminencia al trabajo sobre cualquier otro valor económico y si el trabajo no es el fundamento mismo de la República. Tampoco debe entenderse aquí el trabajo manual únicamente, del mismo modo que es errónea una concepción plana y materialista de la vida: el artículo primero, de hecho, se integra con el artículo 31, en el que se considera el trabajo como una condición de los derechos políticos y en el que se especifica que todo ciudadano tiene el deber de realizar una actividad y una función que no es, como expone el honorable Calamandrei, la de no hacer nada, sino de contribuir al desarrollo material y espiritual de la sociedad. Obrero, por tanto, por expresa norma estatutaria, no es sólo el trabajador manual, el artesano, sino también el maestro, sino también el sacerdote, sino también el misionero: todo aquel que contribuye al poder de la técnica, de la cultura, de la

si bien esa cuestión dio pie a una discusión mucho más amplia sobre la concreción de la conducta exigida por el deber de trabajar. En esta, se advirtió críticamente la difícil determinación de lo *socialmente util*[286].

Aceptando que la redacción definitiva debería exigir claramente una actividad que repercutiese positivamente en la sociedad, la dificultad estribaba en encontrar una formulación equilibrada que, expresando esa exigencia, admitiese las distintas ocupaciones que, desde distintas creencias o cosmovisiones, incorporaban alguna valía social. La solución, o al menos la posibilidad de consenso, fue proporcionada por el parlamentario Togliatti, del *Grupo Comunista,* al exigir el desarrollo de una actividad que contribuyese "al desarrollo económico o cultural, o moral o espiritual de la sociedad humana". Vemos cómo en esta otra formulación, muy próxima a la que trascendió al texto definitivo, desaparece incluso el término *trabajo,* pues según se alegó, este concepto tenía unas connotaciones

---

civilización y de la moral italiana, entre ellas, honorable Lucifero, las llamadas monjas de clausura que, según la ley divina de la compensación, rezan y con sus oraciones restablecen el equilibrio perturbado por nuestros y vuestros pecados". Sesión del 4 de octubre 1946. Primera reunión *de la Sottocommissione della Commissione per la Costituzione prosegue la discussione generale sui principî dei rapporti sociali (economici).*

286 En palabras, de nuevo, del asambleario Lucifero: "¿Quién juzgará la utilidad social del trabajo?, dado que puede haber diferencias notables de opiniones e interpretaciones sobre la utilidad social de una actividad determinada. Estoy de acuerdo con el principio de que el trabajo debe ser socialmente útil, pero, examinando el caso de determinadas personas que realizan una determinada actividad, me preocupa que pueda surgir una disputa sobre si el trabajo es socialmente útil o no. Me pregunto, por ejemplo, si el trabajo del erudito, del sacerdote, del arqueólogo o del bibliotecario es un trabajo socialmente útil" *Ibíd.*

económicas muy intensas[287]. Finalmente, este deber trascendió al borrador de la Constitución, concretamente en su artículo 31, con la siguiente redacción: "Todo ciudadano tiene el deber de realizar una actividad con una función que contribuya al desarrollo material o espiritual de la sociedad, de acuerdo con sus posibilidades y elecciones. El cumplimiento de este deber es condición para el ejercicio de los derechos políticos". La amplitud de la nueva redacción fue denunciada en el debate, sin embargo, por Piero Calamandrei, entre otras razones, por la contradicción con la proclamación del artículo primero que afirmaba originalmente que "la base de la República italiana es el trabajo y la participación efectiva de todos los trabajadores en la organización política, económica y social del país". Si la conducta exigida por el deber de trabajar, a la sazón art. 31, no es solo la realización de un trabajo, sino también otras actividades o funciones, necesariamente deberíanse colocar estas en un mismo rango valorativo[288]. Dicho en otros términos, no cabría proclamar el trabajo como la base del orden político al tiempo que se admiten otras posibilidades de participación social ajenas a este.

Otro de los puntos que se discutió fue la sanción del incumplimiento del deber de contribuir al progreso social y espiritual. Concretamente, como acabamos de ver en su redacción original, se barajó como posibilidad la privación de derechos políticos. Esa solución era, en apariencia, coherente con la

---

287 Intervención De Vita. Sesión del 4 de octubre 1946. Primera reunión *Sottocommissione della Commissione per la Costituzione prosegue la discussione generale sui principi dei rapporti sociali (economici).*

288 Intervención de Calamandrei en la Sesión del 4 de octubre 1946. Primera reunión de la Sottocommissione della Commissione per la Costituzione prosegue la discussione generale sui principi dei rapporti social.

proclamación del artículo primero que fundaba la República italiana en el trabajo. Ocurre, sin embargo, que precisamente esta proclamación era objeto de una fuerte controversia debido a su carácter excluyente[289]. Esta proclamación, junto una formulación fuerte y punitiva del deber de trabajar, se asoció de nuevo al comunismo[290]. Esa posible sanción fue finalmente desechada –por 235 votos a favor y 135 en contra–, sobre todo por la aparente incompatibilidad sobrevenida de la misma con el artículo 45, aprobado posteriormente y que establecía que el derecho electoral activo dependería sólo de la calidad del ciudadano[291].

El deber de trabajar pasaría finalmente al artículo 4, en sede de los *Principios Fundamentales*, a partir del texto del 20 de diciembre de 1947 coordinado por el comité de redacción antes de la votación final en la Asamblea. El deber de trabajar que se contempla en el art. 4 de la Constitución vigente tiene necesariamente que ponerse en relación con el art. 35 del mismo texto, el cual "protege el trabajo en todas sus formas y manifestaciones"; y, de forma mucho más directa, con el artículo 38, que supedita el derecho a la asistencia social a la incapacidad laboral y patrimonial del individuo. El primero de estos artículos se adhiere a la senda inaugurada

---

289 *Ibíd.*

290 Mastrojanni. 5 marzo 1947. Segunda sesión de *l'Assemblea Costituente prosegue la discussione generale del progetto di Costituzione della Repubblica italiana.*

291 8 de mayo 1947 *l'Assemblea Costituente prosegue l'esame degli emendamenti agli articoli del Titolo terzo della Parte prima del progetto di Costituzione: «Rapporti economici»* No ostante, hubo quien defendió, como Bubbio, de Democracia Cristiana, que la restricción de un derecho es algo inmanente a toda sanción, como se proponía en el párrafo último del originario artículo 31 de la Constitución.

por la Constitución de Weimar y la *Carta del Lavoro* para adoptar un referente constitucional del trabajo amplio, que no se identifica con una concreta forma de participación en el proceso productivo. Ese mismo precepto, en relación ahora con el segundo de los citados, el 38, abunda en la lógica corporativista, germen del *workfare*, según la cual se protege al ciudadano productor. La asistencia social aparece como un mecanismo de protección subsidiario, cuando decae su fuerza de trabajo.

Dejando ya de lado la Constitución italiana, la Ley Fundamental de Bohn de 1949, en Alemania, carece de cualquier alusión explícita o implícita al deber de trabajar, lo cual es reseñable si atendemos a la singular posición del trabajo en la cultura alemana y a la vocación productivista que observábamos en la Constitución de Weimar. Sí encontramos una alusión a este deber, sin embargo, en la Constitución de alguno de los Estados confederados de Alemania. Así ocurre en Constitución del Estado de Hesse del año 1946, la cual reproduce la misma estructura y casi la misma literalidad del art. 163 de la carta de Weimar de 1919:

> **Artículo 28** El trabajo humano está bajo la protección especial del Estado.
>
> Toda persona tiene el derecho y la obligación moral de trabajar, de acuerdo con su capacidad y, sin perjuicio de su libertad personal.
>
> Toda persona desempleada por causas ajenas a su voluntad tiene derecho a los alimentos necesarios para sí y para las personas a su cargo. Una ley regula el seguro de desempleo.

La omisión de un deber de este tipo en la Ley Fundamental de Bohn es, en cualquier caso, coherente con la generalidad de la misma, que omite, por lo general, referencia a los deberes constitucionales, al menos a los deberes prestacionales generales –o deberes fundamentales, según los describiremos más abajo, IV.2–[292]. Ni siquiera alguno de los deberes fundamentales más típicos en el constitucionalismo comparado y que resultan insoslayables para la existencia de la nación, como el deber de contribuir a las cargas públicas, aparece mencionado en el texto alemán. Algún autor, como Hans Klein, ha "considerado que una amplia determinación constitucional de objetivos para el poder público, como la que se resume en la fórmula del «Estado social», es uno de los motivos que han hecho innecesaria una enumeración de deberes en la Ley Fundamental de Bonn, del mismo tipo que la ofrecida por la Constitución de Weimar"[293].

Curioso es el caso de la Constitución portuguesa de 1976, pues es la única que de nuestro entorno en la que el deber de trabajar que proclamaba originalmente acabó siendo derogado en sus posteriores revisiones. Esta novación merece nuestro interés, ya que, en la actualidad, a nivel global, existe un debate abierto sobre la obligatoriedad social y política de ejecutar una actividad productiva; debate el cual ataca directamente a la legitimidad material del deber constitucional de trabajar ¿Fue Portugal un precursor en la resolución político-constituyente de ese debate? Si indagamos un poco en el proceso por el que se llevó a cabo la derogación del deber de trabajar concluiremos que, en realidad, esa modificación constitucional no estuvo precedida a la sazón de una reivindicación social[294] y que se trató de

---

292 Adelantamos: deberes que se exigen al común de la ciudadanía y cuya acción no se dirige a la satisfacción de un interés privado.

293 VARELA DÍAZ, S., "La idea de deber constitucional", *Revista Española de Derecho Constitucional*, núm. 4, 1982, pp. 69-96, p. 84.

294 PINTO, M., "Sabia que não temos dever de trabalhar?", columna en *Observador* del día 2 de junio de 2015. Accesible en https://obser-

una alteración inserta en una remodelación constitucional de un alcance mucho mayor –una de las siete a las que ha estado sometido el texto portugués desde su promulgación–. Originalmente, el art. 51 de la Constitución lusa se refería al derecho al trabajo y al deber de trabajar. Concretamente, el apartado segundo de ese precepto proclamaba que "el deber de trabajar es inseparable del derecho al trabajo, excepto para aquellos que sufran disminución de capacidad por razones de edad, dolencia o invalidez". Este apartado fue uno de los pocos que se aprobaron por unanimidad en el debate constituyente[295] y fue una cláusula que se reiteró en varias de las constituciones de lengua portuguesa[296]. En las sucesivas reformas, hasta el año 1997, apenas sufrió algún cambio de ubicación[297]. La siguiente reforma constitucional operada por la *Lei Constitucional n.º 1/97, de 20 de septiembre* –la cuarta, desde 1976– terminó por suprimir el apartado que se refería al deber de trabajar para dejar solo la mención al derecho al trabajo. La revisión que operó esta expulsión fue negociada por los constitucionalistas Marcelo Rebelo de Sousa y António Vitorino, representantes del Partido Social Democrata y del Partido Socialista, respectivamente. En una publicación del texto constitucional refundido, editado extraoficialmente por el Grupo Parlamentario PSD, se dice que tal derogación constitu-

---

vador.pt/opiniao/sabia-que-nao-temos-dever-de-trabalhar/ (último acceso el día 21 de septiembre de 2023).

295 Cf. Acta de la Asamblea Constituyente, p. 296. Tomo el dato de *Ibíd.*

296 Por ejemplo, así ocurre en las Constituciones de Cabo Verde y Santo Tomé y Príncipe. Esta última, en su artículo 42, con una redacción bastante similar a la que tuvo originalmente la Constitución portuguesa: "1. Todos tienen derecho a trabajar. 2. La obligación de trabajar es inseparable del derecho al trabajo".

297 Pasó al artículo 59 tras la reforma operada por la *Lei Constitucional n.º 1/82, de 30 de septiembre,* y al art. 58 con la *Lei Constitucional n° 1/89, de 8 de julio.*

cional del deber de trabajar tuvo "el objetivo de derogar un absurdo de la Constitución, sólo comprensible en el marco de una *lógica marxista*"[298]. Se trató, en cualquier caso, de una modificación puntual, insertada silenciosamente en una reforma de mayor calado, que no acaparó demasiado interés social y político. Antes que un cambio de posición social en torno al compromiso de participación productiva, esta reforma confirmaría lo que muchos acádemicos han percibido: que el deber de trabajar es una cláusula constitucional bastante discreta, que no expresaría hoy un sentimiento popular de pertenencia demasiado intenso.

4. EL DEBER DE TRABAJAR EN LAS DECLARACIONES INTERNACIONALES DE DERECHOS HUMANOS

Por norma general, las grandes declaraciones internacionales de derechos humanos carecen de un catálogo de deberes[299]. Esta omisión encuentra varias explicaciones posibles, la mayoría relacionadas con el contexto en el que surgieron y las connotaciones autoritarias que tradicionalmente han acompañado a los deberes jurídicos –vid. *infra* apartado III.1–. Con todo, hemos comprobado cómo la exclusión de los deberes en

---

298 GUEDES, L.M. y SOUSA, M.R., *Uma constituição moderna para Portugal... op.cit,* p. 106. Esta misma opinión es expuesta por VIEIRA DE ANDRADE, J.C., *Os Direitos Fundamentais na Constituição Portuguesa de 1976,* Coimbra, 2016, p. 158. La iniciativa de esta revisión provino del partido denominado *Trabajadores Sociales Democráticos,* perteneciente al PSD, y tuvo los votos a favor del PSD, el PS y el PP; y los votos en contra del PCP/PEV.

299 Según se ha observado, "en la mayoría de estos textos internacionales el tratamiento de los deberes fundamentales queda reducido a la mera mención de estos en los preámbulos". MORET MILLÁS, V., "Los debres constitucionales", *Revista De Las Cortes Generales,* núm. 86, 2012, pp. 209-237, p. 231.

estos textos jurídicos no fue una decisión del todo pacífica. Al menos en lo que se refiere a la *Declaración Universal de 1948*, apareció durante su tramitación alguna iniciativa que pretendía la inclusión de un catálogo expreso de deberes. En los debates originales, el chileno Pérez Cisneros fue uno de los principales partidarios de su introducción, al defender que "la declaración debe incluir una lista de obligaciones del individuo, ya que sus derechos sólo pueden existir en correlación con sus deberes. La declaración no debe transmitir la impresión de que está fomentando tendencias anárquicas". Tal pretensión obtuvo solo un respaldo minoritario[300]. Se rechazó, incluso, la mención a los deberes que atenían al Estado y que, en términos lógicos, resultaban imprescindibles para la efectividad de los derechos que proclamaba esta Declaración[301].

Esta discusión tiene aquí alguna relevancia pues, entre los deberes cuya inclusión se barajó, estuvo el de trabajar. Concretamente esta posibilidad apareció en el contexto de la discusión sobre el derecho al trabajo. Este se concibió, prin-

---

300 Por 47 votos a favor, ninguno en contra y una abstención, se aprobó la siguiente resolución: "La Tercera Comisión decide que la declaración de derechos humanos se limitará a la formulación de principios relacionados con los derechos humanos que presuponen la existencia de los correspondientes deberes por parte de los Estados y difiere de la formulación de principios relacionados con los deberes de los Estados para su incorporación a un instrumento apropiado". *Ibid.*, p. 240.

301 MORSINK, J., *The Universal Declaration of Human Rights: Origins, Drafting, and Intent*, Philadelphia, University of Pennsylvania Press, Philadelphia, 1999, p. 239. Los redactores solo hicieron dos excepciones a esta política de no mencionar al Estado. En el artículo 22 hacen un llamado a los Estados a cooperar en la creación de un orden mundial que haga realidad el goce de los derechos sociales, económicos y culturales. Y en el artículo 16 piden al Estado que proteja a la familia. *Ibid.*, p. 81.

cipalmente, como un derecho-libertad y lo que se discutió es si el mismo amparaba la oposición permanente a participar en cualquier actividad laboriosa o si, por el contrario, debía quedar limitado por un compromiso de activación, por un deber de trabajar. Esta proposición provenía, en su esencia, del borrador de declaración confeccionado por el Comité Jurídico Interamericano que la delegación de Chile había sometido a la consideración de la Asamblea y en la que se presentaba al trabajo de una persona "como una contribución al bienestar general del Estado". No está demás recordar que, a la sazón, en Latinoamérica, estaba ya extendida la *obligación social* de trabajar como un deber constitucional básico –vid. supra, II.3.5–. También se mencionaba, como veremos inmediatamente, en la *Declaración Americana de los Derechos y Deberes del Hombre de 1948*. Dentro del Comité de Redacción de la Declaración Universal de 1948[302], a la proposición de agregar un deber de trabajar al texto de la Declaración se adhirió el delegado francés, René Cassin –quien al poco tiempo, actuaría como artífice de la Constitución francesa de 1946– y el representante canadiense, John P. Humphrey[303]. Este último propondría añadir que "toda persona tiene el derecho y el deber de realizar un trabajo socialmente útil". En el primer anteproyecto de la declaración,

---

302 Estuvo presidido por Eleanor Roosevelt, de EEUU y vicepresidido por Eng-Chun Chang, de China. Como relator participó Charles Malik, del Líbano, y, como vocales, William Hodgson, de Australia; Hernan Santa Cruz, de Chile; René Cassin, de Francia; Alexandre Bogomolov, de la URSS; Charles Dukes, de Reino Unido y John P. Humphrey, de Canadá. Sobre los integrantes y la composición de este Comité, vid. Organización Universal de las Naciones Unidas, Integrantes de la comisión e historia. Accesible en https://www.un.org/es/about-us/udhr/drafters-of-the-declaration (último acceso el día 14 de mayo de 2023).

303 MORSINK, J. *The Universal Declaration... op.cit.*, p. 81.

elaborado por el Comité de Redacción[304], lo encontramos dentro un capítulo II, intitulado *derechos sociales*; concretamente en su artículo 37 que, con una redacción lacónica, recogía que "todo individuo tiene el derecho y el deber de realizar un trabajo socialmente útil". En un ulterior borrador, cuya confección corrió a cargo de Cassin (e/cn.4/21, Anexo d), aparecería, de nuevo, junto con el derecho al trabajo, en un apartado ahora denominado, *derechos económicos sociales y culturales*, cuyo art. 29 estipulaba "todo hombre tiene el derecho y el deber de realizar un trabajo útil para la sociedad y para el desarrollo de su personalidad"[305].

La inclusión del deber de trabajar en el texto de la Declaración encontró, empero, las objeciones de Estados Unidos y Gran Betraña. Eleanor Roosvelt, representante estadounidense, opuso que una mención a este deber "podría ser considerada en ciertos países como conducente al trabajo forzoso"[306]. En la votación final, la mayoría de redactores rehusaron incorporar el deber de trabajar a la Declaración y este desapareció completamente del último borrador sometido a deliberación[307]. Esta negativa también se vio influenciada, según se ha dicho[308], por la alta tasa de desempleo en el Atlántico Norte en los años inmediatamente posteriores a la guerra, lo que exponía a un deber de este tipo a un incumplimiento generalizado que devaluaría su valor y, así, el de toda la Declaración[309]. Por último, aun como mera hipótesis, la oposición a incorporar el

---

304 Documento O.N.U., E/cn.4/Ac.1/3/Add.2.

305 (AC.1 / 3). MORSINK, J. *The Universal Declaration…op.cit.*, p. 311.

306 *Ibíd.*, p. 162.

307 Documento E/600 17 de diciembre de 1947.

308 MORSINK, J. *The Universal Declaration… op. cit., p. 162.*

309 No nos parece, en cualquier caso, un argumento muy convincente, pues ante esa situación de desempleo también el derecho al trabajo

deber de trabajar a la Declaración pudo pretender, además, un distanciamiento de los regímenes comunistas que, como se ha visto, hicieron de este deber una consigna y lo ubicaron en una posición muy relevante en sus respectivos proyectos político-constitucionales[310]. La versión definitiva contemplaba solo una vaga mención al derecho al trabajo, sumamente indeterminada, en contra, precisamente, de lo que propusieron los representantes soviéticos en la comisión, que abogaron por una acepción prestacional del derecho al trabajo, dotado de garantías de accionabilidad[311].

---

estaba avocado a su incumplimiento generalizado, sin que por ello se suprimiese su incorporación.

310 Se concluyó que "en vista de la existencia de diferentes sistemas económicos, no parecía apropiado incluir ese concepto en la declaración en una forma demasiado rígida". *Ibíd.* p. 163.

311 En la intervención del Alexandre Bogomolov, de la URSS en la sesión del segundo comité de la declaración (Ac.2 / Sr.7jp. 11) y Afanasi Stepanenko, el delegado de la BSSR, se adujo que "el desempleo era una situación angustiosa con tales repercusiones en la vida familiar que la responsabilidad de prevenirla debería ser asignada al Estado", y propuso como adición al reconocimiento del derecho al trabajo que "el Estado tiene la obligación de tomar todas las medidas necesarias para eliminar el desempleo". La delegación panameña había presentado una propuesta que también buscaba corregir esta omisión, pero en términos algo menos categóricos. En lugar de "todas las medidas necesarias", propuso un segundo párrafo que hablaba del "deber del Estado de tomar las medidas que sean necesarias para garantizar que todos sus ciudadanos tengan la oportunidad de realizar un trabajo útil" (W.8/p. 18). Francia optó por una fórmula abierta, en la que, admitiendo el deber del Estado en la promoción de políticas de empleo, no introdujese compromiso vinculante alguno: "El Estado está obligado a tomar las medidas que puedan estar a su alcance para prevenir el desempleo y garantizar que todas las personas que residen en su territorio tienen la oportunidad de realizar un trabajo útil" (82 / Add.8 / Art. 21).

Comoquiera que sea, el debate sobre la inclusión del deber de trabajar queda diluido y resuelto en la discusión más general relativa a la admisibilidad de una proclamación universal de deberes. Como dijimos, la postura definitiva de los redactores fue el rechazo de esta posibilidad[312], con la excepción del artículo 29.1 que, de manera genérica e imprecisa, proclama que "toda persona tiene deberes respecto a la comunidad, puesto que sólo en ella puede desarrollar libre y plenamente su personalidad".

Andando el tiempo encontraremos nuevos intentos para reconocer un catálogo de deberes universales. El más relevante lo encontramos en la *non nata Declaración de Responsabilidades y Deberes Humanos de 1998*, elaborada por un grupo internacional de expertos en el marco de la conmemoración institucional de la Declaración de Derechos de 1948 auspiciada por la UNESCO[313]. Entre otros, y en lo que a aquí respecta, en su

---

312 Se rechazó, incluso, la mención a los deberes que atenían al Estado y que resultaban imprescindibles para la efectividad de los derechos que proclamaba. Por 47 votos contra ninguno y una abstención, aprobaron la siguiente resolución: "La Tercera Comisión decide que la declaración de derechos humanos se limitará a la formulación de principios relacionados con los derechos humanos que presuponen la existencia de los correspondientes deberes por parte de los Estados y difiere de la formulación de principios relacionados con los deberes de los Estados para su incorporación a un instrumento apropiado". Solo se hicieron dos excepciones a esta omisión de referencias al Estado. En el artículo 22 se hace un llamado a los Estados a cooperar en la creación de un orden mundial que haga realidad el goce de los derechos sociales, económicos y culturales (ver 6.4). Y en el artículo 16 se pide al Estado que proteja a la familia. Tomo la cita de MORSINK, J. *The Universal Declaration… op.cit.*, p. 239.

313 "Considerando que la insistencia exclusiva en los derechos puede dar por resultado conflictos, divisiones e interminables disputas, y el descuido de las responsabilidades humanas puede conducir al des-

art. 10 este instrumento proclamaba que "todas las personas tienen la responsabilidad de desarrollar sus talentos por medio del esfuerzo diligente; deberán tener igualdad de acceso a la educación y a un trabajo significativo [...]". Esta iniciativa, sin embargo, no llegó a discutirse en los órganos legislativos de las Naciones Unidas, aunque ha tenido sus réplicas posteriores en otros foros intelectuales extraoficiales[314].

---

orden y al caos, Considerando que los problemas globales exigen soluciones globales que sólo pueden lograrse por medio de ideas, valores y normas respetados por todas las culturas y sociedades, Considerando que todas las personas, en la medida de sus conocimientos y de su capacidad, tienen la responsabilidad de fomentar un mejor orden social, tanto en su patria como globalmente, lo cual es una meta que no puede alcanzarse exclusivamente por medio de leyes, prescripciones y convenciones, Considerando que las aspiraciones humanas de progreso y mejoramiento sólo pueden realizarse por medio de valores y normas convenidos que se apliquen a todas las personas e instituciones en todo tiempo". Como presidente actuó el Juez de Sudáfrica, Richard Goldstone, y entre sus miembros estuvieron Federico Mayor Zaragoza, Richard Falk, Ruud Lubbers, Frank Judd, Sergei Kapitsa, Jakob von Uexküll y Fernando Savater, así como los premios Nobel Joseph Rotblat, Wole Soyinka y Darío Fo. C.fr., FUNDACIÓN TERCER MILENIO, *Human Duties*, Valencia, 1998, accesible en https://globalization.icaap.org/content/v2.2/declare.html?iframe=true&width=80%&height=80% (último acceso el día 13 de abril de 2023).

314 Este es el caso, por ejemplo, de la proposición del profesor Karel Vasak de redactar una Declaración universal de los deberes del hombre: VASAK, K., "Proposition pour une Déclaration universelle des devoirs de l'homme", en A.A.V.V. *(dris.* MEYER-BISCH, P., DURAND, J.P.), *Les devoirs de l'homme. De la réciprocité dans les droits de l'homme*, Friburgo, Editions Universitaires, 1989, pp. 9-17. En esta misma línea, de forma más reciente, encontramos la *Carta Universal de los Deberes y Obligaciones de las Personas promovida* en México en el año 2017 por un grupo internacional de académicos, cuyo art. 14.1 decía: "Todas las personas y empresas dondequiera que ubiquen la

Sí encontramos la proclamación del deber de trabajar en algunas de las declaraciones regionales de Derechos Humanos. Concretamente, todas aquellas que cuentan con una declaración expresa de deberes han incluido entre estos al de trabajar: así ocurre con la *Declaración Americana de los Derechos y Deberes del Hombre de 1948* que en su artículo XXXVII proclama: "Toda persona tiene el deber de trabajar, dentro de su capacidad y posibilidades, a fin de obtener los recursos para su subsistencia o en beneficio de la comunidad". Previamente, en su preámbulo explicaba el significado jurídico-político de los deberes humanos del siguiente modo:

> "El cumplimiento del deber de cada uno es exigencia del derecho de todos. Derechos y deberes se integran correlativamente en toda actividad social y política del hombre. Si los derechos exaltan la libertad individual, los deberes expresan la dignidad de esa libertad [...] Los deberes de orden jurídico presuponen otros, de orden moral, que los apoyan conceptualmente y los fundamentan [...] Es deber del hombre servir al espíritu con todas sus potencias y recursos porque el espíritu es la finalidad suprema de la existencia humana y su máxima categoría [...].

Por su parte, *la Carta Africana sobre los Derechos Humanos y de los Pueblos* (Carta de Banjul)[315] proclama –en el segundo capítulo de su parte primera, dedicado a los deberes de los ciudadanos– el deber de todo individuo de "servir a su comunidad nacional po-

---

sede de su actividad, tenemos el deber y la obligación de promover y de exigir un trabajo en condiciones dignas y seguras". Accesible en chrome-extension://efaidnbmnnnibpcajpcglclefindmkaj/https://www.gob.mx/cms/uploads/attachment/file/278330/Carta_Universal_de_los_Deberes_y_Obligaciones_de_las_Personas.pdf (último acceso el 21 de abril de 2023).

315 Aprobada el 27 de julio de 1981, durante la XVIII Asamblea de Jefes de Estado y Gobierno de la Organización de la Unidad Africana, reunida en Nairobi, Kenya.

niendo sus aptitudes físicas e intelectuales a su servicio", y el deber de "trabajar al máximo de su rendimiento y pagar los impuestos estipulados por la ley en el interés de la sociedad" (art. 29.2)[316].

La Carta de los Derechos Fundamentales de la Unión Europea, para cerrar, omite cualquier alusión a deberes específicos y se limita a recordar, en su preámbulo, que todos los derechos que consagra se vinculan a "las correspondientes responsabilidades y deberes tanto respecto de los demás como de la comunidad humana y de las generaciones futuras".

5. EL DEBER DE TRABAJAR EN EL CONSTITUCIONALISMO ESPAÑOL

5.1 Constitución de la II República

La categoría de deberes constitucionales no cuenta con una tradición consolidada en nuestra historia jurídico-constitucional[317]. Ya hemos aludido a la magra declaración de deberes que contuvo la declaración de 1812 y cabe agregar ahora que las sucesivas cartas constitucionales decimonónicas no desarrollaron demasiado este apartado[318]. Apenas la de 1876, duran-

---

316 Otros de los deberes que recogen son los de "preservar el desarrollo armonioso de la familia"; el de "reforzar la independencia nacional y la integridad territorial de su país".

317 Un recorrido sumario por la regulación de los deberes en los sucesivos textos políticos españoles puede encontrarse en ASTARLOA VILLENA, F., *Los derechos y libertades en las constituciones históricas españolas, Revista de estudios políticos,* núm. 92, 1996, pp. 207-251.

318 El *Estatuto Real* de 1834 omite cualquier referencia a deberes u obligaciones ciudadanas, lo cual puede comprenderse si atendemos al contenido más bien orgánico de este texto político. La Constitución

te la Restauración Borbónica, se separará de esta tendencia al aumentar el número de deberes proclamados y agruparlos en un mismo artículo, el 22, dentro de su Título III denominado: *De los deberes y derechos de los españoles y de la protección otorgada a su vida individual y colectiva*[319]. Esta ordenada sistematización de los deberes desaparece en la Constitución republicana de 1931. Esta otra mantiene un título, también el tercero, denominado *Derechos y deberes de los españoles*, en el que incorpora, de forma dispersa en sus diferentes capítulos, algunos de los deberes típicos en nuestra tradición constitucional, como el deber de prestación personal de servicios civiles o militares (art. 37); el de manutención e instrucción de los padres sobre los hijos (art. 43) o el de contribuir económicamente a las cargas del Estado (...). Aparecen también algunos de nuevo cuño, como el de conocer el castellano o, en lo que a nosotros más nos afecta, la *obligación social* de trabajar del art. 46. Según este precepto:

---

de 1837, por su parte, reiterará los deberes de defender la patria y la contribución a los gastos estatales en proporción a los haberes (art. 6), en términos casi idénticos a los de la Constitución de 1812 y a los que, más de treinta años después, recogería la Carta de 1869.

319 Según el meritado precepto, todos los españoles estaban obligados: "A defender la Patria con las armas, o en cualquiera otra forma que prescriba la ley. A contribuir a los gastos del Estado, la Provincia y el Municipio, en la medida que con relación a sus haberes establezcan las leyes. A dar a los hijos que tuvieren y a los menores confiados legalmente a su cuidado la instrucción elemental, por los medios a su alcance, o haciendo que asistan a la escuela primaria pública. A desempeñar cargos que las leyes, en beneficio general, declaren de aceptación forzosa. A obedecer, dentro de las leyes, los mandatos de la autoridad competente, coadyuvar a su debido cumplimiento y procurar el descubrimiento de los delitos de carácter público. A levantar las cargas y rendir todas las prestaciones ciudadanas que las leyes les impongan".

"el trabajo, en sus diversas formas, es una obligación social, y gozará de la protección de las leyes".

Esta será la primera mención al deber de trabajar en nuestra historia constitucional, lo cual no es de extrañar pues, según se ha dicho, la carta republicana será la que por vez primera "se ocupe de modo expreso y circunstanciado del fenómeno del trabajo humano"[320]. Esta nueva orientación político-constituyente puede constatarse sin dificultad en el artículo primero de la norma, en el que se define a España como "una República democrática de trabajadores de toda clase, que se organiza en régimen de Libertad y de Justicia"[321]. A pesar del protagonismo que adquiere el trabajo en este nuevo marco político-jurídico, la posición constituyente al respecto no fue pacífica, sobre todo en lo concerniente al tipo de trabajo que definiría este nuevo canon de ciudadanía. En este punto del debate concurrieron las posiciones que reivindicaban una mayor identificación constitucional con el mundo del trabajo y aquellas otras que veían en las alusiones al trabajo un intento de *sovietización* del régimen para excluir, social y políticamente, las formas de vida no proletarias.

Esta tensión se observa en el tratamiento asambleario del artículo primero de la Constitución. En los debates iniciales se plantearon varias enmiendas al *anteproyecto de la comisión jurí-*

---

320 PÉREZ REY, J., "En los orígenes del Derecho español del trabajo: La labor de la II República", *Revista de Administración Pública,* vol. 47, 2016, pp. 215-252, p. 217. En este mismo sentido, MONTOYA MELGAR, A., *Ideología y lenguaje en las leyes laborales de España* (1873-2009), Madrid, Civitas, 2009, p. 276.

321 Con base en estas disposiciones se ha dicho que dentro del constitucionalismo español, la carta republicana será la primera dentro del constitucionalismo histórico español que "atribuirá relevancia inmediatamente constitucional al trabajo".

dica-asesora que abogaba por la presentación de España como una "República democrática". La mayoría de estas enmiendas buscaban reformular tal denominación para expresar el compromiso con la justicia social evidenciado durante las elecciones constituyentes[322]. El diputado radical-socialista Fernando Valera propuso la siguiente denominación: "República de trabajadores liberal en el principio, democrática en el fundamento y social en la orientación". Según postuló este diputado: "en una democracia del siglo XX, el trabajo y la ciudadanía son sinónimos". La mención constitucional a los trabajadores significaba así "que todos, al instaurar la República, nos imponemos el deber sagrado del trabajo como medio primordial para resucitar nuestra patria"[323]. Los diputados Luis Araquistaín, Trifón Gómez, Luis Jiménez de Asúa, Jerónimo Buzgeda y Enrique de Francisco, todos socialistas, respondieron con la siguiente proclamación alternativa: "España es una República de trabajadores. Los poderes de todos sus órganos emanan del pueblo"[324]. Finalmente, la derecha liberal, a través del presidente Niceto Alcalá Zamora, presentaría una enmienda con la precisión de que se trataba de "trabajadores de toda clase". Esta fue la versión que finalmente trascendió al frontispicio de la Constitución, aunque con una marcada división de pareceres: fue aprobada por 170 votos a favor y 152 en contra. Se impuso así una amplia noción prototípica del trabajo que no se circunscribía ya al ejecutado en régimen de ajenidad.

---

322 MARTÍN MARTÍN, S., "Derechos sociales y procesos constituyentes (1931, 1978, ¿2016?)", en *Gaceta sindical: reflexión y debate,* núm. 23, 2014, pp. 37-79, p. 42.

323 Tomamos las citas de *ibíd.*, pp. 42 y 43.

324 Diario de Sesiones de las Cortes Constituyentes, núm. 28, 27 agosto, ap. 1°. Accesible en: https://app.congreso.es/est_sesiones/ (último acceso el día 12 de agosto de 2023).

Como se ha dicho, esta matización presentada por Alcalá Zamora, ciertamente apaciguadora, estaba dirigida a *disolver la carga clasista* de las propuestas iniciales[325]: "el «toda clase» sirvió para suavizar las resistencias que el texto inicialmente proyectado causó [...] restándole parte de su carga simbólica"[326]. Y es que ya vimos que la limitada identificación del trabajo con el trabajo prestado en régimen de ajenidad era una característica del constitucionalismo socialista, que exigía este tipo de trabajo como requisito de ciudadanía y no admitía otras formas de contribución productiva. La Constitución de Weimar, primero, la Carta del Lavoro italiana, después, y, ahora, la Constitución de la II República Española, acogen expresamente una acepción amplia del trabajo en un intento de alejarse retóricamente del proyecto de Estado socialista. Este intento de distinción fue expresamente confesado en los debates constituyentes que precedieron a todos aquellos textos fundamentales. En lo concerniente ahora a España, el Partido Radical, a través de su diputado Guerra del Río, postularía que la proclamación de una república integrada por trabajadores daría la impresión, "sobre todo fuera de España, que esta República de todos los españoles, empieza a definirse casi con

---

325 MARTÍN MARTÍN, S., "Derechos sociales..." *op.cit.*, p. 49.

326 PÉREZ REY, J., "En los orígenes del Derecho..." *op.cit.*, p. 218.

Sobre el origen de esta proclamación y los debates parlamentarios que suscitó, vid. PÉREZ SERRANO, N., *La Constitución española,* Madrid, Ed. Revista de Derecho Privado, 1932, p. 38. GARCÍA ESCUDERO, J.M., *Historia política de las dos Españas, vol. 2,* Madrid, Editora Nacional, 1975, p. 1073; TUÑÓN DE LARA, M., *La Segunda República,* Madrid, Siglo XXI, 1976, p. 77. LARGO CABALLERO, F., *Mis recuerdos,* México D.F., Ediciones Unidas SA, p. 112.; VALDÉS DAL-RE, F., "El Derecho del Trabajo en la Segunda República", en A.A.V.V. (Ed. Arostegui, J.), *La república de los trabajadores. La Segunda República y el mundo del trabajo,* Madrid, Fundación Largo Caballero, 2006, pp. 175-207, p. 198.

las mismas palabras con las que se define la República de los soviets"[327]. También algunos analistas de la época dictaminaron que la identificación de España con una república de trabajadores "llevaría, en buena sistemática, a declarar obligatorio jurídicamente el trabajo, a suprimir la propiedad privada, a no admitir la herencia y a negar los derechos de la burguesía"[328]. Sin embargo, al aludirse finalmente a los trabajadores de *toda clase* se consiguió apelar a una noción abstracta del trabajo que incluía, no solo el trabajo asalariado, sino también, al menos, las profesiones liberales y las actividades económicas de gestión o administración del capital.

En esta misma línea, y para avanzar en nuestro tema, encontramos el ya aludido artículo 46, que no excitó apenas debate en su tramitación constituyente[329] y que, al proclamar la *obligación social* del trabajo, se refiere al trabajo "en sus diversas formas". Aunque algunos autores han encontrado en este artículo "ciertos ecos weimarianos"[330], lo cierto es que –como hemos tenido ocasión de constatar– su redacción es mucho más semejante a la formulación del deber de trabajar que encontramos en la *Carta del Lavoro* italiana del año 1927. También en esta, recordemos, se alude a una noción extensa del trabajo, al afirmar que "el trabajo en todas sus formas organizadas y ejecutivas, intelectuales, técnicas, manuales, es un deber social". La coincidencia en este punto no revelaría, a nuestro modo de

---

327 Intervención del diputado Rafael Guerra del Río: Diario de Sesiones de las Cortes Constituyentes, núm. 39, 16 septiembre, p. 957.

328 PÉREZ SERRANO, N., "La Constitución española…" *op.cit.,* p. 59.

329 PRIETO GUTIÉRREZ, M.G. y PENDÁS GARCÍA, B., "La Seguridad Social en la Constitución Española de 1931", *Revista de Política Social,* núm. 139, julio-septiembre 1983, pp. 51-91, pp. 52 y 53.

330 PÉREZ REY, J., "En los orígenes del Derecho español del trabajo…" *op.cit.,* p. 219; RUBIO LLORENTE, F., "Los deberes constitucionales… " *op.cit.,* p. 12.

ver, una alineación del constituyente español con los postulados del régimen fascista italiano contenidos en la *Carta del Lavoro*: tanto en lo que se refiere al papel concedido a la iniciativa privada, como en el rol interventor de los poderes públicos, existen insalvables diferencias entre ambos proyectos políticos; de ahí que la coincidencia en la formulación del deber de trabajar sea especialmente reseñable. Esta coincidencia se explica si nos ubicamos en el contexto geopolítico de aquel momento. Con aquella formulación amplia, insistimos, ambos constituyentes, tanto el fascista italiano como el republicano español, reniegan expresamente de la homogeneidad en las formas de participación productiva que pretende instaurar el socialismo[331]. Lo verdaderamente llamativo para nosotros es que, aun existiendo esta clara voluntad de distanciarse de los regímenes socialistas, ninguno de estos dos constituyentes rehúsa la proclamación del deber trabajar, lo cual hubiera supuesto la solución más pragmática. A pesar de las connotaciones ideológicas que ya había adquirido este deber constitucional, la carta fundamental española e italiana, también anteriormente la alemana, prefieren acogerlo y operar sobre él las oportunas enmiendas. Esta actitud abunda sin duda en una idea que expusimos al principio: que existe un hondo consenso ideológico entre distintas –incluso antagónicas– corrientes políticas a la hora de afirmar la legitimidad y la pertinencia del deber de trabajar. Como en el proceso constituyente español expuso el diputa-

---

331 El diputado socialista Araquistain señaló que la Constitución pretendía evitar una sociedad compuesta de "dos clases de personas: los trabajadores y los ociosos [...] o también: el partido nacional, que es el de los trabajadores y el partido antinacional, que es el de los parásitos". La cita está en ÁLVAREZ ALONSO, C., "La Constitución de 1931: derecho del trabajo y legislación y política social", A.A.V.V. (Baylos Grau, A., coord.), *Modelos de derecho del trabajo y cultura de los juristas*, Albacete, Bomarzo, pp. 95-146, p. 133.

do Luis Araquistain "el deber social de trabajar es el principio cardinal de la civilización del siglo XX, el principio destinado a ser universalmente aceptado por todas las constituciones"[332]. El artículo primero de la Constitución republicana, leído juntamente con el 46, expresan suficientemente esa idea y presentan al trabajo como un deber cuasi político que determina el estatus pleno de ciudadanía[333].

Dejando de lado ya las motivaciones ideológicas que condicionaron su redacción definitiva, conviene ahora preguntarse por la significancia jurídica de este deber de trabajar. La primera cuestión que nos suscita su lectura es la relativa al sentido que debemos atribuirle a la expresión *obligación social*[334]. Ya he-

---

332 LÓPEZ SEVILLA, E., *El partido Socialista Obrero Español en las Cortes Constituyentes de la Segunda Republica. Repertorio cronológico de las intervenciones parlamentarias,* México D.F., Ediciones Pablo Iglesias, 1969, Intervención de 16 de septiembre 1931, p. 210. En similar sentido encontramos la intervención de Araquistain de 25 de septiembre de 1931., n. 110, p. 260.

333 Algunas de las enmiendas planteadas sobre el artículo 46 plantearon añadir en este que "la condición de trabajador es para la República española el más preciado título de ciudadanía" (enmienda presentada con fecha de 1 de octubre de 1931 y publicada en el *Diario de Sesiones,* número 48, apéndice 11, por Ramón Pérez de Ayala, Mariano Rico Abello, Publio Suárez Uriarte, Vicente Iranzo, Antonio Sacristán, José Moreno Galvache, Bernardo Giner de los Ríos y Gregorio Vilatala).

334 Durante la tramitación parlamentaria del artículo 46 (originalmente, 44) se plantearon otras formulaciones alternativas como la de "deber social" (enmienda presentada con fecha de 1 de octubre de 1931 y publicada en el *Diario de Sesiones,* número 48, apéndice 11, por Ramón Pérez de Ayala, Mariano Rico Abello, Publio Suárez Uriarte, Vicente Iranzo, Antonio Sacristán, José Moreno Galvache, Bernardo Giner de los Ríos y Gregorio Vilatala) y la de "deber ético" (*enmienda de* Dimos de Madariaga, *Diario de Sesiones,* núm. 43, apéndice. 7, firmada el 22 de septiembre, por Ricardo Cortés, Santiago

mos observado que otras Constituciones de este período que se referían al deber de trabajar también omitían calificarlo como un deber jurídico. La Carta del Lavoro italiana empleaba esta misma literalidad y la Carta de Weimar lo calificaba como un *deber moral.* Algunos analistas del momento, como Pérez Serrano, críticos con la opción constituyente expresada en el art. 46, son categóricos al denegarle a este cualquier juridicidad: "El precepto, si merece realmente este nombre, no se contenta con declarar que el trabajo es un *deber,* sino que lo reputa *obligación,* queriendo acaso pasar de lo moral a lo jurídico; pero no tiene todo el vigor necesario para ello: aparte de que antes se ha reconocido el derecho de propiedad"[335]. Otros juristas coetáneos a la Constitución[336], como Rodríguez Aniceto, aun negando la juridicidad de este *deber social,* le otorgaron una potencial influencia en la producción legislativa infraconstitucional:

> "el trabajo es una obligación social, es la exaltación formal y revalorización del trabajo, acabando con las concepciones

---

Guallar, Ramón Molina, José María L. de Clairac, Lauro Fernández y Ricardo Gómez Rojí). Algunas apreciaciones sobre esta diferente teminología, así como sobre las enmiendas que se introdujeron, se pueden encontrar en PRIETO GUTIÉRREZ, M.G. y PENDÁS GARCÍA, B., "La Seguridad Social..." *op.cit.*, pp. 65-78.

335 PÉREZ SERRANO, N., *La Constitución española... op.cit.*, p. 200.

336 Además de los citados, otras opiniones críticas se encuentran en ROYO VILLANOVA, A., *La Constitución española de 9 de diciembre de 1931, con glosas jurídicas y apostillas políticas,* Valladolid, Imprenta Castellana, 1931: "este artículo contiene declaraciones teóricas que representan un buen propósito, pero que no encajan en el concepto normativo que deben tener los preceptos constitucionales", p. 117. También en DE MADARIAGA, S., *España. Ensayo de historia contemporánea,* donde se presenta como un triunfo de "doctrinarios de demagogos" sobre los políticos con sentido común. Estas dos referencias las extraigo de DE LA VILLA GIL, L.E., *La formación histórica del Derecho español del Trabajo,* Granada, Comares, 2003, p. 298.

> esclavistas y vilipendiosas del mismo. El trabajo no es ya una pena o una maldición; es una obligación social y, como decía el señor Valera, "en una democracia del siglo XX el trabajo y la ciudadanía son términos sinónimos y que pueden muy bien emplearse el uno por el otro". Ahora bien ¿es simplemente una obligación social, o se le ha querido dar trascendencia jurídica? La Constitución se expresa con toda claridad, y aunque, quizá, tendiera a convertir en jurídico el deber que califica de social, es lo cierto que no se establece la contrapartida de la exigencia estatal para poder coaccionar a su cumplimiento. La Constitución se ha detenido en el camino para declararlo deber jurídico y quizá ha establecido el deber social como basamento en que se apoye toda la intervención del Estado en favor del trabajador, y aún más concretamente, del obrero"[337].

Comoquiera que fuese, a modo de digresión, lo cierto es que con la introducción de este mandato en la Constitución de 1931 se produce un sutil, pero trascendente, cambio de paradigma en nuestra historia constitucional. Hasta ahora, la juridicidad y exigibilidad de los deberes constitucionales no había sido cuestionada. Nadie dudó que los clásicos deberes de contribuir a las cargas del Estado y de participar en la defensa de la Patria podrían ser compelidos coactivamente. En este extremo, no existieron diferencias reseñables entre la fuerza vinculante de los derechos subjetivos y la de los deberes proclamados en la Constitución. Con la introducción del deber u obligación de trabajar aparecen ya las primeras estratificaciones de los diferentes deberes constitucionales, según su hipotético diferente grado de exigibilidad[338]. Observamos entonces

---

337 RODRÍGUEZ ANICETO, N., *Discurso leído en la solemne... op.cit.*, p. 32.

338 Como se ha dicho sobre la norma fundamental republicana: "unos deberes podían considerarse meros deberes morales (verbigracia la obligación de trabajar), otros originaban —aunque fuera a través de la mediación de una ley— auténticas obligaciones jurídicas, cuyo incumplimiento podía acarrear fuertes sanciones (verbigracia los

cómo con este texto constitucional comienza en nuestro ordenamiento jurídico la relativización jurídica de los deberes constitucionales. Este es un fenómeno, como veremos, que aparece coetáneamente en el constitucionalismo comparado, como resultado del reconocimiento de nuevos deberes y derechos cuya aplicabilidad estricta o absoluta resulta incongruente con otras disposiciones de la norma fundamental. A nuestro modo de ver, como ya hemos tenido ocasión de defender, este cambio de paradigma en la dogmática jurídica global acontece principalmente con la aprobación de la carta de Weimar de 1919, cuando muchas de las disposiciones constitucionales tienen una función programática más que normativa.

Comoquiera que fuese, una forma de ponderar las implicaciones del deber de trabajar recogido en la Constitución republicana es observar la concreción que tuvo en la legislación ordinaria. A pesar de que se ha dicho que durante este período se produce el mayor desarrollo histórico ocurrido hasta el momento de la normativa de índole socio-laboral[339], no encontramos ninguna disposición que de forma expresa se apoye en el deber consagrado en el art. 46 de la carta fundamental. En realidad, resulta muy difícil dilucidar la base constitucional de muchas leyes que se aprobaron en este periodo histórico pues, en aquel tiempo, la práctica legislativa prescindía con frecuencia de exposiciones de motivos o preámbulos. De este modo, no encontraremos una declaración legislativa que vincule una determinada norma a un concreto precepto constitucional.

---

deberes fiscales); sin que faltaran tampoco deberes que podríamos situar a medio camino entre los primeros y los segundos (verbigracia el deber de estudiar y conocer el castellano)" OLIVER ARAUJO, J., *El sistema político de la Constitución española de 1931*, Palma de Mallorca, Universitat de les Illes Balears, 1991, p. 93.

339 DE LA VILLA GIL, L.E., *La formación histórica... op.cit.*, p. 296.

No obstante, sí que es posible encontrar ciertas disposiciones que, sin apelar directamente al deber constitucional de trabajar, sí responden al espíritu que este expresaba y al sistema de principios constitucionales que ayudaba a conformar. Y es que no puede obviarse que el conjunto de la Constitución republicana, aunque principalmente a través de sus arts. 1 y 46, vendría a colocar al trabajo por primera vez en nuestra historia como un valor político de primer orden, asociándolo a un particular estatuto jurídico de ciudadanía cuyas prerrogativas serían concretadas por la legislación ordinaria. Como ha expresado el profesor De la Villa Gil al glosar el art. 46 de la carta republicana: "la protección del trabajo se acomete por vez primera en España a este nivel constitucional y con pretensiones sistemáticas; de ahí que sea con la segunda república cuando comience entre nosotros la llamada constitucionalización de la vida del trabajo"[340].

Entre otras derivadas de este nuevo enfoque constitucional, se ha observado cómo la legislación tuitiva de los trabajadores, principalmente concentrada en la *Ley del Contrato de Trabajo de 1931*, ensancha su ámbito subjetivo en coherencia con la noción amplia del trabajo que protege la Constitución, para pasar de la "protección del trabajo manual, solamente manual", a "la de todo el que trabaja por cuenta ajena, bajo su dependiente o con retribución, sea cualquiera la forma de trabajo"[341]. Por otro lado, la definición de la relación laboral que efectúa esta ley omite cualquier referencia a la libertad o voluntariedad del trabajo, lo que se ha explicado —aunque no necesariamente lo compartamos— desde el carácter obligatorio que adquiere este en el

---

340 *Ibíd., p. 298.*

341 CALLEJO DE LA CUESTA, P., *Derecho social,* Madrid, 1935, p. 10. Tomo la cita de DE LA VILLA GIL, L.E., *La formación histórica... op.cit., p. 302.*

art. 46 de la Constitución[342]. Dicho lo anterior, el desarrollo más directo de este deber u obligación constitucional puede encontrarse, a nuestro modo de ver, en la reglamentación de vagos y maleantes que se inicia con la *Ley de 4 de agosto de 1933*. Como es sabido, se trata de una ley penal que imponía el sometimiento a medidas de seguridad a aquellas personas que incurriesen en algunas de las conductas que se separaban de los patrones de conducta validados oficialmente. Entre las personas que podrían ser declaradas peligrosas y sometidas a tales medidas de seguridad encontramos (art. 2) "los vagos habituales" y "los mendigos profesionales". Es llamativo observar en la primera de estas conductas típicas que el criterio determinante para la persecución de la vagancia era la habitualidad, y no la voluntariedad o la culpabilidad, aunque bien podría entenderse que en el concepto de *vagancia* va de un con componente volitivo y que, por tanto, la desocupación involuntaria no quedó tipificada en la norma. Así queda de manifiesto en la *Circular de la Fiscalía del Tribunal Supremo de 12 de marzo de 1934* que buscaba conciliar "la eficacia de la defensa de la colectividad...con el respeto debido a las libertades ciudadanas". De acuerdo con esta circular, se reputaría vago, en consonancia con el Código Penal de 1870, a quien "no posee bienes o rentas ni ejerce habitualmente profesión, arte u oficio, ni tiene empleo, destino, industria, ocupación lícita o algún otro medio legítimo y conocido de subsistencia, por más que sea casado y con domicilio fijo". Sin embargo, esta definición

---

342 DE LA VILLA GIL, L.E., *La formación histórica... op.cit., p. 304*. Nos separamos de esta posición porque creemos que la libertad como nota definitoria del contrato de trabajo es compatible con un deber constitucional de trabajar, por severo que este sea, siempre que además se reconozca el derecho a la libertad de oficio. Dicho de otro modo, este otro derecho es el que permite afirmar la voluntariedad del contrato de trabajo. Esta posición la justificamos más abajo, apartado V.2.1.

categórica de la vagancia queda atemperada al afirmar: 1) que la mera posesión de bienes, no orientada a la utilidad pública, puede suponer "la más escandalosa e inmoral vagancia"[343]; y 2) que no se calificará como vago a quien se halle en paro forzoso, "aunque para salir de su inactividad no haya agotado todos los medios que se presenten como posibles al crítico sereno, pero fácilmente se ocultan al paciente angustiado". La importancia de la dedicación laboriosa como forma estándar y honorable de vida queda patente, por lo demás, en el apartado procesal o forense de la norma comentada, donde se admiten como únicas pruebas de descargo en favor del acusado, art. 13, las que tengan por objeto: "a) La demostración de que el denunciado ha vivido, durante los cinco años anteriores, de un trabajo o medio de subsistencia legítimo; b) La inexactitud de los hechos que consten en el expediente y la tacha de los testigos que la hayan aducido". Por último, la concepción virtuosa del trabajo que inspira esta norma lleva a que, entre las medidas de seguridad aplicables a cada conducta, art. 4, aparezca con frecuencia el "internado en un Establecimiento de trabajo o Colonia agrícola".

---

343 Lo cual es sin duda coherente con otros preceptos constitucionales, como el art. 44, que, al tiempo que declara la utilidad social de la propiedad, afirma que "toda la riqueza del país, sea quien fuere su dueño, está subordinada a los intereses de la economía nacional y afecta al sostenimiento de las cargas públicas". A nuestro modo de ver este precepto cabe asociarlo al mismo espíritu productivista al que obedece el deber de trabajar del art. 46. En este sentido, el art. 44 permitió la adopción de ciertas medidas dirigidas a activar los bienes de capital improductivos, como ocurrió de forma más destacada con la *Ley de Reforma Agraria* de 1932. Anteriormente a esta, encontramos el Decreto de 9 de mayo de 1931 dictado para evitar el abandono de fincas rústicas por sus propietarios, que agudiza "la falta de trabajo de los obreros del campo". Respondiendo a esta misma orientación, encontramos los Decretos de 28 de abril y de 19 de mayo de 1931.

En síntesis, vemos cómo la carencia de trabajo era la conducta antijurídica tipificada por la norma y, precisamente, la imposición del trabajo la punición que se establecía para reconducir al sujeto infractor a una forma de vida públicamente aceptada. Tanto la tipificación de la vagancia habitual como las medidas de seguridad consistentes en internamiento en centros de trabajo permanecieron vigentes durante toda la etapa republicana y el posterior régimen franquista, hasta la derogación parcial de la *Ley 16/1970, de 4 de agosto, sobre peligrosidad y rehabilitación social* operada, ya en la transición democrática, por la *Ley 77/1978, de 26 de diciembre, de modificación de la Ley de Peligrosidad y Rehabilitación Social y de su Reglamento.*

5.2 Normas fundamentales del franquismo

Los deberes jurídicos adquirieron un protagonismo mucho mayor en las diferentes *Leyes Fundamentales del Reino* aprobadas durante el franquismo, al menos en términos retóricos, como exaltación del compromiso personal con la Patria que exigía el nuevo régimen[344]. En lo que a nosotros más nos toca, durante

---

[344] La primera de estas normas, el Fuero del Trabajo de 1938 solo se refería al deber de trabajar, pero con mucha insistencia: en los arts. 3 y 5 del Preámbulo; en el art. 1 de su sección XI o en su sección XV cuando sentenciaba "en esta carta de derechos y deberes, dejamos aquí consignados como más urgentes e ineludibles los de que aquellos elementos productores contribuyan con equitativa y resuelta aportación a rehacer el suelo español y las bases de su poderío". Por su parte, el Fuero de los Españoles de 1945, cuyo contenido se asimila más al de una Constitución propiamente dicha, se promulga como "texto fundamental definidor de los derechos y deberes de los mismos y amparador de sus garantías" (preámbulo). En su artículo primero se lee: "el Estado español proclama como principio recto de sus actos el respeto a la dignidad, la integridad y la libertad de

la etapa franquista el trabajo fue exaltado hasta elevarse a la categoría de deber religioso. Así se observa claramente en el *Fuero del Trabajo de 1938*. En este texto, el deber de trabajar se alinea además con una lógica productivista proclamada en su propio preámbulo, donde se fijará, como uno de los objetivos del régimen dictatorial en ciernes, que: "la producción española –en la hermandad de todos sus elementos– sea una Unidad que sirva a la fortaleza de la Patria y sostenga los instrumentos de su poder". Ya es de por sí llamativo constatar cómo esta, la primera ley fundamental del franquismo, dictada aún durante la pendencia de la Guerra Civil, pone en su centro al trabajo humano[345]. El trabajo se presenta allí, con "la retórica y

la persona humana, reconociendo al hombre, en cuanto portador de valores eternos y miembros de una comunidad nacional, titular de deberes y derechos, cuyo ejercicio garantiza en orden al bien común" –aunque sea un dato menor, es revelador observar como la titularidad de los deberes precede literalmente a la de los derechos–. Por su parte, el Título I sobre deberes y derechos de los españoles proclamaba que "todos los españoles tienen derecho a recibir educación e instrucción y el deber de adquirirlas" (art. 5); la "obligación de prestar este servicio cuando sean llamados con arreglo a la Ley" (art. 7); que los españoles "contribuirán al sostenimiento de las cargas públicas según su capacidad económica" (art. 9); los derechos y deberes en el seno familiar (art. 22), entre ellos el de los padres de "alimentar, educar e instruir a sus hijos" (art. 23). Por último, en conexión más estrecha con nuestro objeto de estudio, proclama el Fuero de los Españoles que "todos los españoles tienen derecho al trabajo y el deber de ocuparse en alguna actividad socialmente útil" (art. 24) . El último apartado de esta norma, su Título II, se denomina Del ejercicio y garantía de los Derechos. No solo la denominación de este apartado, sino también su articulado (arts. 33 a 36), omiten cualquier referencia a la exigibilidad de los deberes o a los mecanismos para garantizar su cumplimiento.

345 Ya vimos como ocurrió lo mismo con la carta fundacional del régimen de Mussolini en Itlaia, la *Carta del Lavoro*. Y es que, como se ha

ampuloso lenguaje característicos, y la indudable influencia de los regímenes alemán e italiano"[346], como una exigencia debida para mayor gloria de Dios y de la Patria, como el principal compromiso de la ciudadanía con los principios del nuevo régimen[347]. A continuación, reproducimos en íntegro su título primero, donde observaremos esta idea con más nitidez y extraeremos algunas otras consideraciones relevantes:

1.- El trabajo es la participación del hombre en la producción mediante el ejercicio voluntariamente prestado de sus facultades intelectuales y manuales, según la personal vocación, en orden al decoro y holgura de su vida y al mejor desarrollo de la economía nacional.

2.- Por ser esencialmente personal y humano, el trabajo no puede reducirse a un concepto material de mercancía, ni ser objeto de transacción incompatible con la dignidad personal de quien lo preste.

---

destacado, para el fascismo de entreguerras el trabajo adoptó una posición central. ANDREASSI CIERI, A., *Arbeit macht frei: el trabajo y su organización en el fascismo; (Alemania e Italia),* Barcelona, Editorial El Viejo Topo, 2004.

346 SASTRE IBARECHE, R., *El derecho al trabajo... op.cit,* p. 52.

347 Por su parte, la Falange Española Tradicionalista de las JONS, previamente había sido más vehemente al exigir en su norma programática: "el Estado Nacionalsindicalista no tributará la menor consideración a los que no cumplen función alguna y aspiran a vivir como convidados a costa del esfuerzo de los demás". Sobre la posición central del trabajo en el movimiento liderado por Primo de Rivera, vid. SEMPERE NAVARRO, V.A., *Nacionalsindicalismo y relación de trabajo,* Madrid, Akal, 1982. También LAÍN ENTRALGO, P., *Los valores morales del nacionalsindicalismo,* Madrid, Editora Nacional, 1946, pp. 27-34.

3.- El derecho de trabajar es consecuencia del deber impuesto al hombre por Dios, para el cumplimiento de sus fines individuales y la prosperidad y grandeza de la Patria.

4.- El Estado valora y exalta el trabajo, fecunda expresión del espíritu creador del hombre y, en tal sentido, lo protegerá con la fuerza de la ley, otorgándole las máximas consideraciones y haciéndole compatible con el cumplimiento de los demás fines individuales, familiares y sociales.

5.- El trabajo, como deber social, será exigido inexcusablemente, en cualquiera de sus formas, a todos los españoles no impedidos estimándolo tributo obligado al patrimonio nacional.

6.- El trabajo constituye uno de los más nobles atributos de jerarquía y de honor, y es título suficiente para exigir la asistencia y tutela del Estado.

7.- Servicio es el trabajo que se presta con heroísmo, desinterés o abnegación, con ánimo de contribuir al bien superior que España representa.

8.- Todos los españoles tienen derecho al trabajo. La satisfacción de este derecho es misión primordial del Estado.

Comencemos reparando en la noción de trabajo sobre la que se construye esta declaración de principios: el trabajo que es debido y que es, a su vez, fuente de derechos, es aquel que tiene un fin productivo, el que contribuye al desarrollo económico del país (art. 1). Como sostendremos más adelante, esta es la noción de trabajo sobre la que se ha construido, y todavía hoy se construye, el deber jurídico de trabajar, aunque otras normas fundamentales no hayan sido tan explícitas al respecto.

Siguiendo con el texto franquista, el trabajo que se exige es además un trabajo en sentido amplio, que no se identifica con una clase o un régimen de propiedad concreto. El trabajo se protege "en cualquiera de sus formas" (art. 5), reproduciendo así la misma apostilla que encontrábamos en *Carta del Lavoro italiana* del régimen fascista y en la *Constitución de la II República española.* Al igual que estos dos regímenes –aunque con orientaciones muy diferentes–, la dictadura franquista quiso marcar una equidistancia con las principales ideologías político-económicas que escindían el globo y a las que tantas corrupciones se le imputaban: como se declaró en el preámbulo de la norma que comentamos, el Estado Nacional estaba llamado a ser "una reacción contra el capitalismo liberal y el materialismo marxista".

Por lo otro lado, en el articulado transcrito vemos como el derecho al trabajo aparece como un corolario directo y necesario del deber de trabajar (art. 4). En este caso, el deber estaría en una posición superior que el derecho, en la medida que es algo de origen divino y precede, por tanto, a todo el Ordenamiento positivo. El derecho al trabajo no gozaría de ese estatus y su reconocimiento sería la respuesta debida por una comunidad política que descubre y acepta aquel mandato normativo de origen providencial, el deber de trabajar, y articula las instituciones jurídicas necesarias para que todos sus miembros puedan darle un recto cumplimiento[348]. Existe entonces una relación causal directa entre el deber de trabajar y

---

348 Esta posición subordinada o instrumental del derecho al trabajo se ha observado por Ruíz Resa: "Así, la dimensión emancipadora de los derechos humanos, como poderes subjetivos que el sistema de normas jurídicas protege, va a quedar rebajada a medio para cumplimiento de un deber que impregna la vida de la población; es decir, se reconocen derechos (como el derecho al trabajo) para cumplir deberes (como el deber de trabajar)". RUÍZ RESA, J.D., "El derecho al trabajo en las cárceles franquistas", *Derechos y libertades: Revista de Filosofía del Derecho y derechos humanos*, núm. 35, 2016, pp. 265-305, p. 280.

el derecho al trabajo: este es "consecuencia" de aquel (art.3). Esta relación entre el derecho al trabajo y el deber de trabajar, con apelaciones religiosas o sin ellas, ha sido en realidad una constante en la codificación histórica de estas dos instituciones jurídico-constitucionales. Más adelante nos referiremos a ello –apartado IV.5.1–.

Por ahora observemos también la relación que aquí se entabla entre el deber de trabajar y la estaturización de normas de protección a los trabajadores. El régimen franquista abrazó de forma clara una lógica productivista en la que se reclamaba el esfuerzo *heróico, desinteresado y abnegado* parar conseguir el bien de la Patria (art. 7). Al igual que ocurrió en la Constitución de Weimar, ese interés en la fuerza productiva de la población justificaba la protección jurídica de esta, bien sea en la relación de trabajo a través de normas laborales[349], bien sea ante las situaciones de necesidad que acontecieran a través de la asistencia social (arts. 4 y 6). Las instituciones que luego integrarían el derecho del trabajo o el derecho social aparecen en este texto vinculadas al cumplimiento de un deber inexcusable: el ejercicio de un trabajo, *id est,* una actividad productiva[350]. Cierto es que, según el Fuero del Trabajo, la protección

---

[349] MURILLO RUBIERA, J., "El Derecho económico-social en el fuero del Trabajo", *Revista de Política Social,* núm. 58, abril/junio 1963, pp. 5-22, p. 21.

[350] Una de las críticas que se entabló contra este principio fue que la norma fundamental no contuvo ninguna previsión para las personas impedidas para el trabajo: "el que no puede cumplir el deber de trabajar ni, en consecuencia, ejercitar el correspondiente derecho, está asistido por el derecho natural a ser socorrido". GUILLÉN ESTRADA, E. "El trabajo, la pobreza y el socorro", *Fomento Social,* vol. II, núm. 5, 1947, pp. 27-40, p. 39. Desde la Iglesia Católica, además, se defendió la eventualidad de situaciones de desocupación ajenas a la voluntad del trabajador: "el que cumple el deber de trabajar tiene

del factor humano de producción no es el único fundamento que justifica la especial tutela normativa debida a los trabajadores: su dignidad personal y su situación de dependencia social son otros fundamentos de la intervención del poder público en la protección social (art. 2). Pareciera que tal intervención tutelar, la que caracteriza la normativa social, quedaría condicionada por la necesidad de equilibrar la calidad de vida de los trabajadores y el desarrollo de la economía nacional (art. 1), armonizando así los fines humanistas y productivistas que expresamente se proclaman en esta norma fundamental del franquismo[351]. En palabras de un iuslaboralista coetáneo a esta norma, Hernáinz Márquez:

> La consideración que usualmente se venía dando al trabajo otorgándole una simple protección, pero considerando unilateralmente el problema, sin verlo en su relación con la producción ni con el supremo interés nacional, quedan bien superadas en la moderna concepción. Hoy día, según el Fuero,

---

derecho a vivir una vida decorosa hasta cuando no trabaja sin su culpa". Principio II del Sindicalismo Obrero Católico. Vid. FAGOAGA GUTIERREZ-SOLANA, M., "El Fuero del Trabajo y la Doctrina Social de la Iglesia", *Revista de Política Social,* núm. 58, 1963, pp. 23-45.

351 Esta conjugación de bienes tutelables en el contenido de la legislación ordinaria es explicada por Pérez Leñero: "De esta concepción del trabajo brotan las ideas de derecho y deber del mismo, así como la idea de la prevención estatal de los accidentes, la previsión social, la regulación del descanso obrero, haciendo del mismo la fuente y el origen de la dignidad del trabajo mismo. Según esta filosofía, hay que tomar el trabajo como descanso, y el descanso como trabajo. Trabajo y descanso hay que sentirlos como nuestra vida; hay que trabajar y descansar, viviendo, según este concepto filosófico. El descanso obrero sigue siendo trabajo porque es vida, pero trabajo de sí mismo, de su yo, para que, en la hora siguiente a la de la fábrica, sienta el trabajador más honda su personalidad, se sienta más hombre y, en consecuencia, más obrero". PÉREZ LEÑERO, J., *Derecho español del Trabajo,* Madrid, Espasa Calpe, 1948, pp. 340 y 341.

> sin olvidar una decidida protección al trabajador (en la que se realizan muy considerables avances), se la enlaza con una visión total de la producción y de la economía, subordinando al conjunto de ésta la particularidad de cualquier aspecto concreto de la relación laboral[352].

El siguiente gran texto jurídico-político del franquismo, el *Fuero de los Españoles de 1945*, reiterará la posición del régimen franquista sobre el trabajo, aunque sintetizándola en solo dos artículos, el 23 y 24, cuyo tenor literal fue el siguiente:

> Artículo 24.- Todos los españoles tienen derecho al trabajo y el deber de ocuparse en alguna actividad socialmente útil.
>
> Artículo 25.- El trabajo, por su condición esencialmente humana, no puede ser relegado al concepto material de mercancía, ni ser objeto de transacción alguna incompatible con la dignidad personal del que lo presta. Constituye por sí atributo de honor y título suficiente para exigir tutela y asistencia del Estado.

La presencia del fenómeno del trabajo en solo dos artículos, muchos menos que en el *Fuero del Trabajo*, no debe llevarnos a intuir un cambio de posición sobre el particular por parte de la dictadura. Antes al contrario, si reparamos en que este primer texto fundamental, el *Fuero del Trabajo*, estuvo vigente durante todo el franquismo, la insistencia en la exaltación del trabajo en una segunda carta fundamental, ahora el *Fuero de los Españoles*, solo nos permite concluir que, al menos retóricamente, en el nivel de los fundamentos, la postura del régimen fue bastante constante[353].

---

352 HERNÁINZ MÁRQUEZ, M., *Tratado elemental de Derecho del Trabajo*, Madrid, Instituto de Estudios Políticos, 1955, p. 120.

353 Decimos que al menos retóricamente en la medida que se ha denunciado que esa identificación del trabajo como una "acto de servicio" en favor de la patria permitió justificar políticamente "los bajos sala-

Descendemos ahora al nivel de la legislación ordinaria para comprobar qué proyección tuvieron en ella estos grandes principios. Al hacerlo observaremos cómo, también en este plano normativo, aparece la lógica productivista o corporativista proclamada por las grandes normas franquistas[354]. En efecto, a nivel orgánico se observa la centralidad otorgada al trabajo a través de dos instituciones: a) el Sindicato vertical, colectividad en que se agrupaban todos los trabajadores-productores por ramas económicas al que se otorgaron unas funciones políticas de ordenación de la economía, la política social y las relaciones laborales –Declaración XIII del Fuero del Trabajo–. b) Cortes organicistas en las que la población participaba a través de las corporaciones o comunidades en las que se hallaba encuadrada por razón de su actividad profesional –*Ley constitutiva de Cortes de 17 de julio de 1942*[355]–. Estas dos instituciones expresan una

---

rios y las horas extras sin abonar: Hoy hay que servir –había dicho ya Primo de Rivera–. La función de servicio, de artesanía, ha cobrado su dignidad gloriosa y robusta. Ninguno está exento –filósofo, militar o estudiante– de tomar parte en los afanes civiles. Conocemos este deber y no tratamos de burlarlo. Y así, las Leyes Fundamentales del Régimen recogieron el trabajo como servicio en la Declaración I, 7 del Fuero del Trabajo: Servicio es el trabajo que se presta con heroísmo, desinterés o abnegación, con ánimo de contribuir al bien superior que España representa" RUÍZ RESA, J.D., "El derecho al trabajo…*op.cit.*, p. 285.

354 Según Pérez Botija, refiriéndose al Fuero del Trabajo y el Fuero de los Españoles: "La influencia de este Derecho constitucional laboral en el desenvolvimiento de la legislación y reglamentación del trabajo ha sido considerable. Aun podría decirse que el Fuero laboral se ha convertido en instrumento propulsor de un más completo ordenamiento del trabajo. Pocos son los preámbulos de disposiciones laborales que no le hagan alusión. Escasas también las normas que no constituyen una proyección de sus principios". PÉREZ BOTIJA, E., *Derecho del Trabajo,* Madrid, Tecnos, 1948, p. 73.

355 *Ibíd.* p. 284.

gobernanza del trabajo caracterizada por la sumisión de los intereses individuales e incluso colectivos de los agentes privados a los fines propios de la Patria. Como comprobaremos más adelante, esta orientación de la legislación laboral fue propia de otros países europeos que abrazaron un modelo político-económico corporativista, caracterizado por la unidad de todos los agentes públicos y privados para la consecución de un mismo fin: el crecimiento económico de la nación. Ciñéndonos al caso español y tomando las palabras de Borrajo Dacruz:

> "el Derecho español del trabajo, en especial en la versión primaria del Fuero del Trabajo (de 1938 a 1966), acentuó la consideración de la economía nacional como «un todo» o «unidad total» al servicio de la patria (Declaración XI, 1), con lo que los intereses individuales se supeditaban a los del grupo (familiar, profesional, local, etcétera), y todos ellos al «supremo interés de la nación» (Declaración y punto citados) [...] A tal efecto, el Estado regulaba estas materias como normas que no podían ser desconocidas por las partes de la contratación individual ni de la negociación colectiva; es decir, se limitaba la autonomía privada con preceptos jurídico-públicos, pero esta vez en beneficio del interés general, de la función de dirección y organización empresarial, de la productividad, etc."[356].

Dentro de esta misma orientación político-jurídica, también se observó la tipificación como infracciones administrativas de algunas conductas que, desde los esquemas contemporáneos, solo tienen trascendencia entre privados, como la "falta de disciplina y de respeto a sus jefes", o "la falta de rendimiento en el trabajo. Así se preveía en el *Decreto de 5 de enero de 1939* que, al menos para el laboralista Pérez Leñero, inaugura la conformación de un *derecho penal del trabajo,* subdisciplina que expresa el interés público en el rendimiento laboral de los operarios y

---

[356] BORRAJO DACRUZ, E., *Introducción al Derecho del Trabajo,* Madrid, Tecnos, 1996, pp. 320 y 321.

que representa una derivada lógica de los principios productivistas del régimen. Según se le puede leer:

> Estos serían "el fundamento principal de la potestad penal y disciplinaria del trabajo. La disciplina y orden en el trabajo no es fin en sí, sino medio para conseguir otro fin superior, la mayor producción como parte del bien común y del bienestar general [...] por eso no basta reconocer solamente al Estado el derecho general de castigar considerando que el delito laboral sea solamente en el fondo un delito común contra el Estado, sino que hay que reconocerle un derecho específico de penar actos delictivos, solo y exclusivamente laborales (falta de rendimiento, etc.), que aunque no supongan una alteración de orden, ni estén tipificados en el Derecho penal común, solo por atacar la economía en su mayor o menor producción, son ya un delito político"[357].

En sentido contrario a las sanciones a la improductividad, aparecen también distinciones honoríficas que vienen a reconocer, por las empresas y por el Estado, "el mérito en el trabajo" y el "sufrimiento en el trabajo" –*Decreto de 14 de marzo de 1942* desarrollado por la *Orden de 25 de abril de 1942*–.

En otras ocasiones, la exaltación del trabajo operada por las normas fundamentales franquistas se pervirtió para dar cobertura a una legislación represiva de las libertades civiles. Por ejemplo, observamos la represión policial de las conduc-

---

[357] PÉREZ LEÑERO, J., "Derecho penal de trabajo español", *Anuario de Derecho Penal,* 1949, pp. 487-503, p. 492. Esta normativa punitiva se presenta también como un desarrollo de los principios del Fuero del Trabajo HERNAINZ MÁRQUEZ, M., *Tratado elemental de Derecho del Trabajo,* Madrid, Instituto de Estudios Políticos, 1949, p. 125, donde se mencionan también en esa línea la Ley de 29 de marzo de 1941 y el art. 222 del Código Penal, que tipificó como delito de lesa patria los actos contra la normalidad productiva, y el Decreto de 26 de enero de 1944, que abunda en la tipificación de la infracción administrativa consistente en descenso voluntario del rendimiento.

tas ociosas mediante el mantenimiento y la revitalización de la republicana *Ley de vagos y maleantes*[358]. También, en esta misma línea, se observa en este período una legislación penitenciaria que, principalmente a partir del *Decreto 281 de 1 de junio de 1937*, recurrió a los trabajos forzosos como forma de redención estandarizada. Según se ha denunciado, esta política penitenciaria fue una forma de promover la productividad nacional y, a su vez, un mecanismo para paliar el hacinamiento carcelario derivado del reclutamiento masivo posterior a la contienda civil[359].

A través de esta relación no exhaustiva de disposiciones percibimos cómo la legislación laboral franquista, efectivamente, recepcionó la dimensión pública del trabajo expresada en las normas fundamentales del régimen[360]. A nuestro modo de ver, sin embargo, la influencia más relevante de este

---

358 Se ha dicho que aunque de origen republicano, la Ley de vagos y maleantes fue utilizada principalmente por el franquismo para el logro de sus objetivos políticos: "No hay que olvidar que la Ley de Vagos y Maleantes fue una ley paradójica: se aprobó bajo un gobierno republicano de izquierdas, su reglamento fue elaborado por un gobierno republicano de derechas –con apoyo de fuerzas antidemocráticas– y fue aplicada, mayormente, por una dictadura que no dudará en adaptarla al devenir de los tiempos, con su transformación en la Ley de Peligrosidad y Rehabilitación Social de 1970". SUÁREZ PÉREZ, A. y MÁRQUEZ QUEVEDO, J., "La ley de vagos y maleantes desde su praxis social", *Vegueta: Anuario de la Facultad de Geografía e Historia*, núm. 22, vol. 2, 2022, pp. 749-771, p. 768.

359 RUÍZ RESA, J.D., "El derecho al trabajo…" *op.cit.*

360 Una descripción bastante detallada de la influencia que tuvo el deber de trabajar de las normas fundamentales en la configuración de las leyes franquistas puede encontrarse en RUÍZ RESA, J.D., *Los derechos de los trabajadores en el franquismo*, Madrid, Dykinson, 2015, pp. 448 y ss. Vid. también PÉREZ BOTIJA, E., *Derecho del Trabajo*, Madrid, Tecnos, 1948, pp. 75 y 76.

espíritu normativo se observará en la formación de las bases del sistema profesional-contributivo de protección social que todavía hoy permanece vigente. Aunque esto se deba quizás a una casualidad histórica –la creación de los sistemas de Seguridad Social coincidió en el tiempo en casi todos los países de nuestro entorno–, es bajo el régimen franquista cuando el sistema de Seguridad Social encuentra su más decisivo impulso. Pasamos en esta etapa desde una protección segmentada basada en las mutualidades patronales, a un sistema unificado y general, que amplía considerablemente la relación de contingencias protegidas[361]. En efecto, en esta época afloran un gran número de disposiciones sobre diversas prestaciones de Seguridad Social y, con mayor trascendencia, las primeras *leyes generales* sobre esta materia. Lo que más nos interesa de esta fase de formación del sistema de Seguridad Social es la adopción decidida de un criterio profesional-contributivo de protección que excluye por completo a las personas que han permanecido al margen del mundo laboral –las prestaciones no contributivas son una aparición mucho más reciente[362]–. Aunque este criterio de inclusión fue ciertamente común en la mayoría de sistemas de Seguridad Social que aparecieron a nivel internacional, en España fue plenamente coherente con los principios consagrados en los grandes Fueros franquistas, los cuales, recordemos, definían el trabajo como una actividad debida a Dios y a la Patria, y como *título suficiente para exigir tutela y asistencia del Estado*[363]. La normativa de Se-

---

361 DE LA VILLA GIL, L.E., *La formación histórica... op.cit.*, p. 170.

362 MÁRQUEZ PRIETO, A., *Seguridad Social y protección social: un enfoque conceptual,* Málaga, Servicio de Publicaciones de la Universidad de Málaga, 2002, pp. 75 y ss.

363 La relación entre el deber de trabajar y el derecho a la previsión bajo el franquismo se defiende por RUÍZ RESA, J.D., *Los derechos de los trabajadores en el franquismo,* Madrid, Dykinson, 2015, p. 449, y,

guridad Social apela directamente a esta norma fundamental y se presenta como una concreción de la misma. Así abre su preámbulo la *Ley 193/1963, de 28 de diciembre, sobre Bases de la Seguridad Social.*

> "El Fuero del Trabajo al otorgar un nuevo rango al régimen protector de los trabajadores en sus estados de infortunio y rodearle de un profundo sentido humano, coincidente con el que más tarde había de informar a los modernos sistemas de Seguridad Social, le imprimió un carácter esencialmente dinámico, por sí solo más que suficiente para explicar los dilatados e intensos avances que se registran en este orden de realizaciones durante los últimos veinticinco años.
>
> Atribuida al Estado en el Fuero de los Españoles la función de garantizar dicho amparo o protección; consagrados los derechos a los beneficios de la Seguridad Social en la Ley de Principios del Movimiento Nacional, y conseguida ya la cobertura de los riesgos básicos, comunes y profesionales –respecto de los trabajadores por cuenta ajena especialmente–, parece llegado el momento de operar el tránsito de un conjunto de Seguros Sociales a un sistema de Seguridad Social".

Vemos en este *verbatim* que la norma se presenta como una disposición tuitiva de los trabajadores y como la satisfacción del compromiso asumido con estos en el *Fuero del Trabajo.* Esta idea se ve reproducida en el propio articulado de la norma cuando, al definir su ámbito subjetivo de aplicación, lo limita, excluyentemente, a "las personas, que por *razón de sus actividades* están comprendidas en su campo de aplicación"[364]. El

---

entre otros autores coetáneos al régimen, PÉREZ LEÑERO, J. "Trabajo y cultura", *Revista de Trabajo,* núm. 1, 1959, pp. 23 y 24.

364 Apartado 2 de las bases preliminares de la Ley de Bases de 1963 y artículo 2 del posterior *Decreto 907/1966, de 21 de abril, aprobando el texto articulado primero de la Ley 193/1963, de 28 de diciembre, sobre Bases de la Seguridad Social.* La cursiva es nuestra.

hecho de que esta limitación de la acción protectora sobre los trabajadores se presente como una concreción del compromiso asumido en el Fuero del Trabajo nos parece de la mayor importancia, pues observamos ahí una asociación directa y explícita entre la profesionalización de la Seguridad Social y la caracterización que esta norma fundamental hace del trabajo como un deber político.

Esta idea, la que presenta al trabajo como llave de la asistencia o protección social es, en realidad, la clave del paradigma *workfare* que en aquel momento comenzaba a consolidarse en diferentes países desarrollados. Lo verdaderamente interesante de estos primeros textos jurídico-políticos, al menos para lo que nos ocupa en este estudio, es la vinculación expresa que se asienta entre este criterio de acceso a la protección social y el interés público en el despliegue de las fuerzas productivas exhibido con la codificación del deber de trabajar. Así se ve claramente, aunque con retóricas bien distintas, en los *Fueros franquistas,* en la *Carta del Lavoro italiana* y en la *Constitución de Weimar.* En el sistema corporativista, que en distinto grado es bosquejado en todos estos textos políticos, el deber de trabajar y el sistema de cobertura social vienen a representar las prestaciones sinalagmáticas entre el Estado y el ciudadano en un contrato social figurado en el que el primero demanda el despliegue de la capacidad productiva del segundo, garantizándole a cambio un haz de tutelas tendentes a proteger su existencia material (opciones de empleo, derecho a unas condiciones de trabajo óptimas, prestaciones sociales en caso de necesidad…). Como luego comprobaremos –apartados IV.3.4 y V.1 y 2–, esta asociación entre el deber de trabajar y la protección social profesional-contributiva todavía hoy es afirmada por muchos autores, pero la normativa contemporánea en modo alguno la reconoce de forma tan explícita.

5.3 Constitución española de 1978

Poco se puede decir de la voluntad constituyente que respalda la proclamación del deber de trabajar en la Constitución española de 1978. Aparece ya en el anteproyecto elaborado por la Comisión Constitucional el 5 de enero de 1978. El carácter reservado de la ponencia hace que no exista ninguna publicación con la transcripción de sus reuniones[365], apenas trascendieron las minutas y las actas de cada sesión[366]. En la del día 15 de septiembre es en la que aparece por primera vez el deber de trabajar, cuando se propuso su inclusión en un extenso artículo 35 del proyecto constitucional –el cual aglutinó originalmente todos principios laborales que luego acabarían dispersos en diferentes preceptos del texto definitivo–:

> Artículo 35
>
> 1. Todos los españoles tienen el derecho y el deber al trabajo, pudiendo elegir libremente su profesión u oficio y a una remuneración suficiente y justa que satisfaga las necesidades de su vida personal y familiar.
>
> 2. La legislación laboral regula los contratos de trabajo individuales y colectivos, con arreglo al principio de una misma remuneración, sin distinción de sexo u otras consideraciones, por un trabajo de igual valor y clasificación.
>
> 3. Para hacer efectivos los derechos reconocidos en los párrafos anteriores, los Poderes Públicos asumen la obligación prioritaria de fomentar una política que asegure el pleno empleo y la formación y readaptación profesional; velar par la seguridad e hi-

---

365 Así se acordó en su sesión inicial del día 22 de agosto de 1977. SECRETARIA GENERAL CONGRESO DE LOS DIPUTADOS, "Las actas de la Ponencia Constitucional", *Revista de las Cortes Generales*, núm. 2, 1984, pp. 251-422, p. 254.

366 SECRETARIA GENERAL CONGRESO DE LOS DIPUTADOS, "Las actas de la Ponencia..." *op.cit.*, pp. 251-422.

giene en el trabajo; garantizar el descanso necesario, mediante limitaciones de la jornada laboral; vacaciones periódicas retribuidas y la promoción de centros de trabajo adecuados; reconocer los derechos de negociación colectiva y de huelga; proteger y mantener un régimen público de seguridad social para todos.

4. Todos tienen derecho a sindicarse libremente. La libertad sindical comprende el derecho a fundar sindicatos, a afiliarse al de su elección y el derecho de los sindicatos a formar confederaciones y a fundar o afiliarse a organizaciones sindicales internacionales y, en general, a los reconocidos por los convenios que la Organicación International del Trabajo. Nadie podrá ser obligado a afiliarse a un sindicato.

La inclusión del deber de trabajar no excitó ningún recelo entre los ponentes de la comisión, no al menos que trascendiera a sus actas en forma de voto particular[367]. Lo próximo que sabemos es que tal deber acabó incorporándose al proyecto definitivo de Constitución que presentó la comisión, aunque ubicado en su artículo 30, separado ya de otras instituciones laborales y con una redacción levemente retocada:

Artículo 30.

1. Todos los españoles tienen el deber de trabajar y el derecho al trabajo, a la libre eleccion de profesión u oficio, a la promoción social a través del trabajo y a una remuneración suficiente para satisfacer sus necesidades y las de su familia sin que en ningún caso pueda hacerse discriminación por razón de sexo.

La Ley regulará un estatuto de los trabajadores.

---

367 Apenas de este precepto se discutió la separación de los derechos que en él se enumeran, como la ubicación del derecho de huelga, y la inclusión de la protección a los emigrantes. SECRETARIA GENERAL CONGRESO DE LOS DIPUTADOS, "Las actas de la Ponencia Constitucional", *Revista de las Cortes Generales*, núm. 2, 1984, pp. 251-422, p. 389.

Aunque la posición literal del deber de trabajar con relación al derecho al trabajo no se ha estimado muy relevante[368], es sugerente constatar como en los bocetos previos de la comisión este precedía a aquel, a diferencia de lo que ocurrió en el anteproyecto presentado a las Cortes y en el texto definitivo de la Constitución[369]. Es esta una cuestión menor a la que luego tendremos ocasión de volver a referirnos –vid. epígrafe IV.5.1–.

En el decurso del proceso constituyente, abierto el trámite de enmiendas en el Congreso, se presentaron cuatro asociadas al art. 30.1 del anteproyecto constitucional[370]. Ninguna de ellas, sin embargo, cuestionaba la permanencia del deber de trabajar. Todas buscaban una mayor claridad expositiva en el precepto, introduciendo modificaciones menores. Acaso la más significativa de estas enmiendas sería la suscrita por los diputados Rosón Pérez y Pardo Montero, de *Unión de Centro Democrático,* quienes propusieron la siguiente redacción alternativa: "El trabajo constituye, a la vez, un derecho y un deber.

368 SASTRE IBARRECHE, R., *El derecho al trabajo... op.cit.*, p. 169.

369 Otros autores sí han otorgado relevancia a la precedencia del deber de trabajar en la formulación literal del art. 35.1 CE´78: "No es en vano que elige un orden, por primer el deber de trabajar antes mismo de sancionar el derecho al trabajo. Esto es un designo de los derechos sociales, el hombre antes de tener garantizado un derecho le es culminado un deber, es como si enunciase –ya que tiene una obligación y, si la cumple– entonces le resulta un derecho que se le queda imputado, cabiendo al intérprete jamás despreciarlos", DE MELO CABRAL, R., *El derecho de los trabajadores a la participación en la empresa. (Un estudio bajo la perspectiva de la reorganización del Derecho del Trabajo),* Salamanca, Universidad de Salamanca, 2012, p. 205.

370 La 43, la 254, la 342 y la 587, formuladas, respectivamente, por Gómez de las Roces, del Partido Regionalista de Aragón, a las que se adhirieron el Grupo Parlamentario Socialistes de Catalunya, el Grupo Parlamentario Socialista del Congreso; y Rosón Pérez y Pardo Montero, de Unión de Centro Democrático.

Se reconoce el derecho a la libre profesión u oficio y a la promoción personal a través del trabajo". Según expresaron los ponentes de la enmienda, esta "entraña simultáneamente una cuestión de estilo y una precisión en cuanto al fondo, porque configura el sentido del trabajo a nivel constitucional". En el trámite de enmiendas en el Senado, donde se presentaron 4 que afectaban a este deber[371], sí encontramos algunas propuestas más significativas, como la núm. 467 emitida por Xirinacsi Damians, del Grupo Mixto, que abogaba por limitar la aplicabilidad del deber de trabajar y el derecho al trabajo a "todos los ciudadanos que disfrutan de las condiciones necesarias"[372]. En idéntico sentido, la enmienda núm. 577, pronunciada por el senador Martín-Retortillo Baquer, del *Grupo Progresistas y Socialistas Independientes,* sostendría que "es obvio que hay edades o circunstancias en las que a nadie debe forzarse a trabajar. Por ello: se propone que a continuación de *todos los españoles* se añada: *que se encuentren en condiciones para ello*"[373]. Parece claro que ambas enmiendas aprecian como causas eximentes del deber de trabajar razones de edad y de discapacidad física o intelectual, aunque también quedarían ahí comprendidas razones de índole social, al asumir que en un orden económico de libre competencia las posibilidades de empleo no dependen por entero de las facultades del sujeto obligado por dicho deber. Así se justificaba el primero de estos ponentes al defender en el debate asambleario su enmienda:

> Dice el texto que (todos los españoles tienen el deber de trabajar y el derecho al trabajo). Este derecho nunca será respetado por una sociedad capitalista como la que se constitucionaliza

---

371 Las de Cela y Trulock, núm. 156; Xirinacs Damians, núm 468, Martín-Retortillo Baquer, núm. 577, y la de Azácarate Flórez, núm. 582.

372 SENADO, *Proyecto de Constitución, Índice de enmiendas,* Madrid, 1978, p. 119.

373 SENADO, *Proyecto de Constitución... op.cit.,* p. 246.

> en el artículo 34, sencillamente porque la libertad de empresa y de contratación de mano de obra exige un fondo permanente de parados. Ya tenemos aquí un disparate constitucionalizado; o sobra la inclusión de este derecho, o sobra el modelo económico adoptado en el artículo 34. Además, el texto incurre en la equivocación de confundir la población general con la población activa, que no llega a un 40 por ciento de la primera. Se debe, pues, apostillar el texto añadiendo *que disfruten de las condiciones necesarias para el trabajo*"[374].

Aunque hubo algunos partidarios de limitar expresamente el deber de trabajar a la población activa, la posición mayoritaria del Senado prefirió descartar esa aclaración por la obviedad que representaba[375]. Así trascendió al texto definitivo de la Constitución, sin ninguna alteración significativa con respecto al proyecto presentado por la Comisión, más allá de algunas leves variaciones semánticas introducidas por las enmiendas presentadas en el Congreso por el Grupo Socialista de Cataluña y el Grupo Socialista del Congreso[376].

Dejando de lado estas enmiendas menores, podemos concluir que en los trabajos previos de la Constitución no encontramos valoraciones sobre el significado político y jurídico del deber de trabajar[377]. Apenas apareció alguna alocución más honda, como la pronunciada por el diputado Carrillo Solares, del *Grupo Parlamentario Comunista*, con ocasión de su discusión en el Congreso. El líder comunista defendió que el derecho-deber de trabajar es uno de los *logros* que "explican y justifican

---

374 Diario de sesiones, 29 de agosto de 1978, núm. 45, p. 2028.

375 *Ibíd.* 229.

376 Vid. informe de la ponencia, p. 1591.

377 A diferencia de otros procesos constituyentes cercanos, como el italiano, en el que la inclusión del deber de trabajar, según hemos comprobado, fue una de las cuestiones más discutidas –vid. apartado III.1.7–.

la participación de los comunistas en el consenso y que dan satisfacción al sector del pueblo trabajador, de los profesionales y fuerzas de la cultura". Concretamente, según se jactaba, la sección constituyente comunista habría conseguido "la inscripción del derecho al trabajo y el deber de trabajar, identificando así el título de ciudadano con el de trabajador, y afirmando una tendencia al reconocimiento del trabajo como fuente esencial del prestigio social y motor del progreso nacional en todos los órdenes"[378]. Si bien, por la confidencialidad de la Comisión Constitucional, no trascendió cuál de sus integrantes propuso genuinamente la adición del derecho y el deber de trabajar, la posterior presentación de este como un logro del grupo comunista pudiera sugerir que fue su representante dentro de la Comisión, Solé Tura, quien lo hizo. Esto es en cualquier caso una especulación propia, carente de soporte sólido y, además, de trascendencia, pues en realidad todos los integrantes de la Comisión y, posteriormente, los diferentes grupos parlamentarios en las Cámaras expresaron tácitamente su consenso sobre la inclusión de este derecho-deber.

---

378 Actas del Congreso de los Diputados de 4 de julio de 1978, núm. 103, p. 3782.

III. Válidez y eficacia del deber constitucional de trabajar

Ya hemos tenido ocasión de manifestar que la minusvaloración doctrinal que adolece el deber constitucional de trabajar se debe a su hipotética ajuridicidad o a su ineficacia coactiva. Vamos a comprobar ahora que estas disfuncionalidades, en mayor o menor medida, son imputadas al conjunto de los deberes constitucionales. Tomando en consideración esta escéptica y generalizada percepción, intentaremos desacreditarla, defendiendo, en primer lugar, que la juridicidad de las normas constitucionales no depende de su facticidad, sino de su validez. En cualquier caso y a mayor abundamiento, defenderemos además que no cabe asociar la facticidad o eficacia de la norma a su punibilidad. Para ello enumeraremos una serie de estímulos no coactivos al cumplimiento del Derecho y mostraremos su aplicabilidad sobre el deber constitucional de trabajar. En suma, aparecerán aquí una serie de consideraciones conducentes a justificar que todos los deberes constitucionales, y particularmente el deber de trabajar, son normas plenamente válidas y que de tal validez se deduce, inexorablemente, su juridicidad y un grado mínimo de eficacia. Estas conclusiones nos permitirán, colateralmente, reivindicar una mayor presencia de estos deberes en el debate doctrinal contemporáneo.

1. RELATIVA DESATENCIÓN DOCTRINAL A LOS DEBERES CONSTITUCIONALES Y SUS CAUSAS

Con este propósito, una primera observación que nos resulta especialmente sugerente es la que constata que, a pesar de la notable presencia de deberes en la mayoría de los textos constitucionales del planeta, la doctrina científico-constitucionalista no ha mostrado un decidido interés por ellos[379], sobre todo si lo comparamos con la constante atención que han acaparado los derechos subjetivos que proclaman estas mismas normas fundamentales[380]. Este relativo ostracismo doctrinal, que no es solo observable en nuestro país[381], encuentra varias explicaciones posibles:

---

379 La desatención doctrinal a los deberes fundamentales es advertida, dentro de la doctrina española, a título ejemplificativo, en: DÍEZ PICAZO, L., *Experiencias jurídicas y Teoría del Derecho,* Ariel, Barcelona, 1986, p. 75; PAUNER CHULVI, C., *El deber constitucional de contribuir... op.cit.*, p. 10.

380 Según observó Díaz Revorio refiriéndose al caso español: "A diferencia de lo que sucede con los derechos, los deberes constitucionales no han sido en general objeto de un tratamiento doctrinal amplio y profundo. Aunque hay algún estudio o artículo muy estimable, no se puede decir que el concepto de deber constitucional y el análisis de los distintos deberes enunciados con tal condición en nuestra norma fundamental hayan sido un objeto prioritario o fundamental para los estudiosos del derecho constitucional" DÍAZ REVORIO, F.J., "Derechos humanos y deberes... *op.cit.* Entre las contribuciones de la doctrina española al estudio de los deberes constitucionales podemos remitirnos a las enumeradas en la nota al pie núm. 3 de este libro.

381 A nivel internacional fue denunciado por Frey: "Los deberes humanos constitucionales están simultáneamente presentes y ausentes. Aunque muchos deberes humanos se establecen en muchas constituciones en todo el mundo, los académicos modernos los han excluido casi por completo de la conceptualización jurídica". FREY, A., "Constitutional Human Duties", en *Georgia Journal of International & Comparative Law,* núm. 51.2, 2023, pp. 311-371, p. 313. Esta misma queja es expresada en MENDONÇA, S.M., "Deveres fundamentais de solidariedade", *Revista de Derecho: Ucudal,* núm. 18, Dic. 2018, pp. 91-116, p. 91; CASALTA NABAIS, J., *O Dever Fundamental de Pagar Impostos,* Coimbra, Almedina, 2015, p. 15; CARBONE, C., *I doveri pubblici individuali nella Costituzione,* Milán Giuffrè, 1968, pp.

a) De un lado, una extendida convicción que afirma que los deberes constitucionales "no expresan un conjunto de deberes en sentido jurídico", sino que "se trata más bien de conductas que se consideran exigibles o que son debidas por razones de orden metajurídico o moral"[382]. Si se aceptase tal premisa, sería comprensible que la doctrina jurídica no haya estimado como *dignos* de estudio a los deberes constitucionales. Si así fuese, acaso estos merecerían algún interés en otros ámbitos académicos, como la filosofía moral y política, pero no en el estrictamente jurídico.

b) Otra de las causas con la que se ha justificado la desatención doctrinal a los deberes constitucionales es su hipotética raigambre absolutista[383]. En el Antiguo Régimen, ya lo hemos comprobado –II.1– lo característico de la organización política era el sometimiento del individuo al poder constituido, la imposición de numerosas obligaciones sobre los súbditos –la greva, la corvea, etc.– que eran

---

3 y 42; G. LOMBARDI, M. *Contributo allo studio dei doveri costituzionali,* Giuffrè, Milán, 1967, pp. 3 y 4; HANICOTTE, R., *Devoirs de l'homme et constitutions: contribution à une théorie générale du devoir*, París, L´Harmattan, 2007.

382 MORET MILLÁS, V., "Los deberes constitucionales en el ordenamiento jurídico español: el inestable binomio derechos-responsabilidades", *Corts: Anuario de derecho parlamentario, núm. 30, 2018, pp. 205-272,* p. 227.

383 Gómez Colomer explica que la mayor extensión de la declaración de derechos en la Constitución española frente a la de deberes en nuestra Constitución se justifica "por la impronta democrática que ello implica". GÓMEZ COLOMER, J.L., "Artículo 6. Derecho y deber de jurado", en A.A.V.V. (coord. Montero Aroca J. y Gómez Colomer, J.L.), *Comentarios a la Ley del Jurado,* Cizur Menor, Aranzadi, 1999, p. 389.

debidas al señor feudal a cambio de un impreciso e imperfecto derecho de protección y de la venia para el ejercicio de alguna actividad económica[384]. Por contraste, la esencia del Estado de Derecho, atendiendo al contexto histórico en el que apareció esta fórmula de gobierno, es el reconocimiento de un catálogo de derechos subjetivos con los que el ciudadano obtiene ámbitos de protección frente a los eventuales excesos del poder público. Este discurso hegemónico de los derechos subjetivos, inaugurado con las grandes revoluciones liberales de finales del sigo XVIII[385], experimentaría un retroceso con el auge de algunos regímenes dictatoriales, especialmente durante la primera mitad del siglo XX[386]. Esta regresión autoritaria propició aún más la exaltación de los derechos subjetivos como conquista política de la modernidad. En contraposición, los deberes jurídicos se han percibido

---

384 MORET MILLÁS, V., "Los deberes constitucionales en el ordenamiento jurídico español: el inestable binomio derechos-responsabilidades", *Corts: Anuario de derecho parlamentario, núm. 30, 2018,* pp. 205-272, p. 212.

385 BOBBIO, N., *Teoría general de la política... op.cit.,* pp. 512-515.

386 Por esta razón, el escaso bagaje doctrinal de los deberes fundamentales se ha justificado a partir de "la mala imagen que han proyectado siempre los textos constitucionales con extensos catálogos de deberes que, normalmente, siempre han estado en vigor en Estados con regímenes autoritarios". MORET MILLÁS, V., "Los deberes constitucionales..." *op.cit.,* p. 212. Desde entonces, apunta De Asís Roig, "se señala continuamente que la presencia de obligaciones en las Constituciones obedece a ideas que se identifican con direcciones fascistas o socialistas totalitarias. Se afirma que en un Ordenamiento en el que se quiera dar peso al principio de autoridad se debe atribuir prioridad a las obligaciones, de modo que los derechos ocupen la esfera dejada libre por estas" DE ASIS ROIG, R., *Deberes y obligaciones en la Constitución... op.cit.* p. 3.

como "normas *malditas*, restrictivas de la libertad del individuo, cuyo contenido y función deben ser limitados al extremo"[387]. A este respecto, encontramos un libro de Bobbio cuyo título es de por sí sugerente: *El tiempo de los derechos*. En él, constató "el vuelco en la relación Estado-ciudadanos, característico de la formación del Estado moderno: de la prioridad de los deberes de los súbditos a la prioridad de los derechos del ciudadano"[388]. Esta es, aparentemente, una causa que explicaría la preferencia del constitucionalismo por el análisis de los derechos subjetivos en detrimento de los deberes constitucionales: esta disciplina jurídica, el constitucionalismo, en su sentido más ortodoxo, surgió con el reconocimiento de derechos subjetivos al ciudadano y son tales derechos, por tanto, su mejor seña de identidad.

c) Finalmente, como tercera causa explicativa de este desapego doctrinal hacia los deberes constitucionales, se ha aludido a la expansión de los Estados del bienestar y la consiguiente proliferación de los derechos económicos, sociales y culturales. Frente a los derechos de primera generación, que en su mayoría incorporaban deberes para otros ciudadanos –generalmente deberes negativos o de abstención–, los derechos prestacionales imponen una conducta al Estado y, solo mediatamente y por eso de forma más desapercibida, sobre los particulares. Este nuevo contexto habría propiciado, para algunos, "una determinada visión de la realidad que pone siempre el

---

387 *Ibíd.*, p. 3.

388 BOBBIO, N., *El tiempo de los derechos… op.cit.*, p. 15. Esta misma idea aparece expresada por este autor en su artículo "La primacía de los derechos sobre los deberes", traducido al castellano en BOBBIO, N., *Teoría general de la política… op.cit.*, pp. 511-520.

acento en la ética de los derechos"[389], en detrimento, de nuevo, de los deberes.

Aunque ciertamente estas tres tesis podrían ayudar a comprender el precario estado científico de la cuestión, a nuestro modo de ver ninguna de ellas, ni asilada ni conjuntamente consideradas, introduce una causa válida para legitimarlo. Y es que, para tratar de desacreditarlas según el orden en el que han sido expuestas:

a) No es dable negar de plano y con carácter general la fuerza vinculante de los deberes constitucionales. Que muchos de estos deberes no encuentren una específica sanción en el texto constitucional no les resta fuerza vinculante pues, como se verá, las cláusulas constitucionales que recogen deberes tendrían que actuar como un llamado al legislador ordinario para la aprobación de normas que garanticen su efectividad. Dicho de otro modo, la constitución no es la sede para fijar las garantías de estos deberes. Véase que igual déficit de garantías cabría predicar de muchos los derechos subjetivos proclamados en las diferentes constituciones, los cuales también requieren de un desarrollo legislativo para que puedan resultar accionables, sin que por ello nadie cuestione su pleno valor normativo[390]. Para simplificar: la constitución no

---

389 MORET MILLÁS, V., "Los deberes constitucionales..." *op.cit.*, p. 211.

390 Como se ha dicho, "la mayor parte de las normas de un ordenamiento jurídico son, por su propia naturaleza, de aplicación relacional, más que directa (...) porque requieren a su vez de un conjunto de preceptos instrumentales que hacen posible el despliegue final de su eficacia, y porque además pueden ser disposiciones o normas que sólo cobran eficacia en conjunción con otras disposiciones y otras normas de contenido material", ALZAGA VILLAAMIL, O., "Características y estructura de la Constitución de 1978",

es el instrumento idóneo para fijar las garantías de los derechos y deberes que en ella se contienen, sino que tales garantías deben aparecer con el oportuno desarrollo legislativo, tolerando márgenes para su configuración según las preferencias democráticas de cada momento. De hecho, son muchos los deberes constitucionales que han encontrado el necesario desarrollo normativo y cuya exigibilidad nadie recusa. Aunque luego volveremos sobre esto, valga citar por el momento el más conocido deber de contribuir al sostenimiento de los gastos públicos –art. 31 de nuestra carta magna, pero con plasmación en la mayoría de textos constitucionales del planeta–: ¿Acaso alguien cuestiona que nos encontramos ante un deber plenamente jurídico y plenamente exigible? Evidentemente no, a pesar de que las distintas constituciones no suelen concretar el contenido específico de ese deber y, mucho menos, las medidas punitivas dirigidas a forzar su cumplimiento.

b) Por otro lado, la asociación hipotética entre los deberes jurídicos y los regímenes totalitarios debe ser definitivamente superada. Al menos en un marco político dotado de sólidas garantías de participación democrática. En este contexto, la existencia de deberes constitucionales solo puede entenderse como el compromiso colectivo, libre y democráticamente asumido, para la consecución de determinados bienes que se han estimado valiosos para la comunidad[391]. Desechando los prejuicios del pa-

---

en A.A.V.V., (dirs. Alzaga Villaamil, O., Gutiérrez Gutiérrez, I., y Rodríguez Zapata, J.), *Derecho Político Español según la Constitución de 1978. Constitución y fuentes, vol. I,* Ed. Centro de Estudios Ramón Areces, Madrid, 1997, p. 207.

391 POLACCHINI, F., *Doveri costituzionali... op.cit.*, p. 15.

sado que vinculaban los deberes jurídicos a la sumisión política, puede afirmarse lo que es bien evidente: que el mantenimiento de un institucionalismo público garante de nuestros derechos subjetivos exige una parcial subordinación colectiva a la consecución del bien común. En este sentido, precisamente se ha denunciado que "una de las características de la sociedad moderna es la falta de una compresión clara de que los deberes constitucionales actúan como requisitos previos e incondicionales para la libertad, se establecen en interés de toda la sociedad y el Estado"[392]. A mayor abundamiento, no cabe una identificación simplista de los derechos subjetivos con la libertad y de los deberes con la represión. Bastará para desacreditar tal hipótesis observar que, en puridad, todo derecho incorpora, en términos lógicos, una restricción de la libertad individual sobre los ciudadanos, que se ven obligados a respetar el contenido de dicho derecho.

c) En estrecha conexión con lo anterior, descartamos que el Estado social, en su esencia, exalte la primacía de los derechos subjetivos relativizando la importancia de los deberes. Precisamente el principio de solidaridad que inspira este modelo de Estado impone la contribución del individuo a la consecución de los objetivos de la colectividad. Es algo tan evidente como que la solidaridad tiene una doble dimensión, activa y pasiva, concretada en las acciones dar y recibir. La solidaridad, como valor constitucional codificado, exige una conducta activa que la desarrolle y, para poder generar expectativas de cumplimiento, tal conducta tiene necesariamente que ser

---

392 MARKHGEYM, M.V., TSALIEV, A.M. y KEMRYUGOV, T.K.H., "Constitutional Duties..." op.cit., p. 164.

articulada como un deber jurídico[393]. De este modo, la operatividad del Estado del bienestar, al contrario de lo que a veces se sostiene, exige reforzar la eficacia de los deberes individuales, pues solo el cumplimiento de estos puede garantizar su sostenimiento institucional y el cumplimiento de los fines que se marca[394]. Quizás, al contrario de lo que se piensa, el protagonismo de los deberes jurídicos sea una seña de identidad del Estado social que lo diferencia del Estado liberal, el cual pretende evitar la subordinación de la libertad individual a la consecución de intereses colectivos[395].

---

393 Así lo expresó Marshall: "el método normal de establecer derechos sociales es mediante el ejercicio del poder político, porque los derechos sociales implican un derecho absoluto a cierto nivel de civilización que depende sólo de que se cumplan los deberes generales de la ciudadanía". MARSHALL, T., "Ciudadanía y clase social", *Revista española de investigaciones sociológicas*, núm. 79/97, pp. 297-344, p. 321.

394 *Ibíd.*, p. 321. También, en idéntico sentido, POLACCHINI, F., *Doveri costituzionali... op.cit.*, p. 45.

395 Esta es al menos la opinión de Ferrajoli, para quien la transición desde el modelo de Estado liberal al Estado social se caracterizó por la proliferación en el sistema jurídico de deberes positivos o deberes de hacer. Según lo expresó: "el modelo hemos llamado estado liberal de derecho, se legitima esencialmente como «estado mínimo», garante de las libertades y las autonomías individuales a través de deberes de no hacer, esto es, de prohibiciones de lesiones o interferencias en la esfera privada de los ciudadanos. En cambio, del horizonte teórico liberal está ausente la perspectiva de un estado social de derecho, cuyo paradigma normativo hizo su aparición, como sistema de vínculos o deberes positivos de hacer". FERRAJOLI, L., *Principia iuris. Teoría del derecho y de la democracia, 2. Teoría de la democracia,* Madrid, Trotta, 2013, pp. 218 y 219. En sentido similar, SEN, A., *La idea de la justicia,* Madrid, Taurus, 2010, Versión electrónica no foliada.

Por todos estos motivos, en cuanto a su interés académico se refiere, descartamos cualquier jerarquización entre los derechos y los deberes constitucionales. Acaso estaría justificada una mayor cantidad de estudios dedicada a los derechos subjetivos por la elemental razón de que estos, en la practica totalidad de textos constitucionales, superan en número a los deberes. Pero, desde una dimensión cualitativa, ninguna de estas categorías merece una mejor atención; no, en la medida que ambas resultan esenciales para el correcto funcionamiento del sistema constitucional y entre ellas existe una relación recíproca o simbiótica inescindible. Como dictaminó el *comité de sabios* de la Comisión Europea que redactó el informe *Por una Europa de los derechos cívicos y sociales* en el año 1999: "sería ilusorio pensar que el respeto de los derechos depende únicamente de la colectividad y de las políticas públicas. La aplicación práctica de los derechos se basa también en las relaciones interpersonales y en las obligaciones que cada uno siente respecto a los demás; no existen derechos sin deberes, ni democracia sin civismo"[396].

Así las cosas, no debe extrañarnos que sean muchos los académicos que reivindican analizar a fondo los deberes constitucionales para superar su actual preterición[397] –incluso, se señala

---

396 COMISIÓN EUROPEA, *Por una Europa de los derechos cívicos y sociales.* Informe del comité de sabios presidido por María de Lourdes Pintasilgo, Bruselas, Comisión Europea, 1995, p. 108.

397 "Esta laguna doctrinal, con independencia de cuales sean sus causas históricas, exige ser afrontada con prontitud. Y ello, entre otras razones, porque el problema ha quedado planteado con singular relieve para la teoría constitucional española, al recogerse en nuestra Constitución unos pretendidos «deberes fundamentales» y, ante todo, al establecerse en el apartado primero de su artículo 9° un deber genérico de sujeción de los ciudadanos —igual que de los poderes públicos—«a la Constitución y al resto del ordenamiento jurídico». Precisar el alcance que puede cobrar esta sujeción ge-

la pertinencia de una *teoría general de los deberes fundamentales*[398]–. En esta línea, tanto a nivel nacional como internacional, es posible observar en las últimas décadas un tímido cambio de rumbo marcado por la proliferación de estudios –si bien solo alguno de ellos con formato monográfico– cuyos protagonistas son los deberes constitucionales. Entre los motivos que justificarían esta tendencia se ha destacado "la crisis del Estado social que ha puesto sobre la mesa el tema de los deberes de solidaridad de los individuos y de los grupos, pero, sobre todo, ha vuelto a plantear la función de las instituciones estatales"[399]. Nuestro estudio, en consideración al objetivo que se marca, quiere, en parte, sumarse a esa tendencia e incentivar el debate académico sobre los deberes constitucionales. Y ello desde el convencimiento de que estos, aun como figuras a veces indeterminadas, recuerdan ciertos valores de responsabilidad que deben pautar la convivencia cívica, democrática y solidaria[400]. Tales deberes, en su conjunto,

---

neral de los ciudadanos, que llamaremos, en un amplio sentido, «deber constitucional», es, en definitiva, un problema teórico capital, pues afecta—como se tratará de mostrar en las páginas que siguen—a la naturaleza misma de la Constitución y acarrea, además, consecuencias prácticas de extraordinaria importancia". VARELA DÍAZ, S., "La idea de deber..." *op.cit.*, p. 69. En similar sentido, MASSO GARROTE, M.F., "Aproximación a una teoría general de los deberes fundamentales constitucionales", en A.A.V.V. (coords. Reche Tello, N. Sanjuán Andrés, F.J. y Tur Ausina R.), *Sujetos, derechos y lealtad constitucional,* Cizur Menor, Aranzadi Thomson Reuters, 2022, pp. 169-196.

398 JIMÉNEZ LEUBE, J., "Interés de una teoría general de los «deberes fundamentales»: Sobre el concepto ontológico clásico de "dignidad", *Espacio Jurídico: Journal of Law,* vol. 14, núm. 1, 2013, pp. 265-278.

399 LANCHESTER, F., "Los deberes constitucionales..." *op.cit.*, pp. 68-70.

400 En palabras de Díez-Picazo Giménez, "un texto constitucional que, junto a la declaración de derechos, impone ciertos deberes sugiere a los particulares que los beneficios de la ciudadanía no son gratuitos,

sostienen el equilibrio entre beneficios y cargas que caracteriza el Estado social[401]. El deber de trabajar, y adelantamos así otras de nuestras conclusiones, será uno de los deberes que más eficazmente materialice jurídicamente esta idea[402].

2. LA CONTROVERTIDA EXIGIBILIDAD DE LOS DEBERES CONSTITUCIONALES

Según venimos defendiendo, la discusión sobre la eficacia del deber de trabajar debe contextualizarse en el planteamiento de alcance más general que niega la efectividad del conjunto de los *deberes constitucionales*. Cierto es que, dentro de esta corriente escéptica, el deber de trabajar aparece especialmente afectado y que aun muchos de los que admiten la eficacia de algunos deberes constitucionales, se la niegan particular y

---

que los ciudadanos deben a cambio hacer algo por la colectividad". DÍEZ-PICAZO, GÍMENEZ, L.M., *Sistema de Derechos Fundamentales*, Valencia, Tirant Lo Blanch, 2021, p. 54. En sentido similar, Cámara Villar define a los deberes constitucionales como "expresión de las exigencias de solidaridad que pueden derivase de la convivencia en el seno del Estado democrático y social". CÁMARA VILLAR, G., "Los deberes constitucionales..." op.cit., pp. 336-355, p. 346.

401 "El problema de los deberes remite a la esencia del concepto de justicia, entendida como distribución y equilibrio de derechos y cargas, que la eficacia de los derechos implica la obligación para alguien de realizarlos, y que desde esa perspectiva es en la Constitución, donde, en un Estado democrático, han de encontrarse los referentes que orientan el ejercicio de los derechos y la delimitación de las obligaciones que de dicho ejercicio se derivan". GOIG MARTÍNEZ, J.M., "La constitucionalización de deberes..." *op.cit.*, p. 122.

402 PATRICK, R., "Work as the primary..." op.cit., p. 11.

tajantemente al de trabajar[403]. Son en cualquier caso las dudas sobre la exigibilidad de los deberes constitucionales las que justificaban la desatención doctrinal de estos, en general, y del deber de trabajar, en particular y de forma reforzada. Para sintetizar esta discusión doctrinal, vamos a presentar tres posiciones diferenciadas que se dan en ellas, ordenadas según el grado de exigibilidad que atribuyen a dichos deberes:

a) Por un lado, existe una posición doctrinal que niega cualquier juridicidad a los deberes constitucionales. Entre la doctrina nacional adherida a esta posición podemos identificar a Rubio Llorente, para quien los deberes constitucionales representan "una categoría inútil y prescindible"[404], "un simple capricho del constituyente, o mera recepción rutinaria de una tradición carente de sentido"[405]. En esta posición doctrinal cabría ubicar también a todos aquellos que, siguiendo a Kelsen, ven en la correlación entre un deber y su sanción un presupuesto de juridicidad[406]. Comoquiera que los deberes constitucionales no incorporan originalmente castigos a su incumplimiento, carecerían de cualquier carácter vinculante y, negado este, se compromete su propio carácter jurídico: "Desde la perspectiva doctrinal debe señalarse que la mayoría de los autores sientan como punto de partida a la hora de abordar la cuestión de los deberes

---

403 PAUNER CHULVI, C., *El deber constitucional de contribuir... op.cit., p.* 47; CÁMARA VILLAR, G., "Los deberes constitucionales...", *op.cit.*; COLITTO, F., "Dovere al lavoro, diritto al lavoro..." *op.cit.;* GOIG MARTÍNEZ, J.M., "La constitucionalización de deberes... *op. cit.,* p. 144.

404 RUBIO LLORENTE, F., "Los deberes constitucionales..." *op.cit.*, p. 16.

405 *Ibíd.*

406 KELSEN, H., *Teoría General del Estado,* México D.F., Editorial Nacional, 1979, p. 78.

fundamentales la afirmación de que estos no expresan un conjunto de deberes en sentido jurídico; se trata más bien de conductas que se consideran exigibles o que son debidas por razones de orden metajurídico o moral"[407].

De otro lado, frente a quienes alegan, posición extendida, que los deberes constitucionales contienen mandatos o habilitaciones al legislador para imponer en la normativa infraconstitucional restricciones a las libertades individuales, se responderá que, a tal efecto, los deberes constitucionales son "especificaciones perfectamente prescindibles de la potestad legislativa, cuyo titular, ni puede ser forzado al cumplimiento del mandato, ni necesita de habilitación alguna para imponer deberes"[408]. Por estas y otras razones, se termina concluyendo que los deberes constitucionales "no tienen efecto jurídico alguno, sino sólo, si acaso, una función política"[409].

b) Por otro lado, como acabamos de adelantar, hay quienes afirman que los deberes constitucionales encierran un mandato o habilitación para el legislador e impone, a su vez, limites a su potestad normativa. Se trataría esta de una posición intermedia, entre la negación de cualquier efectividad a tales deberes y la afirmación de su valor normativo pleno. En esta posición encontramos a un nutrido sector doctrinal, acaso mayoritario, para el que los deberes constitucionales, si bien en los más de los casos no son hábiles para imponer conductas sobre los particulares, despliegan efectos jurídicos sobre el legislador ordinario, lo cual sucede de varias formas: positiva y negativa.

---

407 MORET MILLÁS, V., "Los deberes constitucionales…" *op.cit.,* p. 222.

408 *Ibíd.*

409 RUBIO LLORENTE, F., "Los deberes constitucionales…" *op.cit.,* p. 16.

De entrada, en términos positivos, los deberes constitucionales supondrían una "habilitación para la creación de deberes individuales dentro de los límites materiales establecidos en la Constitución"[410]. Aunque algunos autores han cuestionado esta hipotética virtualidad de los deberes fundamentales en la medida que el legislador no requeriría de tales habilitaciones para imponer restricciones[411], es cierto que sin la proclamación de deberes constitucionales las posibilidades del legislador para introducir restricciones sobre la libertad individual son mucho más escasas, sobre todo cuando tales restricciones afecten al ejercicio de derechos constitucionales. En tales casos, la restricción de uno de estos derechos solo podría operarse invocando otro precepto constitucional: ese título jurídico

---

410 Al decir de Pauner Chulvi, "la lectura de la teoría de la irrelevancia jurídica de los deberes constitucionales debe someterse a ciertas reservas en el sentido de que, si bien se trata de preceptos cuyo nivel de concreción no les permite dar lugar a exigencias concretas, puede afirmarse que cuando la Constitución impone un deber público individual de forma general sanciona implícitamente una obligación a cargo del legislador ordinario que está obligado a desarrollarla en una esfera de amplia discrecionalidad pero sin influir al punto de modificar la esencia del precepto constitucional o desoír el mandato constitucional, incumpliéndolo o suprimiendo esa obligación" PAUNER CHULVI, C., *El deber constitucional de contribuir… op.cit.*, pp. 50 y 51. En este mismo sentido, DÍAZ REVORIO, F.J., "Derechos humanos y deberes fundamentales…" *op.cit.*, p. 288. Junto a ellos cabe ubicar también a DE ESTEBAN, J. y GONZÁLEZ-TREVIJANO, P. *Curso de derecho constitucional español,* Madrid, Universidad Complutense de Madrid, Facultad de Derecho, Servicio de Publicaciones, 1992, y a ESPÍN TEMPLADO, E. "Los deberes constitucionales…" *op.cit.*, pp. 179-190.

411 "Aunque no existieran las correspondientes normas constitucionales de cobertura, es poco discutible que el legislador podría *ex auctoritate sua* imponer esos deberes (militar, tributario, etc.)" DÍEZ-PICAZO, GÍMENEZ, L.M., *Sistema de Derechos… op.cit.*, p. 54.

de contraste se encontraría, a nuestro modo de ver, en los deberes constitucionales.

En cualquier caso, y en términos ahora negativos, es evidente que los deberes constitucionales impiden la aprobación de determinadas normas[412]. En efecto, estos, al igual que el resto de disposiciones de la constitución, actúan como límites a las disposiciones legales fiscalizables, en el caso español, a través del recurso de inconstitucionalidad del art. 162 CE´78 y, eventualmente, de la cuestión judicial de inconstitucionalidad del art. 163. No sería admisible una disposición legal que suprima o vacíe de contenido a un deber constitucional, del mismo modo que tampoco resultaría legítima aquella otra que transgreda cualquiera de los derechos, fundamentales o no, previstos en la carta magna. Además, repárese en que las disposiciones que proclaman deberes constitucionales no solo se limitan a enunciar estos, sino que, en algunos casos, concretan pautas para su ejecución, las cuales tampoco pueden ser obviadas por el legislador[413].

c) Finalmente, encontramos a quienes otorgan a los deberes constitucionales trascendencia como valores inspiradores del sistema constitucional: esta tercera posición, *tertium genus* de las dos anteriores, es la que afirma que los deberes constitucionales, sin contener mandatos de obligados cumplimiento, expresan los valores sentidos por una comunidad política y, como tales, de algún modo, aspiran a encontrar un generalizado grado de

---

412 PAUNER CHULVI, C., *El deber constitucional de contribuir… op.cit.*, pp. 50 y 51.

413 Por ejemplo, ninguna disposición legal podría imponer deberes tributarios desconectados de los principios de capacidad económica, igualdad y progresividad. V.gr. STC núm. 182/2021 de 26 de octubre.

cumplimiento[414]. Desde este punto de vista, cabría vincular los deberes fundamentales a lo que el jurista Herman Heller denominó principios jurídicos fundamentales *–rechtsgrundsätzen–*. Se trataría de normas que, si bien por su falta de concreción no pueden ser directamente aplicadas por los órganos judiciales, resultan imprescindibles para la interpretación holística de la constitución[415]. Heller vindicó la existencia de una constitución sustantiva o material, en la que quedarían acogidas las normas éticas compartidas por una colectividad en un momento cultural e histórico concreto: estas normas, nos dice, "son imprescindibles en la constitución jurídica del Estado como normas sociales de ordenación, así como también en cuanto reglas interpretativas para la decisión judicial"[416]. Sin ellas, resultaría muy difícil la hermenéutica jurídica y la aplicación de los preceptos de Derecho positivo al litigio concreto por parte del órga-

---

414 Esta postura puede quedar bien sintetizada a través de Moret Millas: "puede decirse que aunque los deberes constitucionales presentan la característica común de ser formulados como proposiciones jurídicas incompletas, ya que no prevén sanción en caso de incumplimiento, su valor es esencialmente ideológico, porque lo que se pretende con ellos es conseguir una actitud espontánea, y por ello totalmente voluntaria, de obediencia al Derecho. Ahí radica su fuerza y su razón de ser. Por ello, constituye un tópico a corregir la común afirmación acerca de los deberes como elementos jurídicamente irrelevantes". MORET MILLAS, V., Los deberes constitucionales… *op.cit.*, p. 223.

415 VITA, L., "*La noción de principios jurídicos en la teoría del derecho de Hermann Heller*", *Isonomía. Revista de teoría y filosofía del derecho*, núm. 43, 2015, pp. 49-75.

416 HELLER, H., *Teoría del Estado*, Fondo de Cultura Económica, Buenos Aires, 1992, p. 275.

no enjuiciador[417]. Algunos ejemplos de estos principios éticos acogidos por la constitución –refiriéndose Heller al principal texto normativo de su época– son los que encontramos en la segunda parte de la Carta de Weimar de 1919, sobre *derechos y deberes fundamentales*[418]:

> "Algunas de las disposiciones que allí se enuncian, como el principio de la monogamia o el de educación familiar de los hijos: no establecen todavía, con ello, ciertamente, un precepto jurídico positivo que pudiera servir al juez como norma de decisión; pero esta formulación contiene, sin duda, algo que es distinto y superior a una mera abstracción de los preceptos jurídicos vigentes, y establece también algo más que una simple directriz para el legislador futuro. En realidad, los principios jurídicos que allí se formulan son las únicas normas que conoce la inmensa mayoría de los miembros de la comunidad jurídica y las únicas realmente vivas en su espíritu, en tanto que las numerosas normas para la decisión judicial comprendidas en el derecho de la familia del Código Civil sobre el matrimonio y la familia le son desconocidas e incluso, mientras no haya que comparecer ante el juez, pueden ser ineficaces. En la práctica, pues, no son estos preceptos jurídicos positivos, sino aquellos principios generales del derecho los que ayudan a asegurar la ordenación de la realidad social"[419].

---

417 Desde un punto de vista técnico-jurídico, este acervo ético pergeñado por la constitución actúa, además, como criterio hermenéutico para la resolución de casos en los que no es sencilla o pacífica la aplicación del Derecho. En palabras ahora de Montoya Melgar, "el modelo ético-jurídico (y político) contenido en las Constituciones" representa "un canon «sistemático» (no hay que salirse del mundo de lo jurídico para encontrarlo) sobre lo que es justo y útil [...]. La Constitución (que en el caso español acepta además como canon interpretativo de los derechos fundamentales los tratados internacionales a ellos relativos) evidencia así el rectorado de una conciencia moral". MONTOYA MELGAR, A., *Derecho y trabajo*, Madrid, Civitas Thomson-Reuters, 1997, cap. V (versión digitalizada Tomson-Reuters proview, no foliada).

418 VITA, L., "*La noción de principios jurídicos...* " *op.cit.*, p. 325.

419 *Ibíd.* pp. 325 y 326.

Esta otra lectura de los deberes constitucionales, como principios ideológicos o inspiradores, no es necesariamente incompatible con la anterior, la descrita en la letra *b*: cabría perfectamente sostener que los deberes constitucionales, además de imponer obligaciones o limitaciones al poder legislativo, sirven como una pauta interpretativa válida para el resto de previsiones constitucionales, al expresar, de forma directa, una opción valorativa del poder constituyente sobre aquellos bienes jurídicos o morales a los que atribuyó una especial valía para la convivencia. Tampoco sería incompatible, no al menos radicalmente, con la posición doctrinal descrita en la letra *a*, pues negar a los deberes fundamentales un valor prescriptivo directo no impide admitir que estos podrían actuar como criterios interpretativos, reconociéndole así, aun en grado mínimo, alguna eficacia.

3. ESCEPTICISMO SOBRE LA JURIDICIDAD DEL DEBER DE TRABAJAR

Las valoraciones más escépticas sobre el deber constitucional de trabajar afirman que este representaría un enunciado, no solo "jurídicamente irrelevante", sino sencillamente "absurdo"[420]. Ruíz Robledo, concluye que tal deber tiene "una función más pedagógica y ejemplarizante que jurídica"[421], y Valiente Martínez, por su parte, ve en él, tan solo, "un imperativo moral"[422]. Los argumentos que sostie-

---

420 RUBIO LLORENTE, F., "Los deberes constitucionales..." *op.cit.*, p. 31.

421 RUÍZ ROBLEDO, A., *Manual de Derecho Constitucional*, Valencia, Tirant lo Blanch, 2022, p. 422.

422 MÉNDEZ LÓPEZ, L., CORREAS SOSA, I., ASTARLOA HUARTE, I. *et al*, *Compendio de Derecho Constitucional*, Valencia, Tirant lo Blanch, 2022, p. 523. En el mismo sentido, PAUNER CHULVI, C., *El deber constitucional de contribuir... op.cit.*, p. 35.

nen estas posiciones son los que cuestionan la juridicidad del conjunto de los deberes constitucionales, aunque también se invocan algunas deficiencias específicas del deber de trabajar que justificarían su singular minusvaloración:

1) De entrada, la imprecisión de la literalidad empleada para su positivización, principalmente derivada de la multivocidad del término *trabajo*, que imposibilitaría descifrar el significado de la conducta que se impone con este deber. Aunque intuitivamente pudiéramos pensar que el deber de trabajar se refiere a la obligación de realizar una actividad productiva regularizada —en cualquiera de los regímenes que admite nuestra normativa—, ningún criterio hermenéutico nos lleva directa e inequívocamente a esta conclusión. Esta lectura *estrecha* del deber de trabajar encontraría además alguna discrepancia en la medida que supone que los responsables de las tareas domésticas del hogar, o los ocupados en servicios de voluntariado, estarían incumpliendo aquel mandato constitucional. En palabras de Rubio Llorente, la inconcreción del tenor literal que emplea la Constitución "permite considerar como trabajo cualquier género de actividad, incluso tal vez la puramente contemplativa, y en consecuencia el enunciado es tan omnicomprensivo como huero"[423].

2) Por otro lado, encontramos la incongruencia que se produciría al exigir un deber para cuyo cumplimiento el Estado no ofrece ninguna garantía. Por el mismo motivo que se afirma la imperfección del derecho constitucional al trabajo, se sostiene la inconsistencia del deber de trabajar: por la hipotética incapacidad de los poderes públicos

---

423 RUBIO LLORENTE, F., "Los deberes constitucionales..." *op.cit.*, p. 30.

para alcanzar la plena ocupación de la ciudadanía[424]. En un ordenamiento de libre mercado, como el que vertebra la Constitución española –y, en mayor o menor grado, la mayoría de las constituciones contemporáneas–, la creación de puestos de trabajo se encomienda, preponderantemente, sin prejuicio del importante peso del empleo público, a la empresa privada[425]. El derecho a la libertad de contratación —como derivada específica de la más abstracta libertad de empresa del art. 36 CE´78— descarta que los particulares ostenten cualquier título para exigir una ocupación a los propietarios del tejido productivo. Así las cosas, se concluye la ilegitimidad de imponer un deber cuya realización no depende del sujeto obligado ni puede ser garantizada por las instituciones públicas.

3) En tercer lugar y, ya dijimos, como argumento más frecuente, encontramos la ausencia de previsiones normativas que garanticen la factibilidad o exigibilidad del deber constitucional de trabajar: "El Estado no posee el derecho subjetivo de exigir a los ciudadanos españoles que acaten el deber de trabajar, no pudiendo en consecuencia sancionar a aquellos que no lo cumplan" [426]. Por ese motivo "ese deber no puede ser calificado como un deber jurídico, debiendo ser por contraposición un deber pura y simplemente moral como estima la doctrina"[427]. Esta postura, sin duda, se adhiere a una lectura estrecha y kelseniana del Derecho según la cual, la calificación

---

424 Vid., VIGO SERRALVO, F., *El derecho al trabajo… op.cit., pp.* 345 a 348.

425 RUBIO LLORENTE, F., "Los deberes constitucionales…" *op.cit.,* p. 31.

426 FERNÁNDEZ ARTIACH, P., *El trabajo de los internos en establecimientos penitenciarios,* Valencia, Tirant lo Blanch, 2006, p. 231.

427 *Ibíd.*

de una norma como jurídica exige, inexorablemente, la dotación de medios de coerción tendentes a garantizar su cumplimiento –vid. apartado III. 4–.

4) Por último, desde una rudimentaria lectura sistemática del texto constitucional, se alega la manifiesta incompatibilidad del deber de trabajar con algunos derechos allí incorporados, como el derecho a libre elección de profesión u oficio (contemplado en el mismo art. 35.1), el derecho al libre desarrollo de la personalidad (art. 10.1), o la interdicción de trabajos forzosos (art. 25.2)[428].

Estos serían, como decimos, los razonamientos por los que se sostendría la vacuidad jurídica del deber constitucional de trabajar. Este planteamiento doctrinal, siendo mayoritario[429], no es del todo unánime[430]. Y es que, como veremos más abajo, que el incumplimiento de un deber carezca de una sanción específica no implica su inexigibilidad: de entrada, porque existen otros mecanismos jurídicos, distintos de la sanción, válidos para incentivar el acatamiento de un deber jurídico. A continuación –III.5– observaremos de qué "modo tales mecanismos respaldan el cumplimiento del deber fundamental de trabajar,

---

428 RUBIO LLORENTE, F., "Los deberes constitucionales..." *op.cit.*, p. 31.

429 El carácter mayoritario de esta posición lo afirma ALARCÓN CARACUEL, M.R., "Derecho al trabajo..." *op.cit.*, p. 37.

430 Entre otros, Martín Valverde le atribuye "eficacia jurídica apreciable pero indirecta", MARTÍN VALVERDE, A., "El derecho a la promoción a través del trabajo: un balance provisional", *Revista Española de Derecho del Trabajo*, num. 264/2023, pp. 111-130, p. 111. En otra ocasión, manifestará este mismo autor que el derecho al trabajo y el deber de trabajar de la Constitución no son "meras declaraciones retóricas". MARTÍN VALVERDE, A., *Derecho del Trabajo y mercado...op.cit.*, p. 114.

por ahora añadamos que la mayoría de los deberes constitucionales sí que cuentan con medidas de exigibilidad concretas introducidas legislativamente. También estos otros deberes se enuncian en la constitución con relativa abstracción, sin que nadie dude de su obligatoriedad una vez que han sido sancionados legislativamente. Observamos, por tanto, que la inexigibilidad de los deberes fundamentales no es una tara derivada de su formulación constitucional, sino la consecuencia de la labor legislativa. Dicho en otros términos, teniendo idéntica o similar formulación en el texto de la Constitución, algunos deberes constitucionales han encontrado garantías coercitivas y otros no, según razones de oportunidad o voluntad legislativa. Desde una lectura positivo-formal del texto constitucional, afirmamos entonces la plena juridicidad de todos los deberes que allí se anuncian, inclusive, obviamente, la del deber de trabajar. Nos separamos de este modo de esa posición doctrinal que le ha restado valor jurídico al deber de trabajar por carecer de disposiciones de desarrollo legislativo[431]. Y es que ya dijimos que si aceptásemos tal hipótesis, estaríamos arrogándole al legislador una facultad cuasiconstiuyente, al permitirle, a través de su labor de producción normativa, definir los deberes constitucionales como morales o jurídicos, según los haya dotado de garantías coercitivas o no. Para nosotros la inclusión del de-

---

[431] "No todos los deberes constitucionales tienen el mismo carácter pues en tanto unos pueden considerarse deberes de contenido moral pero sancionados jurídicamente (por ejemplo, la obligación de trabajar), otros son fuente –tras su concreción legislativa– de auténticas obligaciones jurídicas, cuyo incumplimiento puede acarrear fuertes sanciones (por ejemplo, los deberes tributarios o las obligaciones militares); sin que falten tampoco deberes que podemos situar a medio camino entre los primeros y los segundos (por ejemplo, el deber de conocer el castellano)". PAUNER CHULVI, C., *El deber constitucional de contribuir... op.cit.*, p. 47.

ber de trabajar en la norma suprema nos impone una premisa axiomática: revelaría que la voluntad constituyente ha querido imponer sobre todos los ciudadanos el deber de desempeñar una actividad socialmente útil. Al mismo tiempo que decimos eso afirmamos que otros preceptos constitucionales obligan a atemperar considerablemente esa imposición y, además, que el propio constituyente ha querido conferir amplias potestades de configuración al legislador ordinario, para que en cada coyuntura histórica y según la voluntad democrática predominante, el deber de trabajar encuentre una caracterización concreta[432]. Este vasto margen de maniobra que reconoció el constituyente no puede conducirnos, sin embargo, a vaciar de contenido absolutamente a dicho deber.

4. EL PRESUPUESTO DE JURIDICIDAD DE LAS NORMAS: EFICACIA VS VALIDEZ

Tras enumerar las distintas posturas en torno a la exigibilidad de los deberes constitucionales hemos constatado la ausencia de posiciones doctrinales relevantes que afirmen que estos imponen, por sí solos, sin necesidad de concreción legislativa, conductas que puedan ser jurídicamente impelidas a los particulares o a los poderes públicos. Como hemos insistido, es la carencia de mecanismos de coacción la característica que ha llevado a muchos autores a cuestionar la juridicidad de estas disposiciones constitucionales, en general, y del deber de trabajar, en particular. Habiendo ya adelantado nuestra discrepancia con esta postura doctrinal, en las siguientes líneas la justificaremos

---

432 En palabras del Tribunal Constitucional en su sentencia núm. 11/1981: "la Constitución es un marco de coincidencias suficientemente amplio como para que dentro de él quepan opciones políticas de muy diferente signo".

defendiendo la desvinculación conceptual entre la *validez* del Derecho y su *facticidad* o *eficacia*[433]. Hecha esta separación, afirmaremos que es la validez, y no la eficacia de la norma, la que determina su juridicidad: es decir, que la naturaleza jurídica de una norma no depende de las coacciones externas que respaldan su cumplimiento, sino, más bien, del procedimiento formal a través del cual ha sido adoptada y de su coherencia dentro del sistema de fuentes jurídicas[434]. Defenderemos, además, que la coacción o *ius puniendi* institucional no es el único instrumento válido para promover la adecuación de la conducta ciudadana a una norma. Ello nos resultará crucial para poder defender, no solo la validez, sino también la eficacia de un deber, como el de trabajar, que aparece en la mayoría de constituciones huérfano de sanciones que repriman su inobservancia.

Para lograr tal propósito comenzaremos afirmando que quienes ponderan la juridicidad de una norma según las amenazas institucionales que la respaldan comulgan claramente con el aserto kelseniano según el cual no existe Derecho sin coerción. Según concluyó el positivista austríaco:

> "La norma fundamental de un orden jurídico estatal puede, por lo tanto, ser formulada así: si una condición determinada conforme a la primera Constitución se realiza, un acto coactivo, determinado de la misma manera, debe ser ejecutado [...]. Una Constitución puede declarar que los hombres nacen libres e iguales entre ellos, o que el fin del Estado es el de asegurar la felicidad de los ciudadanos. Una ley puede afirmar que la costumbre no es un hecho creador de derecho, sino simplemente la prueba de una norma jurídica existente. Un juez puede de-

---

433 La relación entre la eficacia y la validez del Derecho fue presentada por Kelsen como "uno de los problemas más importantes y más difíciles de la teoría positivista del Derecho". KELSEN, H., *Teoría pura del Derecho... op.cit.*, p. 219.

434 PRIETO SANCHÍS, L., *Apuntes de teoría del Derecho*, Madrid, Trotta, 2016, p. 35.

> clarar en su sentencia que considera su decisión como justa o que tiene el deber de proteger a los pobres contra los ricos. Estas afirmaciones no tienen ninguna relación con la norma fundamental del orden jurídico y la ciencia del derecho no está en condiciones de reconocerles una significación jurídica objetiva. Se trata de elementos jurídicamente indiferentes respecto de la Constitución, de la ley o de la sentencia judicial de las que forman parte. La jurisprudencia romana diría: *pro non scripto habeantur*"[435].

Cualquier ley o reglamento aprobado que no cuente con un respaldo coactivo es, al decir de Kelsen, una norma incompleta o jurídicamente irrelevante. Ese es el calificativo que debería merecer un deber constitucional, como el que nosotros analizamos, cuyo incumplimiento no es castigado institucionalmente:

> "Encontramos –nos dice nuestro autor– leyes que prescriben una conducta determinada sin que la conducta contraria sea la condición de una sanción. En este caso estamos en presencia de una simple expresión de deseos del legislador que no tiene alcance jurídico. Es lo que hemos denominado un elemento jurídicamente indiferente. Así, una ley prescribe a todos los ciudadanos celebrar el aniversario de la Constitución, pero no prevé ninguna sanción con respecto a aquellos que se abstengan. Al no traer aparejada ninguna consecuencia jurídica la conducta contraria a la prescrita, la ciencia del derecho no puede considerar a dicha ley como una norma jurídica"[436].

Quizás el principal intento de superar esta visión reduccionista del Derecho y desplazar la coerción como rasgo central de su definición lo encontremos en las aportaciones de Hart. Para el jurista británico, tal visión solo puede sostenerse desde una desconfianza radical en la buena voluntad cívica del sujeto, al acoger al mal hombre como patrón conductual

---

435 KELSEN, H., *Teoría pura del Derecho… op.cit.*, pp. 120-122.

436 *Ibíd.*, pp. 123 y 124.

de referencia sobre el que el Derecho debe actuar. Hart, sin embargo, responderá:

> "¿Por qué el derecho no habría de preocuparse igual, si no más, del hombre desconcertado o del hombre ignorante que está dispuesto a hacer lo que corresponde, con tal que se le diga en qué consiste? ¿O del hombre que quiere arreglar sus asuntos, con tal de que se le diga cómo hacerlo? Por supuesto que para comprender el derecho es muy importante ver cómo lo administran los tribunales cuando llega el momento de aplicar sus sanciones. Pero esto no puede llevarnos a pensar que todo cuando hay que comprender es lo que pasa en los tribunales. Las principales funciones del derecho como medio de control social no han de ser vistas en los litigios privados o en las causas penales, que representan provisiones vitales, pero no obstante ello accesorias, para las fallas del sistema"[437].

Este planteamiento abre la puerta a que el Derecho pueda asumir funciones diferentes a las netamente punitivas. De entre los múltiples ejemplos que evidenciarían esta posibilidad, el más inmediato y paradigmático quizás sea el Derecho Internacional Público[438]. Aunque existen serios intentos para dotar a este corpus normativo de sanciones que refuercen la sumisión al mismo por parte de los agentes de la comunidad internacional, apenas ello se ha logrado de forma sectorial, para ámbitos objetivos o geográficos circunscritos. Fijémonos en tal sentido en las grandes declaraciones de derechos humanos, como la universal de 1948. Este último texto jurídico no cuenta en todo su articulado con alguna previsión punitiva que se accione ante la violación de cualquiera de los derechos que proclama. Ahora bien, ¿implica tal carencia que el respeto de estos derechos es discrecional para los agentes internacionales? Evidentemente no. De hecho, la positivización de tales derechos ha mostrado

---

437 HART, H.L.A., *El concepto de Derecho… op.cit.*, p. 50.

438 Ibíd., pp. 264 y ss.

una enorme virtualidad a la hora de sostener discursivamente el rechazo de la comunidad internacional a determinadas acciones sobre cuya antijuridicidad existe un acuerdo global. La existencia de esas disposiciones jurídicas, aun careciendo de amenazas tipificadas, ha permitido, además, la adopción de represalias *ad hoc*, principalmente de índole comercial y económica. También la reprobación política y social de comportamientos contrarios a la Declaración, reprobación la cual ya no apelaría a valores culturales autóctonos, sino a la transgresión de normas comúnmente aceptadas que fueron sometidas a un proceso democrático de consenso universal. Observamos entonces cómo la positivización de los derechos humanos, aunque alejados del prototipo puro de derecho subjetivo kelseniano, ofrece importantes ventajas para el buen funcionamiento de una comunidad, en este caso la internacional, al introducir unos patrones de conducta que resultan exigibles a los agentes de dicha comunidad, a pesar de la ausencia de castigos específicos que recriminen su transgresión.

Por todo lo dicho, si asumimos que existen tres planos a través de los cuales puede enjuiciarse la corrección o juridicidad de una norma, su justicia, su validez y su eficacia[439], aquí nos adhe-

---

[439] Creemos, por tanto, que lo más pertinente es proceder a la separación estanca de los tres tipos de valoraciones que conciernen a una norma: su justicia, su validez y su eficacia. Cada una de las grandes corrientes del pensamiento jurídico han acogido una de estas dimensiones como elemento constitutivo del Derecho. Mientras que los naturalistas enfatizaron la justicia material o la adecuación a un orden de valores preestablecido –justicia–, los positivistas definieron al Derecho en función de su corrección procedimental –validez–. En tercer lugar, los realistas reservaron esta calificación a las normas jurídicas que encontraban una implementación efectiva, normalmente por su respaldo coactivo –eficacia–. Desde nuestro punto de vista, será la segunda de estas dimensiones de la que determinaría

riremos a un *positivismo formal* que ve en la validez el rasgo constitutivo del Derecho. Desde este punto de vista, la justicia y la eficacia de un precepto son cualidades deseables, pero meramente contingentes[440], no determinantes de la juridicidad del mismo.

---

su juridicidad. Nos adherimos a una visión positivo-formalista (no realista). Existirán leyes que, habiendo sido codificadas a través de un mismo procedimiento legislativo, estarán asociadas a coerciones externas y otras que no, sin que por ello quepa predicar de ellas un distinto grado de *juridicidad* al poseer todas una misma validez. Sobre las distintas escuelas del pensamiento jurídico según el rasgo de la norma al que vinculasen su juridicidad, vid. BOBBIO, N., *Teoría general del Derecho... op.cit.*, pp. 110 y ss.

440 Admitiríamos, aun así, que a efectos descriptivos, por la prevalencia cuantitativa de las normas asociadas a sanciones, la coacción puede ser una nota típica de los preceptos jurídicos, mas no se trataría de una característica necesaria o consustancial. En este sentido, Bobbio, quien busca una posición intermedia entre los positivistas y los realistas jurídicos, afirmará: "cuando se habla de una sanción organizada como elemento constitutivo del derecho, se hace referencia, no a la norma individual, sino al ordenamiento normativo tomado en conjunto, razón por la cual decir que la sanción organizada distingue el ordenamiento jurídico de otro tipo de ordenamiento, no implica que todas las normas del sistema sean sancionadas, sino solamente que lo sean la mayor parte de ellas. Cuando me coloco frene a una norma individual y me pregunto si es una norma jurídica, el criterio de la juridicidad no es ciertamente la sanción, sino la pertinencia al sistema, o sea, la validez, en el sentido ya aclarado de referibilidad de la norma a una de las fuentes de producción normativa reconocidas como legítimas. Las sanciones hacen relación, no a la validez, sino a la eficacia, y ya habíamos visto que una norma individual puede ser válida sin tener eficacia". *Ibíd.* p. 116.

5. ESTÍMULOS NO COACTIVOS PARA LA EFICACIA DEL DEBER DE TRABAJAR

Una vez asentado que la juridicidad de una norma depende de su validez y no de su eficacia, continuamos para añadir que tampoco es del todo riguroso asociar esta segunda característica de la norma a su respaldo coercitivo[441]. Existen otros mecanismos que se dirigen a promover el cumplimiento de la misma sin acudir al *iuspuniendi* estatal. Esta cuestión ocupa una posición central en nuestro estudio pues, según hemos comprobado, las principales recusaciones que recibe este deber se apoyan en su endeble obligatoriedad, en la carencia de mecanismos de compulsión que aseguren su cumplimiento.

La existencia de estos otros mecanismos de promoción es singularmente relevante en el caso concreto del deber de trabajar, pues hay serias dudas de que este concreto deber pudiera ser impuesto bajo amenaza de sanción[442]. Además de la contrarie-

---

441 Ese, recordemos, era el planteamiento kelseniano: "El que en los enunciados que funcionan como normas jurídicas los actos que disponen la privación coactiva de la vida, libertad, o de valores económicos, políticos u otros, figuren como «debidos», no significa que tales actos sean obligatorios (por haber sido ordenados). Un acto es jurídicamente obligatorio si su omisión es condición de una sanción". KELSEN, H., "Validez y eficacia del Derecho", en KELSEN, H., BULYGIN, E. y WALTER, R., *Validez y eficacia del Derecho*, Buenos Aires, Ed. Astrea, 2005, pp. 49-74, p. 52.

442 Tal posibilidad fue expuesta como argumento *ad absurdum* por el órgano judicial que planteó las cuestiones de inconstitucionalidad resueltas por los AATC 214 y 319/1996, de 18 y 29 de julio, en las que se discutía la concordancia constitucional del derogado art. 135 bis CP que castigaba la elusión del deber del servicio militar. Se leía en el escrito del órgano remitente "dentro de la misma Sección Segunda del Capítulo Segundo del Título I de la CE se contempla, entre otros, además del derecho y deber de defender a España, el deber de trabajar y el dere-

dad social que esa imposición generaría[443], otros preceptos constitucionales –presentes en la mayoría de ordenamientos comparados de tradición liberal– parecen impedirlo: entre ellos, de forma muy cualificada, los derechos a la autodeterminación personal, a la libertad de empresa, y la interdicción de trabajos forzosos. Tales limitaciones obligan a idear otras soluciones que promuevan la eficacia del deber distintas de la coerción[444].

---

cho al trabajo (art. 35 CE). Sin embargo, si el Legislador angustiado por el problema creciente del paro estableciera que «las obligaciones laborales de los españoles a que se refiere el art. 35.1 de la Constitución consisten en trabajar desde los dieciocho a los veinte años en las instituciones públicas y servicios sociales de los distintos Ayuntamientos y se sancionase como constitutiva de delito la conducta consistente en mantenerse ocioso y se mandase a prisión a los transeúntes y a los parados de este país... el legislador estaría excediendo en su regulación el contenido esencial del art. 35 al solventar acudiendo al Derecho Penal lo que puede -y debe- resolver por otras vías...".

443 Y es que, como expuso Durkheim, en una terminología sociológica bastante específica, existe un compromiso con el trabajo que debe asumir cada individuo para la correcta coordinación de un orden social complejo. Sin embargo, añadió que la violación de esas reglas no atenta contra los valores más íntimos de la sociedad, por lo que "no puede determinar más que una reacción muy moderada [...]. Todo lo que necesitamos es que las funciones concurran ¿en una manera regular; si esta regularidad se perturba, pues, nos basta con que sea restablecida. No quiere esto decir seguramente que el desenvolvimiento de la división del trabajo no pueda repercutir en el derecho penal. Ya sabemos que existen funciones administrativas y gubernamentales en las cuales ciertas relaciones hállanse reguladas por el derecho represivo, a causa del carácter particular que distingue al órgano de la conciencia común y todo lo que a él se refiere". DURKHEIM, É., *La división del trabajo social... op.cit., pp.* 138 y 139.

444 SCAGLIARINI, S., "Il dovere costituzionale al lavoro", A.A.V.V. (ed. Mattarelli, S. Casadei, F. eds.), *Il senso della Repubblica,* Franco Agnelli, Milán, 2007, pp. 99-117, p. 114. En sentido similar, dentro de

En este epígrafe trataremos de enumerar algunos de estos mecanismos no coactivos a través de los cuales se promueve el cumplimiento de los deberes fundamentales y observar cómo estos se aplican específicamente al deber de trabajar.

5.1 Limitación de los derechos subjetivos

De entrada, un deber constitucional puede actuar como límite al ejercicio de un derecho subjetivo[445]. Cuando así ocurre, todos quienes ejerzan este derecho legítimamente están acatando el contenido del deber que restringe su contenido. Esta es quizás la forma más inmediata y frecuente, tan sutil que a veces pasa desapercibida, a través de la cual el legislador puede dotar de contenido a los deberes constitucionales. Veamos algunos ejemplos a través de la Constitución española: cuando se reconoce el derecho a disfrutar de un medioambiente adecuado, se impone seguidamente el deber de conservarlo (art. 45), por lo que podemos entender que tal derecho de disfrute no contiene, por ejemplo, el derecho a extraer recursos naturales sin limitación. De forma un tanto más implícita, ocurre esto con el deber de conocer la lengua oficial de un país, en nuestro caso, el deber de conocer el castellano *ex* art. 3 CE´78: por regla general, no se castiga el incumplimiento de dicho deber, tampoco se recompensa su

---

la doctrina española, MARTÍN VALVERDE, A., *Derecho del Trabajo y mercado... op.cit.*, pp. 41 y 119.

445 Al decir de Peces-Barba Martínez, esta es otra de las funciones más esenciales de los deberes constitucionales: "Cuando los deberes se incorporan al Derecho positivo, especialmente al nivel superior, paralelos a los derechos fundamentales, lo hacen desde posiciones moderadas que pretenden limitar los efectos de los derechos como levadura revolucionaria". PECES-BARBA MARTÍNEZ, G., Los deberes fundamentales... *op.cit.*, p. 330.

acatamiento –como si se tratarse de una virtud–, pero el individuo que lo incumpla encontrará limitados muchos de sus derechos. Ningún ciudadano podría, por ejemplo, exigir la traducción de una resolución administrativa o judicial a un idioma distinto del castellano o el resto de lenguas cooficiales[446]. Por último, en lo que a nosotros más nos toca, cuando la Constitución reconoce el derecho al trabajo ha proclamado, con inmediata anterioridad, el deber de trabajar (art. 35.1). Si entendemos que un derecho subjetivo incorpora, por definición, la libertad de ejercerlo o no, y que un deber comporta la obligación de desarrollar una determinada conducta, el derecho-deber de trabajar es una *contradictio in terminis.* La misma solo se salva si admitimos que aquí el deber de trabajar está limitando el contenido más prístino del derecho al trabajo para recordar que este no incorpora la libertad plena de no trabajar, de asumir libremente una vida ociosa.

---

446 "[E]l deber de conocimiento y el derecho de uso del artículo 3.1 CE vinculan a los ciudadanos y a los poderes públicos, y muy señaladamente al legislador estatal. Es éste quien regula la enseñanza en toda España de la lengua castellana, su índole de lengua vehicular de las Fuerzas Armadas, su preeminencia sobre las lenguas cooficiales en las actuaciones judiciales y en el procedimiento de la Administración General del Estado cuando se den supuestos de concurrencia lingüística, y, en definitiva, las condiciones necesarias para otorgarle efectividad. Además, la infracción del deber de conocimiento genera consecuencias jurídicas: en el ámbito docente y en el seno de las relaciones de sujeción especial, por supuesto, donde tal deber lo es igualmente de uso; pero también en la medida en que nadie puede aducir un derecho a desconocer el castellano frente a los poderes públicos o frente a los particulares que ejerzan su derecho constitucional a usarlo en las relaciones jurídicas *inter privatos* (las de tipo comercial, v.g.)". PUNSET BLANCO, R., "Derechos y deberes lingüísticos", en A.A.V.V. (López Castillo, A., Dir.), *Lenguas y Constitución Española, Valencia,* Tirant lo Blanch, 2013, pp. 69-82, p. 70.

Si al derecho al trabajo se le puede atribuir un doble contenido, de libertad y prestacional, la existencia de un deber de trabajar declara que el primero de ellos no será absoluto y que resulta necesario buscar un punto de equilibrio entre la libertad de trabajar y la obligación de hacerlo. Más adelante analizaremos en qué se traduce esta tensión lógico-jurídica –IV.5.1–, por ahora solo apuntaremos que en realidad todo deber constitucional presupone una restricción del ejercicio de un derecho, bien sea un concreto derecho de libertad o uno genérico y abstracto. En efecto, si así no fuese, carecería de sentido la codificación de tales deberes: solo tiene significado establecer una restricción explícita en aquellos casos en los que existe, por defecto, una libertad precedente sobre la conducta exigida por el deber, la libertad de no ejecutarla. No cabría, veámoslo más claro con un ejemplo, imponer el deber de contribuir a las cargas del Estado si no existiera un previo derecho a la propiedad privada, si todos los bienes fuesen comunales y el sujeto careciese de capacidad de disposición sobre ellos.

5.2 Condicionante del ejercicio de los derechos subjetivos

En estrecha relación con lo que acabamos de decir, también cabría articular algunos deberes constitucionales como condiciones para el ejercicio de un derecho. Esta concepción promovería el cumplimiento de dichos deberes en la medida que todos aquellos que aspiren a ejercer cierto derecho deberán, necesariamente, someterse al acatamiento de un determinado deber. Lo que diferencia esta forma de promoción de la anterior es que ahora existe una desconexión formal entre el derecho a ejercer y el deber a acatar. El deber no actúa ya como una restricción en el ejercicio del derecho, sino como un antecedente que impone una conducta autónoma. Aunque es una forma de promoción menos explorada, es, en términos lógicos, admisible[447]: con relación al deber de trabajar, por ejemplo, vimos como en Italia, durante los debates constituyentes de 1947, se barajó la posibilidad de que el cumplimiento de este deber fuese determinante para la habilitación del derecho al sufragio pasivo[448]. Es, por lo demás, una forma de promover el cumplimiento del deber muy próxima a la sanción coactiva, con la salvedad de que esta última empeora la situación en la que se encontraría el individuo en el estado prejurídico.

5.3 La sanción positiva. Digresión sobre las virtudes y su recompensa institucional

Dentro de estos instrumentos, revisten un especial interés para nosotros las normas de promoción, también denominadas incentivos o –de forma más impropia, pero muy expresiva,

---

447 "Consistiendo todos los deberes constitucionales en deberes de hacer, y partiendo del principio de que nadie puede ser coaccionado a una actividad, se tornan efectivos a través de su asociación a las respectivas sanciones. Estas pueden ser de dos tipos: sanciones penales o de incapacidad para ejercer ciertos derechos". GOMES CANOTILHO, J.J., "Nota prèvia. Direitos e deveres fundamnetais", en GOMES CANOTILHO, J.J. y MOREIRA, V., *Constituçao da República Portuguesa anotada,* Coimbra, Coimbra Editorial, 1984, pp. 105-143, p. 143.

448 Aunque esa fue una solución descartada en el proceso constituyente, con posterioridad ha seguido siendo defendida por algunos autores italianos: "no hay libertad para abstenerse de trabajar", aunque, precisa, esto "no significa que pueda haber una coerción directa para obtener trabajo de los ciudadanos ". En consecuencia, se elucubra con que una posible sanción del deber de trabajo "en lo que respecta a la exclusión por incumplimiento del goce de ciertos derechos políticos queda no sólo abierta al legislador, sino que podría decirse que es impuesta por el sistema de principios". MORTATI, C., *Il lavoro nella Costituzione,* Milán, L. Gaeta, 2005, pp. 20-21.

sanciones positivas–. Estas comienzan a aparecer, sobre todo, a partir de la Segunda Guerra Mundial y se ligan a los sistemas de bienestar para cuya operatividad se requieren "ordenamientos jurídicos promocionales", en los cuales se busca incentivar una conducta deseada haciéndola fácil o ventajosa[449]. Entre otros, Norberto Bobbio es uno de los autores que reparó en este nuevo paradigma jurídico:

> "La función de un ordenamiento jurídico no es únicamente la de controlar el comportamiento de los individuos, lo cual puede obtenerse mediante la técnica de las sanciones negativas, sino también la de encauzar los comportamientos hacia ciertos objetivos previamente establecidos. Eso se podrá conseguir preferentemente por medio de la técnica de las sanciones positivas y de los incentivos. Se dice que la concepción tradicional del derecho como ordenamiento coactivo se funda en el presupuesto del "hombre malo", cuyas tendencias antisociales deben ser sojuzgadas. Se puede decir que la consideración del derecho como ordenamiento directivo parte de la presunción del hombre inerte, pasivo, indiferente, que debe ser estimulado, provocado, urgido. Creo, pues, que hoy es más correcto definir el derecho, desde el punto de vista funcional, como forma de control y de dirección social"[450].

Esta construcción metafórica de la *sanción positiva*, entendida como mecanismo para incentivar el acatamiento del Derecho, nos parece aquí sumamente relevante pues a través de ella es posible explicar la forma en la que el Estado social promueve el cumpli-

---

449 BOBBIO, N., *Contribución a la Teoría del Derecho,* Debate, Madrid, 1990, pp. 371-385. Apreciaciones similares aparecen en GARRIDO GÓMEZ, Mª.I., "Derechos y garantías jurídicas en el discurso de la protección de la familia", *Revista telemática de filosofía del derecho,* vol. 6, 2002, pp. 193-203, pp. 200-202.

450 BOBBIO, N., "Hacia una teoría funcional del derecho", en A.A.V.V. (ed. BACQUÉ, J.A.), *Derecho, Filosofía y Lenguaje: homenaje a Ambrosio L. Gioja,* Buenos Aires, Astrea, 1976, pp. 14-30, p. 30.

miento del deber fundamental de trabajar. Aparece así una función promocional del Derecho que incentiva el cumplimiento de las normas jurídicas sin recurrir a amenazas o sanciones[451].

Esta otra forma de promover el cumplimiento de los deberes jurídicos ha sido tradicionalmente obviada para identificar al Derecho exclusivamente como un mecanismo de coerción: la norma jurídica se caracteriza con frecuencia –diferenciándose de las normas de otros órdenes, como las morales– por venir respaldada por el *iuspuniendi* estatal. Un dato histórico que ayuda a constatar esta equiparación lo encontramos en la publicación *De los delitos y las penas*, del italiano Cesare Beccaria en el año 1764. Esta obra consiguió rápidamente una celebridad que todavía hoy se mantiene y que la coloca entre las obras de referencia central en la enseñanza de la *parte general* del Derecho Penal. Sin embargo, casi coetáneamente, y probablemente como respuesta a aquella obra, el también italiano Jacinto Dragonetti publicaba en 1766 su *Tratado de las virtudes y de los premios,* una obra que alcanzó cierta relevancia entre sus coetáneos[452], pero que apenas atrajo la atención del

---

451 En otras palabras, la eficacia de la norma no siempre está asociada a la coacción. Cabrá discutir, no obstante, si esta, la coacción es el medio más eficaz de garantizar el acatamiento del Derecho, pero no será en ningún caso el único.

452 El libro, que fue criticado por la escuela de Bentham, tuvo gran repercusión internacional y fue citado elogiosamente por Thomas Paine en su *Common sense* de 1776. MUÑIZ MUÑIZ, M.N, "Sobre una traducción inédita del tratado de Dragonetti: De las virtudes y los premios", A.A.V.V. (coords. Gimeno Puyol, M.D. y Viamonte Lucientes, E.), *Los viajes de la razón: estudios dieciochistas en homenaje a María-Dolores Albiac Blanco,* Zaragoza, Diputación Provincial de Zaragoza, Institución "Fernando el Católico", 2015, pp. 307-322, p. 307.

pensamiento jurídico-político posterior[453]. Según afirmaba el autor en su introducción: "los hombres han hecho millones de leyes para castigar los delitos, y no han establecido ni siquiera una para premiar la virtud". Como ha observado alguna de sus escasas analistas contemporáneas, con esta obra "la intención de Dragonetti no era tanto demostrar el carácter natural de la virtud a la manera de Shaftesbury y Diderot, cuanto los efectos positivos de su justa recompensa para el desarrollo de un país"[454]. En efecto, según defendió Dragonetti, las virtudes no pueden ser impuestas bajo amenaza o coacción, pues si así fuese perderían su carácter virtuoso. El plusvalor atribuido a las acciones virtuosas emana en buena medida de su carácter voluntario. Lo anterior no impide que la sociedad no pueda reaccionar positivamente frente a un sujeto que ejecuta una conducta virtuosa. Es más, esta debería ser su respuesta natural si verdaderamente quiere impulsar en su seno la convivencia cívica basada en los deberes socialmente apreciados. En palabras del autor italiano: "No siendo las virtudes efecto de ley alguna, sí solo de la voluntad, no tiene la sociedad derecho alguno sobre ellas. La virtud de ningún modo está compre-

---

453 En España fue traducida en el año 1775, *Tratado de las virtudes, y los premios escrito en italiano por el Señor Jacintho Dragoneti* por Antonio Josef le Corp, natural y vecino de Granada –Biblioteca nacional, signatura Biblioteca Nacional bajo la signatura MSS/7177–. Luego fue comentada por Ramón Salas, *Comentarios del ciudadano Ramón Salas, doctor de Salamanca, al Tratado de los delitos y de las penas, escrito por el Marqués de Beccaría; y por continuación el Tratado de las virtudes y de los premios, escrito en italiano por Jacinto Dragonetti, y traducido al español por el mismo Salas,* Madrid, Imprenta de Villaamil, 1836. La relevancia de la obra de Dragonetti ha sido reivindicada contemporáneamente por BRUNI, L., "Delle virtù e dei Premi di G. Dragonetti (e una polemica di B. Croce)", *Storia del pensiero economico,* vol. 1, 2018, pp. 33-49.

454 MUÑIZ MUÑIZ, M.N, "Sobre una traducción inédita..." *op.cit.,* p. 307.

hendida en el pacto social; y si se deja de premiarla, comete la sociedad una injusticia igual a la que comete el que defrauda el sudor del trabajo ajeno"[455].

Esta obra nos presenta, a nuestro juicio, una idea bastante sugerente para el tema que analizamos: la factibilidad de un ordenamiento jurídico que no solo sanciona las conductas reprochables de los ciudadanos, sino que incentiva o promueve las actitudes beneméritas. El Derecho no se escinde en este ordenamiento de forma dicotómica entre lo prohibido y lo permitido, sino que dentro de lo permitido introduce diversas respuestas según el grado de aprobación que merezca la conducta del agente. Del mismo modo que las conductas prohibidas admiten gradaciones, según su gravedad, con diferentes tipos de penas, las conductas admitidas pueden tener varias reacciones institucionales: desde la indiferencia del sistema normativo hasta la recompensa, de distinto nivel, según la valoración social que se atribuya a su desempeño. Si abundamos un poco en ello, el sistema de los delitos y las penas –en la terminología beccariana– no es eficiente para la promoción de la virtud. En efecto, difícilmente atribuiremos virtud alguna a quien se limita a no transgredir las prohibiciones jurídicas: quien no mata, no roba o no injuria, no necesariamente adopta una actitud socialmente benemérita, sino simplemente neutra. Por otro lado, la imposición coactiva de la virtud llevaría a un asfixiante sistema intervencionista en el que la autonomía individual quedaría muy mermada ¿Por ello, el ordenamiento debe ser indiferente a la realización de acciones valiosas para la colectividad? No necesariamente, y es aquí donde la solución de Dragonetti ofrece una vía intermedia sumamente sugerente al distinguir diferentes respuestas institucionales según

---

455 Tomo la cita de *ibíd.*, p. 316.

la actuación del ciudadano merezca una valoración negativa, neutra o positiva.

Este planteamiento ha tenido su continuidad a lo largo del tiempo en diferentes pensadores jurídicos, quienes no necesariamente han tenido que apoyarse en las reflexiones del pensador italiano[456]. Algunos estudios contemporáneos sobre la virtud cívica, por su parte, aconsejan no delegar esta al ámbito de la espontaneidad privada, sino acogerla en el sistema institucional de promoción[457]. Esto ocurre, con cierta relevancia para nosotros, al asumirse los postulados del Estado social, que busca orientar la actuación de los sujetos hacia la consecución de bienes colectivos definidos democráticamente. En palabras de Prieto Sanchís:

> "hoy los poderes públicos no solo se consideran competentes para identificar y sancionar las conductas intolerables, sino también para definir las mejores o más adecuadas, y ello en las más variadas esferas de la vida social. El Derecho ha dejado de ser un garante externo del libre juego social para participar directamente en el mismo, interviniendo en los procesos eco-

---

456 BREAKEY, H., "Positive duties and human rights: Challenges, opportunities and conceptual necessities", *Political Studies*, vol. 63.5, 2015, pp. 1198-1215.

457 "Aunque pudiese ser cierto —cosa intuitivamente bastante implausible—que el hombre virtuoso actuaría siempre correctamente aun en ausencia de coacciones externas de cualquier tipo, la virtud desprovista de mecanismos de diseño institucional complementarios resultaría subóptima socialmente" TENA SÁNCHEZ, J., "Hacia una definición de la virtud cívica". *Convergencia*, vol 17, núm. 53, pp. 311-337, p. 322. Desde la Sociología se ha defendido también la utilidad de las recompensas como forma de premiar aquellas actitudes que encajan con el rol reclamado por la sociedad a cada individuo cuya omisión no llega a generar un desvalor censurable. DAHRENDORF, R., *Homo Sociologicus*, Madrid, Instituto de Estudios Políticos, 1973, pp. 73-80.

> nómicos de producción y distribución, en la satisfacción de necesidades y expectativas como la cultura, la sanidad, etc. Y si bien en esos ámbitos tampoco se halla ausente el Derecho represivo, la consecución de los comentados objetivos económicos o sociales parece requerir el uso de estas otras técnicas [...] la promoción de prácticas o comportamientos que se juzgan valiosos; el premio o recompensa de esas mismas prácticas o comportamientos, etc."[458].

Si nos detenemos en este punto es porque arroja una luz muy valiosa para la comprensión del significado jurídico-político del deber de trabajar en nuestra tradición democrática. Si desde el acervo occidental el trabajo puede definirse –no sin polémicas– como una virtud, el deber de trabajar estaría tan solo expresando en el Derecho positivo la preferencia de la comunidad por dicha virtud, por la vida laboriosa. A su vez, esta institucionalización abre la puerta a variadas formas de recompensar ese deber, de premiar su cumplimiento, a través de la legislación ordinaria. No se impone el trabajo, en cuyo caso su carácter virtuoso se vería anulado, sino que se premia su ejercicio a través de diferentes recompensas institucionales.

Más adelante, casi al final de esta obra, dedicaremos un epígrafe específico a esta cuestión. Allí comprobaremos cómo, según algunos autores, el criterio profesional-contributivo aplicado a la asignación de prestaciones sociales es el principal mecanismo a través del cual se promociona el deber de trabajar por parte del Estado social contemporáneo –vid. apartado V.3–. Por ahora podemos adelantar que el sistema de protección social puede presentarse, siguiendo con este planteamiento, como un beneficio o sanción positiva con la cual cabe promover el cumplimiento del deber que analizamos. Por supuesto, trátase este de un tipo de beneficio, acaso el más preeminente,

---

458 PRIETO SANCHÍS, L., *Apuntes de teoría... op.cit.*, p. 35.

entre otros posibles con los que se puede promocionar el cumplimiento de dicho deber –otros han señalado, cómo otra posibilidad admisible, una política tributaria favorable a las rentas derivadas del trabajo–[459].

Por otro lado, algunos autores han destacado como el incentivo del deber de trabajar a través de la atribución de beneficios sociales resuelve otro punto crítico en la interpretación de este deber: el que se refiere a la concreción y la ponderación del trabajo que exige. Así lo defendió expresamente el profesor Lawrence C. Becker[460] cuando resaltó la dificultad de determinar la cantidad de trabajo que será exigible a cada sujeto que se vea compelido por este deber si el mismo se configurase como un *deber general*[461]. Aunque no la compartimos íntegramente, la solución ideada por este autor pasaba por caracterizar el deber de trabajar como un *deber especial*, exigible como requisito para el acceso a determinados beneficios especiales[462]. Al presentarse ahora el deber de trabajar como un deber de reciprocidad frente a la consecución de un beneficio especial, se superan algunos obstáculos que dificultaban presentarlo como un deber de exigencia general. En efecto, al no caracterizarse como un deber punitivo, cuya inobservancia se traduce en sanciones, puede devaluarse considerablemente el requisito de tipicidad

---

459 MÉNDEZ LÓPEZ, L., CORREAS SOSA, I., ASTARLOA HUARTE, I. *et al*, *Compendio de Derecho Constitucional*... o*p.cit.*, p. 483.

460 BECKER, L. C., "The obligation to work..." *op.cit.*, pp. 44 y ss.

461 *Ibíd.*, p. 45.

462 Uno de los ejemplos hipotéticos a los que se refiere es el del comerciante que se beneficia de una subvención para la reactivación económica. Nadie dudaría que la exigencia del desarrollo de su labor profesional a este comerciante parece legítima, no solo para garantizar la devolución de la subvención concedida, sino para lograr el objetivo último de esta que era el reforzamiento del tejido productivo.

sobre las conductas exigidas por la norma[463]. La cantidad y cualidad del trabajo que se exige ya no debe preverse en la legislación con carácter general para ser impuesta a cada ciudadano, sino que las normas que regulan cada beneficio especial pueden fijar unos criterios particulares. En este sentido –y esta será una idea frecuente en lo que nos resta– Becker constata que las medidas de protección social –*welfare payments*– actúan en realidad como un beneficio especial, frente al cual el trabajo aparece como una contribución recíproca[464].

5.4 La necesidad material

Otra forma de jalonar el cumplimiento de un deber es a través de la desatención de las exigencias fácticas que encuentra un individuo en el estado preinstitucional o prejurídico. Este incentivo para el cumplimiento de los deberes jurídicos suele también pasar inadvertido, precisamente, porque no es impuesto directamente por el ordenamiento, sino por la necesidad material. Al no prever el ordenamiento una atención prestacional dirigida a satisfacer esa necesidad es el individuo el que se ve impelido a hacerlo por medios autónomos. Si, por el contrario, existiesen derechos subjetivos que permitiesen reclamar por parte del sujeto una acción pública frente a tales necesidades, este perdería el estímulo que encuentra en su precaria situación original[465]. Dicho de otro modo, el ordenamiento pude promover el acatamiento de un deber omitiendo las prestaciones que desanimarían su cumplimiento espontáneo. Esto ocurre de manera singularmente clara con el deber

---

463 BECKER, L. C., "The obligation to work..." *op.cit.*, p. 46.

464 *Ibíd.*, pp. 45 y ss.

465 MARTÍN VALVERDE, A., *Derecho del Trabajo y mercado... op.cit.*, pp. 40 y 41.

de trabajar: al no cubrir el poder público las necesidades existenciales del sujeto, este se ve obligado a hacerlo a través de los medios propios que obtiene a través del trabajo, en el sentido ahora más extenso del término[466].

Seríamos por lo demás muy superficiales si sostuviéramos que el único aliciente que empuja al individuo al trabajo es su propia supervivencia y la de los sujetos que tiene a su cargo. Especialmente en las economías avanzadas, han proliferado multitud de aspiraciones que sobrepasan, con creces, las estrictas necesidades fisiológicas del ser humano. En este sentido, algunos autores, como André Gorz, han resaltado el componente consumista de las culturas desarrolladas como un mecanismo de incitación al trabajo, un mecanismo que, de nuevo, prescinde de la coacción jurídica[467]. Este planteamiento asume

---

466 Esto, más que una opción legislativa, se nos presenta como una elemental derivada que se sigue del reconocimiento constitucional del deber de trabajar: y es que el incumplimiento de un deber, sea castigado o no, nunca puede ser recompensado institucionalmente. No cabe, dicho en términos más simples, sufragar con fondos públicos la opción voluntaria de un estilo de vida ocioso porque en ese momento se reconoce el derecho a no trabajar, lo que, al menos en términos lógicos, es abiertamente contrario al deber de hacerlo. Como veremos, cap. V, esta lógica afecta singularmente a la configuración del sistema de Seguridad Social, pero también a la regulación civilista del derecho de familia, que limita el derecho de alimentos a quienes no pueden satisfacer por sí mismo sus necesidades materiales, siempre que muestren una conducta proclive a lograr su inclusión económica.

467 "Pasar de un régimen de coacción para el trabajo a un régimen de incitación no es, pues, cosa fácil. Las dificultades, lentitudes y fracasos de las «reformas económicas» del mundo sovié- tico lo demuestran. No basta con producir unas cantidades crecientes de bienes y servicios compensatorios; es necesario simultáneamente imponer las condiciones de trabajo que harán nacer las necesidades com-

que en este tipo de sociedades, la red de socorros permitiría a un individuo atender sus necesidades primarias sin necesidad de ejecutar una actividad productiva. Son entonces las necesidades más altas en la pirámide maslowsiana –entre las que se enumera la necesidad de reconocimiento social– las que inclinarían al individuo a su activación profesional.

Comoquiera que fuese, la existencia de estas *necesidades* –en sentido estrecho e inherentes a la condición física del ser humano, o en sentido lato y artificiadas por unas determinadas coordenadas culturales–, suponen el principal estímulo para la incorporación del sujeto a la vida laboriosa. El sistema jurídico no crea tales necesidades, pero tampoco las suprime. No articula garantías institucionales que colmen, por defecto y de forma generalizada, las diferentes necesidades del ciudadano. En esta última omisión se encuentra la principal fórmula del Derecho para promover la garantía del deber de trabajar, al menos en un sistema de libre mercado que rehúsa la imposición coactiva del trabajo[468].

---

pensatorias de esos bienes, «educando» a los trabajadores para que prefieran esas compensaciones a las condiciones de trabajo relativamente confortables de las que han conseguido disponer, en la Unión Soviética, por ejemplo, en el seno de un régimen de coacción burocrática". GORZ, A., *Metamorfosis del trabajo... op.cit.*, p. 66.

468 Resulta pertinente introducir la crítica de Offe a la forma en que las estructuras garantistas propias del Estado del bienestar pueden hacer desaparecer ese incentivo al trabajo: "en los estados liberales de bienestar a la casilla de la matriz de las transferencias socio-laborales en la que encuentra su asiento el principio, tanto paulino como staliniano de «quien no trabaja tampoco debe comer» no le corresponde ninguna realidad institucional especialmente intensa [...] Surge, de forma enteramente inevitable, un clásico problema de bienes colectivos, a saber: el del desacoplamiento entre las acciones y las consecuencias de la acción en el plano de los actores singulares. Exagerando los términos de la crítica al bienestarismo: la no observancia individual de

5.5 Positivización jurídica y ética pública

Por último, dentro de esta lista no necesariamente conclusiva, encontramos la presión social que ejerce una comunidad política para reclamar el comportamiento exigido por las normas que regulan la convivencia en su seno. Ya hemos visto más arriba como Heller, entre otros, otorgaba una significancia trascendental a aquellas normas constitucionales que, aún careciendo de respaldo coactivo, contribuían a solidificar el esquema de valores imperante en la sociedad. En lo que a nosotros más nos incumbe, la codificación de un deber en la constitución expresa, sobre todo cuando acontece en un régimen democrático, la valoración positiva de una comunidad política sobre una determinada conducta y las expectativas de que esta sea ejecutada. Ello acaba por condicionar el modo de ver la realidad por los agentes de esa comunidad política y su respuesta ante las acciones que se separen de ese deber. Existe, por así decirlo, una mayor predisposición al reproche por la sociedad civil cuando la conducta de uno sus miembros no se enjuicia desde valores morales internos, sino desde códigos de conductas tipificados y aprobados consensuadamente[469]. El propio Kelsen, principal exponente de lo que aquí estamos denominando visión estrecha o punitiva del Derecho, no pudo obviar la virtualidad que desplegaba esta presión social a la hora de promover el acatamiento de las normas jurídicas:

> "Si el derecho es una técnica social utilizada para inducir a los hombres a conducirse de una manera determinada, falta

---

la coerción hacia el trabajo que corresponde ejecutar «propiamente» al mercado queda en buena medida sin sancionar, de la misma forma que, a la inversa, a causa de la cargas fiscales y parafiscales que diezman sus frutos, «ya no compensan» los esfuerzos individuales". OFFE, C., *La sociedad del trabajo... op.cit.*, pp. 43 y 44.

469 DAHRENDORF, R., *Homo sociologicus... op.cit.*, p. 74.

examinar en qué medida alcanza su fin. Puede preguntarse a este respecto por qué razones la mayor parte de los hombres se conducen de la manera prescrita por el derecho. Ahora bien, es difícil establecer que su obediencia al derecho esté dada por la amenaza de un acto de coacción. En muchos casos intervienen más bien motivos religiosos o morales, el respeto a los usos, el temor de perder la consideración de su medio social o simplemente la ausencia de toda tendencia a conducirse de modo contrario al derecho"[470].

Desde esta última posición, cabría afirmar que la mera proclamación positiva de un deber constitucional ya introduce una mínima motivación para su cumplimiento, sin perjuicio de las medidas de sanción o promoción complementarias que puedan respaldarlo para reforzar esa motivación. En el caso que nos ocupa, la mera proclamación del deber de trabajar

---

470 KELSEN, H., *Teoría pura del derecho... op.cit.*, pp. 117 y 118. A pesar de las insalvables diferencias que separaron a ambos autores, en este punto la posición de Kelsen coincide con la de Hart, quien defendería: "cuando las reglas son generalmente aceptadas por un grupo y apoyadas generalmente por la crítica social y por la presión para obtener la conformidad, los individuos pueden tener a menudo experiencias psicológicas análogas a la experiencia de restricción o compulsión. Cuando dicen que *se sienten obligados* a comportarse de cierta manera, pueden realmente referirse a esas experiencias. Pero ellas no son necesarias ni suficientes para la existencia de reglas *obligatorias.* No es contradictorio decir que la gente acepta ciertas reglas pero no experimenta tales sentimientos de compulsión. Lo que es necesario es que haya una actitud crítica reflexiva frente a ciertos modelos de comportamiento en tanto que pautas o criterios de conducta comunes, y que ella se despliegue en la forma de crítica (que incluye la auto-crítica), exigencias de conformidad, y en reconocimientos de que tales críticas y exigencias están justificadas, todo lo cual halla expresión característica en la terminología normativa: *yo debo,* deber, *tú tienes que, el debería, correcto, incorrecto,* etc." HART, H.L.A., *El concepto de Derecho... op.cit.*, p. 72.

introduce cierto aliciente a su cumplimiento, al ayudar a conformar un modelo de mérito cívico basado en el trabajo. En palabras ahora de Borrajo Dacruz: "El deber de trabajar es una exigencia política que ha cobrado una importancia especial en la sociedad moderna. El rentista, el hombre que obtiene los recursos económicos que satisfacen sus necesidades de un simple título de propiedad, está siendo marginado, en su lugar se afirma que todos los hombres, para ser considerados como ciudadanos, están obligados a realizar una actividad socialmente útil"[471].

6. LIMITACIÓN LEGISLATIVA QUE SE SIGUE DE LA VALIDEZ DE LOS DEBERES CONSTITUCIONALES

Los que acabamos de enumerar son algunos mecanismos que permiten promover el cumplimiento de los deberes constitucionales por los particulares sin necesidad de acudir a la coacción. Existe no obstante una eficacia, de índole orgánica o institucional, de estos deberes que afecta a la función de producción legislativa y que deriva de su mera proclamación constitucional. En efecto, como acabamos de comprobar –III.2–, la posición doctrinal mayoritaria que otorga algún valor jurídico a los deberes constitucionales lo hace para afirmar que estos vinculan al legislador ordinario, el cual, de un lado, quedaría obligado a desarrollarlos y concretar su contenido y, de otro, encontraría en aquellos un límite a su función de producción normativa, debiendo en esta respetar el contenido mínimo que se le atribuye a tales deberes[472]. Es esta una ma-

---

471 BORRAJO DACRUZ, E., *Política y Derecho… op.cit.*, p. 18.

472 Recordando esta opinión doctrinal a través de Varela Díaz: "En definitiva, lo que implica necesariamente cada deber proclamado por

nifestación mínima de la eficacia que se sigue de la validez de estos deberes: la que viene dada por su superior posición en el sistema de fuentes.

Así las cosas, el deber constitucional, cualquiera que se nos ocurra, expresa una elección constituyente sobre la exigencia una determinada conducta cuya ejecución se estima valiosa para el buen orden de la comunidad política. Si no se establecen medidas que promuevan la realización de esa conducta, nos encontraremos ante una insuficiente labor legislativa, la cual habría obviado las directrices dadas por el poder constituyente. Solo así se explica el diferente respaldo coercitivo que han encontrado deberes constitucionales ubicados en un mismo nivel sistemático: algunos han encontrado el oportuno desarrollo legislativo y otros no.

Ejemplifiquemos esto a través del deber a contribuir a las cargas del Estado. ¿Trátase de un deber respaldado por amenazas? Incuestionablemente. Basta comprobar la nutrida normativa sobre obligaciones tributarias y la imponente infraestructura institucional dirigida a fiscalizar su cumplimiento. ¿Es aquel deber, en términos constitucionales, de mejor rango que otros, como por ejemplo el deber de trabajar? No, ambos se definen como deberes ciudadanos, comparten una misma ubicación sistemática y, por tanto, constitucionalmente, un mismo valor

---

la Constitución es un desarrollo legislativo. De manera que no seria desorbitado concebir los distintos deberes como mandatos dirigidos al legislador, y no como vinculaciones de la conducta de las personas. No puede decirse que la Constitución obligue, en términos jurídicos, a prestar el servicio militar o a pagar impuestos. Pero quienes sí se encuentran vinculados a la creación de estas obligaciones, esto es, a hacer eficaces los llamados deberes fundamentales, son los poderes públicos, y habrán de hacerlo, precisamente, con las condiciones y dentro de los límites que establece la Constitución". VARELA DÍAZ, S., "La idea de deber..."*op.cit.*, pp. 83 y 84.

normativo. ¿Por qué entonces uno ha encontrado desarrollo legislativo y otro no? La respuesta puede darse solo en términos de voluntad política, pero no técnico-jurídicos. Con esta comparación queremos sostener que la imperfección que frecuentemente se predica del deber de trabajar traería causa, en todo caso, de la actuación del legislador ordinario, pero no de su formulación constitucional. Como se ha dicho: "Las posiciones que niegan el carácter normativo de los preceptos constitucionales que consagran *deberes fundamentales* pueden explicarse porque, en *primer* lugar, se produce una confusión entre la naturaleza de la norma y su grado de concreción o de eficacia. Es cierto que no todos los preceptos constitucionales ofrecen el mismo grado de concreción, pero hoy en día ya no cabe hablar de las Constituciones como meras declaraciones programáticas o de principios: "toda la Constitución es una norma jurídica y como tal goza de la cualidad de exigibilidad y coerción para su cumplimiento"[473]. Este carácter normativo es extensible a todos sus preceptos, con independencia de que algunos de ellos aparezcan dotados de mecanismos de acción directa y otros no. "Por eso, debe rechazarse la supuesta irrelevancia jurídica de las normas que contienen deberes constitucionales a causa de la necesidad de desarrollo legal posterior para su concretización"[474]. De hecho, lo normal es que las normas constitucionales, todas en general, necesiten ser desarrolladas para concretarse su contenido y sancionar su transgresión, lo cual incumbe claramente al poder legislativo.

Desde este punto de vista, los deberes fundamentales tienen una doble relevancia: política y jurídica: a) Tienen trascendencia política en la medida que expresan la voluntad constituyente sobre los bienes dignos de protección en una determinada comu-

---

473 PAUNER CHULVI, C., *El deber constitucional de contribuir… op.cit.*, p. 50.

474 *Ibíd.*, p. 51.

nidad. b) Como consecuencia, y de ahí su trascendencia jurídica, su reconocimiento impone sobre todos el deber de acatarlos y, particularmente, sobre el legislador, el deber de concretar su contenido y garantizar, o al menos promover, dicho acatamiento[475].

Lo que cabe preguntarse es hasta qué punto los deberes constitucionales vinculan o no a los poderes públicos y, concretamente, al poder legislativo. Tales disposiciones, ya dijimos, "actúan como parámetro de la constitucionalidad de todas las normas de rango inferior, cuya contradicción con estos preceptos conllevará su nulidad"[476]. Cualquier norma que los transgreda o los anule sería susceptible de recurso de constitucionalidad *ex* art. 161.a) CE´78 y, eventualmente, de una cuestión de inconstitucionalidad elevada por los órganos judiciales *ex* art. 163 CE. El legislador no podría, y eso es importante para nosotros, aprobar una ley que exonerase de forma expresa y general del deber de escolarización o del deber de cuidar el medio

---

475 Siguiendo ahora al profesor Goig Martínez "Lo que hace la Constitución es establecer deberes y el deber constitucional para convertirse en obligación requiere la intervención de la ley. Ahora bien, esto quiere decir, ¿que la Constitución únicamente establece deberes éticos o deberes políticos? No, el deber tiene la fuerza normativa del resto de la Constitución. Tiene una fuerza normativa limitada porque su perfección depende de que intervenga la ley. Por tanto, el deber para convertirse en obligación jurídica requiere la intervención de la ley [...]. Los deberes que surgen de la Constitución sólo pueden ser exigidos a los particulares si media una norma legal que defina su alcance y significado de manera precisa. De esta forma, se entiende que los deberes enunciados en la Constitución cumplen la función de ser, principalmente, patrones de referencia para la formación de la voluntad legislativa y de ser fundamento para la creación legal de obligaciones específicas que constituyan un desarrollo de la Constitución". GOIG MARTÍNEZ, J.M., "La constitucionalización..." *op.cit.*, p. 119.

476 DÍAZ REVORIO, F.J., «Derechos humanos...» *op.cit.*, p. 289.

ambiente, por poner algunos ejemplos que, a fuer de absurdos, quizás hagan ver más claramente la limitación a la que nos estamos refiriendo. Desde este punto de vista, si distinguimos de nuevo entre la *validez* de la norma y su *eficacia*, y nos centrarnos por el momento en la primera de estas dimensiones, deberíamos concluir que todos los deberes constitucionales son normas válidas, *id est*, normas vigentes, plenamente jurídicas, "dictadas por una autoridad competente para expedir normas jurídicas" y que son "compatibles con el resto de normas del sistema"[477]. Sin enjuiciar el resto de medidas que promueven su eficacia, ya podríamos encontrar en esta validez formal una utilidad mínima, pero muy significativa del deber constitucional de trabajar: la que hace depender la validez de todas las normas inferiores de su compatibilidad con dicho deber.

Resuelta esa cuestión, cabe preguntarse entonces si tales deberes imponen, además, obligaciones positivas para el legislador cuyo incumplimiento sea reprochable institucionalmente. La respuesta aquí es, a diferencia de la anterior, negativa: el incumplimiento de la obligación de concretar el contenido de los deberes fundamentales –el *silencio legislativo*– no tiene previsto un cauce procesal de exigencia de responsabilidades y solo puede ser reprobado a través de los mecanismos de participación política de los ciudadanos[478]. Ya hemos expresado que nuestro ordenamiento, y la mayoría de sistemas a nivel comparado, carece de un mecanismo para accionar frente a la pasividad legislativa en la falta de concreción de las disposiciones constitucionales –del tipo del recurso de inconstitucio-

---

477 BOBBIO, N., *Teoría general del Derecho… op.cit.*, p. 21.

478 DÍAZ REVORIO, F.J., «Derechos humanos y deberes fundamentales…" *op.cit.*, p. 288.

nalidad por omisión que se conoce en Portugal[479] y algunos otros países–[480]. Esta carencia, huelga aclarar, no afecta exclusivamente a los deberes constitucionales: la mayoría de los derechos contemplados –omitiendo los fundamentales, que pueden tutelarse a través del recurso de amparo– requieren para ser accionados un desarrollo legislativo cuya omisión no puede corregirse judicialmente. ¿Negamos el carácter normativo de esos otros derechos? Evidentemente, no.

Nos separamos por otro lado de quienes afirman que los deberes constitucionales contienen meras habilitaciones al legislador para el dictado de normas restrictivas de las libertades individuales. Cuando el constituyente quiso conceder una facultad discrecional de este tipo al legislador, lo hizo de forma expresa, como ocurre en el apartado 3 del artículo 30: "Podrá establecerse un servicio civil para el cumplimiento de fines de interés general". La diferencia entre esta literalidad

---

479 Tal y como aparece actualmente regulado en el art. 283 de la Constitución portuguesa de 1976: "El Tribunal Constitucional apreciará y verificará el no cumplimiento de la Constitución por omisión de las medidas legislativas necesarias para hacer exigibles las normas constitucionales, a requerimiento del Presidente de la República, del Defensor del Pueblo o, con fundamento en la violación de los derechos de las Regiones Autónomas, de los Presidentes de las Asambleas Legislativas de las Regiones Autónomas. Cuando el Tribunal Constitucional verifique la existencia de inconstitucionalidad por omisión, lo pondrá en conocimiento del órgano legislativo competente". Sobre una descripción de su régimen básico vid. GOMES CANOTILHO, J.J., *Direito Constitucional*, Coimbra, Almedina, 1991, pp. 1099-1105.

480 Entre otras normas fundamentales, este mecanismo aparece regulado en la Constitución de Brasil de 1988 (art. 102. I y II); en la Constitución de Costa Rica (art. 173 inciso f y artículo 75), en la Constitución de Hungría (Cláusula 32. A. 3) y en la Constitución Bolivariana de Venezuela (art. 336).

y la que enuncian otros deberes constitucionales nos reafirma en la opinión de que estos contienen verdaderos mandatos al legislador, y no meras habilitaciones, con independencia de la difícil o imposible respuesta institucional que cabría contra su inacción[481].

Por último, pero de forma destacada en nuestra argumentación, concluiremos que, aunque la inacción legislativa a la hora de concretar el contenido de un deber constitucional es una eventualidad posible, esta, de darse, no comprometería la validez ni, por tanto, la juridicidad de dicho deber. Afirmar lo contrario supondría otorgarle al legislador ordinario una potestad constituyente, quebrando así el sistema material de fuentes jurídicas. Nos explicamos: si observamos la literalidad de dos deberes constitucionales distintos, como pueden ser el deber de contribuir a las cargas del Estado y el deber de trabajar, comprobaremos que ambos cuentan con una similar formulación literal y sistemática. Al menos en lo que se refiere a su exigibilidad, no encontraremos entre ellos diferencia alguna significativa dentro del texto de la Constitución. El primero de los deberes mencionados, sin embargo, ha encontrado una vasta legislación desarrolladora que castiga su incumplimiento, mientras que el segundo no. Si afirmásemos, por ello, que el primer deber constitucional es un deber jurídico pleno y el segundo una simple admonición moral, habríamos concedido

---

481 Nos adherimos así al profesor Valiente Martínez cuando, al referirse a los deberes constitucionales, afirma que "corresponde al legislador desarrollar el cuerpo normativo necesario para darles contenido y así convertir lo que en la Carta Magna se recoge como un valor o una aspiración en mandatos específicos donde sí se precisen las consecuencias de su inobservancia". VALIENTE MARTÍNEZ, F., "Los deberes constitucionales", en A.A.V.V. (coord. Álvarez Vélez, Mª.I.), *Compendio de Derecho Constitucional*, Valencia, Tirant lo Blanch, 2022, pp. 513-526, p. 514.

al legislador la potestad de concretar qué preceptos constitucionales serán verdaderamente jurídicos y cuáles no. Esa sería, como decíamos, una solución inasumible por nuestro sistema de fuentes que solo se supera si aceptamos la plena juridicidad de todos los preceptos proclamados por la Constitución, juridicidad la cual no queda comprometida por la ausencia del deseable –y quizás obligado– desarrollo legislativo. Y es que el conjunto de nuestra Constitución, como casi todas sus contemporáneas, tiene naturaleza normativa y supera la concepción de los textos jurídico-políticos como instrumentos meramente orgánicos o programáticos. En palabras del TC, "conviene no olvidar nunca que la Constitución, lejos de ser un mero catálogo de principios de no inmediata vinculación y de no inmediato cumplimiento hasta que sean objeto de desarrollo por vía legal, es una norma jurídica, la norma suprema de nuestro Ordenamiento, y en cuanto tal, tanto los ciudadanos como todos los poderes públicos están sujetos a ella"[482]. Su art. 9.1 es suficientemente expresivo de este carácter normativo cuando proclama que "los ciudadanos y los poderes públicos están sujetos a la Constitución y al resto del ordenamiento jurídico". Este carácter normativo de la norma suprema, qué duda cabe, es extensible también a los diferentes deberes que esta enuncia, que "tienen carácter de normas jurídicas, de modo que han de ser verdaderas prestaciones exigibles. No todos los artículos de la Constitución tienen el mismo alcance y significación normativa, pero todos, rotundamente, enuncian efectivas normas jurídicas"[483].

---

482 STC 16/1982 de 28 abril.

483 GOIG MARTÍNEZ, J.M., "La constitucionalización..." *op.cit.*, p. 120.

7. LAS GARANTÍAS DEL DEBER DE TRABAJAR EN LA CONSTITUCIÓN ESPAÑOLA DE 1978

Como adenda del epígrafe anterior, y descendiendo ahora a un nivel mucho más técnico, introduciremos algunas líneas sobre los resortes previstos en la Constitución española para garantizar la efectividad de los deberes constitucionales más allá de su eventual desarrollo legislativo.

Sobre este punto, puede advertirse, de entrada, la exclusión de los deberes constitucionales de los principales mecanismos garantistas que articula la Constitución. Nos referimos, por ejemplo, a las previstas en el art. 53.2: el recurso de amparo y el acceso a la jurisdicción ordinaria por un cauce procesal preferente y sumario. Este precepto limita el alcance de tales garantías a los derechos y libertades fundamentales, sin ninguna alusión a los deberes[484], con independencia de su ubicación sistemática o su denominación[485].

---

484 ALONSO OLEA, M., "Sistema normativo del Estado y de las Comunidades Autónomas", en A.A.V.V., *Derecho del Trabajo y de la Seguridad Social en la Constitución,* Madrid, Centro de Estudios Constitucionales, 1980, pp. 9-99, p. 18.

485 Esta garantía sería en todo caso inaplicable al deber de trabajar, ya que no resultará nunca identificado el sujeto legitimado para invocarlas. Sería inverosímil un litigio sobre la vulneración del deber constitucional de trabajar ya que, al caracterizarlo como un deber que no tiene un acreedor concreto, sino que repercute indistintamente en el conjunto de la sociedad –IV.2–, solo esta última resultaría dañada con su omisión. El carácter abstracto de este sujeto pasivo hace inoperativa cualquier posible reacción judicial, al menos en un ordenamiento como el nuestro, que no ha llegado a tipificar penalmente las actitudes reacias al desempeño productivo y no cabe, por tanto, que la transgresión del deber de trabajar pueda ser perseguida por la Administración Pública a través de su potestad

Mayor relevancia tiene la exclusión de otra garantía de la que gozan los derechos: la reserva de ley. En primer lugar, sobre la reserva de ley orgánica, es una garantía que se aplica a los derechos, no a los deberes, por lo que incluso el deber de escolaridad, contemplado en la misma Sección primera del Cap. II Tit. I, quedaría al margen de la misma[486] *ex* art. 81.1 CE´78 *a contrario sensu*. Descartada entonces la aplicación de esta reserva de ley orgánica a cualquiera de los deberes constitucionales, cabría preguntarse si los deberes de la Sec. 2ª del Cap. 2º del Tít. I, entre los que encontramos al deber de trabajar, están revestidos al menos de la más tenue reserva de ley ordinaria que prevé el art. 53.1 CE´78. La literalidad de este precepto tiene el siguiente tenor: "Los derechos y libertades reconocidos en el Capítulo segundo del presente Título vinculan a todos los poderes públicos. Sólo por ley, que en todo caso deberá respetar su contenido esencial, podrá regularse el ejercicio de tales derechos y libertades, que se tutelarán de acuerdo con lo previsto en el artículo 161, 1, a)". Como se intuirá, nuestra duda interpretativa se deriva de la omisión de cualquier alusión a los deberes jurídicos: la reserva de ley ordinaria se reconoce, de nuevo, como garantía de los derechos y libertades del capítulo segundo, y no para los deberes[487]. *A priori* pudiera parecernos

---

sancionadora o, según el caso, a instancias del Ministerio Público en el correspondiente proceso criminal.

486 A favor de la existencia de reserva de ley para los deberes constitucionales, DÍEZ-PICAZO, GÍMENEZ, L.M., *Sistema de Derechos Fundamentales*, Valencia, Tirant Lo Blanch, 2021, p. 54. En contra, PAUNER CHULVI, C., *El deber constitucional de contribuir… op.cit.*, p. 34 y RODRÍGUEZ BEREIJO, A., "El deber de contribuir como deber constitucional: su significado jurídico", *Civitas. Revista española de derecho financiero*, núm. 125, 2005, pp. 5-40.

487 Descartando que la reserva de ley ordinaria se aplique a los deberes constitucionales vid. PAUNER CHULVI, C., *El deber constitucional de*

una omisión involuntaria del constituyente, acaso viciado por la hegemonía del discurso de los derechos. Esta hipótesis se reforzaría con lo dispuesto en el art. 94.1.c CE´78, que para la ratificación de tratados internacionales exige que el Gobierno requiera la autorización del Parlamento cuando el tratado en cuestión afecte a los derechos y deberes establecidos en el Título I, sin ningún tipo de exclusión ¿Qué sentido tendría esta exigencia sobre una materia, como los deberes constitucionales que, *ex* art. 53.1 CE´78, podrían, en hipótesis, desarrollarse reglamentariamente por el Poder Ejecutivo?

En sentido contrario, un alegato para no aplicar la reserva de ley ordinaria al conjunto de los deberes constitucionales es el hecho de que algunos de estos cuentan con una reserva de ley *ad hoc*. Dentro de la misma Sección II del Capítulo II del Título I, en concreto, nos encontramos algunos deberes, como son el deber de defender España o el deber contribuir al sostenimiento de los gastos públicos (arts. 30.2 y 31.3 CE´78 respectivamente) que cuentan con una previsión de este tipo, mientras que otros, como el de trabajar, no. Esas previsiones específicas nos deberían llevar a concluir que, en efecto, la omisión de una reserva de ley para el desarrollo de este último deber fue una decisión consciente del constituyente, lo que quiere decir, a su vez, que el contenido de este deber puede desarrollarse o concretarse por vía reglamentaria e incluso por negociación colectiva[488].

---

contribuir... op.cit., p. 34.

488 En contra de esta solución interpretativa, auque para nosotros no como un argumento cualificado, podría invocarse la reserva de ley del art. 35.2 CE´78, cuando encomia al legislador la aprobación de un estatuto de los trabajadores. Algunos autores, como posibilidad hipotética, se preguntan si esa previsión está imponiendo la reserva de ley para la regulación de todos los derechos y deberes del art. 35, incluido, el deber de trabajar de su apartado primero. ALONSO

Con todo, para algunos autores, como Díez Revorio, la exclusión de los deberes de la literalidad del art. 53.1 CE´78 no es demasiado relevante, pues, al menos en su opinión, estos siempre exigirán un desarrollo de rango legislativo, y ello por tres razones: a) La primera, porque la regulación de los deberes supondrá, la más de las veces, la limitación de alguno de los derechos constitucionales del Capítulo II del Título I, los cuales sí están protegidos por la reserva de ley ordinaria u orgánica, según sea el caso. b) En segundo lugar, porque la regulación de un deber constitucional exigirá, frecuentemente, tipificar sanciones o penas por su incumplimiento, las cuales están afectadas por la reserva de ley del artículo 25.1, –que incluso puede ser orgánica (en materia penal) en relación con los artículos 17 y 81.1– c) Por último, –pero de forma más convincente, a nuestro modo de ver– encontramos la imposibilidad de regular los deberes a través decreto-ley prevista en el artículo 86.1, la cual es extensible, a falta de cualquier distinción al respecto, a todos los derechos y deberes del Título primero. Esto sugeriría, *a fortiori* y en opinión del precitado autor, la imposibilidad de regular tales derechos y deberes a través de otras normas de rango inferior[489]. A favor de la reserva de ley para el desarrollo de los deberes constitucionales también se ha invocado, en este caso por Díez-Picazo Giménez, el art. 31.3 de la Constitución, que impone tal reserva para regular las "prestaciones personales o patrimoniales de carácter público". Según el precitado autor: "Este precepto constitucional tiene una extraordinaria importancia, pues implica que solo por ley pueden los poderes públicos exigir a los particulares obligaciones de hacer o

---

OLEA, M., *Las fuentes del Derecho, en especial del Derecho del Trabajo según la Constitución,* Madrid, Civitas, 1982, p. 66, quien cita a su vez ALZAGA VILLAAMIL, O., *Comentario sistemático a la Constitución española de 1978,* Madrid, Editorial del Foro, 1978, p. 297.

489 DÍAZ REVORIO, F.J., "Derechos humanos..." *op.cit.,* pp. 287-288.

de dar. Así, en las relaciones entre los poderes públicos y los particulares, solo las obligaciones de no hacer o prohibiciones quedarían fuera de esta genérica reserva de ley".

Compartiendo las consideraciones expuestas por estos autores, y admitiendo que las más de las veces el desarrollo de un deber, en nuestro caso, el deber de trabajar, exigirá introducirse en parcelas reservadas a la regulación legal, se nos ocurren sin embargo algunos ejemplos de desarrollo normativo que no invadirá ninguno de esos espacios singularmente protegidos. Sobre el deber que a nosotros nos ocupa, podríamos pensar en un sistema de incentivos o *sanciones positivas* que premien o recompensen a aquellos individuos que exhiban un mayor compromiso productivo. No llegamos a ver de qué modo esta posible concreción normativa del deber de trabajar incide sobre cualquiera de los derechos previstos en el Título I de la Constitución. Por otro lado, sobre la prohibición de desarrollar los deberes constitucionales por vía de decreto-ley, ciertamente esta revela una incoherencia sustantiva de nuestro texto constitucional, pero no hallamos una contradicción lógico-formal entre el art. 53.1 y el 86.1 que nos lleve a ampliar objetivamente la reserva de ley que se contempla en el primero de estos preceptos.

Comoquiera que sea, por vía legal o reglamentaria, lo que sí parece claro es que cualquier concreción o desarrollo del deber de trabajar debe efectuarse a nivel estatal, al menos en cuanto a sus aspectos más esenciales. Así lo exige el art. 149.1.1ª cuando atribuye a este ámbito de producción normativa "la regulación de las condiciones básicas que garanticen la igualdad de todos los españoles en el ejercicio de los derechos y en el cumplimiento de los deberes constitucionales"[490].

---

490 *Ibíd.*, pp. 305-306.

Por último, en cuanto a las garantías que corresponden al deber de trabajar por su ubicación sistemática en la Constitución española, cabría preguntarse si la transgresión del mismo puede ser fiscalizada a través del recurso de inconstitucionalidad o, eventualmente, a través de una cuestión de constitucionalidad elevada *ex* art. 163 CE´78. Sobre este particular, no existe ningún precepto constitucional que sugiera una respuesta negativa[491], a diferencia de lo que ocurría con el recurso de amparo, el cual ciñe su operatividad al ámbito de los derechos y libertades. De hecho, esta fiscalización por los órganos políticos o judiciales parece ser la principal manifestación del carácter normativo que aquí venimos atribuyendo al deber de trabajar: el efecto vinculante mínimo de este deber, el que emana de la propia Constitución y no depende de su desarrollo legislativo, es la limitación que impone sobre la actuación del Poder Legislativo (u oasionamente y en hipótesis, del Poder Ejecutivo), el cual no podrá aprobar disposiciones que trasgredan su contenido esencial. Nuestro ordenamiento, insistimos, a diferencia de otros como el portugués, el brasileño o el húngaro[492], desconoce el recurso de inconstitucionalidad por omisión, por lo que esa fuerza vinculante que se deriva de la propia posición de la Constitución en el sistema de fuentes solo se hará efectiva como reacción a una actuación legislativa previa.

---

491 Ciertamente, el artículo 53.1 afirma que las leyes que transgredan los derechos y libertades del Capítulo II, Título I podrán ser revisadas a través del recurso de inconstitucionalidad. La redacción empleada no sugiere ahora, sin embargo, que se trate de una posibilidad excluyente, que deje fuera otro tipo de normas, como los deberes.

492 Sobre la esencia de esta poco usual figura dentro del Derecho Constitucional comparado, vid. FERNÁNDEZ SEGADO, F., “El control de constitucionalidad de las omisiones legislativas: algunas cuestiones dogmáticas”, *Estudios constitucionales*, núm. 7.2, 2009, pp. 13-69.

IV. Significado constitucional del deber de trabajar

En este capítulo nos preguntaremos por el significado político-jurídico –o político-constituyente– del deber constitucional de trabajar. Esta inquisición está compuesta a su vez por otros interrogantes más específicos, vinculados a algunos de los aspectos más críticos de esta cláusula: nos referimos, verbigracia, a la conducta exigida por este deber o a su relación, conflictiva o armónica, con otras disposiciones constitucionales. Aunque para el desarrollo de estas cuestiones tomaremos como principal referente, de nuevo, la configuración que el deber de trabajar encuentra en el ordenamiento constitucional español, creemos que la mayoría de las conclusiones que se alcancen serán extrapolables, en lo esencial, a casi todos los sistemas políticos que han acogido este deber entre sus normas fundamentales. Como hemos intentado demostrar, los *deberes de trabajar* que se recogen en las distintas constituciones contemporáneas no guardan entre sí y por lo general diferencias sustanciales, lo cual, empleando un mínimo grado de abstracción, nos permite un abordamiento omnicomprensivo y tratar al deber de trabajar como un principio jurídico-político transido por una problemática común.

1. LA CONDUCTA EXIGIDA POR EL DEBER DE TRABAJAR

Evidentemente, una cuestión nuclear para comprender el alcance del deber fundamental de trabajar será el significado que atribuimos en este contexto al sustantivo *trabajo*. La respuesta que se le dé a esta incógnita condicionará de manera drástica la interpretación de aquella cláusula constitucional[493], pero no es una cuestión sencilla. Y es que, desde una lectura semántica, nos encontramos ante una expresión abstracta y plurívoca en extremo. Como acabamos de comprobar, es precisamente en esta indeterminación donde la doctrina constitucionalista ha encontrado un insalvable obstáculo a la exigibilidad de este deber. La Carta Magna española, pongamos por caso, no nos aclara cuál o cuáles de las distintas voces del término trabajo acoge a la hora de proclamar el deber constitucional de trabajar. Tampoco lo hace la francesa, la portuguesa o la italiana, de ahí que algún exponente doctrinal haya dictaminado que nos encontramos "ante uno de los deberes cuyo significado jurídico es más difícil de concretar"[494].

Frente a esta dificultad interpretativa, sería tentador acudir a las contribuciones filosóficas y sociológicas que han tratado de acotar el comportamiento calificable como *trabajo humano*, pero nos adentraríamos en un debate irresoluto[495], caracterizado por posiciones divergentes y solo de manera voluntariosa podríamos determinar cuál de ellas fue asumida por el constituyente a la hora de proclamar el deber constitucional que analizamos. Así las cosas, propondremos aquí precisar el significado del trabajo exigido por este deber a través de la hermenéutica jurídica. Aunque los mimbres con los que componer esta otra fundamentación son escasos, sí confiamos en que serán suficientes para, al menos, lograr una acotación mínimamente aclaratoria.

---

493 PINTO FONTANILLO, J.A., "El deber de trabajar..." *op.cit.*, p. 290.

494 DÍAZ REVORIO, F.J., "Sobre el concepto de deber constitucional..." *op.cit.*, p. 75.

495 Sobre la dificultad para caracterizar el trabajo remitimos a MELENDO GRANADOS, T., *La dignidad del trabajo...* op.cit.

Con este propósito, como punto de partida, nos parece útil volver a la fundamentación moral y política del deber constitucional de trabajar a la que nos referíamos al comienzo de este estudio para recodar una apreciación bastante elemental: la que presentaba al deber de trabajar como un compromiso colectivo con el bienestar y el progreso de una comunidad política. Ya dijimos que aquella fundamentación nos ayudaría a elaborar una interpretación teleológica de nuestro deber y concluíamos que al codificar un deber de este tipo se hacía un llamado a la contribución al bien común de una determinada comunidad política –vid. apartado I.5.2–. Así se desprenderá, además, de una interpretación holística y fundamental de la constitución, pues carecería de sentido una restricción de la libertad individual –que va de suyo en la imposición de cualquier deber– si no se persiguiera con ella la satisfacción de un interés colectivo[496]. La libertad individual es la situación que aspira a lograr el Estado constitucional moderno[497], por lo que esta solo debe ser restringida o sacrificada para la consecución de un bien preferente. Comoquiera que el de trabajar se configura como un deber fundamental y no como una obligación entre particulares –vid. infra IV.2–, resulta claro que el beneficio que se busca con dicha imposición repercutirá, no sobre sujetos concretos, sino sobre el conjunto de la colectividad. De este modo podemos sostener, aunque bien podría ya intuirse, que con la incorporación de este deber el constituyente pretende impeler al individuo a la realización de una actividad que reporte *utilidad* social[498]. Un análisis de Derecho comparado respaldaría esta conclusión,

---

496 PAUNER CHULVI, C., *El deber constitucional de contribuir… op.cit.*, p. 44.

497 CÁMARA VILLAR, G., "El sistema de los derechos…" *op.cit.*, p. 41.

498 SUÁREZ GONZALEZ, F., "El derecho del trabajo en la Constitución", en A.A.VV. (coord. Fernández, T.R.), *Lecturas sobre la Constitución española T.11*, UNED, Madrid 1978, pp. 227-230, p. 229. DE ASIS ROIG, R., *Deberes y obligaciones en la Constitución… op.cit.* p. 830.

pues observaremos cómo otros textos constitucionales que han proclamado el deber de trabajar han precisado que este implica el desempeño de actividades "socialmente útiles"[499]. La Constitución de Costa Rica de 1949, por ejemplo, alude en su art. 56 a las profesiones "honestas y útiles"; la Constitución cubana de 2019, por su parte, describe al trabajo como "la fuente principal de ingresos que sustenta la realización de los proyectos individuales, colectivos y sociales". La Constitución italiana de 1947, por acudir a algún ejemplo europeo, exige una actividad o función que *concurra al progreso material o espiritual de la sociedad*[500]. Por otro lado, algunos referentes del constitucionalismo histórico, como ya vimos, habían sido también explícitos al afirmar que el deber de trabajar exige el desarrollo de una actividad que contribuya al bienestar de la sociedad política: la Constitución de Weimar proclamaba el "deber moral de emplear sus fuerzas intelectuales y físicas conforme lo exija el bien de la comunidad", y el Fuero del Trabajo franquista, con similar espíritu, exigía este deber para "la prosperidad y grandeza de la Patria".

En razón de lo expuesto, aceptaremos como punto de partida que la conducta que se exige a través del deber fundamental de trabajar es el desempeño de una actividad que redunde en el beneficio de la comunidad política: en este contexto, trabajar equivaldría a contribuir al bienestar colectivo, a generar utilidad social. Como ya habrá reparado el lector, esta primera

---

499 Vid. V.gr. Art. 108.5 de la Constitución Política de Bolivia: "Son deberes de las bolivianas y los bolivianos: Trabajar, según su capacidad física e intelectual, en actividades lícitas y socialmente útiles".

500 En este caso, la expresión progreso se ha considerado controvertida, pues no siempre el progreso es sinónimo de bienestar. Vid en este sentido la discusión a propósito de este asunto que se entabló el proceso constituyente italiano y a la que nos hemos referido más arriba, apartado II.3.5. Vid. también MANCINI, F. *Costituzione e movimento operaio*, Il Mulino Bologna, 1976, pp. 247 a 250.

delimitación no es demasiado esclarecedora, pues nos conduce hacia otro interrogante difícil o imposible de resolver: el que se refiere a las actividades que estimamos *socialmente útiles.* Esta dificultad se acentúa en el seno de una sociedad extensa y multicultural, en la que lo *útil* o lo *inútil* no puede valorarse desde posiciones autoritarias o cánones morales que obvien las diferentes cosmovisiones concurrentes en su seno. Como expresó el profesor Alarcón Caracuel, "aceptar acríticamente las valoraciones al uso sobre lo que debe entenderse por «actividad socialmente útil» como base del deber de trabajar, no parece la actitud más recomendable si se desea mantener un mínimo margen de libertad analítica"[501]. Ocurre sin embargo que, al adoptar esta posición crítica a la que nos encomia el profesor Alarcón Caracuel, nos toparemos con pareceres sobre lo bueno o lo *útil* heterogéneos cuando no abiertamente irreconciliables. Para muchos, la actividad realizada por un artista contemporáneo, pongamos por caso, aportará una imponderable valía social mientras que otros tantos, discrepantes de las virtudes estéticas de la obra, le negarán a esta cualquier ápice de utilidad social. Los ejemplos que podríamos traer son innumerables, algunos de ellos especialmente reseñables por las discusiones abiertas en torno a su eventual contribución social: *v.gr.* prostitución, fuerzas armadas o sacerdocio[502].

---

501 ALARCÓN CARACUEL, M.R., "Derecho al trabajo…" *op.cit.*, p.38.

502 En nuestro país adquirió cierta notoriedad y trascendencia jurídica –por su judicialización– un caso que nos parece oportuno traer a colación –aunque sea a modo de *excursus*–, no por su significancia estadística, sino por las implicaciones en juego: nos referimos al caso de las personas afectadas de acondroplasia que ejecutaban el espectáculo cómico-taurino denominado, coloquialmente, como *los enanitos toreros.* Este ejemplo revela que ni siquiera puede adoptarse una postura liberal o flexible para definir como útil todo aquello que no genera ningún tipo de desvalor, pues ni siquiera sobre la

El criterio quizás más inmediato que se nos ocurre para superar este escoyo pudiera ser el economicista: desde este se afirmaría la utilidad de aquellas actividades que generan un rendimiento económico, que crean lo que se denomina en *ciencia lúgubre* valor de cambio. Esta posibilidad de concreción de lo *útil* generará quizás un rechazo preliminar, pues es obvio que existen actividades improductivas que sin reportar un beneficio económico –o siendo este difícilmente estimable– incorporan un gran valor social: pensamos ahora en las labores voluntarias de cuidados, de atención al hogar, actuaciones cívicas de salvaguarda del medioambiente, etc. ¿Cabría afirmar que las personas que se dedican íntegramente a este tipo de actividades están desatendiendo el deber constitucional de trabajar?

Para responder a esta pregunta nos remitimos nuevamente a lo que exponíamos más arriba, cuando hablábamos del significado ético-político del deber fundamental de trabajar. Allí concluíamos que la codificación constitucional de este deber se justificaba, en términos teóricos, desde dos finalidades complementarias: 1) Impeler al individuo a contribuir al bienestar social de una comunidad política; 2) responsabilizarlo de su propio sustento material, que no será asumido, no al menos por defecto, por el institucionalismo público. Muchas actividades de voluntariado satisfarán, sin duda, la primera de estas finalidades, mas no la segunda de ellas. Tales actividades altruistas, así, serán acciones beneméritas que contarán con aprobación social y estarán protegidas constitucionalmente[503],

---

eventual lesividad de muchas actividades humanas existe un consenso generalizado. ORVIZ, F., "La indignidad de los espectáculos cómico-taurinos representados por personas con enanismo", *Anales de derecho y discapacidad*, núm. 5, 2020, pp. 127-144.

503 El respaldo constitucional al voluntariado se ha encontrado en el art. 92 de nuestra norma fundamental, en el deber de los poderes

pero, según lo entendemos, la ausencia en ellas de una retribución que permita la subsistencia de su ejecutor impide calificarlas como un trabajo a los efectos del deber fundamental que nosotros analizamos. Aunque ninguna disposición aclare, en nuestra Constitución o en cualesquiera otras de Derecho comparado, que el deber de trabajar impone el ejercicio de una actividad retribuida, esta es la única lectura coherente con el significado que llegamos a atribuirle a este deber. Si aceptamos que esta cláusula constitucional expresa, entre otras cosas, el deber individual de autosuficiencia, no puede subsumir actividades cuyo desempeño no permita sufragar la supervivencia material. Si así fuese, esta disposición, el deber de trabajar, encerraría una lógica institucional perversa: la que desatiende las necesidades materiales de un ciudadano que ha cumplido rigurosamente su deber de trabajar a través del voluntariado.

Por otro lado, del mismo modo que cuando nos referimos al derecho al trabajo existe un claro consenso sobre el carácter remunerado del trabajo que con este se garantiza, en su carácter productivo[504], igualmente debe ocurrir con el deber de trabajar, pues no olvidemos que el deber de trabajar y el derecho al trabajo guardan entre sí una estrechísima complicidad –vid. infra IV 5.1–, la cual solo es comprensible si admitimos que ambas

---

públicos de "facilitar la participación de todos los ciudadanos en la vida política, económica, cultural y social". Exposición de motivos de la derogada *Ley 6/1996, de 15 de enero, del Voluntariado.*

504 "El objeto del derecho a trabajo es el trabajo humano y productivo. El bien jurídico que protege el derecho al trabajo es la *vida activa,* entendida como el despliegue de las energías individuales a fin de producir bienes y servicios de cualquier índole, tanto para ganarse el sustento, como para desarrollar la propia personalidad". GIL y GIL, J.L., "El derecho a un trabajo digno", en A.A.V.V. (dir. Escobar Roca, G.), *Derechos sociales y tutela antidiscriminatoria,* Thomson-Aranzadi, Cizur Menor, 2012, pp. 949-1016, p. 961.

figuras se refieren a un mismo objeto, a una misma acepción del trabajo: el derecho al trabajo garantiza –o debería idealmente garantizar– el acceso a un empleo para que el individuo pueda dar cumplimiento a su deber de trabajar. En dicho sentido, según palabras de Martín Valverde: estas dos cláusulas constitucionales expresan "dos posiciones jurídicas de los ciudadanos, de distinta naturaleza y distinta problemática, que recaen sobre el mismo objeto de la actividad profesional: la posición de pretensión frente a la sociedad de un puesto de trabajo, y la posición de deuda (moral o jurídica) de una contribución personal al esfuerzo laboral de una colectividad"[505]. En esta imbricación, ninguna actividad pública de promoción del empleo –contenido básico del derecho al trabajo– sería necesaria si el individuo pudiera satisfacer su deber de trabajar a través de actuaciones altruistas o voluntarias sobre las que, al menos a priori, no existe escasez. En este mismo sentido y a mayor abundamiento, repárese en que el propio art. 35.1 de nuestra Constitución, tras proclamar el deber de trabajar y el derecho al trabajo, reconoce el derecho "a una remuneración suficiente para satisfacer sus necesidades y las de sus familiares". Sería ilógico sostener que cada una de las previsiones de esta disposición constitucional, el art. 35.1, apela a una acepción diferente del trabajo[506].

Al afirmar, por tanto, que el deber de trabajar implica el ejercicio de actividades generadoras de valor económico, hemos conseguido excluir del contenido de este deber el ejercicio de actividades de voluntariado. Pero ello no nos lleva, no

---

505 MARTÍN VALVERDE, A., Pleno empleo, derecho al trabajo… *op.cit., p. 188.*

506 Esta conclusión quizás no sea extrapolable a otros ordenamientos, como el francés, que, recordemos, impone que "toda persona tiene el deber de trabajar y el derecho a obtener un empleo". Vid. apartado II.3.5.

al menos necesariamente, a concluir que el ejercicio de cualquier actividad retribuida o generadora de este rendimiento económico implique el cumplimiento del deber de trabajar. Recordemos que el criterio delimitador inicialmente señalado era el de la *utilidad social.* Si admitimos que no todas las actividades generadoras de riqueza son socialmente útiles, regresaremos al punto inicial del problema: ¿qué es útil o inútil para la sociedad? El carácter retribuido de la actividad desplegada no revela una verdadera contribución al progreso social ¿O quizás sí? En este punto de la argumentación convine introducir otro principio político-jurídico proclamado en la mayoría de constituciones occidentales: el de economía de mercado –que aparece, por ejemplo, en el art. 38 de la carta magna española–. Al adoptarse este principio, una comunidad política estaría expresando la voluntad de regir sus relaciones económicas por la espontaneidad –en el sentido de no predeterminado, no centralizado– de las leyes de oferta y demanda. Como se ha señalado, la alusión constituyente a la economía de mercado "no contiene un concepto técnico-jurídico, sino que se remite a consideraciones de carácter económico"[507]. En su esencia, y en lo que a nosotros ahora nos incumbe, el régimen económico de mercado presupone un marco en el que oferentes y demandantes de bienes y servicios actúan con amplios márgenes de autonomía para la determinación de las condiciones económicas de sus transacciones[508].

---

507 RUIZ-NAVARRO PINAR, J.L., *Sinopsis artículo 38,* Madrid, Congreso de los Diputados, 2004. Accesible en https://app.congreso.es/consti/constitucion/indice/sinopsis/sinopsis.jsp? art=38&tipo=2 (último acceso el día 14 de agosto de 2023)

508 En palabras de Cidoncha Martín al referirse al art. 38 de nuestra Constitución: "Aunque existen diversos tipos de mercado, su estructura básica es muy semejante. En esencia, el mercado es un mecanismo a través del cual se enfrentan los intereses contrapuestos de quienes

Si entendemos así la esencia del mercado, este actuará, a través de la fluctuación de la oferta y la demanda, como una institución canalizadora de las necesidades de una comunidad dada. En esta dinámica, el precio de mercado con su alza revelará que existe una demanda social sobre un determinado bien o servicio. Por el contrario, el descenso del precio informará a los agentes económicos de que la demanda de ese producto o servicio ha disminuido. Esa información es de suma importancia, ya que ayuda a conectar los intereses de unos oferentes y unos demandantes que se desconocen entre sí. El mercado, según está concepción, actúa como un "mecanismo por el cual la asignación de recursos se va adaptando a los cambios de información que reflejan las fluctuaciones de los precios"[509]. A partir de esta conceptualización, la referencia al modelo de libre mercado en nuestra Constitución debe entenderse como la adopción de "un sistema en el que las decisiones sobre lo que ha de producirse y cómo ha de producirse se deja en las manos de los particulares, es decir, es el sistema en que las decisiones económicas son adoptadas libremente dentro de los límites marcados por la Constitución y las legítimas políticas del Derecho de la Economía"[510].

---

quieren comprar algo (demandantes) y quienes están dispuestos a venderlo (oferentes): la demanda y la oferta son los componentes básicos del mercado". CIDONCHA MARTÍN, A., *Libertad de empresa en el marco de la economía de mercado: el artículo 38 de la Constitución Española*, Madrid, Universidad Autónoma de Madrid, 2004, p. 76.

509 CACHANOSKY J.C., "La Escuela Austríaca..." *op.cit.*, pp. 16-55, p. 39.

510 MONEREO PÉREZ, J.L., "La Constitución social del trabajo y su crisis", *Anuario de filosofía del derecho*, núm. 20, 2003, pp. 13-38, p. 18. En sentido muy similar, Romagnoli, al refererise críticamente a nuestro texto constitucional, opinaba –en un dictamen que no del todo compartimos– que "la mayoría de sus redactores está convencida de que la búsqueda del beneficio es vehículo más eficaz para la obtención del beneficio colectivo", mostrando una "coherencia ab-

Pues bien, retomando el hilo de nuestra argumentación y aunque esto necesitará algunos matices, creemos que este régimen de economía de mercado será el que, en cada momento dado, deberá identificar qué servicios son útiles para la sociedad a los efectos de dar cumplimiento al deber fundamental de trabajar, tal y como lo venimos caracterizando[511]. Es esta institución la que permite, en nuestro modelo económico-político, que la prestación de servicios profesionales encuentre un precio, una contraprestación económica –al que llamaremos salario, en la oferta de mano de obra por cuenta ajena–. En palabras ahora de Martín Valverde: "El criterio general de organización de la vida económica que es la economía de mercado supone, aplicado al ámbito de las relaciones de trabajo, el reconocimiento del mercado de trabajo como mecanismo de

---

soluta con los principios del liberalismo clásico" ROMAGNOLI, U., "Estructura de la Empresa", en A.A.V.V. (dirs. De la Villa Gil, L.E., y Sagardoy Bengoechea, J.A.), *Los trabajadores y la Constitución, Madrid, Sociedad de Estudios Laborales*, 1980, pp. 75-92, p. 75.

511 Esta confianza en el mercado para la determinación de los bienes dignos de estima social ha sido criticada, entre otros muchos, por Michael J. Sandel, "La concepción tecnocrática de la política está ligada a una fe en los mercados; no necesariamente en un capitalismo sin límites, de *laissez faire*, pero sí en la idea más general de que los mecanismos de mercado son los instrumentos primordiales para conseguir el bien público. Este modo de concebir la política es tecnocrático por cuanto vacía el discurso público de argumentos morales sustantivos y trata materias susceptibles de discusión ideológica como si fueran simples cuestiones de eficiencia económica y, por lo tanto, un coto reservado a los expertos". SANDEL, M.J., *La Tiranía del Mérito ¿Qué ha sido del bien común?*, Madrid, Debate, 2020, p. 18. Una crítica a este planteamiento se encuentra en MARTÍN VLAVERDE, A., "Sobre el mérito y la capacidad en el empleo público de régimen laboral", en A.A.V.V. (coord. Durán López, F. y Sáez Lara, C.), *Derechos laborales individuales y colectivos en el empleo público*, Sevilla, Consejo Andalúz de Relaciones Laborales, 2023, pp. 27-40, p. 29.

asignación de recursos humanos a las organizaciones productivas, y como procedimiento de determinación de los precios y condiciones en que el trabajo se presta"[512]. La expresión mercado de trabajo, criticada por sus connotaciones *cosificantes*[513], tan solo expresa la elemental idea de que la concreción del trabajo que reclama la comunidad se efectuará a través de la coordinación espontánea de sus miembros[514]: a través de las preferencias mostradas por los demandantes de mano de obra –o empleadores–, las cuales, a su vez, buscarán satisfacer las necesidades del resto de agentes económicos –clientes–.

Bajo el régimen de libre mercado, en términos teóricos y abstractos, salvando todas las impurezas propias de su ejecución empírica, una actividad con demanda puede caracterizarse como una actividad útil para una sociedad y, por tanto, intercambiable por un precio[515]. El ofrecimiento de servicios

---

512 MARTÍN VALVERDE, A., "La constitución como fuente del derecho del trabajo", *Civitas, Revista Española de Derecho del Trabajo,* núm. 33, 1988, pp. 55-69, p. 68.

513 "No es fácil imaginar mayor agresión (¿o menosprecio, o simple ignorancia?) a la dignidad humana que la va implícita en la frase mercado de trabajo. Se utiliza a todos los niveles, en los más variados campos, en muy amplios sectores. Ha calado tanto que incluso se ha incluido en el acervo intelectual de las personas más alejadas de los fenómenos económicos". MUÑOZ CAMPOS, J., "Significado del Trabajo en la Constitución", en A.A.V.V., *Jornadas sobre Derecho del Trabajo y Constitución,* Madrid, IELSS, 1985, pp. 319-334, p. 321.

514 En defensa de este concepto: "A pesar de las trascendentes consecuencias de la implicación personal del trabajador en el discurso del Derecho del Trabajo, el mercado laboral no pierde su cualidad de institución social para el intercambio de bienes económicos en el que cada una de las partes persigue su propio interés". MARTÍN VALVERDE, A., *Derecho del Trabajo y mercado... op.cit.*, p. 47.

515 Acudiendo ahora a Rallo Julián: "La necesidad de intercambiar con otros lo que producimos nos vuelve interdependientes: en la me-

profesionales en el mercado permitiría así la satisfacción de los intereses propios y ajenos, tal y como reclama el deber constitucional de trabajar en los términos en los que lo venimos caracterizando. En definitiva, si hemos definido al deber de trabajar como un deber de cooperación para la satisfacción de necesidades mutuas, en un orden de libre mercado tal cooperación se ordena y concreta, principalmente, a través de las leyes económicas de la oferta y la demanda. Este criterio de delimitación de la conducta exigida por el deber de trabajar, puramente economicista o productivista, cobijará en la práctica numerosos déficits e iniquidades[516], pero en términos lógicos nos parece el único parámetro válido para aunar las dos características que atribuimos al trabajo que se impone a

---

dida en que una persona sólo pueda comprar una mercancía si ha vendido (o va a vender) otra mercancía implica que cada individuo ha de focalizar sus esfuerzos productivos en aquello en lo que resulte relativamente más valioso para el resto de la sociedad. Es decir, cada cual ha de convertir los intereses ajenos en intereses propios. Dentro de una sociedad caracterizada por la división del trabajo, las propias necesidades sólo pueden satisfacerse a través de la satisfacción de las necesidades ajenas" RALLO JULIÁN, J.R, *Díez principios liberales*, Madrid, Deusto, 2020, p. 142.

516 En efecto, parte de la doctrina ha concluido críticamente que el deber de trabajar que se exige en los ordenamientos de libre mercado es aquel que aporta valor económico, lo que inadmite formas de ejecución a través de otras actividades socialmente útil. DERMINE, E., y DUMON, A.D., "Renewed Critical Perspective on Social Law: Disentangling Its Ambivalent Relationship With Productivism", *International Journal of Comparative Labour Law and Industrial Relations*, núm. 38.3, 2022, pp. 237-268, p. 255. En este mismo sentido, PATRICK, R., "Work as the primary 'duty'of the responsible citizen: a critique of this work-centric approach", *People, Place & Policy Online*, vol. 6, núm. 1, pp. 5-15, p. 13.

través este deber fundamental[517]: 1) De un lado, permite determinar qué es lo útil o inútil para la sociedad sin necesidad de acudir a fundamentaciones morales difícilmente reconciliables. 2) En segundo lugar, permite resolver cómo una actividad socialmente útil será al mismo tiempo una actividad retribuida que permite la subsistencia material de quien la ejecuta: si las actividades socialmente útiles son aquellas que demanda la ciudadanía en el mercado, su ejercicio encontrará una retribución, un precio, permitiendo a su ejecutor lograr cierta autonomía económica[518].

Esta solución, por otra parte, no afirma el imperialismo del mercado en la determinación de la *utilidad social*, tampoco su infalibilidad. El principio constitucional de libre mercado aparece notablemente temperado por los contrapesos que incorpora el Estado social y democrático de Derecho, art. 1.1 CE´78, como fórmula de gobierno que impone límites a la libertad de los agentes económicos. Siguiendo con nuestra norma fundamental, su propio artículo 38, al reconocer la libertad de empresa y el régimen de libre mercado, supedita su garantía a "las exigencias de la economía general y, en su caso, de la planificación". Por su parte, la fórmula política del Estado social au-

---

517 Aunque desde una sistemática constitucional distinta, y por tanto con una argumentación no enteramente extrapolable al ordenamiento español, esta caracterización económica del trabajo constitucionalmente relevante se hace también en MICCO, L., *Lavoro ed utilitá… op.cit.*, pp. 284-287.

518 Esta caracterización del trabajo exigido por el deber de trabajar coincide con la definición del trabajo socialmente relevante dada por algunos autores bastante alejados del ideario capitalista como André Gorz, quien lo describe como una "actividad en la esfera publica, demandada, definida, reconocida como útil por otros y, como tal, remunerada por ellos" GORZ, A., *Metamorfosis del trabajo… op.cit.*, p. 26.

toriza la prestación pública, fuera del régimen de mercado, de aquellos servicios que se consideren esenciales para la comunidad, art. 128 de nuestra carta magna. Estas opciones de intervención permiten así corregir algunos defectos del mercado a la hora de identificar los bienes y servicios que revisten utilidad social[519]. A mayor abundamiento, incluso un Estado mínimo, con mucho menos peso que el Estado social, también asume la existencia de servicios que son llevados a cabo por empleados públicos fuera del régimen de mercado. Es, en definitiva, la voluntad democrática, conformada a través del cauce parlamentario, la que complementará y corregirá la preferencia social expresada en el mercado para ofrecer servicios públicos o fomentar su oferta en régimen privado[520].

Por otro lado, y en sentido ahora negativo, también la soberanía popular puede promulgar normas que impongan la opinión mayoritaria sobre los bienes que merecen una mejor protección jurídica y, de ese modo, restringir los servicios profesionales susceptibles de ofertarse en el mercado. En efecto, pueden venírsenos a la mente un sinfín de ejemplos de actividades que, siendo demandadas por la sociedad y proporcionado un rendimiento económico, son reprobadas institucionalmen-

---

519 FERRAJOLI, L., *Principia iuris Teoría del derecho y de la democracia, 2. Teoría de la democracia*, Madrid, Trotta, 2013, pp. 245 y ss.

520 Como, aunque en otro contexto, expresó Cortina Orts al presentar el ejercicio de una profesión como un compromiso cívico: "Una actividad profesional es, pues, una actividad social, en la que cooperan personas que desempeñan distintos papeles: los profesionales, los beneficiarios directos de la actividad social y, por supuesto la sociedad en su conjunto, que ha de dictaminar si considera necesaria esa actividad, o al menos beneficiosa, y si piensa que se está ejerciendo de un modo satisfactorio para ella". CORTINA ORTS, A., *Ciudadanos del mundo. Hacia una teoría de la ciudadanía*, Madrid, Alianza Editorial, 2009, pp. 131 y 132.

te: *v.gr.* narcotráfico, prostitución o sicariato. El carácter socialmente benemérito del trabajo no solo vendrá determinado por la demanda que reciba, sino también por su licitud. La legislación, fruto del diálogo democrático, actuará en este contexto como un cauce de expresión de la voluntad colectiva sobre lo que redunda en beneficio de la sociedad o en su perjuicio[521].

En suma, la actuación legislativa en este sentido puede actuar de dos modos: 1) de forma negativa, proscribiendo las actividades que han sido consideradas perjudiciales para la sociedad; o 2), de forma positiva, impulsando el desarrollo de actividades económicas o profesionales que, en cada momento dado, cabe considerar de singular valía social. De esta forma, el legislador no solo corrige los déficits del mercado prohibiendo algunas posibilidades de contratación que trasgreden determinados bienes jurídicos, sino también patrocinando algunas profesiones que, siendo necesarias para la sociedad, no resultan atractivas para el mercado –servicios públicos, cuidado del medio ambiente, etc.–, lo cual hace a través de una gran variedad de mecanismos públicos: asunción directa del servicio, incentivos a la contratación, instrumentos de política fiscal, etc.[522].

Obviamente, esta posibilidad de determinación legal sobre las actividades profesionales beneficiosas o perjudiciales para la sociedad no impedirá que pervivan al respecto debates de contenido moral. Es fácil constatar hoy la existencia de discusiones sobre la eticidad de diferentes actividades con independencia de su reconocimiento legal –*v.gr.* actividades juegos de azar, apuestas, comercialización de narcóticos legales, etc.–. Puede, ocurrir, incluso, que la legislación, por múltiples vicios

---

[521] En este sentido, puede traerse a colación la Constitución boliviana, que al referirse al deber de trabajar aclara que este impone el ejercicio de actividades *lícitas* (art. 108.5).

[522] MARTÍN VALVERDE, A., *Derecho del trabajo y mercado... op.cit.*

posibles, no sea un fiel trasunto de las convicciones morales de la población sobre la que va a incidir. No obstante, todas estas consideraciones trascienden claramente del ámbito jurídico. Aunque sea una mera ficción, debemos presumir que la aprobación normativa –o falta de reprobación– de una determinada actividad profesional implica su carácter no perjudicial. Si a ello añadimos que dicha actividad, no proscrita legalmente, encuentra una demanda social en el mercado, podríamos atribuirle además utilidad social.

Por lo tanto, y para afianzar esta idea, si aquí hemos afirmado que el deber fundamental de trabajar impone el ejercicio de una actividad socialmente útil que permita la subsistencia del individuo, podemos ahora sostener que ello equivale a afirmar que tal deber obliga al ejercicio de una actividad lícita y retribuida. *A sensu contrario*, aunque esto genere alguna discrepancia, descartamos que las actividades socialmente útiles no retribuidas formen parte del contenido básico del deber de trabajar[523], así como aquellas actividades que, aun generando rendimientos económicos, son socialmente perjudiciales.

---

523 Así lo defiende Landa Zapiraín, aunque más que rechazar que *lege data* esa sea la interpretación que deba prevalecer, se cuestiona si es la más adecuada para un contexto socio-económico como el que nos circunda, marcado por la crisis del empleo, que sugiere que tal deber pueda ser canalizado hacia la realización de trabajos "altruistas (benévolo, ONG...), u otras actividades socialmente útiles (políticas, sociales, sindicales, etc.)" LANDA ZAPIRAIN J.P., "Constitución y futuro del modelo español del derecho del trabajo del próximo siglo", *Lan harremanak: Revista de relaciones laborales*, núm. 2, 2000, p. 155-184, pp. 166-167.

1.1 El bien jurídico-político protegido por el deber de trabajar

Afirmando, como aquí hemos hecho, que el deber de trabajar impone la realización de tareas socialmente útiles, estamos en parte respondiendo a esta otra cuestión: la que se refiere al bien jurídico protegido por el deber de trabajar. Parece claro, en mérito de lo expuesto, que el interés que se promueve a través del deber trabajar es la utilidad social que añade el trabajo a la comunidad en cuyo seno se ejecuta. Aunque muchas constituciones, como la española, omiten cualquier apreciación valorativa sobre el trabajo, otras sí han expresado, aun lacónicamente, los beneficios que reporta el trabajo, para el individuo que lo desempeña y, en lo que ahora nos interesa, para la comunidad que recibe sus frutos[524]. Como ha observado parte de la doctrina, "la consideración del trabajo no sólo

---

[524] Véase como botón de muestra el artículo 22 de la Constitución Política del Perú de 1993, donde se dice que "[e]l trabajo es un deber y un derecho. Es base del bienestar social y un medio de realización de la persona". No es este el único ejemplo en el que un constituyente nacional presenta expresamente al trabajo como una actividad benemérita para la comunidad política. El borrador de la Constitución cubana de 2018 adopta una posición muy similar a la de la peruana para afirmar que el trabajo es "la fuente principal de ingresos que sustenta la realización de los proyectos individuales, colectivos y sociales" (art. 31). La Constitución de Ecuador de 2008, siguiendo con ejemplos latinoamericanos, define al trabajo como "la base de la economía". Guinea Ecuatorial, en su Constitución de 1991, afirma que "el trabajo es un derecho y un deber social. El Estado reconoce su función constructiva para el mejoramiento del bienestar y el desarrollo de la riqueza nacional" (art. 26); e Italia exige en su Constitución de 1947 el desarrollo de una actividad "que contribuya al progreso material o espiritual de la sociedad". Proclamaciones de este tipo aparecen, sin ningún ánimo de exhaustividad, en las Constituciones de Nicaragua de 1987 (art. 80), Haiti de 1987 (art. 35), o República Dominicana de 2015 (art. 7). Vid. anexo.

como derecho sino también como deber responde seguramente a una doble valoración del mismo como bien de la persona –medio de ganarse la vida, y, con ciertas condiciones, medio de realización de la propia personalidad–, y como bien de la colectividad –recurso indispensable, y a veces costoso de formar, para la producción material y el progreso económico de una determinada sociedad–[525].

Si distinguimos entre los beneficios individuales y colectivos del trabajo, ya dijimos más arriba –I.6.1– que solo estos segundos son los que, según creemos, se persiguen con la imposición del deber de trabajar. El Estado no desconoce las ventajas económicas y morales que reporta el trabajo al sujeto que lo despliega, pero la imposición de estas ventajas a través de un deber de trabajar supondría un exceso de paternalismo inasumible desde los esquemas del Estado liberal[526]. El reconocimiento de esas ventajas puede tener repercusión sobre el ordenamiento jurídico, pero será a través de la codificación del derecho al trabajo, ofreciendo –no imponiendo– al individuo la posibilidad de acceder a todas esas ventajas que se atribuyen al desempeño de una actividad profesional. El trabajo como bien personal sería el contenido propio del derecho al trabajo, mientras que el trabajo como bien colectivo sería el fin perseguido por el deber de trabajar.

Ya desgranamos al comienzo de este estudio cuáles eran los motivos por los que una comunidad política otorgaba un valor positivo al trabajo de sus ciudadanos. Recordemos que esencialmente eran dos, los cuales son además complementa-

---

525 MARTÍN VALVERDE, A., *Pleno empleo, derecho al trabajo... op.cit.*, p. 193. En este mismo sentido, SASTRE IBARRECHE, R., *Derecho al trabajo... op. cit.*, p. 92.

526 Esta concepción paternalista del debe de trabajar es criticada por PAZ-FUCH, A., *Right to work... op.cit.*, p. 89.

rios entre sí: de un lado, la tendencia productivista que habían adoptado los Estados modernos y que los conduce tendencialmente hacia un progreso económico ilimitado. De otro, la alta especialización del trabajo que se da en una economía avanzada y que exige la implicación de todos los agentes en el proceso productivo para la ejecución de las funciones que les son propias. El bien jurídico protegido por el deber de trabajar es el progreso económico que es acogido a nivel constitucional como un fin digno de tutela. Así, con razón, incluso en aquellos textos constitucionales como el español, en el que no se atribuyen de forma expresa beneficios específicos al trabajo, parte de la doctrina ha concluido que "el deber de trabajar supone la articulación individual del genérico deber de *promover el progreso de la economía para asegurar a todos una digna calidad de vida* a que se refiere el preámbulo de nuestra Constitución"[527]. En un primer momento, la asunción de este fin productivista por parte del poder político buscaba el empoderamiento de la nación, como ente autónomo que trascendía la suma de sus distintos integrantes. En un Estado democrático de Derecho, el desarrollo económico que se asume como objetivo político debería, idealmente, estar dirigido a la satisfacción del bienestar común de los ciudadanos y a la consecución de los fines que estos se han fijado a través del consenso político.

---

527 SAGARDOY BENGOCHEA, J.A. y SAGARDOY DE SIMÓN, I., "Art. 35: Derechos laborales", en A.A.V.V. (dir. Alzaga Villamil, O.), *Comentarios a la Constitución Española de 1978, Tomo III, arts. 24 a 38.* Madrid, Cortes Generales. Editoriales de Derecho Reunidas, 1996, pp. 571-598, p. 577. En igual sentido, CÁMARA VILLAR, G., "Los deberes constitucionales…" *op.cit.*, pp. 336-355, p. 350.

1.2 La acepción amplia del trabajo objeto del deber de trabajar

Acabamos de exponer que el deber de trabajar encomendaba el ejercicio de una actividad productiva, remunerada y lícita, con independencia del régimen jurídico en el que esta se ejecutase, ora por cuenta ajena, ora por cuenta propia. En el caso español –y otros a nivel internacional– la ubicación sistemática de este deber acaso podría sugerir una respuesta diferente, pues junto con él aparecen en un mismo artículo, el 35, otras disposiciones claramente referidas en exclusiva al empleo por cuenta ajena –por ejemplo, derecho a la igual retribución–. No obstante, podemos considerar que, aunque coexistan en un mismo precepto, se trata de disposiciones parcialmente autónomas, que, pese a su convivencia y su afinidad, no condicionan mutuamente su respectivo alcance.

Lo contrario, afirmar que el deber de trabajar solo se satisface a través del ejercicio de un empleo por cuenta ajena, no solo haría incompatible este deber con otras disposiciones constitucionales, sino que conduciría a una solución insostenible en términos lógicos: si el deber de trabajar fuese acatado por todos los ciudadanos –como idealmente se aspira con su formulación– encontraríamos una generalidad de trabajadores por cuenta ajena sin ningún empleador para el que prestar servicios[528]. Esta sería la situación a la que se llegaría en un orden de libre mercado, como el que vertebra nuestra Constitución, en el que no tiene cabida una *omnipotente* Administración

528 Tampoco el cooperativismo laboral generalizado parece la solución propuesta por la Constitución, pues este régimen de prestación de servicios aparece fomentado en el 129 junto con otras formas empresariales. La institucionalización del industrial, arts. 7, 28 y 38, también nos hace descartar de plano que nuestra Constitución abogue por el cooperativismo laboral como fórmula generalizada de prestación de servicios profesionales.

que funja como empleadora universal. Así, si el deber de trabajar implicase, excluyentemente, el ejercicio de una actividad por cuenta ajena, debería presuponerse, *ab initio*, que un gran número de sujetos imprescindibles para el proceso de producción, los empresarios o capitalistas, incumplirán ese deber, lo cual es incompatible, de nuevo, con el carácter general con el que aparece redactado dicho precepto[529].

Ya vimos, en términos ahora de interpretación histórica, que la identificación del deber de trabajar con el deber de hacerlo en régimen de ajenidad era una formulación propia del constitucionalismo socialista, pero de la que quisieron distanciarse expresamente algunos de los referentes constitucionales que marcaron nuestra tradición político-jurídica: principalmente la Constitución de Weimar, la Carta del Lavoro y, siguiendo a esta, la Constitución de la II República española.

Si aun así cupiese alguna duda al respecto del tipo de trabajo al que se refiere el deber de trabajar, por cuenta propia o ajena, el legislador español se encarga de resolverla al estaturizar el empleo por cuenta propia apelando, entre otros preceptos, al art. 35 de nuestra Constitución[530]. Así se expresó en la exposición de motivos del *Estatuto del Trabajo Autónomo, Ley 20/2007,*

---

529 A una conclusión similar se ha llegado en la exégesis del actual texto constitucional italiano. MICCO, L., *Lavoro ed utilità... op.cit.*, p. 159.

530 La doctrina judicial en alguna ocasión, y aun a modo de *obiter dictum*, ha tenido ocasión de presentar el ejercicio de una actividad económica por cuenta propia como una manifestación del deber de trabajar del art. 35. CE´78. Es el caso de la STSJ de Extremadura, Sala de lo Social, núm. 420/2015, 17 de septiembre de 2015: "cuando la empleadora opta por la readmisión del actor ya tienen conocimiento de tal hecho, empleando suma diligencia en solicitar la certificación al Registro Mercantil y comunicar la decisión de despido por competencia desleal, que no es tal, sino el ejercicio del derecho y deber de trabajar por parte del actor (artículo 35 de la CE), que

de 11 de julio –una de las pocas normas estatales, dicho sea de paso, que contiene una alusión directa al deber de trabajar–:

> "la Constitución sin hacer una referencia expresa al trabajo por cuenta propia, recoge en algunos de sus preceptos derechos aplicables a los trabajadores autónomos. Así, el artículo 38 de la Constitución reconoce la libertad de empresa en el marco de una economía de mercado; el artículo 35, en su apartado 1, reconoce para todos los españoles el deber de trabajar y el derecho al trabajo, a la libre elección de profesión u oficio, a la promoción a través del trabajo y a una remuneración suficiente para satisfacer sus necesidades y las de su familia, sin que en ningún caso pueda hacerse discriminación por razón de sexo [...]. Estas referencias constitucionales no tienen por qué circunscribirse al trabajo por cuenta ajena, pues la propia Constitución así lo determina cuando se emplea el término «españoles» en el artículo 35 [...], sin precisar que sus destinatarios deban ser exclusivamente los trabajadores por cuenta ajena".

1.3 Deber de trabajar y diligencia profesional

Cabría preguntarse si el ejercicio de una actividad productiva, cualquiera que esta sea, supone el cumplimiento del deber constitucional de trabajar con independencia del grado de desempeño con el que se realice. En otras palabras, lo que nos preguntamos es si el deber de trabajar presupone el deber de alcanzar un rendimiento óptimo en la profesión que se ejerce. Aunque nada de esto dice nuestra Constitución –a diferencias de otras a nivel comparado[531]–, una interpretación

---

una vez en situación de desempleo procura ejercerlo constituyendo con otros tres socios una sociedad limitada laboral".

[531] En efecto, otras constituciones, históricas o contemporáneas, han sido más explícitas a la hora de señalar ese deber de diligencia o responsabilidad profesional que aparece implícito en el deber de trabajar. Es una idea que encontramos claramente expresada en

teleológica de la misma nos sugiere una respuesta positiva. Si aceptamos, como aquí hemos hecho, que la razón de ser del deber de trabajar es la necesidad de contribuir al bienestar de una comunidad política, concluiremos que este deber solo se cumple rectamente cuando la acción del individuo aporta algo verdaderamente positivo a dicha comunidad. Una actividad formal o legalmente considerada como profesional, pero ejecutada de forma indolente o torticera, difícilmente podría considerarse una realización del deber fundamental de trabajar. Recordemos cómo dentro de los debates constituyentes españoles hubo alguna propuesta para que se incorporase una alusión a este más concreto deber de diligencia: "Debe también, a mi juicio –nos decía el diputado Gómez de las Roces en su enmienda leída en la sesión del Pleno del Congreso de los Diputados el día 11 de julio de 1978–, consagrarse constitucionalmente el principio de participación responsable de todos en su propio trabajo que es, en definitiva, parte de su mismo

la Constitución de Weimar de 1919 cuando proclamaba que "todo alemán tiene el deber moral de emplear sus fuerzas intelectuales y físicas conforme lo exija el bien de la comunidad y sin perjuicio de su libertad personal". La Constitución China de 1982 proclama en su art. 42 que "todos los trabajadores tanto de las empresas estatales como de las organizaciones económicas colectivas de la ciudad y el campo deben llevar a cabo su trabajo con una actitud que concuerde con su calidad de dueños del Estado". La Constitución de Uruguay, por su parte, encomia a sus habitantes a "aplicar sus energías intelectuales o corporales en forma que redunde en beneficio de la colectividad". Finalmente, aunque sin vocación exhaustiva, la Carta Africana sobre los Derechos Humanos y de los Pueblos aprobada en Banjul en 1981 incorpora en su art. 29.6 el deber de cada individuo de "trabajar conforme lo mejor de sus habilidades y competencias y pagar los impuestos estipulados por la ley en el interés de la sociedad".

destino vital"[532]. Este compromiso con el buen resultado del trabajo desde luego resulta esencial para satisfacer la finalidad propia del deber de trabajar, recordemos, contribuir al progreso material y espiritual de la comunidad política[533].

Este hipotético deber de diligencia incorporaría, teóricamente, una gradación en la conducta exigible a cada ciudadano en el cumplimiento de su deber de trabajar: una graduación que podría relacionarse con el histórico principio distributivo, *de cada cual según sus capacidades* y, en cierta forma, ahora por analogía, con el principio de progresividad que caracteriza el deber de contribuir a las cargas del Estado. Obviamente, no resultará difícil intuir las dificultades que entrañará exigir normativamente este más específico deber de diligencia profesional[534]. No obstante, encontramos diferentes disposiciones normativas que parecen responder a este espíritu: respaldar institucionalmente no solo a quien trabaja, sino reforzadamente a aquellos que lo han hecho de forma más diligente. Así ocurría sin ningún género de duda bajo el enfoque nacional-sindicalista, cuando la normativa tipificaba la falta de rendi-

---

532 Cortes Generales, Congreso de los Diputados, Diario de Sesiones, sesión del 11 de julio de 1978, núm. 107, p. 4104.

533 Quizás en este punto vengan al caso estas palabras de Cortina Orts cuando afirmaba que: "la fuente principal de la riqueza de los pueblos es la cualificación de los que en ellos trabajan, es la calidad de sus recursos humanos. Y así parecen reconocerlo los que exigen calidad en la enseñanza, calidad en los productos, calidad informativa, profesionalidad en el trabajo de médicos, juristas, ingenieros, y cuantos generan riqueza material e inmaterial en un país. Cosas todas ellas que están fuera del alcance de los mediocres y solo pueden lograrse si los profesionales aspiran a la virtud tal como la entendía el mundo griego: como excelencia del carácter" CORTINA ORTS, A., *Ciudadanos del Mundo… op.cit.*, p. 125.

534 BECKER, L. C., "The obligation to work…" *op.cit.*, pp. 35-49, p. 41.

miento como una infracción administrativa perseguible institucionalmente[535]. Hoy día solo algunas disposiciones aisladas parecen recordar esta preferencia colectiva por la diligencia profesional. Por ejemplo, el acogimiento del mérito como criterio diferenciador en el acceso a la función pública, art. 132 CE´78, o, el derecho a la promoción profesional del trabajador, art. 35.1, tal y como ha sido desarrollado en la legislación infraconstitucional, que lo condiciona, entre otros criterios, a su mérito y su formación, art. 24.1 ET[536]. También cabrían dentro de este listado ejemplificativo las distinciones honoríficas al mérito civil que premian, entre otras cosas, "la realización de trabajos extraordinarios de indudable mérito" y "la laboriosidad o la capacidad extraordinaria, puestas de manifiesto en bien del interés general"[537].

Más allá de estas disposiciones concretas, en realidad, el principal mecanismo a través del cual nuestro sistema político promueve el específico deber de diligencia profesional es, nuevamente, el sistema de libre mercado. Se presenta este como un mecanismo espontáneo de distribución de la riqueza que, al menos en su diseño teórico, premiaría a aquellos individuos

---

535 Ya vimos como este espíritu normativo aparecía, por ejemplo, en el *Decreto de 5 de enero de 1939 determinando la responsabilidad exigible al trabajador por faltas cometidas en el trabajo y, especialmente, por la disminución voluntaria del rendimiento debido.*

536 La adopción del mérito en el ámbito de las relaciones privadas como criterio relevante para la promoción profesional se ha vinculado a la previsión del art. 35.1 CE´78 en MARTÍN VLAVERDE, A., "Sobre el mérito y la capacidad…" *op.cit.*, p. 29. A este derecho constitucional a la promoción profesional se refiere como "otro precepto de carácter general, al que seguramente no se ha prestado toda la atención que merece". *Ibíd.*

537 *Real Decreto 2396/1998, de 6 de noviembre, por el que se aprueba el Reglamento de la Orden del Mérito Civil.* Art. 6.

que han logrado una mayor satisfacción de las necesidades ajenas. Sin obviar la incidencia de elementos distorsionadores como el azar, la corrupción o la propiedad heredada, nuestro sistema político-económico se construye sobre la presunción de que aquellos que obtienen mayores réditos económicos han demostrado una mayor diligencia profesional o una mayor capacidad de cooperación. Al decir esto no estamos posicionándonos sobre la pertinencia de este criterio distributivo ni sobre su preferencia sobre otras alternativas posibles. Tan solo describimos el criterio que nuestro sistema jurídico-económico ha acogido de forma prioritaria para la estimación del mérito y la asignación de los recursos sociales[538].

1.4 La exigencia del deber de trabajar en colectivos específicos

En la línea de lo que venimos exponiendo en este punto, cabe afirmar ahora que un deber de trabajar, de alcance general y sin gradaciones según las particularidades de cada ciudadano, sería una imposición tan severa que difícilmente sería

---

538 Como dictaminó García Cívico al reflexionar sobre el papel del mérito en la asignación de recursos económicos: "Si hay un pilar simbólico, una piedra angular [...] común a los tres momentos evolutivos del capitalismo –el capitalismo liberal decimonónico, el capitalismo bienestarista keynesiano, y el capitalismo globalizado coincidente con el repliegue del Estado Social– éste bien puede ser el principio mérito redefinido mercantilmente. El mérito es piedra angular porque es la creencia en que el mercado recompensa el esfuerzo y el ingenio depositado en él, aquello de lo que depende la adhesión a, y el funcionamiento de, todo el sistema económico" GARCÍA CÍVICO, J., "La difusa discriminación por el mérito: genealogía y desarrollo", *Anuario de filosofía del derecho*, núm. 23, 2006, pp. 309-336, p. 330. Una profunda crítica a la confianza en el mercado para la compensación del mérito se encuentra en SANDEL, M.J., *La tiranía del mérito... op.cit.*, pp. 50 y ss.

asimilable en un orden constitucional moderno. Aun tratándose de un deber de trabajar imperfecto, que carece de sanciones coercitivas, resultaría difícil sostener que el texto constitucional impone un deber como este por igual a toda su población, con independencia de su situación social o patológica[539]. En este sentido, la propia inconcreción con la que se formula el deber constitucional de trabajar admite que se introduzcan, por vía de la legislación ordinaria, las correcciones precisas para ajustar la exigibilidad de este deber a ciertos criterios de *justicia distributiva* –en la medida que *distribuyen* la participación en las cargas colectivas– que en cada momento adopte una sociedad dada. Así ocurre, por ejemplo y de forma más evidente, con la fijación de la edad legal de acceso al trabajo o, en el otro extremo, con la edad legal de jubilación, momento en el que desaparece el sometimiento al deber constitucional de trabajar y que fluctúa según la voluntad política y la situación socioeconómica de cada momento. Ya veremos en un epígrafe específico, por lo demás, cómo la Seguridad Social actúa como principal instrumento normativo para la delimitación del alcance de este deber –apartado V.3.2–.

Más allá de estos casos, no es demasiado claro nuestro ordenamiento a la hora de concretar en qué medida el deber de trabajar resulta exigible según las particularidades de determinados colectivos. Creemos, no obstante, que una lectura sistemática y teleológica de la constitución –no solo, necesariamente, la española– nos permite justificar algunas exenciones adicionales de ese deber, o, en algunos casos, aceptar el cumplimiento *sui generis* de este a través de actividades que, sin ser *strictu sensu* productivas, evidencian una disposición personal a la contribución al bien común de una sociedad.

---

539 BECKER, L. C., "The obligation to work..." *op.cit.*, pp. 35-49.

1.4.1 Estudiantes

Qué duda cabe de que, sobre todo en una economía avanzada, la realización de ciertos desempeños profesionales exige la previa capacitación del individuo que los desarrolla. Es evidente que nadie debe ejercer la medicina, pongamos por caso, sin haber cursado y superado la correspondiente formación universitaria. Es obvio, además, que una comunidad política tiene interés en que el rendimiento profesional de sus ciudadanos sea lo más diligente posible, especialmente en determinadas profesiones. Solo así se explica la habilitación administrativa exigida para su ejercicio y la tipificación de los delitos de intrusismo[540]. Estas consideraciones tan elementales nos dan pie para sostener que, si más atrás definíamos el contenido del deber de trabajar como el encomio institucional para el ejercicio de una actividad socialmente útil, parece claro que los ciudadanos que se encuentran capacitándose para el ejercicio futuro de una profesión están cumpliendo, con un cumplimiento anticipado y *sui generis*, su deber de trabajar. Así lo ha concluido parte de la doctrina italiana cuando afirmó que el deber constitucional de trabajar se "vincula al deber con la capacitación

---

540 El bien jurídico protegido por estos sería la fe pública económica, pero también el interés de la colectividad en que determinadas profesiones, por estar asociadas a bienes relevantes, se desempeñen a partir de una formación académica previa. MORILLAS CUEVA, L., *Sistema de Derecho penal español. Parte especial*, Madrid, Dykinson, 2011, p. 904. En este mismo sentido, para la STS, Sala de lo Penal, núm. 1045/2011, de 14 de octubre: "El bien jurídico protegido por el tipo penal está caracterizado por su carácter pluriofensivo ofende al perjudicado, que es lesionado su derecho por la actividad del intruso; a la corporación profesional a la que afecta la conducta intrusa; y a la sociedad en su interés público en que sean idóneas las personas que ejercen determinadas profesiones para las que el Estado reglamenta el acceso a la actividad".

y formación profesionales como carga del ciudadano", entendiendo este deber "como actividad orientada a adquirir una capacidad laboral y a ejercitarla útilmente"[541]. Esta asociación, aclaramos, no solo es predicable del ejercicio de profesiones regladas: incluso en aquellas otras en las que la formación no es imprescindible para su ejercicio, cabe pensar que la colectividad tiene un interés en que este se despliegue con la mayor perfección técnica –vid. *surpa* IV.1.3–[542]. Por eso se observa con facilidad que cuanto más alto es el grado de desarrollo de una economía, mayor es la proliferación de estudios de formación profesional, oficiales o no, que capacitan para el ejercicio de actividades no regladas.

Esto que decimos es válido, en cualquier caso, para la educación media o superior, que incorpora contenidos dirigidos a la capacitación profesional. En el caso de la formación básica rige una lógica totalmente distinta: no se trataría ya de un ejercicio anticipado del deber de trabajar, sino del deber de cumplimentar la educación básica que también imponen muchos textos constitucionales, como el español en el art. 27.3 CE´78. Es este otro de los deberes a los que cabría calificar como *fundamentales* –según los términos que emplearemos *infra*, vid. apartado IV.2– y que revela el interés de la colectividad por su progreso cívico. Con la imposición de este deber se buscaría disuadir del abandono escolar a aquellos sujetos –o sus tutores– cuyas circunstancias socioeconómicas son más adversas. Este otro grado de formación no persigue tanto la capacitación profesional del sujeto como su perfeccionamiento integral: valor superior que, además de otras razones evidentes, justifica la exclusión en este

---

541 GIUDICE, R., *Diritto e dovere di lavoro. Il Diritto del Lavoro* I, 1960, p. 179. Citado por SASTRE IBARRECHE, R., *El derecho al trabajo… op.cit.*, p. 112.

542 SHAFIK, M., *Lo que nos debemos… op.cit.*, pp. 149 y ss.

tramo de edad de cualquier deber de contribuir productivamente al bien común.

En la relación del estudiante con el deber de trabajar nos encontramos así dos etapas diferenciadas: 1) La de educación obligatoria, en la que el sometimiento al deber de escolarización lo exonera de atender el deber de trabajar, haciéndose coincidir, por lo general, la edad en la que finaliza esta etapa de educación obligatoria con la edad de admisión al mundo profesional –16 años, en el ordenamiento español[543]–. 2) La de educación no obligatoria, en la que se admite institucionalmente la desvinculación del mundo del trabajo para la obtención de una capacitación profesional que, presumiblemente, repercutirá en beneficio de la sociedad. Esta segunda etapa no encuentra un *dies ad quem* claramente definido en la norma, quizás porque su determinación es sumamente difícil en atención a la heterogeneidad y volatilidad de los diferentes itinerarios académicos. También por la subjetividad de las capacidades y circunstancias de cada estudiante. No obstante, sí observamos intentos legislativos o jurisprudenciales dirigidos a acotar el tiempo durante el cual un individuo está exonerado legítimamente del deber de trabajar por cursar estudios. Se intenta, con distintas finalidades, fijar un límite de edad a partir del cual resulta razonable levantar la exoneración del trabajo estrictamente productivo[544].

---

543 Art. 4, *Ley Orgánica 2/2006, de 3 de mayo, de Educación.*

544 Acaso será visto como una *boutade*, pero, a modo de síntesis, el arraigo en el acervo popular de la inquisición disyuntiva ¿estudias o trabajas? como forma de acercamiento preliminar a una persona desconocida nos parece una evidencia de un patrón sociológico que pasa por el ejercicio de alguna de esas dos actividades: estudiar o trabajar. Estas determinarían, por así decirlo, el estándar óptimo de ciudadanía. En sentido contrario, encontramos neologismos como los *ninis*, adjetivo que suele emplearse para referirse a las personas –

Así, en cuanto a disposiciones legales con esta pretensión dentro del ordenamiento español, encontramos el límite de edad a la pensión de orfandad, que se ubica en los veinticinco años si el huérfano no obtiene ingresos superiores al S.M.I., plazo que se prorroga hasta el inicio del siguiente año lectivo si aquel cumplió esa edad durante el curso académico (art. 224.3 LGSS). Si atendemos a la finalidad de la pensión de orfandad –suplir las rentas dejadas de aportar por un sujeto que fallece a los hijos que dependían económicamente de él– podemos encontrar en el límite de veinticinco años una edad que el legislador ha considerado prudencial para la incorporación del beneficiario al mundo profesional de forma plena. Observemos que el primer limite de edad se encuentra en los veintiún años (art. 224.1 LGSS), fecha hasta la cual el percibo de la pensión de orfandad es compatible con cualquier ingreso. La extensión hasta los veinticinco años es una suerte de prórroga, supeditada a la carencia de ingresos, que solo se justifica por la aceptación institucional de que el período formativo previo a la inserción profesional se extiende hoy con facilidad hasta esa edad. Esta misma orientación la encontramos, ahora en materia civil, en la jurisprudencia que resuelve la extensión del derecho a pensión de alimentos de los hijos afectados por la disolución del

---

principalmente jóvenes– que no desempeñan actividad profesional alguna ni cursan estudios académicos. Esta expresión se usa normalmente con connotaciones peyorativas o, en ámbitos oficiales, para señalar una falla en el sistema de empleo y de enseñanza en un país. La relevancia que vemos en tan pedestres ejemplos se encuentra, a nuestro modo de ver, en las dos evidencias que es posible extraer a través suya: 1) La equiparación del trabajo y los estudios como actividad social principal del individuo que marca su propia identidad frente a la comunidad, 2) La inexistencia de una tercera opción en la dicotomía estudios-trabajo. Un individuo potencialmente activo que no efectúe ningún de esas conductas habrá caído en la anormalidad sociológica y, también, jurídica.

vínculo conyugal. Como es sabido, ese no es un derecho *ad eternam,* sino que se mantiene mientras el alimentista se encuentre, de forma socialmente aceptable, en una situación de dependencia económica. En este sentido, el artículo 152.3 del Código Civil estipula que cesará la obligación de dar alimentos "cuando el alimentista pueda ejercer un oficio, profesión o industria, o haya adquirido un destino o mejorado su fortuna, de suerte que no le sea necesaria la pensión alimenticia para su subsistencia". Como ha apreciado reiteradamente el Tribunal Supremo, "la ley no establece ningún límite de edad y, de ahí, que el casuismo a la hora de ofrecer respuestas sea amplio en nuestros tribunales, en atención a las circunstancias del caso y a las socio-económicas del momento temporal en que se postulan los alimentos"[545]. En cualquier caso, y esto es lo relevante para nosotros, la fijación del limite temporal a esta pensión de alimentos dependerá de la actitud del alimentista y la preocupación mostrada por su inclusión en el mundo profesional: "no puede repercutir negativamente en el padre –nos dice la jurisprudencia– si el hijo mayor de edad no realiza esfuerzos en la búsqueda de una salida profesional"[546]. El *animus laborandi,* al que con tanta frecuencia se apela en el Orden Social de la Jurisdicción, adquiere ahora trascendencia en el Orden Civil como presupuesto para la continuidad en la percepción de la pensión de alimentos[547]. Lo que se proscribe, nuevamen-

---

545 STS, Sala de lo Civil, núm. 558/2016, de 21 de septiembre.

546 STS, Sala de lo Civil, núm. 603/2015 de 28 de octubre. En el mismo sentido, entre otras muchas STS, Sala de lo Civil núm. 732/2015 de 17 de junio.

547 Por ejemplo, para reprochar la conducta de quienes adoptan una posición de vida pasiva, prorrogando excesiva y negligentemente su vinculación a los estudios. Audiencia Provincial de Asturias, Sección 7ª, Sentencia núm. 653/2001 de 20 noviembre.

te, es el *parasitismo social*[548]. Como probaremos en un epígrafe posterior –V.4.2–, el deber constitucional de trabajar ha tenido cierta relevancia en la conformación de esta doctrina judicial.

1.4.2 Responsables del hogar familiar

Una pregunta recurrente es si los responsables de las tareas propias del hogar, las que se refieren al mantenimiento de este y de sus habitantes, desempeñan con tales labores su deber fundamental de trabajar[549]. Si más arriba definíamos la actividad exigida por este deber como toda aquella que generaba un valor económico, que reportaba un beneficio crematístico, la respuesta debería ser necesariamente negativa. Esta es sin embargo una respuesta demasiado severa que excluye del cumplimiento de dicho deber a una importante cuota de la población, principalmente, qué duda cabe, femenina, que ha desplegado una actividad esforzada que ha sido clave, durante mucho tiempo, para el mantenimiento del sistema económico y social. Especialmente en épocas pasadas, todas estas mujeres no rehusaron participar en el proceso de producción económica, sino que asumieron, dentro de este, el rol impuesto

---

548 En este sentido, apelando al parasitismo social como un desvalor jurídico e identificando este con la ociosidad voluntaria, vid. STS, 1ª, 1 de marzo de 2001. "Dos personas, graduadas universitariamente, con plena capacidad física y mental y que superan los treinta años de edad; no se encuentran, hoy por hoy, y dentro de una sociedad moderna y de oportunidades, en una situación que se pueda definir de necesidad, que les pueda hacer acreedores a una prestación alimentaria; lo contrario sería favorecer una situación pasiva de lucha por la vida, que podría llegar a suponer un «parasitismo social»".

549 GIL RUÍZ, J., "Repensando la Constitución: una mirada al deber de trabajar y al derecho al trabajo", *UNED. Revista de Derecho Político*, núm. 104, enero-abril 2019, pp. 59-85, p. 71.

por la división arquetípica de tareas que era predominante[550]. Puede afirmarse que, desde un esquema de familia netamente patriarcal, cuyo debilitamiento no ha sido súbito, el padre o cabeza de familia era el responsable de ejecutar las tareas productivas y de proporcionar el sostén económico a sus congéneres, mientras que la esposa se hacía cargo de todas las obligaciones inherentes a la administración del hogar y el cuidado de los hijos[551].

De este modo, no es solo la perspectiva de género la que nos invita a ver en este esfuerzo un cumplimiento *sui generis* del deber de trabajar, sino también la consideración de que, vigente dicha estructura de roles, la familia actuaba en realidad como una "unidad productiva" indisoluble: de ese modo, la participación en el proceso económico de producción debía entenderse como un esfuerzo mancomunado desde el momento en que el cabeza de familia solo podría ejecutar su actividad productiva con el respaldo matriarcal establecido en el hogar[552].

---

550 SHAFIK, M. *Lo que nos debemos... op.cit.*, p. 81.

551 Esta distribución de roles ha sido la que ha justificado algunas disposiciones históricas del Derecho positivo, como, con más intereses para nosotros, la que excluía al varón apto para el trabajo del derecho a la pensión de viudedad, art. 160 LGSS de 1974 hasta su declaración de incostitucionalidad por la STC 103/1983. DESDENTADO DAROCA, E., *La pensión de viudedad ante los nuevos retos del Derecho de Familia: Un estudio crítico para una prestación en crisis,* Albacete, Bomarzo, 2009, pp. 46 y 47.

552 Esta sería, en opinión de Gorz, la "concepción moderna de la familia", como una "comunidad doméstica indivisa", según la cual: "una mujer y un hombre (o unas mujeres, unos hombres) que eligen vivir juntos se consideran jurídicamente como una sola persona moral. Su unión es reputada como una unión voluntaria entre iguales que, salvo estipulación en contrario por su parte, ponen todo en común y llevan una «vida común» Esta puesta en común (o «unión») implica que no hacen distinción entre lo que cada uno hace por él

Esta concepción de la familia como una unidad productiva homogénea no es, por lo demás, desconocida para nuestro ordenamiento normativo. Así se observa en el régimen económico matrimonial ordinario, arts. 1.375 y ss. CC, pero sobre todo y en lo que aquí más nos interesa, en la legislación laboral, que tradicionalmente ha excluido su aplicación sobre los trabajos prestados entre familiares, art. 1.3.e) ET, desde el convencimiento de que en tales casos "no puede decirse que haya ajenidad en el trabajo, sino aportación a un fondo de propiedad compartida porque no se trabaja para otro sino para la familia de la que se forma parte" (STS, Sala Cuarta, 29 de octubre de 1990, RCUD n.º 57/90)[553]. La idea de la familia como una unidad conjunta de acción es la que nos hace ver la dedicación a las labores del hogar como una forma de ejecución, *sui generis* y mancomunada, del deber fundamental de trabajar.

Algún constituyente, como el irlandés, fue certeramente innovador a la hora de constatar la contribución de las amas de casa al desarrollo económico nacional –si bien desde una lectura contemporánea se le deba reprochar, sin duda, la perpetuación de los roles de género que sugiere–. El art. 42.2 de la Constitución de Irlanda de 1937, aún vigente, proclama: "1°. En particular, el Estado reconoce que, con su vida en el hogar, la mujer otorga al Estado un apoyo sin el cual no puede alcanzarse el bien común. 2°. Por consiguiente, el Estado tenderá a garantizar que las madres no estén obligadas, por necesidades económicas, a dedicarse a un trabajo con descuido de sus obligaciones en el hogar". Nuestro Tribunal Supremo, por su par-

---

mismo y lo que hace por el otro" GORZ, A., *Metamorfosis del trabajo… op.cit.*, p. 206.

553 Con una argumentación similar, dentro de la doctrina italiana, SANTORO PASSARELLI, F., *Nociones de Derecho del Trabajo*, Madrid, Instituto de estudios Políticos, 1963, p. 48.

te, ha tenido ocasión de expresar, aun a modo de *obiter dictum*, que "el deber de trabajar establecido en el artículo 35.1 de la CE comprende tanto el trabajo remunerado fuera del hogar como el que debe realizarse dentro en labores de cuidado de los hijos y de atención de la familia"[554].

De añadidura y a modo de regresión, si aceptamos entonces que las labores de atención al hogar representan una particular manifestación del deber de trabajar, parecería justo reconocer a tal dedicación todas las prerrogativas que se atribuyen a la ejecución de aquel deber político-jurídico. Nos referimos, claro está, a la integración social que se consigue a través del trabajo, pero también al estatuto jurídico protector al que acceden las personas que acreditan una efectiva vinculación profesional. En el primero de los ámbitos, aunque es cierto que el *ama* o *amo* de casa goza de un estatus valorativo superior al del ocioso voluntario, sigue persistiendo una minusvaloración de las labores del hogar en comparación con las tareas que se despliegan directamente en el proceso de producción económica[555]. Por su parte, la protección jurídica de los responsa-

---

[554] STS, Sala de lo Civil, núm. 590/2010 de 29 de septiembre.

[555] En ese sentido, aparecieron en las décadas de los 80 y 90 diversas iniciativas promovidas por organismos internacionales para dar visibilidad al peso del trabajo informal doméstico en la economía nacional. Entre otras, cabe destacar la *Resolución de la Asamblea General de la ONU 35/136 del Programa de Acción para los años 1980-1985, que afirma la necesidad de reexaminar algunos conceptos y herramientas para el análisis y conceptualización de los papeles económico y social de las mujeres tanto dentro como fuera del hogar*. Por su parte, la *III Conferencia de Naciones Unidas sobre la mujer* celebrada en Nairobi en 1985, incluye propuestas para que el trabajo no remunerado, hecho en su mayor parte por mujeres, sea recogido tanto en las estadísticas oficiales como en las contabilidades nacionales. En esta misma línea puede traerse a colación la *Resolución el 23 de julio de 1993, por la que insta a los Estados miembros a poner en marcha mecanismos para valorar*

bles de las tareas domésticas es una vieja reivindicación que todavía no ha encontrado una respuesta satisfactoria. A nivel comparado encontramos alguna experiencia nacional que ha tratado de superar esa iniquidad, aunque de forma limitada[556]. Una medida de este tipo fue discutida en nuestro país en la *Comisión de Política Social y Empleo del Congreso de los Diputados el 20 de mayo de 1998*, donde se planteaba la posible inclusión del colectivo de amas de casa en el régimen especial de trabajadores autónomos, lo que se valoró finalmente como una opción técnicamente inviable[557]. Unos años más tarde, el 22 de marzo de 2002, en el 38° Congreso Confederal de UGT, se propondría la consideración como bien ganancial de las cuotas de Seguridad Social acreditadas por cada uno de los cónyuges o convivientes, copiando el modelo seguido por algunos países

---

económicamente el trabajo doméstico y para que estos datos se incluyan en el PIB; y, finalmente, la IV Conferencia de Naciones Unidas celebrada en Beijing en 1995, donde se logró el compromiso de los gobiernos para renovar la interpretación de su propia estructura económica, así como la cuantificación y valoración del trabajo no remunerado.

556 Es el caso, por ejemplo, de la Ley argentina 24.828, promulgada el 26 de junio de 1997, *sobre medidas para el ingreso de las amas de casa al Sistema Integrado de Jubilaciones y Pensiones,* que prevé un sistema de contribuciones voluntarias destinado a hacer participe a este colectivo, aun de manera parcial, de la protección prestacional que se prevé en el sistema general para los empleados por cuenta ajena.

557 La comisión reproducía las conclusiones vertidas por el "Estudio técnico y económico sobre la posible inclusión en el Régimen de autónomos de quienes trabajen al cuidado de su propio hogar y no estén amparados por otras prestaciones contributivas", encargado por el Ministerio de Trabajo y Asuntos Sociales, Madrid, marzo de 1998, redactado con el fin de dar cumplimiento al mandato que se da al gobierno en la disposición adicional primera de la *Ley 24/1997, de 15 de julio, de Consolidación y Racionalización del sistema de la Seguridad Social.*

europeos como Alemania o Suecia[558]. Sin valorar otras reivindicaciones de similar índole, sí que estimamos que para defender su legitimidad resulta muy pertinente acudir al deber de trabajar y presentar la atención al hogar familiar como una manifestación *sui generis* de este. Si la clave del *workfare* es la especial tutela de los sujetos que han mostrado un compromiso productivo, qué duda cabe que las personas responsables del cuidado del hogar familiar participan del mismo en la medida que liberan el potencial productivo de sus congéneres. Si aceptamos el hogar familiar como una unidad productiva indivisa –y esa es la concepción que hace suya nuestro ordenamiento jurídico– la atención de los quehaceres domésticos por parte de algunos miembros de la familia es lo que permite la activación económica de otros.

1.4.3 Personas con discapacidad

La Constitución portuguesa de 1976, en su art. 51 proclamaba –antes de su cuarta reforma en el año 1997– que “el deber de trabajar es inseparable del derecho al trabajo, excepto para aquellos que sufran disminución de capacidad por razones de edad, dolencia o invalidez”. Estas excepciones –o exoneraciones del cumplimiento del deber– han sido alabadas por la doctrina como una seña de rigurosidad o tecnicismo en la formulación del deber de trabajar, entendiendo que sería impropio un deber general, tal y como aparece formulado por el constituyente español, que se impone sobre todos por igual desaten-

---

558 Sobre los distintos intentos de incluir a las amas de casas bajo la protección del sistema de Seguridad Social, vid. ALONSO, E.; SERRANO, M. y TOMÁS G., *El trabajo del ama/amo de casa. Un estudio jurídico y su consideración ética*, Bizkaia, Diputación Foral de Bizkaia, 2003, pp. 116 y ss.

diendo la singular capacidad productiva de cada ciudadano[559]. "Las obligaciones [sostiene Becker al referirse genéricamente al deber de trabajar] deben ajustarse a la competencia, la capacidad y los beneficios. Las personas difieren ampliamente en esas tres dimensiones tan ampliamente que es obvio que sería imposible justificar una propuesta que requiera el mismo trabajo de todos"[560]. Del mismo modo que la imposición fiscal recae sobre cada individuo en proporción a su capacidad económica, el deber de trabajar exigible a cada ciudadano deberá depender de su capacidad productiva. Aunque la mayoría de constituciones no ha aludido a ningún criterio para la ponderación de este deber, este se deduce desde el axiomático principio que impide exigirle a alguien más de lo que puede dar. Aceptaremos por tanto que el deber de trabajar es un deber graduable y que no debe adoptarse como criterio distributivo de las cargas –tampoco, en realidad de los derechos– una igualdad absoluta[561].

---

559 Alarcón Caracuel, comparando la Constitución portuguesa y española, se refiere a la exclusión de las personas con discapacidad como "un índicio de que el constituyente del vecino país se estaba tomando en serio y no retóricamente el establecimiento de dicho deber, así como limitaciones también lógicas a la libertad profesional" ALARCÓN CARACUEL, M.R., *Derecho al trabajo… op.cit.*, p. 26. Cabe recordar, no obstante, que en nuestro proceso constituyente hubo intentos de introducir limitaciones de este tipo durante su tramitación ante el Senado. Las enmiendas en este sentido fueron rechazadas por *obvias*. Vid. apartado II.5.3.

560 BECKER, L. C., "The obligation to work…" *op.cit.*, p.41.

561 En este punto conviene recordar lo que Castro Cid denominó *igualdad proporcional*: "La distribución de las aportaciones o prestaciones gravosas entre los miembros de la colectividad por parte de los gobernantes se rige también por el principio/exigencia de la igualdad proporcional. No es justo imponer cargas más pesadas a quienes tienen menor fuerza o resistencia, no lo es tampoco gravar a los

Atendiendo a esta necesidad de ponderación, normativamente se han introducido exoneraciones implícitas sobre el deber constitucional de trabajar: colectivos cuya existencia es soportada con cargo a los presupuestos públicos porque, por razones patológicas o sociales, se ha considerado legítimo garantizarles el derecho a una existencia pasiva: jubilados, menores de edad o incapacitados laborales. Las personas beneficiadas por tales exenciones, sin embargo, según constata Chamberlain, rara vez disfrutan de un estatus social comparable al de la mayoría de los trabajadores a tiempo completo[562]. Esta minusvaloración viene dada por la percepción social del desocupado, pero también, en ocasiones, por el tratamiento normativo-institucional que se brinda a quienes están excluidos del proceso de producción económica. Centrándonos en las personas con discapacidad, observamos cómo los mecanismos de protección social contemporáneos centran su actuación, primordialmente, en la incapacidad para el trabajo sobrevenida de aquellos sujetos que han estado amparados en algún momento de sus vidas por el aseguramiento profesional-contributivo. Las patologías incapacitantes congénitas, cualquiera que sea la severi-

---

sujetos más de lo que éstos pueden soportar sin que se vea lesionada su propia dignidad de miembros de la sociedad a que pertenecen. Así pues, el criterio de medida para determinar el tratamiento que corresponde a cada sujeto en la contribución onerosa al bienestar de la comunidad, según la exigencia fundamental de igualdad proporcional, será su propia capacidad relativa. Y, obviamente, esa capacidad habrá de ser de distinto tipo, según los correspondientes supuestos fácticos de que se trate" CASTRO CID, B., *Problemas básicos de Filosofía del Derecho: desarrollo sistemático*, Madrid, Editorial Universitas S.A., 1997, pp. 177 y 178.

562 CHAMBERLAIN, J. A., *Undoing Work, Rethinking Community... op.cit.*, p. 6. WILIŃSKA, M., ROLANDER, B., y BŰLOW, P.H., "When I'm 65': On the Age-negotiated Duty to Work", *Work, employment and society*, vol. 35, núm. 1, pp. 21-36, p. 26.

dad con la que se manifiesten, apenas recientemente permiten el acceso a una cobertura prestacional mínima[563]. Aunque luego nos referiremos críticamente a ello, podemos decir que este principio de distribución de los beneficios sociales es una derivada, acaso paroxística y perversa, del paradigma que ha dado en llamarse *workfare*.

Aceptando, por tanto, la necesaria ponderación del deber de trabajar en cada caso concreto, volvamos a la cuestión a la que nos enfrentaba el constituyente portugués: la eventual exclusión de las personas con discapacidad del ámbito subjetivo del deber de trabajar. La solución a esta cuestión no es del todo sencilla, pues, aunque a priori la exclusión –o exención del deber– resulta comprensible, especialmente en los casos de discapacidades más severas, vemos en la misma cierto riesgo de exclusión social. Y es que, según se defiende, "a nivel ideológico, el empleo sigue constituyendo un deber cívico primordial"[564]. En efecto, como hemos aquí reiterado, el estatus de ciudadanía no solo se identifica con la posibilidad/derecho de beneficiarse proporcionalmente de las ventajas que aporta la comunidad política, sino también con la posibilidad/obligación de participar activamente en la consecución de tales ventajas[565]. En este sentido, presentaremos más adelante precisamente al deber de trabajar como un mandato cívico-político en la medida que hace partícipe a los ciudadanos de los proyectos com-

---

563 Las pensiones no contributivas aparecen en España en la década de los noventa con la *Ley 26/1990, de 20 de diciembre, por la que se establecen en la Seguridad Social prestaciones no contributivas.* A la fecha de publicación de esta obra en España el importe de la pensión no contributiva se fija en 6.784,54 €, aproximadamente el 50% del salario mínimo interprofesional.

564 CHAMBERLAIN, J. A., *Undoing Work, Rethinking Community... op.cit.*, p. 6.

565 CORTINA ORTS, A., *Ciudadanos del mundo... op.cit.*, p. 127.

partidos por la colectividad –vid. IV.3.3–: como ha destacado parte de la doctrina laboralista, el derecho-deber de trabajar que recoge nuestra Constitución vendría a expresar que el trabajo "es no sólo medio de vida de quien lo ejecuta, ni menos una simple mercancía, sino una relación jurídica básica para el vivir comunitario"[566].

Partiendo de tales consideraciones, la inclusión de las personas con discapacidad en el deber de trabajar parece, al menos en el caso español, un mandato derivado del principio de igualdad. Así se despende del art. 149,1 CE cuando encomienda al Estado "la regulación de las condiciones básicas que garanticen la igualdad de todos los españoles en el ejercicio de los derechos y en el cumplimiento de los deberes constitucionales". A partir de este mandato, la constatación de una situación de incapacitación para el trabajo no debe llevar, como solución *ad limine,* a la asistencia prestacional de quien la padece, no al menos sin explorar todas sus posibilidades de participación activa en el progreso económico y social[567]. Si, como veremos más abajo, el derecho al trabajo supone la remoción de obstáculos para que los ciudadanos puedan desplegar el respectivo deber de trabajar, en el caso de las personas con discapacidad el derecho al trabajo debe adquirir un vigor especialmente reforzado, no como medida productivista sustitutiva de las tute-

---

566 ALONSO OLEA, M., ALONSO GARCÍA G. Y CASAS BAAMONDE, Mª.E., *Introducción al Derecho del Trabajo… op.cit.* (parte III, capítulo IX, versión digitalizada Thomson Reuters Proview, no foilada).

567 A esto obligan, por otro lado, algunos instrumentos normativos internacionales, como el Convenio de la OIT sobre la readaptación profesional y el empleo de personas inválidas (sic), de 1983 (núm. 159), que se marcaba como meta "la plena participación de las personas inválidas en la vida social y el desarrollo".

las prestacionales, sino como acción complementaria tendente a fomentar un proceso cooperativo más integrador[568].

2. LA CARACTERIZACIÓN DEL DEBER DE TRABAJAR COMO "DEBER FUNDAMENTAL"

La doctrina constitucionalista ha dedicado algunos esfuerzos a la elaboración de criterios con los que ordenar o agrupar los distintos deberes constitucionales. Así, algunos autores han atendido a su contenido para distinguir entre los deberes prestacionales y los deberes negativos[569]. Otros han atendido al momento en el que aparecen históricamente tales debe-

[568] Para garantizar la posibilidad de cumplir el deber de trabajar por las personas con discapacidad se ha propuesto ensanchar la conducta requerida por aquel, para no hacerla coincidir con tareas estrictamente profesionales. En palabras de Patrick: "La forma en que se enmarca y entiende la ciudadanía determina quiénes están incluidos y excluidos de la comunidad ciudadana [...] existen problemas reales con un discurso de ciudadanía que se centra tan directamente en el trabajo remunerado, dado que simultáneamente descuida y devalúa otras formas de contribución social. [...] Al articular continuamente el valor y la importancia del trabajo formal remunerado, mientras muestran mucho menos aprecio por estas actividades, los políticos corren el riesgo de excluir aún más a quienes ya tienen una situación de ciudadanía precaria" PATRICK, R., "Work as the primary 'duty' of the responsible citizen: a critique of this work-centric approach", *People, Place & Policy Online*, vol. 6, núm. 1, pp. 5-15, p. 11. Dentro de la doctrina laboralista, esta misma solución se plantea por GAUDU, F., "Travail et activité", *Droit social*, núm. 2, 1997, pp. 119-126, p. 125.

[569] PECES-BARBA MARTÍNEZ, G., "Los deberes fundamentales..." *op.cit.*, pp. 329-341, p. 337; GARZÓN VALDÉS, E., "Los deberes positivos generales y su fundamentación". *Doxa*, núm. 3, 1986, pp. 17-33, p. 17.

res y la orientación política que los impregna para distinguir entre deberes civiles y políticos –o de primera generación– y los deberes económicos, sociales y culturales –o de segunda generación–[570]. Por otro lado, también ha atendido al *alcance subjetivo activo* del deber, para hablar de deberes generales, que recaen sobre toda la población, y especiales, que se imponen solo sobre algunos sujetos entre los que se dan ciertas características. En sentido similar y por último –dentro de esta exposición ejemplificativa– se puede observar el *alcance subjetivo pasivo* para distinguir entre deberes cuya ejecución repercute sobre el conjunto de la colectividad o solo sobre algunos sujetos determinados[571]. Quienes aplican este último criterio de

---

570 Esta una clasificación empleada para los deberes, por ejemplo, en la doctrina lusa, cuyo texto constitucional establece un título, el tercero, denominado "derechos y deberes económicos, sociales y culturales". Su capítulo primero, insistiendo en esa denominación, se refiere a los "derechos y deberes económicos, y el capítulo tercero a los "derechos y deberes sociales" (en su formulación original aparecía el deber de trabajar en el art. 51, posteriormente en el 59, dentro de los derechos y deberes económicos). Sobre la clasificación en generaciones de deberes que sigue la Constitución lusa, vid. GOMES CANOTILHO, J.J., *Direito Constitucional*, Coimbra, Almedina, 1991, p. 559 y GOMES CANOTILHO, J.J. y MOREIRA, V., *Constituçao da República Portuguesa anotada*, Coimbra, Coimbra Editorial, 1984, p. 229.

571 Por ejemplo, "los deberes recíprocos de los cónyuges a los que alude el artículo 32 no son, como es claro, deberes que la Constitución pretenda imponer a todos, sino sólo los que los cónyuges tienen en su relación mutua [...] Tampoco son deberes de todos frente a todos, o frente al Estado, los que los padres tienen de prestar asistencia a los hijos según el art. 39" RUBIO LLORENTE, F., "Los deberes constitucionales..." *op.cit.*, p. 19.

ordenación suele denominar a los primeros deberes y a lo segundos obligaciones[572].

Aunque soslayaremos la descripción pormenorizada de estos criterios generales de ordenación, sí dedicaremos este epígrafe a observar su aplicación sobre el deber constitucional que nosotros analizamos, al menos para justificar su incorporación a la categoría de los *deberes fundamentales.* Este es un término recurrente en la doctrina científica, especialmente en la española, al referirse a la categoría de deberes que con carácter general impone una norma sobre el común de la sociedad[573]. Si un deber jurídico es un título que obliga a un sujeto a acometer u omitir una determinada conducta, el deber fundamental, como subcategoría específica, es aquel que no obliga frente a un particular concreto, sino que impone una conducta cuya ejecución repercutirá en el bien colectivo de una comunidad dada. Siguiendo los criterios de ordenación que acabamos de

---

572 Aunque advertimos que el uso de esta terminología no es unánimemente seguido, parece que fue el asumido por el constituyente español. Así se aprecia, por ejemplo, en la enmienda gramatical sobre el art. 30 introducida por el Senador Cela; y que pasaba "por la sustitución de la palabra «obligación» por «deber», mantenida por el Senador Villar Arregui, puesto que, efectivamente, con la palabra «deber» se atiende más al campo del Derecho público que la palabra «obligación»". Senado, Cortes Generales: Diario de sesiones, 28 de septiembre de 1978, núm. 61, p. 3045.

573 Sin vocación exhaustiva, entre algunos ejemplos en los que se acude a esta denominación: PECES-BARBA MARTÍNEZ, G., "Los deberes fundamentales..." *op.cit.;* DÍAZ REVORIO, F.J., "Derechos humanos y deberes fundamentales..." *op.cit.*; CASALTA NABAIS, J., "El deber fundamental de pagar impuestos", *Revista de hacienda local,* núm. 28, vol. 84, 1998, pp. 517-543. El término obligación conservaría así el significado original de la *obligatio* romana como un *vinculun juris* que liga a individuos determinados. HART, H.L.A., *El concepto de Derecho... op.cit.*, p. 310.

enunciar, un *deber fundamental* será aquel en el que se dan las notas de generalidad e indeterminación de sus destinatarios: impone una conducta debida a la comunidad, y no a ninguno de sus agentes. Peces-Barba Martínez es uno de los autores que, dentro de nuestra doctrina, aboga por esta conceptualización, la cual describe del siguiente modo:

> "podemos estipular el uso del concepto deberes fundamentales como aquellos deberes jurídicos que se refieren a dimensiones básicas de la vida del hombre en sociedad, a bienes de primordial importancia, a la satisfacción de necesidades básicas o que afectan a sectores especialmente importantes para la organización y el funcionamiento de las Instituciones públicas, o al ejercicio de derechos fundamentales, generalmente en el ámbito constitucional. El ejercicio de un deber fundamental no reporta beneficios exclusivamente al titular del derecho subjetivo correlativo, cuando existe, sino que alcanza una dimensión de utilidad general, beneficiando al conjunto de los ciudadanos y a su representación jurídica, el Estado"[574].

El deber constitucional de trabajar parece que se adecúa a esta definición por dos razones: 1) Se impone sobre la totalidad de los ciudadanos, al menos en términos teórico-formales, con independencia de que aquellos con una mayor solvencia patrimonial encuentren un estímulo menor a su cumplimiento. 2) No encuentra un acreedor concreto y legitimado para exigirlo, sino que repercute sobre los intereses genéricos de la colectividad; por lo que solo las instituciones, como garantes de tales intereses generales, y previa tipificación legal, podrían perseguir su incumplimiento[575].

---

574 PECES-BARBA MARTÍNEZ, G., "Los deberes fundamentales..." *op.cit.* Ofreciendo una definición similar: DE ASIS ROIG, R., *Deberes y obligaciones en la Constitución... op.cit.*

575 En su esencia, esta misma caracterización es defendida por DE ASIS ROIG, R., *Deberes y obligaciones en la Constitución... op.cit.* pp. 829 y ss.

Con la aplicación de esta clasificación, la del deber fundamental, sobre el deber de trabajar conseguimos incluirlo en un conjunto de deberes que se han estimado imprescindible para la vida en colectividad. Más que una finalidad puramente dogmático-positiva, lo que queremos ahora es abundar en el significado político constituyente de este deber. También señalar algunos aspectos problemáticos que se dan en este tipo de deberes de forma más acusada: la abstracción literal o la ausencia de medios de compulsión no son problemas observables en otro tipo de deberes constitucionales, como las obligaciones que impone la constitución entre particulares o los deberes cívicos. Retomando una idea que exponíamos en nuestro capítulo propedéutico –I.3–, los deberes fundamentales expresan una exigencia social genérica, que necesariamente deber ser concretada a través de una *obligación* de origen legal o contractual –el deber contractual de trabajar, como veremos más abajo, o el deber legal de pagar impuestos–. La falta de concreción obligacional del deber fundamental no le resta imperatividad, aunque sí impide su compulsión.

Conviene por lo demás puntualizar que, aunque en el Derecho Constitucional, nacional y comparado, encontremos la alusión a los *deberes fundamentales*[576], esta denominación no

---

576 A nivel de Derecho positivo, la expresión deber fundamental es bastante empleada para referirse al objeto de estudio de la presente investigación. Así puede verse, por ejemplo, en el encabezado "De los derechos y deberes fundamentales", que comparten el Título I de la Constitución española; el Título II de la Constitución de la República Dominicana y la Parte II de la Constitución de la República de Turquía. Otra muestra de su empleo puede hallarse en la Parte IV de la Constitución de la India, relativa a los "Deberes fundamentales". Lo mismo ocurre en la doctrina, pues numerosos autores emplean indistintamente las nomenclaturas de deber constitucional y deber fundamental para hacer referencia a unas mismas figuras.

siempre coincide con la conceptualización doctrinal que estamos ahora manejando. No estamos empleando aquí el término deber fundamental de la forma en que se hace en los distintos ordenamientos positivos, ni tampoco apelamos a una sistemática jurídica concreta, como podría ser la española, que se refiere a los deberes fundamentales de forma imprecisa sin atribuirles una caracterización determinada o unas garantías específicas[577]. También nos separamos de algunas opciones doctrinales que emplean esta denominación para referirse a todos los deberes constitucionales, sin atender a su concreto contenido[578]. De añadidura, a diferencia de lo que ocurre con los derechos, a los que el calificativo de *fundamental* les otorga una protección cualificada, el uso de este adjetivo aplicado a los deberes es técnicamente inocuo, "al no existir diferen-

---

[577] Serán deberes fundamentales, por su mera ubicación, los que se encuentren en la sección 1ª del Capítulo II del Título I de la CE´78. Eso solo ocurre con el deber de escolaridad.

[578] Si aplicamos esta categoría a los deberes constitucionales españoles cabría definir como fundamentales los deberes que imponen los artículos 30, 31 y 35, todos ellos incluidos en la Sección Segunda del Capítulo II del Título I, y fuera de ella, el de seguir la educación básica, art. 27.4, en la Sección Primera de ese mismo Capítulo, el de conocer el castellano, que consagra el artículo 3, así como, de forma menos clara, el deber de conservar el medio ambiente que encontramos en el art. 45. Como destacó Rubio Llorente, en todos estos deberes "se dan dos condiciones, por lo demás muy estrechamente relacionadas entre sí, que los distinguen nítidamente", de ahí su agrupación en una misma categoría doctrinal. Tales características son, en opinión del precitado autor: "la de ser deberes por así decir autónomos, no simple consecuencia directa de derechos o institutos que la Constitución garantiza, o de potestades que atribuye, y la de pesar por igual sobre todos los ciudadanos (o todos los sometidos al poder del Estado), no sólo sobre quienes se encuentran en determinada relación con otros" RUBIO LLORENTE, F., "Los deberes constitucionales…" *op.cit.*, p. 16.

cias sustantivas entre las diversas sujeciones que contempla la Constitución"[579]. No existen, no al menos en nuestro texto constitucional, deberes dotados de una exigibilidad cualificada. Según observó el profesor Cruz Villalón, "los *derechos fundamentales* no tienen nada que ver con los *deberes fundamentales*"[580].

3. SIGNIFICADO POLÍTICO-CONSTITUYENTE DEL DEBER DE TRABAJAR

A partir de lo hasta aquí expuesto estaríamos en condiciones de atribuir un concreto significado político-constituyente al deber de trabajar: a nuestro modo de ver, coincidiendo aquí con doctrina más autorizada, cabría identificarlo como una manifestación del principio de solidaridad social[581], el cual, a

---

579 PONCE DE LEON SOLIS, V., "La función de los deberes constitucionales", *Revista Chilena de Derecho*, vol. 44, n. 1, 2017, pp.133-158, p. 140.

580 CRUZ VILLALÓN, P., "Los derechos sociales y el Estatuto de Andalucía", en A.A.V.V. (coords. Cámara Villar, G. y Cano Bueso, J.), *Estudios sobre el Estado social*, Parlamento de Andalucía/Tecnos, Madrid, 1993, pp. 98-109, p. 100. En similar sentido, anulando cualquier significancia de utilidad técnica al calificativo de fundamental aplicado sobre los deberes: PAUNER CHULVI, C., *El deber constitucional de contribuir... op.cit., pp. 33 y ss.*

581 A esta conclusión se ha llegado frecuentemente por la doctrina italiana, lo que se explica porque para ella el deber de trabajar convive en el préambulo con el más génerico deber de solidaridad, lo que permite entablar una conexión sistemática entre ellos. MANCINI, F., *Costituzione e movimento operaio*, Bolonia, Il mulino, 1976, p. 249; NATOLI, U., *Limiti costituzionali dell'autonomia privata nel rapporto di lavoro*, Milán, Univ. degli Studi di Camerino Ristampe 1955, p. 95; MICCO, L., *Lavoro ed utilità... op.cit.*, pp. 157 y ss; MORTATI C., "Art. 1", en A.A.V.V. (Branca, G., ed.), *Commentario della Costituzione*, Artt. 1-12, Blo-

través del deber de trabajar, se hace operativo de dos modos complementarios: a) mediante un compromiso de autonomía personal, de no colocarse voluntariamente en una posición acreedora frente a la sociedad; b) mediante la contribución al bien común a través del trabajo. Aunque esto requerirá alguna explicación complementaria, podemos acudir de entrada a algún texto de Derecho positivo, como la *Declaración Americana de los Derechos y Deberes del Hombre*, que ha explicitado esta doble vertiente del deber de trabajar, individual y colectiva, recogiendo en su artículo XXXVII que: "Toda persona tiene el deber de trabajar, dentro de su capacidad y posibilidades, a fin de obtener los recursos para su subsistencia o en beneficio de la comunidad"[582]. Lo que nosotros nos proponemos razonar ahora es que esa doble finalidad del deber de trabajar se asocia a

---

nia, Zanichelli, 1975, p. 13. Aunque la Constitución española no tiene, como la italiana, una referencia expresa a deberes de solidaridad, también cabría asociar a este valor varios de los deberes que menciona, como el deber trabajar. FERNÁNDEZ SEGADO, F.,"La recepción por la constitución de 1978. Del principio de solidaridad. 2ª ponencia", en A.A.V.V. (coords. Castellá B. y Bardají Gálvez, Mª.D.), *Libertad, igualdad, solidaridad: tres principios, una democracia; la liberal*, Barcelona, J.M. Bosch Editor, 2017, pp. 361-408, p. 380. Siguiendo con la doctrina nacional, ahora laboralista, esta asociación del deber de trabajar al principio de solidaridad aparece en ALRCÓN CARACUEL, M.R., "Derecho al trabajo..." *op.cit.*, p. 37: "habida cuenta de que la solidaridad sigue constituyendo hoy día una meta lejana en nuestras sociedades, la mayoría de los autores continúa negando juridicidad a dicho deber de trabajar".

582 En sentido similar, por ejemplo, el art. 80 de la Constitución de Nicaragua 1987 (rev. 2014), establece que: "El trabajo es un derecho y una responsabilidad social. El trabajo de los nicaragüenses es el medio fundamental para satisfacer las necesidades de la sociedad y de las personas, y es fuente de la riqueza y prosperidad de la nación".

un mismo principio político, el de solidaridad, que no solo implica el reparto del excedente de riqueza según las necesidades de cada cual, sino que presupone, además, la previa generación de esa riqueza y el uso responsable de la misma.

3.1 El deber de trabajar como deber de autonomía existencial: primera fase en el proceso de solidaridad social

Hemos reiterado en este estudio que la principal forma a través de la cual se promueve el cumplimiento del deber de trabajar es la inexistencia de garantías institucionales a la vida pasiva. Esa omisión revelaría una opción constituyente bastante significativa: la que responsabiliza por defecto a los ciudadanos de su propia existencia material y, en colación con otros preceptos constitucionales –como el art. 39.3 de nuestra norma suprema–, la de los sujetos a los que le unen ciertos vínculos de familiaridad. Siguiendo este razonamiento, el deber de trabajar vendría a recalcar la inexistencia de un *derecho a la vagancia*[583]: nadie estaría facultado a exigir el sostenimiento institucional de una existencia pasiva. Este significado del deber de trabajar es sintetizado por Mercader Uguina al dictaminar que "el sentido más elemental del «deber de trabajar» que establece el art. 35.1 CE se materializa en el hecho de que sobre el individuo recae la responsabilidad de sostenerse y satisfacer sus necesidades con su trabajo"[584]. En idéntico sentido, para la profesora Aragón Gómez:

---

[583] RODRÍGUEZ DE SANTIAGO, J.M., *La administración del Estado Social... op.cit.*, p. 33. Esta misma expresión se emplea por MERCADER UGUINA, J. R., *Lecciones de Derecho del Trabajo*, Valencia, Tirant Lo Blanch, 2020, p. 54.

[584] DÍEZ-PICAZO GIMÉNEZ, L.M., *Sistema de Derechos Fundamentales... op.cit.*, p. 505.

> "Es evidente que la caracterización de un Estado como social no puede suponer que se autorice al individuo a descargar en los poderes públicos la responsabilidad de atender a sus propias necesidades. El punto de partida es, lógicamente, el opuesto: sobre el individuo recae la responsabilidad de sostenerse y satisfacer sus necesidades con su trabajo y este es, precisamente, el sentido del deber de trabajar consagrado en el art. 35 CE . Lo que compete al Estado, por tanto, es garantizar en primer lugar el derecho al trabajo, adoptando una política dirigida al pleno empleo (art. 40 CE) e intervenir en el caso de que la capacidad de ganancia del sujeto se viera afectada por la actualización de una de las contingencias cubiertas por el sistema. El Estado Social descansa de esta manera sobre el principio de subsidiariedad, de forma que la intervención de la Administración sólo se produce cuando la sociedad no satisface las exigencias de la justicia social"[585].

Esta lógica conecta, como se puede observar fácilmente, con la autonomía proclamada por el liberalismo político, la cual implica una emancipación plena del individuo frente al Estado, no solo en cuanto a sus libertades se refiere, sino también en cuanto a sus responsabilidades: entre estas, de forma destacada, la concerniente al sustento personal y familiar. Este principio de responsabilización es hipostasiado por deber de trabajar, el cual, en palabras ahora de Díez-Picazo Giménez, cabe vincular "con la autodeterminación y autorrealización humanas, lo que confirma, probablemente, la idea de que una *vita activa* sólo puede concebirse como una vida *ganada* con el trabajo"[586].

Si lo pensamos de forma un poco más atenta, quizás pueda decirse que este deber de autonomía no solo es una manifes-

---

585 ARAGÓN GÓMEZ, C., *La prestación contributiva de Seguridad Social*, Universidad Carlos III, Madrid, 2013, pp. 40 y 41.

586 MERCADER UGUINA, J. R., *Lecciones de Derecho del Trabajo... op.cit.*, p. 54.

tación de la individualización o atomización liberal, sino que, en un sentido totalmente opuesto, es un requerimiento de solidaridad o fraternidad política, como un primer paso para el funcionamiento del engranaje distributivo propio del Estado social: un ciudadano no actúa solidariamente si, teniendo la capacidad de satisfacer sus necesidades por sí mismo y sin dificultades excesivas, reclama el esfuerzo liberador de un tercero. Dicho de otro modo, la solidaridad social no solo implica contribuir a la conformación de bien común, sino también evitar demandas sobre ese bien común que no respondan a verdaderas situaciones de necesidad[587]. Más sintéticamente aún: quien adoptase una postura de ese tipo, estaría haciendo una contribución negativa al bien común.

3.2 El deber de trabajar como contribución positiva al bien común: segunda fase en el proceso de solidaridad social

La segunda forma en la que el deber de trabajar contribuye a realizar el principio de solidaridad social pasa ahora por el contenido más propio que atribuimos a dicho principio: la atención a las necesidades ajenas. En este punto son pertinentes las consideraciones que evacuamos en las líneas preliminares de este estudio: las relativas a la forma en la que el trabajo

587 A esto se refería MARSAHLL, T.H., en un sugerente artículo sobre *el derecho al bienestar*, donde recordaba el equilibrio entre derechos y deberes que debe regir la lógica asistencial del Estado, y alegaba: "si se concede a una persona pobre un derecho absoluto e incondicional a recibir ayuda, la cuestión entonces que se plantea es cómo negarle el derecho a empobrecerse si así lo desea. La obligación de la comunidad de aliviar la miseria debe de algún modo ir acompañada del deber del individuo de no volverse indigente, si puede evitarlo". MARSAHLL, T.H.,"The right to welfare", *The Sociological Review*, núm. 13.3, 1965, pp. 261-272, p. 268.

humano se ha definido como una contribución al bien común. Desde un punto de vista productivista, el cumplimiento del deber de trabajar significa una contribución al progreso de una sociedad dada y a su prosperidad[588]: las comodidades y ventajas que se siguen de los avances técnicos, la abundancia económica para satisfacer las diferentes necesidades materiales, así como la creación cultural necesaria para el desarrollo espiritual del ser humano presuponen el cumplimiento del deber de trabajar. Solo la participación productiva del conjunto de la comunidad política permite generar ese patrimonio común, tangible o intangible, sobre el que se asienta el perfeccionamiento de los miembros de una sociedad. No es necesario, por tanto, que exista un mecanismo distributivo institucional para caracterizar al deber de trabajar como una manifestación del principio solidaridad. Según Durkheim, recordemos, el trabajo, en virtud del criterio de especialización profesional, aparece espontáneamente como un principio de *solidaridad orgánica* –vid. apartado 1.3.2–. Comoquiera que en las sociedades extensas el individuo se beneficia, directa o indirectamente, de forma voluntaria o no, de las ventajas que reporta el progreso técnico y social, la colectividad exige incondicionalmente una contrapartida: "si la división del trabajo produce la solidaridad, no es sólo porque haga de cada individuo un factor de permu-

---

588 Quizás sea la Constitución peruana de 1979 la que establece esta asociación de manera más clara al proclamar, en su art. 42: "El Estado reconoce al trabajo como fuente principal de la riqueza. El trabajo es un derecho y un deber social". Otras que se expresan en sentido similar son la Constitución de la República Unida de Tanzania 1977 (rev. 2005) cuyo art. 9 asienta que "El trabajo por sí solo crea la riqueza material de la sociedad y es la fuente del bienestar de las personas"; la Constitución de Guinea Ecuatorial 1991 (rev. 2012), art. 26; y la de Nicaragua de 1987 (rev. 2014), art. 80. Vid. apéndice.

ta, como dicen los economistas, es que crea entre los hombres todo un sistema de derechos y deberes que los liga unos a otros de una manera durable"[589].

Pero, por otro lado, desde la óptica ahora de la solidaridad institucional, la que es organizada centralizadamente, el deber de trabajar se presenta como un presupuesto de la acción distributiva del Estado social. Es esta otra forma en la que el deber de trabajar contribuye al bienestar de nuestros semejantes y otra de las razones por las que definimos a este deber como una manifestación del principio de solidaridad que acogen como valor fundacional muchas de sociedades políticas contemporáneas[590]. Normalmente, cuando se ha querido descri-

---

589 DURKHEIM, E., *La división del trabajo... op.cit.*, p. 420. Esta misma idea estuvo presente también en el proceso constituyente italiano de 1947, en el cual, como dijimos, la posición del trabajo en el orden político protagonizó discusiones muy intensas. Según allí se dijo: "la relación concreta de solidaridad que une a los hombres en el mundo moderno sólo puede ser el trabajo. El hecho de la propiedad en sí mismo puede ser también un hecho egoísta, pero el acto de trabajar es por naturaleza altruista y, mientras la propiedad puede aislar, el trabajo une". SARAGAT, G., *6 marzo 1947, La Costituzione della Repubblica nei lavori preparatori dell'Assemblea Costituente,* Roma, Camera dei Deputati-Segretariato Generale,1970. Tomo la cita de POLCCHINI, F., *Doveri constituzionali... op.cit.*, p. 301.

590 Aunque la Constitución española no ha sido lo suficientemente explícita al respecto al acoger la solidaridad entre sus valores fundacionales –solo alude en su artículo 2 a la solidaridad entre Comunidades Autónomas– este principio se ha inferido por la doctrina a partir de la proclamación del Estado social que aparece en el apartado primero y otros preceptos dirigidos a hacer efectivo este principio. "La Constitución Española de 1978 no declara de forma definitoria en su articulado el valor solidaridad: pero lo reconoce y protege como no podría ser menos. Digo que no podría menos por varios motivos. En primer lugar, porque la Constitución de 1978 se caracteriza por ser la primera europea que recoge en su art. 1 un

bir la operatividad del principio de solidaridad se ha puesto el acento en la dimensión pasiva de esta: en los derechos que implican una distribución de la riqueza según las necesidades evidenciadas por cada ciudadano. Sobre la dimensión activa de la solidaridad, lo más frecuente es encontrarla en los deberes de contribución a las cargas del Estado y las reglas de progresividad que los ponderan. No obstante, estimamos que la base constitucional del principio de solidaridad se encuentra, en última instancia, en el deber de trabajar.

En efecto, la solidaridad implica una conducta activa y pasiva, concretadas en los actos de dar y recibir. Nadie puede dar lo que no tiene y por eso, un presupuesto para la solidaridad social es la generación de la riqueza suficiente para satisfacer las necesidades de los sujetos más desfavorecidos, lo cual pasa por el ejercicio de una actividad económica por el conjunto de la ciudadanía. Solo como segundo paso, la operatividad de la solidaridad institucional exige, en efecto, unas reglas de contribución que obligan a entregar al fondo común una parte de la riqueza generada. Por último, ya en un tercer momento, la solidaridad institucional se consuma con el reparto de ese fondo

---

elenco de valores fundamentales a los cuales les da el carácter de normativos. Y, en segundo lugar, porque el valor solidaridad tiene un gran predicamento en la actualidad como uno de los sostenes fundamentales del Estado de Derecho. No en vano cuando se redactó el artículo 1 de la Constitución, los constituyentes dudaron de la conveniencia de incluir la solidaridad como uno de los valores concretos del art. 1. Al final decidieron que no fuera así pero no con el afán de negarle protagonismo, sino para prestárselo en otros artículos". OTERO PARGA, M., "El valor solidaridad en la Constitución española de 1978", *Dereito,* vol. 13, núm. 1, 2004, pp. 163-188, p. 164. Más explícitas han sido otras de nuestro entorno que se adhieren a una misma tradición constitucional, al invocar de forma expresa la solidaridad como valor político institucionalizado, *v.gr.*, como hemos visto, la vigente Constitución italiana en su art. 2.

común para la atención de aquellas situaciones de necesidad que se hayan estimado dignas de tutela[591].

En esta secuencia trifásica del proceso de solidaridad institucional el deber de trabajar actúa como presupuesto ineludible. Para adverarlo bastará con imaginarse un escenario hipotético en el que todos los individuos de una comunidad rechazasen el ejercicio de cualquier actividad productiva o cualquier función social. En tal escenario, sería imposible introducir cualquier mecanismo de solidaridad distributiva, pues incluso el reparto de los bienes naturales exigiría una actividad transformadora de la naturaleza –caza, pesca, recolección de frutos–, *id est*, un trabajo en el sentido más prístino del término.

En síntesis, en mérito de todo lo expuesto, podemos concluir que la acción distributiva que caracteriza al Estado social no es un elenco de derechos verticales garantizado por un poder público etéreo y autosuficiente. "No se trata –como nos recuerda Léon Burgeois– de definir los derechos que la sociedad puede tener sobre los hombres, sino los derechos y deberes recíprocos que el hecho de la asociación crea entre los hombres, únicos seres reales, únicos sujetos posibles de un derecho y de un deber"[592]. Aunque sea una asociación lógica muy elemental, todo derecho solo puede ser garantizado con un correla-

---

591 "El deber más obvio e inmediato que implican nuestros derechos sociales es el deber de pagar impuestos y contribuciones de seguro. Sin embargo, está claramente implícito en este deber el deber de trabajar (ganar el dinero para pagar los impuestos y gastos pertinentes, contribuciones de seguros…)". WHITE, S., *The Civic Minimum: On the Rights and Obligations of Economic Citizenship*, Oxford, Oxford University Press, 2003, p. 140. A su vez, para sostener el deber de trabajar como base del sistema tutelar del Estado social, se apoya en MARSHALL, T.H., *Ciudadanía y clase… op.cit.*, p. 80.

592 BURGEOIS , L., *Solidarite… op.cit.*, p. 56.

tivo deber. En los derechos de primera y segunda generación estos deberes correlativos solían ser deberes negativos, de no injerencia. Los derechos económicos y sociales, empero, exigen una correlativa acción que los sostenga. Si se dijera que ese deber correlativo incumbe a las instituciones públicas, se estaría obviando que estas, por si solas, carecen de cualquier capacidad de actuación, que solo actúan como intermediarias en el proceso distributivo que caracteriza el Estado social: todos los derechos propios de este modelo de Estado solo pueden ser garantizados con los deberes asumidos por la colectividad: con el deber de trabajar, primero, y el deber de contribuir a los gastos públicos, después[593]. Esta operatividad del mecanismo providencial del Estado Social puede describirse entonces como un proceso de doble recorrido, ascendente y descendente[594].

---

593 "A la inversa de lo que sucede con la justicia distributiva, que va de la sociedad a los miembros, la justicia legal (o social) va de los miembros a la sociedad, y en este caso, a la sociedad política. [...] Los deudores de la justicia legal son los individuos y los grupos privados, obligados en su calidad de miembros, y cualquiera que sea su rango en el Estado, de gobernantes o gobernados, a dar al todo social lo que le corresponde por parte de sus miembros". GOIG MARTÍNEZ, "La constitucionalización... *op.cit.*, p. 120.

594 "La solidaridad puede adoptar dos declinaciones diferentes: fraternal y paternal. En el primer sentido, la solidaridad opera en un plano horizontal, en las relaciones entre individuos, como un movimiento obediente y cooperativo por parte de los ciudadanos en el cumplimiento de sus diversas solidaridades. Es un movimiento ascendente, que va de abajo hacia arriba, hacia lo que la Constitución llama integralmente República, que actúa como recaudadora y garante del cumplimiento de todas las solidaridades debidas. En el segundo sentido, en cambio, en un plano vertical, como función activa del Estado, encaminada a eliminar los obstáculos que realmente limitan la libertad y la igualdad entre los ciudadanos" POLACCHINI, F., *Doveri costituzionali... op.cit.*, p. 16.

Todas estas consideraciones nos llevan a ratificar lo que ya expusimos al comienzo de este estudio y que ahora ya resulta un tanto tautológico: no cabe asociar el deber de trabajar al modelo político-económico capitalista[595]. Aunque este deber admite varias lecturas, según el contexto jurídico-político en el que se observe, no cabe identificarlo, no al menos exclusiva y excluyentemente, como una exaltación individualista del afán de lucro o de la faceta productivista del ser humano, tal y como lo presentan algunas voces críticas en nuestros días. Antes al contrario, diríamos que la lectura que tiene que prevalecer, según la forma en la que ha sido positivizado este deber en la mayoría de las constituciones, es la que lo define como un presupuesto de los lazos comunitarios de solidaridad.

3.3 Dimensión cívico-política del deber de trabajar

Cuando afirmamos, como hemos hecho en el epígrafe precedente, que el deber de trabajar permite realizar el ideal distributivo del Estado social hemos puesto en evidencia una virtualidad de este deber de mucho más amplio alcance: una función político-democrática que equipara horizontalmente a todos los miembros de una sociedad, integrándolos como iguales en un

595 Así lo hace Mancini cuando analizaba el texto constitucional español y opinaba que: "la garantía del derecho al trabajo tiene una matriz de izquierda y una resonancia emotiva de signo radical, conserva un principio de polémica en contra del orden económico vigente. Por el contrario, el deber de trabajar está en el centro de las ideologías generadas por el capitalismo en el curso de la historia, desde el calvinismo, hasta el más reciente pensamiento postkeynesiano" MANCINI, G.,F., "Sistema económico y relaciones de trabajo" en A.A.V.V. (dirs. De la Villa Gil, L.E., y Sagardoy Bengoechea, J.A.), *Los trabajadores y la Constitución, Madrid, Sociedad de Estudios Laborales,* 1980, pp. 49-62, p. 52.

proyecto de vida compartido. Si hasta ahora hemos aludido a la dimensión asistencial de la solidaridad, podríamos referirnos ahora a una más extensa dimensión político-democrática de este valor –lo que algunos autores asocian al principio político-jurídico de fraternidad– que impulsa a los ciudadanos a cooperar igualitariamente en la consecución de fines compartidos. El deber de trabajar participa de esta dinámica en tanto que encomia a ese esfuerzo mancomunado, no solo para permitir la acción distributiva del Estado social, sino para integrar al individo en un proceso de colaboración sobre el que se sostiene, en última instancia, toda la acción política de la comunidad. A partir de esta dimensión cívico-política del deber de trabajar el individuo es considerado como el centro operativo del proceso de integración económica y social que debe lograrse mediante la realización de actividades útiles a la sociedad. "La configuración del trabajo como derecho y como deber es la señal de que desde el punto de vista constitucional el momento de la satisfacción individual a través del trabajo se convierte en el eje fundamental de los procesos de integración comunitaria. En el trabajo vemos el principal paradigma de convivencia e integración entre los diferentes grupos sociales, en virtud de la igual dignidad que se deriva del papel desempeñado en el funcionamiento del sistema económico y la contribución realizada al crecimiento del bienestar de la comunidad"[596].

Obsérvese que la igualdad y la libertad, como grandes principios jurídico-políticos, no tienen un potencial integrador

---

596 POLACCHINI, F., *Doveri Constituzionali… op.cit.*, p. 303. En sentido muy similar, CAVINO, M., "Il diritto-dovere al lavoro", *Seminario del Gruppo di Pisa: La doverosità dei diritti… op.cit.*, pp. 1-33, p. 8. También, sin vocación exhaustiva, CERRUTI, A., "Il dovere di concorrere al progresso materiale o spirituale della società nello Stato costituzionale di diritto", en A.A.V.V. (dirs. Cavino, M. y Pinto, M.), *Costituzione e lavoro oggi*, Bolonia, Il Mulino, 2013, pp. 179-218, pp. 189 y ss.

equiparable al de los deberes fundamentales en la medida en que no implican, al menos necesariamente, la persecución de fines compartidos. Al contrario, tales valores, igualdad y libertad, elevados a su máxima expresión, bien podrían conducir a una sociedad individualista o atomizada en la que cada ciudadano persiguiera sus propias metas bajo la única condición de no injerir ilegítimamente sobre los proyectos vitales de los demás. La dimensión político-democrática de la solidaridad, sin embargo, respetando las esferas esenciales de autodeterminación de cada individuo, hace un llamado a la cohesión y la cooperación para compartir un proyecto común. Si reparamos un poco en esta cuestión, concluiremos sin dificultad que la realización de fines compartidos solo es posible a través de la asunción de deberes, de obligaciones positivas, bien sean estas asumidas de forma autónoma o heterónoma[597]. Un sistema político-jurídico compuesto exclusivamente por derechos sería incapaz de orientar la acción de los individuos hacia un mismo fin. Los derechos subjetivos, entendidos como títulos jurídicos que conceden una facultad, ofrecen diferentes alternativas de actuación, como mínimo, las que pasan por ejercer ese derecho o no hacerlo. Estos, como tradicionalmente se dice, generan esferas de libertad sobre las que repelen injerencias externas, bien provengan de sujetos públicos o privados. En

---

597 "Sobre la relevancia de los deberes para la satisfacción de los principios de justicia social: "Los deberes constitucionales son incorporados a las Constituciones por una exigencia de solidaridad para la satisfacción de los intereses generales y comunes, muchas veces hecha efectiva mediante prestaciones, con los que el Estado pretende el consentimiento de todos, en régimen de igualdad, en la consecución de los objetivos estatales. Desde esta perspectiva, los deberes tienen una dimensión obligacional que viene exigida por el propio concepto de Estado social y democrático de Derecho", GOIG MARTÍNEZ, J.M., "La constitucionalización..." *op.cit.*, p. 123.

un ordenamiento jurídico monopolizado por derechos subjetivos, que omita cualquier referencia a deberes, la orientación de los agentes hacia un mismo fin sería resultado de una casualidad espontánea, de algún concurso de voluntades ajeno a cualquier organización institucional. Por tanto, mientras que la libertad y la igualdad pueden llenarse de contenido a través del reconocimiento de derechos subjetivos –y acaso a través los deberes negativos inherentes a estos–, la realización de la solidaridad social, entendida ahora como cooperación política para la consecución de fines colectivos, exigiría otro tipo de normas válidas para orientar la acción del individuo hacia una determinada meta[598].

A nuestro modo de ver, estas normas serían los diferentes deberes fundamentales en la medida que, ahora sí, imponen una determinada acción que, por mucha que sea la abstracción con la que se defina, no es dispositiva para los agentes. Sin volver ya a los mecanismos de coerción que respaldan a los deberes fundamentales, en términos estrictamente lógico-jurídicos, tales deberes sí admiten la exigencia de una determinada conducta, lo que les permite orientar la actuación de todos los integrantes de una sociedad hacia fines compartidos y hacerlos partícipes, por tanto, de un proyecto común[599].

El deber constitucional de trabajar –para volver a lo que nos ocupa– configura relaciones de este tipo en la medida que, al menos conceptualmente, involucra a todos los ciudadanos de

---

598 RAWLS, J., *Una teoría de la justicia,* Fondo de Cultura Económica, México D.F., 2006, p. 107.

599 En este sentido y con mucha razón, se ha visto en el cumplimiento de los deberes fundamentales un principio de cooperación horizontal en la que todos los miembros de la comunidad participan según sus capacidades. MENDONÇA, S. M., "Deveres *fundamentais...*" *op.cit.*, p. 108.

una comunidad política en un mismo proyecto: los hace partícipes de un fin compartido[600]. Esto se observa, sobre todo, en las sociedades avanzadas en las que existe una alta división del trabajo y en las que este, por tanto, se define como una función social esencial para el engranaje productivo del Estado. En este contexto, la ejecución de una actividad productiva "conduce inmediatamente a contemplar, no sólo a los individuos y a las clases, sino también, en muchos respectos, a los diferentes pueblos, como participando a la vez, con arreglo a su propia manera y grado especial, exactamente determinado, en una obra inmensa y común cuyo inevitable desenvolvimiento gradual, liga por lo demás, también a los cooperadores actuales a la serie de sus predecesores"[601].

Ya vimos en los apartados liminares de esta obra cómo la lógica productivista se caracterizaba por la introducción de la producción económica entre los objetivos políticos esenciales del Estado. Sin entrar a valorar de nuevo las corrupciones que un postulado de este tipo puede engendrar y todas las críticas que se le han dirigido, nos encontramos con un objetivo político a cuya consecución todos los ciudadanos están llama-

---

600 Según se dijo en los debates constituyentes italianos por parte del asambleario Colitto: "El trabajo es también un deber social, es decir, un deber hacia la comunidad, siendo la forma en que el individuo, en la solidaridad necesaria en todos los productores, participa y contribuye a la vida social, el instrumento a través del cual se puede alcanzar el bien común y progreso común. El trabajo, en todas sus formas y manifestaciones, no lo realiza sólo el individuo, preocupado por su interés egoísta, para sí mismo o para la familia o para el empresario, sino para toda una categoría específica de personas, porque la Nación, para ser activa y poderosa, necesita que todos trabajen" Sesión constituyente del 9 de septiembre de 1946 la tercera Subcomisión de la Comisión de la Constitución.

601 DURKHEIM, É., *La división social... op.cit.*, pp. 71 y 72.

dos a participar través del deber constitucional de trabajar. Al definirse el trabajo de forma amplia, englobando el trabajo autónomo y el trabajo subordinado, se fija un parámetro de "democracia sustancial", que acepta como contribución cívica, revestida de "una misma dignidad social", la contribución productiva de colectivos muy heterogéneos[602]. Por otro lado, los recelos con los que se observa al productivismo como fin económico-político del Estado no deben llevarnos a obviar lo que es bien evidente: que el grado de producción económica de un país determina o condiciona, de forma mediata, las posibilidades de actuación del institucionalismo público. La posición geopolítica de un país o sus posibles acciones políticas dentro y fuera de sus fronteras vienen limitadas, de forma principal, aunque no exclusiva, por la contribución productiva de sus ciudadanos. También el alcance de su aparato de asistencia a los necesitados. Solo la asunción de un compromiso productivo por los miembros de una comunidad política permite que esta pueda realizar los fines que la justifican. A esta cuestión se refería expresamente uno de los teóricos más recurrentes cuando se alude a la conformación teórica del Estado social, Thomas H. Marshall:

> "La riqueza nacional es producida y distribuida por hombres que ejercen estos derechos [se refiere al derecho al trabajo, a la justicia y a la propiedad] dentro del marco de las instituciones nacionales, y la riqueza nacional es la fuente material del bienestar nacional. A veces, en el curso de la historia, ha parecido que el punto crucial era la producción y que, si la producción prosperaba, se podía dejar que la distribución se ocupara de sí misma. En otras ocasiones, han sido las desigualdades de distribución las que han impresionado las mentes de los hombres y han hecho que algunas personas insten a que éstas deben corregirse incluso si la producción sufría en el proceso [...] Hoy

---

602 MICCO, L., *Lavoro ed utilità sociale nella costituzione*, Turín, G. Giappichelli, ed., 1966, p. 160.

> el énfasis vuelve a estar en la producción. Esto no se debe a que se considere que la distribución no es importante o que no puede valerse por sí misma, sino más bien a que el mecanismo para corregir las principales desigualdades se ha establecido y funciona desde hace mucho tiempo. Esta maquinaria está lejos de ser perfecta y nadie está enteramente satisfecho con ella. Pero está ahí, y con ella la aceptación general de los fines que pretende alcanzar [...]. Se hace hincapié en la necesidad de aumentar la producción de bienes y servicios de todo tipo porque el éxito en esto no sólo aumentará la suma total del bienestar, sino que también aliviará en gran medida el problema de rectificar los defectos en su distribución"[603].

Si el trabajo, en su acepción más relevante para el sistema jurídico, se entiende como la actividad que se realiza con vistas a la consecución de algún fin, el deber de trabajar, a nivel macro o político, se puede presentar como la actividad social que permite la adopción de fines colectivos, cualesquiera que estos sean, según se determinen por el poder político. El deber de trabajar adquiere entonces una innegable dimensión de participación política: solo con los resultados de ese trabajo, incorporados a una economía nacional, las instituciones de un Estado pueden alcanzar los objetivos compartidos por la comunidad política. La solidaridad, la equidad distributiva, o la atención de los necesitados pueden ser algunos de esos objetivos, pero no los únicos. Cualquier acción emprendida por las instituciones que implique el despliegue de medios económicos supondrá la generación previa de riqueza, *id est*, el desarrollo de la conducta más propia del deber de trabajar. Que estos objetivos se definan de una u otra manera, que realicen un ideal concreto de justicia u otro, es un asunto que le corresponde al consenso democrático. Pero en cualquiera de los

---

603 MARSAHLL, T.H.,"The right to welfare..." *op.cit.*, pp. 261-272, pp. 271 y 272.

casos, sean cuáles sean estos fines, la capacidad de actuación del Estado para lograrlos vendrá en buena medida condicionada por el esfuerzo productivo desplegado por sus ciudadanos. En este sentido, ya vimos como muchas constituciones históricas definieron al trabajo como un principio fundacional de la comunidad política. También lo hacen algunas de las normas fundamentales actuales, como la italiana. Si el trabajo es la base del Estado, el deber de trabajar es, qué duda cabe, un deber esencial de ciudadanía o, como se ha caracterizado por la doctrina, una de las "obligaciones fundamentales propias del concepto de Estado social y democrático de Derecho"[604]. Aunque muchas veces, cuando se alude al concepto de ciudadanía laboral se pone el énfasis en el haz de derechos que lo caracteriza, el deber constitucional de trabajar nos proporciona una definición más completa caracterizada por el equilibrio entre derechos y deberes que asume el ciudadano trabajador. Esto nos sugiere a su vez dos ideas: de un lado, que el vínculo de integración ciudadana no solo se satisface garantizando un elenco homogéneo de derechos, sino que exige también asegurar iguales posibilidades de participación. Por otro lado, y como desarrollaremos en apartados posteriores, estimamos que dentro de tal equilibrio entre derechos y deberes de la ciudadanía laboral, estos segundos ocupan una posición más relevante, pues solo su satisfacción es la que permitiría el acceso a los primeros. Los derechos que singularizan la ciudadanía laboral se reconocen al ciudadano trabajador en tanto que trabajador, *id est*, en tanto que da cumplimiento a su deber de trabajar.

---

[604] Junto con la obligación de contribuir al sostenimiento del gasto público; las obligaciones derivadas de la proclamación de la función social de la propiedad, obligación de estructura interna y funcionamiento democrático de los colegios profesionales DE ASIS ROIG, R., Deberes y obligaciones… *op.cit.* pp. 827 y ss.

Entonces, si el trabajo representa la participación del individuo en el proyecto de sociedad que comparte con sus semejantes, el deber de trabajar es el deber de participar en ese proyecto común[605]. Ya vimos como las connotaciones colectivistas o comunitarias del trabajo fueron exaltadas por los sucesivos constituyentes soviéticos. Lo que nos conviene ahora resaltar es cómo, a diferencia de estos, las sociedades liberales conjugan el deber de trabajar con un alto grado de libertad individual que impide hacer de aquel un imperativo absoluto. Aun coincidiendo con los regímenes socialistas al asumir que el trabajo es la base del proyecto político, las democracias liberales priorizan el derecho a la autodeterminación individual. Dicho de otro modo: aunque se asume la existencia de ciertos fines colectivos, estos nunca prevalecerán, no al menos de forma absoluta, sobre los fines particulares de cada cual. Es ahí precisamente donde el contenido político del deber de trabajar se muestra con toda su plenitud: al identificar un fin común al que pueden dirigirse las diferentes conductas individuales sin llegar a castigar a quienes rehúsan hacerlo. Cada ciudadano puede o no atender ese llamado a la contribución que supone el deber de trabajar, sin perjuicio de la diferente respuesta institucional que se asocie a cada una de esas elecciones.

---

605 El cumplimiento masivo de ese deber "se entiende como una marcha hacia una sociedad opulenta y justa o, por lo menos optimista, como el logro de un mayor y mejor distribuido bienestar social" MANCINI, G.F., "Art. 4…" *op.cit.*, p. 249.

3.4 El deber de trabajar en la configuración de la constitución del trabajo

De un tiempo a esta parte a hecho fortuna el término *constitucionalismo del trabajo*[606]. Aunque tal expresión no cuenta con un significado unívoco[607], en esencia puede presentarse como

---

606 Originalmente se le ha atribuido esta conceptualización al jurista alemán Thilo Ramm -*Arbeitsverfassung*-. Vid. RAMM, T., "Philipp Lotmar und die Geschichte der Arbeitsverfassungen", *Zeitschrift für Arbeitsrechts,* núm. 35, 2004, pp. 183-215. También RAMM, T., "Epílogo: el nuevo orden del Derecho del Trabajo: 1918-1945». En HEPPLE, B. (comp.), *La formación del Derecho del Trabajo en Europa,* Madrid, Ministerio de Trabajo y de la Seguridad Social, 1994, pp. 337-360. Este concepto ha recobrado pujanza en la doctirna internacional, por ejemplo en DUKES, R., *The labour constitution: the enduring idea of labour law,* Oxford, Oxford University Press, 2014; COUTU, M., "Economic crises, crisis of labour Law? Lessons from weimar", *Journal of Law and Society,* 47.2, 2020, pp. 221-239. En España, el concepto ha sido estudiado por CLAVERO SALVADOR, B., "Institución de la reforma social y constitución del Derecho del Trabajo", *Anuario de historia del derecho español,* núm. 59, 1989, pp. 859-884; MONEREO PÉREZ, J.L., "La Constitución social del trabajo y su crisis", *Anuario de filosofía del derecho,* 2003, pp. 13-38; GUAMÁN HERNÁNDEZ, A., y SÁNCHEZ OCAÑA J.M.,"Cuarenta años de Constitución del Trabajo: historia de un proceso deconstituyente", *Ius fugit: Revista interdisciplinar de estudios histórico-jurídicos,* núm. 20, 2017, pp. 183-246, MONEREO PÉREZ, J.L., "Constitucionalismo de Derecho privado social y Constitución del trabajo frente al liberalismo iusprivatista tradicional. A propósito de la teoría jurídica de Georges Ripert", *Revista Crítica de Relaciones de Trabajo, Laborum* 1, 2021, pp. 197-264 y, de forma mucho más pormenorizada, en formato monográfico, por MAESTRO BULEGA, G., *La constitución del trabajo… op.cit.,* 2002.

607 Por ejemplo, para Ramm tiene un eminente componente sociológico a partir del cual la solución de los conflicos laborales no podría abordarse exclusivamente desde un enfoque de Derecho positivo. Vid. WEISS, M. y TIRABOSCHI, M., *Manfred Weiss. A Legal Scholar*

un modelo constitucional en el que el trabajo adquiere trascendencia pública. Con la acuñación del término se querría una mayor precisión descriptiva que la que logra el giro *Estado social* a la hora de caracterizar un modelo político-jurídico en el que el trabajo aparece como un fenómeno relevante para la convivencia social. En consecuencia, bajo este paradigma constitucional, el trabajo es objeto de una promoción y una protección especialmente cualificadas, en la propia constitución y en la legislación que la desarrolla.

Aunque hemos llegado a identificar un primer jalón de esta tendencia en la Constitución francesa de 1848, en realidad, su consolidación se producirá en la primera mitad del siglo XX, cuando se impone una visión corporativa del Estado que asume la producción económica como objetivo político prioritario[608]. Esta es al menos la opinión de Hernáiz Márquez, para quien el interés constitucional por el trabajo coincide con el "fomento objetivo y nacional de una producción, puesta sin reservas al servicio de un fin concreto y elevado: el fortalecimiento del Estado en todos sus órdenes"[609]. Para corroborar

---

without Borders. Selected Writings and Some Reflections on the Future of Labour Law, Bérgamo, ADAPT University Press, 2022, p. 17. También se ha asociado al constitucionalismo económico propugnado por Hugo Sinzheimer, al papel que el Derecho (y especialmente el derecho laboral) juega y podría jugar en el ordenamiento, o en la Constitución de la economía: esfera económica, instituciones económicas y actores económicos. DUKES, R., *The Labour Constitution: The Enduring Idea of Labour Law,* Oxford, Oxford University Press, 2014, p. 5.

608 El germen en España de la constitucionalización del trabajo lo encuentra De la Villa Gil en la Constitución Repúblicana de 1931. DE LA VILLA GIL, L.E., *La formación histórica... op.cit., p. 298.*

609 HERNAINZ MÁRQUEZ, M., *Derecho del Trabajo,* Instituto de Estudios Políticos, Madrid, 1949, p. 25. Sobre el proceso histórico en el

esta percepción doctrinal bastará remitir a lo ya expuesto *ut supra* –apartado II.3 y 4–, donde veíamos que muchas de las normas políticas de ese período acogieron la productividad entre los fines consustanciales del Estado y dotaron al trabajo humano, en cuanto que participación individual en ese fin, de un cuidadoso tratamiento jurídico-constitucional[610].

A partir de esta primera aproximación, opinamos que al observar la arquitectura jurídica de la *constitución del trabajo* cabría distinguir dos tipos de preceptos: a) Los que expresan la valoración positiva que la comunidad política tiene hacia el trabajo –*v.gr.* deber de trabajar, compromiso público con el pleno empleo, objetivos programáticos de productividad…–. b) Los que entablan tutelas hacia el mismo para dotarlo de una protección cualificada –derecho al trabajo, derecho a un salario suficiente, a la protección social…–. Para nosotros, sin duda, será

---

que esto ocurre, añade en esta misma página: "Muy parcas aparecen estas manifestaciones en los documentos políticos de tipo liberal, y casi único es el texto constitucional, fracasado en 1848. Más desarrollado se encuentra en las legislaciones constitucionales de inspiración socialista, pero siempre englobado en la mecánica general de las Constituciones. Es ya en fases posteriores donde, realzando al máximo la importancia política del trabajo y del Derecho que lo regula, se promulgan textos políticos declarativos o normativos de principios laborales. Nació esta orientación con la Carta de Trabajo italiana, surgiendo a la luz pública después el Estatuto de Trabajo portugués de 1933, la ley alemana de ordenación del trabajo nacional, nuestro Fuero del Trabajo y, por último, la Carta francesa del Trabajo de 4 de octubre de 1941. Las vicisitudes políticas por que luego han pasado estos países no desvirtúan en nada el sentido director que inspiró tales documentos. En ellos se combinaba de muy diversa manera, y en proporción desigual, lo político y lo jurídico, en relación con el trabajo"

610 DE LA VILLA GIL, L. E., GARCÍA BECEDAS, G. y GARCÍA PERROTE ESCARTÍN, I., *Instituciones de Derecho… op.cit.*, p. 36.

el primer tipo de preceptos el que adquiere una relevancia mayor, pues los segundos solo serán una consecuencia derivada de aquellos: en la medida que el trabajo resulte una categoría constitucional relevante, merecerá una protección jurídica cualificada. Sin embargo, en lo que a nosotros más nos incumbe, la doctrina científica no ha otorgado demasiada relevancia al deber de trabajar en la configuración jurídico-positiva de la *constitución del trabajo*[611]. Cuando se ha intentado identificar los preceptos más preeminentes dentro esta opción constituyente, se han encontrado en los que integran la segunda categoría: los que de algún modo tutelan a la persona en su condición de trabajador. Principalmente, dentro de estos, se ha puesto el acento en el derecho al trabajo[612]. Por lo dicho, nos separamos parcialmente de esa tesis para sostener que, según lo entendemos, el precepto constitucional que verdaderamente hace del trabajo una cuestión de orden público es el deber de

---

611 Centrándonos en la doctrina española, y aunque la muestra no sea representativa, podemos acudir a una obra que congregó a los principales exponentes de la doctrina laboralista española, A.A.V.V. (dir., Sempere Navarro, A.V.) *El modelo social en la Constitución Española de 1978*, Madrid, Ministerio de Trabajo y Asuntos Sociales, 2003. En toda la extensión de la obra, que supera las 1.500 páginas, apenas encontramos dos referencias puntuales al deber de trabajar. Las que hace el profesor Alonso Olea en la introducción, pp. 16 y 17, donde sí se le otorga cierta relevancia en la configuración del sistema de protección social. Un tanto de lo mismo ocurre en A.A.V.V., (dir. García Murcia, J.) *La Constitución del Trabajo*, Gijón, KRK, 2020; A.A.V.V. (dirs. De la Villa Gil, L.E., y Sagardoy Bengoechea, J.A.), *Los trabajadores y la Constitución, Madrid, Sociedad de Estudios Laborales*, 1980. Tampoco los artículos doctrinales referidos a esta cuestión han mostrado interés alguno en el deber que analizamos: *v.gr.* MONEREO PÉREZ, J.L., "La Constitución social del trabajo…" *op.cit.*

612 MAESTRO BUELGA, G., *La constitución del trabajo… op.cit.*, p. 67, *passim.*

trabajar, en concomitancia quizás con otras disposiciones que establecen la productividad económica como un fin propio del sistema político.

Si abundamos un poco en ello, convendremos en que ningún derecho subjetivo podría expresar una preferencia comunitaria por la participación productiva de sus ciudadanos. Este tipo de norma se contenta con reconocer esferas de libertad al ciudadano para que, de manera individual, elija qué fines considera dignos de persecución. El derecho a la libertad de credo, o el derecho al matrimonio, pongamos por caso, no expresan una preferencia valorativa de la comunidad por unos estilos de vida concretos. Como ya hemos dicho antes, a una comunidad política que quisiera orientar a su ciudadanía hacia la práctica de un determinado credo religioso no le bastaríacon reconocer la libertad o derecho de credo, sino que este debería complementarse con algún deber o incentivo que conduzca a ese resultado. Un tanto de lo mismo ocurre cuando se asume la productividad o el crecimiento económico como fin político. Es el deber de trabajar el que, en concurso con otros preceptos[613], define el crecimiento económico como un bien público[614], y es este mismo precepto el que permite ordenar la acción de los ciudadanos a su consecución. Una vez

---

613 Como veremos más abajo, apartado, IV.5.2, varias disposiciones de la Constitución española expresan este desiderátum, como el preámbulo o los arts. 40.1, 48, 130.1 y 131.

614 En palabras de Martín Valverde: “En el fondo del reconocimiento constitucional del deber de trabajar subyace una valoración constitucional del trabajo no solo como un bien de la persona, es decir como medio de ganarse la vida y como medio de desarrollo de la personalidad, sino también como un bien de la colectividad, es decir como un recurso de creación de riqueza (capital humano) indispensable para la producción y el progreso económico” MARTÍN VALVERDE, A., *Derecho del Trabajo y mercado… op.cit.*, p. 119.

institucionalizada esta valorización del trabajo, el resto de derechos constitucionales que lo protegen serían, insistimos, su consecuencia lógica.

En este mismo orden de cosas, se ha encontrado otra de las notas distintivas de la *constitución del trabajo* en la protección de la persona que lo ejecuta, la cual accedería a un estatuto cualificado de ciudadanía a partir de una serie de derechos reservados excluyentemente a la población trabajadora[615]: a este estatuto lo denominamos *ciudadanía laboral*. El título habilitante para esta concesión tampoco puede ser el ejercicio de un derecho, como sería el derecho al trabajo. Desde un punto de vista lógico, no tiene demasiada utilidad asociar el ejercicio de un derecho a determinadas ventajas institucionales. Si un derecho subjetivo expresa la libertad de ejercerlo, no puede premiarse institucionalmente a quien decide ejercitarlo de un determinado modo. Podrá, en efecto, protegerse su ejercicio, pero no concederle ventajas adicionales. Si así fuese, en realidad el derecho se habría reconvertido, a nivel fáctico, no formal, en un deber promocionado a través de incentivos o *sanciones positivas*[616]. Por eso, de nuevo, el estatus cualificado al que accede

---

615 "La introducción del trabajo en la Constitución como rasgo distintivo del Estado social dota a este de un status especial [...] La naturaleza pública del trabajo, deriva de su inserción en la constitución del Estado social, se conforma como rasgo característico de este [...] La publicación del trabajo exige la prevalencia de espacios de tutela del mismo frente al interés privado, entre los que se encuentran los mecanismos de reequilibrio de poderes, no solo confiados a la dinámica económica" MAESTRO BUELGA, G., *La constitución del trabajo... op.cit.*, pp. 274-275.

616 Si una determinada sociedad reconoce, por ejemplo, el derecho a la libertad de culto, no podría reconocer ventajas –fiscales, prestacionales o políticas– a quien practique un determinado culto religioso, porque entonces de facto, si esas ventajas fuesen de una entidad

el ciudadano trabajador en un modelo de *constitución laboral* solo puede explicarse a partir del deber de trabajar, frente a cuya ejecución el institucionalismo reacciona positivamente. En apartados posteriores –V.1, 2 y 3– justificaremos detenidamente cómo, precisamente, el Derecho social –compuesto por el Derecho laboral y de la protección social– aparece como una derivada de esta conceptualización positiva del trabajo.

Por ahora, para cerrar, añadiremos que a partir de la elevación del trabajo a cuestión de interés público resultará fácil comprender que la *constitución del trabajo* no solo impone la existencia del Derecho social como instrumento para proteger y recompensar a quienes asumen su rol de ciudadano-productor, sino que también le impone a este, al Derecho social, una orientación concreta: el carácter semipúblico de las asociaciones sindicales y patronales, la autorización administrativa para las empresas de trabajo temporal o la prevalencia de la ley sobre el convenio colectivo son algunas de las derivadas normativas que tiene la consideración del trabajo como un bien constitucionalmente relevante. En un sistema jurídico de este tipo, las cuestiones atinentes a las relaciones laborales son, en parte, un asunto de orden público, por lo que su ordenación no puede quedar por entero determinada por la voluntad autocompositiva de los agentes privados que participan en ellas. A esta idea se refería expresamente Ferrajoli:

---

suficiente, estaría exigiendo el cumplimiento de esa práctica religiosa. Precisamente, a partir de esta lógica, algunos autores han denunciado críticamente que cuando el trabajo se incentiva a través de la concesión de prestaciones sociales, el derecho al trabajo se pervierte para convertirse en un deber de trabajar, inclusive, y de ahí la crítica, en aquellos sistemas que desconocen este deber. Vid. PAZ-FUCHS, A., "The Right to Work..." *op.cit.*, p. 179.

> "La dimensión pública del trabajo en las democracias constitucionales implica pues, y al mismo tiempo está implicada y confirmada por una doble derogación del viejo esquema jurídico-privado: a) por los límites impuestos por la constitución a la ley y por la ley a la contratación en garantía de los derechos de los trabajadores; b) por la naturaleza colectiva de gran parte de los actos y los derechos que concurren en la formación de la relación de trabajo. Gracias a estas dos clases de derogaciones y de principios, que en las democracias avanzadas suelen tener rango constitucional, el trabajo no puede ser tratado como una mercancía, al ser un elemento fundamental de la identidad y la dignidad de la persona, factor de su supervivencia y, a la vez, rasgo constitutivo de la democracia civil"[617].

4. IMPLICACIONES IDEOLÓGICAS DEL DEBER CONSTITUCIONAL DE TRABAJAR

Ocurre algo sumamente llamativo con respecto al deber constitucional de trabajar: algunos, en tanto que este deber apela a la función productiva o economicista del ser humano, lo vinculan al ideario político neoliberal[618]. En sentido contrario, otros, entendiendo el deber de trabajar como una restricción sobre las opciones de autodeterminación individual y como una injerencia del Estado en la economía, han visto en él claras connotaciones socialistas, cuando no directamente marxistas[619]. Ciertamente, la multitud de concreciones que puede adquirir el deber de trabajar hace que, en términos hipotéti-

---

617 FERRAJOLI, L., *Principia iuris Teoría del derecho y de la democracia, 2. Teoría de la democracia,* Madrid, Trotta, 2013, p. 237.

618 MANCINI, G.,F., "Sistema económico…" *op.cit.,* pp. 56-72.

619 GUEDES, L.M. y SOUSA, M.R., *Uma constituição moderna para Portugal… op.cit.,* p. 106. En España, Valiente Martínez sostiene que la materialización de este deber en nuestra Constitución es "una in-

cos, ambas posturas puedan estar en lo cierto, dependiendo de la concepción del deber de trabajar que se acoja como válida. No obstante, creemos que ninguna de ellas es ajustada si se refiere a la forma en la que el deber de trabajar ha sido configurado en las democracias liberales contemporáneas.

Ya constatamos en nuestra introducción que, en sus respectivas doctrinas teóricas, tanto el socialismo como el liberalismo afirman la legitimidad material del deber de trabajar y presuponen su ejecución generalizada como presupuesto para el buen funcionamiento del orden social –apartado I.5–. Para efectuar tal demostración habíamos acudido a los posicionamientos más extremos dentro de sendas corrientes ideológicas, pero advertíamos que dentro de ellas cabían muchas posturas intermedias. En ese arco intermedio, que es acusadamente amplio, es en el que cabría ubicar a las distintas fórmulas de Estado social o Estado de bienestar que hoy proclaman la mayoría de constituciones contemporáneas y que se presentan como una opción miscelánea entre el Estado mínimo liberal y el Estado interventor y omnipotente que reivindica el socialismo.

En lo que se refiere al deber jurídico de trabajar, se puede fácilmente constatar la postura ecléctica que adopta el Estado social y democrático de Derecho en la configuración de este deber al entremezclar elementos de su caracterización liberal y su idealización socialista. En efecto, de entrada, observamos que en el Estado social contemporáneo el deber de trabajar aparece extensamente positivizado como un deber jurídico-positivo, normalmente de rango constitucional. Esto nos colocaría, *a priori*, en la lógica socialista que, tal y como habíamos comprobado, es la que admite la imposición de este deber a través del Derecho –vid supra I.5.2–. La codificación jurídica de este deber era irre-

---

fluencia de las constituciones socialistas". VALIENTE MARTÍNEZ, F., "Los deberes constitucionales..." *op.cit.*, p. 523.

levante para el liberalismo, pues la exigencia del mismo venía impuesta por la necesidad fáctica en la que se hallaba aquel individuo que no encuentra resortes institucionales para mantener una existencia improductiva. Dicho lo anterior, comprobamos a su vez que la configuración jurídica de este deber es bastante atípica y objeto de discusión, sobre todo por la ausencia de mecanismos de coacción que garanticen su cumplimiento. Esta exigibilidad devaluada, sin duda, refleja el componente liberal del Estado social, el cual muestra un alto grado de tolerancia con las distintas preferencias vitales y, por eso mismo, a diferencia de los regímenes socialistas, no amenaza con sanciones a quienes optan por un estilo de vida ocioso.

Por otro lado, como otro rasgo de su vertiente socialista, el deber de trabajar en el Estado social presupone la existencia unos objetivos colectivos que dependen de su acatamiento generalizado, de ahí precisamente su juridificación y los mecanismos que, aun de forma tenue, se dirigen a promover su cumplimiento. El deber constitucional de trabajar que conocemos no deriva de la necesidad material en la que se halla el individuo, sino que es la colectividad la que reclama su ejecución para sostener el proyecto político que tienen sus integrantes en común. En la teorización liberal, el trabajo contribuye sin lugar a dudas a la prosperidad de la sociedad, pero eso ocurre de forma espontánea, a través de los mecanismos de coordinación del mercado, sin contar con una planificación preestablecida institucionalmente. El deber de trabajar del Estado social, sin embargo, se presenta como un deber de participación, una participación cívico-política –o fraternal– según la hemos definido más arriba, para sostener los mecanismos de solidaridad institucional.

Otro componente, ahora liberal, del deber de trabajar contemporáneo es la acepción amplia del trabajo sobre la que se construye y que se delimita, según vimos, a través del sistema de libre mercado: la esencia de ese deber será en el Estado social la realización de actividades económicas que encuentran una demanda en el mercado, con independencia del régimen jurídico-económico bajo el cual se ejecuten, bien sea de forma asalariada, como profesión liberal, o a través de la explotación de bienes de capital. De esta forma, el deber de trabajar pierde buena parte del significado político que adquirió en los sistemas de economía centralizada: ya no es un instrumento para derrocar la burguesía o el régimen de la propiedad privada. Tampoco busca la igualación de todos los ciudadanos a través de la atribución forzosa de una misma función social. El deber de trabajar característico del Estado social solo reclama una contribución a la producción económica, otorgando amplios márgenes de libertad al individuo –al menos libertad formal[620]– para escoger de qué modo prefiere dar satisfacción a ese requerimiento.

Por último, la actual configuración misceláneа del deber de trabajar se manifiesta también en el grado intermedio de autoresponsabilización que se deduce de él. Aunque en el Estado social el deber de trabajar expresa la responsabilidad individual sobre la satisfacción de las respectivas necesidades, se asume también que el orden social alberga contingencias que escapan de las posibilidades individuales de actuación y que habrá sujetos que, aun queriendo y pudiendo trabajar, no encuentran la posibilidad de hacerlo. Así se explica la articulación de mecanismos de apoyo, todos ellos manifestación del derecho al trabajo, que tratan de facilitar el cumplimiento del

---

620 "Conviene advertir que el concepto jurídico de libertad y voluntariedad contractuales adolece de una gran dosis de formalismo; es cierto que el trabajador que se obliga contractualmente sus servicios lo hace de un modo jurídicamente voluntario, pero no lo es menos que, normalmente, su decisión de trabajar viene dictada por una ineludible necesidad económica, sin otra alternativa que la indigencia [...] No obstante, las compulsiones económico-sociales no impiden la libertad y voluntariedad jurídicas". MONTOYA MELGAR, A., *Derecho del Trabajo*, Madrid, Tecnos, 2023.

deber de trabajar para que este, entendido como un deber político o de ciudadanía, no quede al albur del funcionamiento de la economía privada. La emancipación individuo-Estado no es así tan drástica como propugnaría el liberalismo, sino que el Estado social establece responsabilidades mutuas o recíprocas: los ciudadanos responden de la consecución del proyecto político de Estado que se han dado y el Estado se responsabiliza de la suerte existencial de cada uno de los sujetos que han contribuido al sostenimiento de su aparato institucional[621].

Para cerrar este apartado, ofrecemos una pequeña tabla con la que queremos ofrecer una visión sinóptica –aunque, a fuer de simplificación, seguramente defectuosa– de los diferentes componentes ideológicos que inspiran el deber de trabajar tal y como se configura en el Estado social contemporáneo.

Caracterización ecléctica del deber de trabajar en el Estado social contemporáneo	
Componentes ideológicos socialistas	Componentes ideológicos liberales
Positivización jurídica y mecanismos de promoción	Débil exigibilidad
Contribución al cumplimiento de objetivos colectivos	Acepción amplia del trabajo, no limitada al trabajo en régimen de ajenidad
Tutelas institucionales frente a determinadas contingencias	Responsabilización del individuo sobre su proyecto vital

5. RELACIONES ENTRE EL DEBER DE TRABAJAR Y OTROS PRECEPTOS CONSTITUCIONALES

En la exposición de este apartado vamos a hacer una división para referirnos en primer lugar a aquellas cláusulas constitucio-

621 Algún autor, precisamente, ha concluido que si la Ley Fundamental de Bohn omite cualquier referencia a los deberes jurídicos esto se debe a que se hallan implícitos en la formula del Estado social de Derecho. VARELA DÍAZ, S., "La idea de deber constitucional..." *op.cit.*, p. 84.

nales con las que el deber de trabajar se relaciona de manera singularmente estrecha y, en segundo término, a otras disposiciones con las que existe una vinculación más tenue o remota. En el primer grupo, incluiremos a aquellas disposiciones que cohabitan con el deber de trabajar en el mismo precepto constitucional –derecho al trabajo, libertad de trabajar y condiciones de trabajo equitativas– y otras que, aun con distinta localización sistemática, ayudan a delimitar el alcance de aquel deber –principalmente, nos referimos ahora a la interdicción de trabajos forzosos–. En el segundo conjunto de disposiciones, mencionaremos, con vocación enunciativa, algunas que, sin una inmediata vinculación con el deber fundamental de trabajar, ayudan a comprender su significado jurídico-político y a integrarlo en una comprensión holística de nuestro ordenamiento constitucional –aunque seguidamente justificaremos su inclusión, nos referimos aquí, *v.gr.*, al deber de escolaridad o al de contribuir tributariamente al sostenimiento del Estado–.

5.1 Las disposiciones del art. 35 CE´78 como clave de bóveda del Estado social

Sobre el art. 35 CE´78 se ha dicho que "asienta jurídicamente el modelo laboral de la Constitución Española"[622]. Este dictamen puede alcanzarse desde una constatación muy rudimentaria: nos encontramos ante el precepto constitucional que incorpora las cláusulas que atañen de forma más directa y amplia a la regulación de las relaciones laborales. Nosotros iremos más lejos para sostener que el artículo 35 de nuestra carta magna incorpora las bases sobre las que se asienta nuestro entero modelo de Estado social.

---

622 GÓMEZ SANTOS, I.R., *Inmigración Laboral y Dignidad,* Castellón, Universitat Jaume I, 2021, p. 151.

Para demostrar esta hipótesis nos referiremos a cada una de las previsiones que conviven en el art. 35 y comenzaremos por las que inauguran su apartado primero: el deber de trabajar, el derecho al trabajo y a la libre elección de oficio[623]. Nos encontramos ante tres figuras cuya conjugación *a priori* no parece demasiado armoniosa[624]. Como han expresado al-

---

623 Algunos autores han otorgado relevancia al hecho de que el deber de trabajar preceda literalmente al derecho al trabajo en la formulación del art. 35.1 CE´78. MUÑOZ CAMPOS, J., "Significado del Trabajo..." *op.cit.*, pp. 319-334, p. 326. Para otros es, sin embargo, una cuestión del todo irrelevante. SASTRE IBARRECHE, R., *El derecho al trabajo... op.cit.*, p. 91. Ya vimos que, aunque se trate de una cuestión menor, parece que los constituyentes sí le otorgaron alguna relevancia a esta prevalencia literal. En los primeros trabajos de la Comisión Constitucional el derecho al trabajo precedía al deber de trabajar. No así en el anteproyecto presentado al parlamento. En este, aparecieron diversas enmiendas de los grupos socialistas y del Partido de Centro Democrático para alterar ese orden, sugiriendo hacer mención en primer lugar al derecho al trabajo. Vid enmiendas 43, 254, 342, 587. Todas en *Anteproyecto de Constitución, Índice de enmiendas por Artículos,* Madrid, Cortes Congreso de los Diputados, Comisión de Asuntos Constitucionales y Libertades Públicas, 1977. Con todo, a falta de cualquier aclaración en los debates constituyentes al respecto, no vemos motivos para otorgarle una mejor condición al deber de trabajar con respecto al derecho al trabajo, aunque su prioridad enunciativa sí nos sugiere, al menos, que no existió la intención de relegar al deber de trabajar a una posición secundaria, más discreta que la que ocupa el derecho al trabajo. En sentido contrario, una posición doctrinal crítica con esta sistematización aparece recogida en GIL y GIL, J.L., "El derecho a un trabajo digno..." *op.cit.*, p. 962.

624 "Si el trabajo es un derecho, en términos lógicos no puede ser al mismo tiempo un deber, y con la interpretación conforme al art. 10.2 CE resulta claro que se excluye el trabajo "forzoso u obligatorio" (arts. 8.3 PIDCP y 4.2 CEDH, con sus excepciones). ESCOBAR ROCA, G., "La renta mínima y el defensor del pueblo", *Lex Social, vol. 10, núm. 1 (2020),* pp. 91-139, p. 94.

gunos autores, entre otros, Alarcón Caracuel: "frecuentemente los elementos de esa triada se han empleado como armas arrojadizas conceptuales los unos contra los otros, haciendo un uso lineal y no dialéctico de su recíproca contradicción. Especialmente, la libertad profesional se ha opuesto al derecho al trabajo y al deber de trabajar, considerando que una y otros colocan al sujeto en situaciones jurídicas incompatibles entre sí"[625]. No obstante, este mismo autor advierte que tal incompatibilidad es solo aparente. En efecto, la incoherencia entre las diferentes proclamaciones del art. 35.1 CE´78 solo es sostenible desde una interpretación absoluta o maximalista de cada una de ellas, interpretación la cual, no tiene encaje en una lectura holística de nuestro texto constitucional. Y es que todo sistema jurídico –y este es uno de sus rasgos esenciales– aspira a la coherencia[626]. Cuando se produce una contradicción entre disposiciones de distintas normas se solventa acudiendo a los tradicionales principios de jerarquía, especialidad o modernidad[627], que permiten invalidar o inaplicar alguna de las normas en liza. Mayor complejidad reviste sin embargo solventar la antinomia que aparece en un mismo texto normativo, frente a la cual no siempre puede acudirse a los precitados criterios. Cuando así ocurre, lo cual es frecuente en la exégesis constitucional[628], se hace preciso buscar una solución interpretativa que afirme la aplicación simultánea de las disposiciones enfrentadas, lo que solo puede hacerse a través del denominado *juicio de ponderación*[629].

---

625 ALARCÓN CARACUEL, M.R., "Derecho al trabajo…" *op.cit,* p. 5.

626 PRIETO SANCHÍS, L., *Apuntes de teoría… op.cit.,* pp. 131 y ss. BOBBIO, N., *Teoría general del Derecho… op.cit.,* pp. 154 y ss.

627 PRIETO SANCHÍS, L., *Apuntes de teoría del Derecho… op.cit.,* pp. 134-138 y BOBBIO, N., *Teoría general del Derecho… op.cit.,* p.155.

628 PRIETO SANCHÍS, L., *Apuntes de teoría del Derecho… op.cit.,* pp. 144.

629 *Ibíd.,* pp. 143 y ss.

Tomemos como el ejemplo el deber de trabajar, que es el que aquí nos resulta más relevante. Si se ve en él un mandato directo y exigible de desempeñar una actividad productiva, se opondrá de forma clara al derecho al trabajo, que incorpora la libertad de trabajar; y, circunstancialmente, al derecho a la libre elección de profesión u oficio. Sin embargo, ya hemos adelantado que esa interpretación del deber de trabajar no es aceptable, pues sería inconciliable, no solo con las estipulaciones del art. 35.1 CE´78, sino con otras cláusulas constitucionales fundamentales para la definición de nuestro sistema político-jurídico. Entre otras, un deber de trabajar de ese tipo colisionaría con la prohibición de trabajos forzosos o el derecho a la autodeterminación personal[630].

Dejando de lado esa lectura maximalista, la relación entre estos elementos no es solo posible, sino totalmente necesaria. Refirámonos, de entrada, a la relación entre el deber de trabajar y el derecho al trabajo. Sobre este último se ha dicho que podría leerse de dos modos complementarios: a) Como un derecho de libertad, que impide que el Estado introduzca barreras a la incorporación del individuo al mundo del trabajo; b) Como un derecho prestacional, que exige una actuación positiva de los poderes públicos para remover las dificultades que encuentra el individuo para acceder al mercado de traba-

---

630 En palabras, de nuevo, de Alarcón Caracuel: "el deber de trabajar puede integrarse con el derecho al trabajo y con la libertad profesional, dentro de una construcción jurídica del tipo derecho-función, o puede rechazarse como una coacción inadmisible y opuesta precisamente a la libertad profesional, mediante una asimilación, injustificada a mi parecer, de los términos libertad profesional-libertad de trabajo" ALARCÓN CARACUEL, M.R., "Derecho al trabajo…" *op.cit,* p. 33.

jo[631]. Es la primera de estas lecturas del derecho al trabajo, la que podemos denominar liberal[632], la que parece contradecir el contenido básico del deber de trabajar: se argumenta que todo derecho subjetivo, en tanto que tal, incorpora la facultad de ejercitarlo y, también, de no hacerlo. El derecho al trabajo, dicho en otros términos, incorpora también el derecho a no trabajar[633], lo cual es lógicamente incompatible con el deber de hacerlo. Pero como decimos, tal incompatibilidad solo se observa en el caso de que se asuma una lectura maximalista de sendas disposiciones: ni el deber de trabajar es una imposición coactiva que anula la libertad de trabajar, ni el derecho al trabajo incorpora una libertad protegida constitucionalmente de tal modo que impida una acción institucional en favor de quienes ejercen esa libertad de forma positiva. Hecha esa precisión, esta lectura liberal del derecho al trabajo parece necesariamente complementaria al deber de trabajar, pues "sería, en efecto, absurdo que no hubiera derecho al cumpli-

---

631 Esta doble dimensión del derecho al trabajo aparece, entre otras referencias posibles, en la la STC 22/1981, de 2 de julio, FJ 8, en la que se resuelve que este derecho "no se agota" en la libertad de trabajar, sino que también supone "el derecho a un puesto de trabajo".

632 En efecto, en términos históricos, la primera de estas concepciones del derecho al trabajo, que podemos denominar liberal, es la que aparece a finales del siglo XVII, en los Edictos de Turgot, con la intención de abolir las limitaciones al acceso al trabajo que eran propias del sistema gremial. La segunda de ellas, que podemos calificar ahora como social, aparece en los discursos del protosocialismo francés del siglo XVIII y los movimientos revolucionarios de 1848 para denunciar que la libertad de trabajo engendra competencia entre los obreros, lo cual es perjudicial y requiere una intervención sobre la economía. Vid. VIGO SERRALVO, F. *El derecho al trabajo… op.cit.*, pp. 283-313.

633 PAZ-FUCHS, A., "The Right to work…" *op.cit.*, p. 179.

miento de una obligación"[634]. Carecería de sentido, ciertamente, que se impusiera el deber de trabajar a una persona que tiene prohibido el acceso al trabajo[635]. Pero desde esta misma elemental lógica, también parece compatible el deber de trabajar con la segunda interpretación del derecho al trabajo, la que cabría denominar *social* o *prestacional*. Y es que, asumiendo que no existen barreras jurídicas para el desempeño de un empleo, pueden todavía existir barreras fácticas tanto o más infranqueables que las primeras[636]. Una de las justificaciones del derecho al trabajo invocada por los primeros socialistas fue que el enrolamiento profesional de un individuo no dependía por entero de su voluntad, sino que el orden social albergaba contingencias económicas que escapaban de su control y condicionaban sus posibilidades de ocupación, *id est*, de exis-

---

634 MILLÁN PUELLES, A., *Persona y justicia social... op.cit.*, p. 119.

635 "La división del trabajo no produce la solidaridad como no sea espontánea y en la medida que es espontánea. Pero, por espontaneidad, es menester entender la ausencia, no sólo de toda violencia expresa y formal, sino de todo lo que puede impedir, incluso indirectamente, la libre expansión de la fuerza social que cada uno lleva en sí. Supone, no sólo que los individuos no son relegados por la fuerza a funciones determinadas, sino, además, que ningún obstáculo, de cualquier naturaleza que sea, les impide ocupar en los cuadros sociales el lugar que está en relación con sus facultades". DURKHEIM, É., *La división del trabajo... op. cit.*, p. 396.

636 "Existen opiniones enfatizando que mientras el Estado no garantice el pleno empleo resulta difícilmente justificable exigir a los ciudadanos el deber de trabajar. En el caso de la Constitución española, el deber de trabajar, aislado del derecho al trabajo, quedaría reducido a un simple deber sin contar con medidas eficaces capaces de asegurar su cumplimiento". GUAMÁN HERNÁNDEZ, A., y SÁNCHEZ OCAÑA, J.M.,"Cuarenta años de Constitución..." *op.cit.*, pp. 201 y 202.

tencia[637]. De ahí surge la reivindicación de una acción positiva del Estado dirigida a asegurar opciones de empleo para, de este modo, garantizar el más primario derecho a la existencia. Pues bien, aceptando ahora la realidad de esas barreras fácticas –o contingencias sociales–, carecería de sentido exigir el deber de trabajar a quien no puede cumplir tal deber por carecer de la posibilidad de hacerlo[638]. Tal relación de complementariedad estuvo muy presente en el debate constituyente italiano, donde se dijo:

> "Hemos afirmado este derecho y al mismo tiempo el deber del trabajo, no como un deber personal sino sobre todo como un deber social, porque es en virtud del trabajo de todos como la sociedad puede vivir y prosperar. Pero el derecho a trabajar corresponde a este deber: solo cumplo con este deber en la medida en que tengo realmente derecho a trabajar; derecho y deber en este caso son términos correlativos, uno está indisolublemente ligado al otro"[639].

---

637 VIGO SERRALVO, F. *El derecho al trabajo… op.cit.*, pp. 288 y ss.

638 Precisamente, admitiendo que el sistema político-económico en un orden capitalista es incapaz de garantizar la plena ocupación, se aboga por la reformulación del concepto de trabajo para admitir un deber de trabajar más abierto que se satisfaga con la realización de cualquier actividad bneficiosa para la sociedad, aunque no tenga contenido económico: "Si fuera definitivamente imposible proporcionar a toda la población trabajadora un empleo que sea al mismo tiempo productivo y libremente elegido, nuestras sociedades podrían decidir legítimamente desvincular el derecho al trabajo del liberalismo económico para superar la creciente tensión entre el derecho y el derecho-deber de trabajar". DERMINE, E. y DUMON, D., "A renewed critical perspective on social law: Disentangling its ambivalent relationship with productivism", *International Journal of Comparative Labour Law and Industrial Relations*, vol. 38 núm. 3, 2022, pp. 237-268, p. 266.

639 Intervención de Gustavo Ghidini en la sesión del 8 de marzo de 1947.

Acudiendo ahora a la doctrina francesa, para la cual también el deber de trabajar y el derecho al empleo conviven en un mismo precepto constitucional:

> "Si todo el mundo tiene derecho a conseguir un trabajo es porque todo el mundo tiene el deber de trabajar y este deber sería teórico si no se pudiera esperar encontrar la forma de satisfacerlo. El deber de trabajar, el derecho al empleo, son las dos caras de un mismo principio, vueltos, uno hacia la función social del trabajo, el otro hacia su función individual; deber de trabajar porque la sociedad necesita del trabajo de sus miembros, derecho al trabajo porque no hay para el individuo, fuera del trabajo, ni seguridad ni posibilidad de realización"[640].

En suma y según algún comentario más remoto, "si el hombre tiene el deber de trabajar, ha de tener el derecho de exigir que el cumplimiento de ese deber sea posible, porque de lo contrario resultaría que se le impondría un deber para obli-

---

640 RIVERO, J. y VEDEL, G., "Les principes économiques et sociaux de la Constitution: le Préambule", originalmente en *Droit social*, 1947, vol. 31, pp. 13-35, y reproducido después en *Pages de doctrine T.I*, Paris, LGDJ, 1980, p. 117. Otros ejemplos de estos razonamientos fuera de nuestras fronteras los encontramos, sin vocación exhaustiva, en la doctrina peruana, donde se ha dicho que "El «deber» de trabajar» aparece, en cierta forma, como la otra cara del «derecho al trabajo», pues solo en la medida en que este pueda ser satisfecho y, por consiguiente, toda persona tenga la posibilidad efectiva de acceder a un puesto de trabajo, no sería socialmente justificable que el ciudadano en aptitud de trabajar se niegue a hacerlo [...] De allí que se deduzca como conclusión obvia que si el Estado no puede garantizar el derecho al trabajo de sus miembros tampoco pueda imponerles el «deber» de trabajar y, menos aún, sancionar a quienes no trabajan". BLANCAS BUSTAMANTE, C., *La cláusula de Estado social en la Constitución. Análisis de los Derechos Fundamentales laborales*, Lima, Pontificia Universidad Católica del Peru, 2011, p. 349.

garlo a infringirlo, y tener el placer de castigarlo"[641]. A partir de tal razonamiento, observamos que la exigencia absoluta del deber de trabajar solo resultaría legítima en un entorno político-económico en el que las opciones de empleo estén garantizadas. Coincidimos así con Rubio Llorente cuando afirma que "el cumplimiento del deber de trabajar solo podría imponerse coactivamente si el Estado pudiese ofrecer los medios para hacerlo"[642], aunque a partir de esa condicionalidad arribamos a una conclusión distinta a la que alcanza este autor. Para Rubio Llorente la imposibilidad estatal de garantizar el empleo en un régimen de libre mercado debe llevar a negar la exigibilidad del deber fundamental de trabajar. Para nosotros, sin embargo, esa presunta imposibilidad debería llevar, a lo sumo, a negar el carácter absoluto de sendas instituciones: el derecho al trabajo y el deber de trabajar. Aunque admitiésemos la irrealizabilidad de una garantía perfecta de empleo en nuestro marco constitucional, *dato non concesso*[643], no cabe duda de que el Estado puede emprender, y de hecho emprende, acciones de promoción de la ocupación profesional de sus ciudadanos, principalmente a través de políticas económicas, aunque también, con carácter marginal, mediante la contratación directa de los ciudadanos. Podemos concluir, por tanto, que el derecho al trabajo, en su dimensión prestacional, encuentra una realización empírica, si bien esta, en el actual estado de cosas, no lo convierte en un derecho perfecto. Entonces, si habíamos

---

641 BERNAL, C., *Teoría de la autoridad, aplicada a las naciones modernas* T.II, Imprenta de Manuel Minuesa, Madrid, 1857, p. 406.

642 RUBIO LLORENTE, F., "Los deberes constitucionales..." *op. cit.*, p. 31.

643 En otras ocasiones hemos abogado por repensar la realizabilidad de un derecho perfecto al trabajo, adhiriéndonos así a una corriente menor que aboga por la garantía de empleo como opción prioritaria de protección social. Vid. VIGO SERRALVO, F., *El derecho al trabajo... op.cit.*

afirmado la condicionalidad o dependencia entre el derecho al trabajo y el deber de trabajar, la imperfección del primero nos lleva a concluir ineluctablemente la imperfección del segundo. Quizás, de hecho, podría establecerse entre ambos una relación de directa proporcionalidad, hasta el punto de que cuanto más perfecto fuese el derecho al trabajo, más vinculante resultaría el deber de trabajar; cuantas mayores sean las opciones de empleo que garantiza el institucionalismo público, con más legitimidad cabría exigir a los ciudadanos el cumplimiento del deber de efectuar una actividad económica.

Al decir esto, nos separamos de algunos autores, como Sastre Ibarreche[644] o, fuera de nuestras fronteras, Alexy[645], que han visto una plena autonomía entre el derecho al trabajo y el deber de trabajar. En realidad, nuestra discrepancia con esta posición es parcial. Afirmamos que existe dependencia entre el deber de trabajar y el derecho al trabajo, aunque no es mutua o bidireccional: el derecho al trabajo puede existir sin el congruo deber de trabajar[646], mas, por el contrario, el deber

---

644 Para quien "la vinculación entre el derecho al trabajo y el deber de trabajar que se produce en algunos textos constitucionales modernos obedece a un mero reflejo histórico y, en todo caso, no implica una conexión sistemática entre ambas figuras, que presentan, en mi opinión, rasgos propios que abonan una separación o autonomía de las mismas". SASTRE IBARRECHE, R., *El derecho al trabajo... op.cit.*, p. 92.

645 Para quien "la vinculación entre un derecho al trabajo y un deber de trabajar se da a menudo, pero, sin embargo, no es necesaria". ALEXY, R., *Teoría de los derechos fundamentales*, Madrid, Centro de Estudios Constitucionales, 1993, p. 493.

646 "Un Estado que introduzca un derecho al trabajo puede también renunciar a un deber de trabajar si está interesado que trabaje el mayor número posible de ciudadanos. El interés en trabajar, sobre todo el interés en el salario, puede ser para muchos ciudadanos un incentivo suficiente para hacer uso de su derecho al trabajo" *Ibíd.*

de trabajar no puede existir sin el reconocimiento previo del derecho al trabajo. Y es que, según lo vemos, la imposición del deber de trabajar exige, como presupuesto lógico y fuente de legítima sustantividad, el reconocimiento del derecho al trabajo; sin embargo, este otro puede existir perfectamente en un ordenamiento jurídico que desconozca el correspondiente deber de trabajar. Sería perfectamente admisible, en términos lógico-jurídicos, que el Estado garantizase al individuo la posibilidad de trabajar sin encomiarle u obligarle a hacerlo[647]. En tal hipotético escenario, el derecho al trabajo, bien sea como derecho-libertad o como derecho prestación, brindaría a los ciudadanos una opción de empleo que no necesariamente debe ser aprovechada por estos[648].

Hasta aquí nos hemos referido a la relación lógica entre el derecho al trabajo y el deber de trabajar. Si atendemos ahora a su significancia político-jurídica encontraremos sin dificultad otra relación muy significativa entre sendas disposiciones: la que hace de ellas una vía cualificada de pertenencia a la comunidad política. Esta idea es defendida, entre otros, por el profesor Rey Pérez cuando afirma que "el derecho al trabajo es una forma de expresar, en definitiva, el derecho a la integración

---

647 NOGUERA FERRER, J.A., "¿Renta Básica o «Trabajo Básico»? Algunos argumentos desde la teoría social", *Sistema,* núm. 166, 2002, pp. 61-85, p. 72; ALEXY, R., *Teoría de los derechos fundamentales... op.cit.,* p.493.

648 Este es precisamente el escenario al que aspiran algunos de los partidarios de la renta básica universal: un marco jurídico en el que el sometimiento al trabajo no resulte una obligación, pero sin descartar que el individuo con alguna pulsión laboral encuentre la posibilidad jurídica y fáctica de satisfacerla. Existiría así la posibilidad de trabajar sin la obligación de hacerlo, lo cual es posible en términos lógicos, al contrario de lo que ocurre con la obligación de trabajar sin el derecho a hacerlo, que es una imposibilidad manifiesta.

social. Por eso se suele acompañar, como ocurre en nuestra Constitución, del deber de trabajar. Porque ser miembro integral nos exige, en principio, una cooperación con ese proyecto colectivo que supone la propia sociedad"[649]. Esta vinculación entre el derecho al trabajo y el deber de trabajar aparece así como una opción constituyente que nos recuerda el equilibrio entre derechos y deberes que debe caracterizar la vida en una comunidad política[650]. Observamos entonces que la relación entre el derecho al trabajo y el deber de trabajar es significativa porque hipostasia el equilibrio entre la libertad y el compromiso colectivo que caracteriza nuestro Estado social[651]. En opi-

---

649 REY PÉREZ, J.L., "El derecho al trabajo, ¿forma de exclusión social? Las rentas mínimas de integración y la propuesta del ingreso básico". *Icade. Revista de la Facultad de Derecho*, núm. 62, pp. 239-269, p. 249.

650 "En todos estos casos se manifiestan con singular evidencia las dificultades para trazar la línea que separe, a un lado, el derecho subjetivo concebido como situación de ventaja, y a otro, el deber concebido como carga. La perplejidad, por ejemplo, que denotan algunos laboralistas ante la declaración de que el trabajo es un derecho y un deber al mismo tiempo deriva, precisamente, de que se persiste en ese intento de separación o diferenciación conceptual, en lugar de aceptar que se ha operado la disolución y fusión de ambos conceptos –ventaja y carga, derecho y deber– en una directiva material a los poderes públicos y al resto del ordenamiento jurídico". VARELA DÍAZ, S., "La idea del deber constitucional..." *op.cit.*, p. 83.

651 Esta es una opinión que se ha impuesto también al analizar otros marcos normativos que, como el nuestro, presentan el trabajo como un derecho y un deber del ciudadano. Refiriéndonos ahora al caso italiano: "El concepto de trabajo como participación activa en la realización del proyecto político constitucional determina la posición subjetiva específica del ciudadano que encuentra su disciplina en el artículo 4 de la Constitución. Es unitario a pesar de la doble perspectiva en que lo coloca la disposición constitucional, en el nivel de los derechos y en el de los deberes. En efecto, es esta duplicidad la que permite captar en su unidad la posición subjetiva del ciuda-

nión del profesor Alarcón Caracuel: "Si la libertad profesional y derecho al trabajo hunden sus raíces, respectivamente, en los dos pilares básicos de la libertad y la igualdad, el deber de trabajar se asienta en el tercero de esos pilares: la solidaridad"[652]. De esta forma, nuestro modelo de Estado social se separa de forma clara de otros proyectos político-constituyentes que han adoptado posiciones ideológicas más extremas: bien sea exaltando el liberalismo individual o el colectivismo. Una constitución estrictamente liberal se contentaría con la proclamación del derecho al trabajo, entendiéndolo ahora como la mera libertad profesional. Por su parte, las constituciones socialistas exaltaron el deber de trabajar, pero no admitieron la libertad para no hacerlo. La proclamación conjunta de estas disposiciones, una vez salvadas las aporías aparentes que surgen con su primera lectura, expresa una opción política que percibe al individuo como un sujeto social, y, en consecuencia, le reconoce esferas para la autodeterminación individual al tiempo que le reclama una actividad que redunde en el beneficio colectivo. André Gorz es quizás uno de los autores que nos recuerda la importancia de este equilibrio entre derechos y deberes en nuestro modelo de ciudadanía:

> "No se trata en todo esto de salvar la «sociedad del trabajo», la ética del trabajo o la moral bíblica, sino de la unidad dialéctica insuperable del derecho y del deber. No puede haber en esto derecho sin contrapartida. Mi deber es el fundamento de mi derecho y relevarme de todo deber es negarme la cualidad de persona de derecho. Derecho y deber son siempre el envés el uno del otro: mi derecho es el deber de los otros hacia mí: implica mi deber hacia esos otros. En tanto que yo soy uno de ellos (otro entre otros), tengo derechos sobre ellos; en tanto

---

dano, que tiene el derecho de expresar el contenido ético de su personalidad y el deber de ponerlo a disposición de la comunidad" CAVINO, M., "Il diritto-dovere al lavoro..." *op.cit.*, p. 8.

652 ALARCÓN CARACUEL, M.R., "Derecho al trabajo..." *op.cit.*, p. 37.

> que soy uno de ellos, ellos tienen derechos sobre mí. Es por estos derechos -y, por consiguiente, por los deberes que ellos me crean- por lo que me reconocen como uno de los suyos. En tanto que yo pertenezco a la sociedad, tengo el derecho de exigirle mi parte de la riqueza socialmente producida; en tanto que yo pertenezco a la sociedad, esta tiene el derecho de exigirme la parte de trabajo social correspondiente. Es por el deber que me crea como la sociedad me reconoce mi pertenencia a ella. Si no me pide nada, me rechaza. Derecho al trabajo, deber de trabajar y derecho de ciudadanía están inextricablemente vinculados"[653].

Entonces y por todo lo dicho, no solo es que el derecho al trabajo y el deber de trabajar resulten lógicamente complementarios, sino que materialmente ambas disposiciones se reclaman mutuamente y expresan una opción político-constituyente que caracteriza el vínculo de ciudadanía como la titularidad equilibrada de derechos y deberes.

Siguiendo con la exposición, tampoco cabría observar oposición formal entre el deber de trabajar y el derecho a la libertad de oficio: aquel por defecto y con carácter general recae sobre todos los ciudadanos, pero esto no habilita la imposición de un trabajo específico. La compatibilidad de estas dos disposiciones podría afirmarse así incluso en un sistema normativo en el que el deber de trabajar fuese mucho más vigoroso o perfecto: aun en este escenario hipotético cabría distinguir entre la obligación de desempeñar la conducta general exigida por el deber y la libertad para concretarla en cualquiera de sus manifestaciones admitidas por la ley[654]. Así lo defendió al menos Camps Ruíz:

---

653 GORZ, A., *Metamorfosis del trabajo… op.cit.*, pp. 263 y 264.

654 De hecho, ya vimos como durante las postrimerías del régimen soviético el deber de trabajar convivió con el derecho a la libertad de oficio. Concretamente a partir de la Constitución de 1977 el deber

"La explicación de todo ello se situa, más allá del debate sobre la naturaleza de este deber constitucional, en su compatibilidad con la libertad de elección de un trabajo determinado, con el derecho a la libre elección de profesión u oficio, también consagrado constitucionalmente en el propio art. 35.1 CE. Cuando el ET pide, como condición para que una actividad laboral quede incluida en su ámbito de aplicación, que los servicios se presten voluntariamente, no está exigiendo que exista libertad para trabajar o para no trabajar. No cabe confundir la obligación de trabajar con la obligación de contratar. Lo que está pidiendo, simplemente, es que exista libertad para realizar o no la concreta prestación de servicios de que se trate. Conceptualmente, ésto es lo decisivo, hasta el punto de que se podría hablar de contrato de trabajo incluso en el supuesto de que llegaran a instrumentarse mecanismos más eficaces para el control y efectivo cumplimiento del genérico deber constitucional de trabajar"[655].

Esta compatibilidad lógico-jurídica, como decimos, fácilmente aceptable, encontrará sin embargo una insalvable dificultad operativa para sancionar a quien incumple el deber general de trabajar rechazando contumazmente cualquier oferta de colocación con base en su derecho a la libertad de oficio. Una vez más aquí, nuestra Constitución, y cualquier otra que recoja estas dos disposiciones, reclama una lectura no maximalista de cada una de las mismas, pues solo así resultarán compatibles desde un punto de vista lógico y, también, fáctico.

---

de trabajar se complementaba con el derecho a la libre elección de oficio, art. 60.

655 CAMPS RUIZ, L.M., "La relación laboral penitenciaria", *Anales de la Facultad de Derecho de la Universidad de Alicante,* vol. 2, 1983, pp. 43-80, p. 47. En sentido similar, asociando la voluntariedad de las relaciones de trabajo a la libre elección de oficio: BORRAJO DACRUZ, E., *Introducción al Derecho del Trabajo,* Madrid, Tecnos, 1996, pp. 29 y 31; y SUÁREZ GONZÁLEZ, F., "El origen contractual de la relación jurídica de trabajo", *Cuadernos de política social,* núm. 48, 1960, pp. 69-126, pp. 115 y 116.

Por último, dentro del artículo 35 de nuestra Constitución encontramos otras estipulaciones que, en suma, vendrían a reconocer el derecho del trabajador al respeto de su dignidad humana en el seno de la relación laboral: nos referimos al derecho a la promoción, a la remuneración suficiente y equitativa y, en definitiva, al mandato al Legislador para la regulación de un estatuto de los trabajadores. Se podría decir que estas tutelas institucionales serían otro requisito de legitimidad sustantiva del deber de trabajar. La ecuanimidad de este no solo exige una intervención institucional sobre el sector privado para garantizar opciones de empleo, sino también para que las condiciones en las que este se presta no sean draconianas[656]. Según se ha denunciado críticamente: "si bien el trabajo remunerado puede ser liberador, también puede ser explotador; el trabajo remunerado no garantiza un ingreso adecuado o la liberación de la pobreza. Una transformación sutil del derecho al trabajo en el deber de trabajar es, por lo tanto, muy problemática a menos que vaya acompañada de un piso de derechos debidamente aplicado que garantice la calidad del trabajo"[657]. Fijémonos en que en la relación político-jurídica que establece el deber de trabajar encontramos, de un lado, al Estado que promulga tal deber para exigir la participación productiva de sus ciudadanos; de otro lado, como sujeto pasivo, encontramos ahora al ciudadano vinculado por ese deber. Sin embargo, en un sistema de libre mercado como el que articula nuestra Constitución, la ejecución de ese deber no depende por entero de la voluntad del ciudadano, sino que las más de las veces, cuando carece de bienes de capital, dependerá de las posibili-

---

[656] CHOLBI, M., "The Duty to Work… " *op.cit.*

[657] FREDMAN, S., "Human rights transformed: positive duties and positive", en *Public Law*, I, 2006, 498-520. Acceso electrónico a través de la base de datos WESTLAW, (último acceso el día 14 de septiembre de 2023).

dades que brinde la industria privada[658]. Aparece entonces de forma colateral un tercer sujeto en la relación que configura el deber de trabajar: el empresario privado, de quien dependerán las condiciones de ejecución de este deber constitucional. Esta relación, así vista, en términos estrictamente teóricos y simplificados, es algo perversa para los intereses de los trabajadores, pues estos se ven impelidos jurídicamente a la ejecución de un trabajo, a través del deber de trabajar, pero bajo unas condiciones que escapan de su control. Dicho de otro modo, el Estado exige una conducta cuyas condiciones de ejecución son fijadas por agentes privados. Es a partir de esta percepción cuando el Derecho Laboral cobra todo su significado. El Esta-

---

658 Aunque sea una norma de escaso alcance, nos conviene apelar al *Decreto 132/2008, de 30 de mayo: Regula la concesión de subvenciones dirigidas a fomentar la contratación laboral de las personas titulares de cheque empleo en la Región de Murcia,* en la medida que revela cómo las instituciones públicas asumen este planteamiento: El apoyo público necesario para la ejecución del deber de trabajar. Según se lee en la exposición de motivos de esa norma: "La Constitución establece en su artículo 35 que todos los españoles tienen el deber de trabajar y el derecho al trabajo. Ahora bien, este derecho-deber no siempre depende de un simple acto de voluntad de la persona que quiere trabajar, sino que, son las condiciones que en cada momento exige el mercado de trabajo las que determinan que algunas personas se vean marginadas del mercado laboral durante años, con lo que ello conlleva de desajuste personal y social. Consecuentemente, en cumplimiento de los principios que se enuncian en el artículo 40 de la Constitución, los cuales, no se olvide, han de informar la actuación de los poderes públicos (artículo 53 de la CE), entre los que se encuentra el de realizar una política orientada al pleno empleo, las Administraciones Públicas han de facilitar, como una parte de las políticas de empleo, el acceso universal a dicho mercado, para lo cual, la aplicación de la técnica subvencional resulta la más adecuada, incentivando especialmente la contratación de aquellas personas con mayores dificultades de inserción laboral".

do, impulsor original del deber jurídico de trabajar, exige el cumplimiento de este y, en consecuencia, se responsabiliza de las condiciones de su cumplimiento. No entrega, por así decirlo, a sus ciudadanos a las exigencias de la industria, sino que se compromete con el bienestar de aquellos a través de un repertorio de derechos que sustrae la determinación de las condiciones de trabajo de la voluntad de las partes negociantes y de la lógica determinista de la oferta y la demanda. A esta idea parecía referirse Romagnoli cuando apuntaba que "la normativa estatutaria laboral adquiere dimensión pública" a través "de las garantías individuales del ciudadano contractualmente obligado a cumplir el deber de trabajar en dependencias ajenas"[659]. Más abajo nos referiremos expresamente a esta idea, cuando, abordemos la relación entre el deber de trabajar y el Derecho del Trabajo –vid. apartado V.2–[660].

Para recapitular, por ahora, sobre lo dicho hasta aquí, si hemos afirmado que el art. 35 de nuestra Constitución concentra la esencia del modelo de Estado social moderno es porque sus diferentes instituciones ordenan armónicamente la lógica funcional de esta fórmula política de convivencia. En efecto, el deber de trabajar alude al compromiso de cada uno de los ciudadanos con el proyecto común de bienestar del que han querido dotarse. Este mismo deber de trabajar evidencia una opción constituyente que impone la autoresponsabilización

---

659 ROMAGNOLI, U., "El derecho sindical y laboral en la encrucijada", *Revista de derecho social*, núm. 84, 2018, p. 17-26, p. 24.

660 Ya vimos, por lo demás, cómo algunos textos constitucionales históricos explicitaban esta idea: la fuerza de trabajo es un bien colectivo y, por tanto, por esta razón, es merecedor de protección jurídica. Así ocurría, recordemos, en la Constitución de Weimar, en la Carta del Lavoro italiana, en la Constitución de la II República española o, sin salirnos de nuestro país, en el Fuero del Trabajo franquista –vid. supra, capítulo III, *passim*–.

del individuo sobre su existencia material: al explicitar este principio, la protección social institucional queda configurada como un mecanismo de intervención subsidiario que se pondrá en marcha cuando la voluntad del individuo resulta insuficiente para lograr su activación productiva. El derecho al trabajo y la legislación laboral, por su parte, se relacionan con la función tuitiva del Estado para proteger al trabajador de las contingencias sociales a las que queda sometido en el sistema capitalista y, muy especialmente, en el cumplimiento de su deber de trabajar. Por otro lado, el carácter no absoluto que se le atribuye a estas instituciones –a través de una lectura sistemática de nuestro texto constitucional– nos aclara bastante el espíritu que inspira a nuestro Estado social: ni es absoluta la responsabilización del sujeto sobre su propia suerte existencial, ni tampoco lo es la tutela institucional frente a las contingencias sociales o económicas. Se trata de una posición de equilibrio entre el individualismo y el colectivismo.

Precisamente uno de los reproches que puede hacérsele a la actual tendencia político-normativa es la ruptura de ese equilibrio: la enfatización del deber de trabajar sin el congruo desarrollo de tutelas sólidas al empleo. Aunque no existe una producción normativa que haya desarrollado de forma expresa el deber constitucional de trabajar, sí que se impone este con toda la severidad cuando se dejan de articular garantías institucionales a la existencia, cuando el sistema de protección social exige progresivamente una implicación productiva más intensa para dispensar una tutela suficiente. Sin embargo, al mismo tiempo, el derecho al trabajo cada vez tiene un contenido más inespecífico y las garantías del Derecho Laboral vienen experimentando una degradación permanente bajo el paradigma de la flexibilización. De esta forma, observamos cómo se produce un importante desequilibrio entre los elementos de la triada deber de trabajar / derecho al trabajo / derecho laboral, lo cual impide su funcionamiento armónico según lo acabamos de describir más arriba[661].

5.2 Deber de trabajar y vocación productiva de la constitución

Más arriba –apartado I.3.3–, definíamos el productivismo como un paradigma socio-político en el que la generación de riqueza se estimaba como un objetivo a perseguir por una comunidad determinada. También *ut supra* hemos comprobado como este paradigma se consolida jurídicamente en las grandes normas constitucionales de la primera mitad del siglo XX, especialmente en aquellos sistemas políticos que abrazaron el corporativismo, en los que la producción se caracterizó como un interés supremo de la nación al que se subordinaban los intereses particulares, individuales o colectivos[662]. Según defen-

---

661 Sobre la ruptura de este equilibrio vid. MONEREO PÉREZ, J.L., "¿Qué sentido jurídico-político tiene la garantía del derecho" al trabajo en la sociedad del riesgo?", *Temas laborales: Revista andaluza de trabajo y bienestar social,* vol. 126, 2014, pp. 47-90, p. 68.

662 Así rezaba la declaración XI.1 del Fuero del Trabajo de 1938: "La producción nacional constituye una unidad económica al servicio de la Patria. Es deber de todo español defenderla, mejorarla e incrementarla. Todos los factores que en la producción intervienen quedan subordinados al supremo interés de la Nación". En similar sentido, entre otras, la disposiciones II y IV de la Carta del Lavoro italiana de 1927 proclamaba: "Desde el punto de vista nacional, el conjunto de la producción es unitario; sus finalidades son unitarias y se resumen en el bienestar de los individuos y en el desarrollo de la potencialidad nacional [...] En el contrato colectivo de trabajo es la expresión concreta de la solidaridad entre los varios factores de la producción, mediante la conciliación de los intereses opuestos de los patronos y de los trabajadores, y su subordinación a los intereses superiores de la producción".

díamos, el deber de trabajar era uno de los preceptos constitucionales más representativos de aquella orientación política[663].

Aunque ese compromiso con la productividad es más débil en el constitucionalismo contemporáneo, no podemos afirmar que haya desaparecido por completo dentro de este. Ciñéndonos al caso español, lo observamos proclamado en el mismo preámbulo de la Constitución de 1978, que fija como objetivo de la nación el de "promover el progreso de la cultura y de la economía". Esta declaración de principios se concretiza a través de los arts. 38.1, 40.1, 48, 130.1 y 131 que, en suma, vienen a imponer a las instituciones públicas la promoción del progreso económico. A nuestro modo de ver, el deber de trabajar contribuye también a la formulación de este objetivo constitucional en tanto que encomia la participación individual en la consecución del mismo. Según lo vemos, los preceptos recién enumerados se encargan de proclamar ese fin y orientar a los poderes públicos hacia su consecución –dimensión orgánica del objetivo productivista–, mientras que el deber de trabajar impondría la adhesión de cada individuo a esta causa –dimensión subjetiva–.

5.3 Deber de trabajar y prohibición de trabajos forzosos

Otra cláusula constitucional cercana al deber de trabajar y, a su vez, limitadora de este, es la interdicción de trabajos for-

---

663 Vid. declaración X.I de la nota anterior. Previamente, la declaración I.5 de este mismo texto, afirmaba: "el trabajo, como deber social, será exigido inexcusablemente, en cualquiera de sus formas, a todos los españoles no impedidos, estimándolo tributo obligado al patrimonio nacional". O la I.7: "Servicio es el trabajo que se presta con heroísmo, desinterés o abnegación, con ánimo de contribuir al bien superior que España representa".

zosos que reconoce la Constitución española en su art. 25.2, así como la mayoría de ordenamientos, bien sea por proclamación expresa, bien sea por vía de ratificación de algunos instrumentos internacionales que buscan la erradicación de dicha práctica[664]. Y es que, según la interpretación que se acoja de este, el deber de trabajar puede considerarse abiertamente contrario a dicha prohibición. Como hemos dicho, esto ocurriría según algunas lecturas, que aquí creemos inválidas, que ven en el deber de trabajar un mandato absoluto. Si se acepta esta interpretación, obviamente la contradicción entre estas dos cláusulas es patente y radical: una expresaría la obligación de trabajar y otra la prohibición de obligar a trabajar.

En este sentido, el informe de la O.I.T., *Erradicar el trabajo forzoso, relativo al Convenio sobre el trabajo forzoso, 1930 (núm. 29), y al Convenio sobre la abolición del trabajo forzoso, 1957 (núm. 105)*[665], constató cómo la ratificación de dichos convenios había llevado a muchos Estados parte a "la eliminación de la referencia

---

664 Algunos de los instrumentos específicos en la materia son la Convención de Ginebra sobre la represión de la esclavitud (1926); Convención suplementaria sobre la abolición de la esclavitud, la trata de esclavos y las instituciones y prácticas análogas a la esclavitud (Ginebra, 1956), Convenio 29 de la OIT (1930) y 105 (1957). Por otro lado, la prohibición de trabajos forzados aparece también incluida en algunas declaraciones génericas de derechos humanos. Así ocurre, sin vocación exhaustiva, en el art. 4 de la Declaración Universal de Derechos Humanos (1948); en el art. 7 Pacto Internacional de Derechos Civiles y Políticos (1966); en el art. 4 del Convenio Europeo de Derechos humano (1950) o en el art. 5 de la Carta de los Derechos Fundamentales de la Unión Europea (2000).

665 Estudio de la Comisión de Expertos en Aplicación de Convenios y Recomendaciones relativo al Convenio sobre el trabajo forzoso, 1930 (núm. 29), y al Convenio sobre la abolición del trabajo forzoso, 1957 (núm. 105). Discutido en la 96ª Conferencia Internacional del Trabajo, año 2007, Informe III (Parte 1B), Ginebra, Oficina Internacional del Trabajo, 2007.

al «deber de trabajar» en las constituciones nacionales"[666]. En realidad, como se aclara en ese mismo informe, se trataba de países en los que el deber de trabajar se había asociado a medidas punitivas de represión de la ociosidad voluntaria[667]. A pesar de esta aclaración, y aunque esta sea una percepción propia sobre el precitado informe, intuimos en el mismo cierta suspicacia con respecto a los deberes generales de trabajar que proclaman muchas constituciones y leyes nacionales. La O.I.T. llegará a admitir la conformidad de tales cláusulas con sus convenios, pero bajo la condición de que dicho deber esté acompañado por el

---

666 *Ibid.*, p. 50.

667 Los países que eliminaron de sus respectivas constituciones la mención al deber de trabajar tras la ratificación del Convenio núm. 29 de la OIT fueron: Bielorrusia, Polonia, Rumanía, Federación de Rusia, Ucrania. Previamente, la suscripción de este convenio había llevado a estos países a derogar disposiciones de su normativa infraconstitucional que sancionaban punitivamente la ociosidad: Bielorrusia, Ley núm. 1233-XII, de 14 de febrero de 1991, por la que se deroga el art. 204 del Código Penal relativo a las personas que «llevan una forma de vida parasitaria»; Polonia, el art. 45 de la Ley de 29 de diciembre de 1989 sobre el empleo deroga la Ley de 26 de octubre de 1982 relativa a las personas que se sustraen al trabajo y que otorgaba a las autoridades administrativas amplias facultades de policía con respecto a las personas consideradas como inactivas por razones socialmente injustificadas; Rumanía, aptdo. 7 del art. 1 del Decreto-ley núm. 9, de 31 de diciembre de 1989, deroga la Ley núm. 25, de 5 de noviembre de 1976, que disponía que las decisiones en materia de colocación eran obligatorias y los interesados debían presentarse inmediatamente en la empresa designada; Federación de Rusia, Ley núm. 1867, de 5 de diciembre de 1991, por la que se deroga el art. 209 del Código Penal, relativo a las personas que «llevan una vida parasitaria»; Ucrania, Ley de 7 de julio de 1992 (núm. 2547-XII) por la que se deroga el art. 214 del Código Penal, relativo a las «personas que llevan un modo de vida parasitario» y el decreto de 3 de enero de 1985 del Soviet Supremo de la RSS de Ucrania, sobre el modo de aplicación de este artículo.

respectivo derecho al trabajo –entendido ahora como derecho-libertad– y asumiendo que se trata de una mera cláusula moral. Así se lee en el precitado estudio:

> En algunos países, las Constituciones nacionales hacen referencia expresa al «deber de trabajar» –Colombia (art. 25); Costa Rica (art. 56); Cuba (art. 45); Ecuador (art. 35); Guatemala (art. 101); Japón (art. 27); Panamá (art. 60); Perú (art. 22); España (art. 35); Turquía (art. 49); República Bolivariana de Venezuela (art. 87)– como contrapartida del «derecho al trabajo», en el supuesto de que la Constitución reconozca este derecho a los ciudadanos. En gran número de casos, se trata de una declaración de principios general y supone un deber moral, que no se traduce en ninguna obligación legal concreta, cuya inobservancia no entraña sanción alguna y que, por lo tanto, no afecta a la aplicación del Convenio.

Por todo lo que hemos expuesto hasta aquí podrán intuirse las razones de nuestro desacuerdo con el planteamiento de la O.I.T. al calificar al deber de trabajar que recoge, entre otras, la Constitución española, como un *deber moral.* Más precisamente, discrepamos de que la corrección normativa del deber de trabajar, su adecuación a la normativa de la O.I.T., dependa de su ajuridicidad. Y es que entre el *principio moral y general* y la *obligación sancionada punitivamente* hay un amplio espectro de opciones configuradoras del deber de trabajar, muchas de ellas compatibles con la prohibición de trabajos forzosos. Valga como botón de muestra la convivencia en nuestra Constitución del deber de trabajar y la interdicción de trabajos forzosos prevista en su art. 25.2[668]. La simple inclusión de sendas cláusulas

---

[668] Como es sabido, el art. 25.2 CE´78 ordena que "las penas privativas de libertad y las medidas de seguridad estarán orientadas hacia la reeducación y reinserción social y no podrán consistir en trabajos forzados". Una lectura *a fortiori* del precepto sugiere que la prohibición de imponer trabajos forzosos será de aplicación a cualquier

en un mismo texto normativo nos obliga a una lectura sistemática que armonice su contenido, la cual creemos que puede lograrse de manera no artificiosa[669]. Bastará, entre otras posibilidades, con acudir a una interpretación literal y observar las diferencias semánticas que existen entre los adjetivos *forzoso* y *obligatorio.* Aunque ambos términos señalan una conducta que es exigible a un sujeto por circunstancias que no dependen de su propia voluntad, el primero de ellos incorpora una mayor intensidad o, con mayor precisión, medidas de coacción asociadas a su incumplimiento. En efecto, para la R.A.E., una acción forzosa es aquella que resulta "ineludible, inevitable" (acepción 1ª) o "violenta, contra razón y derecho (acepción 5ª, en desuso). Ninguna de estas notas, la fatalidad o la violencia, aparecen necesariamente en la definición del adjetivo obligatorio, que para la R.A.E. es aquella cosa "que obliga a su cumplimiento y ejecución". Caben así en el plano semántico acciones obligatorias cuyo incumplimiento esté asociaciado a algún tipo de coacción violenta, pero también muchas otras en las que este tipo de imposición no se dé: piénsese, por ejemplo, en las obligaciones meramente morales, pero también en algunas jurídicas, cuya inobservancia no aparece asociada a ningún tipo de sanción –*v.gr.* el deber de fidelidad inter-cónyuges del art. 68 del Código Civil–. Podría concluirse, al respecto de los

---

otro ciudadano, no reo. Esta lectura es además coherente con la misma libertad constitucional de trabajar del art. 35.1.

669 Otras cláusulas constitucionales abonan esa conclusión y nos hacen ver que la opción constiutyente pasó por establecer "una obligación social de tipo genérico no asimilable a otros deberes como el militar o tributario, ya que el Estado no puede compeler a nadie a trabajar, sino tropezaría con el siguiente enunciado del propio artículo 35 CE: la libre elección de profesión u oficio". DE BARTOLOMÉ CENZANO, J.C., *Derechos fundamentales y libertades públicas,* Valencia, Tirant lo Blanch, 2003, p. 242.

términos que estamos comparando, que lo obligatorio actúa como el género y lo forzoso como la especie: como aquel comportamiento obligatorio cuya omisión se amenaza con una reacción violenta. De este modo, retomando el análisis de nuestra Constitución, no detectamos ninguna contradicción lógica entre la prohibición de trabajos forzosos y el deber constitucional de trabajar, porque la primera solo impide la imposición violenta del trabajo[670], pero no excluye que el deber de trabajar siga considerándose imperativo y que su cumplimiento pueda promoverse por cualesquiera otras vías que no comporten el uso de la fuerza[671]. En los términos que manejábamos en la introducción, el deber constitucional de trabajar supondría un deber social, mientras que el trabajo forzoso presupone una relación de obligación. El deber de trabajar impone la participación productiva, mas no llega a *forzarla* ni a hacerla coercitivamente exigible. Insistimos una vez más –rayando la tautología, pero es que este es quizás el principal punto que nos separa de quienes niegan la juridicidad del deber de trabajar– en que la diferencia entre una norma jurídica y una norma moral no estriba en la existencia de amenazas institucionales que impongan su cumplimiento, sino en el procedimiento a través del cuál se han creado. En este caso, para concluir el razonamiento, creemos que es perfectamente posible, incluso necesario, afirmar el carácter jurídico del deber de trabajar sin identificarlo con una imposición del trabajo forzoso. Esta es, sin em-

---

670 Precisamente, el trabajo forzoso aparece definido en el Convenio 29 de la OIT (1930) —art. 2— como "todo trabajo o servicio exigido a un individuo bajo la amenaza de una pena cualquiera y para el cual dicho individuo no se ofrece voluntariamente".

671 La compatibilidad del deber de trabajar con la interdicción de trabajos forzosos se afirma, entre otros por MONTOYA MELGAR, A., *Derecho del Trabajo… op.cit.*, p. 41, o por CRUZ VILLALÓN, J., *Compendio de Derecho del Trabajo*, Madrid, Tecnos, 2012, p. 104.

bargo, una lectura válida para nuestro texto constitucional, donde existen otros preceptos que impiden esa equiparación –prohibición de trabajos forzosos, libertad de elección de profesión u oficio, libertad de autodeterminación...–. Debe admitirse que, en otros referentes constitucionales –principalmente históricos, aunque también alguno contemporáneo– el deber de trabajar ha instaurado una verdadera represión coactiva de la vagancia. Por eso, quizás, los recelos que insufla en la O.I.T. una disposición constitucional como la que aquí analizamos.

Se ha discutido, por otro lado, si el principio profesional-contributivo como criterio de asignación de beneficios sociales supone una forma implícita de trabajo forzoso[672], sobre todo en su aplicación a las prestaciones por desempleo, cuando el disfrute de estas se supedita a la realización de una actividad profesional o de colaboración social[673]. Esta discusión tiene alguna relevancia para nosotros pues, según hemos expresado con insistencia, en aquel principio distributivo, el profesional-contributivo, encontramos una concreción del deber fundamental de trabajar que proclaman muchas constituciones. La posición mayoritaria, a la que nos adherimos, es la que des-

---

672 Algunos tribunales internacionales han afrontado esta cuesión en T.E.D.H., Talmon vs the Netherlands, App No 30300/96, Commission Decision of 26 February 1997; Schuitemaker vs the Netherlands, App No 15906/08 admissbility decission de 4 de mayo de 2010; Supreme Court of United Kingdom: Reilly & Anor, R (on the application of) v Secretary of State for Work and Pensions [2013] UKSC 68. T; United States Court of Appeals, 9th Circuit, Brogan v. San Mateo County, Apr 18, 1990 (901 F.2d 762 -9th Cir. 1990-); y en los Países Bajos: Central Appeals Tribunal 8 February 2010, LJN BL 1093.

673 ELEVELD, A., "The Duty to Work Without a Wage: A Legal Comparison between Social Assistance Legislation in Germany, the Netherlands and the United Kingdom", *European Journal of Social Security*, vol. 6.3, 2014, pp. 204-224.

carta que con este criterio de asignación de beneficios sociales se esté produciendo alguna transgresión de la interdicción de trabajos forzosos, entre otros motivos, por la más elemental distinción que hacíamos más arriba entre lo obligatorio y lo forzoso[674]. Aunque admitamos que el principio profesional contributivo supone un incentivo a quienes acatan el deber de trabajar, en modo alguno castiga o fuerza a aquellas personas que han decidido separarse de un estilo de vida profesionalizado. En palabras de Cruz Villalón:

> "El deber de trabajar debe insertarse en un contexto general de libertad del ciudadano, del que deriva la voluntariedad de trabajar y la correlativa prohibición de las diversas formas de trabajo forzoso. Ello determina que no pueda imponerse a nadie una obligación directa de trabajar como deber jurídico pleno, si bien el deber de trabajar sí que legitima al Estado a «penalizar» o contemplar efectos perjudiciales sobre los ociosos resistentes a cualquier forma de colaboración en el desarrollo económico; por ejemplo ello puede justificar el establecimiento de mecanismos que obliguen a los desempleados a una búsqueda activa de empleo, a su reciclaje profesional o a la

---

674 Otras razones por las que se ha entendido que este tipo de criterio de asignación de beneficios sociales no supone un forma de trabajo forzoso son las siguientes: "o bien se ha entendido que el trabajo realizado en el marco de las workfare no es trabajo forzoso porque es incardinable a excepciones previstas en las propias normas jurídicas, en la medida que son obligaciones o deberes cívicos "normales" y que guardan una proporcionalidad entre el trabajo realizado y el resultado beneficioso del participante [...]; o bien no puede entenderse que la condicionalidad impuesta en el marco de las políticas del workfare altere el libre consentimiento, siempre y cuando exista una proporcionalidad en la obligación impuesta ponderando múltiples factores" CREMADES, CHUECA, O., "Las políticas de workfare y los trabajos de colaboración social: debates clave, puntos críticos y propuestas jurídico-laborales", en A.A.V.V. (Calvo Gallego, F.J., Hernández Bejarano, M. y Rodríguez Piñero Royo, M., dirs.), *La revolución de las formas de empleo en el siglo XXI*, Laborum, 2021, pp. 205-236, p. 216.

> consiguiente pérdida de las prestaciones económicas públicas por desempleo en caso contrario"[675].

5.4 Otros preceptos constitucionales vinculados al deber de trabajar

Más allá de las cláusulas del art. 35 de la Constitución española y la prohibición de trabajos forzosos, es posible encontrar otras disposiciones constitucionales que interaccionan con el deber de trabajar y ayudan a delimitar su contenido y alcance. Las que referiremos ahora, son, por lo demás, disposiciones ordinarias en la arquitectura jurídica de los Estados sociales de Derecho, por lo que, de nuevo, si bien aquí nos fijaremos en la norma suprema española, parte de las consideraciones que expondremos serían extrapolables, *mutatis mutandi*, a la mayoría de constituciones modernas que acogen el deber de trabajar.

Ya hemos expuesto en qué medida el deber de trabajar explica y dota de contenido al modelo de Estado social en el que convivimos, por lo que huelga ahora vincular dicho deber a la cláusula preliminar que proclama esta opción política en nuestra Constitución: *España se constituye en un Estado social y democrático de Derecho* (art. 1.1). Siguiendo, entonces, el orden en el que aparecen mencionadas estas disposiciones en nuestra Constitución, algún autor ha relacionado el deber de trabajar con la dignidad personal del art. 10.1 CE´78[676] y, más concretamente, dentro de este mismo precepto, con el derecho al libre desarrollo de la personalidad: esta es al menos la opinión de Díez-Picazo Giménez, para quien "el libre desarrollo de la personalidad (art. 10.1 CE), sobre el que se apoya la cláusula general de libertad, ha de encauzarse a través de la *vita activa* (art.

---

675 CRUZ VILLALÓN, J., *Compendio de Derecho… op.cit.*, p. 104.

676 DE ASÍS ROIG, R., *Deberes y obligaciones… op.cit.*, p. 870.

35.1 CE), de manera que no cabe invocar la Constitución para tutelar la pereza"[677]. Esta vinculación, un tanto abstracta, ve el derecho a la autodeterminación personal como una cláusula emancipadora que no solo libera al individuo de injerencias sobre sus elecciones vitales, sino que también lo responsabiliza de estas. *A sensu contrario,* la vinculación entre el deber de trabajar y la libre determinación moral nos recuerda que entre las opciones vitales de un sujeto tuteladas por la Constitución no se encuentra la vida ociosa. Particularmente, añadiríamos que la vinculación entre el deber de trabajar y la libertad de autodeterminación es mutua, y que también esta modula el alcance de dicho deber, concretamente impidiendo una lectura maximalista del mismo: cualquier configuración legal del deber de trabajar deberá, necesariamente, respetar un amplio margen de libertad al individuo, aunque esta libertad no tiene porqué ser absoluta.

Dentro del principio de responsabilización que impondría el deber de trabajar, cabría traer a colación, aunque ello implique un salto sistemático, el deber parental de "prestar asistencia de todo orden a los hijos habidos dentro o fuera del matrimonio, durante su minoría de edad y en los demás casos en que legalmente proceda", art. 39.3. En efecto, y como comprobaremos en un epígrafe posterior –V.4.2–, el deber de trabajar impregna la legislación civil, limitando o imponiendo incondicionalmente, según los casos, las obligaciones alimenticias. Esta asociación entre el deber de trabajar y el deber de manutención de los familiares aparece también, de forma indirecta, en el propio artículo 35.1, cuando al proclamar el

---

677 DÍEZ-PICAZO GIMÉNEZ, L.M., *Sistema de Derechos Fundamentales... op.cit.*, p. 505. En ediciones anteriores de la obra la expresión *vita activa* era reemplazada por *vida digna.*

derecho-deber de trabajar garantiza que su ejercicio reportará los ingresos suficientes para atender las necesidades familiares.

Ya hemos expresado, por otra parte, las relaciones entre el deber de escolaridad del art. 27.4 y deber de trabajar. Trátanse de deberes cívicos –o fundamentales– sucesivos, de modo que el límite temporal del primero fija el inicio de la exigibilidad del segundo. Sobre esta relación tan directa cabe introducir un matiz para precisar que la vigencia temporal del deber de escolaridad –en España hasta los 16 años– marca una inexigibilidad absoluta del deber de trabajar. A partir de esa edad, no obstante, y con base en la normativa infraconstitucional y la doctrina judicial, cabe hablar de una inexigibilidad relativa o condicional del deber de trabajar, sujeta siempre a que el individuo acredite una legítima vinculación al estudio para perfeccionarse en el ejercicio de una profesión futura –vid. sobre este particular apartado IV 1.4.1–.

Otro precepto que se contrapone recurrentemente al deber de trabajar es el art. 33.1 CE´78 en la medida que reconoce el derecho a la propiedad privada y, especialmente, el derecho a la herencia. A través de esta vinculación, que es fáctica más que jurídica, se denuncia que el deber de trabajar solo resulta verdaderamente imperativo para aquellos sujetos que carecen, *ab ovo*, de medios patrimoniales con los que sufragar su existencia[678]. En efecto, si se afirma, como aquí hacemos, que el deber

---

678 Vienen al caso las apreciaciones de Ramón Dionisio de la Sagra y Peris en un artículo intitulado *Defecto capital de que adolecen todas las constituciones políticas* publicado en el año 1844 en la *Revista de los Intereses Morales y Materiales*. En él se postula como principal deficiencia de las constituciones preexistentes la ausencia de un reconocimiento explícito del derecho al trabajo que compense las diferencias de partida que genera el reconocimiento del derecho a la propiedad privada y a la herencia: “la inmensa mayoría de la humanidad, viene

de trabajar es obligatorio en la medida que impide la cobertura prestacional de la vida ociosa, resulta que este incentivo a su cumplimiento solo sería eficaz frente a las personas que dependen del trabajo para su subsistencia[679]. Para refutar esta conclusión podría sostenerse, al menos discursivamente, que la existencia a través de la explotación de los bienes de capital es una forma de ejecución del deber de trabajar, el cual, recordemos, no puede ser entendido en sentido estrecho como el deber de desplegar una actividad profesional en régimen de ajenidad. Podría defenderse, yendo más lejos aún, desde la

---

al mundo con aptitud para el trabajo y con la necesidad de vivir de él: un pequeño número vienen al mundo exentos de la obligación de trabajar para vivir, porque hallan una propiedad adquirida por sus ascendientes. ¿Qué establecen las constituciones con respecto a estos dos grupos de la humanidad de los cuales el uno comprende la mayoría y el otro la minoría, o hablando con más exactitud, el primero es la regla general y el segundo la excepción? ¿Qué prescriben las constituciones relativamente a los medios de existencia respectivos a estos dos grupos, esto es, relativamente a las fuerzas del uno y a las riquezas del otro, a estos dos géneros de propiedades con que vienen al mundo? – Nada, sobre la primera; constituir un derecho de la segunda. No atacamos la legitimidad, la santidad si se quiere de este derecho en favor del corto número de individuos que lo disfrutan, y que mediante él tienen asegurada su existencia y su ventura; pero reclamamos una igual sanción en favor del otro, que forma el único patrimonio de la casi totalidad de la especie humana y sin el cual no puede existir y ser dichosa", pp. 150 y 151.

679 Rey Pérez se refiere a ello como "una asimetría creada por la filosofía del *workfare* pues el deber de trabajar y de contribuir no se exige a aquellos, que aun sin contar con un empleo, poseen elevadas riquezas y no necesitan los ingresos salariales para sobrevivir. Parece que, si en efecto estamos hablando de un deber ciudadano correlativo de una serie de derechos, este deber debería ser general". REY PÉREZ, J.L., *Sostenibilidad del Estado… op.cit.*, pp. 71-72.

teoría propiedad-trabajo[680], que quienes no explotan bienes de capital, sino que viven a costa de los réditos generados por estos, han dado un cabal cumplimiento pasado al deber de trabajar, que no tiene porqué ejecutarse de manera ininterrumpida. Más forzado será, sin embargo, defender que quien sufraga su existencia con base en la riqueza heredada, sin explotar el potencial productivo de esta, está dando cumplimiento al deber de trabajar[681]. Aceptando, al menos como posibilidad la existencia un segmento poblacional hallado en tal situación, el deber de trabajar puede presentarse como abiertamente desigualitario en la medida que se impone de forma muy dispar sobre los distintos ciudadanos, según sea su situación patrimonial de

680 Recordemos sin embargo que, en su formulación original, tal y como fue esbozada por Locke, la legitimación de la propiedad a través del trabajo impedía cualquier tipo de acumulación excesiva y desigualitaria de bienes: "La naturaleza ha dejado bien sentado cuáles han de ser los límites de la propiedad, pues éstos dependerán del trabajo que realice un hombre y de lo que le resulte conveniente para vivir. Ningún trabajo humano fue capaz de apropiárselo todo; y tampoco podía disfrutar hombre alguno más que de parte pequeña [...] Según esto, era, por tanto, imposible que ningún hombre se entrometiera en los derechos de otro, o adquiriese propiedad para sí mismo con perjuicio de su vecino, el cual tendría todavía sitiio suficiente para adquirir posesiones tan buenas y tan extensas, en la misma cantidad que cuando la apropiación del otro no había tenido lugar. Esta limitación confinaba a cada hombre a obtener posesiones en proporción moderada, y sólo en la medida en que le fuera posible obtener propiedad sin dañar a nadie". LOCKE, J., *Segundo tratado del gobierno civil... op.cit.*, pp. 40 y 41.

681 Decimos forzado porque, aunque retóricamente cabría alegar que la riqueza transmitida por herencia trae fruto de un trabajo pasado, sería difícil sostener que quienes se benefician pasiva y posteriormente de ese esfuerzo productivo dan cumplimiento al deber de trabajar del mismo modo que quien genera un patrimonio propio con los resultados de su propia productividad.

partida[682]. Este es, de hecho, uno de los principales argumentos de quienes abogan por la abolición de este deber a través de garantías prestacionales universales. Ciertamente, reconocemos que nos encontramos ante uno de los principales puntos críticos de la formulación del deber de trabajar o, mejor dicho, de su legitimidad sustantiva. Sendas disposiciones –de igual rango normativo–, el deber de trabajar y el derecho a la herencia, tutelan valores totalmente independientes, pero que acaban colisionando en determinados supuestos de hecho. En la medida en que la contradicción entre ambas no es formal, sino fáctica, no encontramos motivos para entender que estas cláusulas constitucionales sean incompatibles entre sí. Es más, en según qué casos, el derecho a la propiedad y el derecho a la herencia pueden suponer un estímulo poderoso para el cumplimiento del deber de trabajar: el poder de disposición pleno, inclusive tras la muerte, de los bienes adquiridos con el trabajo es lo que empujará al individuo a la realización de una actividad productiva, incluso cuando las necesidades materiales de su vida estén holgadamente cubiertas. Además, se ha dicho que la mera positivización del deber de trabajar favorece una percepción social negativa sobre el heredero ocioso[683].

No obstante, a pesar de estos tibios estímulos para inclinar al cumplimiento del deber de trabajar a quien no tiene la necesidad material de hacerlo, desde el punto de vista de su legitimidad, la concreción legislativa de estas disposiciones constitucionales debería promover que el cumplimiento del deber de trabajar sea jurídicamente relevante, incluso, para el

682 ALARCÓN CARACUEL, M.A., "Derecho al Trabajo, libertad profesional..." *op.cit.*, pp. 37 y 38.

683 Más allá de esa atemperación, se ha dicho que el deber de trabajar impone una visión negativa sobre el heredero ocioso. BORRAJO DACRUZ, E., *Política y Derecho... op.cit.*, p. 18.

heredero más hacendado. Ello, por ejemplo, podría lograrse a través de un tipo impositivo cualificado por transmisiones *mortis causa*, gravando los bienes improductivos, o introduciendo incentivos no crematísticos al cumplimiento del deber de trabajar[684]. En síntesis, sobre este punto, admitimos, como tantas veces se ha criticado, que el derecho a la herencia conduce a una desigual imposición fáctica del deber de trabajar. No obstante, creemos que eso no revela ninguna incompatibilidad lógico-constitucional entre sendas disposiciones y que corresponde al legislador ordinario idear mecanismos que atenúen esa disfuncionalidad.

Dejando ya de lado esa cuestión crítica, cabe observar también una vinculación directa entre el deber de trabajar y todos aquellos preceptos que, de forma más o menos directa, vertebran el modelo económico constitucional. Ciertamente con insistencia se ha dictaminado que nuestra carta magna no conduce a un modelo económico-productivo único, sino que caben diversas opciones regulatorias[685]. Con todo,

---

684 Una opción extrema es la que ya hemos apuntado más arriba y que se barajó en el proceso constituyente italiano: vincular los derechos de participación política al cumplimiento del deber de trabajar. Creemos que esta solución no sería admisible por colisionar con otros preceptos de superior rango –igualdad–, pero recurrimos a ella como ejemplo de concreción normativa que penalizaría el incumplimiento del deber de trabajar, incluso a quienes permanecen al margen del trabajo voluntariamente con apoyo en un patrimonio heredado.

685 "En su momento no faltó quien criticara la específica redacción de nuestra Constitución económica achacándole un elevado grado de «elasticidad», e incluso de «ambigüedad». Pero lo cierto es que el tiempo ha demostrado que fue un gran acierto el de quienes, en aquellos momentos, antepusieron el compromiso y el acuerdo al dogmatismo doctrinal [...] Desde entonces se han sucedido gobiernos socialdemócratas y gobiernos social-liberales o populares que

no deja de ser cierto que el texto constitucional sí introduce ciertas premisas que son indisponibles para el legislador a la hora de decantarse por una u otra orientación político-económica, premisas que acaban condicionando notablemente el alcance potencial del deber de trabajar. Así, de entrada, podemos referirnos al ya aludido derecho a la propiedad privada del art. 33.1 y como derivada de este, al derecho a la libertad de empresa en el marco de una economía de mercado previsto en el art. 38. Quizás son estos preceptos, que son concreción del más abstracto principio de libertad individual, los que impiden con más rotundidad una lectura perfecta del deber constitucional de trabajar. Y es que, como tantas veces se ha dicho, esa acepción del deber de trabajar solo sería admisible en economías planificadas –apartado II.3.2–; y ello por la relación proporcional directa que encontramos entre la garantía del derecho al trabajo y la exigibilidad del deber de trabajar: solo en aquellos sistemas en los que la economía esté en disposición de ofrecer una vacante de empleo a todo aquel que la reclame, será legítimo exigir el deber de trabajar e incluso sancionar a quienes lo incumplan. Comoquiera que las directrices económicas de la Constitución española cierran la puerta a un sistema económico de este tipo[686], no cabe la exigencia perfecta del

---

han aplicado sus políticas económicas sin generar problemas constitucionales". FRAGA IRIBARNE, M., "La Constitución Española, génesis, balance y perspectivas", en A.A.V.V. (Borrajo Dacruz, E., dir.), *Trabajo y libertades públicas*, La Ley, Madrid, 1999, pp. 555-572, p. 565.

686 Como se ha dicho, "la cláusula constitucional de libre empresa descarta, pues, la posibilidad económica de que los poderes públicos garanticen sin fallos la satisfacción del derecho al trabajo", dado que, en virtud de dicho principio, "no solo la creación de nuevos puestos de trabajo está, en gran medida, en manos de la iniciativa privada, sino del propio mantenimiento de los puestos existentes".

deber de trabajar en la medida que, en este contexto, es un deber cuya realización no depende por entero de su titular. También, estas coordenadas político-económicas marcadas por la Constitución, principalmente las que se infieren del derecho a la propiedad privada y la libertad de empresa, impiden que el deber de trabajar pueda entenderse, como ocurría en su acepción socialista, como un deber de trabajar, excluyentemente, en régimen de ajenidad.

5.5. Tutelas constitucionales a las facetas no productivas del ser humano

Cuanto hemos expresado en el epígrafe precedente nos mueve a exponer una idea que, aun siendo elemental, arroja utilidad a efectos argumentativos: la que afirma que nuestro marco constitucional protege un conjunto heterogéneo de valores que se han estimado relevantes para la consecución de una vida personal y social plena: libertad, educación, familia, salud, descanso, trabajo, etc. La protección de este conjunto de valores impide que la promoción de cualquiera de ellos termine anulando o menoscabando excesivamente al resto. ¿Adónde queremos ir con este básico razonamiento? Ya hemos dicho que el deber de trabajar consagrado constitucionalmente apela a la faceta productivo-económica del ser humano, que valora positivamente la contribución que este hace al progreso técnico, económico y espiritual de una comunidad determinada. Pero esto en modo alguno debe llevarnos a concluir que, con la proclamación de

---

COBREROS MENDAZONA, E., "Reflexión general sobre la eficacia normativa de los principios constitucionales rectores de la política social y económica del Estado", *Revista Vasca de Administración Pública*, núm. 19, 1987, pp. 127 y ss. Tomo la cita de SASTRE IBARRECHE, R., *El derecho al trabajo… op.cit.*, p. 99.

dicho deber, la Constitución exalta exacerbadamente la función productiva del ser humano colocándola en una posición jerárquica superior a otras facetas consustanciales a su perfección. Aunque esta posible interpretación carecería de cualquier sustento jurídico, es la que justifica algunas de las recusaciones que hoy día recibe el deber de trabajar: las que ven en este una sublimación de la función económica del ser humano que lo cosifica y lo convierte en un insumo productivo. Estas recusaciones solo se sostendrían si nuestro ordenamiento constitucional careciese de disposiciones llamadas a tutelar esas otras dimensiones o valores personales que se han considerado imprescindibles para lograr una vida plena, valores que, en ocasiones, ya hemos tenido ocasión de comprobar, cuentan con un rango jurídico superior, al menos en cuanto a su tutela institucional se refiere. En la medida que estas disposiciones existan, impiden cualquier lectura absoluta del deber de trabajar: este último apremia, sí, a la misión productiva del ciudadano, pero esta debe ser compatible con otras esferas personales que se han considerado dignas de protección. De nuevo, hay que lograr el necesario equilibrio entre la libertad individual que de forma prioritaria defiende nuestro ordenamiento y las restricciones sobre esta que exige la convivencia cívica y el sostenimiento del aparato institucional que, precisamente, permite la protección de la libertad. A esto se refiere el preámbulo de nuestra carta magna cuando fija entre los fines propios del Estado el de "promover el progreso de la cultura y de la economía para asegurar a todos una digna calidad de vida". Una lectura holística de nuestra norma fundamental nos demuestra que, lejos de acoger al *homo faber* como prototipo subjetivo de referencia, asume la naturaleza poliédrica del ser humano. Nos acabamos de referir a varios de los preceptos que evidencian esa concepción amplia y plena del ser humano: el deber de escolaridad; el deber de prestar asistencia a los hijos, no solo económica, sino *de todo orden*

–art. 39.3 CE´78–; el derecho a un estatuto laboral, en el que se incluye, prioritariamente, una limitación a la jornada de trabajo –art. 35.2–, el derecho a la protección de la salud y el derecho al descanso –art. 40 CE´78–. Todas estas disposiciones, entre otras, impiden una exigibilidad desmesurada del deber de trabajar del mismo modo que este deber, en ocasiones, rechaza una lectura absoluta de muchos de esos otros derechos y libertades[687].

---

687 El ejemplo más obvio acaso pueda ser el derecho al descanso del art. 40 CE´78, que no puede ampliarse hasta tal punto que haga inexigible el trabajo. En sentido contrario, la exigencia del deber de trabajar encuentra en aquel derecho constitucional un claro límite.

V. La proyección legislativa del deber de trabajar

En este penúltimo capítulo pretendemos identificar algunas de las implicaciones que, según defenderemos, tendría la proclamación constitucional del deber de trabajar sobre la normativa ordinaria o infracosntitucional. Dentro de esta, el grueso del capítulo analizará la proyección de ese deber sobre la normativa laboral y de seguridad social. Aunque abordaremos por separado cada uno de estos dos grandes bloques normativos, podemos con carácter previo recordar algunas ideas que son las que justifican la existencia de esta legislación que, conjuntamente y con propiedad, podemos denominar *Derecho social.*

1. EL DEBER DE TRABAJAR COMO FUNDAMENTO DE LA LEGISLACIÓN SOCIAL

Para ello, comenzaremos recuperando algo que comentábamos al abordar el tratamiento del deber de trabajar en los grandes textos político-jurídicos de la primera mitad del siglo XX –vid. capítulo II, apartados 3.2, 3.3, 3.4, 5.1 y 5.2–. Según veíamos en estos, el deber de trabajar se caracterizó como un deber político-ciudadano en la medida que la comunidad política asumía la productividad como un objetivo a perseguir. Desde esa premisa, la protección normativa, en sentido lato, que asistía a los trabajadores pudo presentarse constitucionalmente como una respuesta recíproca del Estado para aquellos ciudadanos que habían dado cumplimiento a aquel deber cívico-político. Esta relación de reciprocidad es, según la entendemos, el basamento teórico-jurídico de la *ciudadanía laboral* que por aquel entonces comenzaba a conformarse. En palabras de uno de los más destacados iuslaboralistas de aquel momento, Hugo Sinzheimer: "la protección de los trabajadores se remonta a la idea de que la fuerza de trabajo del hombre no es sólo un bien individual sino también social"[688]. Sin reparar de nuevo en la convicción política que inspiró esta opción constituyente, sí que podemos verla claramente expresada en la literalidad de las cartas fundamentales del período, a pesar de las insalvables diferencias ideológicas que existieron entre cada una de ellas. Así, el artículo 157 de la Constitución de Weimar relativo a la normativa laboral proclamaba que "el trabajo gozará de la protección especial del Imperio. Se establecerá en todo el Imperio un derecho obrero uniforme". De forma más explícita, relativo ahora a la protección social, el art. 161 afirmaba que "para atender a la conservación de la salud y de la capacidad para el trabajo [...] el Imperio creará un amplio sistema de seguros". Esta protección del trabajador y su fuerza de trabajo aparecía en el mismo capítulo y sección que el artículo 163, el cual proclamaba, recordemos, el "deber de todo alemán de emplear sus fuerzas intelectuales y físicas conforme lo exija el bien de la comunidad y sin perjuicio de su libertad personal". Más expresiva de

---

688 SINZHEIMER, H., "The Development of Labor Legislation in Germany", *Annals of the American Academy of Political and Social Science*, Vol. 92, 1920, pp. 35-40, p. 35. La caracterización del trabajo como un bien público se ha asociado al modelo de contrato social propio del Estado del bienestar: "A medida que el capitalismo se fue desarrollando, el contrato social incrementó su complejidad, pues aumentó la división del trabajo y las familias se volvieron menos autosuficientes; surgieron entonces nuevos sistemas regulatorios y hubo que coordinar servicios públicos como los de la limpieza pública y las redes eléctricas. El hecho de procurar esos bienes colectivos —entre los que se incluía tener una fuerza de trabajo con una formación y un estado de salud adecuados— pasó a ser una parte cada vez más importante del contrato social y terminó desembocando en lo que hoy llamamos el Estado del bienestar". SHAFIK, M., *Lo que nos debemos... op.cit.*, p. 52.

la relación entre el deber de trabajar y la protección normativa de los trabajadores fue la *Carta del Lavoro* italiana de 1927, cuyo artículo segundo proclamaba que "el trabajo en todas sus formas organizadas y ejecutivas, intelectuales, técnicas, manuales, es un deber social, desde este punto de vista y solamente bajo este aspecto, está tutelado por el Estado". Con una literalidad menos impetuosa, pero con igual claridad al entablar la relación entre aquel deber político y la tutela pública de los trabajadores, la Constitución de la II República española, en su ya comentado artículo 46, afirmaba: "El trabajo, en sus diversas formas, es una obligación social, y gozará de la protección de las leyes". Por último, y sin salirnos de la historia constitucional española, el Fuero del Trabajo franquista de 1938 fue acaso el texto más explícito de todos los mencionados al vincular la acción tuitiva del Estado al cumplimiento del deber político –y en este caso, cuasireligioso– de trabajar: "El Estado valora y exalta el trabajo, fecunda expresión del espíritu creador del hombre y, en tal sentido, lo protegerá con la fuerza de la ley, otorgándole las máximas consideraciones [...] El trabajo constituye uno de los más nobles atributos de jerarquía y de honor, y es título suficiente para exigir la asistencia y tutela del Estado" (apartados 4 y 6 del preámbulo).

A partir de estos antecedentes, el estatuto protector cuaificado al que accede la población trabajadora puede presentarse como una respuesta institucional al cumplimiento del deber de trabajar, al menos de dos formas diferentes, no necesariamente excluyentes: 1) De un lado cabría presentar la normativa social como una protección pública a aquellos sujetos que ejecutan aquel deber político para que su voluntad de cumplimiento no los exponga a unas condiciones de trabajo especialmente lacerantes. En la medida que el Estado, jurídicamente, a través del deber de trabajar, impele a sus ciudadanos a la ejecución de una actividad productiva, en justa reciprocidad debe velar porque aquellos que responden favorablemente a este mandato no se vean por ello sometidos a unas condiciones de vida peores a las que encontrarían al rehusar el cumplimiento de este deber –vid. IV.5.1–. A esta finalidad responderá, a nuestro modo de ver, la normativa laboral y la primigenia normativa de protección social frente a los riesgos profesionales. 2) De otro lado, la acción tutelar del Estado sobre los trabajadores aparece a veces como una recompensa o acción positiva en favor de las personas que han satisfecho su compromiso con la productividad de la comunidad política[689]. Esta otra finalidad la observamos cuando la acción tutelar del Estado no se limita a neutralizar los agravios a los que se ven sometidos los ciudadanos al cumplir el deber trabajar, sino que va más allá para otorgarles a estos ciertas ventajas a las que no accederían si no ejecutasen una labor productiva. En esta otra línea de actuación ubicamos la acción protectora de la seguridad social por contingencias comunes, con la que se protegen ciertos riesgos sociales a los que están sometidos todos los ciudadanos, con independencia de su vinculación al mundo profesional. También, en menor medida, se aprecia esta función retributiva de la legislación social en el Derecho del Trabajo, cuyas instituciones no siempre van dirigidas a corregir la deficiencia negocial de los trabajadores, sino a promover una mejora en la calidad de vida de estos.

---

[689] Empleamos la expresión deber cívico, porque en algunos ordenamientos que desconocen un deber constitucional de trabajar, también se presenta la protección social como una normativa que protege y recompensa a las personas que desempeñan ese deber. En tales casos no se habla de un deber expreso de Derecho positivo, sino de un deber que se infiere del conjunto de la normativa legal que adopta tales posiciones, de recompensa o protección, a quienes desempeñan una actividad productiva. SIMON, D., y WILKINSON, F., "The Duty to Work", en *The Law of the Labour Market: Industrialization, Employment, and Legal Evolution*, Oxford, Oxford University Press, 2005, pp. 110–199.

En suma, lo que afirmamos es que la legislación social aparece en la arquitectura del Estado providencial como un requisito de legitimidad del deber de trabajar[690]. En este sentido, ya habíamos apuntado al inicio cómo para algunos autores la legitimidad ética del deber de trabajar descansaba en un criterio de reciprocidad[691]. Si admitimos esta fundamentación debemos aceptar, a su vez, que se trata de un deber no absoluto. A diferencia de otros deberes que son unilaterales y son exigibles con independencia del comportamiento de los demás –*v.gr.* el deber de no causar daño a nuestros semejantes o de no romper nuestras promesas–, el deber de trabajar, justificado moralmente desde la reciprocidad, exige una contraprestación social justa. En palabras de Cholbi: "El deber de trabajar es condicional y bilateral, un deber que surge solo si se cumplen ciertas condiciones, condiciones que en su gran mayoría no son moldeadas por los trabajadores sino por otros"[692]. Ante esta

---

690 Fuera del ámbito jurídico, esta justa reciprocidad ha sido reclamada por la doctrina social de la Iglesia: "Si el trabajo —en el múltiple sentido de esta palabra— es una obligación, es decir, un deber, es también a la vez una fuente de derechos por parte del trabajador". JUAN PABLO II, S.P., *Laborem excersen*, n. 16.

691 "El argumento del *fair play* enfatiza que el deber moral de trabajar se basa en consideraciones de reciprocidad, es decir, si un trabajador tiene la oportunidad de hacer una contribución justa y obtener una parte justa de los beneficios de un esquema cooperativo". CHOLBI, M., "The Duty to Work..." *op.cit.*, p. 1123.

692 Y añade, abundando en esa línea: "El argumento del *fair play* se basa, por lo tanto, en una imagen idealizada del trabajo que difiere drásticamente de las condiciones de muchos trabajadores. Por lo tanto, se pierde mucho en la traducción entre las circunstancias económicas y laborales ideales asumidas por el argumento del fair play y las circunstancias económicas y laborales no ideales en las que viven muchos trabajadores. [...] Como resultado, existe el deber de trabajar, pero muy pocos están obligados por ese deber. El alcan-

argumentación, las disposiciones del Derecho social vendrían a equilibrar la proporcionalidad entre el esfuerzo productivo del ciudadano y las ventajas que obtiene del orden social: al mitigar los efectos nocivos del trabajo u ofrecer recompensas adicionales a los ciudadanos productores, la legislación social, en su conjunto, legitima el deber de trabajar aun en un escenario en el que las ventajas sociales a las que accede espontáneamente el individuo no sean demasiado fuertes.

2. LA PROYECCIÓN DEL DEBER DE TRABAJAR EN LA LEGISLACIÓN LABORAL

2.1 *El deber constitucional de trabajar y la obligación contractual de hacerlo*

Es bien sabido que en el seno de la relación laboral el operario asume, entre sus deberes básicos, el de cumplir las obligaciones inherentes del puesto de trabajo –art. 5.a ET–, lo que implica, qué duda cabe, la asistencia a dicho puesto según el régimen de jornada pactado por las partes –art. 54.2.a del mismo cuerpo legal–. También, entre tales deberes esenciales encontramos el de producir –art. 5.e[693]– ¿Son estos deberes una

ce del deber de trabajar es, por lo tanto, muy limitado. No puedo aventurar una estimación exacta de cuántos trabajadores trabajan en condiciones que les permitan cumplir con su deber condicional de trabajar". *Ibíd.*

693 Sobre esta obligación típica, se ha dicho: "el contrato de trabajo implica no sólo un mero intercambio de trabajo por salario, sino que además, esa prestación de trabajo debe ser productiva para el empresario, o dicho de otra manera, debe generar una utilidad para el empresario, obteniendo un resultado de esa prestación de traba-

manifestación del deber constitucional de trabajar? En este punto existe cierta discrepancia doctrinal, al menos entre los pocos autores que se han pronunciado expresamente sobre el asunto. Díaz Revorio[694] y Fernández Marcos[695] responden afirmativamente a aquella pregunta y, de forma negativa, otros autores como Sastre Ibarreche[696]. En una posición intermedia ubicamos a Sagardoy Begoechea y Sagardoy De Simón[697], quienes aluden a un único deber de trabajar en el que encuentran dos dimensiones, la constitucional y la contractual. Según se les puede leer:

> El deber de trabajar puede decirse que tiene una doble vertiente: la social y la contractual. La social, que es realmente la consagrada en la Constitución, supone la versión moderna del ancestral vínculo de los subordinados —portadores de energía— para con los dirigentes —portadores del poder, en todas sus facetas—. Y es la versión moderna, porque lo es la versión, en libertad de elección. [...] Donde el deber encuentra

---

jo. Esto supone que el trabajador no sólo debe prestar su trabajo, sino que a través del mismo ha de alcanzar un determinado rendimiento". GORELLI HERNÁNDEZ, J., "El rendimiento como causa de extinción del contrato de trabajo", *Derecho & Sociedad*, núm. 50, 2019, pp. 65-80, p. 67.

694 "En mi opinión, el deber de trabajar se explica también en el marco de un puesto de trabajo al que ya se ha accedido libremente, y supone en definitiva el cumplimiento de las cargas y prestaciones inherentes a dicho puesto". DÍAZ REVORIO, F.J., "Derechos humanos y deberes fundamentales..." *op.cit.*, p. 288.

695 FERNÁDNEZ MARCOS, L., *Derecho del Trabajo y de la Seguridad Social*, Madrid, Universidad Nacional de Educación a Distancia, 2013, p. 150.

696 SASTRE IBARRECHE, R., *El derecho al trabajo... op.cit.*

697 SAGARDOY BENGOECHEA, J.A., Y SAGARDOY DE SIMÓN, I., "Artículo 35: Derechos laborales", en A.A.V.V. (Alzaga Villaamil, O), *Comentarios a la Constitución Española. Tomo III–Artículos 24 a 38 de la Constitución Española de 1978*, pp. 571-598, p. 577.

> su punto concreto de compulsión es en el contrato de trabajo libremente estipulado. Se llega a la obligación exigible por el cambio de la elección. Es el deber contractual. El Estatuto de los Trabajadores configura como deber básico el de trabajar, con buena fe y diligencia. Es la versión obligacional: el deber de trabajar cuando se vierte en un contrato se modaliza, se realiza tan sólo si se trabaja con buena fe y con diligencia[698].

Nosotros nos separaríamos parcialmente de esta última posición para sostener que el deber de trabajar tiene más dimensiones, no solo social y contractual, y que admite más formas de concreción, que no pasarían exclusivamente por el ejercicio de una actividad profesional por cuenta ajena. Dicho de otro modo, la *dimensión contractual* del deber de trabajar a la que aluden estos autores no sería tanto una reformulación de su *dimensión social*, sino una forma de ejecución de esta.

Es cierto que el operario, al desempeñar diligentemente su puesto de trabajo está ejecutando el comportamiento más elemental que exige el deber fundamental de trabajar: desarrollar una actividad económica, lícita y socialmente útil; pero no es menos cierto que ese concreto compromiso de asistencia y productividad es un compromiso de origen contractual: no existe antes del perfeccionamiento del contrato de trabajo ni subsiste una vez extinguido este. Es también el contrato de trabajo el que modula la intensidad de dicho compromiso. Tales notas parecen incompatibles con un deber de alcance general como es el deber constitucional de trabajar, que se le predica a todos los ciudadanos, con independencia de su sujeción con-

---

698 SAGARDOY BENGOECHEA, J.A., Y SAGARDOY DE SIMÓN, I., "Artículo 35: Derechos laborales…" *op.cit.*, p. 577. Adhiriéndose a ellos, VÁZQUEZ GARRANZO, J., "Artículo 35. Derecho al trabajo", en A.A.V.V. (dir. Cazorla Prieto, L.M.), *Comentarios a la Constitución Española de 1978*, Cizur Menor, Thomson Reuters-Aranzadi, 2018, pp. 963-1002, p. 992.

tractual. Si además definíamos este deber constitucional como un deber fundamental, en la medida que exigía una conducta que repercutía indiferenciadamente sobre el conjunto de la colectividad, también ello parece incompatible con el deber de trabajar que emana del contrato de trabajo y que tiene un acreedor concreto. El propio Estatuto de los Trabajadores, en su artículo 20.2, abunda en esta distinción cuando presenta al trabajo no como un deber, sino como una *obligación* asumida en el contrato[699]. Vienen entonces al caso las consideraciones preliminares que introducíamos en el apartado I.4, donde distinguíamos entre el *deber* de trabajar –de índole social–, y la *obligación* de hacerlo –de índole personal o relacional–. Es en esta segunda dimensión, como concreción del deber social, donde podrían subsumirse los deberes contractuales de rendimiento propios de la relación laboral.

De forma más esquemática, las razones que, a nuestro modo de ver, evidenciarían la parcial autonomía de ambas instituciones, el deber de trabajar constitucional y el estatutario, serían las siguientes:

a) El deber constitucional de trabajar de un individuo no nace con el contrato de trabajo, sino que es previo a su perfeccionamiento y se mantiene con posterioridad a su extinción.

---

699 "En el cumplimiento de la obligación de trabajar asumida en el contrato, el trabajador debe al empresario la diligencia y la colaboración en el trabajo que marquen las disposiciones legales, los convenios colectivos y las órdenes o instrucciones adoptadas por aquel en el ejercicio regular de sus facultades de dirección y, en su defecto, por los usos y costumbres. En cualquier caso, el trabajador y el empresario se someterán en sus prestaciones recíprocas a las exigencias de la buena fe".

b) El título del que emanan ambos deberes es, por tanto, fácilmente diferenciable. El deber fundamental de trabajar emana de la Constitución y el deber de atender el puesto de trabajo es un deber de origen paccionado. Este último deber deriva de la capacidad de obligarse de las partes. De ello se sigue que este deber contractual de trabajar podrá darse en cualquier ordenamiento que ampare la libertad contractual, aunque en este se desconociese el deber constitucional de trabajar.

c) El fundamento sustantivo de ambos deberes es, además, radicalmente distinto. El deber general o fundamental de trabajar, ya dijimos, se justifica por el interés de la colectividad en la ejecución de las capacidades productivas del individuo. El deber de desempeñar las funciones propias del puesto de trabajo tiene su razón de ser en el sinalagma propio de la contratación laboral.

d) La sujeción al contrato de trabajo por parte del operario es solo una de las formas a través de las cuales puede satisfacer su deber fundamental de trabajar, una que incorpora un reforzado vínculo de dependencia. Existen otras modalidades de cumplimiento de este deber fundamental que no implican vínculo de subordinación alguno, como el ejercicio de una actividad económica por cuenta propia –apartado IV.1.2–. Incluso cabría afirmar que quien no efectúa ninguna actividad productiva, pero muestra formalmente su voluntad de hacerlo, estaría dando cumplimiento al contenido básico del deber constitucional de trabajar[700].

---

[700] La STS, Sala Cuarta, de 23 de febrero de 1999, RCUD, 2636/1998, extendía la asimilación al alta de los trabajadores autónomos que se hallaban como demandantes de empleo. Según allí se leía: “La búsqueda activa de empleo y el cumplimiento diligente del deber

e) Las obligaciones inherentes al puesto de trabajo son fijadas por el empresario empleador, en el ejercicio de su capacidad ordenadora de los recursos humanos y materiales de la empresa –art. 20 ET con fundamento en el art. 38 CE´78–. La colectividad no ostenta un interés directo en el acatamiento de esas concretas directrices, sino solo en la contribución social que, en abstracto, puede desplegar el operario[701].

f) El deber de desempeñar el puesto de trabajo es una obligación sinalagmática, por lo que el incumplimiento de las obligaciones de la contraparte habilita su exoneración a través de la extinción del vínculo contractual. Ese mismo incumplimiento patronal no habilita, sin embargo, la desatención del deber constitucional de trabajar.

En síntesis, reiterando lo hasta ahora dicho, no compartimos que la obligación de cumplir las cargas inherentes al puesto de trabajo sea equivalente al deber fundamental de trabajar. Entre ambas figuras existe, claro, una evidente conexión: el compromiso que asume el trabajador en el contrato de trabajo es un cauce para dar cumplimiento al deber fundamental de trabajar, pero es solo un cauce más, al fin y al cabo, entre otros a través de los cuales puede satisfacerse ese desempeño

---

constitucional de trabajar (art. 35.1 CE), bien por cuenta propia bien por cuenta ajena, quedarían así severamente desfavorecidos, consecuencia que debe descartarse también con el canon de la interpretación más conforme a la Constitución".

701 Una muestra de esto que decimos puede encontrarse, según lo vemos, en la protección por desempleo que se otorga al despido disciplinario. A pesar de que, a nivel contractual se ha producido un incumplimiento grave y culpable por parte del empleador, el orden público no entra a valorar tal circunstancia, no le imputa un incumplimiento del deber fundamental de trabajar y lo integra, al menos hoy día, dentro del ámbito de protección del sistema.

público[702]. De este modo, el deber constitucional de trabajar puede asociarse al *género* de la conducta exigida, mientras que el deber u obligación contractual de hacerlo que asume el trabajador en la relación laboral es un *tipo* de ejecución de ese deber genérico.

Esto que decimos nos permite reiterar, de añadidura, alguna consideración sobre la relación entre el deber constitucional de trabajar y la voluntariedad como nota esencial o definitoria, *ex* art. 1.1 ET, de la relación laboral: la existencia de ese deber constitucional en modo alguno enerva esa característica propia de las relaciones laborales sujetas al Estatuto de los Trabajadores. Y ello en la medida en que el deber de trabajar tolera la libertad de oficio y no impone la sujeción a un contrato determinado –supra IV. 5.1–. Es la libertad de oficio, que en términos lógico-formales no sería incompatible ni siquiera con un deber perfecto de trabajar[703], la que permite mantener la voluntariedad como nota definitoria de un determinado tipo de relaciones contractuales.

---

702 Permítasenos otro símil, el último por ahora, para explicar la conexión medial que apreciamos entre ambos tipos de deberes. Acudamos al deber de contribuir a las cargas del Estado. Imaginemos que un ciudadano, para cumplir diligentemente sus obligaciones fiscales, contrata a un asesor profesional. En esta transacción, el obligado tributario ha asumido el compromiso contractual de abonar un determinado precio. Nadie sostendría que, en el caso de incumplir el pago del precio pactado, este individuo estaría incumpliendo su deber fundamental de contribuir tributariamente. La intermediación del profesional contratado era un medio, uno de tantos, para cumplir la obligación que le impone la cconstitución, pero las obligaciones acordadas entre las partes nacen del contrato, y no de la constitución. Al contratar los servicios de este asesor fiscal el obligado tributario busca dar cumplimiento a su deber constitucional, pero podría haberlo cumplido sin necesidad de celebrar este negocio jurídico.

703 CAMPS RUIZ, L.M., "La relación laboral penitenciaria..." *op.cit.*, p. 47.

2.2 El Derecho del Trabajo como desarrollo parcial e indirecto del deber constitucional de trabajar

Acabamos de concluir que el deber de trabajar que se da en la relación laboral no es equiparable, no al menos de forma plena, al deber constitucional de trabajar. Esto no quiere decir que el deber de trabajar y la legislación laboral sean instituciones absolutamente independientes. La mera constatación de que ambas se refieren a un mismo objeto, el trabajo humano, nos hace apreciar, de entrada, un alto grado de afinidad entre ellas. En efecto, el Derecho Laboral tiene por fin más inmediato la regulación de las condiciones de trabajo, reglamenta la forma en la que este se ejecuta y se determinan sus contraprestaciones. Sin embargo, desde una visión ortodoxa o tradicional de esta disciplina, este objeto se limitaría a unas determinadas formas de trabajo, las que se prestan en un régimen económico-jurídico de subordinación o ajenidad[704]. Por esa razón sostendremos que esta disciplina supondría un desarrollo del régimen jurídico a través del cual se ejecuta el deber de trabajar, pero solo un *desarrollo parcial*[705], pues solo afecta a un tipo de la conducta genérica exigida por este deber.

---

704 "El rótulo «Derecho del Trabajo», muy ambicioso, no se ajusta al contenido, pues esta rama jurídica no regula todo lo que socialmente hoy se considera trabajo, sino solo el trabajo asalariado". VIDA SORIA, J., MONEREO PEREZ, J.L. y MOLINA NAVARRETE, C., *Manual de Derecho del Trabajo,* Granada, Comares, 2007, p. 7. Esta acepción estrecha del trabajo relevante para el Derecho del Trabajo es, como decimos, la que ha adquirido una aceptación dogmática más uniforme: *v.gr.* PÉREZ BOTIJA, E., *Derecho del Trabajo,* Madrid, Tecnos, 1948, pp. 19-30. BORRAJO DACRUZ, E., *Derecho del Trabajo,* Madrid, Tecnos, 1975, pp. 31-32.

705 Cuestión distinta es que aceptásemos una definición amplia del Derecho del Trabajo, como la que va tomando cuerpo en la doctrina contemporánea, comprensiva de la regulación de cualesquiera relaciones persona-

Cabría objetar, sin embargo, que históricamente el Derecho Laboral precede al deber constitucional de trabajar y que aquel no se presentó como una concreción de este. Que dicha disciplina jurídica persigue unos fines propios que justifican su existencia independiente y que, para demostrarlo, bastará observar la expansión de la misma en muchos ordenamientos que desconocen el deber constitucional de trabajar. Con mayor concisión, se podría alegar que no existe una *relación causal directa* entre el deber de trabajar y el Derecho del Trabajo.

Tal objeción, que es plenamente admisible[706], no descarta, sin embargo, que entre estos elementos, deber de trabajar y Derecho del Trabajo, exista una fuerte relación de dependencia, aunque esta no sea recíproca o bidireccional: desde una óptica teórica o conceptual, el deber de trabajar reclama la existencia del Derecho del Trabajo, aunque este, por la pluralidad de fines a los

---

les de producción de bienes y servicios, con independencia del vínculo jurídico-económico por el que se rigen. Solo desde esta otra noción del Derecho del Trabajo, amplia y discutida, sí cabría presentar a esta disciplina como el régimen jurídico, ahora omnicomprensivo, al que quedaría sujeta la conducta impelida por el deber constitucional de trabajar. Nos referimos ahora a una acepción amplia, sustantiva y no estandarizada del Derecho del Trabajo, en el que cabría incluir, verbigracia, la normativa de protección de los trabajadores autónomos económicamente dependientes o la reguladora de las relaciones de empleo público. Esta vocación expansiva, material y personal, fue advertida ya por BAYÓN CHACÓN, G. y PÉREZ BOTIJA, E., *Manual de Derecho del Trabajo*, vol. 1, Madrid, Marcial Pons, 1969, pp. 31-33; MARTÍN VALVERDE, A., RODRÍGUEZ-SAÑUDO GUTIERREZ, F., y GARCÍA MURCIA, J., *Manual de Derecho del Trabajo*, Madrid, Tecnos, 2004, p. 56; ALONSO GARCÍA, M., Curso de Derecho del Trabajo, Barcelona, Ariel, 1987, p. 75.

706 Con alguna cautela, en la medida que, como comprobaremos en el subepígrafe siguiente, bajo algunos enfoques históricos de política legislativa, como el corporativismo, el Derecho del Trabajo sí se presentó como una manifestación de ese deber.

que responde, pueda sobrevivir sin aquel. Como vimos más arriba –IV.3.4–, es la valoración constitucional del trabajo, expresada principalmente a través del deber de trabajar, la que exige que la propia Constitución garantice tutelas dirigidas a quienes lo desempeñan. Una buena muestra de esta relación legitimadora la encontrábamos en el artículo 35 de la Constitución española –IV.5.1–, en el cual, el deber de trabajar que lo abre aparece contrarrestado por ciertas tutelas para lograr un equilibrado vínculo de ciudadanía laboral. Estas tutelas eran, según defendíamos, el derecho al trabajo y el mandato para el desarrollo legislativo de un estatuto de los trabajadores. Cuando se alude entonces a la *constitucionalización del Derecho del Trabajo* se vendría a expresar la función cuasiconstitucional de esta rama del ordenamiento, que se presenta como una derivada necesaria de la singular estimación que merece el trabajo y que es expresada en la norma suprema a través del deber de trabajar –en concurso con otros preceptos constitucionales, vid. supra IV.5.2–. Esa es, al menos, la opinión de Alonso García, a la que nosotros nos adherimos:

> "El proceso de esta constitucionalización [la del Derecho del Trabajo] se inicia a partir del momento en que la ley primera del Estado da a la actividad productora igual jerarquía que a otros principios de orden político [...] La consideración de la función social del trabajo que trasciende de la pura libertad de trabajar, para incidir de lleno en la estimación del trabajo como derecho y como deber, y el reconocimiento de su valor moral, que engendra una necesaria protección a la que se eleva a categoría fundamental, a deber básico asumido como tal por el poder público, ponen ya de manifiesto cómo el único marco que se considera apropiado a dicho reconocimiento es el esquema de la Constitución escrita y formal del país en cuestión. De este modo, las primeras y más generales formulaciones comienzan afirmando una y otra cara del problema: es decir, derecho a trabajar y deber de trabajar"[707].

---

707 ALONSO GARCÍA, M., *Curso de Derecho del... op.cit.*, p. 100.

Más arriba, como decíamos, nos hemos referido a esta cuestión, por lo que sería tautológico insistir ahora en ella. Bástenos acaso comprobar cómo esta relación fundamentadora fue expresada, entre otros, por uno de los promotores intelectuales de esta disciplina, Hugo Sinzheimer, cuando se preguntó por la esencia de la misma:

> "El Derecho del Trabajo no se refiere solo al interés privado, que afecte a los individuos. El Derecho del Trabajo se relaciona con intereses públicos que conciernen a la colectividad. Dado que regula la fuerza laboral del pueblo, no solo interesa a empresarios y trabajadores. La fuerza laboral de la gran masa del pueblo es la fuerza popular. Lo que ocurra a tal fuerza es algo que debe preocupar a todo el pueblo y al Estado, que no es otra cosa que la organización del pueblo. Tal organización, que no solo mira al presente, sino al futuro, que tiene que exteriorizarse en leyes que impidan que el más alto bien del pueblo sea explotado"[708].

A partir de esta cita observamos que el interés político por la capacidad productiva de los ciudadanos no solo impone la existencia del Derecho del Trabajo, sino que le da una determinada configuración: le otorga, en opinión de nuestro autor, su singular dimensión pública. En efecto, parece evidente que la caracterización del trabajo como un bien jurídico relevante para la colectividad impide que su regulación quede por entero determinada por la autonomía, individual o colectiva, de los agentes productivos[709]. El *laissez faire* colectivo, que algún

---

708 SINZHEIMER, H., "La esencia del Derecho del Trabajo", en Sinzheimer, H., (Vázquez Mateo, F., traductor y recopilador), *Crisis económica y Derecho del Trabajo,* Madrid, Instituto de Estudios Laborales y de la Seguridad Social, 1984, pp. 70-77, p. 70.

709 "La constitucionalización del Derecho del Trabajo es un fenómeno jurídico propio del siglo. Frente a la consideración del trabajo como objeto exclusivo de una relación contractual, privada, supone su valoración como factor social y por esa razón, hecho comunitario y, en

autor ha defendido como sistema más óptimo para la ordenación de las relaciones de trabajo[710], no tiene sencillamente cabida en un sistema normativo como el nuestro, en el que el trabajo aparece caracterizado como un fenómeno de interés y orden público[711] –vid. IV.3.4 *in fine*–. Aunque con frecuencia se ha asociado el intervencionismo administrativo en las relaciones laborales a partir de la vocación tuitiva del Derecho Laboral, esta última no explica todas las manifestaciones de esta injerencia. Enseguida, en el siguiente subepígrafe, vamos a comprobar cómo algunas de estas intromisiones no siempre buscan la protección de la parte más débil en las relaciones de producción, sino la salvaguarda del interés económico general.

Por ahora, la idea de síntesis que queremos conservar es que la proclamación constitucional del deber fundamental de trabajar requiere de un desarrollo legislativo que establezca el régimen

---

última instancia, político y por ello mismo, de necesario tratamiento en la ordenación político-jurídica de la comunidad, sin dejar por ello de perder aquella primera condición [...] Considerado el trabajo en los fines y medios del ordenamiento fundamental de una comunidad política, el Derecho del Trabajo es, por consecuencia, desarrollo de las previsiones constitucionales", GARCÍA FERNÁNDEZ, M., *Manual de Derecho del Trabajo,* Barcelona, Ariel, 1990, p. 29.

710 KAHN FREUND, O., *Labour and the law,* Londres, Stevens & Sons, 1983, p. 289.

711 Por ejemplo, la inexistencia en nuestra Constitución, una relación de materias reservadas al convenio colectivo, lo que permite que el Estado pueda orientar el sistema de relaciones laborales hacia fines decididos parlamentariamente, con prioridad general a los intereses expresados en los sistemas autocompositivos de negociación colectiva. Se asume que "la garantía y defensa del interés general a cargo del Estado se presenta como la democrática; y si se busca la asociación de las fuerzas sociales interesadas es tan solo para reforzar la forma democrática en la adopción y posterior aplicación de esas medidas" FERRAJOLI, L., *Principia iuris Teoría del derecho... op.cit.*, p. 321.

jurídico al que se sujetará la obligación más propia de ese deber. Esta es una de las derivadas de la singular posición que ocupa el trabajo en nuestro modelo constitucional. Esta impone dos notas a su desarrollo legislativo: su carácter tuitivo y su dimensión pública. Aunque de manera acausal o indirecta, al menos originalmente, el Derecho del Trabajo satisface ese doble requisito de legitimidad del deber constitucional de trabajar. Adicionalmente,para que el Derecho del Trabajo actúe como régimen jurídico del deber constitucional de trabajar resulta necesario que aquel se ajuste a un último condicionante: su aptitud para promover, o cuanto menos, para al menos no entorpecer, la consecución del fin marcado por dicho deber constitucional, recordemos, la prosperidad económica de la comunidad política. La asunción de otros objetivos por parte del Derecho del Trabajo que son incompatibles con ese desiderátum productivista obliga a esta disciplina a buscar un punto de equilibrio. Estos otros objetivos perseguidos por el Derecho del Trabajo no solo derivan de otros valores constitucionalmente protegidos, sino que son impuestos por el propio deber de trabajar que, al tiempo que reclama la participación productiva de los ciudadanos, constituye un título para reclamar un estatuto jurídico cualificado: la ciudadanía laboral.

2.3 El principio de rendimiento o vocación productivista del Derecho del Trabajo

Esta liza de valores constitucionalmente protegidos está inserta en el propio código genético del Derecho del Trabajo. Esta rama del ordenamiento no solo reacciona positivamente frente al cumplimiento de ese deber, sino que trata de jalonarlo durante la vigencia de la relación laboral[712]. Para justificar

---

[712] En efecto, creemos que la promoción de la conducta propia del deber de trabajar por parte del Derecho del Trabajo solo sería opera-

esta hipótesis conviene advertir, de entrada, que el Derecho del Trabajo se ha asociado a múltiples finalidades[713], las cuales además han variado notablemente a lo largo de su desarrollo histórico[714]. Originalmente, durante la génesis de esta disciplina, hija de la cuestión social, se alegó la necesaria intervención de las instituciones públicas para tutelar los intereses de la población asalariada y atenuar los perniciosos efectos que sobre esta proyectaba el incipiente proceso de industrialización[715]. Esta es la idea que generalmente ha prevalecido sobre el Derecho del Trabajo: este surge para proteger la cualidad humana,

---

tiva una vez perfeccionada la relación laboral. El acceso a la misma, lo que constituiría la expresión más clara de nuestro deber constitucional, sería regulada por otras disposiciones del ordenamiento que solo muy impropiamente cabría subsumir bajo el Derecho del Trabajo. Principalmente ese acceso al trabajo sería objeto del Derecho del empleo.

713 "El Derecho del trabajo no es el simple estatuto protector y asistencial de una clase necesitada de ayuda o tutela. Menos todavía hemos de representárnoslo como derecho de fines políticos muy limitados. Esto es, un derecho policíaco que trata de acallar recelos y temores, que se encamina a consolidar privilegios o a facilitar reivindicaciones; no debe concebirse ni como el señuelo de elementos tradicionales o reaccionarios para ahuyentar el fantasma de la lucha de clases, ni tampoco como instrumento o disfraz de sectores revolucionarios para precipitar supuestas etapas de descomposición social, que consolidarían o pondrían término a la actual civilización capitalista. Nada de esto constituye por sí solo el Derecho del trabajo, aunque en su seno pudieran encontrarse vestigios de todos estos ingredientes y otros muchos mas". PÉREZ-BOTIJA, E., *Derecho del Trabajo… op.cit.*, p. 16.

714 "La historicidad del Derecho del Trabajo es, en buena medida, la de sus funciones y no puede extrañar el que estas hayan evolucionado con aquel". RAMÍREZ MARTÍNEZ, J.M. *et al*, *Curso de Derecho del Trabajo*, Valencia, Tirant Lo Blanch, 2003, p. 29.

715 *Ibidem.*

no productiva, de la fuerza de trabajo[716]. Tal enfoque dogmático sufre sin embargo una novación trascendente durante la primera mitad del siglo XX, cuando muchos Estados, autoritarios o no, abrazan una política corporativista caracterizada por una intervención fuerte de las administraciones públicas en el tráfico económico[717]. Ya vimos –ap. II.3 y 5.1 y 2– cómo durante este período la productividad de la economía nacional apareció como un objetivo político prioritario en varias normas fundamentales, las cuales encomiaban la participación de toda la sociedad en la consecución de dicho fin; esto se hizo principalmente a través del deber de trabajar, que encuentra en esta etapa su expansión constitucional más decisiva. La articulación de estos nuevos principios político-económicos afectó a todo el sistema normativo y, dentro de este, singularmente, al Derecho del Trabajo. Aparece entonces un importante movimiento doctrinal que sostiene que la dimensión publica que caracteriza al Derecho Laboral no se justificaba solo desde una finalidad humanista o tuitiva, sino que, complementariamente, la intervención administrativa se dirige a animar la producción y orientarla a la consecución de objetivos políticos compartidos. En palabras de Hernániz Márquez, refiriéndose a este *nuevo* enfoque:

---

716 MARTÍN VALVERDE, A., *Derecho del Trabajo y mercado… op.cit.*, p. 46.

717 El corporativismo, al que cabe atribuir la definición de la productividad nacional como objetivo político, fue más propio de los regímenes dictatoriales del período, especialmente de los orientación fascista. Sería sin embargo un error afirmar que fue una tendencia seguida exclusivamente en estos sistemas. Ya comprobamos cómo la Constitución de Weimar, por ejemplo, asumía la productividad como fin esencial del nuevo régimen y, en consecuencia, dotaba a la fuerza de trabajo de una protección singular. *V.gr.* art. 157, 161, 163 y 165. También en la Francia de la postguerra se aplicó este mismo enfoque. LYON-CAEN, G., PÉLISSIER, J. y SUPIOT, A., *Droit du Travail*, París, Dalloz, 1996, p. 31.

> "Modernamente [a la sazón, mediados del siglo XX] surge una tercera dirección política [entre el socialismo y el liberalismo], que usa para sí el Derecho del Trabajo. Es la representada, prescindiendo aquí de matizaciones concretas, por las doctrinas objetivas y nacionales. Para ellas, la formidable arma de una legislación de trabajo no ha de usarse como fin político parcial y pobre, sino emplearla para el fomento objetivo y nacional de una producción, puesta sin reservas al servicio de un fin concreto y elevado: el fortalecimiento del Estado en todos sus órdenes.
>
> Esta tendencia política del Derecho del Trabajo se manifiesta modernamente mediante declaraciones de tipo estatal, bien promulgando principios o ya marcando normas de orientación general en materia de trabajo"[718].

No es que la productividad o crecimiento económico nacional sea un objetivo al cual el Derecho del Trabajo se subordine, como hace hoy, normalmente devaluando el vigor de sus garantías, sino que tal objetivo macroeconómico es asumido como propio por esta rama del ordenamiento. Quienes se adhieren a este planteamiento "creen que el Derecho del Trabajo tiene una finalidad esencialmente económica, relacionada con la producción. Es la doctrina alemana la que defendió la posibilidad de un Derecho económico autónomo (Hedemann). Junto a tal doctrina alemana la italiana corporativista marcó como fines el progreso de la economía nacional y de los intereses supremos del Estado (Bottai, Bortolotto, etc.). En un sentido análogo, ciertos profesores norteamericanos (Dale Yoder)"[719]. Con este enfoque doctrinal, la intervención de la administración pública en las relaciones laborales responde a la aparición

---

718 HERNAINZ MÁRQUEZ, M., *Derecho del Trabajo,* Madrid, Instituto de Estudios Políticos, 1949, p. 25.

719 BAYÓN CHACÓN, G y PÉREZ BOTIJA, E., *Manual Derecho del Trabajo,* Madrid, Marcial Pons, 1969, p. 36.

de un interés común a toda la sociedad que sobrepasa el de los agentes privados que participan en las mismas. En palabras ahora de Pérez Botija, la dimensión pública del Derecho del Trabajo responde a "la índole políticosocial y económicopolítica de dichas relaciones, en las cuales se manifiesta notoriamente el interés público y la protección del interés general, en un grado mucho más extenso y ostensible que en las relaciones de Derecho privado"[720]. Los derechos y deberes que engendra la relación laboral no son ya "los propios y característicos de una relación privada" sino que "se presentan como facetas de una obligación de Derecho público, originando verdaderos derechos y deberes públicos subjetivos"[721]. A partir de ahí, incluso se llegó a cuestionar que la relación de trabajo tuviera un fundamento verdaderamente contractual antes que público[722].

Como ya vimos –apartado II.5.2–, entre otras derivadas de este enfoque dogmático, encontramos la reformulación del rol asumido por la administración laboral, que no solo buscaba

720 PÉREZ BOTIJA, E., *La naturaleza jurídica del Derecho del Trabajo*, Madrid, Instituto de Estudios Políticos, 1943, p. 76.

721 *Ibíd.*

722 "La lucha de clases se ha intensificado a causa del error común a los códigos que van desde el napoleónico de 1804 al alemán de 1897, de haber fundado la relación sobre la base contractual. En efecto, la empresa se concibe como «unidad ordenada jerárquicamente» (Declarac. VI, núm. 2 del Fuero) y el contrato no es ya un cambio de prestaciones patrimoniales, sino el fundamento jurídico normal de la incorporación de un individuo al complejo de la producción". SUÁREZ GONZÁLEZ, F., "El origen contractual de la relación jurídica de trabajo", *Cuadernos de política social*, núm. 48, 1960, pp. 69-126, p. 94. En este período toman cuerpo las doctrinas relacionistas, que degradan el componente contractual de la relación laboral para resaltar sus componentes personales y comunitarios. Esta corriente doctrinal es analizada profusamente por el profesor SEMPERE NAVARRO, A.V., *Relación de trabajo… op.cit., passim.*

ya la protección del trabajador, sino que se dirigía a fiscalizar y sancionar los déficits de productividad en el seno de las relaciones laborales –cuestión que, tradicionalmente, había sido de incumbencia estrictamente privada–. Se conforma en esta época un *Derecho Penal del Trabajo* con un fundamento político-económico: "La disciplina y orden en el trabajo no es fin en sí, sino medio para conseguir otro fin superior, la mayor producción como parte del bien económico y del bienestar general"[723]. Un exponente de esta nueva tendencia normativa lo encontramos en el *Decreto de 5 de enero de 1939 determinando la responsabilidad exigible al trabajador por faltas cometidas en el trabajo y, especialmente, por la disminución voluntaria del rendimiento debido,* en cuya exposición de motivos se lee:

> Es bien evidente la acción constante y eficaz que viene ejerciendo el Estado en defensa del trabajador; mas su dignidad misma requiere que vaya acompañada de una justa exigencia de deberes, hoy, más que nunca sagrados para España. Ya determina el Fuero del Trabajo que "la disminución dolosa del rendimiento habrá de ser objeto de sanción adecuada"; así como que constituirá el contenido primordial de las normas para la regulación del trabajo: "el recíproco deber de lealtad" y "la fidelidad y subordinación en el personal"; principios necesarios, la producción nacional ha de ser unidad económica al servicio de la Patria y el trabajo atributo del honor ante el Estado. Por ello, todo trabajador, cualquiera que sea su categoría y forma en que realice la prestación de su esfuerzo, está obligado a poner en su labor el máximo de competencia y actividad conforme a sus condiciones físicas y capacidad profesional, desarrollándola con la subordinación que debe al jefe de la Empresa, responsable ante el Estado de la dirección de la misma y de su ordenación al bien común.

---

723 PÉREZ LEÑERO, J., "Derecho penal del trabajo", *Anuario de derecho penal y ciencias penales,* Tomo 2, Fasc/Mes 3, 1949, pp. 487-507, p. 492.

Otras derivadas de este enfoque normativo, que solo mencionamos de pasada, son la intervención administrativa en el sistema de relaciones colectivas de trabajo[724] o la resolución de conflictos laborales[725]. Se trata así de trocar un sistema basado en el conflicto de intereses por otro de índole corporativo, arbitrado institucionalmente, basado en la búsqueda del interés común[726]. Este planteamiento, también denominado

---

724 Así se ve en la más tardía *Ley Sindical 2/1971, de 17 de febrero,* que enumeraba entre los principios del Sindicalismo español, el de "unidad, en razón a la consideración institucional del Sindicato como Entidad natural de la vida social y estructura básica de la comunidad nacional, integradora de los factores de la producción" (art. 4º).

725 Originalmente a través de la *Ley de Conciliación y Arbitraje, la Ley de tribunales industriales, la Ley de Huelgas de 1909*) y, posteriormente, ya durante el régimen republicano, por la *Ley de noviembre de 1931 relativa a los Jurados mixtos, del trabajo industrial y rural, de la propiedad rústica y de la producción y las industrias agrarias.*

726 "El fin que motiva las leyes del trabajo es fundamentalmente político-social. Se trata de elevar el nivel social de grandes masas de población; se quiere superar las diferencias de clases; se busca a través de sus normas que sea realidad la colaboración de todos, que se logre la cohesión nacional de las distintas «categorías» profesionales, desde el más alto jefe de empresa al más modesto peón, despertando y manteniendo el espíritu de solidaridad dentro de la comunidad política" PÉREZ-BOTIJA, E., *Derecho del Trabajo... op.cit.*, p. 16. La exposición de motivos de una de las normas que inauguran esta regulación corporativa, el Real Decreto-ley de 26 de noviembre de 1926, sobre organización corporativa, es bastante ilustrativa de este espíritu: "En esta nueva etapa de intervención, la palabra orden significa, pues, plan orgánico, arquitectura, construcción. Alude a la sistematización y coordinación de anhelos y de intereses, fluyendo de un centro común, que entonces, y sólo entonces, merecerá llamarse ideal social. Sin un centro de espiritualidad auténtico, a la vez conceptual y emotivo, que constituya como el ara, donde los intereses particulares sepan inmolarse al interés colectivo, no pue-

armonicismo social[727], pretende en efecto superar la liza de intereses en el seno de las relaciones laborales para señalar un interés, la productividad nacional, que es común y superior al de las partes que las integran[728]. Es la asunción de este interés político lo que permitió devaluar el contenido de clase que caracterizó originalmente el Derecho del Trabajo para convertirlo en un Derecho unitario[729].

---

de crearse el orden en el sentido transcendental que acabamos de reconocer en la palabra".

727 Tomamos la expresión de MONTOYA MELGAR, A., *Ideología y lenguaje en las leyes laborales de España (1873-2009)*, Madrid, Civitas, 2009, p. 208. También es utilizada con frecuencia por SEMPERE NAVARRO, A.V., *Relación de trabajo... op.cit.*

728 "El fin que motiva las leyes del trabajo es fundamentalmente político-social. Se trata de elevar el nivel social de grandes masas de población; se quiere superar las diferencias de clases; se busca a través de sus normas que sea realidad la colaboración de todos, que se logre la cohesión nacional de las distintas «categorías» profesionales, desde el más alto jefe de empresa al más modesto peón, despertando y manteniendo el espíritu de solidaridad dentro de la comunidad política" PÉREZ-BOTIJA, E., *Derecho del Trabajo... op.cit.*, p. 16. Así se ve en la más tardía *Ley Sindical 2/1971, de 17 de febrero*, que enumeraba entre los principios del Sindicalismo español, el de "unidad, en razón a la consideración institucional del Sindicato como Entidad natural de la vida social y estructura básica de la comunidad nacional, integradora de los factores de la producción" (art. 4°).

729 Como se ha dicho "esta primera corporativización de las relaciones industriales presentaba una doble finalidad: la primera, derivada del organicismo social compartido, pretendía la reducción de los conflictos derivados del trabajo asalariado a través de mecanismos y organismos jurídicos paritarios; la segunda, surgida de la necesidades gubernamentales de pacificación social y aumento de la productividad" FERNÁNDEZ RIQUELME, S., "Corporativismo y relaciones laborales en España: una historia de la organización del trabajo como sistema de Política Social", *Cuadernos de Relaciones Laborales*, vol. 29, núm. 1, 2011, pp. 157-175, p. 162.

Aunque no pretendemos agotar todas las derivadas que este planteamiento productivista tuvo en la configuración del Derecho del Trabajo, sí podemos decir que bajo la vigencia del mismo pudo presentarse esta disciplina como una concreción o desarrollo directo del deber de trabajar que proclamaban las grandes declaraciones jurídicas del período. El Derecho del Trabajo asumía, entre otros propósitos, excitar la conducta más propia que impone ese deber: la contribución profesional del individuo al desarrollo económico de un país. Sin embargo, este enfoque productivista parece desvanecerse conforme se abandonan los principios político-económicos del corporativismo. Los sistemas políticos que aparecieron con posterioridad promovieron un repliegue parcial de la intervención administrativa en el tráfico económico, dando prioridad a otros principios jurídicos como la libertad de empresa, la libertad de contratación o la autodeterminación sindical[730]. Conforme se consolidaba este nuevo paradigma jurídico, el *enfoque corporativista* perdió partidarios dentro de la doctrina laboralista, donde se lo ha presentado como un "fósil" que reviste un "interés meramente arqueológico" [731].

A nuestro modo de ver, sin embargo, el abandono de ese enfoque por la legislación positiva no ha sido absoluto. Aunque, en efecto, los principios rectores de los actuales sistemas político-jurídicos impiden una intromisión administrativa en las relaciones laborales tan intensa como la que se dio anta-

---

730 BAYÓN CHACÓN, G., *La crisis de la sociedad capitalista y el intervencionismo estatal*, Madrid, Editora Nacional, 1959, *passim*.

731 LYON-CAEN, G., PÉLISSIER, J. y SUPIOT, A., *Droit du Travail...* op.cit., p. 31. En idéntico sentido, en palabras de Durán López: "La óptica corporativa [...] es ya generalmente aceptada como absolutamente inadecuada para el análisis de la realidad social". DURÁN LÓPEZ, F., "Derecho de huelga e ideologías políticas", *Anales de la Universidad Hispalense*, núm. 4, 1977, pp. 131-161, pp. 137 y 138.

ño, todavía hoy encontramos argumentos para afirmar que el Derecho del Trabajo acoge el desarrollo económico entre sus fines propios. Lo que ocurre es que los fundamentos de esa vocación productiva y su articulación legislativa son hoy muy diferentes. Y ello por varias razones: a) De entrada, el planteamiento teórico-económico predominante hoy día asume convencidamente que el mejor modo de incrementar la productividad nacional es a partir de la expectativa lucrativa de cada empresario, que será asumida por este sin la necesidad de ningún estimulo institucional. Se confía en que la libertad en la gestión empresarial permitirá la consecución de una mayor productividad y, en suma, un mayor crecimiento de la economía. Esta confianza, sin embargo, no supone que la productividad haya dejado de interesar a las instituciones ni que estas se abstengan de intervenir en la gestión empresarial para salvaguardarla[732], la diferencia con respecto al planteamiento anterior es que esta intervención será ahora marginal o subsidiaria[733]. En este sentido, resulta esclarecedor el art. 38 de nuestra Constitución cuando vincula o subordina el derecho a la libertad de empresa a su productividad[734]. El Derecho del

---

[732] "El art. 38 de la Constitución dispone que los poderes públicos garantizan el ejercicio de la libre empresa -al tiempo que la defensa de la productividad, que a su vez puede suponer un límite a aquélla- de acuerdo con las exigencias de la economía general, entre las que hay que incluir las que pueden imponerse en virtud de determinados bienes o principios constitucionalmente protegidos (a alguno de los cuales ya nos hemos referido con anterioridad, arts. 40, 128.1, 130.1) y, en su caso, de la planificación". STC núm. 37/1987, de 26 de marzo.

[733] LYON-CAEN, G., PÉLISSIER, J. y SUPIOT, A., *Droit du Travail… op.cit.*, p. 21.

[734] Nos parece sumamente sugerente, en este punto, la interpretación mantenida por Del Valle Villar, para quien la defensa del interés de la empresa, entendido como defensa de la productividad, permite

Trabajo actual protege la libertad de empresa, pero no solo como derivada de aquel mandato constitucional, sino también como principio para optimizar su productividad[735]. b) Por otro lado, aunque hoy no se niega el conflicto de intereses propio de las relaciones de trabajo, aparece el objetivo del *pleno empleo* como un compromiso compartido por los agentes sindicales,

---

de forma paradójica introducir restricciones sobre la libertad del empresario: "parece obvio que de la CE puede derivarse la existencia de un interés de empresa al que se le otorga cierta relevancia jurídica". Esto permitiría limitar los "poderes del empleador a la hora de ejercitar sus facultades directivas" [,,,] "al definir la libertad de empresa, [el art. 38 de la Constitución] objetiva su ejercicio y lo orienta a un fin, cual es el mantenimiento de la empresa a través de la defensa de la productividad". DEL VALLE VILLAR, J.M., *La extinción del contrato de trabajo por causas económicas, técnicas, organizativas y de producción*, Madrid, ACARL, 1996, pp. 150, 132 y 239. En este mismo sentido, BELTRÁN DE HEREDIA RUÍZ, I., *La estabilidad en el empleo: la prevención frente a la contingencia del paro. Un análisis desde las perspectivas de la dogmática jurídica y del análisis económico del Derecho,* Barcelona, ESADE–UNIVERSITAT RAMON LLULL – URL, 2008, p. 284.

735 "El cambio es evidente, pues, si durante los años 70 y 80, se quería hacer responsable al Derecho del Trabajo de la crisis económica y existía el convencimiento de la incompatibilidad de la rentabilidad de las empresas con el ordenamiento laboral; a partir de la reforma de 1994, se ha convertido en una herramienta imprescindible para alcanzar el interés empresarial y la competitividad y la productividad. Es decir, a partir de 1994, la regulación jurídica del contrato de trabajo, centrada en la superación de los problemas de la organización productiva y de la gestión de los recursos humanos en la empresa, redunda en la competitividad de las empresas, en el saneamiento de la economía, y a la postre en la revitalización del empleo". BELTRÁN DE HEREDIA RUÍZ, I., *La estabilidad en el empleo... op.cit.,* p.192.

los representantes patronales y los poderes públicos[736]. Este objetivo sustituye la posición que la productividad nacional ocupaba en las bases del Derecho del Trabajo corporativo como una aspiración tripartita que permite la formación de consensos y la orientación de los agentes públicos y privados hacia un mismo fin. El pleno empleo es un objetivo institucional que el Derecho del Trabajo hace suyo –principalmente tras la gran crisis del petróleo de 1970[737]– a través de diversas disposiciones que se dirigen a la protección o creación de puestos de trabajo: no se trata tanto garantizar la permanencia del operario en el puesto de trabajo, sino de mejorar la tasa de empleo en una escala macroeconómica[738]. Comoquiera que el objeti-

---

736 PÉLISSIER, J., SUPIOT, A., y JEAMMAUD, A., *Droit du Travail*, París, Dalloz, 2000, pp. 32 y 33.

737 MARTÍN VALVERDE, A., *Derecho del Trabajo y mercado… op.cit.*

738 Así, a modo de ejemplo, ordenadas de forma cronológica y para el caso español, enumeramos diferentes reformas laborales de las últimas décadas que se presentaron como un intento de mejorar la tasa de ocupación del mercado laboral y que vinieron a operar una mayor flexibilización el régimen jurídico de las relaciones laborales: 1) 1981, R.D. de “contratación temporal como medida de fomento del empleo”; 2) 1982, R.D. sobre “medidas de fomento del empleo”; 3) 1984, R.D. “sobre contratos a tiempo parcial”, y de relevo y jubilación parcial; 4) 1985, R.D. sobre “anticipación de la edad de jubilación como medida de fomento del empleo”; 5) 1986, R.D. sobre “medidas urgentes laborales”; 6) 1994, Ley de “medidas urgentes de fomento de la ocupación”, que trajo la desaparición de la presunción de indefinición del contrato de trabajo, en vigor desde 1976, y la habilitación de “empresas de trabajo temporal” (E.T.T.); 7) 1995, texto refundido del Estatuto de los Trabajadores, que habla ya de la reforma laboral o del mercado de trabajo y amplía las modificaciones o suspensiones de contratos e introduce el despido por la necesidad de amortizar puestos de trabajo a supuestos colectivos; 8) 1997, leyes de “mejora del mercado de trabajo y el fomento de la contratación indefinida”; 9) 2001, “Ley de medidas urgentes

vo del pleno empleo aparece asociado hoy día al crecimiento económico –desde la premisa según la cual, a mayor nivel económico, mayor tasa de empleo[739]– nos encontramos ante un cambio discursivo más que sustantivo: el Derecho del Trabajo continúa asumiendo la productividad como objetivo propio, aunque ahora como un fin mediato o instrumental, dirigido en última instancia a la consecución de la plena ocupación. c) Por último, encontramos algunas disposiciones laborales que, si bien con una operatividad práctica muy difusa, nos recuerdan el interés público en el despligue de la fuerza productiva del operario. Nos referimos, *v.gr.*, a la inclusión del deber de productividad entre las obligaciones típicas del contrato de trabajo, art. 5.e ET; al acogimiento del mérito como criterio relevante para la promoción profesional del trabajador, art. 24.1; o a la fijación de la productividad nacional y la participación del trabajo en la riqueza colectiva como indicadores para la actualización del salario mínimo interprofesional, art. 27 b y c ET.

---

de reforma de mercado de trabajo, el incremento del empleo y la mejora de su calidad"; 10) 2003, Ley de "empleo", sustitutiva de la "Ley básica de Empleo"; 11) 2006, Ley de "mejora del crecimiento y del empleo"; 12) 2008, R.D. sobre "medidas urgentes (...) en materia de empleo"; 13) 2009, Ley de "medidas urgentes para el mantenimiento y fomento del empleo"; 14) 2010, R.D.L. de "medidas urgentes para la reforma del mercado de trabajo"; 15) 2011, R.D. de "medidas urgentes para la promoción del empleo de los jóvenes". 16) 2013, R.D.L. 16/2013, de 20 de diciembre, de medidas para favorecer la contratación estable y mejorar la empleabilidad de los trabajadores. 17) 2021, R.D.L. 32/2021 de 28 de "medidas urgentes para la reforma laboral, la garantía de la estabilidad en el empleo y la transformación del mercado de trabajo".

739 Así parece sugerirlo la propia Constitución Española de 1978, cuando el art. 40.1, al fijar la orientación de la política económica hacia el pleno empleo, cohonesta este objetivo con el desarrollo económico y la estabilidad en los precios.

En esta misma línea pueden colocarse algunas disposiciones ordenadoras de las medidas de conflicto laboral, que no siempre tienen por fin proteger a la parte débil de la negociación, sino el valor social que el trabajo reporta a la colectividad. Nos referimos a la imposición de los servicios esenciales para la comunidad o al arbitraje obligatorio en aquellos casos en los que la huelga afecta al interés nacional –art. 10.1 RDLRT 1977–. Aunque la excepcionalidad del supuesto de hecho accionante de este último precepto sugiera minusvalorar su significancia dogmática, a nosotros nos parece revelador en la medida que, aun a modo de *ultima ratio*, viene a recordar la prevalencia de los intereses públicos sobre los intereses colectivos de los sujetos privados[740].

Estos argumentos, en suma, nos llevan a coincidir con algún autor, como Borrajo Dacruz, en que el Derecho del Trabajo contemporáneo respondería a una orientación ecléctica o intermedia:

"entre un liberalismo económico de signo individualista que tiene su posición extrema en la nostalgia del capitalismo del siglo XIX, y un neocorporativismo atenuado en el cual el Estado ha hecho suyos, simultáneamente, los fines de producción social del trabajador y de garantía de los intereses de la economía nacional. El reflejo en el orden jurídico de esta ideología polivalente y ambigua se concreta en la aceptación simultánea de los dos principios siguientes: el principio en favor del

---

740 Como decimos, el carácter extraordinario del supuesto de hecho habilitante, así como el carácter limitativo de Derechos Fundamentales, en este caso la huelga, hace que este precepto se haya aplicado excepcionalmente. Sin embargo, será imposible ponderar la eficacia disuasoria que ha desplegado sobre los agentes en conflicto, que han podido verse encomiados a la consecución de acuerdos ante la eventual imposición de un arbitraje obligatorio.

trabajador (principio pro operario) y el principio de favor para el interés nacional (llamado por nuestro maestro, Pérez Botija, el principio de rendimiento)"[741].

Esta misma finalidad aparece aún en algunos manuales de la disciplina, en los que la vocación de rendimiento se encuentra, junto con otros más comunes, entre los fines definitorios del Derecho Laboral. Así, para Martín Valverde, Rodríguez-Sañudo Gutierrez y García Murcia:

> "Los aspectos del ordenamiento laboral de protección de la persona del trabajador, o de compensación de su debilidad contractual, o de «promoción» de un sistema de relaciones laborales de ciertas características, no agotan, sin embargo, los objetivos de esta rama del Derecho. Junto a ellos hay que situar otro propósito, que es el rendimiento del capital humano o fuerza de trabajo disponible.
>
> El rendimiento de la fuerza de trabajo, que se mide con indicadores de productividad, es un objetivo primariamente económico. Pero a través de él se persigue también, mediatamente, un objetivo social, que es el mantenimiento y la creación de puestos de trabajo en las empresas y en el conjunto del sistema productivo. La compaginación de este objetivo de empleo con las otras finalidades del Derecho del Trabajo se ha convertido en el principal motor de la evolución de los ordenamientos laborales a partir de los años ochenta"[742].

Entonces, en la medida que el Derecho del Trabajo todavía hoy se propone, junto con otros fines complementarios, incentivar el despliegue de la fuerza productiva de un país, podríamos presentarlo como una manifestación o concreción del

---

[741] BORRAJO DACRUZ, E., *Introducción al Derecho del Trabajo,* Madrid, Tecnos, 1994, pp. 310 y 320.

[742] MARTÍN VALVERDE, A., RODRÍGUEZ-SAÑUDO GUTIERREZ, F., y GARCÍA MURCIA, J., *Manual de Derecho del Trabajo… op.cit.*, p. 60.

deber constitucional de trabajar. La matización que requiere esta asociación es que, como vimos –apartado IV 5.2–, ese objetivo macroeconómico no solo aparece expresado en la Constitución a través de este deber, sino también, a través de otras disposiciones o principios, como el preámbulo o los arts. 40.1, 48, 130.1 y 131. Lo riguroso sería afirmar que, a través de estas disposiciones constitucionales, incluidas el deber de trabajar, nuestro modelo constitucional asume el crecimiento económico de la sociedad como un objetivo colectivo. El Derecho del Trabajo resulta un instrumento necesario para la consecución de ese fin constitucional, al proteger a quienes participan en su consecución, haciendo compatible esa tutela con la optimización productiva de la fuerza de trabajo.

2.4 El deber de trabajar como límite del derecho a la huelga

Como ya tuvimos ocasión de anunciar más atrás, es fácil intuir una relación intensa, aunque contradictoria, entre el deber de trabajar y el derecho fundamental –en el sentido ahora técnico-positivo del término– a la huelga. *A priori*, una hipotética aplicación absoluta de ambos preceptos conduciría a una imposibilidad lógica en tanto que la obligación de trabajar se opone radicalmente al derecho a no hacerlo. En la medida que tal aplicación maximalista es insostenible, podemos decir que la convivencia de sendas cláusulas constitucionales exige la atemperación de su contenido más propio: solo en la medida que el deber de trabajar no imponga la obligación incondicional de ejecutar una actividad laboral, tolerará el contenido del derecho de huelga. Solo en la medida que este último derecho no implique una exoneración perpetua e incondicional de trabajar, no enervará el contenido básico de aquel deber.

Aunque sea una hipótesis que no ha sido defendida doctrinalmente, opinamos que las limitaciones de sendas previsiones, derecho de huelga y deber de trabajar, están vinculadas entre sí: que es el deber de trabajar el que permite limitar el derecho de huelga, y que es este último el que se opone a que, en determinadas circunstancias, el deber de trabajar pueda ser exigido. Expliquemos nuestra postura de forma más detenida: Como es sabido, el principal límite que encuentra el ejercicio del derecho de huelga es el de la garantía de los servicios esenciales para la comunidad. La posición doctrinal mayoritaria sostiene que dicha restricción del derecho de huelga se justifica por la colisión que en ocasiones se produciría entre un ejercicio absoluto de este derecho y los derechos e intereses fundamentales de otros ciudadanos:

> "El derecho de huelga puede experimentar limitaciones o restricciones en su ejercicio derivadas de su conexión con otros derechos o bienes constitucionalmente protegidos, aunque nunca podrán rebasar su contenido esencial, hacerlo impracticable, obstruirlo más allá de lo razonable o despojarlo de la necesaria protección. Una de esas limitaciones, expresamente previstas en la Constitución, procede de la necesidad de garantizar los servicios esenciales de la comunidad [...] Antes que a determinadas actividades industriales y mercantiles de las que derivarían prestaciones vitales y necesarias para la vida de la comunidad, la noción de servicios esenciales hace referencia a la naturaleza de los intereses a cuya satisfacción la prestación se dirige, conectándose con los derechos fundamentales, las libertades públicas y los bienes constitucionalmente protegidos. Esta última óptica, que pone el acento en los bienes e intereses de la persona [...] es la que mejor concuerda con los principios que inspiran nuestra Constitución. (SSTC 26/1981, de 17 de julio, FJ 10; 51/1986, de 24 de abril, FJ 2; 53/1986, de 5 de mayo, FJ 3; 43/1990, de 15 de marzo, FJ 5 c); 148/1993, de 29 de abril, FJ 5)"[743].

---

743 STC, Sala Segunda. Sentencia 193/2006, de 19 de junio de 2006. Recurso de amparo 3113-2004. Promovido por la Confederación Sindical de Comisiones Obreras respecto a Sentencia de la Sala de lo Contencioso-Administrativo del Tribunal Supremo y a los artículos 2 y 3 del Real Decreto 527/2002, de 14 de junio, por el que se establecen las normas para garantizar el funcionamiento de los servicios míni-

En síntesis, según se afirma con frecuencia, procede limitar el ejercicio del derecho de huelga en la medida que, de lo contrario, se atentaría contra los derechos fundamentales de los usuarios de un determinado servicio público. Es la colisión con estos otros derechos, indeterminados, la que obliga a buscar un punto de equilibrio que pondere los intereses en liza de los usuarios y los trabajadores huelguistas. Sin embargo, esta justificación de los servicios esenciales no es, a nuestro modo de ver, del todo satisfactoria. Y es que los trabajadores incorporados a tales servicios no son, en términos constitucionales, los sujetos obligados a la satisfacción de los derechos fundamentales afectados por el ejercicio del derecho a la huelga. El garante de estos es el Estado, o, si se prefiere, sus instituciones. Los sujetos particulares solo asumen el deber negativo de no realizar conductas que puedan menoscabar tales derechos. Cuando el poder público, a través de la autoridad laboral, fija la prestación mínima de trabajo exigible en determinados servicios públicos afectados por una huelga, está, qué duda cabe, cumpliendo la misión de tutelar los derechos fundamentales de los usuarios de dichos servicios. Sin embargo, sin dificultad observaremos que esta tutela se consigue a través de otros sujetos privados, los trabajadores adscritos a los servicios mínimos, que son los que materialmente aseguran la continuidad de los mismos. Estos operarios se ven gubernativamente compelidos al desempeño de su actividad profesional, limitándose así su libertad ambulatoria y su derecho fundamental a la huelga. Resulta obvio que esta limitación sobre los derechos de los ope-

---

mos esenciales del ente público Radiotelevisión Española (RTVE) y de las sociedades estatales Radio Nacional de España, S.A. (RNE) y Televisión Española, S.A. (TVE). En sentido similar, la STC 8/1992, de 16 de enero. También la Corte Constitucional italiana ha defendido esta justificación del derecho de huelga, entre otras en la sentencia nº 222 de 1976.

rarios exige un título jurídico que la habilite, y ese, según lo entendemos, solo puede ser el deber fundamental de trabajar, cuyo significado jurídico-político era, recordemos, la exigencia de contribuir al bienestar de la sociedad, de ejecutar una tarea que reporte utilidad social –vid. supra apartados IV.1 y IV.2–.

Contra esto que decimos se alegará que el título jurídico que habilita esa restricción del derecho de huelga aparece en el propio artículo 28.2 de la Constitución, el cual, tras reconocer este derecho, se refiere a sus propios límites y encomienda al legislador regular "las garantías precisas para asegurar el mantenimiento de los servicios esenciales de la comunidad". Aunque en efecto esta habilitación al legislador resulta pertinente para la regulación de los servicios esenciales, es, a nuestro modo de ver, insuficiente para restringir el derecho de los trabajadores con pretensión huelguista. Y es que, si reparamos en su literalidad, comprobaremos que la encomienda constitucional del art. 28.2 *in fine* no convierte directamente a los trabajadores en garantes de los servicios esenciales. Entre las soluciones normativas que admite esa habilitación estaría, porqué no, la asunción directa del servicio por parte de las instituciones a través de medios humanos y materiales propios o a través de la contratación externa[744]. Pero si el art. 28.2 no impone

---

[744] Aunque esto que decimos parezca un tanto extravagante, téngase en cuenta que el giro *servicios esenciales para la comunidad* no es un concepto jurídico determinado o con antecedentes en nuestra tradición normativa. Ningún criterio hermenéutico nos conduce a que su mantenimiento corresponda a los trabajadores adheridos contractualmente al servicio. Sin embargo, esta es la solución legislativa que finalmente se ha impuesto –o conservado, mejor dicho, dada su precedencia a la Constitución–: la que pasa por garantizar los servicios esenciales a través de los trabajadores, limitando o anulando el ejercicio individual de su derecho de huelga. No obstante, esta es solo una opción normativa. Cuando la Constitución alude al mantenimiento

directamente esa solución, volvemos a la pregunta de partida ¿A través de qué título estos sujetos privados acaban actuando como garantes mediatos de los derechos fundamentales de los usuarios del servicio? Para esta cuestión el deber constitucional de trabajar ofrece una respuesta satisfactoria en la medida que expresa un interés público-institucional por la fuerza de trabajo de cada ciudadano: en tanto que impone un deber de participación en el bienestar de la colectividad[745]. Nada en el texto constitucional se opone a que esta exigencia, indeterminada y no sancionada de ordinario, llegue a concretarse en momen-

---

de los servicios esenciales se refiere al objeto, no a los sujetos. De ahí que en caso del incumplimiento por parte de los servicios mínimos por parte de los trabajadores adscritos se prevea la intervención directa del poder gubernativo y, en según que casos, la militarización. Art. 10, párr. 2., *Real Decreto-ley 17/1977, de 4 de marzo, sobre relaciones de trabajo.* Aunque aquí no se aluda expresamente al recurso a los militares, es la opción que se ha aplicado para la garantías de algunos servicios, como la crisis de los controladores aéreos del año 2010.

745 Precisamente, creemos que el deber de trabajar desmonta la posición de algunos autores que abogan por la autodeterminación colectiva absoluta de las condiciones de la huelga con base en la ausencia de un interés público en el desarrollo de la misma. Por todos, defendiendo esta autodeterminación, Santoro Passarelli: "La huelga [...] es la abstención del trabajo concertada para la tutela de un interés profesional colectivo. De las consideraciones que preceden resulta cómo la autotutela de un interés semejante, cuando el mismo ya no esté jurídicamente protegido, no choca en ningún modo con el poder jurisdiccional y la soberanía del Estado. Es una forma de competición económica sobre la que el Estado, por sí, no tiene nada que decir; a menos que pretenda atisbar siempre, en la lucha que se abre con la acción directa, un atentado a la economía general, como sucedía en el precedente ordenamiento, que incluía la huelga y el cierre patronal entre los delitos contra la economía pública (arts. 502 y ss. del Código penal)". SANTORO PASSARELLI, F., *Nociones de Derecho... op.cit.*, p. 48.

tos puntuales, como es el contexto de una huelga, convirtiendo al deber abstracto en una obligación concreta. En dicho contexto, los servicios esenciales para la comunidad reúnen, por definición, esa nota de utilidad social propia de la conducta exigida por el deber de trabajar. La esencialidad de estos servicios nos recuerda entonces uno de los significados políticos elementales que venimos atribuyendo al deber de trabajar en este estudio: el que afirma que el funcionamiento de las instituciones que ordenan una comunidad política no descansa solo sobre la labor de los poderes públicos, sino que requiere, como base, el esfuerzo laboral del conjunto de la ciudadanía, esfuerzo el cual acaba de este modo adquiriendo connotaciones políticas o públicas –IV.3.2 y 3.3–.

La tesis contraria a la que nosotros mantenemos afirma que la imposición de servicios esenciales supone la anulación del derecho de huelga para algunos trabajadores determinados, sin llegar a impedir su ejercicio por el colectivo de trabajadores en conflicto ni mermar en demasía su capacidad de presión o de negociar. El derecho de huelga, se afirma con insistencia: "es atribuido a los trabajadores *uti singuli* aunque tenga que ser ejercitado colectivamente mediante concierto o acuerdo entre ellos"[746]. De este modo, la adscripción de algunos trabajadores a los servicios esenciales de la comunidad no impide el ejercicio del derecho huelga, que se efectúa a nivel colectivo, sino que simplemente lo atempera. Siguiendo este razonamiento, se trataría en cada episodio huelguístico de ponderar los derechos fundamentales afectados, el de huelga y el de los usuarios de los servicios esenciales, para lograr un punto de equilibrio entre estos que permita su ejercicio simultáneo.

746 STC 11/1981 de 8 de abril de 1981.

Esta posible argumentación debe a nuestro juicio rechazarse por la siguiente razón: los trabajadores afectados por los servicios mínimos no solo ven anulado su derecho de huelga –en su dimensión individual–, sino que se les impone un deber cualificado de trabajar, más vigoroso que el que asumen de ordinario en su prestación de servicios. En efecto, si un operario se ausenta de forma injustificada y puntual de su puesto de trabajo, no afrontaría consecuencias disciplinarias de gravedad y no quedaría expuesto a ningún reproche administrativo. Sin embargo, la ausencia injustificada de los trabajadores adscritos a los servicios esenciales para la comunidad podrá ser reprendida con el despido, "sin perjuicio de las demás responsabilidades que procedieran" –art. 16.2 del *Real Decreto-ley 17/1977, de 4 de marzo, sobre relaciones de trabajo*–. Esta disposición normativa –según se ha depurado judicialmente– prevé entonces sanciones específicas y superiores para el absentismo injustificado de los trabajadores adscritos a los servicios mínimos, lo que revela que estos operarios asumen durante la huelga un deber cualificado de trabajar, un deber, de nuevo, público. Es este deber el que le impone participar en los servicios esenciales y el que justifica las sanciones normativas que específicamente castigan al trabajador que incumpla esta imposición. A mayor abundamiento, este deber cualificado de trabajar se ha visto de manera más clara en los diferentes proyectos de la *non nata* ley orgánica reguladora del derecho de huelga. En estos –aunque ha habido variaciones en el tiempo[747]– se contemplaron responsabilidades administrativas, civiles y penales para los trabajadores que incumplieran la realización de los servicios esenciales que

---

747 Vid. ALONSO OLEA, M., "A propósito del proyecto caducado de ley de huelga", *Anales de la Real Academia de Ciencias Morales y Políticas,* Ministerio de Justicia, 1993, pp. 413-448.

les habían sido encomendados[748]. Este reproche institucional no se justifica desde el daño patrimonial que sufre el empleador, que no tiene porqué ser reforzado en casos de huelga, sino por los intereses públicos a los que afecta la ausencia del trabajador. Estas sanciones públicas cobran sentido para nosotros si aceptamos que el deber que se ve incumplido en el caso de los trabajadores que rehúsan su adscripción a los servicios mínimos no es la obligación de trabajar que nace con la celebración del contrato de trabajo, sino el deber constitucional del art. 35 CE´78. Puede alcanzarse esta conclusión, además, desde una lectura finalista de la regulación de los servicios esenciales para la comunidad. ¿Con su imposición, qué interés se está salvaguardando, los patronales o los de la colectividad? Parece claro que la respuesta que cabe en nuestro orden constitucional es la segunda, pues los intereses empresariales no justificarían una restricción tan severa del derecho de huelga. Este interés público no puede transgredirse desde el incumplimiento de una obligación exigible *inter privatos*, sino solo desde el incumplimiento de un deber fundamental de cooperación, como es, según lo venimos caracterizando, el deber constitucional de trabajar. En otras palabras, el especial régimen de diligencia al

748 Dentro de la legislación vigente, esta opción legislativa se ha aplicado en la *Ley 5/2014, de 4 de abril, de Seguridad Privada*, cuyo art. 58 fija infracciones aplicables al personal que desempeñe funciones de seguridad privada "así como los ingenieros, técnicos, operadores de seguridad y profesores acreditados". Se típifica como infracción grave "el ejercicio del derecho a la huelga al margen de lo dispuesto al respecto para los servicios que resulten o se declaren esenciales por la autoridad pública competente, o en los que el servicio de seguridad se haya impuesto obligatoriamente, en los supuestos a que se refiere el artículo 8.6.", y establece como sanción a esta infracción grave dos posibilidades: a) Multa de 1.001 a 6.000 euros, o b) Suspensión temporal de la habilitación por un plazo de entre seis meses y un año.

que quedan sometidos los trabajadores adscritos a los servicios esenciales solo se explica si se les reconoce una posición de garantes de la continuidad de los servicios esenciales para la comunidad, lo cual solo puede hacerse, de nuevo, apelando al deber fundamental de trabajar. El juicio de ponderación que procede en estos casos es así doble: en primer lugar, el que se hace entre el derecho a huelga y los derechos fundamentales afectados por esta y, en segundo término, entre el derecho de huelga de los trabajadores afectados por los servicios mínimos y su deber de trabajar[749].

En síntesis, concluiremos que la exigencia cualificada de trabajar que recae sobre estos trabajadores adscritos a los servicios esenciales no se justifica por la anulación o ponderación de su derecho de huelga, sino que necesita de un título jurídico positivo, el cual, además, debe ser de rango constitucional[750]. Ante este planteamiento, el deber de trabajar parce contener la clave para legitimar la garantía de estos servicios mínimos. 1) En primer lugar, desde una dimensión teleológica, porque,

---

749 Así se expresaba el Abogado del Estado en sus alegaciones en la sentencia del Tribunal Constitucional 193/2006: "Hay que reconocer, desde luego, que la previsión de servicios mínimos comporta una excepción al derecho de huelga, porque sobre algunos trabajadores seguirá pesando un deber de continuidad en el trabajo. Es en este campo específico, entre la exclusión del deber de trabajar y la excepción a la dispensa de hacerlo, donde ha de situarse la balanza que pondere los sacrificios, no en pretensiones autónomas, diferenciables en su contenido de la estricta medida de lo admisible como servicio mínimo durante la situación de huelga STC, sentencia 193/2006, de 19 de junio de 2006, antecedente 6°, alegaciones Abogado del Estado.

750 Una de las virtualidades que se le ha atribuido a los deberes constitucionales es, precisamente, como ya dijimos, la de habilitar la limitación del ejercicio de algunos derechos fundamentales. GOIG MARTÍNEZ, J.M., "La constitucionalización de deberes..." *op.cit.*

como ya sabemos, ese deber incorpora la obligación de contribuir al bien común. En un contexto de huelga, el ciudadano trabajador, a través del deber fundamental de trabajar, asume la posición constitucional de garante del interés general afectado por la declaración del conflicto obrero. La garantía de tales intereses no sería así competencia exclusiva del Estado y su aparato institucional, sino que los ciudadanos en la economía privada asumen un rol activo en la tutela de los intereses indeterminados de la colectividad. Si el deber de trabajar no existiese, resultaría mucho más complejo, en términos jurídicos, subordinar la conducta del individuo al mantenimiento de los servicios esenciales, pues este no es en última instancia el deudor de los derechos fundamentales que se garantizan con tales servicios. 2) Desde un punto de vista técnico-normativo, porque este deber habilitaría la modulación o restricción de algunas libertades constitucionales, como la libertad ambulatoria, que va de suyo en la imposición de un deber reforzado de continuidad en la prestación de servicios. El deber de trabajar, por su propia esencia, incorpora una restricción de la libertad y exige una lectura holística de la constitución en la que quedarán limitados algunos de sus derechos básicos.

Contra esta conclusión se podrá objetar que el deber de trabajar se encuentra en un rango jerárquico inferior al derecho de huelga[751], el cual goza de la protección privilegiada que se contempla en el art. 53 de la Carta Magna. Según esta postura, el deber de trabajar, por sus menores garantías constitucionales, es un título inválido para restringir el derecho fundamental de huelga. En nuestra opinión, también esta postura debe rechazarse, y ello esencialmente por dos razones: 1) La prime-

---

[751] BAYLOS GRAU, A., *El derecho de huelga y los servicios esenciales para la comunidad*, Madrid, Servicio de Publicaciones de la Universidad Complutense, 1981, p. 67.

ra, según expresábamos hace un momento, es que los servicios esenciales no se justifican solo por el deber de trabajar, sino a partir de la existencia de otros derechos fundamentales que se verían anulados por un ejercicio maximalista del derecho de huelga. También por la habilitación al legislador para la imposición de los servicios esenciales. No es, por tanto, el deber de trabajar el que justifica la imposición de los servicios esenciales, sino el propio art. 28 de la Constitución y los derechos fundamentales indeterminados que se verían afectados por la suspensión total del servicio público o el interés general. Lo que permite el deber de trabajar es adscribir a sujetos privados la realización de esos servicios esenciales. En otras palabras, el deber de trabajar sería un título necesario pero insuficiente para legitimar la imposición de servicios mínimos que recae sobre los trabajadores. 2) En segundo lugar y en cualquier caso, debe descartarse que la distinta posición del derecho de huelga y el deber de trabajar implique la anulación total de este último en caso de colisión mutua[752]. Esto lo observamos frecuentemente en el ámbito de las relaciones laborales, cuando los derechos fundamentales del trabajador –como el de libertad

---

[752] Sobre la suficiencia del artículo 35 de la Constitución Española (en este caso se refería al derecho al trabajo) para limitar el alcance del Derecho de Huelga, vid. SAGARDOY BENGOECHEA, J.A., *Las relaciones laborales en la Constitución Española,* Zaragoza, Agosa, 1979, p. 123. En similar sentido, el profesor Martín Valverde, al referirse a la posición sistemática del derecho a la huelga en la Constitución española, opina que este le otorga una "prioridad relativa [no absoluta] frente a otros derechos ciudadanos que no tengan la condición de derecho fundamental". MARTÍN VALVERDE, A., "El derecho de huelga en la Constitución de 1978", *Revista de Protección Social,* núm 121, 1979, pp. 227-253, p. 235. No está de más en este punto recordar que en el primer anteproyecto de Constitución el derecho a la huelga y el derecho-deber de trabajar convivían en un mismo artículo. Vid. supra II.5.3.

de expresión, pongamos por caso– colisiona con el derecho no fundamental a la libertad de empresa –art. 38–. En tales casos, el mejor *rango* –admítase la expresión, algo impropia– del derecho del operario no habilita a que este se imponga de forma absoluta sobre el derecho a la libertad de empresa y a la potestad directiva que este incorpora.

En estrechísima relación con esto que decimos y por su razón, nos separaremos del planteamiento doctrinal que sostiene que "la mejor regulación del derecho de huelga sería pues [...] la que no existe", en el entendimiento de que esa anomía legislativa propiciaría un más amplio marco para que al respecto de este derecho constitucional actúe "la autodisciplina sindical en la utilización responsable del mismo"[753]. Esto solo sería válido en un sistema constitucional que, a diferencia del nuestro, careciese de cualquier disposición limitativa del derecho de huelga. En lo que se refiere a nuestro ordenamiento, sin embargo, el deber de trabajar, en concurso con otros preceptos constitucionales, como los derechos fundamentales de los usuarios o el derecho a la libertad de empresa[754], impide un ejercicio maximalista derecho de huelga[755]. Estos otros pre-

---

753 BAYLOS GRAU, A., *El derecho de huelga... op.cit.*, p. 372. En este mismo sentido, ya vimos, SANTORO PASSARELLI, F., *Nociones de Derecho... op.cit.*, p. 48.

754 El derecho a la libertad de empresa como un precepto constitucional que habilita restricciones al derecho de huelga se defiende en GARCÍA-PERROTE ESCARTIN, I., "Derecho de Huelga y Libertad de Empresa", *Revista Juridica de Castilla y Leon*, núm. 5, 2005, pp. 13-54.

755 A esto se refería de pasada Ferrajoli, cuando aludía a la posible contradicción entre derechos fundamentales: "No pienso en absoluto que no se den conflictos entre los derechos fundamentales. Ésta sería una extraña tesis ético-cognoscitivista, que por lo demás vendría desmentida por cualquier texto constitucional que previera

ceptos, en suma, vienen a recordar la dimensión cívico-pública del trabajo, que impide que el alcance del derecho de huelga pueda determinarse autónomamente por los agentes sindicales[756]. Desde esta óptica, la omisión legislativa solo nos conduciría a un indeseable activismo judicial llamado a buscar una interpretación integradora de estos preceptos constitucionales que se oponen, para lo cual contaría con una vastísima autonomía –como en parte ocurre a día de hoy en el ordenamiento español, donde la preconstitucionalidad de la regulación de la huelga ha propiciado diversos pronunciamientos del TC cercanos a la función legislativa positiva[757]–. En un hipotético es-

---

simultáneamente derechos palmariamente en conflicto: por ejemplo, el derecho de huelga sin límite alguno de materia, incluido por tanto el derecho de abstenerse del trabajo en los hospitales, y el derecho a la salud igualmente ilimitado". FERRAJOLI, L., *Principia iuris... op.cit.*, p. 71.

756 Seríamos partidarios, sin embargo, de una regulación que otorgue un amplio margen de autodeterminación a los agentes colectivos, sin rechazar la posibilidad excepcional de la intervención administrativa. Esta opción legislativa es la defendida por SAGARDOY BENGOECHEA, J.A., *La relaciones laborales... op.cit.*, p. 118: "en materia de huelga la ley ha de ser mínima. Un marco de composición colectiva. Una salvaguarda del interés público y de la comunidad, pero nunca una ley excesivamente formal o reglamentaria". "Por razones de eficacia y de respeto a la autonomía colectiva, la regulación de estas restricciones debería corresponder a las propias partes colectivas, y solo cuando no existan o cuando no funcionen estos dispositivos de autodisciplina, podría pensarse en la aplicación de una regulación legal de carácter supletorio". MARTÍN VALVERDE, A., "El derecho de huelga..." *op.cit.*, p. 248.

757 Al respecto de esta materia, Monereo Pérez se refiere al "protagonismo *reconstructivo* (por vía de decisiones anulatorias, interpretativas y creativas o *sentencias normativas*) llevado a cabo por el Tribunal Constitucional". MONEREO PÉREZ, J.L., "Huelga y servicios esenciales: requisitos para declarar la vulneración del derecho funda-

cenario en el que el derecho de huelga no estuviese regulado infraconstitucionalmente, la procedimientalidad o ejecutabilidad cualificada de este derecho no lo salvaría de eventuales restricciones judiciales: en primer lugar porque muchas veces su ejercicio colisionaría con otros derechos fundamentales que gozan de la misma ejecutoriedad; en segundo término, porque aunque el deber de trabajar no gozase de dicha ejecutoriedad cualificada –por su ubicación sistemática, pero, sobre todo, por su configuración dogmática como deber fundamental– legitimaría una limitación sustantiva en la interpretación del derecho a la huelga: comoquiera que la Constitución reclama una lectura armónica, la interpretación judicial del derecho de huelga debería ajustarse a las limitaciones que le imponen el resto de disposiciones de la misma, con independencia de su ubicación y su procedimentalidad[758].

---

mental de huelga", *Revista de Jurisprudencia Laboral*, núm. 8, 2023 (publicación digital no foliada).

758 Una opinión similar, aunque en un contexto distinto, la que afirma que las disposiciones constitucionales imponen, de por sí, restricciones al ejercicio de huelga, es expresada por De la Villa Gil: "Comoquiera que la huelga en un marco en el que están constitucionalmente aceptados el modelo de economía de mercado, la iniciativa económica libre (artículo 38, párrafo primero) la propiedad privada de los medios de producción (artículo 33.1) y la defensa de la integridad patrimonial (artículo 33.3), tales garantías afectarán, si no al reconocimiento del derecho de huelga, sí a las modalidades de su ejercicio, restringiéndolo". DE LA VILLA GIL, L.E., "Algunas reflexiones para la regulación legal de la huelga", en A.A.V.V., *Estudios de derecho del trabajo en memoria del profesor Gaspar Bayón Chacón*, Madrid, Tecnos, 1980, pp. 95-118, p. 96.

3. DEBER DE TRABAJAR Y PROTECCIÓN SOCIAL PROFESIONALIZADA

Ya hemos defendido que existe una vinculación directa entre el cumplimiento del deber de trabajar y el acceso a las protecciones institucionales del Estado. Esto lo observamos particularmente en el modelo de seguridad social profesional-contributivo[759], el cual es hegemónico en prácticamente todos los Estados sociales contemporáneos[760]. En estos, según se viene advirtiendo, en muchas ocasiones de forma crítica, el trabajo se ha consolidado como el criterio esencial para el reconocimiento de beneficios sociales[761]. Es la vinculación al trabajo la que determina el acceso a todo un haz de derechos asistenciales cuyo ejercicio queda condicionado a la pertenencia, pasada o actual, del beneficiario a la población activa: "el consenso social del Estado de bienestar se asentaba sobre un acuerdo distributivo que tenía como eje la relación de trabajo. Así, los llamados derechos sociales (mediante los que se pretendía hacer efectiva la ciudadanía social), eran un derivado de los de-

---

759 HEPPLE, B,. "A right to work..." *op.cit.*, p. 70.

760 Entre otros instrumentos normativos internacionales que expresan esta opción pueden citarse el Convenio de la OIT sobre la seguridad social (norma mínima), 1952 (núm. 102), que se construye sobre la figura de los trabajadores u otras personas activas económicamente, o la Carta Social Europea revisada de 1996 que al recoger el derecho a la Seguridad Social lo limita a "todos los trabajadores y las personas a su cargo", parte 12.

761 Sobre este particular nos remitimos en íntegro a las reflexiones recogidas por el profesor MIRAVET BERGÓN, P., en su artículo: "Trabajo y derechos sociales: por una desvinculación posible", *Anuario de Filosofía del Derecho del Ministerio de Justicia y Sociedad Española de Filosofía Jurídica y Política*, núm. 17, 2000, pp. 359-393.

rechos laborales"[762]. La expresión *workfare*, que tanta fortuna ha hecho en la literatura social contemporánea, expresa precisamente esta vinculación entre la protección social y la participación productiva del sujeto[763]. Bajo este sistema, "no basta con ser individuo, súbdito o ciudadano para la adquisición de derechos económicos; se hace necesario ser trabajador"[764]. El trabajo se convierte en "legitimador último de buena parte de los derechos para la mayor parte de los individuos"[765]. Este paradigma merece aquí la mayor atención, pues según algunos autores han sostenido, el deber fundamental de trabajar vendría a ser su expresión formal en la normativa positiva, en este caso, en la normativa constitucional[766].

En efecto, según el razonamiento que estamos siguiendo en este capítulo, este criterio de distribución de los beneficios sociales se asocia a la relación de correspondencia o reciprocidad que justifica el Derecho social en su conjunto: el Estado,

---

762 LO VOULO, R, "La economía política del ingreso ciudadano", en Lo Voulo, Rubén: A.A.V.V., (dir. Lo Voulo, R. y Barbeito, A.), *Contra La Exclusión: La propuesta del ingreso ciudadano,* Madrid, Centro Interdisciplinario para el Estudio de Políticas Públicas, 2004, pp. 109-169, p. 114.

763 Según lo caracterizan Lodemel y Trickey, el *workfare* sería el resultado de aquellos "programas o medidas que requieren el ingreso al mercado laboral para que la persona pueda cobrar las prestaciones sociales" LODEMEL, I. y TRICKEY, H., *An offer you can't refuse. Workfare in international perspective,* Bristol, Policy Press, 2001, p. 67. Esta misma definición es ofrecida por DAHRENDORF, R., *El conflicto social moderno,* Madrid, Biblioteca Mondadori, 1993, p. 172.

764 ANISI, D., *Creadores de escasez. Del bienestar al miedo,* Madrid, Alianza, 1997, p. 82.

765 *Ibíd,* p. 119.

766 ROMAN, D., "Devoir de travailler et protection sociale: d'une problématique de la «dette sociale» à la question des «devoirs sociaux»", *Revue de droit sanitaire et social,* núm. 1, 2009, pp. 63-78.

al exigir de los ciudadanos, a través del deber de trabajar, su implicación productiva, queda en una posición deudora frente a quienes efectivamente den cumplimiento a tal exigencia. Ya hemos observado como el Derecho Laboral favorece esa reciprocidad y ahora analizaremos como la seguridad social contribuye, acaso de forma más evidente, a reforzarla. Con este propósito, podríamos distinguir dos fases históricas con relación al tipo de respuesta que brinda la seguridad social, dos fases que se han sucedido en la mayoría de los países de nuestro entorno, aunque no siempre de forma simultánea:

a) En un primer momento, como es sabido, la seguridad social surgió como un sistema de aseguramiento empresarial, para cubrir la responsabilidad del patrón frente a los riesgos que soportaban los trabajadores en los entornos de trabajo –una responsabilidad que con este sistema de aseguramiento se objetivaba–. Algunas de las normas representativas de este protosistema de seguridad social-fueron la *Employers' Liability Act* de 1880, en Rieno Unido, la *Loi sur les responsabilités des accidents dont les ouvriers sont victimes dans leur travail* de 1898, en Francia, o la española *Ley de Accidentes de Trabajo* de 1908[767].

Pues bien, esta respuesta institucional frente a la ciudadanía laboral, antes que un premio por su desempeño profesional, fue una forma de mitigar los efectos nocivos a los que esta quedaba expuesta por razón del mismo. De este modo, la primigenia normativa de seguros sociales responde al mismo objetivo conceptual que le hemos atribuido al Derecho del Trabajo: aparece como una protección imprescindible para legitimar el deber de trabajar, para que las condiciones de ejecución de

767 La ley británica es de 1897. La italiana y la francesa, de 1898. La germana, de 1884.

este no quedasen por completo a merced de los eventuales excesos de la economía privada. No debe extrañarnos, por tanto, que en este primer momento la regulación de las condiciones de trabajo y de la protección social prestacional se integrasen en una misma disciplina, el Derecho del Trabajo, y que incluso con frecuencia aparecieran contempladas en un mismo texto normativo[768]. En síntesis, podríamos dictaminar que la rama social del Derecho asume en este primer momento una función compensadora de las desventajas que asume el ciudadano en el cumplimiento de su deber político-jurídico de trabajar: su objetivo era garantizar su inmunidad, para que la ejecución de tal deber no lo expusiera a una penosidad desproporcionada[769]. Este conjunto normativo pretendía mitigar las desventajas a las que se expone el ciudadano trabajador para no hacerlo de peor condición que aquel que rehúye su compromiso productivo con la colectividad.

b) Esta función se ve claramente desbordada cuando se generaliza la protección de la seguridad social para dar cobertura a las denominadas contingencias comunes. Con

---

768 Valga como botón de muestra citar la *Ley del Contrato de Trabajo* de 1926 que dedicaba un apartado, el Cap. IV del Libro III, al seguro contra los accidentes del trabajo.

769 Esta dimensión público-productivista de la protección social queda bien recogida por Hernáinz Márquez, quien destaca como según algunos enfoques de la época "hacen recaer la responsabilidad que se deriva del accidente de trabajo, no en la empresa, sino en la sociedad, que, representada lógicamente por el Estado, debe hacer una específica tutela al trabajador, no solamente en razón a su más débil posición económica, sino como justo reconocimiento, al servicio nacional que trabajando realiza". HERNÁINZ MÁRQUEZ, M., *Tratado elemental de Derecho del Trabajo*, Madrid, Instituto de Estudios Políticos, 1949, p. 471. En refrendo de esta posición, cita a ÁLVAREZ ÁLVAREZ, J.M., *Derecho obrero*, Madrid, Ed. Reus, 1933, p. 133.

> estas, no solo se protegen ya los riesgos a los que se expone un sujeto en su faceta productiva, sino otras contingencias que pueden resultar totalmente ajenas a esta. La protección frente a estas otras situaciones de necesidad bien podría haberse extendido a toda la ciudadanía de una nación, pero, sin embargo, como dijimos, ha sido un criterio muy generalizado el de limitarla a aquellos sujetos que demuestran un apego, pasado o presente, a la vida laboriosa. Es obvio que ahora estas tutelas no tratan de evitar que quienes satisfacen su compromiso productivo se expongan por ello a condiciones singularmente lacerantes, sino que aquellas van ahora más allá y actúan como premio o recompensa de los ciudadanos que han atendido aquel deber cívico de forma cualificada[770].

La diferencia de este tipo de respuesta institucional con respecto a la que se brindaba en la primera fase histórica de la conformación de la seguridad social puede explicarse de forma más clara del siguiente modo: en un primer momento, con el aseguramiento de los riesgos estrictamente profesionales, el ciudadano trabajador no encontraba en la seguri-

---

770 A nivel internacional, hemos encontrado alguna disposición normativa que, de forma expresa, ha presentado las prestaciones de seguridad social como una recompensa por el acatamiento de este deber constitucional. Es el caso, aun a modo de anécdota, del venezolano *Reglamento Sobre el Régimen de Jubilaciones y Pensiones de las Trabajadoras y Trabajadores de la Contraloría General de la República y sus Entes Adscritos del año 2020*, cuyos considerandos previos, recogiendo la doctrina del Tribunal Supremo venezolano, presenta a la jubilación como "el reconocimiento de los años de trabajo prestados por una persona a otra, en este caso a un órgano del Estado, para garantizar que en los años en que declina su capacidad productiva, pueda seguir manteniendo una vida digna, al garantizársele los ingresos que le permitan sufragar sus gastos durante la vejez, luego de haber satisfecho el deber constitucional de trabajar".

dad social ningún incentivo para el cumplimiento del deber de trabajar: No puede ser un acicate efectivo la promesa de reparación frente a un riesgo al que no estaría expuesto si rehusase el cumplimiento de dicho deber. El ejercicio de una actividad productiva no hacía de mejor condición, al menos en términos de protección frene al riesgo, al individuo trabajador que al individuo ocioso. Sin embargo, al incorporarse la cobertura profesionalizada de las contingencias comunes, el individuo trabajador sí obtiene en el sistema de seguridad social determinadas ventajas a las que no tendría acceso si se apartase contumazmente del mundo laboral: la vejez, la enfermedad o la muerte son contingencias a las que todos los seres humanos estaremos expuestos inexorablemente a lo largo de nuestra vida, aunque nos decantemos por un estilo vital reforzadamente ocioso. Es por ello que la protección frente a tales riesgos no puede presentarse ya como un intento de garantizar la inmunidad al ciudadano productivo, por lo que se hace necesario buscar otra explicación para comprender el criterio profesional contributivo que vertebra nuestro sistema de Seguridad Social. Esta relación es, insistimos una vez más, retributiva: la Constitución, al proclamar el deber de trabajar, expresa la preferencia valorativa del poder constituyente por la actividad productiva. El ordenamiento, en coherencia con esa preferencia, puede articular determinados beneficios sociales que toman la implicación productiva o profesional como criterio de adjudicación de beneficios[771]. Es más, la existencia de esos beneficios sociales asociados al trabajo es, para muchos autores, un requisito para la legitimidad sustantiva del deber

---

771 MARTÍN VALVERDE, A., *Derecho del Trabajo y mercado… op.cit.*, p. 119.

de trabajar. La legitimidad entera del *workfare* se justifica entonces como una manifestación del principio de reciprocidad[772].

Esta retribución o compensación del trabajo se detecta sin dificultad si observamos que en el aseguramiento profesional contributivo la existencia de una situación de necesidad, por acuciante que esta sea, resulta insuficiente para accionar la cobertura que el sistema ofrece. La actualización de la contingencia protegida es condición necesaria, pero insuficiente, para iniciar los mecanismos protectores instituidos por el Estado. Se exige, además, la participación del individuo en una actividad profesional actual –requisito de alta en el sistema– y pasada –requisito de carencia en la cotización–.

3.1 El deber de trabajar como base constitucional del sistema profesionalizado de protección social

Nosotros aquí hemos invocado una justificación ética del *workfare*: la que lo presenta como un sistema de tutelas a las recompensas al individuo trabajador. Esta justificación asume claramente como premisa la legitimidad moral del deber de trabajar: en tanto que el cumplimiento de este deber recibe una valoración positiva por parte de la comunidad política, parece justo que su cumplimiento se asocie determinadas ven-

---

772 GIDDENS, A., *The third way: the renewal of social democracy*, Cambridge, Cambridge Polity Press, 1998, pp. 65-66; WAX, A., "Rethinking welfare rights: reciprocity norms, reactive attitudes, and the political economy of welfare reform", *Law and Contemporary Problems*, vol. 63, núm. 1/2, pp. 217-259. WHITE, S., "Social rights and the social contract: political theory and the new welfare politics", *British Journal of Political Science*, vol. 30, no. 3, 2000, pp. 507-532, p. 509.

tajas sociales[773]. Si se cuestionase esa premisa, la entera legitimidad moral del *workfare* quedaría en entredicho. De ahí que, en algunos entornos, en especial en aquellos que desconocen el deber constitucional de trabajar, como el anglosajón[774], el criterio profesional-contributivo, como lógica distributiva del *workfare,* esté expuesto a fuertes recusaciones:

> "muchas comunidades y naciones se han alejado del bienestar tradicional hacia el 'workfare', requiriendo que los beneficiarios de los beneficios públicos trabajen (o al menos busquen activamente mejorar sus perspectivas de trabajo mediante la adquisición de habilidades, educación o capacitación adicionales). Por lo tanto, las políticas de 'workfare' asumen que los gobiernos tienen el derecho moral de hacer cumplir el deber de trabajar. Pero los gobiernos solo tienen el derecho moral de hacer cumplir este deber si tal deber existe en primer lugar, un reclamo a menudo asumido pero rara vez defendido"[775].

Esta crítica es la que nos hace valorar muy positivamente la coherencia y plenitud de un sistema jurídico que, adoptando el principio profesional-contributivo como criterio de distribución de los beneficios sociales, proclama el deber de trabajar entre sus normas jurídico-políticas básicas. Aunque quizás, en términos formales, el sistema profesional-contributivo pudiera sobrevivir sin un deber constitucional de trabajar[776], este últi-

---

773 MARTÍN VALVERDE, A., *Derecho del Trabajo y mercado… op.cit.*, pp. 119 y 120.

774 En estos entornos, parte de la doctrina alude al deber de trabajar, pero no como una disposición expresa de Derecho positivo, sino como una derivada clara del conjunto de normas que, históricamente, han ligado el acceso a los beneficios sociales al trabajo. SIMON, D., y WILKINSON, F., "The Duty to Work…" *op.cit.*, pp. 110–199.

775 CHOLBI, M., "The Duty to Work…" *op.cit.*, p. 1120.

776 GUAMÁN HERNÁNDEZ, A., y SÁNCHEZ OCAÑA, J.M., "Cuarenta años de Constitución del Trabajo: historia de un proceso deconsti-

mo lo dota de una legitimidad apriorística, la que emana de su sometimiento a un proceso democrático. Ciertamente ambos elementos, deber de trabajar y protección social profesionalizada, obedecen a una misma preferencia política –ora de índole ética, ora de índole instrumental–, por la actividad laboriosa. Ambos expresan, de algún modo, la misma dimensión pública del trabajo a la que ya hemos aludido más arriba. Resultará, por tanto, mucho más congruente y funcional aquel sistema en el que esa preferencia institucional esté imbricada en todos los niveles del ordenamiento, y, particularmente, en su cúspide, en la norma fundamental.

Por otro lado, admitiendo que el criterio profesional-contributivo podría instaurarse en la norma legal sin ningún deber constitucional de trabajar que lo respalde –esta es una hipótesis que aceptamos con alguna cautela[777]–, sí parece que, de existir este último, aquel criterio de reparto se presentará como una opción legislativa indisponible. Dicho de otro modo: al positivizar el deber constitucional de trabajar, el poder constituyente estaría limitando las opciones de configuración del sistema de protección social, impidiéndole al legislador arti-

---

tuyente", *Ius fugit: Revista interdisciplinar de estudios histórico-jurídicos*, núm. 20, 2017, pp. 183-246, p. 202.

777 Aparentemente, en tanto que no supone ninguna transgresión de derechos constitucionales, un sistema de reparto como este no necesitaría de ninguna habilitación expresa en la carta magna. No obstante, resulta que en el debate intelectual de nuestro tiempo, la preferencia por la vida ociosa se asocia cada vez con más fuerza al principio de autodeterminación moral. Este es un debate que comienza a tener connotaciones ideológicas, por lo que nos preguntamos si, andando el tiempo, una preferencia institucional por los ciudadanos trabajadores no podría verse como una discriminación por algunos de los motivos prohibidos constitucionalmente. A esto nos referimos en el apartado V.4.5.

cular mecanismos de tutela que desatiendan la vinculación profesional del sujeto. En opinión de Martín Valverde y otros tantos autores, aquí encontramos la principal relevancia jurídica del deber constitucional de trabajar: la de permitir, cuando no imponer, la configuración legal de un sistema de seguridad social profesionalizado:

> "[E]ntre los modos de vida que caben dentro del sistema económico de la constitución se encuentra el disfrute pasivo de rentas de propiedad. Esta vía de atender a las propias necesidades es lícita y posible desde el momento en que se reconoce el derecho a la propiedad privada y a la herencia, y en el que el deber de trabajar declarado en el artículo 35.1 es un deber social y no un deber jurídico exigible [...] Ahora bien, la posibilidad y la licitud de la posición del «rentista» no quiere decir que el «deber de trabajar» del artículo 35.1 sea una expresión carente de significado; el deber de trabajar tiene trascendencia como criterio de mérito en la Administración social; o, dicho con otras palabras, juega no en el derecho del trabajo, *sensu stricto*, sino en el derecho de la Seguridad Social"[778].

---

778 MARTÍN VALVERDE, A., "El ordenamiento laboral en la jurisprudencia del tribunal constitucional", *Revista de Política Social*, núm. 137, 1983, pp. 105-167, pp. 121 y 122. En este mismo sentido, dentro de la doctrina española, ALONSO OLEA, M., "La Constitución española..." *op.cit.*, pp. 3-34, p. 16. También la doctrina italiana ha encontrado una conexión directa entre el deber sagrado de trabajar del art. 4 de su Constitución y el art. 38 del mismo cuerpo normativo. Este, al reservar el derecho a la manutención y asistencia social a los ciudadanos incapaces de trabajar, estaría sancionando indirectamente el incumplimiento de aquel. CRISAFULLI, V., *La Costituzione e le sue disposizioni di principio*, Roma, Giuffrè, 1952, p.150. Más recientemente, en la doctirna italiana la asociación entre el deber de trabajar y el acceso a las prestaciones sociales aparece defendida en ROMAGNOLI, U., "Diritti sociali e Costituzione: dalla cittadinanza industriale alla cittadinanza industriosa", en, A.A.V.V., (ed. Casadio, G.), *I diritti sociali e del lavoro nella Costituzione italiana*, Roma, Ediesse, 2006, pp. 168 y ss.

Aunque el legislador contemporáneo no apele directamente al deber constitucional de trabajar a la hora de vertebrar el sistema de Seguridad Social profesionalizado, opinamos que esta opción normativa es la única admisible en un ordenamiento constitucional que, como el nuestro, proclame dicho deber. La *profesionalidad* de la Seguridad Social puede presentarse como una derivada del deber constitucional de trabajar si se admite, como aquí haremos, que este deber impide otras alternativas de regulación que desatiendan por completo la vocación laboral del sujeto. Sin negar el amplísimo margen de decisión con el que cuenta el legislador ordinario a la hora de configurar los criterios de acceso a las prestaciones sociales, lo que nunca podrá hacer, al menos en un contexto jurídico en el que se proclame el deber de trabajar, es fijar la ociosidad libremente asumida como una contingencia socialmente protegida[779].

Si nos adherimos a este planteamiento, encontraremos en las prestaciones que otorga la Seguridad Social uno de los principales mecanismos que promueven el acatamiento del deber de trabajar. Si más arriba enunciábamos distintos modos a través de los cuales se podía motivar al cumplimiento de los deberes jurídicos más allá de la ortodoxa sanción punitiva –vid. capítulo III, apartado 5.3–, vemos ahora cómo la Seguridad Social profesional-contributiva puede incardinarse en aquellos que denominábamos medios de promoción o, siguiendo a Bobbio, *sanciones positivas*. A través de tales beneficios, la institucionalidad recompensa el cumplimiento de una conducta que enjuicia benemérita, sin llegar castigar o amenazar a aquellos individuos que la omiten. Aunque en la legislación de Seguridad Social actual no encontramos una referencia expresa que conecte la profesionalidad del sistema con el deber constitucional de trabajar, hemos comprobado cómo tal conexión sí

---

779 ALONSO OLEA, M., "La Constitución española…" *op.cit.*, p. 16.

era en el pasado bastante explícita. Por ejemplo, la primera sistematización legislativa de la Seguridad Social en España, la *Ley de Bases de 1963*, se presentó como el compromiso de protección con los trabajadores asumido en la norma fundamental, el Fuero del Trabajo de 1938, que definía al trabajo como una obligación y como "título suficiente para exigir la asistencia y tutela del Estado" –sobre esta relación vid. apartado II. 5.2–.

En este mismo sentido, aun a falta hoy de una previsión expresa que asocie la laboralización de la acción protectora de la Seguridad Social al deber constitucional de trabajar, este último ha servido –si bien solo de forma ocasional– como criterio interpretativo para los tribunales a la hora de valorar el alcance de dicha acción protectora. En palabras de nuestro Tribunal Supremo: "Lo que importa a efectos de merecimiento de protección social contributiva es el propósito de incorporación a la actividad laboral, cumpliendo así el deber constitucional al trabajo establecido en el art. 35 de la Constitución"[780]. Este es

---

780 STS, Sala Cuarta, de 10 de diciembre de 2001, RCUD 561/2001. En esta sentencia se valoraba el *animus laborandi* del causante para determinar la concurrencia del requisito de asimilación al alta ante una ruptura ocasional y justificable de la inscripción como demandante de empleo. Por su parte, la anterior STS, Sala Cuarta, de 23 de febrero de 1999, RCUD, 2636/1998, extendía la asimilación al alta de los trabajadores autónomos que se hallaban como demandantes de empleo. Según allí se leía: "La búsqueda activa de empleo y el cumplimiento diligente del deber constitucional de trabajar (art. 35.1. CE), bien por cuenta propia bien por cuenta ajena, quedarían así severamente desfavorecidos, consecuencia que debe descartarse también con el canon de la interpretación más conforme a la Constitución". La ponencia de sendas sentencias, las únicas que hemos localizado en las que el TS apela directamente a este deber como canon interpretativo, estuvieron a cargo del magistrado Martín Valverde. Esta doctrina aparece por lo demás citada en la STS, Sala Cuarta, de 23 de noviembre de 2000, RCUD 18/2000

un ejemplo de otra de las virtualidades que atribuíamos al deber constitucional de trabajar, la cual es predicable del resto de deberes constitucionales: su utilidad para articular soluciones interpretativas a partir del sistema de valores que estas normas, en suma o individualmente, conforman. En lo que concierne a la Seguridad Social, el deber de trabajar oficializa una valoración positiva del trabajo que permite la adopción de soluciones casuísticas que acojan el *animus laborandi* del ciudadano como criterio relevante, por ejemplo, para la flexibilización de los requisitos que determinan el acceso a las prestaciones[781].

---

y de 30 de enero de 2007, RCUD, 1574/2005 y frecuentemente en sentencias dictadas por los Tribunales Superiores de Justicia, como la STSJ Cataluña , 30 de septiembre de 2002; la STSJ Castilla y León 49/2015, 28 de enero de 2015; STSJ Cataluña 1230/2015, 19 de febrero de 2015; STSJ Comunidad de Madrid 746/2016, 16 de septiembre de 2016; STSJ Cataluña 924/2017, 8 de febrero de 2017; STSJ de Navarra, Sala de lo Social, núm. 447/2017, sin fecha, STSJ Cataluña 3493/2018, 12 de junio de 2018: la STSJ Galicia, Sala de lo Social, de 25 de febrero de 2019, rec. 3938 /2018; STSJ Galicia 4479/2021, 15 de noviembre de 2021; STSJ Comunidad Valenciana, rec. 3349/2021, 16 de noviembre de 2021; STSJ Galicia 721/2022, 11 de febrero de 2022, o la STSJ Andalucía, Sala de lo Social, núm. 717/2022, 21 de abril de 2022.

781 Este planteamiento lo encontramos claramente reflejado en la doctrina humanizadora y flexibilizadora del Tribunal Supremo que ha devaluado la exigencia del alta o asimilada para acceder a las prestaciones en aquellos casos en los que el ciudadano ha exhibido disposición a su inclusión en el mundo del trabajo, aun habiendo omitido puntualmente los presupuestos formales. Aunque las sentencias que componen esta doctrina no suelen apelar al deber constitucional de trabajar –excepcionalmente se ha hecho en las sentencias que acabamos de referir anteriormente–, es obvio que responde a la misma valoración del trabajo que esta expresa. Un comentario doctrinal de esta doctrina puede encontrarse, especialmente de su origen y sus fundamentos, entre otras referencias posibles en SA-

Finalmente, cabe añadir que la adopción del sistema de protección social de corte profesional-contributivo como mecanismo para promover el cumplimiento del deber de trabajar ofrece algunas ventajas. Quizás sea, de hecho, uno de los pocos medios a través de los cuales se puede promover el cumplimiento de dicho deber en un sistema político liberal, el cual rechaza el recurso a otros medios de naturaleza coactiva[782].

1) De un lado, un sistema de estímulos de este tipo se muestra altamente tolerante con las distintas opciones vitales de cada ciudadano. Ya hemos defendido –vid. apartado III. 5.3– la conveniencia de que el ordenamiento jurídico no actuase solo mediante la represalia de sus quebrantamientos más graves, sino que complementariamente debería admitirse también la recompensa de aquellas conductas cuya ejecución revelan un especial mérito personal y que resultan beneficiosas para la sociedad. Se trata ahora de conductas cuya omisión o incumplimiento no generan un desvalor lo suficientemente intenso como

---

LAS PORRAS, M., "El Período Mínimo de Cotización para acceder a la Pensión de Viudedad: Recientes Consideraciones Jurisprudenciales", *Revista de Derecho de la Seguridad Social,* Laborum núm. 28, 2021, pp. 99-113, pp. 105-107.

782 Esa es una opinión expresada, entre otros, por Hepple: "Mientras que en los países socialistas el deber de trabajar se deriva del derecho al trabajo abstracto y forma parte fundamental del derecho laboral, en las economías de mercado occidentales el deber de trabajar forma parte únicamente del derecho de la seguridad social, ya que suele ser una condición para la percepción de diversas prestaciones sociales es que una persona no esté voluntariamente desempleada, no haya sido despedida por mala conducta y esté disponible para trabajar. En otras palabras, el deber de trabajar en un país capitalista corresponde sólo a un derecho a la seguridad social y no a un derecho al trabajo" HEPPLE, B.A., "Some Problems of Comparing..." *op.cit.,* p. 239.

para excitar el *ius puniendi* estatal, pero cuya ejecución aporta cierto beneficio social y merece una opinión generalmente positiva. En esta posición intermedia, desde el principio liberal de tolerancia, podríamos colocar al trabajo: siendo una actividad que la colectividad enjuicia como positiva, como una conducta virtuosa, su omisión no transgrede sus convicciones morales más arraigadas y no merece, por tanto, una acción represora.

2) De otro lado, cabe pensar en las dificultades que entrañaría castigar el incumplimiento de un deber tan pretendidamente genérico e impreciso como es el deber de trabajar. En efecto, ya vimos también más arriba que para algunos autores sería muy difícil sancionar el incumplimiento del deber de trabajar por la complejidad que revestiría determinar el contenido de la conducta que este impone y, sobre todo, ajustarlo a las capacidades de cada uno de los sujetos obligados[783]. Si afirmamos que el cumplimiento del deber de trabajar es un requisito para la consecución de beneficios especiales, no es necesario preestablecer una tipificación de infracciones sobre la conducta exigida por la norma[784]. Un sistema de beneficios de este tipo, como sería el caso de las prestaciones que recoge el sistema público de Seguridad Social, permitiría la concreción de la conducta exigida en la regulación sectorial de cada una de las prestaciones que contempla, donde se especificaría el género de trabajo y el grado de implicación exigibles para lucrar el derecho a las mismas –requisitos de acceso, diferencias entre los distintos regímenes profesionales…–. Obviamente, también un sistema de beneficios como este admite juicios,

---

783 BECKER, L. C., "The obligation to work…" *op.cit.*, pp. 44 y ss.

784 *Ibíd.*, p. 46.

basados ya en criterios de oportunidad política, sobre la ecuanimidad de los criterios de concesión, sobre su adecuación a las posibilidades de participación profesional de todos los individuos de una sociedad. En este punto inciden principalmente las críticas que hoy recibe el sistema profesionalizado de protección social[785]. No es preciso aclarar que, aunque defenderemos que la profesionalización de la protección social es una derivada necesaria del deber constitucional de trabajar, esa profesionalización admite muchas modulaciones y alternativas regulatorias. No debe conducir necesariamente, como tantas veces denuncian los detractores del *workfare*, a una exaltación de la productividad individual exacerbada que olvide los vínculos de solidaridad hacia los más necesitados.

3.2 La seguridad social como limitación al alcance del deber de trabajar

Hasta ahora hemos justificado que existe una clara relación entre el deber de trabajar y la seguridad social de corte profesional contributivo en la medida que este sistema de asignación de beneficios sociales incentiva el cumplimiento de dicho deber constitucional. Pero si el sistema de beneficios sociales es una forma de promoción del cumplimiento del deber de trabajar, otra distinta, acaso más trascendente, ya lo dijimos, es la situación de necesidad material en la que se halla el individuo originalmente. Habíamos concluido a este respecto que la institucionalidad promocionaba el cumplimiento del deber de trabajar por omisión, al no reconocer ninguna garantía pública de existencia pasiva. Pues bien, recuperando aquella idea,

---

785 VIGO SERRALVO, F., *El derecho al trabajo... op.cit.*, p. 234.

debemos ahora concluir que la seguridad social, al establecer excepciones a ese principio de autosuficiencia, introduce verdaderas exenciones sobre el deber de trabajar. Las distintas prestaciones que integran la acción protectora del sistema son, las más de las veces, rentas sustitutivas de los rendimientos del trabajo que pretenden garantizar una forma de vida no profesional, temporal o permanentemente. Tales contingencias deben entenderse, desde esta óptica, como las diferentes situaciones en las que, por razones relacionadas con la salud –*v.gr.* las prestaciones de incapacidad y jubilación– o con la situación social del beneficiario –*v.gr.* las contingencias vinculadas al cuidado de menores– se ha considerado legítima la exención de un ciudadano de su deber de contribución productiva[786]. De forma más sintética: las contingencias protegidas por el sistema limitan, de forma negativa, el alcance del deber de trabajar.

Para abundar en esta idea y tratar de expresarla con mayor claridad, pensemos, por ejemplo, en la pensión de jubilación. La edad fijada normativamente para el acceso a esta prestación puede concebirse, desde este planteamiento, como una determinación legal del momento en el que cesa el deber fundamental de trabajar[787], como una dispensa definitiva de este

---

786 En palabras del TC, en su sentencia 109/1993, de 25 de marzo, "el legislador atiende a la dignidad del trabajador aparejando a determinados acontecimientos (matrimonio, nacimiento de hijos, enfermedad de parientes próximos, ...) la suspensión del deber de trabajar", si bien, se refería más bien al deber contractual o estatutario de trabajar, el cual, ya vimos, es solo una de las manifestaciones del deber constitucional que analizamos.

787 Desde un punto de vista sociológico, no estrictamente jurídico, la regulación de la jubilación como una modulación del deber de trabajar según las convcciones de una sociedad determinada se analizan por WILIŃSKA, M., ROLANDER, B., y BŰLOW, P.H.: "la determinación de la edad como una categoría construida social y

deber convenida democráticamente[788]. Obviamente, la determinación de las situaciones protegidas, así como el nivel de protección al que dan acceso, vendrán condicionados por las

---

culturalmente que se utiliza efectivamente para organizar y definir la vida de las personas. [...] la edad como categoría social se hace visible, relevante e importante en el contexto de la vida laboral, y cómo se relaciona con el deber general de trabajar. Las normas de edad y el deber de trabajar se abordan aquí como poderosas prácticas sociales que se (re)crean constantemente para ser mantenidas, cambiadas y/o eliminadas". "When I'm 65': On the Age-negotiated...*op.cit.*, p. 23..

788 Así lo entendió, por ejemplo, el Abogado del Estado en la cuestión de inconstitucionalidad núm. 4328/99, en el que se discutía la posibilidad de acceder a una situación de incapacidad permanente allende la edad ordinaria de jubilación. Como es sabido, tradicionalmente, nuestra legislación, hoy en el art. 195.1 LGSS, impide el acceso a las prestaciones de incapacidad permanente derivada de contingencias comunes cuando el beneficiario, en la fecha del hecho causante, haya alcanzado la edad legal de jubilación. Esta opción legislativa es explicada por el Abogado del Estado señalando que la "Ley pretende cubrir el riesgo de la incapacidad para el trabajo durante el tiempo en que existe el deber de trabajar. Más allá de ese momento se arbitran otras coberturas. Por tanto, la gran invalidez, como los demás grados de incapacidad, es la originada en el tiempo de trabajo activo y en cuanto determina la incapacidad para trabajar" Tribunal Constitucional (Pleno), Sentencia núm. 78/2004 de 29 abril. Antecedente 7º-. Esta lectura, a la que nos adherimos, identificaría la Incapacidad Permanente como una dispensa del deber de constitucional de trabajar, mientras que la jubilación constituiría la extinción definitiva del mismo. Lo interesante de este razonamiento, más allá de las particularidades técnicas del caso, es la que presenta el acceso a la jubilación como una exención definitiva del deber de trabajar, lo cual es acorde a la hipótesis que defendemos: que la normativa de Seguridad Social concretiza el alcance del deber de trabajar al identificar las situaciones en las cuales no es exigible su cumplimiento.

convicciones de justicia imperantes, pero también, qué duda cabe, por "aquellas circunstancias socioeconómicas que condicionan la adecuación y actualización del sistema"[789].

Dicho lo anterior, es cierto que la Constitución española, al enunciar el deber de trabajar –a diferencia de otras cartas magnas de nuestro entorno, como la italiana o como originalmente hacía la portuguesa– no prevé exenciones al mismo con relación a la capacidad física o la edad de los ciudadanos. Cabría entonces incluso llegar a preguntarse –desde una interpretación absolutista y, por tanto, ya sabemos, inapropiada del deber de trabajar– si el legislador ordinario puede, por vía de la seguridad social, establecer exenciones a un deber que se enuncia con carácter general. Varios motivos nos conducen a una respuesta afirmativa, aunque el principal es la existencia de un mandato programático para la instauración de un sistema de Seguridad Social –art. 40– y, más específicamente, un sistema de previsión para los incapacitados físicos, psíquicos o sensoriales –art. 49– y un sistema de pensiones suficientes en caso de vejez –art. 50–. Parece claro que nuestro ordenamiento constitucional –otros, como decíamos, han sido más explícitos al respecto– admite formas de existencia profesionalmente pasivas con cargo a la colectividad. Tales previsiones tienen que interpretarse y desarrollarse a la luz del deber constitucional de trabajar para promover una lectura coherente y holística de la norma suprema: ni el deber de trabajar puede anular la asistencia a sujetos necesitados imponiéndose de forma in-

---

789 Sentencia del Tribunal Constitucional 134/1987 de 11 de agosto. En similar el sentido, el Tribunal Supremo entiende que "las situaciones de necesidad habrán de ser determinadas y apreciadas, sin duda, teniendo en cuenta el contexto general en que se produzcan y en conexión con las circunstancias económicas, las disponibilidades del momento y las necesidades de los diversos grupos sociales" (STS, Sala Cuarta, 65/1987 y 127/1987 y 65/1990).

condicional sobre todos los ciudadanos, ni las coberturas que enuncia la Constitución pueden ser tan generalizadas que hagan del trabajo una opción totalmente voluntaria. Entre esas dos posiciones extremas, el legislador ordinario cuenta con un amplísimo margen decisional para el diseño del sistema de seguridad social, con las limitaciones obvias que imponen, de nuevo, los condicionantes fácticos, especialmente presupuestarios, de cada momento[790].

---

[790] Como se ha dicho: "La búsqueda de un modelo de Seguridad Social es una tarea desde su inicio llamada al fracaso por la sencilla razón de que en la Constitución no hay modelo alguno de carácter ejemplar con arreglo al cual han de ordenarse todos los elementos que componen el Sistema para cotejarlo con el que realmente el legislador ordinario ha producido y así obtener un juicio de constitucionalidad sobre este último. Por lo general aquellos intentos acaban en la afirmación de que en el art. 41 CE hay un modelo abierto, que es casi como decir queno hay modelo de Seguridad Social alguno, como no lo hay de sindicato, partido político o de libertad de expresión" APARICIO TOVAR, J., "La Seguridad Social en la Constitución", en A.A.V.V. (Sempere Navarro, A.V., dir.), *El modelo social en la Constitución Española de 1978,* Madrid, Ministerio de Trabajo y Asuntos Sociales, 2003, pp. 787-814, p. 788. En idéntico sentido, BORRAJO DACRUZ, E., "La literalidad y la sistematización de las reglas constitucionales conducen a un planteamiento polivalente, a un planteamiento que permite decir que con el artículo 41 se puede ir a cualquier solución, porque no condiciona sobre el contenido de la acción protectora en orden a su encuadramiento institucional". "El modelo constitucional de Seguridad Social en España", *Revista de Trabajo,* núm. 65, 1982, pp. 25-42, p. 33. Sobre las distintas posiciones doctrinales al respecto vid. SÁNCHEZ-URAN AZAÑA, Y., *Seguridad Social y Constitución,* Madrid, Civitas, 1995, pp. 31-56.

3.3 La configuración del sistema profesional-contributivo en la legislación española

Acabamos de sostener, desde un punto de vista todavía conceptual, que el criterio profesional contributivo que caracteriza nuestra Seguridad Social se vincula al del deber constitucional de trabajar. Ahora, nos proponemos comprobar, desde un punto de vista técnico-legislativo, cómo se produce esta vinculación en la concreta ordenación de la Seguridad Social española[791]. En efecto, si atendemos a su configuración, comprobaremos cómo nuestro sistema de previsión social representa una manifestación ortodoxa del *workfare*, caracterizándose como un sistema de "Seguridad Social laboral" —tomamos la expresión de Vida Soria[792]— cuya nota definitoria es un ámbito subjetivo de aplicación limitado con base en el criterio de conexión con el mundo profesional[793]. Este rasgo fue mucho más acusado en las primeras normas de protección social que, diseminadamente en el tiempo, vinieron a cubrir determinadas situaciones de necesidad asociadas a los riesgos del trabajo. Ya hemos invocado como exponente de esta primitiva tendencia la española *Ley de Accidentes de Trabajo española de 30 de enero de 1900*, cuyo

791 Parte de este apartado es desarrollado en VIGO SERRALVO, F., "El deber de trabajar en el sistema de pensiones, configuración como presupuesto-deber para unas prestaciones suficientes y sostenibles", en Francisco Vigo Serralvo, en A.A.V.V. (Vila Tierno, F. y Gutiérrez Bengoechea, M.), *La incidencia de los diferentes factores endógenos y exógenos sobre sostenibilidad y suficiencia en el sistema de pensiones*", Granada, Comares, 2020, pp. 55-84.

792 Entre otras: "Acción protectora y estructura orgánica de la Seguridad Social", en A.A.V.V. (Dirs., Sagardoy Bengoechea, J.A. y Vida Soria, J.), *Informe para la Reforma de la Seguridad Social española*, Madrid, Publicado por la Secretaría de Planificación- Presidencia del Gobierno, 1977.

793 MÁRQUEZ PRIETO, A., *Seguridad Social y protección…op.cit., passim.*

ámbito de aseguramiento se circunscribía a los riesgos estrictamente relacionados con el ejercicio de la actividad profesional. Solo más adelante, de manera fraccionada, comenzaron a aparecer regulaciones individualizadas de prestaciones que, si bien ya protegían riesgos ajenos a la actividad profesional, continuaban limitando su acción protectora a las personas trabajadoras. Como exponentes de esta otra tendencia encontramos el *retiro obrero obligatorio* creado en 1919, el *seguro obligatorio de maternidad*, de 1923, o el *seguro de paro forzoso*, de 1931.

La circunscripción de la acción previsora del Estado a la ciudadanía profesional pervivió en la sistematización operada por la *Ley 193/1963, de 28 de diciembre, sobre Bases de la Seguridad Social*, y en el posterior el *Decreto 907/1966, de 21 de abril, aprobando el texto articulado primero de la Ley 193/1963, de 28 de diciembre, sobre Bases de la Seguridad Social.* Tales normas, como decíamos, respondían al compromiso asumido con los trabajadores en el *Fuero del Trabajo* de 1938[794]. En este sentido, el art. 2 de la precitada *Ley de Bases* definía el objeto de la Seguridad Social como el de: "garantiza[r] a las personas que *por razón de sus actividades* están comprendidas en su campo de aplicación y a los familiares o asimilados que tuvieran a su cargo, protección adecuada en las contingencias y situaciones que en esta Ley se definen"[795]. Solo con el paso del tiempo este estricto criterio de inclusión *por razón de la actividad* sería atenuado.

---

794 Recuperando la cita de su exposición de motivos: "Atribuida al Estado en el Fuero de los Españoles la función de garantizar dicho amparo o protección; consagrados los derechos a los beneficios de la Seguridad Social en la Ley de Principios del Movimiento Nacional, y conseguida ya la cobertura de los riesgos básicos, comunes y profesionales –respecto de los trabajadores por cuenta ajena especialmente–, parece llegado el momento de operar el tránsito de un conjunto de Seguros Sociales a un sistema de Seguridad Social".

795 La cursiva es nuestra.

Un punto de inflexión se produce con la aprobación del texto constitucional, el cual en su artículo 41 encomia a los poderes públicos a mantener un régimen público de Seguridad Social "para todos los ciudadanos". Este precepto anunciaba, en opinión de Márquez Prieto, una intención política de *universalizar* los mecanismos de cobertura: "con independencia de si, en base al contenido de dicho artículo haya que entender que el texto constitucional opta por un determinado modelo, dicho precepto supone el paso de la *Seguridad Social laboral* a una Seguridad Social sin apellidos limitativos"[796]. Según este planteamiento, la *universalización* del sistema de Seguridad Social equivale a su *deslaboralización.*

En lo que aquí respecta, aunque la Constitución, en efecto, sugiere esta solución, en ningún caso impone la equiparación protectora de los trabajadores y los no trabajadores. Y es que el art. 41 CE´78, como cualquier otro precepto constitucional, no puede leerse de forma aislada y, en este caso, ya dijimos que será el deber de trabajar el que, sin anular la universalidad del sistema, justifica un régimen de protección cualificado a aquellos sujetos que han desempeñado una actividad productiva. En este sentido, es cierto que, con posterioridad a la promulgación del texto constitucional, aunque no de forma inmediata, sino a partir de la década de los noventa, observamos una tendencia universalizadora del sistema, pero esta en ningún caso implicó la equiparación de los niveles de protección contributivo y no contributivo[797]. Esta tímida deslaboralización de

---

796 MÁRQUEZ PRIETO, A., *Seguridad Social y protección social... op.cit.*, p. 45.

797 Cabría preguntarse si, en realidad, esta universalización suponía un verdadero intento de adaptarse al nuevo marco constitucional o si, por el contrario, fue una nueva orientación legislativa autónoma. Como refuerzo de esta segunda hipótesis encontramos el largo pe-

la protección social, sin embargo, aunque con un alcance muy limitado, nos sitúa ante un paradigma teórico nuevo.

El primer hito relevante[798] de este proceso de transición ocurrirá en nuestro país con la aparición de las prestaciones no contributivas introducidas por la *Ley 26/1990, de 20 de diciembre, por la que se establecen en la Seguridad Social prestaciones no contri-*

---

ríodo transcurrido entre la aprobación del texto constitucional y esta ampliación del ámbito subjetivo de la acción protectora de la Seguridad Social. También, la aparición coetánea de otras reformas legislativas similares en otros países de nuestro entorno que nos revelan una tendencia universalizadora de la protección social de alcance supranacional. CASTEL, R., *La inseguridad social. ¿Qué es estar protegidos?*, Buenos Aires, Editorial Manantial, 2004, p. 87. En esta obra se relata como en Francia, por ejemplo, primero estuvieron las prestaciones familiares pagadas por los organismos de la Seguridad Social e históricamente financiadas por aportes patronales se extendieron en 1978 a toda la población. En segundo lugar, la Cobertura Universal de Salud se estableció en 1999. Es un programa residual que se aplica a quienes no tienen derecho al Seguro Nacional de Salud, siempre que cumplan con el requisito de residencia regular. Más recientemente, todo el sistema fue reformado con la institución de la protección sanitaria universal que simplifica el acceso para todos.

798 Tas la promulgación del texto constitucional aparecieron algunas disposiciones que, en efecto, brindaban protección prestacional sin tomar en cuenta el criterio laboral, no obstante, estas nuevas normas presentaban un ámbito objetivo y subjetivo muy conciso, sin que llegaran a producir por tanto una remodelación trascendental. Así, de este período pueden citarse la *Ley 13/1982, de 7 de abril, de integración social de los minusválidos*, la *Ley 31/1984, de 2 de agosto, de protección por desempleo, por la que se modifica el título II de la Ley 51/1980, de 8 de octubre*, introduciendo nuevos tipos de subsidio por desempleo; o la *Ley 14/1986, de 25 de abril, General de Sanidad* y, desarrollándola, el *Real Decreto 1088/1989, de 8 de septiembre, de la extensión de la asistencia sanitaria de la Seguridad Social a las personas sin recursos económicos suficientes.*

butivas. Con esta norma, aparecen una serie de prestaciones, de un alcance objetivo marginal, que vienen a asumir situaciones de necesidad hasta entonces desatendidas por el sistema de previsión *laboralizado* –se trataría de la asistencia mínima que impone el valor de la dignidad humana y que va implícita en los ideales de Estado social[799]–. La situación de necesidad, entendida como una combinación de factores físicos y económicos, constituye ya un elemento suficiente, en determinados casos, para accionar la protección prestacional proporcionada por el sistema. Este cambio de paradigma, conceptualmente relevante, es testimoniado por las revisiones operadas sobre la normativa matriz de la Seguridad Social: desde 1994, y con una redacción que se mantiene en la actualidad, se ensancha el ámbito de cobertura de la ley general, circunscrito hasta entonces a las *personas activas,* para proclamar que el fin de la Seguridad Social es: "garantiza[r] a las personas comprendidas en el campo de aplicación de esta, por cumplir los requisitos exigidos en las modalidades contributiva o no contributiva, así como a los familiares o asimilados que tuvieran a su cargo, la protección adecuada frente a las contingencias y en las situaciones que se contemplan en esta ley" –art. 2.2 del *Real Decreto Legislativo 1/1994, de 20 de junio, por el que se aprueba el texto refundido de la Ley General de la Seguridad Social*–.

---

799 "Ciertamente, la asistencia social a los necesitados de ayuda es uno de los deberes obvios del Estado social. Necesariamente esto incluye la asistencia social a los conciudadanos que, a raíz de dolencias físicas o mentales, están impedidos de desarrollarse personal y socialmente y no pueden asumir por sí mismos su subsistencia. En todo caso, la comunidad estatal tiene que asegurarles las condiciones mínimas para una existencia humana digna" Tribunal Constitucional Federal Alemán, BVerfGE 4Ü, 121 (133), tomo la cita de ALEXY, R. *Sistema de derechos fundamentales… op.cit.*, p. 422.

Este cambio de orientación, conceptualmente muy relevante, tuvo sin embargo una relativa incidencia estadística. No supuso, de modo alguno, una *revolución brutal*[800] ni amenazó con destronar el criterio profesional-contributivo como condicionante primordial de acceso a la protecciónn social. Por el contrario, vino a colmar vacíos de protección muy concretos que alcanzaban a una cuota relativamente baja de la población[801].

Esta tendencia hacia la deslaboralización fue ampliándose con la aparición progresiva de nuevas protecciones no contributivas o cuasicontributivas que desatienden, total o parcialmente, la participación productiva del beneficiario. Entre estas, además de las ya referidas pensiones no contributivas de invalidez y jubilación, encontramos la asignación por hijo a cargo, introducida por el *Real Decreto 1335/2005, de 11 de noviembre;* o el subsidio no contributivo de maternidad previsto en el *Real Decreto 295/2009, de 6 de marzo.* El último jalón, y acaso el más significativo, de este proceso de deslaboralización lo encontramos en la introducción del ingreso mínimo vital por parte del *Real Decreto-ley 20/2020, de 29 de mayo.* Como es sabido, esta nue-

---

800 CASTEL, R., *La inseguridad social... op.cit.*, p. 89.

801 Siguiendo nuevamente al profesor Márquez Prieto: "no puede afirmarse que el criterio de la adscripción profesional haya perdido su virtualidad configuradora del ámbito subjetivo de protección, para ser sustituido totalmente por la cualidad de simple ciudadano. Pero, como consecuencia de la incorporación de la modalidad no contributiva, establecida en términos universales —aun con sus limitaciones—, y que ofrece cobertura paralela respecto de una parte significativa de la correspondiente a la modalidad contributiva, puede afirmarse con propiedad que la conexión con el mundo laboral —y con el derecho del trabajo— ha dejado de ser el elemento principal delimitador del campo de aplicación subjetivo de la Seguridad Social" MÁRQUEZ PRIETO, A., *Seguridad Social y protección social... op.cit.*, pp. 46 y 47.

va prestación acoge como situación de necesidad a proteger la mera carencia de rentas, sin que concurra ninguna limitación físico-psíquica para el trabajo. En seguida –vid. apartado V.3.5– nos referiremos a esta prestación de forma específica.

3.4 El deber de trabajar en la protección social por desempleo

Aparentemente, en términos lógicos y abstractos, existe una relación conflictual entre la protección social por desempleo y el deber de trabajar[802]. Y es que aquella protección, en su definición esencial, otorga prestaciones sociales al ciudadano que no se encuentra ejecutando la conducta básica exigida por dicho deber. Esta aparente contradicción se solventará en cuanto reparemos en la particular configuración legal de aquella protección social y observemos que esta solo alcanza al desempleado involuntario: al que muestra una actitud proclive al trabajo.

Ya hemos visto como nuestro sistema de protección social enumera una serie de situaciones o contingencias protegidas que, *grosso modo*, afectan a quienes, por mor de cualquier limitación, se encuentran impedidos para el ejercicio normal de una actividad profesional. Tal limitación podría ser origen físico, psíquico, pero también social. En este tercer grupo de limitaciones podemos ubicar las prestaciones por nacimiento y cuidado de menor, pero también la prestación por desempleo: al contemplar el desempleo como contingencia protegida, el Estado social acepta –separándose de la tradición liberal–, que la ocupación profesional de un individuo no depende por entero de su voluntad; que el orden económico alberga contingencias que escapan a las posibilidades de control del trabajador y lo pueden colocar,

---

802 RAFFASS, T., "Unemployment and punitive activation as human rights issues", *Australian Journal of Human Rights*, vol. 20, núm. 1, pp. 1-30.

circunstancialmente, en una situación de desocupación involuntaria[803]. Más arriba ya aludíamos a este tipo de contingencias cuando explicábamos la correlación entre el deber de trabajar y el derecho al trabajo, afirmando que solo cuando este quede plenamente garantizado, aquel resultaría plenamente exigible –vid. supra capítulo IV, apartado 5.1–. Y ello en la medida en que la realización de una actividad productiva, conducta básica exigida por el deber de trabajar, no siempre depende de la voluntad del sujeto obligado por este deber.

Centrándonos ahora en la prestación por desempleo, solo si la entendemos como una tutela condicionada a la existencia de una contingencia social no provocada por el operario es como aquella resulta compatible con el deber de trabajar. Así entendida, tal prestación quedaría circunscrita a quienes queriendo dar cumplimiento a ese deber, no pueden hacerlo por causas ajenas a su voluntad. Esta inspiración se ve claramente en la definición de la situación legal de desempleo cubierta por el sistema de Seguridad Social: según el art. 262.1 LGSS, aquella en que se encuentran "quienes, pudiendo y queriendo trabajar, pierdan su empleo o vean suspendido su contrato o reducida su jornada

---

803 Centrándonos en el caso español, el carácter social de esta contingencia aparece expresado en las palabras que abren la exposición de motivos de la *Ley 62/1961, de 22 de julio, por la que se implanta el Seguro Nacional de Desempleo*. "El riesgo de desempleo constituye una de las más graves amenazas para la vida del trabajador. Sin embargo, el Seguro que lo atiende ha tenido un lento proceso de implantación en los regímenes de Seguridad Social [...] La tarea de transformar progresivamente a la nación produce inevitables situaciones del paro llamado friccional, signo de una economía en evolución, que tienen que ser atendidas, aun cuando por su número no afecten gravemente a la vida pública, porque son catastróficas para las débiles economías a quienes afecta, y por ello exigen se implante un Seguro que atienda a estas situaciones transitorias, pero muchas veces fatales para los que las sufren".

ordinaria de trabajo"[804]. Es fácil observar como en la definición de la situación legal de desempleo aparece incrustado un elemento volitivo: la voluntad de trabajar, la cual se examina en dos momentos: 1) el del cese en la prestación de servicios, que no puede deberse a la libre voluntad de trabajador; 2) y durante el disfrute de la prestación, en la que se exige una voluntad constante de reincorporación al mundo profesional[805].

Nos topamos entonces, sobre todo en el segundo de estos momentos, con una notable dificultad a la hora de objetivar la concurrencia de la contingencia protegida por la protección por desempleo. Reparemos en que esta acción, la *objetivación* de la contingencia, es un paso crucial en la operatividad de nuestro entero sistema de protección social. Quizás su importancia se vea más claramente en el régimen de las prestaciones de invalidez y el vasto aparato médico-burocrático habilitado al efecto. A diferencia de estas prestaciones, en las que los elementos que requieren objetivación pueden examinarse a través de pruebas científicas[806], en la prestación por desempleo la objetivación debe practicarse sobre un factor íntimamente

---

804 Esta opción político-legislativa aparece respaldada, además a nivel internacional por la OIT. Concretamente los convenios número 44 de 1934 y 168 de 1998 habilitan de forma expresa –arts. 9 y 21 respectivamente– a los Estados firmantes a obligar al desempleado a participar en las actividades y acciones anteriormente citadas y a no rechazar ofertas de empleo convenientes o adecuadas.

805 LÓPEZ-MONIS DE CAVO, C., *La protección por desempleo en el sistema español de la Seguridad Social*, Madrid, Fundación Universidad Empresa, 1978, pp. 84 y 85.

806 Así se pronuncia el art. 193.1 de la actual LGSS: "La incapacidad permanente contributiva es la situación del trabajador que, después de haber estado sometido al tratamiento prescrito, presenta reducciones anatómicas o funcionales graves, *susceptibles de determinación objetiva*" (la cursiva es nuestra).

subjetivo: la voluntad humana, en este caso la voluntad de trabajar. Para salvar, en la medida de lo posible, este escollo, la regulación de la protección por desempleo suele introducir diversas exigencias y restricciones tendentes a acreditar la intención de reactivarse por parte del sujeto desempleado[807]. Principalmente, cabe destacar a este respecto la inscripción como demandante de empleo y el compromiso de activación como trámites burocráticos que necesariamente debe asumir el desempleado para acceder a la protección prestacional –arts. 299 y 300 LGSS–[808]. Con estos, básicamente, el beneficiario de la prestación se compromete a participar en las iniciativas de capacitación que le sean propuestas desde el servicio público de empleo, así como, con más trascendencia, aceptar las eventuales *ofertas de colocación adecuadas* –luego repararemos en esta institución– que le sean comunicadas por este mismo organismo.

Aunque en muchas ocasiones este objetivo de reactivación se ha presentado como una de las derivadas más perniciosas del paradigma del *workfare* –en tanto que, según se alega, culpabiliza al individuo de su situación de desempleo[809]–, parece un requisito esencial en el régimen de la prestación en aquellos ordenamientos que, como el nuestro, a través del deber de trabajar reclama constitucionalmente el compromiso profesional de sus ciudadanos. En efecto, es una valoración común en los escasos comentarios al deber constitucional de trabajar la que encuen-

---

807 Es lo que algún exponente ha denominado *involuntariedad sucesiva*. LÓPEZ-MONIS DE CAVO, C., *La protección por desempleo... op.cit*, p. 80.

808 Estos preceptos deben asociarse además a las sanciones consistentes en rechazar las ofertas de colocación adecuadas [art. 17.2 y 25.4 b) LISOS o en incumplir las exigencias del compromiso de actividad [art. 24.2 c) LISOS.

809 BRUNET, I.; BRUNET ICART, I. y BELZUNEGUI, A., *Flexibilidad y formación: una crítica sociológica al discurso de las competencias*, Barcelona, Icaria Economía, 2003, p. 38.

tra una relación entre este deber y el compromiso de activación que asume el trabajador como requisito de acceso a las prestaciones por desempleo[810]. En palabras de Mercader Uguina:

> "la mención de un deber de trabajar en el art. 35.1 CE da cobertura a eventuales medidas legislativas desfavorables a la inactividad y favorables a la búsqueda activa de empleo. Por ello, no será lícito sancionar directamente la negativa a prestar trabajo; pero sí lo será denegar prestaciones de desempleo a quienes rechacen una oferta adecuada de empleo o no suscriban y cumplan las exigencias del compromiso de actividad (art. 299 c) y e) LGSS).

---

810 En sentido similar, para la profesora Nogueira Guastavino, el deber constitucional de trabajar representaría "una habilitación al legislador para establecer deberes individuales específicos, dentro de los límites constitucionales generales, lo que en el ámbito de las relaciones laborales se concreta en la prestación y el subsidio de desempleo, en relación no solo con los trabajos de colaboración social que pueden ser exigidos por los Servicios Públicos de Empleo a los trabajadores que los perciban, constituyendo causa de extinción de la prestación la negativa a participa". NOGUEIRA GUASTAVINO, M., "Artículo 35", en A.A.V.V. (dirs. Casas Baamonde, M.E. y Rodríguez-Piñero y Bravo-Ferrer, M.), *Comentarios a la Constitución Española*, XXX Aniversario, Wolters Kluvers, 2008, pp. 1185-1209, p. 1190. En esta misma posición puede ubicarse a GIL y GIL, J.L., "El derecho a un trabajo digno", en A.A.V.V. (dir. Escobar Roca, G.), *Derechos sociales y tutela antidiscriminatoria*, Thomson-Aranzadi, Cizur Menor, 2012, pp. 949-1016, pp. 960-964; a MONEREO PÉREZ, J.L., "La protección legal por desempleo y sus niveles de protección", *Revista de Derecho de la Seguridad Social*, Laborum, núm. 6, 2016, pp. 29-67, p. 39; LANDA ZAPIRAIN J.P., "Constitución y futuro del modelo español del derecho del trabajo del próximo siglo", *Lan harremanak: Revista de relaciones laborales*, núm. 2, 2000, pp. 155-184, p. 168, y también, fuera ya de la doctirna laboralista y sin vocación exhaustiva, a GARRIDO GÓMEZ, Mª.I., *Análisis e implicaciones de los derechos sociales*, Madrid, Dykinson, 2021, p. 118. Fuera de nuestras fronteras, por todos, SUPIOT, A., Au-delà de l'emploi: Les voies d'une vraie réforme du droit du travail, Flammarion, París, 2016. También, JEAMMAUD, A., "La «constitutionnalisation rampante du droit du travail français", *Les Cahiers de droit*, vol. 48, núm. 1-2, 2007, pp. 93-119, pp. 105 y 106.

> Queda, por todo ello, claro que el reconocimiento constitucional del deber de trabajar sirve de apoyo a aquellas fórmulas normativas que establezcan sistemas dirigidos a favorecer la activación de los desempleados y que, por tanto, aquellas normas dirigidas al referido fin encuentran pleno apoyo y encaje constitucional"[811].

Aunque el Tribunal Constitucional no ha establecido una vinculación expresa entre el deber constitucional de trabajar y el compromiso de activación del desempleado, sí ha tenido ocasión de afirmar que con este requisito la legislación no introduce ningún tipo de discriminación prohibida por la norma suprema, en tanto que el incumplimiento de "la inscripción dentro de plazo en la Oficina de Empleo correspondiente, lo que se consideraba como una manifestación más de la «voluntad sostenida» de trabajar que debía mostrar el trabajador desempleado [...] origina una diferencia innegable entre la situación de la demandante y la de aquellas personas que hubieran satisfecho esa exigencia legal, y justifica debidamente el desigual trato otorgado a una y otras"[812]. No comprendemos del todo porqué a raíz de este pronunciamiento el Tribunal Constitucional no justificó estos requisitos a partir del deber fundamental de trabajar, que es claramente el que subyace en su argumentación al defender la corrección constitucional de una legislación que prioriza a quienes muestran una vocación laboriosa –el recurrente propugnaba que era la situación de necesidad y la cotización lo que, por sí solo, debería excitar la acción protectora–. Comoquiera que fuese, lo relevante ahora es observar cómo la demanda de

---

811 MERCADER UGUINA, J.R., *Lecciones de Derecho del Trabajo... op.cit.*, p. 54. En similar sentido, para García Fernández el deber constitucional de trabajar habilitaría la denegación de "cualquier tipo de protección al ciudadano que estando en condiciones de trabajar, no lo hace voluntariamente". GARCÍA FERNÁNDEZ, M., *Manual de Derecho del Trabajo*, Barcelona, Ariel, 1990, p. 31.

812 STC 119/1987, de 9 de julio.

empleo se presenta en esta sentencia como *manifestación de la «voluntad sostenida» de trabajar.* Esta, junto con otros trámites que incumben al desempleado, es la que evidencia la existencia de la contingencia protegida: el desempleo forzoso.

Entre esos otros trámites necesarios para evidenciar la voluntad de trabajar encontramos en una posición muy destacada el *compromiso de activación* del actual art. 300 LGSS. Como es sabido, este obliga al desempleado a aceptar aquellas ofertas de colocación o formación que sean propuestas por el servicio público de empleo. Se asume que la mera demanda de ocupación no evidencia una indubitada voluntad de trabajar si no está acompañada de un compromiso de aceptación de las ofertas de trabajo que, a juicio del servicio público de empleo, sean adecuadas al itinerario profesional del beneficiario. Obviamente, de nuevo, el legislador ordinario cuenta con un amplísimo margen de maniobra para definir el compromiso de activación y modular su rigurosidad[813]. Lo único que parece rechazar nuestro marco cons-

---

813 Cruz Villalón, por su parte, matizando parcialmente esta correlación, sostiene que la configuración del compromiso de actividad vigente en el ordenamiento español hasta la Ley 3/2023, en la medida que delega en el servicio público de empleo la determinación de la oferta adecuada, suponía una vulneración del artículo 35.1 CE ya que "impone un "deber de trabajar" que va más allá de lo razonable en una perspectiva constitucional", CRUZ VILLALÓN, J., "El deber de aceptación de la oferta de colocación adecuada", *Relaciones Laborales: Revista Crítica de Teoría y Práctica,* vol. 1, 2003, pp. 357-386, p. 366. En términos críticos muy similares, Monereo Pérez apunta cómo esta regulación supone una exaltación del deber de trabajar: "El compromiso de actividad es aquí fuente de la obligación jurídica de búsqueda activa de empleo. Está delimitado legalmente y bajo la dirección Administrativa, configurándose en lo principal como una especie de contrato de adhesión, en el cual el desempleado es, sin lugar a dudas, el contratante más débil en cuanto a su posición jurídico-contractual anudada a la situación jurídica de desempleo protegido. Pero es un

titucional sería la supresión absoluta de este, pues eso supondría la redefinición de la situación legal de desempleo para eliminar de esta la voluntad de trabajar y, de esta forma, proteger indistintamente la ociosidad impuesta y la que es libremente asumida. No es, por tanto, que el deber constitucional de trabajar habilite la introducción de condicionantes al acceso a la prestación de desempleo, sino que parece imponerlos[814].

En este punto, a modo de añadidura y para observar el amplísimo margen de maniobra con el que cuenta el legislador ordinario a la hora de configurar el compromiso de activación, veamos la redefinición que este ha sufrido, sobre todo en lo relativo al concepto de *colocación adecuada*, a partir de la *Ley 3/2023 de Empleo.* Con anterioridad a su entrada en vigor, encontrábamos en nuestro ordenamiento un *compromiso de activación* muy severo –al menos en la opinión de algunos referentes doctrinales–, que obligaba a aceptar cualquier oferta de empleo que fuese puesta a disposición del beneficiario por parte del servicio público, con independencia de que esta se ajustase a las expectativas profesionales del demandante o a su cualificación académica (art. 301 LGSS en

una «activación heterónoma», que obedece a una filosofía político-jurídica que acentúa el «deber de trabajar» en detrimento del derecho al trabajo ex art. 35.1 CE; esto es, del trabajo como deber del ciudadano, cuyo incumplimiento puede ser objeto de control social y de sanción". MONEREO PÉREZ, J.L., "La protección legal... *op.cit.*, p. 39.

814 JEAMMAUD, A., "La «constitutionnalisation rampante du droit du travail français", *Les Cahiers de droit*, vol. 48, núm. 1-2, 2007, pp. 93-119, pp. 105 y 106, donde se lee: "la afirmación *toda persona tiene el deber de trabajar* seguramente también comprometería una reforma legislativa que eliminara la condición de realizar actos de búsqueda de empleo a los que el Código del Trabajo sujeta el beneficio de las prestaciones del seguro de desempleo".

su redacción anterior a la Ley 3/2023)[815]. Con la precitada Ley de Empleo aparece un nuevo *acuerdo de actividad* –el cambio de ter-

---

[815] Un tanto extenso y alambicado: "se entenderá por colocación adecuada la profesión demandada por el trabajador y también aquella que se corresponda con su profesión habitual o cualquier otra que se ajuste a sus aptitudes físicas y formativas. En todo caso, se entenderá por colocación adecuada la coincidente con la última actividad laboral desempeñada siempre que su duración hubiese sido igual o superior a tres meses. Transcurrido un año de percepción ininterrumpida de las prestaciones, además de las profesiones anteriores, también podrán ser consideradas adecuadas otras colocaciones que a juicio del servicio público de empleo puedan ser ejercidas por el trabajador. La colocación se entenderá adecuada cuando se ofrezca en la localidad de residencia habitual del trabajador o en otra localidad situada en un radio inferior a 30 kilómetros desde la localidad de la residencia habitual, salvo que el trabajador acredite que el tiempo mínimo para el desplazamiento, de ida y vuelta, supera el 25 por ciento de la duración de la jornada diaria de trabajo, o que el coste del desplazamiento supone un gasto superior al 20 por ciento del salario mensual, o cuando el trabajador tenga posibilidad de alojamiento apropiado en el lugar de nuevo empleo. La colocación que se ofrezca al trabajador se entenderá adecuada teniendo en cuenta la duración del trabajo, indefinida o temporal, o de la jornada de trabajo, a tiempo completo o parcial. Además dicha colocación para entenderse adecuada deberá implicar un salario equivalente al aplicable al puesto de trabajo que se ofrezca, con independencia de la cuantía de la prestación a que tenga derecho el trabajador, o aunque se trate de trabajos de colaboración social. Para la aplicación de lo previsto en los párrafos anteriores el servicio público de empleo competente tendrá en cuenta las circunstancias profesionales y personales del desempleado, así como la conciliación de su vida familiar y laboral, el itinerario de inserción fijado, las características del puesto de trabajo ofertado, la existencia de medios de transporte para el desplazamiento, así como las características de los mercados locales de empleo. El salario correspondiente a la colocación para que esta sea considerada adecuada no podrá, en ningún caso, ser inferior al salario mínimo interprofesional una vez descontados de aquel los gastos de desplazamiento".

minología es sutil pero revelador– que solo impone la aceptación de aquellas ofertas de empleo que coincidan con la demandada por el beneficiario o con sus aptitudes físicas y formativas, siempre que además se encuentre en su localidad de residencia y se articule a través de un contrato indefinido (art. 3.g de la *Ley 2/2023*)[816]. Es fácil observar el contraste entre las obligaciones anteriores y actuales para acceder al derecho a la prestación por desempleo. Esta amplia diferencia nos lleva a preguntarnos –y este era en realidad el objeto del *excursus*– si la libertad del legislador para definir el compromiso de activación es verdaderamente absoluta. Si aceptamos como premisa que nuestro ordenamiento jurídico, condicionado por la existencia del deber de trabajar, no admite la protección del desempleo libremente asumido, hasta qué punto una devaluación de las exigencias de dicho compromiso no daría lugar a la cobertura de tal situación. Pensando en la definición actual de la colocación adecuada, la dada por la *Ley 3/2023*, vemos cómo, a partir de esta, un desempleado que rechace una ocupa-

---

816 Art. 3.g) "Se considerará adecuada, la colocación en la profesión demandada por la persona trabajadora, de acuerdo con su formación, características profesionales, experiencia previa o intereses laborales y también aquella que se corresponda con su profesión habitual o cualquier otra que se ajuste a sus aptitudes físicas y formativas. En los dos últimos casos, además, la oferta deberá implicar un salario equivalente al establecido en el sector en el que se ofrezca el puesto de trabajo. La colocación que se ofrezca deberá ser indefinida y con un salario, en ningún caso, inferior al salario mínimo interprofesional. En el marco del acuerdo de actividad voluntariamente aceptado, también será colocación adecuada, la que sea convenida dentro del itinerario de inserción, incluida la colocación de duración determinada regulada en el artículo 15.3 del texto refundido de la Ley del Estatuto de los Trabajadores, aprobado por el Real Decreto Legislativo 2/2015, de 23 de octubre y la colocación a tiempo parcial. Solamente en este marco, será adecuada la colocación que se ofrezca en una localidad que no sea la de residencia de la persona trabajadora".

ción temporal se reputará desempleado involuntario, a pesar de que dicha colocación ofrezca una categoría profesional y unos emolumentos iguales o superiores a los de su anterior ocupación. Del mismo modo, se entenderá desempleado involuntario quien rechace cualquier oferta de colocación, aunque sea indefinida, si esta se ubica a pocos kilómetros de su hogar, pero en otro término municipal. Lo que queremos hacer ver con estas ejemplificaciones es hasta qué punto la regulación de una cuestión aparentemente tan técnica, como es la colocación adecuada en el contexto de la protección por desempleo, incide en los limites conceptuales de nuestro sistema de protección social. Operando alguna modificación puntual sobre esta institución, podría el legislador, de facto, proteger situaciones, como la desocupación libremente asumida[817], que tradicionalmente se han visto incompatibles con las bases constitucionales de nuestro sistema[818].

---

817 Antes de entrar a valorar si la regulación actual del compromiso de actividad da cabida o no a este tipo de situaciones –habría argumentos, quizás, para defender una cosa y su contraria– pensemos en algún ejemplo más grosero y reducido al absurdo: pensemos que, haciendo uso de su margen de autonomía, el legislador ordinario define exclusivamente la colocación adecuada como aquella que es demandada por el beneficiario de la prestación. Parecería *a priori* una opción legislativa flexibilizadora, pero admisible. Sin embargo, de facto, estaría amparando prestacionalmente situaciones de desempleo que son libremente asumidas, como ocurrirá en aquellos casos en los que la profesión demandada por el beneficiario sea extraordinariamente inusual o quede muy por encima de sus aptitudes físicas y profesionales. Un ejemplo grotesco, pero quizás por eso más visual podría ser el de una persona desempleada que demanda una ocupación muy cualificada o extraordinariamente inusual, como astronauta o explorador ártico.

818 ALONSO OLEA, M., "La Constitución española como fuente del Derecho del Trabajo", en A.A.V.V. (dir. SEMPERE NAVARRO, A.V.), *El módelo social en la Constitución Española de 1978,* Madrid, Ministe-

3.5 El ingreso mínimo vital y su posible transgresión del deber constitucional de trabajar

La actual regulación del ingreso mínimo vital español nos ofrece una oportunidad propicia para corroborar la idea que acabamos de exponer: la posibilidad legislativa de afectar los principios esenciales del sistema de protección social a través de la configuración de aspectos normativos aparentemente técnicos y carentes de significancia constitucional.

Como es sabido, en mayo del año 2020 nuestro sistema de Seguridad Social experimentó una importante transformación con la introducción de una prestación, el *ingreso mínimo vital*, que venía a ampliar considerablemente los límites del nivel no contributivo de protección[819]. Se trataba de una prestación, potencialmente vitalicia[820], asignada a toda persona que, entre otros requisitos, careciese de rentas y patrimonio superiores a un determinado umbral económico que la propia ley determina en función del número de miembros que integran la uni-

---

rio de Trabajo e inmigración, Subdirección General de Publicaciones, pp. 3-34, p. 16.

819 Originalmente apareció con el *Real Decreto-ley 20/2020, de 29 de mayo, por el que se establece el ingreso mínimo vital*.

820 Aunque la regulación de la prestación omite cualquier calificación al respecto, estimamos que cabría calificar a esta, dentro de las categorías de las prestaciones según su periodicidad, no como un subsidio, sino como una pensión, *id est*, como una de aquellas prestaciones que, aunque pueden por diferentes causas verse suspendidas y extinguidas durante su percepción, presentan vocación de permanencia indefinida. De las distintas prestaciones que reconoce nuestro sistema, forman parte de esta categoría la pensión por incapacidad permanente total, absoluta o por gran invalidez; la pensión de jubilación o las pensiones de viudedad y —de manera más discutible— de orfandad. También algunas pensiones en favor de familiares.

dad de convivencia y de otras variables –como la discapacidad de alguno de los componentes de unidad familiar o el carácter monoparental de la misma–[821].

Sin entrar a profundizar en todos los requisitos de acceso a la prestación, nos detenemos en uno solo que es, además, hipotético: el posible deber del beneficiario de aceptar la oferta de empleo adecuada que le sea comunicada por el correspondiente servicio público. En efecto, una de las principales críticas políticas que se alzaron contra esta medida legislativa fue el fomento de la inactividad voluntaria que, según muchos, ocasionaría esta prestación, a la que se calificó como un "subsidio a la ociosidad"[822]. En las discusiones iniciales sobre esta prestación, la respuesta a esa recusación fue que el ingreso mínimo vital constituía una renta excepcional, para casos en los que la persona cayese coyunturalmente en una situación especialmente desfavorable, y condicionada siempre al compromiso laboral del beneficiario[823].

---

821 Oscilando a día de hoy, en los casos generales, entre los 5.899,6 euros para una única persona, hasta los 12.799 euros como máximo para el caso de una pareja con tres o más hijos.

822 Vid. La Sexta, Al Rojo Vivo, 17 de junio de 2020: "El empresario Antonio Hernández cree que el Ingreso Mínimo Vital acostumbra a la gente "a la ociosidad". Accesible en https://www.lasexta.com/programas/al-rojo-vivo/noticias/el-empresario-antonio-hernandez-acusa-al-ingreso-minimo-de-adoctrinar-a-gente-que-se-acostumbra-a-la-ociosidad_202006175eea04011a23fe0001b7f3e2.html (último acceso el 23 de junio de 2023).

823 Diario El Comercio, 6 de octubre de 2021, "El importante aviso de la Seguridad Social a quienes reciban el Ingreso Mínimo Vital. Salvo excepciones, tanto los beneficiarios de la prestación como los miembros de la unidad de convivencia deben estar inscritos como demandantes de empleo". Accesible en: https://www.elcomercio.es/sociedad/seguridad-social-requisito-ingreso-minimo-vital-20211006120452-nt.html (último acceso el día 20 de junio de 2023).

Sin embargo, en el texto inicial de la norma no aparecía ninguna condición que obligase al beneficiario de la prestación a aceptar una oferta de empleo. Aunque esto pasó desapercibido para muchos, fue una de las principales exigencias de la Confederación de Empresarios para permanecer en el pacto social[824]. También apareció la suscripción de este compromiso de actividad en varias de las enmiendas presentadas al proyecto de ley por la que se establecía el ingreso mínimo vital[825]. Sin embargo, ninguna de las múltiples reformas a las que se ha sometido dicha prestación en su corta andadura ha introducido expresamente esa exigencia. Tampoco lo hace la más reciente *Ley 19/2021, de 20 de diciembre, por la que se establece el ingreso mínimo vital,* que recopila y sistematiza to-

---

824 Así describía la prensa esta polémica a los pocos días de entrada en vigor de la norma: "Unas de las principales críticas de los empresarios a la renta mínima es que puede desincentivar la búsqueda activa de empleo. Al obtener cierto dinero del Estado, se corre el riesgo de que los beneficiarios pierdan el interés por buscar trabajo y salir de su situación de pobreza. Así las cosas, según ha podido saber Confidencial Digital por fuentes conocedoras de la redacción de la medida que se debate este viernes en el Consejo de Ministros, los beneficiarios en paro, además de tener que estar inscritos como demandantes de empleo como ya se contemplaba, perderán la ayuda en caso de "rechazar un trabajo adecuado" Diario El Confidencial de 29 de mayo de 2020: Los beneficiarios de la renta mínima que rechacen un trabajo perderán la ayuda. Accesible en: https://www.elconfidencialdigital.com/articulo/dinero/beneficiarios-renta-minima-rechacen-trabajo-perderan-ayuda/20200528215326145855.html (último acceso el día 20 de junio de 2023).

825 Es el caso de las enmiendas 191, 192 y 193, todas del Grupo Parlamentario de Ciudadanos. Vid. Enmiendas e índice de enmiendas al articulado. 121/000025 Proyecto de Ley por la que se establece el ingreso mínimo vital (procedente del Real Decreto-ley 20/2020, de 29 de mayo). Boletín Oficial de las Cortes Generales, 18 de junio de 2021, núm. 25-2.

dos los cambios habidos hasta hoy. Si acudimos a su artículo 36, relativo a las *obligaciones de las personas beneficiarias,* no encontraremos ninguna relativa a la aceptación de una eventual oferta empleo. Solo existe el compromiso de participar en *las estrategias de inclusión* que promueva el Ministerio de Inclusión, Seguridad Social y Migraciones. También se exige a los beneficiarios que estén desempleados –reparemos en que el percibo del ingreso mínimo vital es compatible con el trabajo– la inscripción como demandantes de empleo en el correspondiente servicio público de empleo (art. 36.1.g del vigente texto normativo). Y es aquí donde procede insistir en una distinción técnico-jurídica ineludible: la inscripción como demandante de empleo no obliga a participar en las ofertas de empleo que comunica el servicio público; esta obligación solo nace a partir del denominado *compromiso de actividad* –o *acuerdo de actividad* en la terminología actual–[826]. Será solo la suscripción de este otro documento la que impondría la obligación de aceptar la oferta de trabajo de la que informe el servicio público de empleo, no la demanda de empleo, que puede suscribirse sin asumir ningún compromiso de este tipo[827]. Resulta un tanto contradictorio observar cómo el percibo de las prestaciones por desempleo, tanto en el ni-

---

826 Nos separamos de la conclusión emitida por el Consejo Económico y Social con relación al IMV "habiéndose establecido como obligación del beneficiario que no trabaja (salvo excepciones) su inscripción como demandante de empleo, que implica la suscripción de un compromiso de actividad, la percepción de la prestación del IMV queda, en estos casos, indirectamente condicionada a la participación en itinerarios de inserción sociolaboral". Memoria 2020, Capítulo III. Calidad de vida y cohesión social, p. 696.

827 Lo que es frecuente, por ejemplo, en lo que ha dado en llamarse *demanda de mejora de empleo:* aquella que suscriben los trabajadores en activo que buscan otra ocupación.

vel contributivo como en el cuasiasistencial, se condiciona a un doble requisito (art. 299.c LGSS): 1) Inscribirse como demandante de empleo y mantener la inscripción. 2) Suscribir y cumplir las exigencias del acuerdo de actividad. Sin embargo, en el caso del ingreso mínimo vital, solo se ha exigido el primero de estos requisitos, la demanda de empleo. Sobre la suscripción del compromiso o acuerdo de actividad, nada se dice en la norma reguladora del ingreso mínimo vital, lo que resulta desde luego incoherente, según se ha denunciado por la doctrina, con el objetivo de esta prestación confesado en su misma exposición de motivos: "la integración de las personas vulnerables y la incentivación de su participación en el mal llamado mercado laboral"[828].

En la primera versión de la norma –alumbrada en los albores de la pandemia de la Covid-19, en el marco de una coyuntura de emergencia social– se pudo pensar que la exclusión de este requisito, el compromiso de actividad, pudo ser una omisión involuntaria. Si atendemos a las sucesivas reformas por las que ha pasado el régimen de la prestación, y si observamos que, entretanto, la inclusión de este requisito ha sido una exigencia expresa de algunos grupos parlamentarios y algunos agentes sociales, podríamos concluir que su no incorporación al texto legal ha sido una decisión consciente del legislador, el cual, por cualquier razón –la exposición de motivos no da, desde luego, ninguna pista al respecto–, ha optado por no incluirlo entre los presupuestos necesarios para el reconcomiendo y mantenimiento de esta prestación.

---

[828] BURRIEL RODRÍGUEZ, P., "Las obligaciones de las personas beneficiarias del ingreso mínimo vital: las infracciones y sanciones previstas y su posible incidencia en la coordinación de prestaciones de la seguridad social a nivel europeo", en *E-Revista Internacional de la Protección Social,* 5(2), pp. 94–114, p. 104.

Toda esta explicación, de apariencia más bien técnica, lo que busca es preguntarse hasta qué punto esta concreta regulación de los requisitos de acceso al ingreso mínimo vital resulta coherente con el deber constitucional de trabajar y el contenido que venimos atribuyéndole. Tal y como está configurada esta prestación, permite a un ciudadano colocarse en una situación pasiva en la relación distributiva del Estado sin comprometer ninguna aportación profesional. Quizás a este respecto quepa distinguir entre los principios expresados por la norma que regula el ingreso mínimo vital y su concreción técnica. En el primer nivel, el de los principios, esta se presenta como una protección marginal que exige la voluntad de trabajar de los beneficiarios de la prestación. Así se presentó políticamente y así se explica la exigencia de la inscripción como demandante de empleo. También la obligación de someterse a las estrategias de inclusión que promueva el Ministerio de Inclusión, Seguridad Social y Migraciones (art. 36.1.h). En el nivel de su concreción técnica, ese espíritu se devalúa, de manera pretendida o no por el legislador, hasta llegar a proteger al ocioso voluntario y contumaz que rehusase cualquier oferta de colocación profesional. Eso asimila el ingreso mínimo vital a las rentas básicas incondicionales, como la renta básica universal, que, según defenderemos en el último capítulo, resultan incompatibles con el deber constitucional de trabajar.

4. OTRAS OPCIONES LEGISLATIVAS COHERENTES CON EL DEBER CONSTITUCIONAL DE TRABAJAR

Según el escrutinio que hemos realizado –con vocación exhaustiva, mas no necesariamente lograda–, en la historia constitucional española apenas 29 disposiciones normativas han invocado directamente al deber de trabajar: todas en su preámbulo y sin apenas significación efectiva. La mayoría de estas disposiciones provienen de la producción normativa de las Comunidades Autónomas, son de rango reglamentario y, principalmente, se refieren a políticas de empleo o a la estructura de las relaciones laborales en el sector público[829]. No nos detenemos en ellas pues, insistimos, el deber de trabajar aparece ahí como una proclamación retórica, a los meros efectos de connotar la relevancia constitucional de la materia regulada, normalmente el empleo. Ninguna norma de las promulgadas en nuestra historia democrática se presenta, en puridad, como una concreción o desarrollo del deber constitucional de trabajar.

Existen sin embargo muchas disposiciones normativas que, aunque el Legislador no las haya vinculado expresamente al deber de trabajar, están claramente en consonancia con el significado jurídico-político que hemos atribuido a este mandato constitucional. La relevancia de estas otras disposiciones en nuestro estudio es doble: 1) De un lado, podría afirmarse que estas otras normas obedecen al mismo espíritu político que inspira al deber constitucional de trabajar, lo que revelaría la vigencia o actualización de la preferencia por la vida laboriosa en nuestra comunidad política. 2) Por otro lado, aunque tales disposiciones no se hayan fundamentado apelando explícitamente al deber de trabajar, es verdad que este las dota de un claro respaldo constitucional y las blinda frente a las recusaciones que cuestionen su legitimidad. Dicho de otra forma y a modo de síntesis: nos referiremos ahora a una serie de disposiciones e instituciones normativas que, aunque no se han vinculado formalmente al deber constitucional de trabajar, quedan de alguna forma influenciadas por este. De hecho, en parte, lo que pretendemos reivindicar en este penúltimo capítulo –lo

---

829 Los datos lo obtenemos a través de un escrutinio por palabras en la base de datos electrónica Westlaw, de la editorial Thomson Reuters-Aranzadi.

haremos al final del mismo– es la conveniencia de vincular formalmente al deber de trabajar todas aquellas disposiciones que responden a este mismo espíritu.

4.1 El deber de trabajar de los penados

Ya vimos al comienzo de este estudio como la tradición religiosa había otorgado una potente virtualidad redentora al trabajo. También que, por inercia, esta exaltación moral de la vida laboriosa había encontrado prolongación en la modernidad sobre diferentes fundamentaciones seglares. Con unos fundamentos o con otros, observamos que esa percepción moral sobrevive hoy día, por ejemplo, en los principios informadores de la legislación penitenciaria, en la que la imposición de trabajos sobre los convictos ha sido una constante histórica, incluso en los sistemas constitucionales aparecidos a partir de la modernidad liberal. Concretamente, en esta parcela normativa el trabajo se asocia a dos finalidades diferentes: de un lado, como una pena en sí misma, alternativa o primaria, a través de los trabajos en beneficio de la comunidad. De otro lado, como un canon de buena conducta relevante a la hora de administrar los beneficios penitenciarios.

No debe extrañarnos que la operatividad de estos principios haya requerido un régimen excepcional sobre la prohibición general de trabajos forzosos. La relación jurídico-penitenciaria es, en efecto, un ámbito en el que excepcionalmente esta prohibición ha sido atenuada cuando no directamente anulada. Ya la Constitución de Queretaro de 1917 establecía esta excepción cuando afirmaba que "nadie podrá ser obligado a prestar trabajos personales sin la justa retribución y sin su pleno consentimiento, salvo el trabajo impuesto como pena por la autoridad judicial" –art. 5–. Es fácil encontrar exclusiones de este tipo en las posteriores constituciones, cuando regulan la prohibición de trabajos forzosos. Tal exclusión aparece hoy a nivel internacional, por ejemplo, en el Convenio de la OIT número 29 de 1932, que establece como excepción a su ámbito de aplicación "cualquier trabajo o servicio que se exija a un individuo en virtud de una condena pronunciada por sentencia judicial, a condición de que este trabajo o servicio se realice bajo la vigilancia y control de las autoridades públicas y que dicho individuo no sea cedido o puesto a disposición de particulares, compañías o personas jurídicas de carácter privado" (art. 2.2.c)[830]. De esta forma, se habilita a que los diferentes Estados, aun estando vinculados por el convenio, puedan imponer sobre sus penados el contenido más propio del deber de trabajar: la exigencia de una actividad productiva, que podrá en este contexto incluso sancionarse coactivamente.

El ordenamiento constitucional español no se ha acogido a esa posibilidad, y desde una posición más liberal, impide expresamente en su art. 25.2 que las penas privativas de libertad puedan consistir en trabajos forzosos. Eso no quiere decir, sin embargo, que nuestro sistema penitenciario se separe de la línea general que aplica el trabajo como instrumento para redimir o reeducar a sus delincuentes. En efecto, si descendemos a la normativa infraconstitucional, observaremos que en el ámbito penitenciario el deber de trabajar ha encontrado un específico desarrollo normativo. Concretamente, el artículo 27 de la *Ley Orgánica 1/1979, de 26 de septiembre, General Penitenciaria* estipula que "el trabajo será considerado como un derecho

---

830 Esta misma previsión que admite el trabajo obligatorio en las penas privativas de libertad se contempla también en el convenio 105 de la OIT (1957) y en el art. 8 punto 3 del Pacto Internacional de Derechos Civiles y Políticos de la ONU. También en el art. 4 del CEDH. La admisibilidad de trabajos obligatorios en el ámbito penitenciario ha sido abordada por FERNÁNDEZ ARTIACH, P., *El trabajo de los penados en instituciones penitenciarias,* Valencia, Universidad de Valencia, 2004, pp. 298-305.

y como un deber del interno, siendo un elemento fundamental del tratamiento". Un poco más adelante, en su artículo 29, esta misma norma proclama que "todos los penados tendrán obligación de trabajar conforme a sus aptitudes físicas y mentales". Este deber es reiterado en los artículos 132 y 133 del *Real Decreto 190/1996, de 9 de febrero, por el que se aprueba el Reglamento Penitenciario*. La proclamación de este deber en términos tan explícitos no es un mero recurso retórico, sino que aparece acompañada de un minucioso régimen jurídico que aborda, entre otras cosas, el tipo de trabajo exigido por este deber o las exenciones a su cumplimiento[831]. Aunque no estamos en disposición de referirnos a ellas, todas estas previsiones normativas parecen necesarias si comprobamos que nos adentramos en un ámbito en el que la exigencia del deber de trabajar no es una proclamación genérica, sino una exigencia cuyo acatamiento despliega efectos jurídicos concretos. De hecho, si esta parcela del ordenamiento, la penitenciaria, merece aquí nuestra atención, ello es debido a que precisamente en ella encontramos la regulación legal y reglamentaria más exhaustiva, acaso la única, del deber de trabajar.

Antes de seguir profundizando en este asunto, cabe preguntarse si el deber de trabajar de los penados es una manifestación del deber constitucional de trabajar o si, por el contrario, es una creación legislativa autónoma. La doctrina parece decantarse por la primera de estas alternativas, para sostener que aquel supone "una reproducción en el ámbito penitenciario

---

[831] Esta regulación se concentra en el capítulo II, arts. 26-35, de la Ley Orgánica General Penitenciaria; y en los capítulos IV y V, arts. 132-153, del *Real Decreto 190/1996, de 9 de febrero, por el que se aprueba el Reglamento Penitenciario*.

de lo dispuesto en el texto constitucional"[832]. En sentido totalmente contrario, algunas otras voces defienden que el deber de trabajar del artículo 35.1 de la Constitución se opone a la obligación de trabajar del art. 29.1 de la LOGP[833]. Aquí nos adherimos a la posición doctrinal mayoritaria en la medida

---

832 FERNÁNDEZ ARTIACH, P., "Los motivos de la especialidad de la relación laboral penitenciaria", en A.A.V.V., (dirs. Agustí Juliá, J. y Pumar Beltrán, N.), *El trabajo por cuenta ajena y sus fronteras*, Albacete, Bomarzo, 2007, pp. 211-225, p. 217. También a favor de esta asociación, MARTÍN YAÑEZ, M., "Ejecución penitenciaria y prisión preventiva", en A.A.V.V., (coords. Ruíz-Rico Ruíz, G., Pomares Cintas, E., Revenga Sánchez, M. y Vergara Gálaz, D.), *Derecho Penal y garantías constitucionales. Una perspectiva iberoamericana*, Valencia, Tirant lo Blanch, 2020, pp. 297-338, p. 333. DE LA CUESTA ARZAMENDI, "El trabajo. Derecho y deber del interno y medio de tratamiento. Características", en A.A.V.V., *Comentarios a la legislación penal. Ley Orgánica General Penitenciaria*, Tomo VI, vol. 1°, Edersa, 1986, p. 424.

833 Esta posición se apoya en una doctrina que distingue entre los deberes y las obligaciones atribuyéndole a ambos un distinto grado de exigibilidad -de acuerdo a una distinción que esbozábamos al comienzo de este estudio, I.4-. Mientras que los primeros tendrían una exigibilidad laxa, las segundas son directamente reclamables. Desde esta posición, la LOGP estaría introduciendo una obligación donde la Constitución, para el común de los españoles solo fija un deber. Esta es la posición, por ejemplo, de Cuesta Arzamendi, quien sostiene que "debe derogarse la disposición del número 1 del artículo 29 de la LOGP, que desde la óptica resocializadora roza la inconstitucionalidad, de modo que también los penados queden solo sujetos al mismo deber de trabajar que los preventivos y el resto de los ciudadanos (art. 35.1 CE)" CUESTA ARZAMENDI, J.L. "Un deber (no obligación) y derecho de los privados de libertad: el trabajo penitenciario", en A.A.V.V., (dirs. Bueno Arús, F.), *Lecciones de Derecho Penitenciario*, Alcalá de Henares, 1985, pp. 93-135, p. 131. Nos separamos de esa posición en la medida que existen deberes, como el de contribuir a las cargas del Estado, que admiten concreciones a su exigibilidad sin que eso excite ningún tipo de recelo.

en que el derecho constitucional al trabajo y a la libertad de oficio, sin el correlativo deber de trabajar, impedirían una solución legislativa que hiciese del trabajo una conducta obligatoria, tal y como aparece en la regulación penitenciaria. Dicho de otro modo, atendiendo a nuestro marco constitucional, la imposición de trabajos en la relación jurídico-penitenciaria solo puede legitimarse por la existencia de un deber de trabajar, el cual admite concreciones muy heterogéneas para cada contexto, según la voluntad legislativa.

Obviamente, nos encontramos ante un régimen jurídico excepcional que afecta a una cuota poblacional relativamente baja. Difícilmente las razones que justifican esta regulación específica del deber de trabajar serían observables en otros ámbitos sustantivos. Sin embargo, creemos que la regulación del deber de trabajar en el ámbito penitenciario permite extraer algunas conclusiones de interés para abundar en el significado del deber general y fundamental de trabajar del art. 35.1 de nuestra Constitución.

Con tal propósito, conviene observar, de entrada, que la imposición reforzada del deber de trabajar no encuentra ningún respaldo constitucional. Ni el art. 25, ni el art. 35 ni ningún otro de la Constitución se refiere a un régimen específico del deber de trabajar para los penados. El artículo 25 de la Carta Magna tan solo se refiere al derecho a un trabajo remunerado. Esto nos vale para señalar que el hecho de que el deber de trabajar haya encontrado, para este ámbito subjetivo, el de los reos, un desarrollo normativo obedece a una mera voluntad legislativa no impuesta por la carta magna. Si venimos reivindicado desde el principio que la inconcreción del deber fundamental de trabajar obedece a una constante opción legislativa, y no a su imperfecta formulación constitucional, tal hipótesis se corrobora si observamos que en algún ámbito, aunque sea muy específico y singular, esa labor de concreción legislativa ha sido efectivamente consumada.

En otro orden de cosas, el cualificado derecho al trabajo que se reconoce a los presos –derecho que, por razón de su ubicación sistemática, es ahora fundamental, a diferencia del derecho al trabajo del resto de españoles[834]– ha sido objeto de desarrollo, también en la *Ley Orgánica Penitenciaria* y el *Reglamento Penitenciario*, para convertir la ocupación profesional retribuida en un derecho subjetivo del interno que puede reivindicar ante las instituciones penitenciarias –art. 26.1 LOGP–. El singular régimen de este derecho nos sirve ahora para retomar una idea que exponíamos más arriba: cuando reflexionábamos sobre su legitimidad sustantiva, concluíamos que la exigibilidad plena del deber fundamental de trabajar requería de un vigoroso derecho al trabajo con el que las instituciones públicas garantizasen las opciones de empleo a los ciudadanos que así lo reivindicasen. Existe, según sostuvimos, una relación directa entre la realización del derecho al trabajo y la exigibilidad del deber de hacerlo. Ahora observamos cómo una correlación de este tipo se da dentro de la relación jurídico-penitenciaria. Es en esta donde nos encontramos con un derecho perfecto al trabajo y, paralelamente, un deber de trabajar reforzado. Es la mejor garantía del primero lo que permite la mayor exigibilidad del segundo: el hecho de que todo reo tenga realmente garantizada una opción de ocupación remunerada permite, en términos de legitimidad sustantiva, que el deber de trabajar pueda articularse como un deber exigible. Esta exigibilidad se articula a través de importantes incentivos que actúan, a la postre, como sanciones indirectas. Expliquemos esto último con más detenimiento.

En efecto, dentro del régimen penitenciario se acoge un principio general según el cual, los actos que pongan de relieve *espíritu de trabajo* "serán estimulados mediante un sistema de re-

---

834 SASTRE IBARRECHE, R., *El derecho al trabajo... op.cit.*, p. 84.

compensa reglamentariamente determinado" –art. 46 LOGP–. Aunque el incumplimiento del deber de trabajar no es sancionado en la relación jurídico penitenciaria, su acatamiento sí es un criterio relevante para la redención de penas[835], así como para la obtención de incentivos, recompensas o beneficios penitenciarios[836]. También, relacionado de manera más indirecta con el deber de trabajar, acaso ahora en su dimensión cívica, observamos cómo la acreditación de una ocupación fuera del centro penitenciario es un criterio relevante para el acceso al tercer grado de cumplimiento de la pena[837]. En definitiva y en síntesis, el trabajo es un mérito relevante para rebajar la pena privativa de libertad y acceder a ciertos beneficios penitenciarios[838]. Será por tanto fácil coincidir en que esta serie de ventajas asociadas al trabajo, por estar referidos a una de las facetas

---

835 DTª 1ª del Reglamento Penitenciario (RP), que remite parcialmente al régimen previsto en el *Reglamento de los Servicios de Prisiones, aprobado por Decreto de 2 de febrero de 1956.*

836 Art. 153.2, 205 y 263 RP.

837 Art. 195 h) RP.

838 Por estas características, nos separamos de algún exponente doctrinal que al referirse al deber de los penados concluye que: "Constitucionalmente, el deber de trabajar de los penados no se presenta con perfiles diversos de los que configuran el deber genérico de trabajar de todos los españoles. Si acaso, alguna especialidad podría derivarse de las exigencias del régimen penitenciario o del tratamiento. Pero éste, aunque deba pretender "la reeducación y reinserción social" del penado, no precisa necesariamente ni en todo caso del trabajo, y aún así podría ser rechazado libremente por el penado". CAMPS RUIZ, L.M., "La relación laboral penitenciaria…" *op.cit.*, p. 53. Aunque habría argumentos para afirmar la desconexión entre el deber constitucional de los penados y el deber constitucional de trabajar, no aceptaríamos que su grado de exigibilidad fuese idéntico. Al menos, como vamos a ver de inmediato, en la actual legislación penitenciaria, en la que el cumplimiento del deber de trabajar es incentivado con importantes estímulos.

humanas más apreciadas, la libertad ambulatoria, tendrán un potente poder motivacional sobre el reo[839].

Sobre este particular, un sector doctrinal ha denunciado la indeterminación con la que se enuncian estos incentivos al trabajo dentro de la prisión. En este sentido, recordemos, el art. 5.2 del Reglamento Penitenciario dispone que los internos tienen derecho a que el trabajo que efectúen y su laboriosidad sean valorados "en orden al régimen y tratamiento penitenciario, así como para la concesión de beneficios penitenciarios cuando se cumplan los requisitos establecidos por la legislación"[840]. A nuestro modo de ver, sin embargo, la indeterminación del precepto transcrito es

---

839 No debe obviarse, por lo demás, que dentro de prisión seguirán estando vigentes los incentivos institucionales al desempeño productivo que rigen para el común de la ciudadanía: el principal, la protección social profesional-contributiva. En este sentido, son múltiples las sentencias que han descartado que la situación de encarcelamiento sea una situación de asimilación al alta protegible prestacionalmente. La explicación de este criterio es bastante evidente: dentro de la relación jurídico-penitenciaria el reo tiene el derecho al trabajo, un derecho singularmente vigoroso que le otorga una opción real de participar en el proceso de producción económica. La negativa a hacerlo, más allá de las repercusiones que tenga en su progresión penitenciaria, implicará la desprotección parcial en el sistema de Seguridad Social.

840 Sobre tal literalidad, se ha criticado: "la ausencia de concreción de los criterios que se han de manejar para valorar el trabajo productivo realizado por el interno y su laboriosidad, así como la omisión del sujeto encargado de efectuar dicha valoración" FERNÁNDEZ ARTIACH, P., El trabajo de los penados… *op.cit.*, pp. 522 y 523. "Esta laguna llevó a la doctrina científica a considerar que dicha valoración habría de hacerse de forma subjetiva, evidenciándose con ella, en definitiva, la presencia de un concepto jurídico indeterminado y la concesión a la Administración de capacidad para determinar la trascendencia que el trabajo pueda tener para conseguir mejoras en la vida del interno", *ibíd.*

pretendida y quizás conveniente. Y es que lo contrario, una tasación *a priori* del beneficio penitenciario que se obtendrá por la realización de una determinada cantidad de trabajo, correría el riesgo de contravenir la interdicción de trabajos forzosos que recoge nuestra Constitución. En efecto, si se diese esta automaticidad directa entre el trabajo ejecutado y la reducción de la pena, el reo tendría un previo conocimiento de las consecuencias que se seguirían de su actuación en prisión. En lo relativo al trabajo, conocería con seguridad cuánto conseguiría reducir su pena privativa de libertad con la realización de una cantidad determinada de trabajo. En sentido contrario, también sabría qué consecuencia, medida en tiempo de privación de libertad, tendría la negativa a participar en el trabajo penitenciario. Si esta negativa puede relacionarse directamente con un mayor tiempo de estancia en prisión, estos incentivos al trabajo estarían muy próximos a un castigo a la ociosidad, *id est*, a la imposición de un trabajo bajo la amenaza de una pena privativa de libertad. En mayor simplicidad de términos: rehusar el trabajo supondrá la adición –o no aminoramiento, según se vea– de un tiempo de condena determinado.

Obviamente, habría argumentos para cuestionar esta asociación lógica que establecemos –el principal es que la pena no es impuesta por la negativa al trabajo del reo, sino por la comisión de un delito previo–, pero la cercanía que en este punto tienen el incentivo y el castigo, según la óptica que se adopte, hacen aconsejable descartar una correlación directa entre el grado de cumplimiento del deber de trabajar y el tiempo de pena conmutada. Esa es la opción adoptada por la normativa vigente, bajo la cual el trabajo actúa como un criterio, uno más de otros cuya ponderación no está tasada, para valorar la buena conducta del interno[841]. Sin duda, esta opción normativa se

---

841 La doctrina ha criticado, por imprecisa, la redacción del art. 5.2 RDP. FERNÁNDEZ ARTIACH, P., *El trabajo de los penados… op.cit.*, p. 522.

asocia a la percepción moral que presenta al trabajo como un canon de conducta cívica y de integración social. La ejecución de un trabajo actuaría así como evidencia, insistimos, una más entre otras a tener en cuenta, de la socialización del individuo, lo que haría presumir su más pronta y pacífica reinserción social. Repárese, como refuerzo de esta última consideración, que en nuestro régimen penitenciario el trabajo es un derecho, un deber y, además, una parte esencial del tratamiento del interno, tratamiento entendido este en sentido amplio "como el conjunto de actividades directamente dirigidas a conseguir la reeducación y reinserción social de los penados mediante el uso de los métodos científicos adecuados"[842]. Nos encontramos así con varias disposiciones penitenciarias coherentes entre sí, que adoptan como punto común la valoración positiva del trabajo: como canal de integración, pero también como evidencia de rectitud moral[843].

---

842 *Ibíd.*, p. 113, interpretando ahora el art. 59.1 de la LOGP.

843 Como reflexión metajurídica nos gustaría reparar en la escasa crítica intelectual que ha recibido esa opción normativa. Ello sin duda revela hasta qué punto está interiorizada la valoración positiva del trabajo que acoge nuestra comunidad política y que se explicita, entre otras manifestaciones, en la proclamación del deber constitucional de trabajar. Ni la LOP ni el RP que la desarrolla reparan en sus respectivas exposiciones de motivos en las razones que justifican el trato privilegiado que dan al trabajo: como otras opciones legislativas posibles, cabría imaginar un sinfín de actividades beneméritas cuya ejecución por el reo fuese relevante para la redención de su pena. Sin embargo, es el trabajo una de las pocas que se asocia explícitamente a un patrón de buena conducta. La omisión de cualquier justificación para esa selección, no solo presupone, como decimos, un hondo convencimiento general en las virtudes morales del trabajo, sino que también nos parece coherente con las proclamaciones acerca del trabajo que expresa nuestra Carta Magna. Sin este posicionamiento expreso por parte del constituyente acerca de su valoración sobre el trabajo, cualquier opción legislativa, como la que

Se ha apuntado, por lo demás, otra razón cualificada para otorgar estos incentivos al trabajo en la prisión: El principal acicate que promueve de ordinario su cumplimiento, la necesidad material, no se da durante el cumplimiento de la pena privativa de libertad, pues su cobertura es asumida por las instituciones penitenciarias. Si no existieran otros estímulos al trabajo nos encontraríamos con una paradoja difícilmente aceptable por la opinión pública: que el deber de trabajar que resulta exigible para el común de los ciudadanos resulta potestativo para los penados[844].

4.2 Deber de trabajar y obligaciones familiares

Se ha observado una clara relación entre el deber de trabajar y el deber de *autotutela* que uniforma la legislación civil en su conjunto y, particularmente, las disposiciones en materia de familia[845]. Cuando empleamos la expresión *autotuela* queremos hacer mención a la responsabilidad que recae sobre cada individuo de garantizar su propio sustento. Este no es un deber previsto expresamente en el Derecho privado, pero se llega a él necesariamente al constatar la ausencia del derecho a existir con cargo a otros familiares, al margen de los casos en que concurran situaciones de especial vulnerabilidad. Entre otras

---

sigue la normativa penitenciaria, que asocie beneficios o ventajas a la ejecución de un trabajo, requeriría de una expresa justificación racional que descartasen cualquier tipo de discriminación entre diferentes opciones vitales.

844 La exigencia del deber de trabajar en el ámbito penitenciario con base en ese agravio comparativo se defiende en BUENO ARÚS, F., "Notas sobre la Ley General Penitenciaria", *Revista de Estudios Penitenciarios,* núms. 220-223, 1978, pp. 115-116, p. 128.

845 CAVINO, M., "Il diritto-dovere al lavoro..." *op.cit.*, pp. 1-33, p. 11; MICCO, L., *Lavoro ed utilità... op.cit,* p. 155.

disposiciones que responden a esta lógica, podríamos traer a colación el art. 152 de nuestro Código Civil sobre derechos alimenticios, el cual, al regular las situaciones que darán lugar a la extinción de estos derechos, prevé, entre otras: "3º) Cuando el alimentista pueda ejercer un oficio, profesión o industria, o haya adquirido un destino o mejorado de fortuna, de suerte que no le sea necesaria la pensión alimenticia para su subsistencia. [...] 5º) Cuando el alimentista sea descendiente del obligado a dar alimentos, y la necesidad de aquél provenga de mala conducta o de falta de aplicación al trabajo, mientras subsista esta causa". Al igual que ocurría con el derecho a la *asistencia institucional*, el derecho a la *asistencia familiar* se presenta como una opción subsidiaria, condicionada a la concurrencia de alguna causa que exima al individuo de lograr su propio porvenir. En palabras de nuestro Tribunal Supremo, con la limitación temporal de la pensión de alimentos se buscaría, en última instancia, "no favorecer una situación de pasividad de los alimentistas, poniendo el acento en la diligencia de los hijos en su formación para poder acceder a un empleo"[846].

Ya dijimos más arriba, refiriéndonos ahora al ordenamiento español, que el derecho alimenticio no tiene un *dies ad quem* predeterminado, sino que este se modula en función del contexto económico general y la situación familiar particular[847].

---

846 STS, Sala Primera de lo Civil, núm. 3613/2019, de 6 de noviembre.

847 "La ley no establece ningún límite de edad y, de ahí, que el casuismo a la hora de ofrecer respuestas sea amplio en nuestros tribunales, en atención a las circunstancias del caso y a las socioeconómicas del momento temporal en que se postulan los alimentos. Partiendo de que el periodo de formación se encuentra finalizado, se ha negado alimentos por tener el hijo trabajo, aunque fuese precario, y en otras ocasiones por ser, aún sin tener trabajo, demasiado selectivo en las características del empleo pretendido". STS, Sala Primera, núm. 556/2016 de 21 de septiembre.

Comoquiera que sea, el criterio determinante para el mantenimiento de ese derecho es la exhibición de una aptitud proclive a la incorporación al mundo profesional[848]. Es fácil así encontrar bastantes pronunciamientos judiciales que al referirse a las obligaciones debidas entre familiares han apelado al deber constitucional de trabajar como canon interpretativo para buscar, en cada caso concreto, una equitativa extensión temporal de las mismas. Nuestro Tribunal Supremo, por ejemplo, refiriéndose ahora a la pensión compensatoria entre ex cónyuges, ha resuelto que esta "debe limitarse temporalmente en atención al deber de trabajar establecido en el artículo 35.1 de la CE"[849]. Este planteamiento ha sido acogido por la –impropiamente denominada– jurisprudencia menor, la cual con insistencia ha dictaminado que: "ha de tenerse en cuenta, al respecto, que el artículo 35 de la Constitución sanciona el ineludible deber de trabajar, por lo que el cónyuge al que se ha reconocido el derecho examinado no puede mantenerse en una cómoda, e indefinida, situación de dependencia económica de su consorte, viniendo obligado, por el contrario, a

---

848 Este es el caso de la pensión compensatoria que se retira a quien no muestra ningún ánimo de reincorporarse al mundo laboral: "Sin embargo, en cuanto al interés y empeño en la búsqueda de trabajo, no puede considerarse de entidad suficiente como para justificar su mantenimiento ya que se ha limitado la esposa a figurar como demandante de empleo en el INEM y a realizar dos cursos de una duración no superior a seis meses, si haber realizado ningún curso, ni estudio en los últimos tres años y medio. En consecuencia, esta conducta de la esposa, sino es bastante para extinguir la pensión, sí ha de valorarse a la hora de limitar su percepción, a fin de incentivar la actitud de la beneficiaria en la búsqueda efectiva de un empleo". Tribunal Supremo, Sala de lo Civil, Sentencia 472/2011, de 15 de junio de 2011, RCUD: 1387/2009.

849 STS, Sala de lo Civil en su sentencia núm. 590/2010, de 29 de septiembre.

procurarse, con su propio esfuerzo, los adecuados medios que le permitan la satisfacción autónoma de sus necesidades"[850]. Aunque soluciones judiciales de este tipo se basan en criterios de justicia extensamente asimilados, vemos cómo el deber constitucional de trabajar proporciona un soporte argumentativo crucial[851]. Este actúa como soporte constitucional, implícito o explícito, para la extinción del derecho de manutención de aquellos que, reuniendo una edad y una capacidad óptima para el trabajo, rehúsan este sin una causa justificativa válida[852].

---

850 SAP Madrid 519/2005, 1 de julio. El deber constitucional de trabajar como apoyatura de la limitación temporal de la pensión de alimentos aparece también, rehusando cualquier exhaustividad, en las SAP Madrid 283/2023, 24 de marzo; SAP A Coruña 209/2020, 1 de julio; SAP Guadalajara 121/2004, 26 de mayo; SAP Segovia 261/2003 de 28 de noviembre.

851 Algunos autores, al referirse a esta doctrina judicial sintetizan su argumentación desde la base de que "no es ilegítima la coacción judicial a través de la limitación temporal para que el beneficiario se sitúe en posición de ganarse la vida por sí mismo, sino que ello es una aplicación de los principios de los artículos 14 —igualdad— y 35, de la Constitución, estableciendo este último no solo el derecho, sino el deber de trabajar". ROMERO COLOMA, A.M., "La pensión compensatoria temporal frente a la pensión vitalicia", *Revista Crítica de Derecho Inmobiliario,* núm. 744, Julio 2014, pp. 1761-1778, p. 1765.

852 Por todas expresada en la más reciente Cassazione civile, Sez. VI, n. 5088 del 5 marzo 2018. En Uruguay la invocación del deber constitucional de trabajar para restringir el derecho a la pensión de alimentos aparece en la Sentencia Interlocutoria nº 796/2021 de la Suprema Corte de Justicia, 19 de agosto de 2021; en la Sentencia Definitiva nº SEF 0010-000093/2014 de Tribunal Apelaciones Familia 1ºt, 4 de junio de 2014; en la Sentencia Interlocutoria nº 145/2012 de Tribunal Apelaciones Civil 2ºtº, 2 de febrero de 2012 y en la Sentencia Definitiva nº 353/2009 de Tribunal Apelaciones Familia 1ºt, 23 de septiembre de 2009.

Ahora observaremos, en sentido contrario y de forma un tanto paradójica, cómo el deber de trabajar sirve también como asidero argumental para mantener la obligación asistencial del alimentista aun en aquellos casos en los que decae su ventura económica. Nos referimos al supuesto de hecho en el que el obligado a prestar alimentos, con base en una situación patrimonial adversa, se ve imposibilitado al pago de sus obligaciones hacia el alimentado. En tales casos se hace evidente la asociación entre el deber de trabajar del artículo 35 y el art. 39.3 de nuestro texto constitucional, este último sobre la asistencia debida de los padres a los hijos –vid. IV.5.4–: en tanto en cuanto exista aptitud para el trabajo, persistirá el deber de alimentos, incluso cuando se carezca coyunturalmente de una fuente suficiente de ingresos. Así se razonó, entre otras resoluciones, en la sentencia núm. 183/2014 de 12 septiembre dictada por la Audiencia Provincial de Cáceres (Sección 1ª), cuya cita en extenso nos permitimos por su mayor interés en este punto:

> En efecto, es patente, claro e indiscutible el cambio circunstancial alegado por la demandante como justificación de su pretensión modificadora. Es evidente que la pérdida del trabajo de la demandante, su desempleo, e incluso el agotamiento de la prestación que percibía desde entonces son hechos tozudos y claros que justifican la pretensión de la actora. No puede obviarse tan patente cambio circunstancial sobre la base de indicios puramente especulativos y muy poco consistentes al efecto probatorio pretendido por la juez a quo. En este sentido, que la demandante precise de la ayuda de terceros, sin que haya significado de quien obtiene ese ayuda y en qué cuantía o modo no puede ser justificativo del mantenimiento de la pensión alimenticia por parte de quien carece de ingresos para poder soportarla. [...] Dicho esto, no puede atenderse la petición de la apelante de que se la exima por completo de cumplir su deber alimenticio porque, como hemos expuesto, es obligación de los progenitores alimentar a sus hijos. No es una opción, ni un puro acto voluntario. Es un deber imperativo e ineludible respecto del que no cabe exención.

Esta cuestión se ha suscitado en ocasiones ante los Tribunales y siempre se ha respondido en el sentido de que no cabe admitir exención de la obligación alimenticia. Así, podemos citar la SAP de Tarragona, Sección 1ª, de 8 de abril de 2002, en la que se revocaba una decisión del juez de la instancia de no fijar pensión alimenticia a cargo de la madre a favor de los hijos, afirmando que "partimos de que el deber de mantener a los hijos está consagrado entre los deberes de la patria potestad, y el deber de trabajar de todos los españoles se consagra en el art. 35 de la C.E., y si bien la inexistencia de ingresos puede convertirse en un obstáculo insalvable para el cumplimiento efectivo del deber, no por ello lo excluye ni lo destruye". En el mismo sentido se ha pronunciado la sentencia de esta Audiencia de 31 de julio de 2007 y la más reciente de 26 de julio de 2012.

No puede ser obstáculo para el ineludible establecimiento de dicha pensión, la circunstancia de que el demandado tenga ingresos para atender a su hijo. En el mismo sentido se pronunciaron las sentencias de 11 y 13 de marzo de 2002 de la Sección 18ª de la Audiencia Provincial de Barcelona señalando que "la obligación de la madre de atender al sostenimiento de sus hijos es personal e independiente de la que pueda tener el padre, y el hecho de que este pueda sostener con sus ingresos a los menores ello no puede suponer para la madre una exención de su obligación natural y personal, constitucionalmente consagrada en el art. 39.3 C.E.".

[...] A estos efectos, no podemos olvidar que la madre, tiene en la actualidad 57 años y, por tanto, todavía fuerza y energía suficiente para trabajar como lo hizo hasta que perdió el empleo y ello a pesar de las enormes dificultades que en la actualidad existe para encontrar un trabajo, más aún con su edad, por la grave crisis económica que padecemos y por tanto tiene el deber constitucional de trabajar, al menos de forma parcial, para atender al pago de la exigua cantidad establecida"[853].

---

[853] Fundamento Jurídico 2º. Este mismo órgano judicial emitió un pronunciamiento anterior, la SAP de Cáceres (Sección 1ª) núm.

Observamos cómo la existencia del deber constitucional de trabajar ha permitido en este caso reforzar muy severamente el deber de alimentos entre familiares. Sin valorar la corrección de esta doctrina judicial, sí nos resulta interesante constatar cómo en esta el deber de trabajar ocupa una posición central. Si no existiera este deber, difícilmente podría sostenerse una obligación incondicional de alimentos como la que aquí se impone. Según esta argumentación, que ha sido sostenida también por la doctrina científica[854], el alimentista no solo

---

382/2012 de 26 julio, en el que, afrontando una casuística muy similar, también apela a una obligación incondicional alimentos con base en el deber constitucional de trabajar. Según allí se leía: "En lo que se refiere a la cuantía de la pensión, la juzgadora de la instancia establece la misma en 75€ mensuales, que es una cantidad mínima que puede atender la madre. A estos efectos, no podemos olvidar que la madre es joven, tiene en la actualidad 40 años y, por tanto, fuerza y energía suficiente para trabajar y a pesar de las enormes dificultades que en la actualidad existen para encontrar un trabajo, por la grave crisis económica que padecemos, tiene el deber constitucional de trabajar, al menos de forma parcial, para atender al pago de la exigua cantidad establecida".

854 "En realidad, el problema se plantea cuando el cónyuge no cuenta con otros ingresos con que hacer frente a las cargas. En este caso, ¿se le puede obligar a trabajar? Para poder contestar a esta pregunta debe partirse de la premisa de que el cónyuge tenga la capacidad física y psicológica necesaria para desempeñar un puesto de trabajo. A partir de la constatación de esta circunstancia, entendemos que está obligado a realizar un trabajo para poder satisfacer su obligación de contribuir a las cargas del matrimonio. La propia Constitución española en el art. 35.1.º conecta el trabajo a la atención de las necesidades personales y familiares con los siguientes términos: «todos los españoles tienen el deber de trabajar y el derecho al trabajo, a la libre elección de profesión u oficio, a la promoción a través del trabajo y a una remuneración suficiente para satisfacer sus necesidades y las de su familia...»". RIBERA BLANES, B., "Capítulo VI: Del

queda obligado a poner parte de sus recursos patrimoniales a disposición del alimentado, sino que asume además la responsabilidad de generar esos recursos patrimoniales. Dicho en otros términos: no excusa el cumplimiento de la obligación de alimentos la insuficiencia patrimonial porque existe un deber superior a la legislación civil, el deber constitucional de trabajar en opinión de la sentencia transcrita, que obliga a la autonomía económica, a la realización de una actividad productiva redituable que asegure cierta suficiencia material. Este otro deber, como decimos, no aparece proclamado expresamente en la legislación civil y, por tanto, la imposición de esta autonomía solo puede defenderse desde una visión holística de nuestro ordenamiento y el significado que en este adquiere el deber constitucional de trabajar[855]. Este deber constitucional es el que habilita una interpretación de la legislación civil en esta línea[856]. En este sentido y a mayor abundamiento, si nos trasladamos ahora al ámbito penal, observamos cómo el

---

régimen de separación de bienes", en A.A.V.V. (coords. Rams Albesa, J. y Moreno Martínez, J.A.), *El régimen económico del matrimonio*, Madrid, Dykinson, 2005, pp. 815-922, p. 891.

855 En tales casos, observa, entre otros, el profesor Cavino, "los jueces civiles no se refieren explícitamente al deber de trabajar; sin embargo, parece evidente que el juicio sobre la negativa del niño o sobre su inercia sólo puede connotarse jurídicamente en relación con él" CAVINO, M., "Il diritto-dovere al lavoro..." *op.cit.*, p. 11.

856 Quizás otros ordenamientos que desconozcan el deber constitucional de trabajar podrían alcanzar soluciones similares con relación a la obligación de los progenitores de generar réditos suficientes para alimentar a sus hijos, mas en tales casos esa obligación, a falta de cualquier precepto positivo que la estableciese, descansaría sobre un deber moral ampliamente aceptado por la comunidad. Nos parece sin embargo que tal ordenamiento sería algo más deficiente que cualquier otro que, como el nuestro, reconoce constitucionalmente el deber de trabajar: el primero de estos ordenamientos estaría arti-

impago de las obligaciones alimenticias es uno de los escasos supuestos –acaso el único– en el que los ordenamientos jurídicos modernos –en España, pero también en muchos otros países– toleran la prisión por deudas. Sin enjuiciar tampoco la bondad de esta opción político-normativa, sí que podemos observar que la misma responde a un idéntico espíritu político: el que impone el deber de alimentos de forma incondicional, sancionando su incumplimiento, civil y penalmente, con independencia de la solvencia real del sujeto obligado. Esta severidad solo puede comprenderse, de nuevo, aceptando el convencimiento de nuestra comunidad política en la legitimidad del deber fundamental de trabajar. Por todo lo dicho, parece que en este ámbito concreto, en las relaciones familiares, el deber de trabajar encuentra una exigibilidad concreta en tanto que se cohonesta con la obligación de atención a las pensiones alimenticias y compensatorias. Así entendido, el deber de trabajar no dejaría de ser una de las conductas propias del *bonus pater familias,* como canon estandarizado de comportamiento debido en una comunidad[857].

Para cerrar, de añadidura, y retomando algo que decíamos más arriba, la exigencia perfecta o absoluta del deber de trabajar solo resultaba sustantivamente legítima si existe una actuación institucional tendente a garantizar opciones de empleo a los sujetos obligados por aquel deber. Según razonábamos, un deber

---

culando soluciones o consecuencias jurídicas sobre un deber moral cuya legitimidad no tiene porqué ser universalmente aceptada.

857 Se ha planteado además por la doctrina civilista si el deber de trabajar en favor de la unidad familiar no debe recaer por defecto sobre los cabezas de familias, con independencia de que exista el reconocimiento judicial del derecho a pensión. LACRUZ BERDEJO, J.L., *Estudios de Derecho Privado comun y foral, T. III,* Barcelona, J.M. Bosch Editor, 2005.

perfecto de trabajar exigía, como requisito de legitimidad sustantiva, un derecho perfecto al trabajo[858]. Por tanto, la severidad con la que se impone la obligación de prestar alimentos, entendiéndola como una manifestación del deber de trabajar en un ámbito concreto, debería ponderarse según las posibilidades de empleo reales con las que cuente el sujeto obligado. Carece de sentido la imposición de un deber sobre quien no tiene la posibilidad de ejercerlo. Cabe recordar, con relación a este asunto, que nuestro modelo de Estado social asumía que la ocupación profesional de un individuo no depende por entero de su pro-

---

858 A partir de este derecho perfecto al trabajo, por ejemplo, se ha defendido la incondicionalidad de las obligaciones del alimentista que cumple una pena privativa de libertad. "La Ley Orgánica General Penitenciaria, establece en el artículo 26, que el trabajo será considerado como un derecho y como un deber del interno, siendo un elemento fundamental del tratamiento. En la misma línea, el Reglamento Penitenciario, en su artículo 132, también establece que el trabajo penitenciario es un derecho y un deber del interno y constituye un elemento fundamental del tratamiento cuando así resulte de la formulación de un programa individualizado y tiene además, la finalidad de preparar a los internos para su acceso al mercado laboral cuando alcancen la libertad. [...] resulta incuestionable que el hecho de que el obligado a prestar alimentos en favor de sus hijos menores, obligación que por demás el Señor Isidro no cuestiona, mostrando, incluso, conformidad con el mínimo vital dispuesto en la Sentencia, se encuentre ingresado en prisión, no acredita que dicha situación le suponga una carencia absoluta de ingresos, todo lo contrario cabe concluir de la legislación penitenciaria, conforme hemos expuesto, por lo que concurriendo una presunción de obtención de ingresos por parte del obligado, no cabe acceder a la pretensión de suspensión de la obligación alimenticia en favor de sus menores descendientes". AP de Málaga (Sección 6ª) Sentencia núm. 110/2017 de 8 febrero, FJ. 4º. En este mismo sentido, AP Cádiz (Sección5ª), sentencia núm. 1027/2022 de 14 noviembre; AP Málaga (Sección 6ª), sentencia núm. 968/2018 de 21 noviembre.

pia voluntad, que el orden socio-económico acoge contingencias que impiden, eventualmente, la participación productiva de un individuo apto para el trabajo y con voluntad para ejecutarlo[859]. La incondicionalidad del deber de prestar alimentos no se compadece con esta concepción del desempleo como contingencia social involuntaria. Esta es sin embargo una reflexión sobre la equidad sustantiva de la norma y su posible reformulación *de lege ferenda*, lo cual escapa del propósito de este estudio.

4.3 El deber de trabajar de los extranjeros

Algunos autores italianos han encontrado una posible sanción del deber de trabajar en los procesos de integración de los ciudadanos extranjeros, en los cuales el ejercicio de una actividad profesional regular se acoge por la administración como criterio determinante para la concesión del permiso de residencia e, incluso, de la propia nacionalidad[860]. Creemos,

---

859 Desde este punto de vista, en términos lógicos, la imposición de un deber de trabajar cualificado sobre los alimentistas debería estar acompasado por un derecho cualificado al trabajo, con mejores opciones de empleo remunerado a aquellos obligados a atender las necesidades de un sujeto a su cargo. Esta postura es planteada, aun en abstracto, por Luelmo Millán cuando afirma: "se ha impuesto el deber de trabajar para obtener los medios con que sobrevivir, lo que paradójica pero no por ello menos lógicamente, hace de tal deber un derecho en una sociedad civilizada, que respeta, ante todo, la vida y singularmente, la humana [...] ese mismo sistema de protección podrá aplicarse, más o menos extensamente, a cada beneficiario en función de que tenga, o no, una familia a la que atender, y que dependa, en todo o en parte, de aquél". LUELMO MILLÁN, M.A., "Desempleo y Familia", *Revista del Ministerio de Trabajo e Inmigración*, núm. 54, noviembre 2004, pp. 13-34, p. 14.

860 SCAGLIARINI, S., "Il dovere costituzionale al lavoro..." *op.cit.*, p. 114. Igualmente, en ZONCA E.V., "*Stranieri invisibili. Riflessioni*

no obstante, que esa vinculación exige algunos matices, en función de la concreta configuración del ordenamiento constitucional que se tome como referente.

De entrada, lo primero que habría que resolver es si el deber de trabajar proclamado en una determinada constitución incluye o no entre sus destinatarios a los extranjeros[861]. En lo que se refiere a la Constitución española, es fácil constatar que esta no es muy rigurosa a la hora de determinar la titularidad de los deberes que proclama y, más concretamente, si estos recaen también sobre la población extranjera. Sobre el deber de trabajar, que es el que más nos interesa en este punto, caben dos tesis diferentes: una, de corte más formalista, que excluye de su ámbito subjetivo a los extranjeros, como consecuencia de la rúbrica de la Sección II del Capítulo II del Título I –de los derechos y deberes de los ciudadanos– y de la propia literalidad del art. 35.1 –todos los españoles tienen el deber de trabajar[862]–. Desde otra lectura, ahora sustantiva y teleológica, se propone relativizar el peso de la literalidad del precepto para

---

comparative in tema di diritto al lavoro e integrazione sociale dei migranti", Revista L'Associazione Italiana Costituzionalisti, núm. 4, 2008, pp. 484-511, pp. 493-494.

861 Dejamos de lado el estatus jurídico que ostentan los ciudadanos comunitarios. Aunque la Constitución española se articula en términos dicotómicos para distinguir entre ciudadanos nacionales y extranjeros es obvio que, dentro de estos, los ciudadanos de la Unión Europea acceden al empleo en un régimen muy distinto. Aunque no se les reconoce un derecho al trabajo de forma estricta, los principios de igualdad de trato les hace extensible, por derivación, *ex* art. 45 TFUE, todas las prerrogativas que, constitucional, legal o reglamentariamente tienen reconocidas los ciudadanos españoles.

862 En contraste con otras formulaciones, como la que recoge el deber de contribuir a las cargas del Estado, que se refiere a "todos", sin ninguna concreción por razón de nacionalidad. Art. 31.1 CE.

atender al contenido del deber y ver si, de acuerdo con este y a través de una interpretación de conjunto de la Constitución, resulta razonable la exclusión de la población extranjera[863].

Si nos adherimos a la segunda de estas hipótesis, cabría sostener que el deber de trabajar es uno de los deberes constitucionales que recaen sobre todos los sujetos presentes en nuestro país, con independencia del particular vínculo de ciudadanía que ostenten. Si ese deber reclama una contribución al bien común de la sociedad, parecería lógico que se impusiera sobre aquellos que se benefician de ese patrimonio social, tangible o intangible; entre quienes se encuentra, claro está, la población extranjera. En este estudio, empero, nos separaremos de esta solución. Aunque pudiéramos aceptar que la alternativa

---

863 Es defendida entre otros por Rubio Llorente, para quien "La titularidad de los deberes y la de los derechos, es en función de su contenido, no de la rúbrica de los Capítulos Títulos en los que se incluyen los preceptos que los enuncian, y ni siquiera del tenor literal de estos" RUBIO LLORENTE, F., "Los deberes constitucionales..." op.cit., pp. 12 y 13. En este mismo sentido, DÍAZ REVORIO, F.J., "Derechos humanos y deberes..." *op.cit.*, p. 294: "poco puede afirmarse con carácter general sobre los sujetos sometidos al cumplimiento de los deberes constitucionales, salvo que debe excluirse que éstos afecten, en bloque, sólo a los ciudadanos españoles. A partir de ahí, es necesario un examen específico de cada deber, y en ese análisis no parece la guía más segura el tenor literal del precepto constitucional que recoge el deber". Según este parecer, la falta de ordenación sistemática de la Constitución al respecto nos obligará a un examen individualizado del contenido de cada deber para comprobar si este, en consonancia con el resto de previsiones constitucionales, resulta exigible a todos los individuos o solo a quienes ostenten un particular vínculo de ciudadanía con el Reino de España. También defiende esta postura URIARTE TORREALDAY, R., "El derecho al trabajo y los extranjeros irregulares", *Revista de Derecho Político*, núm. 78, 2010, pp. 257-296, p. 274.

literalidad empleada por el constituyente para imponer ciertos deberes a "todos" o a "todos los españoles" fue un tanto azarosa, la solemnidad del texto constitucional nos obliga a otorgarle algún significado al uso de esa diferente redacción[864]. En el caso que nos ocupa, al aferrarnos a la literalidad del art. 35.1 CE´78 concluiríamos que el derecho al trabajo y el deber de trabajar circunscriben su ámbito subjetivo de actuación a los ciudadanos españoles, solución que, por lo demás, parece ser la sostenida por el Tribunal Constitucional en su sentencia 107/1984, de 23 de noviembre[865]. Aunque no hallamos ningún criterio hermenéutico sólido con el que justificar el sentido de

---

[864] Esta otra postura aparece avalada, *obiter dictum*, en la STS, Sala de lo Penal, sección 1, núm. 348/2017, de 17 de mayo, la cual indica sobre este delito: "El tipo previsto en el art. 312 describe fundamentalmente situaciones de explotación de los trabajadores por cuenta ajena, que integran ilícitos laborales criminalizados, justificándose la intervención del derecho penal por la mayor lesividad que la infracción de normas laborales conlleva para el bien jurídico protegido. Se trata de la contratación de inmigrantes ilegales, esto es, aquellos que carecen de permiso de trabajo y de residencia en España que, aunque no se hallan incluidos en el art. 35 de la Constitución que reconoce a "todos los españoles" el derecho al trabajo y el deber de trabajar, tal derecho se ejercita frente a los poderes públicos y solo frente a ellos, sin que pueda constituir una patente de impunidad cuando concierne a personas no españolas conscientes de su situación ilegal. No cabría en estos casos imponer condiciones atentatorias a la dignidad humana".

[865] Si bien en aquella ocasión se pronunció solo sobre el derecho al trabajo, aunque los argumentos empleados, principalmente a partir de la literalidad del art. 35.1, son sin duda aplicables al caso del deber de trabajar. Sobre la exclusión específica de los extranjeros de este deber, vid. IBÁÑEZ MACÍAS, A., "Los extranjeros en la Constitución española", *Anales de la Universidad de Cádiz*, núm. 11, 1996, pp. 311-324, p. 316.

esta limitación, la contundencia de la expresividad del precepto impide otra solución alternativa –*in claris non fit interpretatio*–.

Si aceptamos, por tanto, esta exclusión como una opción pretendida por el constituyente, nos veríamos tentados a buscarle a esta alguna explicación racional desde un punto de vista político-jurídico. Aunque esta estará cargada de subjetividad, pasaría a nuestro modo de ver por afirmar que tal exclusión se explicaría como un intento reservar un estatuto de pertenencia cualificado a los ciudadanos nacionales. Ya dijimos que el deber de trabajar representaba un deber político cuyo cumplimiento reforzaba la integración del individuo en la comunidad política y otorgaba un singular estatus de ciudadanía: el que algún sociólogo ha denominado *ciudadanía laboral*. Desde este punto de vista, la exclusión de los ciudadanos extranjeros del deber de trabajar podría pretender no extender sobre estos todas las prerrogativas que van asociadas al cumplimiento de aquel deber, no hacerles participes de este –en palabras de Ferrajoli– *privilegio de ciudadanía*[866]. En este sentido y a modo de ejemplo, decíamos más arriba que la imposición del deber de trabajar exigía, como requisito de legitimidad, una acción institucional promotora del empleo de sus ciudadanos: un correlativo derecho al trabajo. Añadíamos que contra mayor fuese la exigibilidad que se predicase del deber trabajar, mayor debería ser la efectividad de esta acción positiva, del derecho

---

866 A este espíritu normativo, extendido en la mayoría de países desarrollados, se refirió cítricamente Luigi Ferrajoli del siguiente modo: "El privilegio de la ciudadanía, o si se prefiere, el derecho de acceso y de residencia que está condicionado a la ciudadanía, equivale en suma a lo que Hannah Arendt ha llamado el «derecho a tener derechos», es decir, a un meta-derecho cuya negación comporta la negación al trabajador extranjero de todos los demás derechos y, con ellos, de la identidad de persona y no sólo de ciudadano". FERRAJOLI, L., *Principia iuris Teoría... op.cit.*, p. 344.

al trabajo –vid. *supra* capítulo IV, apartado 5.1–. Extender el alcance del art. 35.1 CE´78 sobre los ciudadanos extranjeros exigiría incluirlos en la lógica de reciprocidad que este asienta entre el derecho al trabajo y el deber de trabajar y, por ende, ofrecer a estos una acción institucional garantizadora del empleo. Observamos, sin embargo, como una orientación político-legislativa de la mayoría de ordenamientos[867] –azuzada en las últimas décadas por movimientos políticos chovinistas–, la articulación de preferencias en el empleo sobre la población local. Preferencias de este género serían incompatibles con un derecho-deber constitucional de trabajar que se aplicase por igual a los ciudadanos nacionales y extranjeros, de ahí, como conclusión, insistimos, cargada de subjetivismo, la exclusión de estos últimos del ámbito del art. 35.1 CE´78 en su conjunto.

Esta hipótesis, sin embargo, nos llevaría a un escenario un tanto distópico: los ciudadanos españoles se hallan obligados al desempeño de una actividad productiva, como contribución exigida para el progreso material de una sociedad, mientras que los ciudadanos extranjeros que pertenecen a esa misma sociedad –a través, por ejemplo, del vínculo de residencia– se benefician, al menos parcialmente, del progreso alcanzado por esta sin participar activamente en su consecución. Quizás por eso, para superar ese agravio comparativo, aparece un deber

---

867 Sin ir más lejos, el ordenamiento supranacional en el que nos insertamos, el que ha producido la Unión Europea, ha condicionado tradicionalmente la movilidad dentro del espacio económico europeo a la realización de una actividad productiva –arts. 45 y 49 TFUE–. La libertad de circulación no se ha asociado al vínculo de ciudadanía europea –concepto relativamente reciente y de contornos aún difusos–, sino a la condición de trabajador o al ejercicio –bajo cualquier otro régimen jurídico– de una actividad económica. Vid. SALAS PORRAS, M., *Las libertades de circulación y establecimiento de trabajadores*, Cizur-Menor, Thomson-Reuters, Aranzadi, 2019, *passim*.

de trabajar que recae sobre la población extranjera, un deber que es de origen legal y diferente, en su esencia, al derecho-deber de trabajar que se atribuye a los ciudadanos nacionales. La principal diferencia es el equilibrio interno de este derecho-deber: mientras que para los ciudadanos nacionales, insistimos, se observa una cierta relación de reciprocidad entre los dos elementos de dicho binomio, en el caso de los ciudadanos extranjeros observamos una acusada descompensación. En efecto, el estatus jurídico-profesional de estos sujetos se caracteriza por la existencia de un muy limitado, casi mínimo, derecho al trabajo, y un muy vigoroso deber de trabajar.

Y es que, aunque la ley reconoce expresamente el derecho al trabajo a los ciudadanos extranjeros –lo cual es además una exigencia derivada de los tratados internacionales suscritos por España[868]–, no lo hace de forma generalizada, sino solo a aquellos sujetos que reúnan los requisitos previstos legal o reglamentariamente –art. 10.1 *Ley Orgánica 4/2000, de 11 de enero, sobre derechos y libertades de los extranjeros en España y su integración social*–. De entrada, como aspecto formal, observamos que el ejercicio de tal derecho se sujeta a una autorización administrativa –art. 38 del mismo cuerpo legal–. Como limitación sustantiva y trascendental, se trata además de un reconocimiento condicional, dependiente de que en el mercado laboral interno existan vacantes de empleo no demandadas por los ciuda-

---

[868] Esta regulación legal del derecho al trabajo a la población extranjera, aun limitado, es una exigencia de los tratados internacionales ratificados por España. Aunque nuestra Constitución no extienda el artículo 35 sobre la población extranjera, la *Declaración Universal de Derechos Humanos* de 1948, en su art. 32.1, y el *Pacto Internacional por los Derechos Económicos, Sociales y Culturales,* en su artículo 6.1, reconocen este derecho como un derecho humano, sin ningún tipo de distingo por razón de nacionalidad.

danos nacionales[869]. El derecho al trabajo de los ciudadanos extranjeros aparece así como subsidiario del derecho al trabajo de los ciudadanos españoles desde el momento en que el acceso al empleo de aquellos depende de que se colme la ocupación de estos. Por el contrario, el deber de trabajar pesa sobre los ciudadanos extranjeros de una forma mucho más severa que sobre los ciudadanos españoles, pues, como dijimos, su misma admisión regular en nuestra comunidad política requiere el ejercicio de una actividad profesional[870]. De este modo, aunque ciertamente la legislación sobre extranjería no haya previsto un expreso deber de trabajar, es inopinable que esta la impone y con la mayor severidad: al margen de las concesiones basadas en razones humanitarias, la autorización de residencia solo se otorgará a quien pueda acreditar la asunción de un compromiso de empleo –art. 83–.

Así las cosas, por todo lo dicho, razonaríamos que aunque el *deber de trabajar de los extranjeros* no emana directamente del *deber constitucional de trabajar*, al menos en el ordenamiento jurí-

---

869 Lo cual se constata a través del *Catálogo de Ocupaciones de Difícil Cobertura*. Al momento de la publicación de esta obra, el último en vigor es el aprobado por la Resolución de 11 de agosto de 2023, de la Dirección General del Servicio Público de Empleo Estatal, por la que se publica el Catálogo de Ocupaciones de Difícil Cobertura para el tercer trimestre de 2023.

870 Resulta sugerente comprobar cómo, de algún modo, este principio de actuación encuentra un remoto antecedente en nuestro ordenamiento en la Constitución de 1812, la cual estabecía en su art. 20 que "para que el extranjero pueda obtener de las Cortes esta carta [especial de ciudadanía], deberá estar casado con española, y haber traído o fijado en las Españas alguna invención o industria apreciable...". En este mismo sentido, ya la Constitución francesa de 1791 en su artículo 4 consideraba *merecedor de humanidad* y admitía en el ejercicio de los derechos de ciudadano francés a aquellos extranjeros domiciliados en Francia que "vivieran de su trabajo".

dico español, sí pueden encontrarse entre ellos ciertas influencias mutuas; sobre todo, en la medida en que ambos deberes, el legal y el constitucional, son reflejo de una misma opción valorativa de la comunidad política por la vida laboriosa. Diríamos que el deber legal de trabajar que recae sobre los extranjeros es, en parte, una exigencia sustantiva, no técnica o formal, del reconocimiento del deber constitucional de trabajar que se impone a los españoles: la legitimidad de este último quedaría muy mermada si la ciudadanía extranjera quedase exenta de efectuar su conducta más propia, una contribución profesional lícita.

4.4 Legislación tributaria, reconocimientos honoríficos y otras disposiciones que priorizan la contribución productiva del individuo

A través de algunos de los subepígrafes anteriores hemos comprobado cómo nuestra legislación positiva –la que hace del trabajo un mecanismo para la redención de penas, la que lo acoge como criterio para la adjudicación de beneficios sociales o para la admisión de los ciudadanos extranjeros...– imbrica de algún modo una ética laboriosa: una preferencia valorativa por aquellos individuos que han demostrado una mayor inclinación hacia el trabajo. En esta misma línea y a modo de cajón de sastre, observaremos en este apartado algunas disposiciones, desconectadas material y formalmente entre sí, que acogen la participación productiva como criterio de mérito con efectos en diferentes ámbitos. Nos referimos, verbigracia, a ciertos reconocimientos honoríficos, como las distinciones de la Orden del Mérito Civil, que fijan entre sus criterios de concesión "la realización de trabajos extraordinarios de indudable mérito [...] la laboriosidad o la capacidad extraordinaria, puestas de manifiesto en bien del interés general"[871]. También a la normativa tributaria, que grava con un tipo generalmente inferior aquellas rentas provenientes del trabajo[872]. Quizás quepa también en este listado ejemplificativo la normativa concursal de las personas físicas, la cual, hasta su última reforma del año 2022, preveía como requisito para la exención de deudas la exhibición de una actitud proclive al trabajo[873]; o algunas dis-

---

871 Art. 6. Real Decreto 2396/1998, de 6 de noviembre, por el que se aprueba el Reglamento de la Orden del Mérito Civil.

872 Según la exposición de motivos de la vigente *Ley 35/2006, de 28 de noviembre, del Impuesto sobre la Renta de las Personas Físicas y de modificación parcial de las leyes de los Impuestos sobre Sociedades, sobre la Renta de no Residentes y sobre el Patrimonio.* "Para la mejora de la equidad, se disminuye la carga tributaria soportada por las rentas del trabajo, elevando sustancialmente la reducción establecida para las mismas, especialmente para las rentas más bajas. Se trata de dispensar un tratamiento especial a este tipo de rentas por los siguientes motivos: compensar, mediante una cantidad a tanto alzado, los gastos generales en los que incurre un trabajador; reconocer la aportación que esta fuente de renta hace al conjunto de la base imponible; su facilidad de control y el que se trata de una renta no fundada o sin respaldo patrimonial". Esa opción normativa se presenta como una derivada del deber de trabajar en SOLER BELDA, R., *La progresividad en las reformas tributarias,* Madrid, Dykinson, 2015, p. 323. En este mismo sentido, justificando el trato fiscal favorable a las rentas del trabajo con base en el deber de trabajar, SÁNCHEZ HUETE, M.A., "La dimensión del género en la investigación jurídicotributaria", en A.A.V.V. (coords. Espuny Tomás, M.J.; Vallès Muñio, D., y Velo y Fabregat, E.), *La investigación en derecho con perspectiva de género,* Madrid, Dykinson, 2020, pp. 213-229, p. 221; MARTÍN VALVERDE, A., *Derecho del Trabajo y mercado…op.cit,* p. 120.

873 En efecto, el *Real Decreto-ley 1/2015, de 27 de febrero, de mecanismo de segunda oportunidad, reducción de carga financiera y otras medidas de orden social,* exigía para su activación que el beneficiario "No haya rechazado dentro de los cuatro años anteriores a la declaración de concurso una oferta de empleo adecuada a su ca-

posiciones relativas a la adopción o acogimiento de menores, donde el desempeño de una actividad profesional por parte de los adoptantes o guardadores aparece como una información a tener en cuenta por la administración competente de la instrucción del proceso[874].

¿Encuentran todas estas disposiciones una vinculación con el deber constitucional de trabajar? No, al menos de forma directa. Quizás, incluso, todas estas normas infraconstitucionales podrían sobrevivir sin necesidad de un deber constitucional de trabajar que las respalde. Ocurre sin embargo que todas estas disposiciones obedecen a un mismo espíritu o moral pública: la que prioriza la vida laboriosa de los ciudadanos. Las razones por las que una comunidad política enjuicia positivamente la implicación laboral de sus integrantes son varias y, aun de manera imperfecta, han sido expuestas al comienzo de este estudio. Lo que ahora, casi al cierre del mismo, queremos resaltar es cómo la existencia de un deber de trabajar proclamado en la constitución dota a todas estas disposiciones insufladas por la moralidad del trabajo de cierto respaldo jurídico. Un deber de trabajar, codificado en la norma fundamental de nuestra sociedad, institucionaliza aquella preferencia social por la laboriosidad de sus agentes y la blinda frente a posibles recusaciones. Como ha avalado la doctrina, "la mención de un deber de trabajar en el art. 35.1 CE da cobertura a eventuales medi-

---

pacidad". Art. 178.bis 3.5º IV de la *Ley 22/2003, de 9 de julio, Concursal*, en la versión dada por la antecitada norma, actualmente, derogado por la *Ley 16/2022, de 5 de septiembre, de reforma del texto refundido de la Ley Concursal.*

874 En este sentido, puede traerse a colación el *Decreto 282/2002, de 12 de noviembre, de Acogimiento Familiar y Adopción de la Junta de Andalucía*, que enumera en su art. 17.2.h entre otra documentación necesaria para obtener el certificado de idoneidad, "certificado de actividad laboral o profesional".

das legislativas —por ejemplo, de índole fiscal— desfavorables para la holganza"[875]. Este respaldo resulta especialmente necesario en un tiempo, como el que nos es coetáneo, en el que es sumamente difícil encontrar valores morales susceptibles de aceptación universal y ajenos a la revisión crítica. Esta es, precisamente, una de las virtualidades principales que algunos constitucionalistas han atribuido a la norma fundamental: la de proporcionar unas bases normativas democráticas a partir de las cuales presumir ciertos consensos de justicia[876].

Una declaración de principios, como la que encierra el deber constitucional de trabajar, si bien no salvaguarda a este deber de discusiones de tipo ético, le otorga legitimidad democrática –no necesariamente una legitimidad sustantiva, pero sí procedimental–. Sin esta legitimidad democrático-constituyente que prioriza la vida laboriosa, sería sumamente difícil defender la validez de una normativa que recurrentemente apela al trabajo como criterio de mérito relevante. Aunque con frecuencia,

---

875 DÍEZ-PICAZO GIMÉNEZ, L.M., *Sistema de Derechos Fundamentales… op.cit.*, pp. 504 y 505.

876 "Una propuesta para solucionar el problema de legitimidad en una sociedad abierta radicaría en un diálogo libre de dominación de todos con todos (Habermas) […] el contrato de los ciudadanos es la única posibilidad de superar la subjetividad individual y llegar a un consenso informado por los principios de justicia. He aquí el *leitmotiv* de la legitimidad por el consenso: a partir de la autodeterminación ética del individuo, se llega a la autodeterminación democrática. La justicia se resolvería en el contrato o consenso de dos individuos sobre los principios o estructuras básicas de la justicia de la comunidad […] Como idea regulativa, la justicia contractual ofrece una explicación razonable en cuanto a la presunción de justicia de una constitución concreta en que todos los ciudadanos libres e iguales pudieran (por lo menos teóricamente) participar". GOMES CANOTILHO, J.J., *Direito Constitucional*, Coimbra, Almedina, 1991, p. 118.

al introducir este tipo de preferencias en la normativa legal o reglamentaria, no se suele evocar al deber constitucional de trabajar, a nosotros se nos atoja singularmente pertinente para dotar al ordenamiento de una coherencia más sólida. En este sentido, una de las propuestas que presentamos en este estudio es la mayor presencia de este deber en la producción legislativa, así como en el debate científico y judicial, para respaldar todas aquellas soluciones que descansan en una valoración social positiva del trabajo. Hemos podido comprobar cómo, con frecuencia, el deber de trabajar o de autosuficiencia material está tan arraigado en nuestro acervo cultural y político que se asume como axioma exento de cualquier justificación. Esa no parece sin embargo una opción válida, especialmente en nuestros días, cuando la llamada *crisis de la sociedad del trabajo* es más acuciante. Frente a esta, las virtudes éticas del trabajo no pueden actuar como un elemento de juicio relevante para ninguna solución institucional, sobre todo cuando, como veremos en el siguiente capítulo, el debate intelectual al respecto de dicha crisis presenta al derecho a la ociosidad como una manifestación del derecho a la autodeterminación personal. En tal estado de cosas, cualquier discriminación en favor del ciudadano productivo podría entenderse como una discriminación atentatoria de esa libertad de autodeterminación. De ahí, de nuevo, la conveniencia de apelar a la posición jurídico formal del deber de trabajar en nuestro ordenamiento. El valor social del trabajo personal solo puede ser aceptado desde su respaldo democrático, y este, insistimos una vez más, únicamente aparece expresado explícitamente con la proclamación del deber constitucional de trabajar.

VI. El deber de trabajar en el debate sobre la universalización de la protección social

Aunque esta no quiere ser la conclusión central o definitiva de nuestra investigación, solo a partir de todo lo expuesto hasta ahora podemos abordar la posición que ocupa, o debería ocupar, el deber fundamental de trabajar en el debate actual sobre la *universalización de la protección social*. De ahí que dediquemos el último de los capítulos de nuestro estudio a esta concreta discusión: no para otorgarle un mayor protagonismo, sino por estrictas razones de ordenación argumentativa.

Con este giro, *universalización de la protección social*, queremos aludir a aquellas propuestas que defienden la introducción de mecanismos prestacionales de garantías de rentas incondicionados, desligados de la dedicación productiva demostrada por sus beneficiarios. En definitiva, lo que se propone a través de este programa es la superación, total o parcial, del criterio profesional-contributivo que rige prioritariamente el acceso a la protección social en el Estado de bienestar contemporáneo. Lo que nos preguntamos aquí es si estas nuevas proposiciones político-normativas son compatibles con la proclamación del deber constitucional de trabajar, tal y como aquí lo hemos caracterizado. Más concretamente, dentro de todos los programas de garantías de rentas que se han propuesto, nos centraremos en el que acapara el debate intelectual y político de nuestro tiempo: la *renta básica universal* –también denominada renta básica ciudadana o, sin más, renta básica–.

La principal nota distintiva de esta propuesta prestacional, y la que suscita un mayor recelo, es la incondicionalidad absoluta de su reconocimiento. Según la ha caracterizado su más destacado defensor, el profesor holandés Van Parijs, la renta básica es "una subvención pagada a cada ciudadano, independientemente de su situación laboral y estado civil, e independientemente de su desempeño laboral o disponibilidad para trabajar. Es, en otras palabras, un ingreso mínimo garantizado individual sin una prueba de medios o una condición de (voluntad para) trabajar"[877]. Es precisamente en esta nota de *incondicionalidad* donde encontramos las principales fricciones de esta propuesta con el deber jurídico de trabajar.

Y es que, por esa cualidad, muchos han visto en la renta básica un intento de sostener o garantizar la vida ociosa[878]. Comprobaremos enseguida cómo, de hecho, ese sustento a la ociosidad es un objetivo confesado por quienes defienden esta propuesta prestacional. Si se concluyese, como aquí hemos hecho, que el deber constitucional de trabajar expresa una preferencia valorativa por la vida laboriosa y por la autosuficiencia económica de los ciudadanos, parece patente que nos encontramos ante una contradicción de primer orden entre este deber y la renta básica ciudadana. Pero más allá de esta aparente colisión entre valores éticos y políticos contrapuestos, desde una posición estrictamente técnico-jurídica, lo que nos preguntamos ahora es si el significado que hemos atribuido al deber constitucional de trabajar admite una normativa infraconstitucional que reconozca derechos prestacionales in-

---

877 VAN PARIJS, P, "Why surfers should be fed: the liberal case for an unconditional basic income", *Philosophy & Public Affairs*, 1991, pp. 101-131, p. 102.

878 SCHROEDER, D., "Wickedness, idleness and basic income", *Res Publica*, núm. 7, 2001, pp. 1-12; LEVINE, A., "Fairness to Idleness: Is There a Right Not to Work?", en WIDERQUIST, K., et al., *Basic income. An Anthology of Contemporary Research*, Oxford, Wiley Blackwell, 2013, pp. 105-113.

condicionales, desligados de la trayectoria profesional de su titular. Esta otra contradicción, la técnico-normativa, atañe al sistema de fuentes jurídicas y sugiere, como hipótesis, que la institucionalización de garantías prestacionales a la ociosidad vulneraría el contenido elemental del deber constitucional de trabajar y, por ende, que, en los casos en los que la carta fundamental recoja un deber de este género, como ocurre en el caso español, la introducción de tales garantías exigiría una previa reforma de la misma. De este modo, si en el capítulo precedente hemos evidenciado –al menos tentativamente– la *influencia positiva* que ejerce el deber de trabajar en la configuración de la legislación ordinaria, confiriéndole una determinada orientación, nos preguntamos ahora si este deber ejerce también una *influencia negativa*, impidiendo algunas opciones legislativas como la que representa la renta básica universal.

1. LA RENTA BÁSICA UNIVERSAL COMO GARANTÍA DE LA VIDA OCIOSA

El paso previo en nuestra argumentación pasa por presentar a la renta básica como un *derecho a la ociosidad*. Comencemos por hacernos la siguiente pregunta: desde un punto de vista material, aun no jurídico, ¿persistiría el deber de trabajar en un escenario de rentas garantizadas? Algunos autores que se han formulado esa preguntan alcanzan una inmediata respuesta negativa[879]. Y es que, si habíamos concluido que el prin-

[879] Esta pregunta se resuelve en CHAMBERLAIN, J.A., *Undoing Work, Rethinking Community: A Critique of the Social Function of Work*, Ithaca-Londres, Cornell University Press, 2018, p. 138. Otras fuentes en las que aparece presentado el derecho a la renta básica como un derecho a la ociosidad: LEWICKI, R.H.M., *The Problem of Idleness: An Arendtian Justification of Universal Basic Income in the Face of Mass Auto-*

cipal acicate para el cumplimiento del deber de trabajar era la necesidad material en la que se encuentra el individuo originalmente, tal pulsión desaparecería en el momento en el que la cobertura de los requerimientos básicos de dicho individuo estuviera garantizada institucionalmente. Con ello no decimos que la renta básica universal –u otros mecanismos afines– condujeran a una ociosidad generalizada ni que el individuo solo pueda ser conducido al trabajo a través de la necesidad. Ese es otro debate intelectual abierto y son muchas las voces que sostienen –las más de las ocasiones, de forma meramente especulativa, sin constatación empírica alguna– que en un escenario de rentas garantizadas persistiría una implicación mayoritaria de los individuos de una sociedad en tareas productivas[880].

Aun admitiendo esa hipótesis –*dato non concesso*– sí que parece claro que, en tal escenario, quien desempeñe un trabajo productivo lo hará por mera iniciativa voluntaria, como una vía para el *desarrollo personal*, en el sentido más amplio de la expresión. El trabajo ejecutado con esta motivación en modo alguno cabe entenderlo como un deber, sino como una liberalidad,

---

mation, Ottawa, Ottawa University, 2019, *passim*; LEVINE, A., "Fairness to Idleness: Is There a Right Not to Work?", en WIDERQUIST, K., et al., *Basic income…op.cit*, pp. 105-113.

880 Siguiendo a Noguera Ferrer: "La reivindicación de una renta básica garantizada independiente del trabajo, por ejemplo, a menudo se basa precisamente en el concepto amplio, al suponer que los individuos no trabajan únicamente por motivos instrumentales —como la obtención de ingresos—, y por lo tanto continuarían desarrollando actividades socialmente útiles y económicamente valiosas aun cuando su subsistencia material no dependiese de ello; los estímulos e incentivos para el desarrollo de tales actividades no estarían ya basados en la coerción económica y/o política, sino en los vínculos de solidaridad social y las necesidades personales de autodesarrollo de capacidades y potencialidades" NOGUERA FERRER, J.A., "El concepto de trabajo…" *op.cit.*, p. 164.

como una conducta altruista o, cuanto menos, voluntariamente asumida. Y es que la libertad de trabajar, o en términos negativos, la libertad material para no hacerlo, es una de las claves en el paradigma político-jurídico que traería la renta básica. Se presupone que una libertad de este tipo –que trasciende la mera libertad formal que es consustancial al derecho al trabajo– permitiría una mejora cualitativa del trabajo, al erradicar la pulsión económico-existencial que mueve al individuo a aceptar trabajos que, con frecuencia, quedan por debajo de sus expectativas materiales o vocacionales. En palabras de nuevo de Van Parijs, la renta básica vendría a "mejorar la calidad del trabajo, su atractivo intrínseco para los trabajadores, hasta el punto de reducir la necesidad de motivarlos mediante constreñimientos y recompensas externas. Desalinear la actividad humana implica, al mismo tiempo, el estrechamiento de la esfera del trabajo y la mejora de su calidad"[881].

De este modo, aunque bajo la proclama de la renta básica se subsumen multitud de propuestas muy heterogéneas, la mayoría de ellas aspira a convertir el trabajo en una actividad voluntaria, no impuesta por la necesidad, y ello como presupuesto para transitar hacia un grado de libertad material superior a la que proporcionan las *estructuras clásicas del Estado de bienestar*[882]. Así entendida, la renta básica no impondrá la ociosidad, pero sí reconoce el derecho a la misma desde el momento en que cualquier ciudadano está legitimado –no obligado, qué duda cabe– para reivindicar a las instituciones

---

881 VAN PARIJS, P., *Marxism Recycled,* Cambridge, Cambridge University, Press, 1993, p. 235.

882 VAN PARIJS, P, *Real freedom for all: What (if anything) can justify capitalism?*, Oxford, Clarendon Press, 1995.

públicas el sostenimiento material de una existencia pasiva[883]. Precisamente, quienes defienden esta propuesta apelan a la capacidad de autodeterminación del individuo que con ella se consigue[884]. De forma un tanto paradójica, se invocan los principios fundacionales del Estado liberal para sostener que este debe ser equidistante en cuanto a las elecciones morales de cada individuo[885]. El no reconocimiento de la renta básica, según se alega, estaría de facto imponiendo un estilo de vida laborioso, al no tutelar a aquellos individuos que voluntariamente rehúsan la participación en una actividad productiva[886]. En un escenario de rentas garantizadas, se continúa arguyendo, el sujeto tendrá derecho, un derecho sustantivo, real, a la autodeterminación plena. Tendrá derecho al desempeño de una actividad laboriosa y tendrá, además, el derecho a una vida improductiva. Precisamente lo que nos preguntamos es si un *derecho a la ociosidad*, así entendido, sería compatible con la proclamación constitucional del deber de trabajar. Adelantamos

---

883 "La idea de que *quien no trabaja* no come les parece a los autores trasnochada, fruto de una visión productivista que ya no encuentra reflejo en la sociedad actual, *donde el empleo es un privilegio*" NOGUERA FERRER, J., *La transformación del concepto... op.cit.*, p. 206.

884 Van Parijs, cuando se le preguntó durante su intervención en la Q Berlin conference en el año 2017 si en un escenario de rentas garantizadas existiría un deber de trabajar como mecanismo de reciprocidad, rehusó una respuesta personal en la medida que, precisamente, en dicho escenario no cabría imponer un estilo de vida buena sobre los demás. Vid. extracto en Basic Income Earth Network. Accesible en https://basicincome.org/news/2017/11/universal-basic-income-duty-work/ (último acceso el día 12 de abril de 2023).

885 Sobre la revisión crítica de este planteamiento desde distintas posiciones ideológicas vid. HOWARD, M.W., "Basic income, liberal neutrality, socialism, and work", *Review of Social Economy*, vol. 63, No. 4, 2005, pp. 613-631.

886 VAN PARIJS, P, "Why surfers should be... *op.cit.*, 101-131.

una respuesta negativa y en el siguiente epígrafe trataremos de argumentar esa posición.

2. LA RELACIÓN CONFLICTIVA ENTRE DEBER EL FUNDAMENTAL DE TRABAJAR Y LA RENTA BÁSICA UNIVERSAL

Ya hemos dicho que cuando nos preguntamos si la instauración de la renta básica, como opción legislativa hipotética, sería coherente con la cláusula constitucional que impone el deber de trabajar, lo hacíamos desde una visión estrictamente jurídica. No se aborda esta pregunta, por tanto, desde una óptica filosófica o sociológica, ni desde la preocupación por los efectos empíricos que tendría la introducción de esta medida sobre la voluntad laboral de la población: si con ella se produciría una apatía general hacia al trabajo o si, por el contrario, como defienden sus voceros, persistiría una vocación generalizada de contribución personal al bien común. Todas estas son consideraciones que, al menos en este apartado, son del todo irrelevantes. La pregunta a resolver es, por tanto, la siguiente: una disposición legislativa que introduzca un derecho prestacional incondicional como el que plantea la renta básica ¿se opone al deber constitucional de trabajar?[887].

---

[887] Una respuesta afirmativa a esta pregunta, con relación al artículo 35.1 CE, se da por CAMPOS CLIMENT, V.; CARDONA RUBERT, M.B.; SARAGOSSA I SARAGOSSA, V. y ESTEBAN LEGARRETA, R., "Políticas de inclusión social y lucha contra la pobreza", en A.A.V.V. (ed. Campos Climent, V., *et al*), *Políticas Sociolaborales*, Cizur Menor, Civitas, 2014, pp. 539-578, p. 562. También por VANDERBORGHT, Y., "Las tensiones en la reforma del Estado de Bienestar", en A.A.V.V. (Dir. Rey Pérez, J.L.), *Sostenibilidad del Estado...op.cit*, p. 104.

Concretados así los términos de nuestra pregunta, creemos que caben al respecto tres soluciones alternativas, dependiendo cada una de ellas de la concepción de los deberes constitucionales que se adopte como punto de partida, especialmente en lo concerniente a su eficacia o exigibilidad. Recordemos a tal efecto las distintas posiciones doctrinales que expusimos anteriormente –apartado III.2–:

a) Si afrontamos la cuestión desde una lectura absoluta o perfecta del deber de trabajar, que hoy nadie defiende pero que es admisible a efectos dialécticos, qué duda cabe de que dicho deber sería radicalmente contrario a cualquier sistema prestacional que sufragase la vida ociosa libremente asumida. Es más, como se ha comprobado, aquellos sistemas constitucionales en los que el deber de trabajar se configuró como un deber perfecto llegaron incluso a adoptar instrumentos represivos contra la ociosidad, lo cual, aunque sería inconcebible desde nuestras actuales coordenadas culturales y jurídicas, resulta plenamente coherente con la decisión constituyente que proclama al trabajo como un deber directo y vinculante para los particulares. Por eso, un deber de trabajar de este tipo, perfecto y sancionado punitivamente, no admitiría el eventual *derecho a la ociosidad* que se pretende instaurar con la aprobación de la renta básica universal.

b) Desde la posición más escéptica, la que afirma que los deberes constitucionales son totalmente irrelevantes, no cabría *a priori* preocuparse por la posible compatibilidad de las rentas incondicionales y el deber de trabajar. Al ser esta última una cláusula vacía de contenido, carecería de eficacia para imponer restricciones a la labor legislativa y, particularmente, para vetar un modelo prestacional que abandone o devalúe el criterio profesional-contributivo que hasta la fecha ha sido hegemónico. Esta, como decimos, es una respuesta tan solo apriorística. Y es que si bien ya nos habíamos separado de esa posición doctrinal –capítulo III– cabe ahora decir que, en el caso de negarles cualquier validez jurídica a los deberes constitucionales, aunque estos careciesen de fuerza vinculante, es obvio que expresarían una preferencia ética de la comunidad sobre determinadas conductas. En lo que se refiere deber de trabajar, la voluntad constituyente habría expresado con él la preferencia valorativa por la implicación laboral o productiva del ciudadano[888]. Esta elección político-constituyente sería incompatible con el ideario que inspira la propuesta de la renta básica universal según la cual, recordemos, las instituciones deberían mantenerse neutrales frente a cualquier elección del individuo en lo referente a su implicación productiva. La concepción del trabajo como una actividad altruista, no impuesta exógenamente, es abiertamente incompatible con la proclamación del deber constitucional de trabajar como un deber general, aunque este solo expresase una mera preferencia ética. Por eso, aunque negásemos cualquier juridicidad al deber constitucional de trabajar, aun ubicando este en el nivel de los meros principios políticos, resultaría abiertamente incoherente con un ordenamiento que garantice rentas

---

888 En palabras de Martín Valverde: "En el fondo del reconocimiento constitucional del deber de trabajar subyace una valoración constitucional del trabajo no solo como un bien de la persona, es decir como medio de ganarse la vida y como medio de desarrollo de la personalidad, sino también como un bien de la colectividad, es decir como un recurso de creación de riqueza (capital humano) indispensable para la producción y el progreso económico" MARTÍN VALVERDE, A., *Derecho del Trabajo y mercado…op.cit.*, p. 119.

incondicionales[889]. En palabras de Borrajo Dacruz: "la vigente Constitución, al establecer el deber de trabajar, alude al valor intrínsecamente positivo del trabajo y, por tanto, contiene una crítica hacia actitudes permanentemente ociosas o perezosas"[890].

c) Afrontemos por último la cuestión desde otra de las posturas doctrinales aludidas, la más extendida y la que aquí hemos prohijado: la que afirmaba que los deberes constitucionales, sin ser directamente exigibles al ciudadano, impone obligaciones al legislador, condicionando su labor de producción normativa[891]. Desde esta otra posición, parecería claro que el legislador que recibe el mandato de desarrollar el deber constitucional de trabajar no puede, como mínimo, regular en contra del mismo. Aunque la amplitud de los términos en los que se redacta este deber constitucional –y otros tantos de la carta magna– permiten multitud de formas de concreción le-

889 "El deber de trabajar queda como criterio interpretativo: de la CE se desprende una valoración negativa de la holgazanería y el deber de trabajar puede justificar que para recibir determinadas prestaciones se exija la búsqueda activa de empleo o el no rechazo de una oferta concreta de empleo". ESCOBAR ROCA, G., "La renta mínima..." op.cit., p. 94.

890 BORRAJO DACRUZ, E., "El derecho al trabajo en la sociedad española del siglo XXI", *Actualidad Laboral*, núm. 19, noviembre 2007, pp. 537-539. Tomo la cita de MÉNDEZ LÓPEZ, L.; CORREAS SOSA, I.; ASTARLOA HUARTE, I. *et al.*, *Compendio de Derecho Constitucional*, Valencia, Tirant lo Blanch, 2022, p. 483.

891 Volviendo a Díez Revorio: "como todos los preceptos constitucionales, los que contienen deberes actúan como parámetro de la constitucionalidad de todas las normas de rango inferior, cuya contradicción con estos preceptos conllevará su nulidad" DÍAZ REVORIO, F.J., "Derechos humanos y deberes..." op.cit., p. 289.

gislativa, parece claro que su existencia impide que el legislador pueda derogarlo implícitamente con una regulación legal que, de facto, lo acabe anulando. Ahora bien, ¿cómo podría el legislador traspasar los limites que le impone la existencia de un deber de este tipo? Para resolver esta otra cuestión reparemos ahora en el contenido general de los derechos constitucionales. Para nosotros es muy fácil pensar la forma en la que el legislador puede transgredir el contenido de estos derechos: estableciendo disposiciones que dificulten o impidan su ejercicio. Son en este sentido frecuentes las sentencias del Tribunal Constitucional que dictaminan la inconstitucionalidad de una norma o precepto por haber incurrido en algún vicio de este género. Apenas conocemos, sin embargo, alguna sentencia que revoque una disposición legislativa por ser contraria a un deber constitucional[892]. Sin embargo, en términos lógicos, es una posibilidad admisible, aunque para apreciarlo debamos cambiar el punto de vista al que estamos más acostumbrados. Normalmente los recursos de inconstitucionalidad que resuelve el Tribunal Constitucional propugnan que alguna

---

892 Decimos apenas porque solo hemos localizado la sentencia del STC 73/2017, de 8 de junio de 2017 -recurso de inconstitucionalidad 3856-2012– que anulaba la disposición adicional primera del *Real Decreto-ley 12/2012, de 30 de marzo, por el que se introducen diversas medidas tributarias y administrativas dirigidas a la reducción del déficit público.* Nos referimos al caso de la llamada amnistía fiscal aprobada durante el Gobierno del Partido Popular y que fue llevada al TC por los diputados del Grupo Parlamentario Socialista en el Congreso. Aunque en esa sentencia se discutió el contenido del deber constitucional de contribuir a las cargas del Estado y de qué modo la norma analizada lo transgredía, en la resolución del TC tuvo mucho peso la cuestión formal relativa a la idoneidad del *Real Decreto-ley* para la regulación de esta materia.

disposición legal ha transgredido las esferas de libertad que reconocen cualesquiera de los derechos subjetivos contemplados en la norma suprema. Sin embargo, en la medida que los deberes constitucionales implican, por definición, restricciones a la libertad, las disposiciones legislativas contrarias a los mismos serán, ahora, en términos lógicos, aquellas que levanten o anulen esas restricciones: es decir, aquellas que crean una libertad donde la constitución quiso imponer una constricción.

Nos encontramos sin embargo con deberes constitucionales que, por haber carecido del correspondiente desarrollo legislativo, no han llegado a imponer efectivas restricciones a la libertad. Eso no anula nuestra conclusión anterior, pues el mandato al legislador y los límites a su producción normativa aparecen con la mera proclamación del deber constitucional. Obviamente, la omisión de su desarrollo por parte del legislador nunca puede habilitar a este para su transgresión, lo que ocurre es que la amplitud con la que se formulan muchos deberes constitucionales, entre ellos el de trabajar, dificulta sobremanera determinar qué tipo de disposiciones legislativa los trasgreden. Admitida esa dificultad, sí podría convenirse que el contenido básico de cada deber constitucional impide que el legislador exonere totalmente de su cumplimiento en la normativa infraconstitucional. En otros términos: si un precepto constitucional impone la realización de una determinada conducta, no podría el legislador reconocer el derecho a no llevarla a cabo: o lo que es lo mismo, lo que parece claro que no podría hacer nunca el legislador sería proclamar el derecho generalizado a no cumplir un deber proclamado constitucionalmente[893]. Así y a modo de ejemplo, si existe un deber constitucional de

---

[893] En este caso se daría un tipo de antinomia, la que describe Prieto Sanchís como "contradicción entre mandato y permiso negativo",

contribuir a las cargas del Estado, no puede el legislador declarar un derecho subjetivo generalizado a la exención fiscal. Ambos enunciados serían abiertamente incompatibles entre sí y, por su mayor rango jerárquico-normativo, prevalecería el primero de ellos[894].

Tampoco podría, qué duda cabe, aprobar disposiciones que, sin proclamar expresamente el derecho a incumplir el deber, garanticen de facto esa posibilidad. Imaginemos –aunque el ejemplo sea un tanto absurdo– que el legislador no declara el derecho a la exención fiscal, pero suprime todas las sanciones que castigan el incumplimiento de los deberes tributarios. Retorzamos aún mas el ejemplo para imaginar que se decide, incluso, recompensar económicamente a las personas que deciden transgredirlos. Más allá de lo pintoresco del ejemplo, evidencia, en términos lógicos, la incompatibilidad de tales medidas con el referido deber constitucional, en este caso el de contribuir a las cargas del Estado. Este ejemplo nos permite así trazar un paralelismo con lo que ocurriría con la instauración de una renta básica universal o incondicionada: con esta,

---

por la cual "una norma declara ordenado lo que otra autoriza a no hacer". PRIETO SANCHÍS, L., *Apuntes de teoría... op.cit.*, p. 132.

894 Este razonamiento aparece en la sentencia citada en la nota anterior, STC 73/2017, donde se lee que la amnistía fiscal "supone la abdicación del Estado ante su obligación de hacer efectivo el deber de todos de concurrir al sostenimiento de los gastos públicos (art. 31.1 CE). Viene así a legitimar como una opción válida la conducta de quienes, de forma insolidaria, incumplieron su deber de tributar de acuerdo con su capacidad económica, colocándolos finalmente en una situación más favorable que la de aquellos que cumplieron voluntariamente y en plazo su obligación de contribuir. El objetivo de conseguir una recaudación que se considera imprescindible no puede ser, por sí solo, causa suficiente que legitime la quiebra del objetivo de justicia al que debe tender, en todo caso, el sistema tributario, en general, y las concretas medidas que lo integran, en particular".

no solo nos encontramos ante la ausencia de sanciones que repriman el incumplimiento del deber de trabajar, sino que, además, se habrían introducido prestaciones económicas dirigidas a sufragar su violación generalizada.

Trataremos de razonar mejor nuestra postura con otro ejemplo, ahora el del deber constitucional de conocer el castellano –art. 3.1 CE´78–. Concluíamos más arriba que la forma en la que se garantiza su cumplimiento era con la ausencia de un derecho a ser atendido en las instituciones o servicios públicos en cualquier lengua diferente del castellano –dejando aquí de lado todos los matices que exigiría la cooficialidad de las lenguas en el Estado español–[895]. Si legislativamente se contemplase el derecho del ciudadano español a recibir los servicios públicos en cualquier idioma de su elección –latín, suajili, esperanto...– , el deber de conocer el castellano perdería cualquier vigencia. Ese hipotético derecho anularía por completo el contenido esencial de este deber. Un tanto de lo mismo ocurriría –esperamos que el símil haya ayudado a expresarnos mejor– con el reconocimiento de un derecho a la existencia pasiva. Si se proclama el derecho al sostenimiento material con cargo a la colectividad, desparece el principal acicate que encontraba el individuo para el cumplimiento del deber de trabajar: la necesidad material. Si el Estado asumiese la atención de tal necesidad, estaría reconociendo, de facto, pero de forma indiscutible, el derecho a no trabajar, contraviniendo

---

[895] En palabras de la STC 31/2010, de 28 de junio de 2010 "El deber constitucional de conocimiento del castellano, antes que un deber 'individualizado y exigible' (STC 82/1986, FJ 2) de conocimiento de esa lengua, es en realidad el contrapunto de la facultad del poder público de utilizarla como medio de comunicación normal con los ciudadanos sin que éstos puedan exigirle la utilización de otra para que los actos de imperium que son objeto de comunicación desplieguen de manera regular sus efectos jurídicos".

el sentido más elemental e inopinable del deber fundamental que analizamos[896]. En este sentido, ya concluíamos más arriba que a pesar de la indeterminación que adolecía el deber constitucional de trabajar, muchos autores han visto en él al menos un contenido insoslayable: el que impide la protección social del ocioso voluntario. Acudiendo, entre otros referentes que se adhieren a esta posición, a Alonso Olea:

> "El deber de trabajar obviamente tiene que ser entendido con carácter relativo; no se puede obligar mediante compulsión o fuerza, ni bajo pena, al trabajo, pues ello equivaldría a la implantación de un sistema de trabajo forzoso; no puede, pues, configurarse el deber de trabajar como una obligación coercible. El deber de trabajar tiene, sin embargo, derivaciones indirectas y de extremada importancia; señaladamente no puede aspirar a la protección de la Seguridad Social, ni de ningún régimen asistencial, quien pudiendo trabajar y teniendo la oportunidad para ello deja de hacerlo"[897].

En muy similar sentido, se ha dicho que el deber constitucional de trabajar impide un hipotético "derecho a la vagancia"[898] o que "se dirige a proscribir programáticamente la ociosidad improductiva y el parasitismo social"[899]. Fuera ahora de la doctrina laboralista, incluso los autores más escépticos en lo concerniente al valor jurídico-constitucional de este deber, como

---

[896] "No es determinado el sentido constitucional de la relación entre el derecho al trabajo y el deber de trabajar. Tampoco es evidente el alcance del propio deber de trabajar. Seguro es, apenas, que la Constitución no reconoce el derecho a no trabajar". GOMES CANOTILHO, J.J. y MOREIRA, V., *Constituçao da República Portuguesa... op.cit.*, p. 320.

[897] ALONSO OLEA, M., "La Constitución española..." *op.cit.*, p. 16.

[898] MERCADER UGUINA, J.R., *Lecciones de Derecho del Trabajo... op.cit.*, p. 54.

[899] MONTOYA MELGAR, A., *Derecho del Trabajo,* Madrid, Tecnos, 2023, p. 41.

Díez-Picazo Giménez, ven en este el mismo contenido mínimo: el que impediría la cobertura de la ociosidad: "que el deber de trabajar del art. 35.1 CE no sea un genuino deber constitucional no priva de cualquier significación jurídica a esta fórmula, pues siempre cabe entender que la cláusula general de libertad —todo lo no prohibido está permitido— no incluye un hipotético *derecho a la pereza*"[900]. Observamos, entonces, una elemental incompatibilidad lógica entre la renta básica y el deber fundamental de trabajar: la que muestra que la imposición de un deber impide el reconocimiento del derecho a incumplirlo.

Dejando apuntada esa incompatibilidad, vamos ahora a alterar los términos de esta relación lógica adoptando como premisa que la existencia de un derecho exige, de suyo, la existencia de un deber de garantizarlo, ora por las instituciones públicas, ora por sujetos privados. Esta correlación lógica no se daría, a nuestro modo de ver, en un escenario de rentas garantizadas donde se proclamase el derecho a participar en el reparto de la riqueza nacional sin que existiese el correspondiente deber jurídico de generarla. En efecto, en su esencia, la renta básica supone el derecho de todos los ciudadanos a acceder a determinadas prestaciones económicas, sin embargo, exonera a todos los ciudadanos del deber de producir la riqueza necesaria para sostener ese ambicioso sistema de bienestar. En palabras de Antón Morón al referirse a los partidarios de la renta básica universal: "oponen la ética de los derechos frente a la ética de los deberes, situando el derecho a la libertad por encima del «deber de trabajar». Planteada así la alternativa es atractiva, la inclinación individual por lo primero, por la libertad y el derecho, frente al trabajo y el deber es una opción evidente. Pero, desde una óptica colectiva y solidaria queda sin

---

[900] DÍEZ-PICAZO GIMÉNEZ, L.M., *Sistema de Derechos Fundamentales... op.cit.*, p. 505.

resolver el sujeto del deber y el reparto negociado, equilibrado y justo de las obligaciones económicas, sociales y cívicas"[901].

Contra esto que decimos se argüirá que en la posición pasiva de la relación prestacional que se sigue de la renta básica universal no se ubican los sujetos particulares, sino el Estado, que soportará el desembolso de las prestaciones con las sumas recaudadas, no ya a través de cotizaciones profesionales, sino a través de impuestos. Esta respuesta ignora, sin embargo, que, como dijimos, la recaudación tributaria es solo la segunda fase del proceso de contribución a la riqueza colectiva o, como aquí preferimos denominarlo, al bien común –vid. supra cap. IV. 3.2 –. Esta contribución progresiva según el patrimonio de cada cual presupone la obtención previa de dicho patrimonio, lo que en nuestro sistema político-constitucional cabría identificar con el cumplimiento del deber de trabajar, entendido este –al menos así hemos tratado de presentarlo aquí– como el desempeño de una actividad económica, lícita y redituable, que contribuye a la generación de riqueza. En simplicidad de términos, el entero sistema institucional, y en especial un sistema prestacional tan ambicioso como el que proponen los defensores de la renta básica, solo resulta sostenible bajo la condición de que se produzca una contribución generalizada al bien común a través del trabajo. Los partidarios de la renta básica no obvian esta realidad tan elemental, lo que ocurre es que presumen que, incluso en un entorno de rentas incondicionadas, existirá una voluntad de trabajar generalizada en la población, no ya impelida por la necesidad material, sino por la particular naturaleza del ser humano, el cual está llamado al desempeño de una actividad transformadora y permanece unido al resto de sus semejantes por sentimientos de solidaridad.

---

901 ANTÓN MORÓN, A., "Rentas sociales, trabajo y ciudadanía", *Cuadernos de Relaciones Laborales*, núm. 2, 2005, pp. 191-215, p. 208.

Tal suposición se basa en la idea de que el trabajo tiene otras recompensas distintas de las puramente crematísticas e instrumentales, de la supervivencia o el enriquecimiento material[902]. Esta presunción, la que intuye una predisposición productiva del individuo en un escenario de rentas garantizadas, se vería reforzada por la compatibilidad que existiría, además, entre la renta básica y los ingresos derivados del trabajo, lo que serviría para que también el ánimo de lucro empujase al individuo hacia la realización de una actividad económica[903].

No obstante, debe tenerse en cuenta que esta pulsión voluntaria de los individuos hacia el trabajo es una cuestión estrictamente fáctica e hipotética, irrelevante en términos de lógica-jurídica. Desde esta otra óptica, netamente formal, nos encontramos con un derecho a reivindicar algo que ningún sujeto está obligado a garantizar. Colocar al Estado en la posición de sujeto obligado en esta relación jurídica es una ficción que pretendidamente obvia que las posibilidades de actuación de este dependen de la riqueza generada por sus ciudadanos[904]. El derecho a la renta básica así entendido, sin ningún respaldo en forma de deber jurídico sobre estos últimos, sería, más que

---

902 NOGUERA FERRER, J., *La transformación del concepto de trabajo... op.cit.*, p. 205. En este sentido, VAN PARIJS, P. y VAN DER VEEN, R.J., "Una vía capitalista al comunismo", *Zona Abierta*, n° 46-47, 1988, pp. 19-46.

903 VAN PARIJS, P. y VANDERBORGHT, Y., *La renta básica*, Barcelona, Ariel Economía, 2015, p. 48.

904 Acudiendo ahora a un pasaje de Marx en una de sus cartas a Kugelmann: "Cualquier niño sabe que toda nación se derrumbaría si cesara el trabajo, no digo durante un año, sino aunque no fuese más que durante algunas semanas" (Marx, «Carta a Kugelmann». En MARX, K., ENGELS, F., *Cartas sobre El Capital*. Barcelona, Laia, 1974, p. 180. Tomo la cita de NOGUERA FERRER, J., *La transformación del concepto de trabajo... op.cit.*, p. 147.

un derecho, una medida institucional graciable y dependiente, por completo, de la voluntad laboriosa general que presuponen algunos partidarios de la renta básica. Si esta voluntad decayese considerablemente, por cualquiera que sea la causa –imagínese una coyuntura social subversiva, como la pandemia que ha marcado nuestro tiempo– el derecho a la renta básica debería necesariamente suspenderse o atemperarse hasta en tanto esa voluntad de trabajo resurgiese. Contra esto que decimos se responderá que, en realidad, todos los derechos prestacionales amparados por el Estado social tienen un carácter contingente y que su satisfacción depende de la situación económica que atraviesen las arcas públicas[905]. En efecto eso es así, pero todos estos otros derechos prestacionales reconocidos hasta ahora no han cuestionado la vigencia del deber fundamental de trabajar, que es indispensable para dotar de coherencia formal al entramado jurídico del bienestar. Las bases constitucionales de un Estado social exigen el reconocimiento de este deber para afirmar que este modelo de Estado es un proyecto colectivo caracterizado por vínculos institucionales de solidaridad, vínculos los cuales, como es obvio, tienen una doble dimensión: activa y pasiva. La primera de estas dimensiones solo puede trascender a través de deberes, como el de trabajar o el de contribuir a los gastos públicos. La segunda, por el contrario, lo hará a través de derechos, como el derecho a un sistema de Seguridad Social suficiente y sostenible. Esto que decimos se refiere aún al nivel de los principios constitucionales. Si atendemos ahora a las posibilidades operativas del Estado social, la existencia de un deber de trabajar habilita ciertas opciones de regulación que permitirían ajustar el equi-

---

905 PÉREZ LUÑO, A.E., "La positividad de los derechos sociales: su enfoque desde la filosofía del Derecho", *Derechos y Libertades*, núm. 14, 2006, pp. 151-178, p. 168.

librio presupuestario del sistema de protección social. Aunque solo sea a modo de hipótesis, en tanto que se trata de un deber modulable, los poderes públicos siempre podrían graduar la exigibilidad del deber de trabajar para reforzar una puntual necesidad en el sostenimiento del entramado prestacional del Estado social.

Por otro lado, solo obviando la necesaria conexión entre derechos y deberes resulta sostenible el argumento de la libertad material con el que tantas veces se respalda la legitimidad ética de la renta básica. Si focalizamos la lente sobre los derechos subjetivos, obviamente la renta básica proporciona un mayor grado de libertad al incrementar las posibilidades de autodeterminación del individuo, concretamente a la hora de decidir su vinculación al mundo del trabajo. Este planteamiento obvia que esa mayor libertad se consigue con una mayor carga impositiva sobre el conjunto de la ciudadanía. Contra más vigorosa y generalizada sea la cobertura proporcionada por la renta básica, menor será la proporción de los ingresos de los que la ciudadanía podrá disponer libremente. A esto se refiere Howard cuando afirma que "la neutralidad liberal no requiere –no puede requerir– neutralidad hacia cualquier concepción del *bien* que incluya la violación de la integridad corporal o la libertad de los demás"[906].

Para cerrar, apuntamos que esta deficiencia lógica de quienes proclaman un derecho a la existencia pasiva sin prever el deber de soportarla fue advertida, entre otros, por André Gorz, quien recordaba el equilibrio entre derechos y deberes sobre

---

906 HOWARD, M.W., "Liberal and Marxist Justifications for Basic Income", *Basic Income European Network, 9th International Congress Geneva,* 12 y 14 de septiembre de 2002. Accesible en https://www.ilo.org/public/english/protection/ses/download/docs/howard.pdf (último acceso el día 12 de mayo de 2023).

el que se asienta la idea de solidaridad institucional en nuestro Estado social. Volvamos al respecto a un extracto del pensador vienés, cuya reiteracón nos licenciamos por su especial interés en este punto:

> "el derecho a la renta debe estar vinculado al deber de trabajar, por poco que sea, para producirla. [....] No puede haber en esto derecho sin contrapartida. Mi deber es el fundamento de mi derecho y relevarme de todo deber es negarme la cualidad de persona de derecho. Derecho y deber son siempre el envés el uno del otro: mi derecho es el deber de los otros hacia mí: implica mi deber hacia esos otros. En tanto que yo soy uno de ellos (otro entre otros), tengo derechos sobre ellos; en tanto que soy uno de ellos, ellos tienen derechos sobre mí. Es por estos derechos —y, por consiguiente, por los deberes que ellos me crean— por lo que me reconocen como uno de los suyos. En tanto que yo pertenezco a la sociedad, tengo el derecho de exigirle mi parte de la riqueza socialmente producida; en tanto que yo pertenezco a la sociedad, ésta tiene el derecho de exigirme la parte de trabajo social correspondiente. Es por el deber que me crea como la sociedad me reconoce mi pertenencia a ella. Si no me pide nada, me rechaza. Derecho al trabajo, deber de trabajar y derecho de ciudadanía están inextricablemente vinculados"[907].

3. AFECTACIÓN DE LOS VALORES POLÍTICO-CONSTITUYENTES EXPRESADOS POR EL DEBER DE TRABAJAR

Lo verdaderamente interesante del planteamiento de Gorz es que no solo constató la impracticabilidad de un derecho no sustentado por los correlativos deberes, sino que, además, observó un potente instrumento de integración social en la ti-

---

[907] GORZ, A., *Metamorfosis del trabajo... op.cit.*, pp. 263 y 264.

tularidad recíproca de derechos y deberes. La desaparición de cualquiera de los elementos de ese binomio, como se plantea con la renta básica, debilitaría los vínculos de integración social al admitir la diferenciación de los sujetos que participan en el proceso de reproducción social[908]. La comunidad política ya no actuaría en este proceso como un todo unificado, sino solo a través de los ciudadanos que voluntariamente decidieran adherirse al mismo. Recordemos en este momento que ya habíamos definido más arriba el deber de trabajar como un elemento de integración social, como un mandato que, sin valorar aquí las incongruencias que se derivan de otras disposiciones normativas –como el derecho a la herencia–, recordaba la igual implicación de todos los sujetos de una comunidad política en el progreso social de la misma. Con la renta básica universal, sin embargo, según se ha denunciado, "el individuo tiene derecho a recibir de la sociedad y ya no existe el deber de trabajar como contraparte. Es una inversión de la perspectiva solidarista y uno puede tener dudas sobre la relevancia sociológica de tal proyecto"[909].

En efecto, más arriba habíamos conseguido presentar al deber de trabajar como un vínculo de solidaridad social o *fraternidad* en la medida que llamaba a aunar esfuerzos para un proyecto de convivencia compartido. La sociedad espera algo de

---

908 "Ni siquiera puede decirse que es la sociedad la que les concede esa renta en su deseo de protección y solidaridad. Es la sociedad, por el contrario, la que los marginaliza, los excluye, los condena a la inactividad; y es el Estado el que, mediante un acto administrativo, les asigna con qué subsistir mal que bien, sin por ello insertarles o reinsertarles (salvo de manera temporal y marginal, precisamente) en el tejido de los intercambios y de las relaciones sociales". *Ibíd.*, p. 172.

909 MARTIN, P., "Ideas, Controversies and Proposals about the Universal Basic Income in France", *Journal of Social Security Law,* núm. 1, 2017, pp. 31-46.

los sujetos que la integran, por lo que se pasa de una existencia privada a una existencia social o pública. Si el deber trabajar tiene, además, un fuerte poder igualador es porque, al menos formalmente, sin perjuicio, insistimos, de sus desviaciones fácticas y la inacción del legislador para enmendarlas, reclama una misma contribución sobre cada individuo. No cabe bajo la vigencia de este deber hablar de sujetos activos y pasivos del contrato social porque todos comparten ambas posiciones en el esquema distributivo de la sociedad[910]. En este equilibrio de posiciones se ha basado tradicionalmente la solidaridad del Estado social y ha sido indisponible para los proyectos de socialización política. Todas estas cualidades desaparecen en un entorno de rentas garantizadas en donde el trabajo pasase a ser una opción voluntaria. En palabras, de nuevo, de André Gorz:

> "A partir de esto puede discernirse en qué debe consistir la alternativa de la izquierda. Esta no acepta el crecimiento del paro como un supuesto inevitable y no se da como fin hacer tolerables ese paro y las formas de marginación que produce. Se funda en el rechazo a una división de la sociedad en trabajadores permanentes de pleno derecho y en excluidos. No es, por tanto, la garantía de una renta independiente de todo trabajo lo que se encontrará en el centro de un proyecto de izquierda, sino el vínculo indisoluble entre derecho a la renta y derecho al trabajo. Cada ciudadano debe tener el derecho a un nivel de vida normal; pero cada uno y cada una debe tener también la posibilidad (el derecho y el deber) de proporcionar a la sociedad el equivalente trabajo de lo que él o ella consume: el derecho, en resumen, de "ganarse la vida"; el derecho de no depender para su subsistencia de la buena voluntad de los decisores económicos"[911].

Llamamos la atención –aunque no sea demasiado relevante para nuestro propósito–, sobre la asociación que enta-

---

910 SHAFIK, M., *Lo que nos debemos... op.cit.*, p. 132.

911 GORZ, A., *Metamorfosis del trabajo... op.cit.*, p. 261.

bla Gorz entre el compromiso productivo del ciudadano y el ideario político de izquierdas. Lo hacemos para insistir en algo que exponíamos al comienzo de este estudio y a lo que nos hemos referido de pasada a lo largo del mismo: que la codificación del deber de trabajar no revela necesariamente una exaltación del afán individualista de lucro, sino más bien todo lo contrario: hace un llamado a la participación ciudadana en un proyecto político común, lo cual es propio del colectivismo. Así, entre otros, lo defendió Howard cuando nos presentó el deber de trabajar como una parte integral del modelo cívico del socialismo –entendido ahora no necesariamente en su acepción soviética[912]–:

> "La renta básica promueve la idea de que cada persona tiene derecho a optar por no participar en la participación social; la verdadera libertad incluye el derecho a no trabajar ni participar. La libertad socialista, por otra parte, es al menos en parte una libertad de los grupos –colectivos de trabajadores, comunidades o sociedades enteras– para determinar colectivamente su destino conjunto a través de procesos democráticos y sus consecuencias. Cualquier persona excluida de tales procesos, por elección propia o por falta de puestos disponibles para participar, se ve privada de una libertad importante, análoga a la privación del derecho de voto. Además, podría añadirse que la superación total de la alienación implica la autorrealización a través del trabajo"[913].

---

[912] Por supuesto, la incompatibilidad de la renta básica universal en el ordenamiento jurídico soviético, donde el deber de trabajar era impelido coactivamente, está fuera de toda duda. SORIANO DÍAZ, R.L., "El derecho a una renta básica universal. Cuestiones controvertidas y opiniones de los expertos", en A.A.V.V. (eds. Soriano Díaz, R.L., Sánchez Rubio, D. y Suárez Villegas, J.C.), *Las fronteras de los derechos humanos. Problemas, Discusión y Soluciones,* Madrid, Dykinson, 2020 pp. 215-255, p. 239.

[913] HOWARD, M., "Why Marxists and Socialists..." *op.cit.,* p. 58.

Esta llamada a la integración social en el proceso de desarrollo material y espiritual de una sociedad es el significado político constituyente más propio del deber de trabajar, y es este significado político el que resulta radicalmente incompatible con el conjunto de valores que subyace detrás de la renta básica universal. Pero antes que censurar esta opción político-normativa, lo que queremos expresar en este último epígrafe es que el deber de trabajar que es proclamado por nuestra comunidad política entre sus normas fundamentales expresa una opción constituyente sobre el modelo de convivencia por el que se quiere pautar. Cualquier debate sobre la pertinencia de la renta básica universal debe necesariamente plantear si los valores éticos y políticos propios de ese modelo, al menos los representados por el deber constitucional de trabajar, deben ser abandonados[914]. No solo se trata de valorar si la renta básica resulta o no técnicamente realizable, sino, además, si los principios éticos y políticos que esta representa mejoran los ya establecidos[915].

Sin embargo, al afrontar esta otra dimensión del debate nos vamos a encontrar con un obstáculo que dificulta la comparación: la carencia de contenido ético en la propuesta de la renta básica universal. Para explicar esta observación conviene volver a algo que exponíamos muy al principio: que el contenido propio de la ética son los deberes, no los derechos. En efecto, la ética, en cuanto disciplina práctica de la filosofía que se pregunta por la forma recta de actuar, solo puede expresar sus asertos a través de deberes[916]. Obviamente, todo el sistema jurídico aspira contar con una legitimación ética, también los

---

914 JACKSON, W.A., "Basic income and the right to work: a Keynesian approach", *Journal of Post Keynesian Economics,* 21.4, 1999, pp. 639-662.

915 TEIRA SERRANO, D., "¿Ética o economía? Philippe van Parijs y la renta básica", *Isegoría* núm. 29, 2003, pp. 159-171.

916 BOBBIO, N., *El tiempo de los derechos... op.cit.*, pp. 103 y 104.

derechos subjetivos, pero estos últimos solo resultan enjuiciables en términos éticos a través de los deberes correlativos que incorporan. De este modo, el derecho a la integridad física, poníamos antes por caso, solo adquiere una dimensión ética desde el momento en que impone sobre los demás el deber de no agresión. Es este el elemento jurídico que puede valorarse desde un punto de vista ético.

Pues bien, las propuestas sobre la renta básica, al exaltar el discurso de los derechos, prescindiendo en su descripción de cualquier deber correlativo, difícilmente puede enjuiciarse desde un punto de vista ético, salvo que este fuese negativo, como crítica a los ideales que expresaría el deber de trabajar. Y es que la exoneración absoluta de los deberes era uno de los objetivos pretendidos desde la renta básica, con la que se aspira a institucionalizar un mayor grado de libertad en el ser humano. De este modo, la renta básica, al asumir una neutralidad absoluta en cuanto a los diferentes modos de vida buena, renuncia a orientar al agente hacia cualquier idea preconcebida del bien. En otras palabras, el libérrimo grado de autonomía al que aspira este programa anula en en él cualquier contenido deóntico y, por ende, cualquier posibilidad de enjuiciamiento desde una perspectiva ética positiva, sino solo negativa: no se puede ponderar a partir los nuevos valores éticos que incorpora, sino por la derogación de los valores preestablecidos que provocaría.

Contra esto que decimos se puede responder que el programa de la renta básica universal sí tiene un contenido deóntico en tanto que presupone el deber de la colectividad de promover el mayor grado de libertad material posible. Esta recusación obvia, sin embargo, insistimos, que las instituciones públicas son meras intermediarias en la convivencia cívica y que cualquier capacidad de acción de estas vendrán respaldadas por los esfuerzos colectivos de cada uno de los ciudadanos. Afirmar, por tanto, que las instituciones tienen el deber de soportar el programa de la renta básica es afirmar que existe el deber ciudadano de hacerlo, lo que se traduce, inexorablemente, en la existencia del deber de trabajar, *id est*, de producir lo suficiente para el desarrollo material y espiritual de la comunidad política.

Este deber de trabajar, y esta será nuestra valoración de cierre, aparece por tanto como una parte integral del núcleo ético del Estado social y de Derecho, pues en este reside el respaldo deóntico de muchos de los derechos que caracterizan este modelo de convivencia. El derecho a la vivienda, a la educación, a la sanidad, etc., no expresan un deber directo al que podamos atribuir un contenido ético. Este contenido solo aparece, de forma mediata pero indiscutible, con el compromiso colectivo de esforzarse por la garantía de los bienes jurídicos que se han ponderado valiosos para la convivencia cívica. La expresión jurídico constitucional de ese compromiso es el deber de trabajar, en estrecho concurso con el deber de contribuir a los gastos del Estado. Estos dos deberes se requieren mutuamente y actúan como correlato necesario de todos aquellos derechos de naturaleza prestacional que reconoce nuestro ordenamiento jurídico[917].

4. LAS RENTAS MÍNIMAS CONDICIONADAS Y EL DEBER DE TRABAJAR

Antes concluir, nos vemos en la necesidad de hacer una aclaración: con lo expuesto en los apartados precedentes hemos tratado de demostrar que la instauración de un sistema de protección social universal e incondicional, como es la renta básica

---

917 WHITE, S., *The Civic Minimum: On the Rights and Obligations of Economic Citizenship*, Oxford, Oxford University Press, 2003, p. 140; MARSHALL, T.H., *Ciudadanía y clase social... op.cit.*, p. 340.

universal, sería incompatible con el contenido básico del deber constitucional de trabajar. Al sostener esta conclusión no prejuzgamos la legitimidad sustantiva de un sistema prestacional de esa naturaleza. Con dicho dictamen solo estamos afirmamos que la introducción de una medida de este género sería incompatible con una opción constituyente que haya acogido el deber constitucional de trabajar entre sus normas fundamentales. Por otro lado, también pensamos que, sin un deber jurídico de trabajar que la respalde, la renta básica no puede caracterizarse como un derecho subjetivo permanente en el tiempo.

Ninguna de estas valoraciones es aplicable, sin embargo, a aquellos mecanismos de rentas subsidiarios que condicionan su disfrute a la predisposición del beneficiario para el desempeño de una actividad productiva. Aunque tales mecanismos suponen una ampliación de los márgenes del tradicional sistema de protección social-profesional contributivo –en tanto que no exigen una participación productiva presente o pasada, sino solo una vocación laboral a futuro– no afectan a la esencia de este: la responsabilización del sujeto sobre su existencia material a través del trabajo. La continuidad de esta esencia se pone de manifiesto a través de dos características de estas prestaciones condicionadas: su importe marginal y su carácter subsidiario. En efecto, aunque también en esta categoría prestacional conviven multitud de propuestas heterogéneas, la mayoría de ellas contemplan prestaciones reducidas[918], asociadas a los límites de la marginalidad y condicionan su percibo a

[918] No es que la frugalidad de estas prestaciones sea un requisito para su compatibilidad con el deber de trabajar, sin embargo, sí nos parecería contradictorio con dicho deber que el montante económico de estas prestaciones superase al que se dispensa con aquellas otras prestaciones que han tenido en cuenta la contribución productiva del individuo. Dicho de otro modo, el límite que impondría el deber constitucional de trabajar sobre este género de prestaciones

una insuficiencia de rentas y a la voluntad de trabajar exhibida por su beneficiario. Solo cuando el individuo no disponga de medios económicos para subsistir, y solo cuando, queriendo hacerlo, no encuentre la oportunidad de trabajar, podría acceder a algunos de estos mecanismos prestacionales que en los últimos tiempos han acogido muchos países desarrollados.

Como decíamos, un mecanismo prestacional de este tipo ni compromete la hegemonía del sistema-profesional contributivo –en realidad este ya albergaba prestaciones de esta naturaleza– ni, por ende, transgrede el contenido elemental del deber de trabajar[919], al menos siempre que su correspondiente desarrollo normativo no termine, por acción u omisión, anulando las aludidas notas de subsidiariedad y condicionalidad[920]. También serían compatibles con el deber de trabajar aquellas medidas que propugnan una renta de participación

---

es el nivel de protección propio de las prestaciones que se calcula tomando en consideración la vocación productiva del sujeto.

919 Al menos así se sostiene por Philippe Martin en "Ideas, controversies…" *op.cit.,* Según allí se lee, con relación a la renta mínima de integración francesa dede 1988 (reformulada en el año 2008): "La ley reconoce una especie de derecho social subjetivo a una renta mínima garantizada que se concede a toda persona en situación de pobreza o exclusión social. Los extranjeros en situación regular —i.e. quienes hayan obtenido un permiso de residencia por cinco años— pueden beneficiarse de él. Sin embargo, este nuevo derecho sigue siendo coherente con el principio del deber de trabajar y el derecho al empleo, ya que la Ley de 1988 establece que "la integración social y profesional de las personas en dificultad constituye un imperativo nacional".

920 Eso es lo que ha ocurrido, a nuestro modo de ver, con la regulación del Ingreso Mínimo Vital en España, como expusimos en el apartado V 3.5 de este estudio, al que nos remitimos.

vinculada a la realización de una actividad socialmente útil[921] y, en definitiva, cualesquiera otras que no ofrezcan cobertura prestacional a la ociosidad libremente asumida. Ese es el único límite que, a nuestro modo de ver, el deber constitucional de trabajar impone sobre las posibilidades regulatorias con las que cuenta el legislador ordinario a la hora de definir el sistema de protección social.

---

921 Estos ejemplos aparecen en ATKINSON, A.B., "The Case for a Participation Income", *The Political Quarterly*, vol. 67, nº 1, enero-marzo de 1996. Tomo la cita de NOGUERA FERRER, J.A., "¿Renta Básica o «Trabajo Básico»? Algunos argumentos desde la teoría social", *Sistema* núm. 166, 2002, pp. 61-85, p. 28.

Epítome

Para cerrar este estudio incorporamos una relación de las que, a nuestro modo de ver, son las principales conclusiones alcanzadas a lo largo del mismo. Con este fin y según han ido apareciendo en nuestra exposición:

–Comenzábamos indagando la fundamentación ética y política del deber constitucional de trabajar. Con esta inquisición, antes que una especulación filosófico-moral, queríamos lograr un punto de partida desde el cual elaborar una interpretación teleológica de dicha cláusula constitucional. Sospechábamos que, conociendo los motivos que justificaban la convicción sobre su legitimidad ética, desvelaríamos la voluntad constituyente que ha promovido su extendido reconocimiento en muchos textos constitucionales del planeta. Concluíamos en este primer apartado que la eticidad del deber de trabajar se identifica, principalmente, con la idea de cooperación que es inherente al trabajo humano y que resulta crucial para el perfeccionamiento del hombre en la sociedad. De este modo, con la codificación de un deber de este tipo, los diferentes constituyentes nacionales estarían llamando a la participación en un proceso cooperativo caracterizado por una alta división del trabajo. Esto nos valdrá para sostener, seguidamente, que el contenido más elemental del deber constitucional de trabajar es la ejecución de una tarea socialmente útil que repercuta en el bien común. Entre los fundamentos morales y políticos del deber de trabajar también destaca el principio de autosuficiencia del ser humano, que debería llevarle a esforzarse por lograr su propio sustento y no colocarse, al menos voluntariamente, en una posición pasiva o acreedora dentro del proceso de distribución social. Sobre la legitimidad de estos principios ha existido, en esencia, un generalizado consenso entre las doctrinas políticas liberales y las intervencionistas.

–En cuanto al origen histórico del deber de trabajar, podría identificarse un antecedente remoto en la Constitución francesa de 1848, concretamente en el art. VII de su preámbulo y, precisamente, el deber de autosuficiencia a partir del trabajo que allí se proclamaba. Posteriormente, desde de la segunda década del siglo XX, comenzará a aparecer de forma más explícita en muchas constituciones. En este tiempo, el deber de trabajar adquirió una trascendental significancia política, especialmente por su diferente conceptualización en la estructura de los dos sistemas ideológicos que pugnaban por su hegemonía geopolítica: a) De un lado, para los sistemas socialistas o de economía centralizada, el deber de trabajar se definió en sus constituciones como un deber perfecto, que anulaba las posibilidades de existencia basadas en la explotación de bienes de capital. Su cumplimiento era un requisito de ciudadanía pues suponía la contribución individual al proyecto político-económico definido centralizadamente. b) Las constituciones occidentales coetáneas proclamaron expresamente un deber de trabajar mucho más abierto, que no se limitaba ya a la realización de una actividad productiva en régimen de ajenidad, sino que admitía las actividades económicas liberales y la explotación de bienes de capital. También estas constituciones devaluaron considerablemente la exigibilidad de la que aparecía revestido el deber de trabajar en el constitucionalismo soviético. La literalidad de estas otras constituciones y los debates parlamentarios que las alumbraron revelan que la redefinición de este deber de trabajar buscaba un alejamiento explícito del proyecto político socialista. Esta formulación extensa y devaluada del deber de trabajar es la que ha prevalecido hoy en la mayoría de las constituciones que lo acogen.

–Otra evidencia que nos ha revelado el análisis histórico del deber constitucional de trabajar es la vinculación que se entabló entre este y el acceso a los derechos de protección social. El razonamiento que se siguió fue el siguiente: en las normas fundamentales que proclamaron este deber a principios del siglo XX, el trabajo humano se presentó como un bien requerido por la colectividad para la consecución de sus objetivos políticos. El trabajo, como actividad valiosa para la comunidad política, merece la mejor tutela a través de la articulación de derechos de protección a los trabajadores. El trabajo se presenta en estas constituciones, de manera explícita, como la llave de acceso a un haz de derechos sociales que vendrían a proteger la capacidad productiva del trabajador y a recompensar su contribución al bien común. Esta lógica es la esencia del llamado *workfare* que, aunque está expuesto a severas recusaciones, todavía pervive en nuestros modelos institucionales de bienestar. Lo que demuestran aquellos textos constitucionales es que, originalmente, la vinculación de la protección social al desempeño productivo fue una solución pretendida políticamente y explicitada en la propia normativa fundamental. El *workfare* no es, por tanto, como tantas veces se presenta hoy, un paradigma sociológico surgido espontáneamente por la aplicación reiterada de ciertos enfoques –según se alega, de corte neoliberal– en las políticas públicas asistenciales. Por el contrario, es la herencia de un principio distributivo acogido solemnemente en las constituciones con el que se buscaba un reparto equitativo de las cargas y los beneficios propios del Estado social. Aunque ese enfoque ha sido cada vez menos explícito en las sucesivas constituciones vigesimónicas, todavía aparece de algún modo presente en muchas de estas, singularmente a través del deber fundamental de trabajar, el cual vendría a recordar, junto con otras disposiciones constitucionales, la justa proporción entre derechos y deberes que debe primar en todo orden social.

–Con carácter previo a estudiar las implicaciones del deber de trabajar en las constituciones contemporáneas, hemos debido adentrarnos en una discusión más general, como es la que atañe al significado de los deberes constitucionales, en su conjunto, como categoría jurídica autónoma. Aunque existen serios intentos que tratan de revertir esta situación, hemos visto cómo los deberes constitucionales son una categoría jurídica parcialmente desatendida por la doctrina. Son varios los motivos que explican este relativo ostracismo, entre otros pueden identificarse la preeminencia de los derechos subjetivos en el discurso jurídico de la modernidad o, en lo que a nosotros más nos incumbe, el escepticismo sobre la juridicidad de tales deberes que, en los casos más extremos, lleva a calificarlos como simples admoniciones morales codificadas. Quienes así piensan adoptan una lectura kelseniana del Derecho según la cual la naturaleza jurídica de una norma viene determinada por la fuerza coactiva que respalda su cumplimiento. Comoquiera que los deberes constitucionales, y singularmente los fundamentales, no aparecen en el texto constitucional asociados a sanciones específicas que castiguen su inobservancia, no son, desde esta posición doctrinal, normas jurídicas plenas.

–Estos juicios escépticos sobre la juridicidad de los deberes fundamentales son singularmente intensos en el caso del deber de trabajar, acaso porque dentro del conjunto de aquellos este es el que ha encontrado un más escueto o nulo desarrollo legislativo en la mayoría de los ordenamientos jurídicos y es, por tanto, el que con mayor frecuencia carece de coacciones jurídicas que sancionen su incumplimiento. Esta falta de concreción legislativa no debería llevarnos a devaluar su contenido jurídico ni a colocarlo en una posición inferior a la del resto de deberes constitucionales. El deber de trabajar, en tanto que expresión de la voluntad soberana constituyente, no puede presentarse como una cláusula vacía de contenido. Quienes arriban a esta conclusión asumen una función que va más allá de la interpretación de la norma para erguirse en reformadores de la misma. Una constitución que reconozca el deber de trabajar de todos los ciudadanos impone una premisa axiomática que nos obliga a encontrar un significado a tal declaración so riesgo, en caso contrario, de confundir el Derecho con la retórica política. Por otro lado, la validez o la juridicidad de este deber no puede verse enervada por el hecho de que la constitución no prevea sanciones que castiguen su incumplimiento. Al igual que los derechos constitucionales requieren de una labor de desarrollo legal para resultar efectivos, los deberes fundamentales solo adquieren operatividad plena cuando el legislador ordinario instrumenta los mecanismos concretos para hacerlos exigibles. El ejemplo al que hemos apelado con más frecuencia es al deber de contribuir al sostenimiento económico del Estado, un deber cuya exigibilidad nadie cuestiona, a pesar de que la constitución no cuantifica esa contribución ni recoge las sanciones aplicables a quienes la eludan ilegítimamente. Será en la normativa infraconstitucional donde encontraremos una vastísima regulación dirigida a concretar esos extremos y fiscalizar el cumplimiento de este deber. Desde esa lógica, que el deber de trabajar no encuentre un desarrollo legislativo explícito no puede llevarnos a negar su valor jurídico, sino más bien a cuestionar la actuación del legislador ordinario. Con independencia del significado que se le atribuya al deber fundamental de trabajar, si se concluyese que este no ha encontrado ningún desarrollo, que ha carecido de cualquier concreción infraconstitucional, cabría presumir una negligente labor legislativa que ignora por completo, al menos en este punto, la voluntad constituyente. Por otro lado y a mayor abundamiento, si aceptásemos, como parecen hacer algunas posiciones doctrinales, que la juridicidad de un deber constitucional depende de su concreción legislativa, estaríamos arrogando al legislador ordinario una impropia potestad constituyente: la de determinar qué preceptos de la norma fundamental son normas plenamente jurídicas y cuáles, por el contrario, son meras admoniciones morales.

–Pero es más: aunque careciese del oportuno desarrollo legislativo, no puede concluirse que el deber de trabajar carezca de efectos jurídicos. Si bien la inacción legislativa a la hora de desarrollar este deber no puede ser sancionada en nuestro ordenamiento –que desconoce el recurso de inconstitucionalidad por omisión–, aquel deber impone límites a la potestad normativa del legislador. Concretamente, qué duda cabe, este no podría dictar normas que transgrediesen el contenido elemental de este deber constitucional, lo cual, ahora sí, puede ser fiscalizado a través de un eventual recurso o cuestión de inconstitucionalidad. Desde el punto de vista de los principios generales, la existencia de este deber de trabajar, colocado en la cúspide de nuestro sistema normativo, permite además legitimar distintas soluciones normativas o jurisprudenciales que priorizan o recompensan la vida laboriosa.

–Afirmamos, por tanto, que el deber de trabajar, por su mera formulación constitucional, sin necesidad de desarrollo legal o reglamentario, es una institución hábil para surtir efectos jurídicos. La concreción de estos efectos, sin embargo, exige resolver en qué consiste el contenido esencial de este deber, concretar la conducta que reclama. El texto constitucional no ofrece demasiadas pistas al respecto y en este punto nos ha resultado útil el apartado propedéutico en el que indagábamos sobre la fundamentación moral y política de este deber constitucional. Allí concluíamos que el deber de trabajar imponía la realización de una actividad socialmente útil, y añadimos ahora que tal actividad debe ser una actividad legal y susceptible de generar rendimientos económicos. En síntesis, esta conclusión se sostiene sobre cuatro argumentos: 1) En tanto que supone una restricción de la libertad individual, la proclamación de un deber, en este caso el de trabajar, solo se sostiene en una democracia liberal si a través del mismo se alcanza un beneficio superior para el conjunto de la colectividad. 2) Comoquiera que la determinación de lo que es socialmente beneficioso en una sociedad plural no es una cuestión pacífica, tal determinación se delega en el funcionamiento del mercado, con las correcciones que sobre este pueda introducir la voluntad democrática a través de la legislación ordinaria. 3) Si concluíamos además que el deber de trabajar incorpora una idea de autonomía material, su ejercicio debe reportar los medios económicos necesarios para lograr tal suficiencia, es decir, la conducta exigida por este deber tiene que ser redituable. 4) Un último argumento, a mayor abundamiento, lo encontramos en la vinculación existente entre el deber de trabajar y el derecho al trabajo. Es evidente que ambas instituciones se refieren a una misma conducta y más evidente es aún que la segunda de ellas se refiere a la acción pública dirigida a garantizar el ejercicio de una actividad profesional: *id est*, una actividad económica lícita y lucrativa.

–Hemos detectado, no obstante, algunas excepciones en las que se da el cumplimiento del deber de trabajar sin ejecutar una actividad lucrativa: es el caso de los estudiantes y los responsables del hogar familiar. En estos colectivos se da un cumplimiento *sui generis* del deber de trabajar en la medida que, con sus respectivas funciones, de forma indirecta, participan en la tarea esencial que impone este deber. Un tanto de lo mismo ocurrirá con aquellos sujetos que se hallan en situación de desempleo a pesar de exhibir una voluntad mantenida de trabajar.

–El deber constitucional de trabajar expresa una preferencia valorativa de la comunidad política por la vida laboriosa. Concretamente, el deber de trabajar encomiaría la participación del individuo en el desarrollo económico, el cual aparece definido constitucionalmente como un objetivo político del Estado. En la medida en que el trabajo aparece caracterizado en la norma suprema como un fenómeno relevante para la colectividad, es lógico que aparezcan disposiciones tendentes a tutelarlo. Esta es la razón político-jurídica que explica la existencia de la legislación social. Concretamente, hemos concluido que esta parcela del ordenamiento constituye un requisito de legitimidad sustantiva del deber constitucional de trabajar: los poderes públicos que imponen el deber de contribuir productivamente a la prosperidad nacional no pueden desatender la tutela de quienes dan un cabal cumplimiento a ese mandato. El Derecho social trata entonces de proteger al ciudadano trabajador para que su suerte vital no sea de peor consideración que la del ciudadano ocioso. Además, reserva a aquel un nutrido *corpus* de derechos subjetivos –*ciudadanía laboral*– que vendría a recompensar su implicación en el proceso productivo o, si se prefiere, su contribución al bien común.

–Dentro de esta lógica, el Derecho del Trabajo, como parte de la legislación social, asume la protección de los trabajadores para que la condiciones de ejecución del deber de trabajar no queden enteramente al albur de sujetos privados. Esta disciplina jurídica trataría, por así decirlo, de neutralizar los riesgos que el funcionamiento capitalista de la economía hace recaer sobre la población trabajadora. En una contraposición equilibrada, aunque esto fue mucho más evidente en épocas pasadas, el Derecho del Trabajo asume también entre sus fines consustanciales la estimulación de la productividad nacional.

–En lo que concierne a la seguridad social, son varios los autores, por todos Alonso Olea y Martín Valverde, que han sostenido que el principio profesional-contributivo que vertebra nuestro sistema es una derivada directa del deber constitucional de trabajar. Es cierto que otros ordenamientos que desconocen un deber positivo-jurídico de trabajar también han articulado sus sistemas de protección social a través del criterio profesional-contributivo, pero no es menos cierto, empero, que en estos otros escenarios tal opción legislativa cuenta con una legitimidad más endeble. Hemos constatado un debate intelectual vivo que cuestiona la corrección ética y jurídica del *workfare* en aquellos países, como los anglosajones, en los que el deber de trabajar carece de reconocimiento constitucional.

–Precisamente, una de las virtudes que atribuíamos a la codificación constitucional del deber de trabajar es la dotación de legitimidad jurídico-democrática a una moral del trabajo que subyace detrás de muchas soluciones legislativas o judiciales. En ocasiones, estas soluciones no apelan al deber constitucional de trabajar, acaso porque todavía está bastante interiorizada una cultura del trabajo en la que la dedicación laboriosa del individuo se acepta como una virtud cívica. Esta cultura, sin embargo, se aleja hoy de ser hegemónica y está expuesta a críticas muy cualificadas. La discusión deja de ser cultural cuando se vincula con el papel atribuido al trabajo en cada identidad personal y, a la postre, con el derecho a la autodeterminación que exige idéntico respeto por todas las opciones vitales admisibles por el ordenamiento jurídico. En este escenario, propio de la modernidad, el deber de trabajar permite legitimar la prereferencia institucional por la vida laboriosa, pero no apelando ya a una moral sustantiva, sino al más objetivo respaldo democrático que le otorgó a este deber el proceso constituyente.

–Finalmente, hemos concluido que la proclamación del deber de trabajar en la constitución cierra la puerta a algunas soluciones legislativas hipotéticas, como la renta básica universal, que propugnan la introducción de mecanismos prestacionales que sufraguen la ociosidad libremente asumida. Desde un punto de vista lógico, afirmamos que la existencia de un deber jurídico impide el reconocimiento del derecho a no cumplir ese deber. Si leemos a los principales apologetas de la renta básica universal, constataremos que el principal objetivo que se persigue con esta es hacer del trabajo en una opción vital voluntaria, lo cual se conseguiría institucionalizando garantías económicas a la existencia pasiva. De esta manera, la renta básica universal suprimiría el principal estimulo que encuentra el ciudadano para acatar el deber de trabajar: la necesidad material que, hasta ahora y por defecto, es desatendida por un Estado social cuyos mecanismos de protección son siempre subsidiarios, condicionados a la imposibilidad de trabajar. Por otro lado, la renta básica enfatiza el discurso de los derechos obviando, aparentemente, que el reconocimiento y disfrute de estos exige, inexorablemente, el cumplimiento de deberes correlativos. Aunque se alegue que el sujeto obligado o deudor en la relación prestacional que propone la renta básica es el Estado, este es solo un intermediario en la operación distributiva aplicada en una comunidad política. En definitiva, son los sujetos privados, los integrantes de esa comunidad, los que contribuyen y se benefician en ese proceso institucional de distribución. En el caso de la renta básica, en tanto que se propone la asignación de una cuota de la riqueza obtenida por la comunidad política, es obvio que presupone la existencia de tal riqueza. Si se quiere que tal presupuesto pueda preverse con visos de certeza, tiene que existir el deber de generarla, y esta es la conducta más típica que exige el deber de trabajar.

Anexo sobre la inclusión del deber de trabajar en las constituciones del mundo

A modo de apéndice, incorporamos la redacción que encuentra el deber de trabajar en las distintas Constituciones que lo proclaman en la actualidad[922]. Entre otros criterios de ordenación posible, y en tanto que este anexo se asocia principalmente al contenido del apartado II.3.5, hemos optado por mantener el orden cronológico que allí seguíamos.

-Japón 1946. Capítulo III. Derechos y Deberes de las personas. Artículo 27.

Todas las personas tendrán el derecho y la obligación de trabajar.

-Italia 1947 (rev. 2020). Principios Fundamentales.

Art. 1. Italia es una República democrática fundada en el trabajo.

---

922 Esta recopilación, con una traducción propia, la tomamos de la plataforma *Constitute Project.* Se trata de sitio web creado en el año 2013 a través de una financiación concedida por Google Ideas a la Universidad de Texas. Fue puesto en marcha por los profesores Zach Elkins, Tom Ginsburg (Universidad de Chicago) y James Melton (University College London). Actualmente, *Constitute* incluye todas las Constituciones que estaban en vigor en septiembre de 2013 para todos los Estados independientes del mundo. La selección comparada de los distintos deberes es accesible desde https://www.constituteproject.org/constitutions?lang=en&key=work&status=in_force (último acceso el día 21 de septiembte de 2023).

La soberanía pertenece al pueblo y es ejercida por el pueblo en las formas y dentro de los límites de la Constitución.

Art. 4. La República reconoce el derecho de todos los ciudadanos al trabajo y promueve las condiciones que hagan efectivo este derecho.

Todo ciudadano tiene el deber, según sus posibilidades personales y su elección individual, de realizar una actividad o una función que contribuya al progreso material o espiritual de la sociedad.

-Corea (República) 1948 (rev. 1987). Capítulo dos. Derechos y Deberes de los ciudadanos. Artículo 32.

2.Todos los ciudadanos tendrán el deber de trabajar. El Estado determinará por ley el alcance y las condiciones del deber de trabajar de conformidad con los principios democráticos.

-Costa Rica 1949 (rev. 2020). Título V. Derechos y Garantías Sociales. Capítulo único. Artículo 56.

El trabajo es un derecho del individuo y una obligación con la sociedad. El Estado debe procurar que toda persona tenga una ocupación honesta y útil, debidamente remunerada, y por ello impedir el establecimiento de condiciones que de alguna forma menoscaben la libertad o la dignidad del hombre o degraden su trabajo a la condición de simple mercancía. El Estado garantiza el derecho a la libre elección de [un] puesto de trabajo.

-Francia 1958 (rev. 2008). Preámbulo de la Constitución del 27 de octubre de 1946.

Cada persona tiene el deber de trabajar y el derecho al empleo. Ninguna persona podrá sufrir prejuicios en su trabajo o empleo en virtud de sus orígenes, opiniones o creencias.

-Kuwait 1962 (reinst. 1992) Parte III. Derechos y obligaciones públicas. Artículo 41.

El trabajo es deber de todo ciudadano. La dignidad lo exige y el bienestar público lo ordena. El Estado pondrá trabajo a disposición de los ciudadanos y velará por la equidad de sus condiciones.

-Uruguay 1966 (reinst. 1985, rev. 2004). Sección II. Derechos, deberes y garantías. Capítulo II. Artículo 53.

> *El trabajo está bajo la protección jurídica de la ley.*
>
> *Es deber de todo habitante de la República, sin perjuicio de su libertad, aplicar sus energías intelectuales o físicas de manera que redunden en beneficio de la comunidad, que se esforzará en brindarle, con preferencia a los ciudadanos, la posibilidad de ganarse la vida mediante el desarrollo de alguna actividad económica.*

-Bangladesh 1972 (reinst. 1986, rev. 2014) Parte II. Principios Fundamentales de la Política de Estado. Artículo *20. El trabajo como derecho y deber.*

> *1. El trabajo es un derecho, un deber y una cuestión de honor para todo ciudadano que sea capaz de trabajar, y cada uno será remunerado por su trabajo sobre la base del principio "de cada uno según sus capacidades a cada uno según su trabajo".*
>
> *2. El Estado se esforzará por crear condiciones en las que, como principio general, las personas no puedan disfrutar de ingresos no derivados del trabajo y en las que el trabajo humano en todas sus formas, intelectual y física, se convierta en una expresión más plena del esfuerzo creativo y del valor humano de la personalidad.*

-Corea (República Popular Democrática) 1972 (rev. 2016). Capítulo V. Derechos y Deberes fundamentales de los ciudadanos. Artículo 83.

> *El trabajo es el noble deber y el honor de un ciudadano. Los ciudadanos deben participar voluntaria y conscientemente en el trabajo y observar estrictamente la disciplina laboral y los horarios de trabajo.*

-Camerún 1972 (rev. 2008). Preámbulo.

Afirmamos nuestro apego a las libertades fundamentales consagradas en la Declaración Universal de Derechos Humanos, la Carta de las Naciones Unidas y la Carta Africana de Derechos Humanos y de los Pueblos, y todas las convenciones internacionales debidamente ratificadas relacionadas con las mismas, en particular, con los siguientes principios:

Artículo 22. Toda persona tendrá el derecho y la obligación de trabajar;

-Panamá 1972 (rev. 2004). Título III. Derechos y Deberes individuales y sociales. Capítulo 3. Trabajo. Artículo 64.

El trabajo es un derecho y un deber del individuo y, en consecuencia, el Estado está obligado a diseñar políticas económicas para promover el pleno empleo y garantizar a cada trabajador las condiciones necesarias para una existencia digna.

-Papúa New Guinea 1975 (rev. 2016). Preámbulo. Obligaciones sociales básicas.

Por la presente declaramos que todas las personas en nuestro país tienen las siguientes obligaciones básicas para con ellos mismos y sus descendientes, entre sí y con la Nación:

e. trabajar de acuerdo con sus talentos en empleos socialmente útiles y, si es necesario, crearse oportunidades legítimas para dicho empleo.

-Sao Tomé and Príncipe 1975 (rev. 2003) Parte II. Derechos fundamentales y orden social. Título III. Derechos sociales y orden económico, social y cultural. Artículo 42. Derecho al trabajo.

2. La obligación de trabajar es inseparable del derecho al trabajo.

-Tanzania (República Unida de) 1977 (rev. 2005). Capítulo 1. Parte II. Objetivos fundamentales y principios directrices de la política del Estado. Artículo 9. La búsqueda de la autosuficiencia.

El objetivo de esta Constitución es facilitar la construcción de la República Unida como una nación de individuos iguales y libres que disfruten de libertad, justicia, fraternidad y concordia, mediante la aplicación de la política de Socialismo y Autosuficiencia que enfatiza la aplicación de los principios socialistas teniendo en cuenta las condiciones que prevalecen en la República Unida. Por lo tanto, la autoridad estatal y todas sus agencias están obligadas a orientar sus políticas y programas hacia asegurar

e) que toda persona que está en condiciones de trabajar trabaja, y por trabajo se entiende cualquier actividad legítima mediante la cual una persona se gana la vida.

Capítulo 1. La República unida, los partidos políticos, el pueblo y la política de socialismo y autosuficiencia

Parte III. Derechos y Deberes básicos

Sección 5. Deberes hacia la sociedad

Art. 25. Deber de participar en el trabajo.

El trabajo por sí solo crea la riqueza material de la sociedad y es la fuente del bienestar de las personas y la medida de la dignidad humana. En consecuencia, toda persona tiene el deber de:

A) participar voluntaria y honestamente en un trabajo lícito y productivo; y

B) observar la disciplina de trabajo y esforzarse por alcanzar los objetivos de producción individuales y grupales deseados o fijados por la ley.

-España 1978. Parte I. Derechos y deberes fundamentales. Capítulo 2. Derechos y libertades. Derechos y deberes de los ciudadanos. Artículo 35

1. Todos los españoles tienen el deber de trabajar y el derecho al trabajo, a la libre elección de profesión u oficio, a la promoción a través del trabajo y a una remuneración suficiente para satisfacer sus necesidades y las de su familia, sin que en ningún caso pueda hacerse discriminación por razón de sexo.

-Sri Lanka 1978 (rev. 2015). Capítulo VI. Principios Directivos de la Política del Estado y Deberes Fundamentales. Artículo 28. Deberes fundamentales.

El ejercicio y disfrute de los derechos y libertades son inseparables del cumplimiento de deberes y obligaciones y, en consecuencia, es deber de toda persona en Sri Lanka:

C. trabajar concienzudamente en la ocupación elegida;

-Vanuatu 1980 (rev. 2013). Capítulo 2. Derechos y Deberes fundamentales. Parte II. Deberes fundamentales. Artículo 7. Deberes Fundamentales.

Toda persona tiene los siguientes deberes fundamentales para consigo misma y sus descendientes y para con los demás:

e) trabajar de acuerdo con sus talentos en empleos socialmente útiles y, si es necesario, crearse oportunidades legítimas para dicho empleo;

-Cabo Verde 1980 (rev. 1992). Parte II. Derechos y Deberes de los ciudadanos. Título V. Deberes. Artículo 82. Deberes para con la comunidad.

Todos los individuos tendrán el deber:

b) Trabajar, según sus posibilidades y capacidades.

-Guyana 1980 (rev. 2016). Parte 1. Principios generales. Capítulo II. Principios y Bases del Sistema político, económico y social. 22. El derecho y el deber de trabajar.

> *2. Todo ciudadano que esté en condiciones de trabajar tiene el deber de trabajar.*

-China (República Popular de) 1982 (rev. 2018). Capítulo dos. los Derechos y Deberes fundamentales de los ciudadanos. Artículo 42.

> *Los ciudadanos de la República Popular China tienen tanto el derecho como el deber de trabajar. Utilizando diversos canales, el Estado crea condiciones para el empleo, fortalece la protección laboral, mejora las condiciones laborales y, sobre la base de la ampliación de la producción, aumenta la remuneración del trabajo y los beneficios sociales. El trabajo es el glorioso deber de todo ciudadano sano. Todos los trabajadores de las empresas estatales y de los colectivos económicos urbanos y rurales deben desempeñar sus tareas con una actitud acorde con su condición de dueños de la patria. El Estado promueve la emulación laboral socialista y elogia y recompensa a los trabajadores modelo y avanzados. El Estado alienta a los ciudadanos a participar en el trabajo voluntario. El Estado proporciona a los ciudadanos la formación profesional necesaria antes de conseguir un empleo.*

-Turquía 1982 (rev. 2017). La Segunda parte. Derechos y Deberes fundamentales. Capítulo tercero. Derechos y Deberes sociales y económicos. V. Disposiciones relativas al trabajo. A. Derecho y Deber de trabajar. Artículo 49.

> *Toda persona tiene el derecho y el deber de trabajar.*

-Guatemala 1985 (rev. 1993). Título II. Derechos Humanos. Capítulo II. Derechos Sociales. Sección Octava. Artículo 101. El derecho al trabajo.

Trabajar es un derecho y una obligación social de la persona. El régimen laboral del país debe organizarse de acuerdo con los principios de justicia social.

-Haití 1987 (rev. 2012). Título III. Derechos y Deberes básicos del ciudadano. Capítulo II. Derechos básicos. Sección g. Libertad de trabajo. Artículo 35.

Se garantiza la libertad de trabajo; todo ciudadano tiene la obligación de realizar el trabajo que elija para satisfacer sus necesidades y las de su familia, y cooperar con el Estado en el establecimiento de un sistema de Seguridad Social.

-Nicaragua 1987 (rev. 2014). Título IV. Derechos, Deberes y Garantías del Pueblo Nicaragüense. Capítulo V. Derechos laborales. Artículo 80.

El trabajo es un derecho y una responsabilidad social.

El trabajo de los nicaragüenses es el medio fundamental para satisfacer las necesidades de la sociedad y de las personas, y es fuente de la riqueza y prosperidad de la nación. El Estado procurará el empleo pleno y productivo de todos los nicaragüenses en condiciones que garanticen los derechos fundamentales de la persona.

-Surinam 1987 (rev. 1992). Capítulo VI. Luchas y Obligaciones sociales, culturales y económicas. Sección Primera. El derecho al trabajo. Artículo 26.

El deber de trabajar está indisolublemente ligado al derecho al trabajo.

-Benin 1990 Título II. Derechos y Deberes del individuo. Artículo 33.

Todos los ciudadanos de la República de Bénin tienen el deber de trabajar por el bien común, cumplir todas sus obligaciones cívicas y profesionales y pagar sus contribuciones fiscales.

-Colombia 1991 (rev. 2015). Título II. de Derechos, Garantías y Deberes. Capítulo I. de los Derechos fundamentales. Artículo 25.

> *El trabajo es un derecho y una obligación social y goza, en todas sus formas, de la especial protección del Estado. Toda persona tiene derecho a un trabajo en condiciones dignas y equitativas.*

-Gabon 1991 (rev. 2011). Título Preliminar. De Principios y Derechos Fundamentales. Artículo 1.

> *La República Gabonesa reconoce y garantiza los derechos humanos inalienables e imprescriptibles, que están necesariamente vinculados a los poderes públicos:*
>
> *7. Todo ciudadano tiene el deber de trabajar y el derecho a obtener empleo. Nadie podrá ser discriminado en el trabajo por razón de su origen, sexo, raza u opiniones.*

-Guinea Ecuatorial 1991 (rev. 2012). Título Primero. Principios fundamentales del Estado. Artículo 26.

> *1. El trabajo es un derecho y un deber social. El Estado reconoce su papel constructivo en la mejora del bienestar y el desarrollo de su riqueza nacional. El Estado promueve las condiciones económicas y sociales para erradicar la pobreza, la miseria y garantiza a todos los ciudadanos de la República de Guinea Ecuatorial en igualdad de condiciones las posibilidades de una ocupación útil que les permita no verse amenazados por la necesidad.*
>
> *2. La ley definirá las condiciones para el ejercicio de este derecho.*

-Mongolia 1992 (rev. 2001). Capítulo dos. Derechos y Libertades humanos. Artículo 17.

> *2. Es deber sagrado de todo ciudadano trabajar, proteger su salud, criar y educar a sus hijos, así como proteger la naturaleza y el medio ambiente.*

-Ghana 1992 (rev. 1996). Capítulo 6. De los Principios Directivos de la Política del Estado 41. Deberes del ciudadano.

El ejercicio y goce de los derechos y libertades es inseparable del cumplimiento de los deberes y obligaciones, por lo que será deber de todo ciudadano:

trabajar concienzudamente en la ocupación que legítimamente haya elegido.

-Seychelles 1993 (rev. 2017). Capítulo III. Parte II. Deberes fundamentales. Artículo 40.

Será deber de todo ciudadano de Seychelles:

d. trabajar concienzudamente en la profesión, ocupación u oficio elegido.

-Sierra Leona 1991 (reinst. 1996, rev. 2013). Capítulo dos. Principios fundamentales de la política de estado. 13. Deberes del ciudadano.

Todo ciudadano deberá:

g) trabajar concienzudamente en una ocupación lícita y elegida y abstenerse de cualquier actividad perjudicial para el bienestar general de los demás.

-Perú 1993 (rev. 2021). Título I. De la Persona y de la Sociedad. Capítulo II. Derechos sociales y económicos. Artículo 22.

El trabajo es un derecho y un deber. Es la base del bienestar social y un medio de autorrealización.

-Gambia (The) 1996 (rev. 2018). Capítulo XX. Principios Directivos de la Política del Estado. 220. Deberes del ciudadano. 1.

1. El ejercicio y disfrute de los derechos y libertades son inseparables del cumplimiento de los deberes y obligaciones, y en consecuencia, todo ciudadano deberá:

e) servir a Gambia trabajando concienzudamente en la ocupación que haya elegido.

-Uganda 1995 (rev. 2017). Objetivos Nacionales y Principios directrices de la Política del Estado. Deberes del ciudadano. XXIX. Deberes del ciudadano.

El ejercicio y goce de los derechos y libertades es inseparable del cumplimiento de los deberes y obligaciones, por lo que será deber de todo ciudadano:

B. Realizar un trabajo remunerado por el bien de ese ciudadano, la familia, el bien común y contribuir al desarrollo nacional.

-Polonia 1997 (rev. 2009). Capítulo dos. Las Libertades, Derechos y Obligaciones de las personas y iudadanos. Libertades y Derechos económicos sociales y culturales. Artículo 65.

2. La obligación de trabajar sólo puede imponerse por ley.

-Venezuela (República Bolivariana de) 1999 (rev. 2009). Título III. Deberes, Derechos Humanos y Garantías. Capítulo V. Derechos sociales y familiares. Artículo 87.

Todas las personas tienen el derecho y el deber de trabajar. El Estado garantiza la adopción de las medidas necesarias para que toda persona pueda obtener un trabajo productivo que le proporcione una vida digna y decorosa y le garantice el pleno ejercicio de este derecho. Es un objetivo del Estado promover el empleo. La ley adoptará medidas tendentes a garantizar el ejercicio de los derechos laborales de los trabajadores por cuenta propia. La libertad de trabajo estará sujeta únicamente a las restricciones que establezca la ley.

Todo empleador deberá garantizar a sus empleados condiciones adecuadas de seguridad, higiene y medio ambiente en el trabajo. El Estado adoptará medidas y creará instituciones que permitan controlar y promover estas condiciones.

-Timor-Leste 2002. Parte II. Derechos, Deberes, Libertades y Garantías fundamentales. Título III. Derechos y Deberes económicos, sociales y culturales. Artículo 50. Derecho al trabajo.

> *1. Todo ciudadano, cualquiera que sea su género, tiene el derecho y el deber de trabajar y elegir libremente su profesión.*

-Baréin 2002 (rev. 2017). Capítulo 2. Constituyentes básicos de la sociedad. Artículo 13.

> *El trabajo es un deber de todo ciudadano, lo exige la dignidad personal y lo dicta el bien público. Todo ciudadano tiene derecho a trabajar y a elegir el tipo de trabajo dentro de los límites del orden público y la decencia.*

-Palestina 2003 (rev. 2005). Título Segundo. Derechos y Libertades Públicas. Artículo 25.

> *1. Todo ciudadano tendrá derecho al trabajo, que es un deber y un honor. La Autoridad Nacional Palestina se esforzará por proporcionar trabajo a cualquier persona capaz de realizarlo.*

-Mozambique 2004 (rev. 2007). Título III. Derechos, Deberes y Libertades fundamentales. Capítulo I. Principios generales. Artículo 45. Deberes hacia la Comunidad.

> *Todo individuo tendrá el deber de:*
>
> *a. servir a la comunidad nacional, poniendo a su servicio sus capacidades físicas e intelectuales;*
>
> *b. trabajar lo mejor que pueda y con sus medios;*
>
> *c. pagar contribuciones e impuestos;*
>
> *d. defender, en sus relaciones con la comunidad, la preservación de los valores culturales, el espíritu de tolerancia y de diálogo y, en general, contribuir a la educación y el avance cívico;*

e. defender y promover la salud;

f. proteger y conservar el medio ambiente;

g. defender y proteger el bien público y el bien de la comunidad.

-Eswatini 2005 Capítulo V. Principios Directivos de la Política del Estado y Deberes del Ciudadano. 63. Deberes del Ciudadano.

El ejercicio y goce de los derechos y libertades es inseparable del cumplimiento de los deberes y obligaciones y, en consecuencia, será deber de todo ciudadano:

F. trabajar concienzudamente en la ocupación legítimamente elegida por ese ciudadano.

-Congo (República Democrática del) 2005 (rev. 2011). Título II. De los Derechos Humanos, de las Libertades Fundamentales y de los Deberes del ciudadano y del Estado. Capítulo 2. Derechos económicos, sociales y culturales. Artículo 36.

Todos los congoleños tienen el derecho y el deber de contribuir con su trabajo a la construcción y la prosperidad nacionales.

-Ecuador 2008 (rev. 2021). Título II. Derechos. Capítulo 2. Derechos al buen vivir. Artículo 8. Laboral y Seguridad Social. Apartado 33.

El trabajo es un derecho y un deber social, además de un derecho económico, fuente de realización personal y base de la economía. El Estado garantizará el pleno respeto a la dignidad de las personas trabajadoras, una vida digna, una remuneración y retribución justas y el desempeño de un trabajo saludable, libremente elegido y aceptado.

Título II. Derechos. Capítulo 9. Responsabilidades. Artículo 83. *Los ecuatorianos tienen los siguientes deberes y obligaciones, sin perjuicio de otros previstos por la Constitución o por la ley:*

Ama killa, ama llulla, ama shwa. No ser holgazán, no mentir, no robar.

-Bolivia 2009. Parte i. Bases fundamentales del Estado: Derechos, Deberes y Garantías. Título III. Deberes. Artículo 108.

Son deberes de los bolivianos:

5. Trabajar, según su capacidad física e intelectual, en actividades lícitas y socialmente útiles.

-Angola 2010. Título II. Derechos y Deberes Fundamentales. Capítulo III. Derechos y Deberes económicos, sociales y culturales. Artículo 76.

1. El trabajo será derecho y deber de todos.

-Madagascar 2010 Título II. De las Libertades, Derechos y Deberes de los Ciudadanos. Subtítulo II. De los Derechos y Deberes económicos, sociales y culturales. Artículo 27.

El trabajo y la formación profesional son, para todos los ciudadanos, un derecho y un deber.

-Hungría 2011 (rev. 2016). Libertad y responsabilidad. Artículo XII.

Toda persona tendrá derecho a elegir libremente su trabajo, ocupación y a realizar actividades empresariales. Toda persona estará obligada a contribuir al enriquecimiento de la comunidad mediante su trabajo, de acuerdo con sus capacidades y posibilidades.

-República Árabe Siria 2012. Título II. Derechos, Libertades y Estado de Derecho. Capítulo I. Derechos y Libertades. Artículo 40.

1. El trabajo será un derecho y un deber de todo ciudadano, y el Estado se esforzará por atender a todos los ciudadanos, y la ley organizará el trabajo, sus condiciones y los derechos de los trabajadores.

-Somalia 2012. Capítulo 2. Derechos fundamentales y Deberes del ciudadano. Título tercero. Deberes de los ciudadanos. Artículo 42. Deberes de los ciudadanos.

2- El ejercicio de la igualdad, de las libertades y de otros derechos es inseparable de los deberes. En consecuencia, es deber de cada ciudadano:

b. Realizar trabajos útiles para el bien del ciudadano, de la familia y del bien común, y contribuir al desarrollo nacional y al bienestar de la comunidad donde vive el ciudadano.

-Egipto 2014 (rev. 2019). Capítulo dos. Componentes básicos de la sociedad. Sección primera. Componentes sociales. Artículo 12. Derecho al trabajo, trabajo forzoso.

El trabajo es un derecho, un deber y un honor garantizado por el Estado. No puede haber trabajo forzoso excepto de conformidad con la ley y con el fin de realizar un servicio público por un período de tiempo determinado y a cambio de un salario justo, sin perjuicio de los derechos básicos de quienes están asignados al trabajo.

-República Dominicana 2015. Título II. de Derechos, Garantías y Deberes fundamentales. Capítulo I. Derechos fundamentales. Sección II. Sobre derechos económicos y sociales. Artículo 62. Derecho al trabajo.

El trabajo es un derecho, un deber y una función social que se ejerce con la protección y asistencia del Estado. Es propósito esencial del Estado fomentar el empleo digno y remunerado. Los poderes públicos promoverán el diálogo y la concertación entre trabajadores, empleadores y el Estado. Como consecuencia:

1. El Estado garantiza la igualdad y equidad de mujeres y hombres en el ejercicio del derecho al trabajo.

2. Nadie podrá impedir el trabajo de otros ni obligarles a trabajar contra su voluntad.

-Cuba 2019. Título II. Fundamentos económicos. Artículo 31.

El trabajo es un valor primordial en nuestra sociedad. Constituye un derecho, un deber social y una fuente de honor para todas las personas que están en condiciones de trabajar.

-Algeria 2020. Título II. Derechos Fundamentales, Libertades y Deberes Públicos. Capítulo I. Derechos Fundamentales y Libertades Públicas. Artículo 69.

Todos los ciudadanos tendrán derecho a trabajar. Este derecho es inseparable del deber de trabajar.

Bibliografía

A.A.V.V., (dir. García Murcia, J.) *La Constitución del Trabajo*, Gijón, KRK, 2020.

A.A.V.V. (dir. Montoya Melgar, A.), *Diccionario jurídico de la Real Academia de Jurisprudencia y Legislación*, Cizur Menor, Thomson Reuters-Aranzadi, 2016, (edición digitalizada Thomson Reuters Proview).

ACEDO PENCO, Á., "El orden público actual como límite a la autonomía de la voluntad en la doctrina y la jurisprudencia", 15 Anuario de la Facultad de Derecho de la Universidad de Extremadura núm. 14, 1996, pp. 323-391.

ACOSTA SÁNCHEZ, J., *Teoría del Estado y Fuentes de la Constitución*, Córdoba, Universidad de Córdoba, 1989.

AQUINO, Santo Tomás de, *Suma de Teología*, Madrid, Biblioteca de Autores Cristianos, 2001.

ALEGRE MARTÍNEZ, M.A., "Los deberes en la Constitución Española: esencialidad y problemática", *Teoría y Realidad Constitucional*, núm. 23, 2009, pp. 271-291.

ALEXY, R., *Teoría de los derechos fundamentales*, Madrid, Centro de Estudios Constitucionales, 1993.

ALONSO GARCÍA, M., *Curso de Derecho del Trabajo*, Barcelona, Ariel, 1987.

ALONSO OLEA, M., ALONSO GARCÍA G. y CASAS BAAMONDE, Mª.E., *Introducción al Derecho del Trabajo*, Cizur-Menor, Thomson Reuters-Aranzadi, 2013.

ALONSO OLEA, M., "A propósito del proyecto caducado de ley de huelga", *Anales de la Real Academia de Ciencias Morales y Políticas*, Ministerio de Justicia, 1993, pp. 413-448.

ALONSO OLEA, M., "La Constitución española como fuente del Derecho del Trabajo", en A.AV.V. (dir. SEMPERE NAVARRO, A.V.), *El módelo social en la Constitución Española de 1978*, Madrid, Ministerio de Trabajo e inmigración, Subdirección General de Publicaciones, 2003, pp. 3-34.

ALONSO OLEA, M., *Las fuentes del Derecho, en especial del Derecho del Trabajo según la Constitución*, Madrid, Civitas, 1982.

ALONSO OLEA, M., "Sistema normativo del Estado y de las Comunidades Autónomas", en A.A.V.V., *Derecho del Trabajo y de la Seguridad Social, en la Constitución,* Madrid, Centro de Estudios Constitucionales, 1980, pp. 9-99.

ALONSO, E.; SERRANO, M. y TOMÁS, G., *El trabajo del ama/amo de casa. Un estudio jurídico y su consideración ética,* Bizkaia, Diputación Foral de Bizkaia, 2003.

ÁLVAREZ ALONSO, C., *La Constitución de 1931: derecho del trabajo y legislación y "política" social,* A.A.V.V. (coord. Baylos Grau, A.), *Modelos de derecho del trabajo y cultura de los juristas,* Albacete, Bomarzo, pp. 95-146.

ALZAGA VILLAAMIL, O., "Características y estructura de la Constitución de 1978", en A.A.V.V. (dirs. Alzaga Villaamil, O., Gutiérrez Gutiérrez, I., y Rodríguez Zapata, J.), *Derecho Político Español según la Constitución de1978. Constitución y fuentes, vol. I,* Ed. Centro de Estudios Ramón Areces, Madrid, 1997.

ANDREASSI CIERI, A., *Arbeit macht frei: el trabajo y su organización en el fascismo; (Alemania e Italia),* Barcelona, Editorial El Viejo Topo, 2004.

ANISI, D., *Creadores de escasez. Del bienestar al miedo,* Madrid, Alianza, 1997.

ANSCHÜTZ, G., *Die Verfassung des Deutschen Reiches. Ein Kommentar für Wissenschaft und Praxis.* Berlin, Bad Homburg, 1933.

ANTÓN MORÓN, A., "Rentas sociales, trabajo y ciudadanía", *Cuadernos de Relaciones Laborales,* núm. 2, 2005, pp. 191-215.

APARICIO TOVAR, J., "La Seguridad Social en la Constitución", en A.A.V.V. (dir. Sempere Navarro, A.V.), *El modelo social en la Constitución Española de 1978,* Madrid, Ministerio de Trabajo y Asuntos Sociales, 2003, pp. 787-814.

ARAGÓN GÓMEZ, C., *La prestación contributiva de Seguridad Social,* Universidad Carlos III, Madrid, 2013.

ARAT, Z.F.K. y WARING, D., "Rethinking work, the right to work, and automation", *Journal of Human Rights,* vol. 21.1, 2022, pp. 56-72.

ARON, R., *Dieciocho lecciones sobre la Sociedad Industrial,* Barcelona, 1 Seix Barral, 1965.

ASÍS ROIG, R. (De), *Deberes y obligaciones en la Constitución,* Madrid, Centro de Estudios Políticos y Constitucionales, 1991.

ASTARLOA VILLENA, F., "Los derechos y libertades en las constituciones históricas españolas", *Revista de estudios políticos,* núm. 92, 1996, pp. 207-251.

ATKINSON, A.B., "The Case for a Participation Income", *The Political Quarterly*, vol. 67, nº 1, enero-marzo de 1996.

BARTOLOMÉ CENZANO, J.C. (De), *Derechos fundamentales y libertades públicas*, Valencia, Tirant lo Blanch, 2003.

BASABE, N., "«Derechos del hombre» y «deberes del ciudadano» en la encrucijada: los lenguajes políticos de la Revolución Francesa y el abad de Mably", *Historia Constitucional*, núm. 12, 2011, pp. 45-98.

BAYEFSKY, R., "Dignity, honour, and human rights: Kant's perspective", *Political Theory* núm. 41 vol. 6, 2013, pp. 809-837.

BAYLOS GRAU, A., *El derecho de huelga y los servicios esenciales para la comunidad*, Madrid, Servicio de Publicaciones de la Universidad Complutense, 1981.

BAYÓN CHACÓN, G y PÉREZ BOTIJA, E., *Manual de Derecho del Trabajo*, Madrid, Marcial Pons, 1969.

BECKER, L.C., "Reciprocity and Social Obligation", *Pacific Philosophical Quarterly*, núm. 61 (4), pp. 411-421.

BECKER, L.C., "The obligation to work", *Ethics*, 91.1, 1980, pp. 35-49.

BELTRÁN DE HEREDIA RUÍZ, I., *La estabilidad en el empleo: la prevención frente a la contingencia del paro. Un análisis desde las perspectivas de la dogmática jurídica y del análisis económico del Derecho*, Barcelona, ESADE–UNIVERSITAT RAMON LLULL – URL, 2008.

BERMAN, H.J., *Justice in the U.S.S.R.* New York, Vintage Books, 1963.

BERNAL, C., *Teoría de la autoridad, aplicada a las naciones modernas* T.II, Imprenta de Manuel Minuesa, Madrid, 1857.

BLANCAS BUSTAMANTE, C., *La cláusula de Estado social en la Constitución. Análisis de los Derechos Fundamentales laborales*, Lima, Pontificia Universidad Catolica del Peru, 2011.

BLANC, L., *Catéchisme des socialistes*, París, Au bureau du nouveau monde, 1849.

BOBBIO, N., "Hacia una teoría funcional del derecho", en A.A.V.V. (ed. BACQUÉ, J.A.), *Derecho, Filosofía y Lenguaje: homenaje a Ambrosio L. Gioja*, Buenos Aires, Astrea, 1976, pp. 14-30.

BOBBIO, N., *Contribución a la Teoría del Derecho*, Debate, Madrid, 1990.

BOBBIO, N., *El tiempo de los derechos*, Madrid, Editorial Sistema, 1991.

BOBBIO, N., *Liberalismo y democracia*, México D.F., Fondo de Cultura Económica, 1985.

BOBBIO, N., *Teoría general del Derecho,* Bogotá, Trotta, 2002.

BOBBIO, N., *Teoría general de la política,* Madrid, Trotta, 2003.

BÖHM-BAWERK, E., *Capital and Interest: A Critical History of Economical Theory,* Londres, Macmillan & Co, 1890.

BOOT, E.R., *Human duties and the limits of human rights discourse,* Ginebra, Springer International Publishing, 2017.

BORRAJO DACRUZ, E., *Derecho del Trabajo,* Madrid, Tecnos, 1975.

BORRAJO DACRUZ, E., "El modelo constitucional de Seguridad Social en España", *Revista de Trabajo,* núm. 65, 1982, pp. 25-42.

BORRAJO DACRUZ, E., *Introducción al Derecho del Trabajo,* Madrid, Tecnos, 1996.

BORRAJO DACRUZ, E., *Política y Derecho del Trabajo,* Madrid, Doncel, 1976.

BOTELHO, L.A., *Old age and the English poor law, 1500-1700,* Londres, Boydell Press, 2004.

BRAGE CAMAZANO, J., *Los límites a los derechos fundamentales en los inicios del constitucionalismo mundial y en el constitucionalismo histórico español,* México D.F., UAM, 2005.

BREAKEY, H., "Positive duties and human rights: Challenges, opportunities and conceptual necessities", *Political Studies,* vol. 63.5, 2015, pp. 1198-1215.

BRUNET, I.; BRUNET ICART, I. y BELZUNEGUI, A., *Flexibilidad y formación: una crítica sociológica al discurso de las competencias,* Barcelona, Icaria Economía, 2003.

BUENO ARÚS, F., "Notas sobre la Ley General Penitenciaria", *Revista de Estudios Penitenciarios,* núms. 220-223, 1978, pp. 115-116.

BULYGIN, E., "La tesis de Alexy sobre la conexión necesaria entre el derecho y la moral", en ALEXY, R. y BULYGIN, E., *La pretensión de corrección del derecho. La polémica Alexy/Bulygin sobre la relación entre derecho y moral,* Bogotá, Universidad Externado de Colombia, 2001.

BUONARROTI, P., *Conspiration pour l 'égalité dite de Babeuf. T.I,* Bruselas, Llibrerie Romantique, 1828.

BURAWOY, M. y LUKACS, J., "Mythologies of work: a comparison of firms in state socialism and advanced capitalism", *American Sociological Review,* vol. 50, núm. 6 ,1985, pp. 723-737.

BURGEOIS L., *Solidarité,* París, A. Colin, 1896.

BURRIEL RODRÍGUEZ, P., "Las obligaciones de las personas beneficiarias del ingreso mínimo vital: las infracciones y sanciones previstas y su posible incidencia en la coordinación de prestaciones de la seguridad social a nivel europeo", en *E-Revista Internacional de la Protección Social,* 5(2), pp. 94-114.

CACHANOSKY, J.C., "La Escuela Austríaca de Economía. Revista de Instituciones", *Revista Ideas y Mercados,* núm. 49, 2008, pp. 16-55.

CÁMARA VILLAR, G., "El sistema de los derechos y las libertades fundamentales", en A.A.V.V. (dir. Balaguer Callejón, F.), *Derecho Constitucional Vol. II,* Madrid, Tecnos, 2003, pp. 33-83.

CÁMARA VILLAR, G., "Los deberes constitucionales", en A.A.V.V. (dir. Balaguer Callejón, F.), *Derecho Constitucional, Vol. II,* Madrid, Tecnos, 2003, pp. 336-355.

CAMPOS CLIMENT, V.; CARDONA RUBERT, M.B.; SARAGOSSA I SARAGOSSA, V. y ESTEBAN LEGARRETA, R., "Políticas de inclusión social y lucha contra la pobreza", en A.A.V.V. (ed. Campos Climent, V., *et al*), *Políticas Sociolaborales,* Cizur Menor, Civitas, 2014, pp. 539-578.

CAMPS RUIZ, L.M., "La relación laboral penitenciaria", Anales de la Facultad de Derecho de la Universidad de Alicante, vol. 2, 1983, pp. 43-80.

CALLUM, D.R., *Soviet society and law: the history of the legal campaign to enforce the constitutional duty to work,* Glasgow, University of Glasgow, 1995. Accesible en http://theses.gla.ac.uk/6553/ (último acceso el 20 de mayo de 2023).

CARACUEL ALARCÓN, M.R., "Derecho al trabajo, libertad profesional y deber de trabajar", *Revista de Política Social. Instituto de Estudios Políticos,* vol. 121, 1979, pp. 5-39.

CARBONE, C., *I doveri pubblici individuali nella Costituzione,* Milán Giuffrè, 1968.

CASALTA NABAIS, J., *O Dever Fundamental de Pagar Impostos,* Coimbra, Almedina, 2015.

CASAS DURÁN, V., "¿Deberes morales para con la propia persona?", *Universitas Philosophica* núm. 13 vol. 25, 1996, pp. 141-160.

CASTEL, R., *La inseguridad social. ¿Qué es estar protegidos?,* Buenos Aires, Editorial Manantial, 2004.

CASTEL, R., *La metamorfosis de la cuestión social,* Buenos Aires, Paidós, 1997.

CASTRO CID, B., *Problemas básicos de Filosofía del Derecho: desarrollo sistemático,* Madrid, Editorial Universitas S.A., 1997.

CAVINO, M., "Il diritto-dovere al lavoro", *Gruppo di Pisa. La rivista* núm. 3, 2018, pp. 1-33.

CAZZETTA, G., "Il lavoro nel processo di costituzionalizzazione del Novecento: dalla crisi dello Stato liberale alla Repubblica'fondata sul lavoro'", *History&Law Encounters. Lezioni per pensare da giurista*, Giappichelli, 2023, pp. 123-158.

CAZZETTA, G, "Nel groviglio costituzionale del fascismo: lavoro, sindacati, Stato corporativo", *Journal of Constitutional History/Giornale di Storia Costituzionale*, núm. 43, 2022, pp. 257-278.

CERRUTI, A., "Il dovere di concorrere al progresso materiale o spirituale della società nello Stato costituzionale di diritto", en A.A.V.V. (dirs. Cavino, M. y Pinto, M.), *Costituzione e lavoro oggi*, Bolonia, Il Mulino, 2013, pp. 179-218.

CHAMBERLAIN, J. A., *Undoing Work, Rethinking Community: A Critique of the Social Function of Work*, Ithaca-Londres, Cornell University Press, 2018.

CHARPENEL, E., "Derecho y sanción. La noción de castigo jurídico en Kant y en Hegel". *Tópicos (México)*, núm. 55, 2018, pp. 163-188.

CHOLBI, M., "The Duty to Work", *Ethical Theory and Moral Practice*, vol. 21, núm. 5, 2018, pp. 1119–1133.

CIDONCHA MARTÍN, A., *Libertad de empresa en el marco de la economía de mercado: el artículo 38 de la Constitución Española*, Madrid, Universidad Autónoma de Madrid, 2004.

COLE, G.D.H., *Historia del pensamiento socialista. Vol. I, Los precursores: 1789-1850*, México D.F., Fondo de Cultura Económica, 1964.

COLITTO, F., "Dovere al lavoro, diritto al lavoro e diritti del lavoro", *Dir. Lav*, núm. 194, pp. 229-230.

COMISIÓN EUROPEA, *Por una Europa de los derechos cívicos y sociales*. Informe del comité de sabios presidido por María de Lourdes Pintasilgo, Bruselas,1995.

COMITÉ DE MENDICITÉ (Relator Rochefoucauld-Liancourt, François Alexandre): Sixiéme Rapport: *Sur la represion de la mendicité*. París, de L´Imprimerie nationale, 1791.

CONILL SANCHO, J.M., "Reconfiguración ética del mundo laboral", en A.A.V.V. (dir. Cortina Orts, A.) *Rentabilidad de la ética para la empresa*, Madrid, Visor, 1997, pp. 187-228.

CORTINA ORTS, A., "El contrato social como ideal del Estado de Derecho. El dudoso contractualismo de I. Kant", *Revista de estudios políticos*, núm. 59, 1988, pp. 49-64.

CORTINA ORTS, A., *Ciudadanos del mundo. Hacia una teoría de la ciudadanía*, Madrid, Alianza Editorial, 2009.

COUSIN, V., *Des principes de la Révolution française et du gouvernement répresentatif*, París, Didier et C.A, Libraires-Éditeurs, 1864.

COUTU, M., "Economic crises, crisis of labour Law? Lessons from weimar", *Journal of Law and Society* vol. 47, núm. 2, 2020.

CUESTA ARZAMENDI, J.L. "Un deber (no obligación) y derecho de los privados de libertad: el trabajo penitenciario", en A.A.V.V., (dirs. Bueno Arús, F.), *Lecciones de Derecho Penitenciario*, Alcalá de Henares, 1985, pp. 93-135.

CREMADES, CHUECA, O., "Las políticas de workfare y los trabajos de colaboración social: debates clave, puntos críticos y propuestas jurídico-laborales", en A.A.V.V. (dirs. Calvo Gallego, F.J., Hernández Bejarano, M. y Ródriguez Piñero Royo, M.), *La revolución de las formas de empleo en el siglo XXI*. Laborum, 2021, pp. 205-236.

CRISAFULLI, V. *La Costituzione e le sue disposizioni di principio*, Roma, Giuffrè, 1952.

CRUZ VILLALÓN, J., *Compendio de Derecho del Trabajo*, Madrid, Tecnos, 2012.

CRUZ VILLALÓN, J., "El deber de aceptación de la oferta de colocación adecuada", *Relaciones Laborales: Revista Crítica de Teoría y Práctica*, vol 1, 2003, pp. 357-386.

CRUZ VILLALÓN, P., "Los derechos sociales y el Estatuto de Andalucía", en A.A.V.V. (coords. Cámara Villar, G. y Cano Bueso, J.), *Estudios sobre el Estado social*, Parlamento de Andalucía/Tecnos, Madrid, 1993, pp. 98-109.

DAHRENDORF, R., *Homo Sociologicus*, Madrid, Instituto de Estudios Políticos, 1973.

DAHRENDORF, R., *El conflicto social moderno*, Madrid, Biblioteca Mondadori, 1993.

DE MELO CABRAL, R., *El derecho de los trabajadores a la participación en la empresa. (Un estudio bajo la perspectiva de la reorganización del Derecho del Trabajo)*, Salamanca, Universidad de Salamanca, 2012.

DELLA MIRANDOLA, G.P., *Discurso sobre la dignidad del hombre,* Ciudad de México, UNAM, Dirección General de Publicaciones y Fomento Editorial, 2010.

DERMINE, E. y DUMON, D., "A renewed critical perspective on social law: Disentangling its ambivalent relationship with productivism", *International Journal of Comparative Labour Law and Industrial Relations,* vol. 38 núm. 3, 2022, pp. 237-268.

DESDENTADO DAROCA, E., *La pensión de viudedad ante los nuevos retos del Derecho de Familia: Un estudio crítico para una prestación en crisis,* Albacete, Bomarzo, 2009.

DÍAZ GARCÍA, E., *Sociología y Filsofía del Derecho,* Madrid, Taurus, 1993.

DÍAZ REVORIO, F.J., "Sobre el concepto de deber constitucional y los deberes en la Constitución de 1978", *Pensamiento Constitucional,* vol. 16, 2012, pp. 55-86.

DÍAZ REVORIO, F.J., "Derechos humanos y deberes fundamentales: Sobre el concepto de deber constitucional y los deberes en la Constitución Española de 1978", *Revista IUS 5.28,* 2011, pp. 278-310.

DÍEZ-PICAZO, GÍMENEZ, L.M., *Sistema de Derechos Fundamentales,* Valencia, Tirant Lo Blanch, 2021.

DÍEZ PICAZO, L. *Experiencias jurídicas y Teoría del Derecho,* Ariel, Barcelona, 1986.

DÍEZ RODRÍGUEZ, F., *Homo Faber: Historia intelectual del trabajo, 1675-1945,* Madrid, Siglo XXI, 2014.

DÍEZ RODRÍGUEZ, F., *Utilidad, deseo, virtud. La formación de la idea moderna del trabajo,* Barcelona, Península, 2001.

DUKES, R., *The Labour Constitution: The Enduring Idea of Labour Law,* Oxford, Oxford University Press, 2014.

DURÁN VÁZQUEZ, J.F., "Durkheim y Saint-Simon: La construcción del ideario de la sociedad del trabajo y las nuevas paradojas de las sociedades tardo-modernas", *Athenea Digital,* núm. 9, 2006, pp. 152-167.

DURKHEIM, É., *La división del trabajo social,* México D.F., Colofón, 2007.

EKELUND, R. y HÉBERT, R., *A history of economic theory and method,* Illinois, Waveland Press, 1997.

ELEVELD, A., "The Duty to Work Without a Wage: A Legal Comparison between Social Assistance Legislation in Germany, the Netherlands and the United Kingdom", *European Journal of Social Security,* vol. 6.3, 2014, pp. 204-224.

ESCOBAR ROCA, G., "La renta mínima y el defensor del pueblo", *Lex Social, vol. 10, núm. 1 (2020)*, pp. 91-139.

ESPÍN TEMPLADO, E. "Los deberes constitucionales", en LÓPEZ GUERRA, L. *et al. Derecho constitucional vol. I.*, Valencia, Tirant lo Blanch, 2010, pp. 179-190.

ESTEBAN, J. (De), y GONZÁLEZ-TREVIJANO, P., *Curso de derecho constitucional español*, Madrid, Universidad Complutense de Madrid, Facultad de Derecho. Servicio de Publicaciones, 1992.

ESTEBAN J. (De), y VARELA DÍAZ, S., *La Constitución soviética*, Madrid, Servicio de Publicaciones, Facultad de Derecho, Universidad Complutense, 1978.

FAGOAGA GUTIERREZ-SOLANA, M., "El Fuero del Trabajo y la Doctrina Social de la Iglesia", *Revista de Política Social*, núm. 58, 1963, pp. 23-45.

FAUCHER, L., *El derecho al trabajo*, Barcelona, Administración y Redacción del Plus ultra, 1855.

FEINBERG, J., "Legal Paternalism", *Canadian Journal of Philosophy*, vol. 1, núm. 1, 1971, pp. 105-124.

FERNÁNDEZ ARTIACH, P., *El trabajo de los internos en establecimientos penitenciarios*, Valencia, Tirant lo Blanch, 2006.

FERNÁNDEZ ARTIACH, P., *El trabajo de los penados en instituciones penitenciarias*, Valencia, Universidad de Valencia, 2004.

FERNÁNDEZ ARTIACH, P., "Los motivos de la especialidad de la relación laboral penitenciaria", en A.A.V.V., (dirs. Agustí Juliá, J. y Pumar Beltrán, N.), *El trabajo por cuenta ajena y sus fronteras*, Albacete, Bomarzo, 2007, pp. 211-225.

FERNÁNDEZ GALIANO, A., *Derecho natural. Introducción filosófica al Derecho*, Madrid, Editorial Centro de Estudios Ramón Areces S.A., 1990.

FERNÁNDEZ RIQUELME, S., "Corporativismo y relaciones laborales en España: una historia de la organización del trabajo como sistema de Política Social", *Cuadernos de Relaciones Laborales*, vol. 29, núm. 1, 2011, pp. 157-175.

FERNÁNDEZ SEGADO, F., "El control de constitucionalidad de las omisiones legislativas: algunas cuestiones dogmática", *Estudios constitucionales*, núm. 7.2, 2009, pp. 13-69.

FERNÁNDEZ SEGADO, F., "La recepción por la Constitución de 1978 del principio de solidaridad. 2ª ponencia", en A.A.V.V. (coords. Castellá B. y Bardají Gálvez, Mª.D.), *Libertad, igualdad, solidaridad: tres principios, una democracia; la liberal*, Barcelona, J.M. Bosch Editor, 2017, pp. 361-408.

FERNÁDNEZ MARCOS, L., *Derecho del Trabajo y de la Seguridad Social*, Madrid, Universidad Nacional de Educación a Distancia, 2013.

FERRAJOLI, L., *Los fundamentos de los derechos fundamentales*, Madrid, Trotta, 2001.

FERRAJOLI, L., *Principia iuris. Teoría del derecho y de la democracia, 2. Teoría de la democracia*, Madrid, Trotta, 2013.

FERRER SANTOS, U., "La dignidad y el sentido de la vida", *Cuadernos de bioética*, núm. 26, 1996, pp. 191-201.

FOURIER, CH., "Theorie des quatre mouvements", Vol. I, *Oeuvres complètes*, Société pour la propagation et pour la réalisaton de la theorie de Fourier, París, 1843.

FRAGA IRIBARNE, M., "La Constitución Española, génesis, balance y perspectivas", en A.A.V.V. (dir. Borrajo Dacruz, E.), *Trabajo y libertades públicas*, La Ley, Madrid, 1999, pp. 555-572.

FREDMAN, S., "Human rights transformed: positive duties and positive", en *Public Law*, I, 2006, pp. 498-520. Acceso electrónico através de la base de datos WESTLAW, (último acceso el día 14 de septiembre de 2023).

FREY, A., "Constitutional Human Duties", *Georgia Journal of International & Comparative Law*, núm. 51.2, 2023, pp. 311-371.

LOMBARDI, G.M., *Contributo allo studio dei doveri costituzionali*, Giuffrè, Milán, 1967.

GARCÍA CÍVICO, J., "La difusa discriminación por el mérito: genealogía y desarrollo", *Anuario de filosofía del derecho*, núm. 23, 2006, pp. 309-336.

GARCÍA ESCUDERO, J.M., *Historia política de las dos Españas, vol. 2*, Madrid, Editora Nacional, 1975.

GARCÍA-PERROTE ESCARTIN, I., "Derecho de Huelga y Libertad de Empresa", *Revista Jurídica de Castilla y Leon*, núm. 5, 2005, pp. 13-54.

GARNIER, J., *Le droit au travail a l 'assemblée nationale. Recueil Complet de tous les discours prononcés dans cette mémorable discussion*, París, Chez Guillaumin et C.A. Libraires, 1848.

GARRIDO GÓMEZ, Mª.I., *Análisis e implicaciones de los derechos sociales*, Madrid, Dykinson, 2021.

GARRIDO GÓMEZ, Mª I., "Derechos y garantías jurídicas en el discurso de la protección de la familia", *Revista telemática de filosofía del derecho,* vol. 6, 2002, pp. 193-203, pp. 200-202.

GARZÓN VALDÉS, E., "Los deberes positivos generales y su fundamentación". *Doxa,* núm. 3, 1986, pp. 17-33.

GAUDU, F., "Travail et activité", *Droit social,* núm. 2, 1997, pp. 119-126.

GÉRANDO, J.M., *De la bienfaisance publique,* París, Julesre-Nouard et C.A, Librarie, 1839.

GIDDENS, A., *Beyond Left and Right. The Future of Radical Politics,* Cambridge, Cambridge Polity Press, 2007.

GIDDENS, A., *The third way: the renewal of social democracy,* Cambridge, Cambridge Polity Press, 1998.

GILABERT, P., "The socialist principle from each according to their abilities, to each according to their needs", *Journal of social philosophy,* vol. 46, núm. 2, 2015, pp. 197-225.

GIL y GIL, J.L., "El derecho a un trabajo digno", en A.A.V.V. (dir. Escobar Roca, G.), *Derechos sociales y tutela antidiscriminatoria,* Thomson-Aranzadi, Cizur Menor, 2012, pp., 949-1016.

GOIG MARTÍNEZ, J.M., "La constitucionalización de deberes", *Revista de Derecho UNED,* núm. 9, 2011, pp. 111-148.

GOMES CANOTILHO, J.J., *Direito Constitucional,* Coimbra, Almedina, 1991.

GOMES CANOTILHO, J.J. y MOREIRA, V., *Constituçao da República Portuguesa anotada,* Coimbra, Coimbra Editorial, 1984.

GÓMEZ COLOMER, J.L., "Artículo 6. Derecho y deber de jurado", en A.A.V.V. (coord. Montero Aroca J. y Gómez Colomer, J.L.), *Comentarios a la Ley del Jurado,* Cizur Menor, Aranzadi, 1999.

GONZÁLEZ PUYOL, A., "Sobre el concepto de fraternidad política", *Daimon Revista Internacional de Filosofía,* 2018, supl. 7, pp. 91-106.

GUAMÁN HERNÁNDEZ, A., y SÁNCHEZ OCAÑA J.M., "Cuarenta años de Constitución del Trabajo: historia de un proceso deconstituyente", *Ius fugit: Revista interdisciplinar de estudios histórico-jurídicos,* núm. 20, 2017, pp. 183-246.

GÓMEZ SANTOS, I.R., *Inmigración Laboral y Dignidad,* Castellón, Universitat Jaume I, 2021.

GORZ, A., *Metamorfosis del trabajo. Búsqueda del sentido. Crítica de la razón económica*, Madrid, ed. Sistema, 1995.

GROPPI, A., "«Le devoir de travailler jusqu'à la fin de ses jours»: Le travail des personnes âgées dans la Rome pontificale (xviie-xixe siècles)", *Mélanges de l'École française de Rome-Italie et Méditerranée modernes et contemporaines, vol.* 123, núm. 1, 2011, pp. 25-32.

GROSSHANS, R. y WERNET, M., *Le droit au travail son développement et sa portée actuelle en France et Allemagne*, Saarlandes, Centre juridique Franco-Allemand, 2000.

GROSSO, E., "I doveri costituzionali", *Lo statuto costituzionale del non cittadino*, Napolés, Jovene, 2010, pp. 229-280.

GUEDES, L.M. y SOUSA, M.R., *Uma constituição moderna para Portugal : Constituição da República revista em 1997*, Lisboa, Grupo Parlamentar do PSD, 1997.

GUILLÉN ESTRADA, E., "El trabajo, la pobreza y el socorro", *Fomento Social*, vol. II, num. 5, 1947, pp. 27-40.

HANICOTTE, R., *Devoirs de l'homme et constitutions: contribution à une théorie générale du devoir*, París, L´Harmattan, 2007.

HART, H.L.A., "Positivism and the Separation of Law and Morals", *Harvard Law review*, num. 71, 1958, pp. 593-629.

HART, H.L.A., *El concepto de Derecho*, Buenos Aires, Abeledo-Perrot, 1968.

HEGEL, G.W.F., *Filosofía del Derecho*, Madrid, Libertarias-Prodhufi, 1993.

HELLER, H., *Teoría del Estado, México*, D.F., Fondo de Cultura Económica, 2010.

HEPPLE, B., "A right to work." Industrial labor journal, vol. 10, 1981, pp. 65-83.

HEPPLE, B., "Some Problems of Comparing Socialist and Capitalist Systems of Labour Law", *International Journal of Comparative Labour Law and Industrial Relations*, 1985, vol. 1, núm. 4, pp. 235-240.

HERNANIZ MÁRQUEZ, M., *Derecho del Trabajo*, Instituto de Estudios Políticos, Madrid, 1949.

HERNAINZ MÁRQUEZ, M., *Tratado elemental de Derecho del Trabajo*, Madrid, Instituto de Estudios Políticos, 1955.

HERRERA, C.M., "Constitución y derechos Sociales", *Revista de Derecho del Estado*, núm. 15, 2003, pp. 75-92.

HOBBES, T., *Leviatán, O la materia, forma y poder de una República eclesiástica y civil,* Ciudad de México, Fondo de Cultura Económica, 2017.

HOWARD, M.W., "Liberal and Marxist Justifications for Basic Income", *Basic Income European Network, 9th International Congress Geneva,* 12 y 14 de septiembre de 2002. Accesible en https://www.ilo.org/public/english/protection/ses/download/docs/howard.pdf (último acceso el día 12 de mayo de 2023).

HOWARD, M.W., "Why Marxists and Socialists Should Favor Basic Income", en WIDERQUIST, K., et al., *Basic income. An Anthology of Contemporary Research,* Oxford, Wiley Blackwell, 2013, pp. 55-62.

IBÁÑEZ MACÍAS, A., "Los extranjeros en la Constitución española", *Anales de la Universidad de Cádiz,* núm. 11, 1996, pp. 311-324.

IGLESIA SANTOS, J., *Derecho Romano,* Barcelona, Ariel, 1979.

ILLICH, I., *La convivencialidad,* México DF, Joaquín Mortiz-Planeta, 1985.

IVANOV S., "Methodological Problems of Comparative Legal Research in Labour Law", A.A.V.V. (eds. Butler, W.E., Hepple, B.A. and Neal, A.C.), *Comparative Labour Law: Anglo Soviet perspectives,* Gower, Aldershot and Brookfield, 1987.

JACKSON, WILLIAM A., "Basic income and the right to work: a Keynesian approach", *Journal of Post Keynesian Economics,* 21.4, 1999, pp. 639-662.

JEAMMAUD, A., "La «constitutionnalisation rampante du droit du travail français", *Les Cahiers de droit,* vol. 48, núm. 1-2, 2007, pp. 93-119.

JIMÉNEZ LEUBE, J., "Interés de una teoría general de los "deberes fundamentales": Sobre el concepto ontológico clásico de "dignidad", *Espaço Jurídico: Journal of Law,* vol. 14, núm. 1, 2013, pp. 265-278.

KAHN FREUND, O., *Labour and the law,* Londres, Stevens & Sons, 1983.

KANT, I., *La metafísica de las costumbres,* Tecnos, 2005.

KANT, I., *Principos metafísicos del Derecho,* Madrid, Librería de Victoriano Suarez, 1873.

KAUFMANN, A., "La universalidad de los derechos humanos. Un ensayo de fundamentación", *Persona y Derecho,* 1998, pp. 11-34.

KELSEN, H., *Teoría General del Estado,* México D.F., Editorial Nacional, 1979.

KELSEN, H., *Teoría pura del derecho,* Buenos Aires, EUDEBA, 2020.

KELSEN, H., "Válidez y eficacia del Derecho", en KELSEN, H., BULYGIN, E. y WALTER, R., Validez y eficacia del derecho, Buenos Aires, Ed. AStrea, 2005, pp. 49-74.

KIERKEGAARD, S., *Los lirios del campo y las aves del cielo,* Madrid, Guadarrama, 1963.

KOLAKOWSKI, L., *Las principales corrientes del marxismo. Vol. II, La edad de oro,* Madrid, Alianza, 1985.

KYMLICKA, W., "Derechos individuales y derechos de grupo en la democracia liberal", *Isegoría,* núm. 14, pp. 5–36.

LAMARTINE, A., *Historia de la Revolución Francesa de 1848,* Madrid, Impr. de la Biblioteca del Siglo, 1849.

LACRUZ BERDEJO, J.L., *Estudios de Derecho Privado comun y foral, T. III,* Barcelona, J.M. Bosch Editor, 2005.

LAFARGUE, P., *El derecho a la pereza. Refutación del derecho al trabajo de 1848,* Madrid, Fundamentos, 1998.

LAÍN ENTRALGO, P., *Los valores morales del nacionalsindicalismo,* Madrid, Editora Nacional, 1946.

LANCHESTER, F., "Los deberes constitucionales en el derecho comparado", *Revista de derecho constitucional europeo,* núm. 13, 2010, pp. 67-82.

LANDA ZAPIRAIN J.P., "Constitución y futuro del modelo español del derecho del trabajo del próximo siglo", *Lan harremanak: Revista de relaciones laborales,* núm. 2, 2000, p. 155-184.

LARGO CABALLERO, F., *Mis recuerdos,* México D.F., Ediciones Unidas SA, 1954.

LATORRE SEGURA, A., *Introducción al Derecho,* Barcelona, Ariel, 1983.

MICCO, L., *Lavoro ed utilità sociale nella costituzione,* Turín, G. Giappichelli, ed., 1966.

LECLERC, H., "Vanité et dangers des Devoirs de l'Homme", *Après-demain,* vol. 5, núm. 1, 2008, pp. 12-14.

LEGARRETA ESTEBAN, R., "Crisis de empresa y pensiones", en A.A.V.V. (dirs. Espuny Tomás, Mª.J., y Paz Torres, O.), *Crisis y ocupación,* Barcelona, J.M. Bosch Editor, 2010, pp. 237-261.

LENIN, V.I., *The Soviets at Work. The International Position of the Russian Soviet Republic and the Fundamental Problems of the Socialist Revolution,* Nueva York, Rand School of Social Science, 1919. Versión electrónica accesible en: marxists.org/archive/lenin/works/1918/mar/soviets.htm (ultimo acceso el día 14 de mayo de 2023).

LEÓN XIII, Sumo Pontífice, *Carta Encíclica Rerum Novarum. Sobre la situación de los obreros.* Accesible en https://www.vatican.va/content/

leo-xiii/es/encyclicals/documents/hf_l-xiii_enc_15051891_rerum-novarum.html (último acceso el día 12 de abril de 2023).

LEVINE A., "Fairness to Idleness: Is There a Right Not to Work?", en WIDERQUIST, K., et al., *Basic income. An Anthology of Contemporary Research*, Oxford, Wiley Blackwell, 2013, pp. 105-113.

LEWICKI, R.H.M., *The Problem of Idleness: An Arendtian Justification of Universal Basic Income in the Face of Mass Automation*, Ottawa, Ottawa University, 2019.

LO VOULO, R., "La economía política del ingreso ciudadano", en A.A.V.V., (dir. Lo Voulo, R. y Barbeito, A.), *Contra La Exclusión: La propuesta del ingreso ciudadano*, Madrid, Centro Interdisciplinario para el Estudio de Políticas Públicas, 2004, pp. 109-169.

LOCKE, J., *Segundo Tratado sobre el Gobierno Civil. Un ensayo acerca del verdadero origen, alcance y fin del Gobierno Civil*, Madrid, Tecnos, 2006.

LOMBARDI, G.M., *Contributo allo studio dei doveri costituzionali*, Milán, A. Giuffré, 1967.

LÓPEZ SEVILLA, E., *El partido Socialista Obrero Español en las Cortes Constituyentes de la Segunda Republica. Repertorio cronológico de las intervenciones parlamentarias*, México D.F., Ediciones Pablo Iglesias, 1969.

LOY, G., "Una repubblica fondata sul lavoro", *Giornale di diritto del lavoro e di relazioni industriali*, vol. 31, núm. 2, 122, 2009, pp. 197-238. Trabajamos con la versión web, disponible en https://www.associazionedeicostituzionalisti.it/old_sites/sito_AIC_2003-2010/dottrina/libertadiritti/loy.html (último acceso el día 19 de octubre de 2021).

LUELMO MILLÁN, M.A., "Desempleo y Familia", *Revista del Ministerio de Trabajo e Inmigración*, núm. 54, noviembre 2004, pp. 13-34.

LYON-CAEN, G., PÉLISSIER, J. y SUPIOT, A., *Droit du Travail*, París, Dalloz, 1996.

MAESTRO BULEGA, G., *La constitución del trabajo en el Estado social*, Granada, Comares, 2002.

MAIER, R., "Self-Responsibility: Transformations", *American Behavioral Scientist*, núm. 63.1, 2019, pp. 27-42.

MANCINI, G.F., "Art. 4", en A.A.V.V. (dir. Branca, G.), *Commentario de la Costituzione. Vol. 1.Principi Fondamentali, art.1-12*, Roma-Bolonia, Nicolaa Zanichelli Editore-Soc. Ed del Foro Italiano, 1975, pp. 199-276.

MANCINI, G.F. *Costituzione e movimento operaio*, Il Mulino Bologna, 1976.

MANCINI, G.F., "Sistema económico y relaciones de trabajo" en A.A.V.V. (dirs. De la Villa Gil, L.E., y Sagardoy Bengoechea, J.A.), *Los trabajadores y la Constitución, Madrid, Sociedad de Estudios Laborales,* 1980, pp. 49-62.

MARAT, J.P., *Projet de déclaration des droits de l'homme et du citoyen, suivi d'un Plan de constitution juste, sage et libre,* Buisson, París, 1789.

MARKHGEYM, A.V., TSALIEV, A., and TENGIS K.H., "Constitutional Duties of the Man and the Citizen in the Focus of Doctrine", *Utopía y Praxis Latinoamericana,* núm. 25.10, 2020, pp. 163-169.

MÁRQUEZ PRIETO, A., *Seguridad Social y protección social: un enfoque conceptual,* Málaga, Servicio de Publicaciones de la Universidad de Málaga, 2002.

MARSHALL, T.H., "Ciudadanía y clase social", *Revista española de investigaciones sociológicas,* núm. 79/97, pp. 297-344.

MARSAHLL, T.H.,"The right to welfare", *The Sociological Review,* núm. 13.3, 1965, pp. 261-272.

MARTIN, P., "Ideas, controversies and proposals about the universal basic income in France", *Journal of Social Security Law,* 24(1), pp. 31-46.

MARTÍN MARTÍN, S., "Derechos sociales y procesos constituyentes (1931, 1978, ¿2016?)", en *Gaceta sindical: reflexión y debate,* núm. 23, 2014, pp. 37-79.

MARTÍN VALVERDE, A., "El derecho a la promoción a través del trabajo: un balance provisional", *Revista Española de Derecho del Trabajo,* núm. 264/2023, pp. 111-130.

MARTÍN VALVERDE, A., "El ordenamiento laboral en la jurisprudencia del tribunal constitucional", *Revista de Política Social,* núm. 137, 1983, pp. 105-167.

MARTÍN VALVERDE, A., *Derecho del Trabajo y mercado de trabajo (1977-2019),* Madrid, Tecnos, 2020.

MARTÍN VALVERDE, A., "El derecho de huelga en la Constitución de 1978", *Revista de Protección Social,* núm 121, 1979, pp. 227-253.

MARTÍN VALVERDE, A., "La constitución como fuente del derecho del trabajo", *Civitas, Revista Española de Derecho del Trabajo,* núm. 33, 1988, pp. 55-69.

MARTÍN VALVERDE, A., "Pleno empleo, derecho al trabajo, deber de trabajar en la Constitución española de 1978", en (A.A.V.V.) *Derecho del trabajo y de la Seguridad Social en la Constitución: ponencias revisadas presentadas al Simposio sobre este temas celebrado en el Centro de Estudios Constitucionales en mayo-junio 1979*, Centro de Estudios Políticos y Constitucionales Madrid, 1980, pp. 185-204.

MARTÍN VLAVERDE, A., "Sobre el mérito y la capacidad en el empleo público de régimen laboral", en A.A.V.V. (coord. Durán López, F. y Sáez Lara, C.), *Derechos laborales individuales y colectivos en el empleo público*, Sevilla, Consejo Andaluz de Relaciones Laborales, 2023, pp. 27-40.

MARTÍN VALVERDE, A., RODRÍGUEZ-SAÑUDO GUTIERREZ, F., y GARCÍA MURCIA, J., *Manual de Derecho del Trabajo*, Madrid, Tecnos, 2023 (y otras ediciones anteriores).

MARX, K., *Contribución a la Crítica de la Economía Política*, Madrid, Siglo XXI editores, 2008.

MARX, K, *El capital*, Buenos Aires, Siglo XXI Editores, 2002.

MASSO GARROTE, M.F., "Aproximación a una teoría general de los deberes fundamentales constitucionales", en A.A.V.V. (coords. Reche Tello, N., Sanjuán Andrés, F.J. y Tur Ausina, R.), *Sujetos, derechos y lealtad constitucional*, Cizur Menor, Aranzadi Thomson Reuters, 2022, pp. 169-196.

MAYER, J., "El concepto de derecho al trabajo en las normas internacionales y en la legislación de los Estados Miembros de la OIT", *Revista Internacional de Trabajo*, núm. 104, 1985, pp. 281-297.

MAZZONI, G., "Los Principios de la Carta del Lavoro en la nueva codificación italiana", *Revista de estudios políticos*, núm. 6, 1942, pp. 227-250.

MELENDO GRANADOS, T., *La dignidad del trabajo*, Madrid, Rialp, 1992.

MÉNDEZ LÓPEZ, L., CORREAS SOSA, I., ASTARLOA HUARTE, I. *et al*, *Compendio de Derecho Constitucional*, Valencia, Tirant lo Blanch, 2022.

MENDONÇA, S.M., "Deveres fundamentais de solidariedade", *Revista de Derecho. Ucudal*, núm.° 18, dic., 2018, pp. 91-116.

MERCADER UGUINA, J.R., *Lecciones de Derecho del Trabajo*, Valencia, Tirant lo Blanch, 2020.

MILLÁN PUELLES, A., *Persona humana y justicia social*, Madrid, Rialp, 1973.

MILLER, A.S., "Toward a Concept of Constitutional Duty", *The Supreme Court Review* 1968, pp. 199-246.

MIRAVET BERGÓN, P., "Trabajo y derechos sociales: por una desvinculación posible", *Anuario de Filosofía del Derecho del Ministerio de Justicia y Sociedad Española de Filosofía Jurídica y Política*, núm. 17, 2000, pp. 359-393.

MIRAVET BERGÓN, P., *Estado Social, Empleo y Derechos. Una Revisión Crítica,* Valencia, Tirant Lo Blanch, 2014.

MISES, L., *Liberalismo. La tradición clásica,* Unión Editorial, Madrid, 2011.

MONEREO PÉREZ, J.L., "El trabajo precario. Segmentación y dualización de los mercados de trabajo y políticas de flexibilidad laboral", en A.A.V.V. (dir. De la Villa Gil, L.E.), *El trabajo,* Madrid, Editorial Universitaria Ramón Areces, 2011, pp. 383-429.

MONEREO PÉREZ, J.L., "Huelga y servicios esenciales: requisitos para declarar la vulneración del derecho fundamental de huelga", *Revista de Jurisprudencia Laboral,* núm. 8, 2023 (publicación digital no foliada).

MONEREO PÉREZ, J.L., "La Constitución social del trabajo y su crisis", *Anuario de filosofía del derecho,* núm. 20, 2003, pp. 13-38.

MONEREO PÉREZ, J.L., "La protección legal por desempleo y sus niveles de protección", *Revista de Derecho de la Seguridad Social,* Laborum, núm. 6, 2016, pp. 29-67.

MONEREO PÉREZ, J.L., "¿Qué sentido jurídico-político tiene la garantía del derecho "al trabajo" en la sociedad del riesgo?" *Temas laborales: Revista andaluza de trabajo y bienestar social,* vol. 126, 2014, pp. 47-90.

MONTOYA MELGAR, A., *Derecho del Trabajo,* Madrid, Tecnos, 2023.

MONTOYA MELGAR, A., *Derecho y trabajo,* Madrid, Civitas Thomson-Reuters, 1997.

MONTOYA MELGAR, A., *Ideología y lenguaje en las leyes laborales de España* (1873-2009), Madrid, Civitas, 2009.

MORENO-TORRES HERRERA, Mª.L., "Comentario a la sentencia del Tribunal Supremo de 23 de enero de 2012 (RJ 2012/1900) sobre extinción de la pensión compensatoria en proceso de divorcio", *Revista Aranzadi Doctrinal* num. 7/2012, versión digital Thomson Reuters Proview (BIB 2012\3232).

MORET MILLÁS, V., "Los deberes constitucionales en el ordenamiento jurídico español: el inestable binomio derechos-responsabilidades", *Corts: Anuario de derecho parlamentario, núm. 30, 2018, pp. 205-272.*

MORET MILLÁS, V., "Los debres constitcuonales", *Revista De Las Cortes Generales,* núm. 86, 2012, pp. 209-237.

MORILLAS CUEVA, L., *Sistema de Derecho penal español. Parte especial,* Madrid, Dykinson, 2011.

MORSINK, J., *The Universal Declaration of Human Rights, Origins, Drafting, and Intent,* Pennsylvania, Pennsylvania Studies in Human Rights, 1973.

MORTATI, C., *Il lavoro nella Costituzione,* Milán, L. Gaeta, 2005.

MUÑIZ MUÑIZ, M.N., "Sobre una traducción inédita del tratado de Dragonetti: De las virtudes y los premios", A.A.V.V. (coords. Gimeno Puyol, M.D. y Viamonte Lucientes, E.), *Los viajes de la razón: estudios dieciochistas en homenaje a María-Dolores Albiac Blanco,* Zaragoza, Diputación Provincial de Zaragoza, Institución "Fernando el Católico", 2015, pp. 307-322.

MUÑOZ CAMPOS, J., "Significado del Trabajo en la Constitución", en A.A.V.V., *Jornadas sobre Derecho del Trabajo y Constitución,* Madrid, IELSS, 1985, pp. 319-334.

MURILLO RUBIERA, J., "El Derecho económico-social en el fuero del Trabajo", *Revista de Política Social,* núm. 58, abril/junio 1963, pp. 5-22.

NATOLI, U., *Limiti costituzionali dell'autonomia privata nel rapporto di lavoro,* Milán, Univ. degli Studi di Camerino Ristampe, 1955.

NOGUEIRA GUASTAVINO, M., "Artículo 35", en A.A.V.V. (dirs. Casas Baamonde, M.E. y Rodríguez-Piñero y Bravo-Ferrer, M.), *Comentarios a la Constitución Española,* XXX Aniversario, Wolters Kluvers. 2008, pp. 1185-1209.

NOGUERA FERRER, J.A., *La transformación del concepto de trabajo en la teoría social: la aportación de las tradiciones marxistas,* Barcelona, Universidad de Barcelona, 1998.

NOGUERA FERRER, J.A., "El concepto de trabajo y la teoría social crítica", *Papers: revista de sociología,* 2002, pp. 141-168.

NOGUERA FERRER, J.A., "¿Renta Básica o «Trabajo Básico»? Algunos argumentos desde la teoría social", *Sistema,* núm. 166, 2002, pp. 61-85.

OFFE, C., *La sociedad del trabajo. Problemas estructurales y perspectivas de futuro,* Madrid, Alianza, 1992.

OLIVER ARAUJO, J., *El sistema político de la Constitución española de 1931,* Palma de Mallorca, Universitat de les liles Balears, 1991.

ORVIZ, F., "La indignidad de los espectáculos cómico-taurinos representados por personas con enanismo", *Anales de derecho y discapacidad,* núm. 5, 2020, pp. 127-144.

OTERO PARGA, M., "El valor solidaridad en la Constitución española de 1978", *Dereito,* vol. 13, núm. 1, 2004, pp. 163-188.

OLLERO TASSARA, A., GARCÍA AMADO, J. *et al., Derecho y moral: una relación desnaturalizada,* Madrid, Fundación Coloquio Jurídico Europeo, 2012.

PAINE, T., *Los derechos del hombre,* Fondo de Cultura Económica, México D.F., 1996.

PALMADE, G., *La época de la burguesía,* Madrid, Siglo XXI, 1993.

PALSTERMAN, P., "Activation policies for the unemployed, the right to work and the duty to work", *Revue de Droit International et de Droit Comparé,* núm. 2, 2015, pp. 301-306.

PASHLEY, R., *Pauperism and Poor Laws,* Oxford, Longman, Brown, Green, and Longmans, 1952.

PATRICK, R., "Work as the primary 'duty' of the responsible citizen: a critique of this work-centric approach", *People, Place & Policy Online,* vol. 6, núm. 1, pp. 5-15.

PAUNER CHULVI, C., *El deber constitucional de contribuir al sostenimiento de los gastos públicos,* Castellón, Universitat Jaume I, 2000.

PAZ-FUCHS, A., "The Right to Work and the Duty to Work", en A.A.V.V. (ed. Mantouvalou, V.), *The Right to Work: Legal and Philosophical Perspectives,* Londres, Hart Publishing, 2014, pp. 177–194.

PAZ-FUCH, A., "Workfare's persistent philosophical and legal issues: forced labour, reciprocity and a basic income guarantee", en A.A.V.V. (dir. Eleveld, A., Kampen, T. and Arts, J.), *Welfare to Work in Contemporary European Welfare States: Legal, Sociological and Philosophical Perspectives on Justice and Domination,* Bristol, Policy Press Scholarship, 2020, pp. 27-48.

PECES-BARBA MARTÍNEZ, G. *La dignidad de la persona desde la Filosofía del Derecho,* Madrid, Dykinson, 2002.

PECES-BARBA MARTÍNEZ, G., "La dignidad humana", en De Asís Roig, R. *et al., Los desafíos de los derechos humanos hoy,* Dykinson: Madrid, 2007, pp. 155-172.

PECES-BARBA MARTÍNEZ, G., "Los deberes fundamentales", *Doxa,* núm. 4, 1987, pp. 329-341.

PECES-BARBA MARTÍNEZ, G., "Reflexiones sobre los derechos económicos, sociales y culturales", *Escritos sobre derechos fundamentales,* Madrid, Eudema, 1988, pp. 195-213.

PECES-BARBA MARTÍNEZ, G., *Introducción al Filosofía del Derecho,* Debate, Madrid, 1983.

PEÑA Y GONZÁLO, L., "La fundamentación jurídico-filosófica de los derechos de bienestar", en Peña y Gonzálo, L. y Ausín Díez, T., *Los derechos positivos. Las demandas justas de acciones y prestaciones*, Madrid, Plaza y Valdés, 2006, pp. 165-388.

PELE, A. "Modelos de la dignidad del ser humano en la Edad Media", *Derechos y Libertades: revista de filosofía del derecho y derechos humanos*, junio 2009, núm. 21, pp. 149-185.

PÉLISSIER, J., SUPIOT, A., y JEAMMAUD, A., *Droit du Travail*, París, Dalloz, 2000.

PÉREZ, B., *Derecho del Trabajo*, Buenos Aires, Astrea, 1983.

PÉREZ BOTIJA, E., *Derecho del Trabajo*, Madrid, Tecnos, 1948.

PÉREZ BOTIJA, E., *La Naturaleza jurídica del Derecho del Trabajo*, Madrid, Instituto de Estudios Políticos, 1943.

PÉREZ LEÑERO, J., "Concepto y valoración del trabajo en la filosofía", *Revista de Política Social*, núm. 51, 1961, pp. 21-56.

PÉREZ LEÑERO, J., "Derecho penal del trabajo", *Anuario de derecho penal y ciencias penales*, Tomo 2, Fasc/Mes 3, 1949, pp. 487-507.

PÉREZ LEÑERO, J., "Derecho penal de trabajo español", *Anuario de Derecho Penal*, 1949, pp. 487-503.

PÉREZ LEÑERO, J., *Derecho español del Trabajo*, Madrid, Espasa Calpe, 1948.

PÉREZ LUÑO, A.E., "La positividad de los derechos sociales: su enfoque desde la filosofía del Derecho", *Derechos y Libertades*, núm. 14, 2006, pp. 151-178.

PÉREZ REY, J., "En los orígenes del Derecho español del trabajo: La labor de la II República", *Revista de Administración Pública*, vol. 47, 2016, pp. 215-252.

PÉREZ SERRANO, N., *La Constitución española*, Madrid, Ed. Revista de Derecho Privado, 1932.

PINTO FONTANILLO, J.A., "El deber de trabajar: "Fundamentación racional y fundamentación jurídica", en A.A.V.V. (dirs. Fuertes-Planas, C. y Sánchez De La Torre, A.A.), *El derecho entre concepciones sistemáticas y visiones literarias*, Madrid, Dynkinson, 2019, pp. 265-301.

PINTO, M., "Sabia que não temos dever de trabalhar?", columna en *Observador* del día 2 de junio de 2015. Accesible en https://observador.pt/opiniao/sabia-que-nao-temos-dever-de-trabalhar/ (último acceso el día 21 de septiembre de 2023).

PIZZOLATO, F., "Dal personalismo alla fraternità: fondamenti e condizioni per una solidarietà pubblica", en A.A.V.V. (ed. Marzanati, A. y

Mattioni, A.) *La fraternità come principio del diritto pubblico,* Roma, Cittá Nuova, 2007, p. 45-61.

PIZZOLATO, F., *Il principio costituzionale di fraternitá,* Città Nuova, Roma, 2012.

PIZZORUSSO, A., *Lecciones de Derecho Constitucional, tomo I,* CEC, Madrid, 1984.

POLACCHINI, F., *Doveri costituzionali e principio di solidarietà,* Bolonia, Bononia University Press, 2016.

PONCE DE LEON SOLIS, V., "La función de los deberes constitucionales", *Revista Chilena de Derecho,* vol. 44, n. 1, 2017, pp. 133-158.

PONTEIL, F., *La Revolución de 1848,* Madrid, ZYX, 1966.

PORKET, J., "¿Cuánto desempleo hay en la unión Soviética?", *Estudios Públicos,* núm. 28, 1987, orig. 1986, pp. 279-291.

PRIETO GUTIÉRREZ, M.G. y PENDÁS GARCÍA, B., "La Seguridad Social en la Constitución Española de 1931", *Revista de Política Social,* núm. 139, julio-septiembre 1983, pp. 51-91.

PRIETO SANCHÍS, L., *Apuntes de teoría del Derecho,* Madrid, Trotta, 2016.

PUFENDORF, S., *On the Duty of Man and Citizen According to Natural Law,* Cambridge, Cambridge University Press, 1991.

PUNSET BLANCO, R., "Derechos y deberes lingüistícos", en A.A.V.V. (dir. López Castillo, A.), *Lenguas y Constitución Española, Valencia,* Tirant lo Blanch, 2013.

PUYOL GONZÁLEZ, A., "Sobre el concepto de fraternidad política", *Daimon Revista Internacional de Filosofía,* 2018, pp. 91-106.

RADBRUCH, G., *Arbitrariedad legal y derecho supralegal,* Santiago de Chile, Ediciones Jurídicas Olejnik, 2019.

RAFFASS, T., "Unemployment and punitive activation as human rights issues", *Australian Journal of Human Rights,* vol. 20, 2014, núm. 1, pp. 1-30.

RALLO JULIÁN, J.R, *Díez principios liberales,* Madrid, Deusto, 2020.

RAMM, T., "Epílogo: el nuevo orden del Derecho del Trabajo: 1918-1945». En Hepple, B. (comp.), *La formación del Derecho del Trabajo en Europa,* Madrid, Ministerio de Trabajo y de la Seguridad Social, 1994, pp. 337-360.

RAMM, T., *Per una storia della costituzione del lavoro tedesca,* Milán, Giuffrè, 1989.

RAMM, T., "Philipp Lotmar und die Geschichte der Arbeitsverfassungen", *Zeitschrift für Arbeitsrechts,* núm. 35, 2004, pp. 183-215.

RAVENTÓS PAÑELLA, D., *Basic income. The Material Conditions of Freedom,* Pluto Press, Londres, 2007.

RAWLS, J., *Una teoría de la justicia,* Fondo de Cultura Económica, México D.F., 2006.

REY PÉREZ, J.L., "El derecho al trabajo, ¿forma de exclusión social? Las rentas mínimas de integración y la propuesta del ingreso básico". *Icade. Revista de la Facultad de Derecho,* núm. 62, 2003pp. 239-269.

REY PÉREZ, J.L., "¿Se debe seguir vinculando el bienestar al empleo?", en A.A.V.V. (Dir. Rey Pérez, J.L.), *Sostenibilidad del Estado de Bienestar en España,* Madrid, Dykinson, 2015, pp. 61-74.

RIBERA BLANES, B., "Capítulo VI: Del régimen de separación de bienes", en A.A.V.V. (coords. Rams Albesa, J. y Moreno Martínez, J.A.), *El régimen económico del matrimonio,* Madrid, Dykinson, 2005, pp. 815-922.

RIQUETI, V. y MARQUÉS DE MIREBEAU, *La Science ou Les droits* et *les devoirs de l'homme,* Laussana, Chez François Grasset & Comp, 1774.

RIVERO, J. y VEDEL, G., "Les principes économiques et sociaux de la Constitution: le Préambule", originalmente en *Droit social,* 1947, vol. 31, p. 13-35, y reproducido despuiés en *Pages de doctrine T.I,* Paris, LGDJ, 1980.

RODRÍGUEZ ANICETO, N., *Discurso leído en la solemne apertura del curso académico de 1932 a 1933,* Salamanca, Universidad de Salamanca, Imp. y Librería de Francisco Núñez Izquierdo, 1933.

RODRÍGUEZ BEREIJO, A., "El deber de contribuir como deber constitucional su significado jurídico", *Civitas. Revista española de derecho financiero,* núm. 125, 2005, pp. 5-40.

RODRÍGUEZ PANIAGUA, J.M., "El deber jurídico y la obligación de obediencia al Derecho", *Anuario de Filosofía del Derecho* 1969, pp. 67-82.

RAMIRO AVILÉS, M.A., "La utopía de Derecho", *Anuario de Filosofía del Derecho,* 2002, pp. 432-460.

ROMAGNOLI, U., "El derecho sindical y laboral en la encrucijada", *Revista de derecho social,* núm. 84, 2018, p. 17-26.

ROMAGNOLI, U., "Diritti sociali e Costituzione: dalla cittadinanza industriale alla cittadinanza industriosa", en, A.A.V.V., (ed. Casadio, G.), *I diritti sociali e del lavoro nella Costituzione italiana,* Roma, Ediesse, 2006.

ROMAGNOLI, U., "Estructura de la Empresa", en A.A.V.V. (dirs. De la Villa Gil, L.E., y Sagardoy Bengoechea, J.A.), *Los trabajadores y la Constitución, Madrid, Sociedad de Estudios Laborales,* 1980, pp. 75-92.

ROMÁN CASTILLO, J.J. y DE VAL ARNAL, J.J, "Los acuerdos de Toledo: la defensa constitucional del Estado del bienestar", *Proyecto social: Revista de relaciones laborales,* núm. 3 1995, pp. 141-154.

ROMAN, D., "Devoir de travailler et protection sociale: d'une problématique de la «dette sociale» à la question des «devoirs sociaux»", *Revue de droit sanitaire et social,* núm. 1, 2009, pp. 63-78.

ROMERO COLOMA, A.M., "La pensión compensatoria temporal frente a la pensión vitalicia", *Revista Crítica de Derecho Inmobiliario,* núm. 744, Julio 2014, pp. 1761-1778.

ROUSSEAU, J.J., *Contrato social,* Madrid, Espasa-Calpe, 1975.

ROUSSEAU, J.J., *Discurso sobre el origen de la desigualdad,* Madrid, Calpe, 1923.

RUBIO LLORENTE, F., "Los deberes constitucionales", *Revista Española de Derecho Constitucional,* núm. 62, 2001, pp. 11-56.

RUÍZ RESA, J.D., "El derecho al trabajo en las cárceles franquistas", *Derechos y libertades: Revista de Filosofía del Derecho y derechos humanos,* núm. 35, 2016, pp. 265-305.

RUÍZ RESA, J.D., *Los derechos de los trabajadores en el franquismo,* Madrid, Dykinson, 2015.

RUÍZ ROBLEDO, A., *Manual de Derecho Constitucional,* Valencia, Tirant lo Blanch, 2022.

RUIZ-NAVARRO PINAR, J.L., *Sinopsis artículo 38,* Congreso de los Diputados, Madrid, 2004. Accesible en https://app.congreso.es/consti/constitucion/indice/sinopsis/sinopsis.jsp?art=38&tipo=2 (último acceso el día 14 de agosto de 2023).

SAGARDOY BENGOECHEA, J.A., *Las relaciones laborales en la Constitución Española,* Zaragoza, Agosa, 1979.

SAGARDOY BENGOCHEA, J.A., y SAGARDOY DE SIMÓN, I., "Art. 35: Derechos laborales", en A.A.V.V. (dir. Alzaga Villamil, O.), *Comentarios a la Constitución Española de 1978, Tomo III, arts. 24 a 38.* Madrid, Cortes Generales. Editoriales de Derecho Reunidas, 1996, pp. 571-598.

SAGRA Y PERIS, R.D., "Defecto capital de que adolecen todas las constituciones políticas", *Revista de los Intereses Morales y Materiales,* 1844, pp. 145-155.

SALAS PORRAS, M., "El Período Mínimo de Cotización para acceder a la Pensión de Viudedad: Recientes Consideraciones Jurisprudenciales", *Revista de Derecho de la Seguridad Social*, Laborum, núm. 28, 2021, pp. 99-113.

SALAS PORRAS, M., *Las libertades de circulación y establecimiento de trabajadores*, Cizur-Menor, Thomson-Reuters, Aranzadi, 2019.

SALAS, R., *Comentarios del ciudadano Ramón Salas, doctor de Salamanca al Tratado de los delitos y de las penas, escrito por el Marqués de Beccaría ; y por continuación el Tratado de las virtudes y de los premios, escrito en italiano por Jacinto Dragonetti, y traducido al español por el mismo Salas*, Madrid, Imprenta de Villaamil, 1836.

SÁNCHEZ HUETE, M.A., "La dimensión del género en la investigación jurídicotributaria", en A.A.V.V. (coords. Espuny Tomás, M.J.; Vallès Muñio, D., y Velo y Fabregat, E.), *La investigación en derecho con perspectiva de género*, Madrid, Dykinson, 2020, pp. 213-229.

SÁNCHEZ-URAN AZAÑA, Y., *Seguridad Social y Constitución*, Madrid, Civitas, 1995.

SANDEL, M.J., *La Tiranía del Mérito ¿Qué ha sido del bien común?*, Madrid, Debate, 2020.

SASTRE IBARRECHE, R., *El derecho al trabajo*, Madrid, Trotta, 1996.

SAVIGNY, F.K., *Sistema del derecho romano actual*, Madrid, F. Góngora y Compañía, Ed., 1879.

SCAGLIARINI, S., "Il dovere costituzionale al lavoro", A.A.V.V. (eds. Mattarelli, S. y Casadei, F.), *Il senso della Repubblica*, Franco Agnelli, Milán, 2007, pp. 99-117.

SCHAUB O., *Das Recht Auf Arbeit Im Deutschen Und Italienischen Recht*, Bruselas, Europàisches Hochschul Institut, 1981.

SCHROEDER, D, "Wickedness, idleness and basic income", *Res Publica*, núm. 7, 2001, pp. 1-12;

SCOTTO BENITO, P., *Los orígenes del derecho al trabajo en Francia (1789-1848)*, Madrid, Centro de Estudios Políticos y Constitucionales, 2021.

SECRETARIA GENERAL CONGRESO DE LOS DIPUTADOS, "Las actas de la Ponencia Constitucional", *Revista de las Cortes Generales*, núm. 2, 1984, pp. 251-422.

SEMPERE NAVARRO, V.A., *Nacionalsindicalismo y relación de trabajo*, Madrid, Akal, 1982.

SEN, A., *La idea de la justicia,* Madrid, Taurus, 2010.

SENADO, *Proyecto de Constitución, Índice de enmiendas,* Madrid, 1978.

SHAFIK, M., *Lo que nos debemos unos a otros: Un nuevo contrato social,* Barcelona, Paidós, 2022.

SIEDENTOP, L., *Inventing the individual. The origins of Western liberalism,* Londres, Penguin Books, 2014.

SIMON, D., Y WILKINSON, F., "The Duty to Work", en *The Law of the Labour Market: Industrialization, Employment, and Legal Evolution,* Oxford, Oxford Monographs on Labour Law, 2005, pp. 110–199.

SINZHEIMER, H., "La esencia del Derecho del Trabajo", en Sinzheimer, H., (Vázquez Mateo, F., traductor y recopilador), *Crisis económica y Derecho del Trabajo,* Madrid, Instituto de Estudios Laborales y de la Seguridad Social, 1984, pp. 70-77.

SINZHEIMER, H., "The Development of Labor Legislation in Germany", *Annals of the American Academy of Political and Social Science,* Vol. 92, 1920, pp. 35-40.

SMITH, A., *La riqueza de las Naciones,* Madrid. Alianza Editorial.

SOLER BELDA, R., *La progresividad en las reformas tributarias,* Madrid, Dykinson, 2015.

SORIANO DÍAZ, R.L., "El derecho a una renta básica universal. Cuestiones controvertidas y opiniones de los expertos", en A.A.V.V. (eds. Soriano Díaz, R.L., Sánchez Rubio, D. y Suárez Villegas, J.C.), *Las fronteras de los derechos humanos. Problemas, Discusión y Soluciones,* Madrid, Dykinson, 2020, pp. 215-255.

SOUVIRÓN MORENILLA, J.M., "Notas sobre la fraternidad como principio político y jurídico", *Sophia* VII (2015-1), pp. 44-75.

STOLLEIS, M., "El proyecto social de la Constitución de Weimar", en *Revista de Historia Constitucional,* núm. 20, 2019, pp. 233-251.

STUDER, M. y PÄRLI, K., "The duty to work as precondition for human dignity: a Swiss perspective on work programmes". A.A.V.V. (ed. Eleveld, A. y Kampen, T.), *Welfare to Work in Contemporary European Welfare States,* Bristol, UK: Policy Press, 2020, pp. 89–112.

SUÁREZ GONZALEZ, F., "El derecho del trabajo en la Constitución", en A.A.VV. (coord. Fernández. T.R.), *Lecturas sobre la Constitución española T.11,* UNED, Madrid 1978, pp. 227-230.

SUÁREZ GONZÁLEZ, F., "El origen contractual de la relación jurídica de trabajo", *Cuadernos de política social,* núm. 48, 1960, pp. 69-126.

SUÁREZ PÉREZ, A. y MÁRQUEZ QUEVEDO, J., "La ley de vagos y maleantes desde su praxis social", Vegueta: *Anuario de la Facultad de Geografía e Historia,* 22 (2), 2022, pp. 749-771.

SUPIOT, A., *La Justice au travail,* París, Éditions du Seuil, 2022.

TEIRA SERRANO, D., "¿Etica o economía? Philippe van Parijs y la renta básica", *Isegoría* núm. 29, 2003, pp. 159-171.

TENA SÁNCHEZ, J., "Hacia una definición de la virtud cívica", *Convergencia,* vol 17, núm. 53, pp. 311-337.

THOMAS, E., *Histoire des ateliers nationaux,* París, Miechel Lévy, 1848.

TROTSKY, L, "Decreto sobre la Instrucción Militar Obligatoria", en *Cómo se armó la revolución. Selección de escritos militares de León Trotsky,* Buenos Aires, Centro de Estudios, Investigaciones y Publicaciones "León Trotsky", 2006, pp. 140-142.

TUÑÓN DE LARA, M., *La Segunda República,* Madrid, Siglo XXI, 1976.

TURGOT, A.R.J., *Oeuvres de Turgot: nouvelle édition classée par ordre de matières, T.II.,* París, Librairie Guillaumin, 1844.

URIARTE TORREALDAY, R., "El derecho al trabajo y los extranjeros irregulares", *Revista de Derecho Político,* núm. 78, 2010, pp. 257-296.

VALDÉS DAL-RE, F., "El Derecho del Trabajo en la Segunda República", en A.A.V.V. (ed. Arostegui, J.), *La república de los trabajadores la Segunda República y el mundo del trabajo,* Madrid, Fundación Largo Caballero, 2006, pp. 175-207.

VALIENTE MARTÍNEZ, F., "Los deberes constitucionales", en A.A.V.V. (coord. Álvarez Vélez, Mª.I.), *Compendio de Derecho Constitucional,* Valencia, Tirant lo Blanch, 2022, pp. 513-526.

VANDERBORGHT, Y., "Las tensiones en la reforma del Estado de Bienestar", en A.A.V.V. (dir. Rey Pérez, J.L.), *Sostenibilidad del Estado de Bienestar en España,* Madrid, Dykinson, 2015, pp. 87-107.

VAN PARIJS, P, "Why surfers should be fed: the liberal case for an unconditional basic income", *Philosophy & Public Affairs,* 1991, pp. 101-131.

VAN PARIJS, P, *Real freedom for all: What (if anything) can justify capitalism?* Oxford, Clarendon Press, 1995.

VAN PARIJS, P. y VAN DER VEEN, R.J., "Una vía capitalista al comunismo", *Zona Abierta,* n° 46-47, 1988, pp. 19-46.

VAN PARIJS, P. y VANDERBORGHT, Y., *La renta básica,* Barcelona, Ariel Economía, 2015.

VAN PARIJS, P., *Marxism Recycled,* Cambridge, Cambridge University, Press, 1993.

VARELA DÍAZ, S., "La idea de deber constitucional", *Revista Española de Derecho Constitucional,* núm. 4, 1982, pp. 69-96.

VASAK, K., "Proposition pour une Déclaration universelle des devoirs de l'homme", en A.A.V.V. *(dirs.* Meyer-Bisch, P. y Durand, J.P.), *Les devoirs de l'homme. De la réciprocité dans les droits de l'homme,* Friburgo, Editions Universitaires, 1989, pp. 9-17.

VÁZQUEZ GARRANZO, J., "Artículo 35. Derecho al trabajo", en A.A.V.V. (dir. Cazorla Prieto, L.M.), *Comentarios a la Constitución Española de 1978,* Cizur Menor, Thomson Reuters-Aranzadi, 2018, pp. 963-1002.

VIDAL PRADO, C., "Pánorama de derecho comparado", en A.A.V.V. (dir. Escobar Roca, G.), *Derechos sociales y tutela antidiscriminatoria,* Thomson-Aranzadi, Cizur Menor, 2012, pp. 95-286.

VIEIRA DE ANDRADE, J.C., *Os Direitos Fundamentais na Constituição Portuguesa de 1976,* Coimbra, 2016.

VIGO SERRALVO, F., "La conducta exigida por el deber constitucional de trabajar", *Revista de Estudios Europeos,* extraordinario monográfico núm. 2, 2023, pp. 421-449.

VIGO, SERRALVO F., "El fundamento iusnaturalista del derecho al trabajo en el socialismo utópico", *IUSLabor. Revista d'anàlisi de Dret del Treball,* núm. 1, 2020, pp. 181-208.

VIGO SERRALVO, F., "Repensemos el trabajo decente. Sobre lo inadecuado de este lema y los motivos por los que la dignidad del trabajo es independiente de las condiciones en las que se presta", *Relaciones Laborales y Derecho del Empleo,* vol. 10, núm. 1, 2022, pp. 71-111.

VIGO SERRALVO, F., "Breve diacronía del aforismo socialista de cada cual según sus capacidades, a cada cual según sus necesidades", *IUSLabor. Revista d'anàlisi de Dret del Treball,* 2020, n.º 3, pp. 239-283.

VIGO SERRALVO, F., "El deber de trabajar en el sistema de pensiones, configuración como presupuesto-deber para unas prestaciones suficientes y sostenibles", en A.A.V.V, (dirs. Vila Tierno, F. y Gutierrez Bengoechea, M.,), *La incidencia de los diferentes factores endógenos y exógenos sobre sostenibilidad y suficiencia en el sistema de pensiones,* Granada, Comares, 2022, 55-84.

VILLA GIL, L.E., (De la), "Algunas reflexiones para la regulación legal de la huelga", en A.A.V.V., *Estudios de derecho del trabajo en memoria del profesor Gaspar Bayón Chacón,* Madrid, Tecnos, 1980, pp. 95-118.

VILLA GIL, L.E., (De la), *La formación histórica del Derecho Español del Trabajo,* Granada, Editorial Comares, 2003.

VILLA GIL, L.E., (De la); GARCÍA BECEDAS, G., y GARCÍA-PERROTE ESCARTÍN, I., *Instituciones de Derecho del Trabajo,* Madrid, Centro de Estudios Ramón Areces, 1991.

VITA, L., "Constitucionalismo social como democracia económica. Una relectura de la Constitución de Weimar a la luz del aporte de Hugo Sinzheimer", *Historia Constitucional,* núm.19, 2018, pp. 565-591.

VITA, L., "Hermann Heller, intérprete de la Constitución de Weimar", *Historia constitucional: Revista Electrónica de Historia Constitucional,* núm. 20, 2019, pp. 351-366.

VITA, L., "*La noción de principios jurídicos en la teoría del derecho de Hermann Heller", Isonomía. Revista de teoría y filosofía del derecho,* núm. 43, 2015, pp. 49-75.

WEBER, M., *La ética protestante y el espíritu del capitalismo,* México D.F., Fondo de Cultura Económica, 2012.

WEINRIB, J., *Dimensions of dignity. The theory and practice of modern constitutional law,* Cambridge, Cambridge University Press, 2016.

WEISS, M. y TIRABOSCHI, M., Manfred Weiss. A Legal Scholar without Borders. Selected Writings and Some Reflections on the Future of Labour Law, Bérgamo, ADAPT University Press, 2022.

WHITE, S., *The Civic Minimum: On the Rights and Obligations of Economic Citizenship,* Oxford, Oxford Academic, 2003.

WILIŃSKA, M., ROLANDER, B., y BŰLOW, P.H., "When I'm 65': On the Age-negotiated Duty to Work", *Work, employment and society,* vol. 35, núm. 1, pp. 21-36, 2021.

ZONCA, E.V., "Stranieri invisibili. Riflessioni comparative in tema di diritto al lavoro e integrazione sociale dei migranti ", *Revista L'Associazione Italiana Costituzionalisti,* núm. 4, 2008, pp. 484-511.